中国农业机械化年鉴

THE YEARBOOK OF AGRICULTURAL MECHANIZATION
IN CHINA

主管　中华人民共和国农业农村部
主办　农业农村部南京农业机械化研究所
主编　　　　周国民

2023

中国农业科学技术出版社

图书在版编目（CIP）数据

中国农业机械化年鉴 . 2023 / 周国民主编. -- 北京：中国农业科学技术出版社，2024.9. -- ISBN 978-7-5116-7084-7

Ⅰ. F323.3-54

中国国家版本馆 CIP 数据核字第 2024CW2665 号

责任编辑　姚　欢
责任校对　王　彦
责任印制　姜义伟　王思文

出 版 者	中国农业科学技术出版社
	北京市中关村南大街 12 号　　邮编：100081
电　　话	（010）82106631（编辑室）　　（010）82106624（发行部）
	（010）82109709（读者服务部）
网　　址	https:// castp.caas.cn
经 销 者	各地新华书店
印 刷 者	北京中科印刷有限公司
开　　本	210 mm × 285 mm　1/16
印　　张	21.25　　彩插 4 面
字　　数	900 千字
版　　次	2024 年 9 月第 1 版　　2024 年 9 月第 1 次印刷
定　　价	320.00 元

◀━━ 版权所有·侵权必究 ━━▶

《中国农业机械化年鉴》编辑委员会

名誉主任
张桃林

主　任
冀名峰

副主任
白人朴　李安宁　王甲云　宋建武　周国民
陈巧敏　刘恒新　刘　旭　李斯华　刘　宪

编　委
（按姓氏笔画为序）

于培松	马宏山	马常春	王　刚	王乃生	王天辰	王平华	王甲云	王志林
王应宽	毛孟军	方宪法	邓贤贵	叶军平	丘小华	白人朴	宁殿林	邢　芳
邢增涛	吐尔洪·吐尔地	朱文波	朱华生	朱宝玉	伍修强	伍勤忠	邬　艳
刘　旭	刘　宪	刘　晶	刘小伟	刘文武	刘仕全	刘恒新	刘棕会	闫向军
闫向辉	孙化库	孙奎法	孙俊华	孙晨光	李　琳	李　晶	李庆东	李安宁
李如平	李斯华	李联习	杨　明	杨　勇	杨　斌	杨建平	杨建国	杨建斌
杨洪波	杨桂忠	杨敏丽	肖体琼	吴晓东	邱　宁	邱武伟	汪懋华	沈　毅
宋建武	张才道	张元鑫	张桃林	张道华	张瑞宏	张耀春	陈巧敏	陈汉秋
陈发明	陈言智	陈良伟	范学民	林　木	林永利	金　宇	金红伟	周欢胜
周国民	周进军	庞海涛	郑　渝	陕建忠	项克强	赵　阳	赵文志	赵永华
胡然挺	洪志伟	姚春生	贾怀德	柴育东	徐大伟	徐洪洲	徐振兴	凌中南
郭海辉	唐　宇	涂志强	黄全意	曹光乔	龚　昕	常　宏	崔　皓	梁全顺
程兴谟	詹仁明	潘　鑫	冀名峰					

名誉主编
汪懋华

主　编
周国民

副主编
凌小燕

编　辑
高　雅　刘昊一　张玉岚　谢铭露　张英娇

特约编审
侯方安　毛振强　朱礼好

编辑说明

一、《中国农业机械化年鉴》是我国农业机械化综合性行业年鉴，旨在逐年记载我国农业机械化发展的历史进程，提供农业机械化经济技术资料与统计数据，服务现代农业，促进行业发展，为政府决策提供发展借鉴与依据。

二、《中国农业机械化年鉴》2023年版设领导报告与论述、农业机械化论坛、农业机械化政策法规及规章、农业机械化工作、农业机械化统计资料、农机社团组织、机构与负责人、大事记、附录、索引等栏目。

三、《中国农业机械化年鉴》由中华人民共和国农业农村部主管，农业农村部南京农业机械化研究所主办。《中国农业机械化年鉴》编辑委员会由农业农村部农业机械化管理司、各省（自治区、直辖市）农业机械化主管部门、有关农业机械化企事业单位和高等院校专家组成。《中国农业机械化年鉴》编辑部设在农业农村部南京农业机械化研究所。

四、《中国农业机械化年鉴》采用分类编辑法编辑，类目下设分目，年鉴以条目为记载资料的基本单元。

五、《中国农业机械化年鉴》的类目、分目、条目标题使用不同字体、字号，类目标明于页眉，以便于检索，条目标题均为黑体字加【】号。

六、《中国农业机械化年鉴》所采用的稿件来自农业农村部、各省（自治区、直辖市）农业机械化主管部门、有关农业机械化企事业单位和高等院校，条目、数据、事实等经过有关部门反复核对。

七、《中国农业机械化年鉴》的各项全国统计数字均不含香港特别行政区、澳门特别行政区和台湾地区。

八、为便于读者查阅，《中国农业机械化年鉴》卷首有目录，卷末有大事记和索引，全书的信息资料可通过目录、大事记、索引3个检索渠道查阅。

九、由于编排格式的需要，《中国农业机械化年鉴》中的领导报告与论述、农业机械化论坛等栏目文章略去了"参考文献"内容，在此深表歉意。

十、《中国农业机械化年鉴》的编辑工作得到中国农业科学院、各级农业机械化主管部门、农业机械化企事业单位和有关高等院校的大力支持，在此深表谢意。

目 录

领导报告与论述 /1
   在 2022 年全国农业机械化工作会议上的讲话（摘要） ………………………………………… 张桃林 /1
   2022 年在东北黑土地保护性耕作行动计划工作部署会上的讲话（摘要） …………………… 冀名峰 /4
   在"三秋"农机安全生产重点工作部署视频会上的讲话（摘要） …………………………… 宋建武 /6
   在推进基层农机安全生产网格化管理工作视频会上的讲话（摘要） ………………………… 宋建武 /8
   全力保障鉴定供给 推进技术推广应用促进农业机械化高质量发展（摘要） ……………… 刘恒新 /10

农业机械化论坛 /14
   基于需求侧的农业机械化高质量发展研究：理论逻辑与政策路径 ………………… 侯方安 李斯华 /14
   我国农机科技社会化服务体系发展现状研究 ……………………………… 李寅秋 郭冰 张萌 /19
   "十三五"时期我国农机事故统计分析与对策研究 ………………………………… 花登峰 李斯华 /22
   乡村振兴背景下我国农机服务组织农机保险现状与建议 … 张林娜 李吉 花登峰 姚春生 席爱华 李晓红 /26
   西南地区玉米增产潜力与机械化支撑能力研究 ………………… 徐峰 孔凡磊 姜宜琛 赵璧 王韵弘 /30
   棉花种植机械化关键技术与装备研究进展 ………… 苑严伟 白圣贺 牛康 周利明 赵博 伟利国 刘立晶 /36
   油菜移栽机作业效果综合测评 ………………… 吴传云 冯健 吴俊 李丹阳 李曦 舒娟 王康军 /41
   南方双季稻栽植机械化发展的影响因素和关键技术措施 ……………… 徐峰 刘德普 彭俊明 何林 /43
   我国大蒜全程机械化生产现状、问题与对策 ………… 崔志超 刘先才 陈永生 管春松 杨雅婷 许斌星 /48
   国内外设施蔬菜机械化发展现状分析及对策 ……………… 王江 李浩 马志伟 郝建军 刘文科 /51

农业机械化政策法规及规章 /55
农业农村部部门规章及文件 /55
地方性法规、规章及文件 /56

农业机械化工作 /61
各地工作要览 /61
   北京市 61　天津市 62　河北省 63　山西省 64　内蒙古自治区 65　辽宁省 66　吉林省 67　黑龙江省 69　上海市 70　江苏省 71　浙江省 72　安徽省 72　福建省 74　江西省 75　山东省 76　河南省 78　湖北省 80　湖南省 81　广东省 82　广西壮族自治区 84　海南省 86　重庆市 87　四川省 88　贵州省 89　云南省 91　西藏自治区 92　陕西省 94　甘肃省 95　青海省 98　宁夏回族自治区 99　新疆维吾尔自治区 101　大连市 102　宁波市 103　青岛市 104　厦门市 106　新疆生产建设兵团 107　北大荒农垦集团有限公司 108　广东省农垦 109

试验鉴定与技术推广 /110

农业机械化统计资料 /115

全国农业机械化统计分析 /115
2022年全国农业机械化发展情况综述 /115
全国农业机械化发展情况综合分析表 /116

全国农业机械化发展指标 /118
全国农机服务组织人员及投入产出情况表 /118
全国农业机械拥有量表 /119
全国农机作业情况表 /123
各地区农机服务组织人员及投入产出情况表 /127
各地区农业机械拥有量表 /133
各地区农机作业情况表 /157

农机社团组织 /179
中国农业机械化协会 /179
中国农业机械学会 /181
中国农业工程学会 /184

机构与负责人 /188

农业农村部农业机械化主管部门 /188
农业农村部农业机械化管理司 188

农业机械化业务部门 /188
农业农村部农业机械化总站 188
农业农村部南京农业机械化研究所 188

协会 /188
中国农业机械化协会 188

地方农业机械化主管部门 /188
北京市188 天津市188 河北省188 山西省188 内蒙古自治区188 辽宁省188 吉林省188 黑龙江省188
上海市188 江苏省188 浙江省189 安徽省189 福建省189 江西省189 山东省189 河南省189 湖北省189
湖南省189 广东省189 广西壮族自治区189 海南省189 重庆市189 四川省189 贵州省189 云南省189
西藏自治区189 陕西省189 甘肃省189 青海省189 宁夏回族自治区189 新疆维吾尔自治区189 大连市189
宁波市189 青岛市189 厦门市189 新疆生产建设兵团189

大事记 /190

中央篇 /190
地方篇 /195
北京市195 天津市195 河北省196 山西省197 内蒙古自治区198 辽宁省199 吉林省201 黑龙江省201
上海市203 江苏省204 浙江省206 安徽省208 福建省209 江西省210 山东省211 河南省213 湖北省214
湖南省217 广东省220 广西壮族自治区222 海南省222 重庆市223 四川省224 贵州省225 云南省225
西藏自治区226 陕西省226 甘肃省228 青海省230 宁夏回族自治区231 新疆维吾尔自治区234 青岛市236
厦门市237 宁波市239 大连市239 黑龙江省农垦总局239 新疆生产建设兵团241 广东省农垦总局241

附录 /242

农业农村部部门规章及文件 /242
农业农村部关于印发《"十四五"全国农业机械化发展规划》的通知（农机发〔2022〕2号） /242
中华人民共和国农业农村部公告（第530号） /242
农业农村部 应急管理部关于印发《"十四五"时期"平安农机"创建活动工作方案》的通知
（农机发〔2022〕1号） /243

农业农村部 中国石油天然气集团有限公司 中国石油化工集团有限公司关于做好"十四五"农机作业用油保障工作的通知（农机发〔2022〕2号） /244

农业农村部办公厅关于落实落细大豆玉米带状复合种植配套农机装备保障工作的通知（农办机〔2022〕1号） /245

农业农村部办公厅关于扎实做好南方水稻机械化种植推进工作的通知（农办机〔2022〕2号） /246

农业农村部办公厅关于做好油菜机收减损有关工作的通知（农办机〔2022〕3号） /248

农业农村部办公厅 国家发展改革委办公厅关于印发《2022年主粮作物机收损失监测调查方案》的通知（农办机〔2022〕6号） /248

农业农村部办公厅关于印发《农机安全生产重大事故隐患判定标准（试行）》的通知（农办机〔2022〕7号） /249

农业农村部办公厅关于做好"三秋"机械化生产工作的通知（农办机〔2022〕11号） /250

农业农村部办公厅关于加强农业机械试验鉴定工作的通知（农办机〔2022〕12号） /251

农业农村部办公厅关于公布全国第七批率先基本实现主要农作物生产全程机械化示范县（市、区）名单的通知（农办机〔2022〕15号） /253

农业农村部农业机械化管理司 农业农村部计划财务司 财政部农业农村司关于做好2022年东北黑土地保护性耕作行动计划实施工作的通知（农机科〔2022〕11号） /253

农业农村部农业机械化管理司关于下达2022年农业机械推广鉴定大纲制修订计划的通知（农机管〔2022〕7号） /255

地方性法规、规章及文件 /257

北京市农业农村局 北京市规划和自然资源委员会 北京市财政局 北京市经济和信息化局 北京市园林绿化局关于印发《北京市农业机械化提升行动实施方案（2023—2025年）》的通知（京政农发〔2022〕143号） /257

天津市农业农村委 天津市工业和信息化局关于印发《天津市农机装备补短板行动方案（2022—2025年）》的通知（津农委〔2022〕30号） /260

河北省农业农村厅关于印发《2022年河北省农机装备水平提升工作方案》的通知（冀农函〔2022〕38号） /261

山西省农业农村厅关于印发《山西省"十四五"农业机械化发展规划》的通知（晋农机发〔2022〕5号） /263

内蒙古自治区农牧厅关于印发《内蒙古自治区"十四五"农牧业机械化发展规划》的通知（内农牧机发〔2022〕577号） /268

吉林省农业农村厅 吉林省财政厅关于印发《吉林省2022年保护性耕作实施方案》的通知（吉农机发〔2022〕2号） /273

关于印发《黑龙江省粮食机械化生产提质增产减损行动方案》的通知 /275

关于印发《上海关于贯彻落实〈"十四五"全国农业机械化发展规划〉的实施意见》的通知（沪农委〔2022〕88号） /277

关于做好农机装备补短板工作的通知（苏农机〔2022〕21号） /279

关于做好2022年农业生产全程机械化保障油料扩种稳粮增产工作的通知（苏农办机〔2022〕4号） /280

浙江省农业农村厅 浙江省应急管理厅关于印发《浙江省进一步深化"平安农机"创建活动工作方案》的通知（浙农机发〔2022〕5号） /281

江西省人民政府关于印发《江西省农业七大产业高质量发展三年行动方案(2023—2025年)》的通知（赣府字〔2022〕45号） /282

山东省人民政府办公厅关于印发《山东省农机装备补短板行动实施方案》的通知（鲁政办字〔2022〕160号） /285

湖北省农业农村厅关于做好2022年湖北省农机深松整地作业补助项目工作的通知（鄂农函〔2022〕271号） /286

广西壮族自治区农业农村厅办公室关于切实做好大豆玉米带状复合种植配套农机装备保障工作的通知（桂农厅办发〔2022〕74号） /287

广西壮族自治区农业农村厅关于印发《广西农业机械化高质量发展"十四五"规划》的通知（桂农厅发〔2022〕93号） /288

重庆市农业农村委员会关于进一步做好农田宜机化改造工作的通知（渝农规〔2022〕3号） /293

关于印发《四川省"十四五"现代农业装备推进方案（2021—2025年）》的通知（川农发〔2022〕10号） /295

西藏自治区农业农村厅关于印发《西藏自治区"十四五"农业机械化发展规划》的通知（藏农厅发〔2022〕15号） /301

陕西省农业农村厅关于印发《陕西省"十四五"农业机械化发展规划》的通知（陕农发〔2022〕33号）............/307

关于印发《青海省2022年耕地深松项目实施方案》的通知（青农机〔2022〕171号）..................../312

关于印发《新疆生产建设兵团农机购置与应用补贴试点方案》的通知（兵农机发〔2022〕7号）............/314

宁波市人民政府关于印发《宁波市扎实推进科技强农机械强农行动实施方案（2022—2025年）》的通知
（甬政发〔2022〕26号）../317

厦门市农业农村局　厦门市财政局关于进一步做好农机购置与应用补贴工作的通知（厦农〔2022〕101号）........./319

关于印发《北大荒集团2022年农机深松整地作业补助试点实施方案》的通知............................./320

关于印发《北大荒农垦集团农业发展部"迎二十大百日攻坚战"农机安全生产专项整治工作方案》的通知
（北大荒集农发〔2022〕135号）../321

关于印发《黑龙江垦区2022年黑土地保护性耕作实施方案》的通知...................................../322

索引 ..../325

领导报告与论述

在2022年全国农业机械化工作会议上的讲话（摘要）

（2022年3月17日·北京）

农业农村部副部长　张桃林

召开全国农业机械化工作会议，主要任务是以习近平新时代中国特色社会主义思想为指导，深入学习贯彻党的十九届六中全会、中央经济工作会议、中央农村工作会议、全国两会、全国春季农业生产暨加强冬小麦田间管理工作会议精神，按照中央一号文件以及全国农业农村厅局长会议有关要求，部署推进2022年农业机械化重点工作。

一、2021年农业机械化展现新作为

2021年是"十四五"开局之年。各级农业农村部门认真贯彻落实党中央、国务院决策部署，按照保供固安全、振兴畅循环的工作定位，在常态化疫情防控背景下，全力推进农业机械化全程全面和高质量发展。全国农作物耕种收综合机械化率超过72%、提高1个百分点，畜牧水产养殖、设施农业、农产品初加工机械化率总体提升1~2个百分点，农机安全生产形势平稳向好，农机装备支撑卡点破冰，农机作业服务提质扩面，为保障粮食等重要农产品有效供给、巩固拓展脱贫攻坚成果、全面推进乡村振兴、加快农业农村现代化提供了有力支撑。"十四五"农业机械化工作实现了良好开局，亮点纷呈。

一是抓紧抓实粮食生产关键环节机械化，稳产保供支撑能力得到新提升。各地聚焦粮食稳产增产，精心组织重要农时机械化生产，突出抓好机收减损，着力提升薄弱环节机械化水平，全力抗灾救灾。机收损失率平均降低1个百分点，挽回50亿千克损失；水稻机械种植率提高2个百分点以上，超过58%；新创建了144个基本实现主要农作物生产全程机械化示范县；三大主粮机械化水平再创新高。2021年7月河南局部雨涝严重，中国农业机械化协会、农机工业协会、农机流通协会和浙江、湖南、重庆、天津、吉林、黑龙江、江苏、山东、湖北、陕西、宁夏、新疆等10余省份紧急捐赠2 264台套水泵及其他物资，千里驰援，极大振奋全系统狠抓粮食生产的精气神，展现了农机系统团结一心、攻坚克难的责任与担当。

二是细化实化机械化生产短板需求，农机装备补短板实现新突破。农业农村部与工信部联合召开农机装备补短板工作推进会，有效推动相关各方凝心聚力；与国机集团签署合作框架协议，多次召开重点农机企业座谈会，组织动员各方力量梳理出主要农作物、丘陵山区、重要零部件等领域300多个短板弱项，加大政策支持引导。江苏实施"农业生产全程全面机械化推进行动""农机装备智能化绿色化提升行动"，安排专项经费4 550万元实施农机装备与技术研发创新"揭榜挂帅"；山东、河北、重庆等地推动短板农机研发立项实施，产学研推用一体推进农机装备和农业机械化发展。

三是落细落小农机购置补贴等重大政策实施，机械化转型升级取得新进展。农业农村部会同财政部启动实施新一轮农机购置补贴政策，中央财政安排190亿元资金，各地加快推进政策实施，做优管理服务细节，扶持179万农民和农业生产经营组织购置机具209万台（套），其中畜禽水产养殖、设施农业等机械超过26万台（套）。农机报废更新补贴扩面增量，报废旧机数量和受益农户数量是2021年的3倍。扎实推进东北黑土地保护性耕作行动计划，实施面积达4 800千公顷，较2021年增加1 666.7千公顷。实施农机深松整地补助，作业面积超过6 666.67千公顷。推动落实14亿元专项资金重点支持灾区排涝、抢收、播前整地等重点环节农机服务。多地立足加快农业机械化全程全面发展，因地制宜创设政策。山西建设设施农业、果业、畜牧业、中药材等非粮类农机新技术示范点14个，打造高标准农产品产后处理及加工装备技术示范点29个。宁夏将高标准农田建设任务和资金转向主要用于丘陵山区农田宜机化改造，以及实施农机综合保险保费补贴，参保农机达7万余台。江西、云南等地以指定方式扩

充农机鉴定机构数量,增强鉴定工作力量,农机鉴定产品种类和数量大幅增长。

四是抓主抓重壮大农机化产业群产业链,机械化生产质量和效率取得新提高。突出农机社会化服务,牵引农机化产业发展壮大,精选推介24个"全程机械化＋综合农事"等服务模式的典型案例,进一步强化示范引领。部省两级分层分类搭建农机化生产数字化监测平台,提高了重要农时关键环节农机作业管理服务效率。深入推进农机驾驶培训取消资格审批改革,简政放权优化服务,放活农机培训产业。部省协作共同推出1 000多名农机使用一线"土专家",启动专业农机手培训行动,农机化实用人才进一步壮大。安徽列项支持71个县(市、区)建设全程机械化综合农事服务中心144家。吉林投入财政资金1亿元,在全省10个产粮大县开展全程机械化新型农业经营主体农机装备建设。甘肃持续开展"一乡一农机合作社"建设试点,积极发展以农机为载体的农业生产托管,合作社完成的机械化作业面积占到全省的40%。

五是凝心聚力谋划发展蓝图,加快农业机械化发展的氛围更加浓厚。农业农村部组织制定印发《"十四五"全国农业机械化发展规划》,凝聚全行业的智慧,明确了新时期农业机械化高质量发展的思路目标举措。各地分区域、分产业、分品种、分环节确定"十四五"及2035年农业机械化发展目标任务,梳理短板弱项,探索解决路径。各有关部委、金融机构出台了一系列促进农业机械化的务实管用举措,给了很大支持。地方党委人民政府高度重视农业机械化发展,不少地方主要领导亲自抓,支持举措日益丰富、力度逐渐加大。浙江省委省政府启动实施"机械强农"行动,省人民政府办公厅印发《先进适用农机具研制推广行动计划》,省财政安排专门经费,从研发制造、试验示范、推广应用三方面全产业链推进"机器换人"。四川将现代农业装备纳入省委省人民政府现代农业"10＋3"产业体系,设立薄弱环节机械化技术研发攻关专项,启动实施"五良"融合产业宜机化改造项目,投入资金1.1亿元。湖南布局建设智慧智能农机产业链发展高地,实施"千社工程",开展"以机宜地"和果菜茶园宜机化改造试点,投入资金近1.5亿元。

二、切实增强加快农业机械化发展的紧迫感责任感

习近平总书记对加快发展农业机械化作出了一系列重要指示,强调要大力推进农业机械化、智能化,给农业现代化插上科技的翅膀。我国经济社会发展进入"十四五"时期,"三农"工作重心转向全面推进乡村振兴、加快农业农村现代化新阶段,对农业机械化提出了新的更高要求。

第一,从保障国家粮食安全和重要农产品有效供给方面看。经过不懈努力,农业各产业机械化发展取得长足进步,农业生产已从主要依靠人力畜力转向主要依靠机械动力,进入了机械化为主导的新阶段。但农业机械化在不同区域、不同产业、不同品种、不同环节上的发展还不平衡不充分,重要农产品机械化生产、重要农时农机作业服务等方面有的还跟不上。比如,农机农艺融合尚不够全面,双季稻区水稻栽植、甘蔗收获等机械化水平还很低,畜牧水产养殖、设施农业机械化水平也不高,农机抗灾救灾能力还有不足,机械化减损保质还有潜力等。因此,要正视差距,树立大食物观,着眼为各类食物生产提供装备保障,紧盯短板薄弱环节,积极推进农业机械化全程全面和高质量发展,切实支持保障好国家粮食安全和重要农产品有效供给。

第二,从提高农业质量效益和竞争力方面看。农机装备是发展现代农业的重要物质技术基础,是农业技术集成和大规模应用的重要载体,具有人工没有的优势,能够显著提升土地产出率、资源利用率和劳动生产率,能够有效支持促进农业适度规模经营,对提高农业生产效益和竞争力具有不可替代的作用,还能产生巨大的环境生态效益。目前,我国已成为农机生产制造和使用大国,能够生产4 000多种产品。但大而不强、多而不优,部分关键核心技术、重要零部件、材料受制于人,部分高端机具主要依赖进口,国产机具多为中低端产品,部分领域、环节或地区"无机可用""无好机用"问题依然存在,有些十分明显。比如,大豆玉米带状复合种植专用机械、园艺和畜禽水产养殖机械、高端智能农机装备都有不足,适应南方丘陵山区的小型小众机械还相对缺乏等。因此,要坚持问题导向,瞄准农业生产需求精准补齐农机装备短板,把农业机械集成技术、节本增效、推动规模经营、提升农业经营效益和竞争力的作用全面、充分发挥出来。

第三,从促进小农户和现代农业发展有机衔接方面看。"机器替代＋主体转换"将成为我国农业现代化发展的基础方案。农业机械化的发展直接推动农民合作社及其他农业社会化服务组织的发展,进而有效带动小农户共同发展现代农业。这当中的19.5万个农机服务组织已成为发展壮大农业社会化服务的引擎力量,在促进规模经营、推动农业生产托管、开展跨区作业服务、发展综合农事服务等方面发挥了不可替代重要作用,展现出全面推进乡村振兴、加快农业农村现代化"机械化部队"的面貌。但是,农机社会化服务组织布局不均衡,服务半径和能力参差不齐,尤其是抢烘、抢排、抢灌等应急救灾能力薄弱;农机合作社等农机社会化服务组织带头人、农机服务经纪人等人才缺乏,农机存放、维修以及机械化育秧、烘干等设施用地难、发展慢等问题,在一些地区仍然突出。因此,要着眼更好解决"谁来种地、怎么种地"问题,进一步加强农机社会化服务组织及能力建设,有力促进小农户和现代农业发展有机衔接。

第四,从拓宽农民就业增收空间方面看。农业机械化的发展大幅度减轻农业劳动者的劳动强度,有效解放劳动力,把更多的小农户从细碎的土地经营中释放出来,转向比较效益更高的多种经营和二三产业,拓展家庭经营和务工就业渠道,增加经营性收入和工资性收入。农业机械化还带动农机化产业群产业链发展壮大,培育创造出近5 000亿元农机服务市场,全国乡镇农机从业人员近5 000万人,成为打赢脱贫攻坚战的一支重要力量。但农机化发展还不全面,机器换人的空间还很大。比如,我国丘陵山区耕地面积超40 000千公顷,占耕地总面积的三成左右,其中有一半没有实现机械化,存在很大的弃耕撂荒风险,本可以增产增收的特色产业可能会凋敝。再如,农产品初加工机械化水平不高,通过加工增值助力农民增收大有文章可做。又如,没有机械化,传统的间套作增产模式就会消失,亟待推广的大豆玉米带状复合种植、橘园种豆模式等就难以发展起来。因此,要在大力发展以农机为载体的农业社会化服务产业的同时,加快推进丘陵山区农业机械化的发展,助力驱动丘陵山区更多农业劳动力从传统种植业转向高效特色产业,从土地、养殖场里转移到比较效益更高的产业;要大力推进农产品初加工机械化,延展农业生产产业链、价值链，拓展种植养殖产业增收渠道和空间；要注重适宜间套作农艺措施的农机装备研发创新，让我国历史悠久的传统增产模式焕发新生，在促进"多种一亩是一亩、多种一季是一季"中扩大农民收入增长空间。

总之，新形势新要求，责任大，任务重，难度高。对农机的需求，正由部分品种生产的局部需求，转变为种养加全链条的需求，从非刚性需求转变为离不开、还要好的刚性需求。要充分认识到，在新发展阶段加快推进农业机械化，直接关系到地能不能种、有没有人种，是必须干好的大事要事，不是可有可无、锦上添花的事。新征程上，必须进一步增强政治意识、大局意识和责任感、使命感，坚决扛起推进农业机械化全程全面和高质量发展的历史重任，发扬担当和斗争精神，提升做好农业机械化工作的能力水平，高质量完成好各项工作任务。一要旗帜鲜明讲政治。农业机械化是党和人民的事业，关系"国之大者"。要坚持以习近平新时代中国特色社会主义思想为指导，学深悟透、用活用好习近平总书记关于"三农"工作重要论述以及关于农业机械化工作的重要指示批示精神，坚持学思用贯通、知信行统一，不断提高政治判断力、政治领悟力、政治执行力，全面贯彻落实党中央决策部署，主动站在全局和战略的高度想问题、办事情，一切工作从抓的导向、力度到抓的方式方法，都要体现政治性，着力提升农机化业务工作的政治效果。二要求真务实强作风。发展农业机械化是大战略，也是精细活，必须要强化精准思维，做到谋划时统揽全局、操作中精细得当。《"十四五"全国农业机械化发展规划》对今后一段时期农业机械化工作进行了全面部署，各地要结合实际抓好贯彻落实。在确定目标任务时，要同地方经济社会发展水平、已有工作基础相协同；在确定技术路线时，要与区域资源气候条件、地形地貌相匹配，分区域、分产业、分品种、分环节找到适合当地情况和农民需要的模式路径、机制办法。对当务之急，要立说立行、紧抓快办，不能慢吞吞、拖拖拉拉；对长期任务，要保持战略定力和耐心，坚持一张蓝图绘到底，滴水穿石，久久为功。三要励精图治提能力。农业机械化横跨农工两大领域，对干部的综合素质能力要求很高。干部一定要在专业上力求一专多能，加强理论学习、厚实理论功底，不仅要懂专业、知农时、识五谷，还得多学习政治、经济、文化、社会、生态、党建等相关知识，这样才能成为行家里手、工作得心应手。在视野上做到点面兼顾，既要突出重点加快补齐短板，又要统筹全局协调协同有关方面，同心同向推进农机化高质量发展。在工作上加强调查研究、找准有效抓手，多吸取基层农民群众的经验做法，多听取农机企业和科技工作者等方面的真知灼见；用好"一大一小"农机装备推广应用先导区、全程机械化示范县、农机农艺融合试验基地等平台，示范引领农业机械化发展；抓好农机大户、农机合作社等载体，把小农户引入农业机械化和现代农业发展轨道；发挥好各级农业机械化发展协调推进机制或专班等作用，推动各项工作协同发力、精准落地、见到实效。

三、突出抓好2022年农业机械化重点工作

2022年是党的二十大召开之年，也是实施"十四五"规划承上启下之年。中央农村工作会议强调，要全力抓好粮食生产和重要农产品供给，稳定粮食面积，大力扩大大豆和油料生产，提升农机装备研发应用水平，加快发展设施农业。中央一号文件对提升农机装备研发应用水平作出专门部署。《政府工作报告》将"提高农机装备水平"作为2022年政府工作任务。全国春季农业生产暨加强冬小麦田间管理工作会议要求，大力推进农业机械化，加强耕地整备建设和宜机化改造，加强先进适用农机装备研发，创新适应农机作业的品种和技术模式。全国农业农村厅局长会议明确了粮食生产稳面积提产能、产业发展稳基础提效益、乡村建设稳步伐提质量、农民增收稳势头提后劲"四稳四提"的工作布局，强调切实打牢种子耕地农机基础，加力推进农机装备补短板。这一系列决策部署，对农业机械化寄予厚望，为做好全年农业机械化工作指明了方向，提出了要求，要深刻领会贯彻、认真抓好落实。概括起来说，就是要紧贴实际需求加快推进适用型的农业机械化，紧盯为各类食物生产提供装备支撑，加快农机装备补短板，加快机械化与农艺制度、智能信息技术、农业经营方式、农田建设相融合，强化粮食生产、大豆油料扩种、设施农业等"米袋子""油瓶子""菜篮子"产品生产机具装备保障，持续推进农业机械化全程全面和高质量发展，提升农机研发应用水平，有力支撑"四稳四提"，为牢牢守住保障国家粮食安全和不发生规模性返贫两条底线，做出实打实的农机贡献。具体要突出抓好以下七个方面工作。

（一）狠抓重要农时粮食机械化生产。要紧盯重要农时。及早组织发布对接农机作业服务供需信息，做好机具保障、维修服务、优先优惠用油等工作，强化农机作业进度与农情数据衔接会商；会同有关部门做好跨区作业气象预警预报、作业秩序维护、突发事件处置等工作，保障作业车辆及时顺畅转移、安全高效作业。要狠抓机收减损。强化减损就是增产意识，广泛开展大宣传、大培训、大比武活动，加强农机手队伍管理和指导，提升收获机械装备质量和性能，确保正常作业条件下粮食机收损失率全面控制在现行标准内，挽回一斤是一斤。要加强灾害应对。制定应急方案，增加应急机具储备，加强机手救灾防灾技能培训，确保遇到灾情农机调得出、用得上，兜住机械化生产风险。要推广绿色增效技术。提质扩面实施好东北黑土地保护性耕作行动计划，扎扎实实完成5 333.33千公顷年度目标任务，广泛推行秸秆覆盖免少耕播种作业，实现粮食稳产增产和黑土地保护利用双赢；完成耕地深松整地6 666.67千公顷，有效提升地力。要大力提升水稻机械化种植水平。水稻机械化栽种水平低是三大主粮机械化生产的最大短板，2022年要开展南方水稻机械化种植专项推进行动，主推机械化移栽，突出"为机育秧"，发展机械化育插秧社会化服务，加快补齐水稻机种短板。

（二）奋力保障大豆和油料扩种机具供给。大面积推广大豆玉米带状复合种植，提升粮油综合生产能力，保障实用高效种管收作业机具供给是关键。要全力支撑大豆玉米带状复合种植。立足现有机型因地制宜抓好机具适配改造，做好改造配件协调供应；积极组织和支持科研单位、农机企业开展跨带收获机、双系统收获机等新型专用机具研发攻关，推动机具试制试验、改进熟化。要着力提高油菜机械化水平。选育生育期更短的油菜品种，推进解决冬闲田种植油菜茬口紧张问题，发展轻简化机直播与支持示范应用机移栽并举，因地制宜推广分段机收、联合机收作业方式，切实提升油菜机播、机收率。要加快先进适用装备推广应用。加大农机购置与应用补贴政策支持力度，对暂时无法鉴定的复合种植专

用的播种、植保、收获等创新产品，采用新产品补贴试点方式予以支持，加强机具质量与作业效果跟踪评价，加快把好产品推出来、用起来。要做好机具作业社会化服务。加强油菜、花生、大豆等油料作物播种、收获作业服务供需对接，组织开展跨区作业、生产托管等社会化服务，抓好油料作物机收减损。

（三）着力支持现代化设施种养业发展。我国耕地资源主要用于口粮，草原和水域面积也有限，提高重要副食品供给能力只能更多走现代化设施种养的路子；满足"菜篮子"产品等多样化消费需求，更多只能在发展设施种养、提升土地生产效率上想更多办法。而设施装备是现代化设施种养业的基础支撑。要强化装备供给。加快研发推广适宜适用的设施种植养殖装备，加快推进育秧育苗中心、烘干冷储中心、标准化设施大棚的建设，加快自动饲喂、废弃物处理、环境控制、屠宰加工、轨道运输等先进装备的推广应用。要强化政策扶持。加大农机购置与应用补贴政策对现代化设施种养成套设施装备的支持力度，推行先建后补，引导有意愿的地方建设智慧农牧渔场，加快组织制定建设标准规范，委托有资质的第三方开展技术指导、验收、抽查，扩大政策实施面、受益面。要强化示范引导。启动设施农业、规模养殖全程机械化示范县创建，推出一批先导区。依托农业产业园、农业科技示范基地等平台，遴选推出一批先进适用装备和标准化模式，开展设施设备、专用品种、高效生产管理和种植、养殖技术的集成示范，加快先进适用设施种养机械化技术推广应用。

（四）大力推进丘陵山区农业机械化。丘陵山区是当前农业机械化发展的最大区域短板，必须下大力气推进。要增加适用机具供给，推动丘陵山区通用动力机械装备及特色作物生产、特色养殖需要的高效专用农机研发，将更多符合条件的产品和成套设施装备纳入补贴范围、加大补贴力度。要推进农田宜机化改造。加大对农田宜机化改造的技术指导，做好《丘陵山区农田宜机化改造技术规范》宣贯，制定完善《丘陵山区农田宜机化改造评价规范》等技术标准，遴选发布一批典型案例，强化示范引领。结合高标准农田建设等工作，积极推进地方政府债券和有关资金支持开展丘陵山区农田宜机化改造。要推动农作物和果园茶园种植标准化。加强农机农艺融合，推动种植品种模式、果园茶园建设改造等与机械化作业相适应，研究制定机械化生产农艺规范，加快适用农机装备示范推广。

（五）启动实施农机装备补短板行动。按照农业农村部与工信部联合召开的农机装备补短板工作推进会部署要求，抓紧启动农机装备补短板行动。要编制行动方案。以分区域、分产业、分品种、分环节研究为抓手，紧盯产业发展需求，全面摸清农业机械短板，编制国家级和省级农机装备补短板行动方案，做好衔接，加快短板机具项目化清单化工作，尤其是要突出丘陵山区、大豆玉米带状复合种植、设施种养殖、林下种植等专用农机装备研发布局。要强化支持保障。加大专用农机装备标准及大纲制修订力度，加大农机购置与应用补贴政策支持力度，促进补短板攻关成果和创新产品高效转化、推广应用。加强质量监督，统筹农机试验鉴定、农机质量调查、农机投诉监督等工作，把严农机产品推广应用质量关。协调配合有关部门，动员有关行业协会和农机企业共同参与，把好产品制造质量关。要启动"一大一小"先导区建设。支持若干省开展大型大马力高端智能农机装备和丘陵山区适用小型机械推广应用先导区建设，创新搭建农机试验鉴定及试验验证、检验检测公共平台，探索构建自主可控、安全可靠、填白补缺、进中求好的国内农机生产供应体系，创造良好应用场景和政策环境，做出做大应用市场，加速技术迭代成熟。

（六）加力推动农机社会化服务提质增效。要因地制宜推进农机区域性服务中心建设，推广以"全程机械化"为牵引的多样化服务模式，加强救灾防灾专用农机装备储备，提升农机应急抢收抢种抢烘及排涝抗旱服务能力，广泛开展农业生产托管和快速精准开展抗灾救灾。要深入开展农机手培训行动，充分发挥农机使用一线"土专家"作用，重点围绕大豆玉米带状复合种植、机收减损等关键机械化技术开展田间操作实训，提高机手作业服务能力。要推动搭建农机作业监测服务平台，以物联网、大数据技术为支撑，强化作业组织调度，探索实时测产，并依托大数据支持，创新农机保险模式，完善农机维修服务体系，为农机手提供便捷高效的服务。

（七）全力打好"全国安全生产专项整治三年行动"农机安全整治收官之战。要强化基层农机安全生产精细化监管，推广"柳堡模式"，因地制宜将农机安全监管工作纳入基层网格化管理，与乡村治理积分制、清单制工作有机衔接。扎实推进农机安全检验制度改革，采取政府购买服务等方式，提高检验率。要深入实施农机报废更新补贴政策，加快老旧拖拉机和收获、插秧、植保、脱粒等机械淘汰升级，持续改善农机安全性能状态。要启动开展新一轮"平安农机"创建工作，会同应急管理部门完善创建条件，改进创建办法，高质量推出一批示范市（县）。要严厉打击违法违规驾驶行为，会同公安部门加大执法力度，推动各地于2022年底对没有农田作业功能的拖拉机停止核发牌证，扎实推进变型拖拉机清零工作。

2022年在东北黑土地保护性耕作行动计划工作部署会上的讲话（摘要）

（2022年3月22日·北京）

农业农村部农业机械化管理司司长　冀名峰

召开四省（区）保护性耕作行动计划工作部署会，调度四省（区）2022年工作进展，交流经验做法，研究推动工作，目的就是为了共同推动行动计划规范高效实施，努力确保保护性耕作在持续扩面的情况下实施质量不断提升。

这两年来，在四省（区）各级党委政府、农机化系统以及广大实施主体的共同努力下，黑土地保护性耕作行动计划实施取得了良好成效。连续两年超额完成任务目标，2021年实施面积达到了4 800千公顷，1年增加1 733.33千公顷；中央财政持续加大对保护性耕作的资金支持，两年共安排44亿元专项资金；四省（区）共有217个县（市旗区）实施了保护性耕作，占全部县（区）数量的68%，有20个（市旗区）县实施面积超过66.67千公顷，吉林省双辽市实施面积已占其适宜面积的95%，基本实现了整县推进。四省（区）共建设了525个县乡级高标准应用基地，覆盖所有项目实施县（市旗区），保护性耕作以点带面、梯次铺开的态势已经形成。从2021年第三方随机抽查和四省（区）长期监测点反馈的情况看，保护性耕作实施总体上技术应用到位，农业增产增效及生态效益逐步显现。在实现防风固土、保水保墒、提高土壤有机质含量的同时，进一步增加了作物抵御春寒、夏旱、台风等不利天气因素的能力，保苗促壮、节本丰产效果明显，农民群众实施保护性耕作的热情起来了。在东北四省（区）以及北大荒农垦的实践说明，保护性耕作是黑土地保护利用"用养结合"经济有效、持续可行的有效路径。

抓好2022年保护性耕作5 333.33千公顷实施质量十分重要，按照计划2023年实施面积将达到6 666.67千公顷，2024年8 000千公顷，2025年9 333.33千公顷。1年1 333千公顷的台阶，难度不小，这项工作按照先易后难的方式铺开，意味着越靠后可能越难，剩下的实施面积都要靠"一块地一块地去落实、一户一户去沟通"。虽然积累了经验，农民群众看到了成效，这也是有利条件，但仍需要省、市、县各级农业农村部门的同志、农机推广机构的同志付出更大的努力，去加大宣传动员、加强技术指导、优化技术模式、做好保障机具、搞好示范带动。

第一，要切实提高政治站位。保护性耕作是保护东北黑土地的一项战略性举措，中央一号文件已连续3年对保护性耕作有明确要求。对此，一定要有清醒深刻的认识，一是要站在讲政治、讲大局的高度来实施保护性耕作。保护性耕作不仅仅是农业技术工作，也不是单靠农业农村部门自己就能干好的，需要财政、科技、环保、自然资源、能源等部门协同联动才能抓好。现在四省（区）都成立了省级人民政府负责同志牵头的保护性耕作领导小组，也都将保护性耕作作为人民政府年度重点工作，纳入绩效考核内容。从实际情况看，一些地方依托领导小组开展行政动员、组织协调的工作还不够到位，实施过程中遇到的一些突出矛盾，比如有的地方秸秆窗口期焚烧、秸秆过度打包离田导致实施地块无秸秆可覆盖的问题，这已成为这些地区实施保护性耕作的最大困难，不少实施主体也十分担心，要依靠领导小组来加强与环保部门、能源部门协商，找到一个好的解决办法来。二是要高度重视审计整改这项工作。2021年审计署对黑土地保护相关资金和政策措施落实情况进行了专项审计，向部里进行了通报，要高度重视，对于审计中提出涉及保护性耕作的问题一个都不能放过，例如部分地区完成质量不高、兑付不及时等问题，一定要立行立改，同时要避免类似问题重复发生。

第二，要狠抓技术规范应用。保护性耕作的核心技术要求是"多覆盖、少动土"，这是确保保护性耕作高质量的关键。在实施过程中，一定要坚持"质量优先"原则，将技术规范应用摆在突出重要位置。一是要加快优化定型主推技术。不同区域一定要明确适宜本区域的主推技术模式，要坚持实事求是、因地制宜，不能千篇一律、死搬硬套。主推技术一定要成为兼顾多方需求下的最优解，比如，秸秆量过大的区域就不能过多要求秸秆全部留田免耕，而是可以实行部分离田或归行处理；再如，秸秆饲用需求量大的区域可以采取留高茬并保留一定量秸秆的方式，以便做到二者兼顾。这些技术模式在已经印发的技术指引中都有了明确。这两年基层的同志们做了不少模式探索，比如条带耕作，就是吉林基层同志在实践中边探索边推广开来的，这种浅窄型条耕可以有效解决产量高、秸秆量大的地区地温低、出苗质量不好的问题。比如垄作保护性耕作，在当前黑龙江大豆扩种的大趋势下，可以做到保护性耕作与垄作兼顾。希望各地继续开展探索创新，不断丰富保护性耕作技术内涵。二是要加大培训宣讲力度。各地要加强技术培训，努力实现技术规范应用。去年农机化司与科教司联合发文，依托高素质农民培训工程项目，集中开展技术培训，取得了很好的效果，2022年将继续开展这项工作，各省要指导项目实施县用好这个项目，解决基层培训经费紧张的问题。从实际工作来看，基层干部特别是乡（镇）干部、村两委干部对于保护性耕作高质量实施发挥的作用很大，2022年培训应当把乡（镇）主管农业负责同志、村两委负责同志作为重点，使他们深刻理解保护性耕作的重要性和技术要领，通过他们做好农民动员工作，引导农民留住田间秸秆，此项工作完成情况将纳入行动计划年度考核范围。

第三，要努力提升实施质量。2021年的专项审计中，四省（区）审计部门反映最多的问题之一就是实施质量的问题，有的地方能够达到资金兑付要求的面积远小于作业面积，因此，要时刻绷紧质量管控这根弦，用好政策、机具、监管等各项措施。一是要实施差异化补助。2021年提倡四省（区）采取差异化补助的方式，2022年改为全面实行差异化补助，即根据秸秆覆盖地表程度分3档进行补助，秸秆覆盖多的实施地块，机手补助资金拿得就多，做到"高质多补"，强化高质量引领。四省（区）要落实好差异化补助政策，更好调动机手实施保护性耕作的积极性。二是要强化机具保障。高性能免耕播种机是高质量实施保护性耕作的关键，直接决定了出苗好坏、产量高低。有不少实施主体反映因为缺少高性能免耕播种机导致秸秆全量覆盖下播种效果不好、出苗质量不高。为此，2021年专门提高了高性能免耕播种机的补贴测算比例，由30%调到35%。要督促指导省级农机试验鉴定机构加快完成高性能免耕播种机相关指标参数的补充检测，目前还有一些企业提出了补测申请但还没有完成补测工作，四省（区）农机鉴定机构要做到对省（区）内外企业一视同仁，坚持敞开受理、优先检测，确保"优机优补"措施落实落地。要加强机具调配，及时掌握区域内免耕播种机保有情况，摸清底数缺口，统筹做好机具协调调度，提高机具使用效率。三是要强化监管督导。要将信息化监测终端作为作业效果判定的主要依据，进一步提高监管效率。要加快监测终端安装进度，力争2022年通过终端判定实施效果面积占比超过70%。要加强长期监测点建设，切实掌握一批土壤肥力、作物长势、粮食产量变化的数据，能够准确展示实施保护性耕作重要技术成效。要强化全过程监管，抓住春播、秋收关键农时，派出工作组现场督导。2022年，农业机械化管理司将继续开展司处级干部挂县联系及第三方实施效果抽查评估工作。

第四，要不断强化示范引领。在起草制订行动计划时，就明确了整体推进县和高标准应用基地的内容，目的就是为了通过高质量的示范引领，带动农户加快采用保护性耕作技术。一是要加大整体推进县的支持力度。截至目前，四省（区）已建设了 47 个整体推进县（市区），这些整体推进县已成为保护性耕作技术加快推广应用的重点区域，比如吉林双辽、内蒙古扎赉特、辽宁阜蒙、黑龙江泰来等，起到了良好的示范带动作用。2022 年还将新增一批整体推进县，使整体推进县达到 50 个以上。同时，鼓励结合实际适当提高整体推进县范围内的作业补助标准。要加强对整体推进县的正向激励，努力形成技术能到位、运行可持续的长效机制。另外，在应用基础好、条件成熟的地区也可以探索设立整体推进乡和整体推进村，推动保护性耕作整乡整村全覆盖。二是要加大高标准应用基地的支持力度。高标准应用基地是规范应用并持续优化保护性耕作技术的重要阵地，这些基地实施效果的好坏直接影响周边农民群众能不能接受保护性耕作技术。行动计划实施指导意见明确了中央财政资金要支持建设基地，但如何支持、支持内容没有细化，有的地方协调财政部门用好这项政策时遇到了困难。为此，2022 年专门与财政部沟通，将基地建设的内容以及方式写入了年度通知，省厅要主动与财政厅沟通，支持基地开展对比试验、数据监测、技术指导、培训示范等工作，而不仅仅局限于单纯地提高作业补助标准。要继续推行基地"1＋1＋2"技术指导方式，为每个基地配备 1 个技术支撑单位，1 位技术指导专家，每位专家每年至少 2 次赴基地开展现场技术指导，不断严格基地质量要求。

三是要加强典型宣传报道。要加大宣传力度，组织省级媒体持续开展专题性报道，多宣传一些典型基层经验和典型人物事迹，营造良好社会舆论氛围。

第五，要积极推动资金及时兑付。作业补助资金及时足额兑付关系到政策稳定推进，关系到农民群众对行动计划的信心，关系到农机手实施积极性，是能不能取信于民的问题。目前，四省（区）2020 年资金兑付进度是刚过 90%，2021 年的兑付情况同样不容乐观。四省（区）领导小组一定要发挥作用，高度重视资金兑付工作，努力推动及时兑付资金。一是要加强调度通报。2022 年部里层面还将继续开展资金兑付调度，省厅要主动会同财政厅不定期通报项目实施县兑付情况，这项工作已经征得财政部同意写入 2022 年的年度通知中，成为财农两部门的共同责任。要及时将兑付情况向政府分管领导同志汇报，对于兑付进展缓慢的县（区），直接通报到县（区）党委政府主要负责同志，促其重视整改。二是要用好存量资金。这两年四省（区）或多或少都有资金结余结转，这些存量资金不能简单挂账上处理，一定要用好这些结转资金，协商财政部门将这两年的结转资金统筹用于今年的保护性耕作实施，并加快支出进度。三是要推动建立科学有效的资金分配机制。2022 年在项目资金分配中加入了年度考核评价因素，而年度考核评价指标体系中最核心的指标就是资金管理和实施质量，简而言之，就是"干得好的、兑付快的"来年的项目资金分配就越多。四省（区）也要探索对项目实施县资金分配加入绩效因素，建立以实施效果和兑付进度为基础的资金分配测算方法，不断提高资金使用效益。

在"三秋"农机安全生产重点工作部署视频会上的讲话（摘要）

（2022 年 8 月 22 日·北京）

农业农村部农业机械化管理司副司长　　宋建武

在"三秋"农忙全面展开前召开农机安全生产视频会议，进一步学习贯彻习近平总书记关于安全生产重要指示批示精神，传达农机安全生产有关工作要求，未雨绸缪，抢前谋划部署"三秋"农机安全生产工作，为"三秋"农机化生产高效、安全、有序进行做好准备。各级农机部门要将思想和行动统一到习近平总书记重要指示批示精神和党中央、国务院决策部署上来，坚持人民至上、生命至上，按照"三个必须"要求，落实好农机安全生产各项工作，努力确保农机安全生产形势持续稳定向好。

党中央、国务院高度重视安全生产工作。7 月 11 日，国务院安委会召开全国安全生产电视电话会议，李克强总理作出重要批示指出：安全生产须臾不可放松。2022 年以来一些地区和行业领域事故多发，教训十分深刻。各地区、各有关部门和单位要以习近平新时代中国特色社会主义思想为指导，认真贯彻党中央、国务院决策部署，统筹发展和安全，树牢底线思维，层层压紧压实安全生产责任和措施，有效防范化解重大安全风险。要进一步强化安全监管执法，持续夯实安全生产基础，提升安全发展水平。8 月 16 日，胡春华副总理在三季度"三农"重点工作视频调度会上再次强调，要确保农村社会稳定安宁，切实抓好农机、渔船、水利等农业安全生产工作。农业农村部有关领导也多次对农机安全生产工作提出要求、作出部署。

一、农机安全生产之弦须臾不可放松

2022 年以来，各级农业农村部门认真贯彻落实党中央、国务院关于安全生产的决策部署以及农业农村部党组关于抓好农机安全生产的具体要求，认真履职尽责，推动农机安全生产各方面工作取得积极成效。2022 年 1—7 月，全国报告国家等级公路以外农机事故 55 起，死亡 11 人，受伤 16 人，与 2021 年同期相比，事故起数减少 24 起，下降 30.4%；死亡人数减少 5 人，下降 31.3%；受伤人数减少 7 人，下降 30.4%，农机安全生产形势进一步好转。

在农机安全生产形势向好的情况下，切不可麻痹大意，越是形势好，越要防范麻痹大意思想。现在，全国形势是好的，但少数省有出现恶化的问题或苗头，切不可有丝毫放松。近段时间以来，其他行业领域还是出了不少大事，必须引以为戒，比如，"3·21"东航航空器飞行事故、湖南"4·29"自建房倒塌事故以及渔业船舶、天然气等领域事故的发生，严重冲击了人民群众的安全感。另外，2020年吉林扶余"10·4"、2021年黑龙江勃利县"9·4"涉农机重大道路交通事故，都发生在"三秋"期间。要认真汲取这些事故带来的深刻教训，举一反三，全面、仔细地对照农机安全生产工作当中是否存在造成这些事故的主客观因素，针对性采取有力举措，对事故隐患做到发现在早、预警在先、防范在前、化解在小。

二、提前谋划，全力抓好"三秋"农机安全生产工作

"三秋"重要农时持续时间长，是农机作业的高峰期，也是农业生产经营主体的用工密集期，农民群众生产生活出行同时增多，农机安全生产进入事故易发、多发、高发时段。往年实际情况也显示，下半年事故全年占比高于60%，"三秋"期间占比约40%。当前离"三秋"大忙还有那么一段时间，要充分利用这段时间，提前谋划，查漏补缺，再仔细想一想还有哪些地方做得不到位，有哪些地方还可以做得更好，进一步细化工作举措，确保工作实效，切实筑牢农机安全生产基础。要坚决杜绝近年来农机安全生产事故逐年下降趋势下可能产生的麻痹大意思想，深刻汲取本行业和其他领域安全生产事故教训，切实做到以案为鉴、警钟长鸣。此外，2022年是全国安全生产专项整治三年行动收官之年，要充分运用安全生产专项整治三年行动成果，针对共性问题和突出矛盾，建立从根本上消除事故隐患、解决问题的长效机制，落细落小农机安全生产各项工作，确保"三秋"农机化生产顺利进行，确保农机安全生产工作取得更大成效。

一要主动防范农机安全风险隐患。开展安全生产大检查是习近平总书记在2022年初亲自部署的工作，是减少和杜绝事故发生的必要之举。之前，农业农村部印发了农机安全生产大检查工作方案、农机安全生产重大事故隐患判定标准，各地要按照部署和要求，结合农机作业季节性、时段性特点再次全面摸排农机安全生产风险隐患，特别要密切关注"小散偏"等容易出现管理盲区漏洞的单位、区域，做到摸排不留死角、检修不漏一机、提醒不漏一人，已经实行网格化管理的地区，在这方面更要作出表率。要根据摸排情况，动态调整隐患和整改清单，对隐患整改过程实行动态管理、对账销号。要深入开展农机报废更新工作，加快老旧农机报废淘汰，推进农机装备结构优化和安全性能提升。要加强工作交流借鉴，江苏省于8月2日印发关于扎实开展农机安全生产百日攻坚行动的通知，对隐患排查、整改落实、情况调度等方面工作进行全面部署，具有很强的针对性。各地要学习借鉴江苏省的做法，结合本省实际，因地制宜组织开展农机安全生产隐患排查整治攻坚行动，对农机安全生产隐患进行一次"大扫除"。在这里，还要再特别强调两件事，一件是"变拖"清零，各地农业农村部门要加强与公安交管部门协调配合，持续开展变型拖拉机专项整治，按照清零计划进度，严格做到期满报废，确保2025年全部清零；另一件是2022年底前停止对只有运输功能、无农田作业功能拖拉机的注册登记，在开展这一工作时，一定要细而又细，要面向一些农民群众耐心解读解释，要主动引导相关企业升级转型。年底之前，各省要结合实际，就此开展一次摸底调研，包括还有没有企业在生产此类产品，有没有替代产品用以解决农村生产实际需求，如出现安全生产事故怎么管，如有相关舆情该怎么应对等。

二要强化农机安全生产执法。"三秋"期间，要组织各县农业综合执法和农机安全监理机构开展全区域、不间断安全生产执法，深入田间地头、走进作业场院，与农机合作社等服务组织、农机户面对面，严查未依法办理车辆登记和检验手续、无牌无证驾驶、违规操作等行为。要加强与应急管理、公安、交通运输部门协作配合，强化农村道路交通安全的日常监管，加大联合执法频次和力度，特别是要紧盯清晨、夜晚等往返高峰、风险时段，重点在城乡接合部以及通往田间地块、养殖场院等主要路段，严查拖拉机违法载人、无牌无证驾驶、酒后驾驶等违法行为，形成农机安全监管的高压态势。要加强对近年来农机安全事故多发频发县市的业务指导，督促其吸取教训、优化管理，加大工作力度，努力降低事故风险。司里将派出调研组，赴有关省份开展指导。

三要大力开展安全宣传教育和"平安农机"创建。要充分利用电视广播、期刊杂志、互联网新媒体等渠道，重点宣传安全生产法律法规和农机安全生产知识等，持续提升公众农机安全素养和驾驶操作技能。要充分运用农机执法典型案例、农机道路事故案例及其他领域典型事故案例开展警示宣传教育，进一步增强农民群众发现农机安全风险隐患的敏锐度和拒绝农机安全违法违规行为的自觉性。要充分结合"平安农机"创建活动，深入推进农机安全生产"五进"等宣传教育活动，将道路交通安全法律法规和知识常识送到"田间地头"，加强重点人群农机安全知识普及，推动安全文明出行纳入村规民约，融入乡村习俗，纳入乡村治理积分制、清单制范围。要充分结合"网格化""两站两员"等基层安全生产管理工作推进实际，会同有关部门组织网格员、安全员、劝导员等队伍针对广大农机手进行安全生产常提醒、常念叨，切实强化农机手安全生产的意识。

三、认真贯彻落实"十四五"有关安全生产规划

7月21日，国务院安委会办公室印发了《"十四五"全国道路交通安全规划》（以下简称《规划》），《规划》的出台对于切实提高道路交通整体安全水平、全力防范化解道路交通重大安全风险、切实保障人民群众生命财产安全具有重要意义。《规划》指出，"道路交通安全工作基础仍然比较薄弱，农村交通安全问题凸显。要强化农忙时节、集中返乡返岗等重点时段农民群众出行服务保障。强化农村地区交通安全执法，依法严查拖拉机违法载人等违法行为。持续开展变型拖拉机专项整治，完成存量变型拖拉机清零"。8月16日，国务院安委会办公室召开贯彻落实"十四五"全国道路交通安全规划视频会，会议特别指出，要加大拖拉机违法载人查处力度，加快变型拖拉机淘汰清零等农机安全生产工作。

要结合贯彻《"十四五"国家安全生产规划》《"十四五"全国农业机械化发展规划》，进一步抓好政策宣传，狠抓农机安全生产有关工作的贯彻落实，逐级分解落实目标任务，细化工作分工和进度安排。要坚持问题导向、目标导向、结果导向，强化部门协调配合，推进形成齐抓共管合力，加快解决涉及农机安全生产的重点难点问题。同时，要高度重视农忙时节农民出行问题，在农业生产集中用工、集中运送需求较大的地区，鼓励有实力的用人单位、农业经营主体、种植养殖大户等发展通勤班车，着力解决所需劳动力出行难等问题。要积极推动和配合交通运输部门，通过加密客运班线服务频次、灵活设置停靠站点、开展预约响应服务等方式，最大程度满足农村群众群体性、潮汐性出行需求。

在推进基层农机安全生产网格化管理工作视频会上的讲话（摘要）

（2022年12月12日·北京）

农业农村部农业机械化管理司副司长　宋建武

召开这次视频会议，主要是深入学习贯彻党的二十大精神，认真贯彻落实习近平总书记关于安全生产重要指示精神，按照党中央、国务院关于安全生产的决策部署，以及农业农村部党组关于落实和夯实基层在农机安全监管责任上的具体要求，聚焦推进农机安全生产网格化管理，加快提升基层农机安全治理效能，夯实农业机械化全程全面高质量发展的安全基础。

一、充分认识推进农机安全生产网格化管理的重要性

2017年国务院安委办印发《关于加强基层安全生产网格化管理工作的指导意见》，对全面提升基层安全生产的精细化、信息化和社会化水平作出部署。各地各有关部门结合实际，认真贯彻落实相关部署要求。从农机安全生产领域看，江苏柳堡镇及其他一些省的实践表明，网格化管理是行之有效的管理模式。2022年9月农业农村领域防风险保稳定暨三秋农业生产推进会上，张兴旺副部长强调农机安全生产工作必须抓得紧而又紧、实而又实。安全是发展的保障，发展是安全的目的。推进农机安全生产网格化管理，对夯实农业机械化高质量发展安全基础、有力支撑农业安全生产具有重要意义。

第一，是破解农机安全管理"最后一公里"难题的有力抓手。近年来，各级农业农村部门会同有关部门认真履行农机安全监管职责，有效防范化解农机安全重大风险隐患，保持了农机安全生产形势持续平稳向好态势。2022年1—10月，全国累计报告在国家等级公路以外的农机事故95起，死亡20人，受伤34人。与2021年同期相比，事故起数减少77起，下降44.8%；死亡人数减少17人，下降46%；受伤人数减少27人，下降44.3%。目前，全国农机保有量已近2亿台(套)，实行牌证管理的拖拉机和联合收割机分别达2 170多万台和250多万台，持证驾驶员1 150多万人，监管服务对象量大面广，"最后一公里"监管难题较多，但全国农机安全监理人员仅2.5万人，管好农机安全仅靠这一力量是远远不够的，迫切需要更有力的抓手，迫切需要更高效的平台，迫切需要更专业的人员队伍。江苏等地实践证明，借助网格化管理，能够实现监管重心下沉、关口前移、资源下投，通过发挥网格员的信息员、宣传员和风险提醒员的作用，使农机安全监管体系延伸到农机作业最前沿，有利于实现对农机安全生产的动态监管、源头治理和前端处置，有利于构建齐抓共管的安全生产监管格局，有利于切实维护广大农民群众的生命财产安全。

第二，是打牢农业安全生产基础的必要之举。党的二十大强调，要加快建设农业强国。农业要强，安全是基础。农业安全生产涉及领域众多，农机是极为重要的一个方面。2022年4月2日，农业农村部召开全国农业安全生产工作电视电话会议，对农机安全生产提出了明确要求；客观上讲，农业本质安全水平还不够高，主观上看，还存在安全发展理念贯彻不够到位、责任链条尚未层层压实、安全监管执法偏宽偏软等问题。农机安全生产作为农业安全生产的重要组成部分，是发展农业机械化的底线和红线，没有农机安全，既谈不上农业机械化全程全面高质量发展，也谈不上农业生产安全。对此，就农机安全监管问题多次提出"应管尽管、不漏一机、不漏一人"，目的就是要实现基层农机安全的全面治理，实现农机化生产的安全高效，以有力支撑农业安全生产。推进农机安全生产网格化管理，是实现这一目标的关键一招，是促进和保障农业安全生产的必要之举。实践中不仅要将农机安全监管责任有效延伸到"神经末梢"，也要在探索农业安全生产基层监管机制模式上走在前列、作出表率。

第三，是加强和改进乡村治理的重要一环。党中央国务院高度重视将安全生产工作纳入社会治理和社会建设的范畴。2016年中共中央、国务院印发《关于推进安全生产领域改革发展的意见》，明确提出要坚持系统治理，严密层级治理和行业治理、政府治理、社会治理相结合的安全生产治理体系。2019年中办、国办印发《关于加强和改进乡村治理的指导意见》，明确将强化农村安全生产作为加强平安乡村建设的主要任务之一。农机安全是农村安全的重要内容，是4 600多万农机手以及广大农民群众的切身利益、根本利益所在，如果老出问题，乡村治理工作中就会出现明显短板，就会影响宜居宜业和美乡村建设。实践中，江苏"柳堡模式"已实现与社会综治体系融合，有效促进乡村治理各项工作多赢共赢。其他一些省的农机安全生产网格化管理也在积极融入社会治理体系，比如，宁夏农机安全生产网格化管理体系已纳入基层社会事务综合治理范围；安徽省安庆、黄山两市已将农机安全生产网格化管理等工作纳入乡村治理积分考核。综合运用传统治理资源和现代治理手段，把农机安全生产网格化管理纳入乡村治理体系，是必要的，也是可行的。

二、准确把握推进农机安全生产网格化管理的新形势新要求

党的二十大对提高公共安全治理水平、完善社会治理体系作出部署、提出要求。我们抓农机安全生产，要全面贯彻落实党的二十大精神，坚持人民至上、生命至上，准确把握新时代新征程农业机械化发展的形势任务，在推进农机安全生产网格化管理实践中，育新机、开新局。

第一，把握好推进农机安全生产网格化管理面临的机遇挑战。农业机械化是加快推进农业农村现代化的关键抓手和基础支撑。近年来，全力以赴推进农机装备补短板行动，"无机可用""无好机用"等老难题在逐步破解；坚持不懈做强做大包括社会化服务、维修、教育培训等在内的农业机械化产业群产业链，推动其逐步成为农村的大产业、农民增收致富的大领域。但随之带来的安全生产压力也不断增大，亟须采取有力举措做好农机安全监管服务。党的二十大报告强调"推

进安全生产风险专项整治，加强重点行业、重点领域安全监管。""完善网格化管理、精细化服务、信息化支撑的基层治理平台，健全城乡社会治理体系，及时把矛盾纠纷化解在基层、化解在萌芽状态。"为推进农机安全生产网格化管理指明了前进方向。党中央国务院近年来出台的有关完善城乡社区治理、加强和改进乡村治理、加强基层安全生产网格化管理等重要文件，以及《"十四五"国家安全生产规划》都为推进这一工作提供了重要遵循。各地的成功实践，为全面推行这一工作提供了鲜活样板。2022年，农业农村部农业安全生产电视电话会议明确要求在全国推广江苏"柳堡模式"，推动建立健全乡村农机安全网格化管理机制。机遇就在面前，担当作为正当其时。要坚决扛起抓安全生产的政治责任，坚持"管行业必须管安全，管业务必须管安全，管生产经营必须管安全"，采取有力举措，加快推行农机安全生产网格化管理，切实把农机安全生产工作引向深入。

但是，要清醒认识所面临的困难问题。党的十八大以来，虽然在农机安全生产上取得明显成效，但是仍要面对一些新老交织的突出矛盾。一是风险隐患始终存在。有的拖拉机、联合收割机因从事跨区作业等高频、长时、长距离作业，导致机械部件在短期内加速磨损，影响作业安全。一些驾驶操作人员缺乏安全操作和维护保养意识，每年拖拉机和联合收割机因制动失效、防护装置缺失、灯光不全等引发的事故较多。部分地区检验率、上牌率始终处低位徘徊。无证驾驶、逾期未检、违法载人上路行驶等现象不同程度存在。一些新型安全问题也日渐显现，比如作业现场有不少群众跟在作业机具后面辅助劳动但安全隐患突出，山地轨道运输作业容易出现脱轨，烘干作业现场消防压力加大等。二是基层监管能力凸显不足。随着农业综合行政执法改革的深入推进，部分地区基层农机安全监理人员队伍结构调整较大，乡村农机安全监理员、协管员队伍面临重塑，基层专业监管力量出现暂时跟不上的情况，需要在改革进程中予以解决。部分地区经费保障困难的问题较为突出，安全检验设备、管理信息化建设等比较滞后。三是管理理念方式等亟待转变。受各种因素影响，一些地方在抓工作中，或多或少存在一些不利于提升治理效能的情形，比如，重事后处置、轻事前预防，重依靠在册监管人员单打独斗、轻依靠其他部门及社会力量，重专项整治、轻日常教育提醒，重在用机具监管、轻通过提出技术改进意见促机具本质安全，重管理、轻服务，重人才、轻技术等。

第二，领会好推进农机安全生产网格化管理的基本要求。网格化管理经过多年发展，已成为一种社会治理的制度性举措。推进农机安全生产网格化管理，要坚持人民至上、坚持守正创新、坚持问题导向、坚持系统观念，深刻领会其基本要求。一是管理理念向事前预防转型。党的二十大报告强调，"坚持安全第一、预防为主，建立大安全大应急框架，完善公共安全体系，推动公共安全治理模式向事前预防转型。"推进农机安全生产网格化管理，要更加注重构建以信息化为支撑、网格化为依托，连接农机监管部门、网格人员、农机操作人员"三位一体"的综合治理体系，将过去传统、被动、定性和分散的管理转变为现代、主动、定量和系统的管理，对风险隐患做到早发现、早处理，努力确保农业机械投入生产后不出事故。二是管理模式向整体联动转变。根据2017年中共中央、国务院《关于加强和完善城乡社区治理的意见》关于拓展网格化服务管理的要求，要最大限度地协调利用社会管理综合治理网格或其他既有网格资源，积极推动农机安全网格与既有网格资源在队伍建设、工作机制、工作绩效、信息平台等方面的融合对接。各地在探索农机安全生产网格化管理实践中，有的就依托了既有网格，既节约资源，又强化综合治理效能，还减轻基层负担，一举多得；有的还是主要依靠自身力量推进，相对比较困难。因此，推进农机安全生产网格化管理，要充分凝聚各方合力，充分发挥既有资源力量作用，努力实现"整体联动"，把网格化管理触角伸至每个农机服务组织、农机户、农机手和每台农业机械，在基层社会治理"一张网"中实现农机安全生产的高效治理。三是管理要求向精细化提升。天下大事，必作于细。推进农机安全生产网格化管理，仅有网格是不够的，还要注重精细化服务和信息化技术支撑。从以往实践看，有的地方有网格、无服务的情况或多或少存在，影响了网格作用发挥。推进农机安全生产网格化管理，要充分借鉴"精准扶贫、精准脱贫"成功经验，精细谋划网格制度框架、精细明确职责任务、精细开展管理服务，并借助信息化技术，做到寓管理于服务、以服务促管理，把工作做到群众心坎上。

三、扎实做好下一步重点工作

加快推进基层农机安全生产网格化管理十分重要。要坚持以习近平新时代中国特色社会主义思想为指导，全面贯彻落实党的二十大精神，从最突出的问题防起，从最基础的环节做起，从最明显的短板补起，从最关键的责任抓起，扎实推进农机安全生产网格化管理拓面提质、见行见效。

第一，加强组织领导，分类有序推进。强有力的组织领导是做好工作的根本保证。一要将农机安全生产网格化管理作为农机安全生产工作重要内容摆上日程，积极向同级党委政府请示报告，主动与安委会及应急管理、社会综合治理、公安、人力资源和社会保障等部门沟通协作，统筹用好各方资源力量，合力建制度、搭框架、抓落实。二要因地制宜、有序推进，可以整省推进，或以市、县、乡镇为单位先行探索。三要扎实推进将农机安全生产网格化管理纳入乡村治理工作范畴，已纳入的要发挥作用，暂未纳入的要积极推动，特别对在乡村治理中运用积分制、清单制的地区，要按照《"十四五"时期"平安农机"创建活动工作方案》的部署，因地制宜推动将农机安全生产的管理要求纳入积分制、清单制范围。

第二，搭建网格平台，细化结构功能。搭建好网格化管理平台，是最为基本和基础的工作。一要以县为基本单元，科学划分乡镇及以下农机安全监管区域网格，充分运用信息化智能化技术，确保平台搭建有质量、上水平，做到制度框架设计与基层需求有机结合。二要坚持减轻基层负担、提高治理效能导向，充分依托既有成熟网格，必要情况下再自建网格并积极承载其他行业管理任务。三要积极争取信息化管理或网格化服务管理部门支持，做好平台软件开发及功能升级，将农机安全管理最为突出的短板，比如农机安全检验、隐患排查整治等要求，全部设计纳入网格信息模块。

第三，培育网格人员，明确职责任务。网格员是实施网格化管理的关键依靠力量。一要立足当地实际，既要注重从"乡村农机两员"、公安交管"警保两员"、农机服务组织、农机大户等群体中选拔网格员，也要注重从其他既有网格员队伍和热心群众中选拔网格员。二要在明确镇、村农机安全管理职责任务基础上,进一步将有关工作要求细化至网格员,比如,收集上报安全生产线索,督促开展安全检验和注册登记,提醒纠正违法违规行为,开展普法宣传与日常安全提醒,配合开展隐患排查整治,提出机具安全性能改进意见等。三要加强对网格员的业务培训,省、市两级重点做好网格员师资培训,县级重点开展网格员业务培训,多措并举,突出提升网格员隐患发现处理、信息化技术运用等能力水平,做到懂检查、善发现、会记录、快上报,推动网格员由"外行人"加快过渡为"内行人"。同时注重加强网格员保密教育。四要强化激励保障,推动和联合有关部门制定网格员考核奖励办法,采取适当方式及时给予奖励,充分调动网格员工作积极性。

第四,抓好典型引路,带动全面推进。他山之石,可以攻玉。一要加强交流互鉴,已开展农机安全生产网格化管理的地区要深入总结好做法好经验,通过新闻媒体、网络平台等多种方式主动向其他镇村、其他市县、其他省份宣传推介;尚未开展的地区,要坚持试点先行、循序渐进、注重实效,主动学习借鉴先行地区鲜活经验,通过以点带面,实现以面带全。二要推动社会参与,充分发挥第三方安全生产专业技术服务机构的支撑作用,充分调动广大农民群众参与其中,紧紧依靠人民群众推进农机安全专群结合、群防群治、齐抓共管。三要锚定目标担当作为,争取在不长的时间内,将农机安全生产网格化管理在全国范围内基本推开,加快实现农机安全生产体系共建共治共享,全面夯实推进农业机械化全程全面高质量发展的安全基础。

全力保障鉴定供给　推进技术推广应用促进农业机械化高质量发展(摘要)

(2022年11月18日·北京)

农业农村部农业机械化总站站长　刘恒新

组织召开全国农机试验鉴定和技术推广工作会议,主要任务是深入学习领会党的二十大精神,紧紧围绕"三农"中心工作和重点任务,进一步聚焦发展短板,强化技术支撑,认真做好农机试验鉴定和技术推广工作,促进农业机械化全程全面高质高效发展,为粮食安全、重要农副产品有效供给、加快建设农业强国提供强有力的机械化保障。

一、认真总结农机鉴定推广工作成效

2021年以来,全国农机鉴定推广机构深入贯彻党中央国务院决策部署,按照"保供固安全、振兴畅循环"工作定位,在常态化疫情防控背景下,积极推动鉴定推广工作改革创新,切实为农民群众"有好机用"把好关、"把机用好"引好路,为"十四五"全面推进乡村振兴和加快农业农村现代化开好局、起好步发挥了积极作用。

1. 围绕中心工作,助力粮食等重要农产品稳产保供有新作为

围绕粮食生产、蔬菜保供等部司中心工作,做好装备和技术供给保障。一是突出做好粮食等重要农产品生产机械化装备供给和技术推广。聚焦粮食稳产增产,强化责任担当,2021年以来,全国发放推广鉴定证书13 498张,专项鉴定证书332张,有力保障机械化生产需求。围绕春耕、"三夏""三秋"等重要农时,线上线下多渠道开展技术指导服务,发布机具信息,推动保障零配件供应和维修,推动建立用油临时绿色通道等多种方式,强化机具调度,助力粮食种好管好、颗粒归仓。针对2021年秋涝,制定冬小麦抗湿应变机械化播种等技术指引,全力开展受灾地块玉米抢收和冬小麦抢种现场指导,最大限度降低灾害天气不利影响。积极落实春苗促弱转壮和夏粮机收工作部署,参与包片指导,做好应急保障,为夺取夏粮丰收发挥了重要作用。二是积极落实稳粮和油料扩种等重点任务。聚焦薄弱环节,推进南方双季稻机种、再生稻机收补短板,加快适宜育插秧机械化技术、再生稻头茬稻低碾压收获技术推广应用。积极推进大豆玉米带状复合种植机械化技术和机具保障,制定大豆玉米带状复合种植播种机、油菜移栽机等多项鉴定大纲,优先保障大豆油料生产机具试验鉴定,制定配套机具应用指引和调整改造指引,开展油菜直播、移栽、收获等全程机械化演示测评,强化技术培训指导,开展机具实地验证,为大豆油料扩种提供有力机械化支撑。三是大力推进粮食机收减损提质。协助部司完善水稻、玉米、小麦、大豆、油菜机收减损技术指导意见,加强现场督导和培训,推动减损技术向收后烘储延伸。以"精细高效、提质减损"为主题,广泛开展机收减损技能大比武活动,以赛促训、以赛提技,大力宣传机收减损知识和典型事迹,营造"减损就是增产"的社会氛围,得到社会各界广泛关注,机收减损技能大比武被农业农村部列为常态化活动。

2. 服务发展大局,支撑农业机械化转型升级有新成效

对标农机化全程全面高质高效发展目标,加强技术支撑和服务保障。一是提升农机试验鉴定服务效能。新发布推广鉴定大纲94项,108项专项鉴定大纲列入计划,现行推广鉴定大纲达到278项,专项鉴定大纲达到196项,鉴定范围不断向畜禽养殖业、设施农业、大马力高性能装备等领域拓展。各地不断增强鉴定工作力量,浙江、江西、云南指定扩充农机鉴定机构数量,探索检测实验室建设合作模式。江苏、安徽、山东、湖南等省开展集中鉴定、跨地域鉴定、远程鉴定和合作鉴定,工作效率大幅提升。持续拓展农机认证技术评价服务范围,推动200~220马力拖拉机自愿性认证落地实施。二是强化先进适用农机化技术推广。协助部司成立主要农作物、特色经济作物、畜牧水产养殖以及拖拉机先进性评价等

全程机械化专家指导组，积极发挥专家智库作用。协助部司积极推进农作物生产全程机械化示范县创建，积极做好规模养殖全程机械化、设施农业全程机械化示范县创建的技术支撑工作。强化重点和优势产业机械化技术推广，遴选推荐19项技术入选农业农村部农业主推技术和重大引领性技术。围绕全程机械化、机收减损、畜禽养殖、果园机械化等主题，组织农机推广田间日系列活动，开展国产采棉机作业性能、蔬菜全程机械化作业效果等综合测评活动，推动农机化技术推广领域不断拓展，场景不断丰富，效能不断提升。持续推进绿色智能农机化技术推广应用，初步实现了大田种植智能农机的系列化、全程化应用。三是支撑农机化政策规范落实。落实优机优补与区域一体化分档投档要求，组织开展拖拉机先进性技术评价，加强补贴机具的适用性试验和质量调查，做好补贴资金兑付与机具使用情况挂钩试点技术支撑，保障新一轮农机购置与应用补贴政策落地。加强东北黑土地保护性耕作技术指导，为2021年超额完成5 600千公顷保护性耕作面积提供了保障。开展农机报废信息实时监测，制修订农机回收拆解技术规范，2021年报废旧机数量和受益农户数量较2020年增长2倍。参与制定丘陵山区农田宜机化改造技术规范，遴选18项改造技术典型方案，加快推进改善农机作业及通行条件。

3. 坚持协同发力，推动小农户和现代农业发展有机衔接有新贡献

坚持培育服务主体和创新服务机制两手抓，积极发挥农业机械化在构建新型农业经营体系中的作用。一是持续推进农机新型经营主体培育。加大对农机社会化服务新主体、新模式、新业态的指导和推广力度，加强"全程机械化＋综合农事"服务中心建设指导，协助部司遴选发布24个典型案例。协助制定发布农机使用一线"土专家"遴选培养办法，全国遴选"土专家"1 000余名，发挥典型引领和技术指导作用。适应农机新业态发展需求，积极创新开展农机职业技能开发，组织农机行业职业技能竞赛，推动设定农用无人驾驶航空器职业，持续提升行业特有工种职业技能人才鉴定规模与质量，大力培养"农机工匠"和"农机标兵"。二是积极推动农机社会化服务提档升级。以信息化加快社会化服务组织生产方式转变，积极推进农机社会化服务信息平台建设，提高重要农时关键环节农机作业管理服务效率。开展基于北斗的农机作业技术应用场景示范，动态发布"三秋""三夏"全国农机作业快讯，引导农机跨区作业有序开展。三是着力做好农机质量监督。开展水稻联合收割机和小麦收割机质量调查，实现手机App端数据处理，大幅提升工作效率和结果可追溯性。各地采取多部门联合、线上线下结合的方式，围绕稳产保供、提质增效、减损护农等主题广泛开展"农机3·15"活动，接受咨询10多万人次。积极应用网络平台、微信公众号等信息化手段开展产品质量投诉咨询和处理等服务，部省市县形成协同办理机制，维护农民合法权益。

总之，一年多来，全国农机鉴定推广系统顽强拼搏、锐意进取，不仅把2021年工作会的部署要求，抓得细、抓得实、抓得卓有成效，还紧跟形势发展，有突破、有创新、有诸多新的亮点，为推进农业机械化转型升级，助力粮食增产、农业增效、农民增收作出了积极贡献。这些成绩的取得，得益于党中央、国务院的高度重视，得益于部党组和各级党委政府的正确领导，更得益于全国农机鉴定推广工作者的辛勤付出和积极奉献。

二、深刻把握农机鉴定推广工作面临的新形势新任务新要求

习近平总书记高度重视"三农"工作，要求坚持把解决好"三农"问题作为全党工作重中之重，大力推进农业机械化、智能化，给农业现代化插上科技的翅膀。中央农村工作会议、中央一号文件、政府工作报告均就全力抓好农业生产和重要农产品供给，提升农机装备研发应用水平作出了部署。党的二十大报告指出，要全面推进乡村振兴，坚持农业农村优先发展，巩固拓展脱贫攻坚成果，加快建设农业强国；要全方位夯实粮食安全根基，强化农业科技和装备支撑。系列决策部署，为做好"三农"工作、农机化工作、农机鉴定推广工作指明了方向，提出了要求，要深入系统学习，全面贯彻落实。

1. 充分认识农机鉴定推广工作面临的新形势

当前，农业农村正处于机械化加速替代人畜力的历史进程中，对机械化生产的需求越来越广泛、越来越迫切。从保障国家粮食安全看，目前，全球疫情与国际市场波动叠加，极端灾害风险与国内经济下行压力碰头，农产品需求增长与资源环境约束趋紧矛盾加剧，补上产需缺口，确保粮食安全，迫切需要高质高效的农业机械化技术装备来降低损失、提高效率、增加效益、保障安全。从农业生产看，已进入机械化为主导的新阶段，对农机的需求，正由部分品种生产的局部需求，转变为种养加全链条的需求，从非刚性需求转变为离不开、还要好的刚性需求，加快推进农业现代化，不断提高农业质量效益和竞争力，需要农业机械化的基础支撑。从全面推进乡村振兴看，发展乡村特色产业，转移就业带动增收，持续巩固拓展脱贫攻坚成果，以及推动乡村发展、乡村建设、乡村治理，促进小农户与现代农业发展有机衔接，越来越离不开农业机械化的助力驱动。农业机械化已经是直接关系到地能不能种、有没有人种、能不能种好的大事，是必须干好的要事，不是可有可无、锦上添花的事。要始终心怀"国之大者"，紧紧围绕"三农"中心工作，找准定位、主动入位，坚持农业农村工作重心在哪，农机鉴定推广工作就跟到哪，切实为农业发展提效益、粮食生产提产能、乡村建设提质量、农民增收提后劲贡献机械化力量。

2. 准确把握农机鉴定推广工作面临的新任务

《"十四五"全国农业机械化发展规划》和全国农业机械化工作会议明确了农机化长远目标和重点任务。在全面落实这些部署中，要把握住三个重点：一是保供给。粮食稳产增产、大豆油料扩种、"菜篮子"产品稳定供给是必须完成的重大政治任务。要着重优先做好粮食等重要农产品生产机械装备鉴定供给和先进适用技术推广，抓细抓实机械化防灾减损措施；大力推进大豆玉米带状复合种植所需机械装备试验示范，抓好大豆、油菜、花生等油料机械化生产，总结推广一批稳产增产、高质高效的机械化技术方案；多措并举抓好蔬菜、肉禽、蛋奶机械化生产，助力稳产保供，抵御供给风险。二是补短板。这是农业农村部联合工业和信息化部确定的农机装备转型升级重点任务。要围绕"一大一小"和重要品种机械化生产薄弱环节，推进农机装备提档升级，加快大马力机械、丘陵山区和设施园艺小型机械、高端智能机械推广，推进北斗智能终端在农业生产领域应用，推动构建自主可控、安全可靠

填空补缺、进中求好的国内农机生产供应体系，不断创造良好应用场景，做大做强应用市场，力争早日实现补短板目标。三是促升级。全程全面高质高效发展是农机化发展的一条主线，要紧贴农业生产和消费需求，围绕为各类食物生产提供技术和装备支撑，持续推进农机研发制造与技术推广机制创新、服务组织形式与社会化服务机制创新、管理制度与扶持政策创新，推动构建农机、农艺、农田、农业经营方式相协同，品种、土地、机具、种养方式相集成，主体、规模、装备、技术相统筹，产前产中产后机具相配套的机械化生产技术体系，不断增强公共服务供给。

3. 全面落实农机鉴定推广工作新要求

农业农村发展新形势和农机化发展新任务对农机鉴定推广工作提出了新的更高要求。一要围绕"四分"机械化需求，强化农机鉴定推广重大问题研究。围绕2035年基本实现农业机械化的目标，结合各地农机化发展实际，分区域、分产业、分品种、分环节全面系统研究农机鉴定推广需求，明确目标任务，抓住主要矛盾，确定解决路径，提出工作举措，切实把推动深入研究、解决实际问题作为推进工作的有效措施抓实抓细。二要围绕农业生产需求，主动作为强弱项。充分发挥农机鉴定推广系统的技术优势，主动与农机研发制造主体对接，加大专用农机装备标准及大纲制修订力度，创新搭建农机试验鉴定及试验验证、检验检测公共平台。不断加大技术推广力度，因地制宜扩展农机应用场景，培育壮大农机社会化服务主体，推动形成短板机具产学研推用协同发力、联合攻关的局面。积极开展行业发展重大政策和项目研究，为先进适用农机推广应用、农机化发展相关扶持政策创设提供工作建议和政策储备。三要围绕高质量发展需求，提升鉴定推广能力和水平。全面梳理农机鉴定供给情况，持续改善试验鉴定条件，优化鉴定产品种类结构，推动种植业与其他产业、生产环节与产前产后环节的鉴定能力布局更加科学，加快农机新产品鉴定，有序推进农机鉴定采信检测结果工作规范化。加强农机化技术推广与种植、种业、畜牧、渔业、农产品初加工等方面的融合配合，总结推出一批良机良田良法良种集成配套的技术解决方案和高水平示范应用场景。统筹做好农机鉴定、农机质量调查、农机投诉监督等工作，促进农机产品质量和企业服务质量提升，加快推进农业机械化向全程全面高质高效发展迈进。

三、全力做好当前和今后一段时期农机鉴定推广工作

党的二十大指明了新时代新征程"三农"工作的总体要求和前进方向。农业农村部党组要求把学习贯彻党的二十大精神同谋划2023年和今后一个时期"三农"工作紧密结合起来，组织开展全局性、关键性、战略性重大问题研究。张兴旺副部长的批示对新时代新征程农机鉴定推广工作提出了新要求。2022年，农业农村部办公厅印发了《关于加强农机试验鉴定工作的通知》，农业机械化总站印发了《关于做好"十四五"农业机械化技术推广工作的指导意见》，明确了今后一个时期农机鉴定推广工作具体目标和任务。全国农机鉴定推广系统要把学习贯彻党的二十大精神作为当前和今后一个时期的首要政治任务，找准工作中贯彻落实党的二十大精神的着力点和主攻点，推动党的二十大精神在农机鉴定推广系统落实落地、扎根生根，要坚决落实党中央、国务院关于"三农"工作的决策部署和张部长的批示要求，持续支撑和服务农业机械化向全程全面高质高效发展。

1. 聚焦农机装备补短板，促进农机装备水平提升

充分发挥农机鉴定推广纽带作用，做好农机装备补短板工作衔接，力求取得突破。要发挥农机试验鉴定对农机装备研制推广的支撑作用，紧盯大型大马力高端智能农机装备和丘陵山区适用小型机械的短板弱项，加大短板农机装备标准及大纲制修订力度，发挥技术标准的引领作用。积极拓展设施农业、特色作物、畜牧水产等领域农机装备试验鉴定能力，加快绿色高效智能农机新产品鉴定，支持破解农机装备短板技术难题。要加快短板农机装备技术集成和推广应用，分区域、分产业、分品种、分环节确定主推装备和技术路线，紧紧扭住机械化生产薄弱环节，在水稻育插秧、大豆玉米带状复合种植、油菜育苗移栽、智能绿色化养殖、高效设施种植等方面，抓关键促全程，抓集成促应用，抓基地促示范，全方位推广先进适用短板机具。要助推"一大一小"农机装备推广应用先导区建设。积极参与农机研发制造推广应用一体化试点工作，聚焦为农机产品创造良好应用场景和政策环境，推动研发制造、试验示范、推广应用三块基地建设，为国产先进农机培育打造稳定、可预期、成规模的市场。

2. 聚焦重点任务强支撑，加速促进农机化转型升级

（1）试验鉴定方面。一是在支持重点上突出稳产保供。围绕粮食机械化生产、大豆和油料扩种、现代设施种养业机械化、丘陵山区机械化等重点任务加快相关标准和鉴定大纲制定进程。全面梳理急需部署农业生产一线的机具鉴定需求，按照依法依规、特事特办、急用先行的原则，建立急需急用机具鉴定的工作机制，开辟绿色通道，支持急需急用机具优先开展鉴定。紧盯有效保障农机购置与应用补贴等强农惠农政策实施，拓展农机鉴定实施范围。二是在能力建设上突出开放合作。切实树立农机鉴定工作全国"一盘棋"意识，强化部省之间、省际之间、农机鉴定机构与社会检验检测机构之间的协同配合，推进国家农机鉴定中心、区域性和专业性农机鉴定站建设，多方面扩展鉴定资源，提升供给服务能力。要根据本省农业生产需要，积极承担国家支持的推广鉴定以及外省企业的产品鉴定任务，对省内外企业提出的鉴定业务申请一视同仁，打破地方保护和人为分割。充分发挥社会检验检测机构在农机鉴定工作中的作用，科学规范采信第三方机构检测结果，有力有效扩充农机鉴定能力。三是在鉴定实施上突出科学高效。推动农机鉴定服务事项"应上尽上、全程在线、全面公开"，切实提高服务效能。加快推动农机鉴定信息服务平台与其他农业机械化管理服务平台信息的互联互通，加强信息公开，为农业机械化管理工作提供有力支持。积极推进物联网、移动通信、大数据等信息技术在农机鉴定工作中的应用，充分利用线上线下、远程测试等信息化手段，推动农机鉴定工作更加科学、便捷、高效。

（2）技术推广方面。一是围绕稳定粮食生产提高机械化技术支撑能力。落实南方水稻机械化专项推进行动，加快补上水稻育插秧、再生稻收获机械化短板，多种一季是一季。提高玉米机种机收水平，推动西南地区玉米扩大种植，多种一亩是一亩。持续推进机收减损，抓住机手和机具两个关键，持续开展大比武活动，推广应用智能绿色、高效低损收获机械，挽回一斤是一斤。做好重要农时农机作业服务组织调度协调和技术服务，完善机械化防灾减灾技术措施，提高适用机具应急救援能力。二是围绕大豆油料扩种完善机械化技术保障措施。认真总结2022年大豆玉米带状复合种植、油菜扩种机械化支撑保障工作经验，指导优化机具性能，遴选推荐适用机型，完善技术路线方案，分区域探索适宜的全程机械化生产模式，为扩大种植提供更有力机械化支撑。三是贯彻大食物观推进设施种养业和丘陵山区机械化。持续推进畜牧业、设施种植、水产养殖机械化，遴选推广先进适用机具设备，推动智能成套设备和轻简型机具协同发展。组织开展农机推广"田间日""牧场日""水产日""设施日"等标志性活动，推动创建一批规模养殖和设施农业全程机械化示范县。积极推进林下种植、深远海养殖，探索植物工厂、工厂化集约化养殖方式，推动相关技术装备跟进。从"改地适机""改机适地"两端发力，加快农机作业及通行条件改造和轻简型适用机具研发推广，千方百计减少撂荒地现象。

（3）支撑农机化管理方面。一要有效保障重大政策规范实施。推动农机鉴定推广支撑功能和服务范围要向政策实施前后两头延伸，为农机化政策实施提供更为全面的技术保障。要支撑农机购置与应用补贴政策落实，完善技术措施，助推补贴机具有进有出、优机优补。要积极推进东北黑土地保护性耕作行动计划实施，分区域完善定型技术模式。要深入实施农机报废更新补贴政策，推动实施县占比不断提高。二要切实加强重点机具质量监督。继续加强农机质量监督体系建设，运用信息化手段提高质量监督工作效率和效果，依法依规做好投诉受理和纠纷调解，持续打造"农机3·15"品牌活动，抓好政府关注、农民关心的重点农机产品质量调查，促进企业提升质量，改进服务，形成重质量、重创新的良好导向。三要持续推进农机社会化服务提档升级。围绕推进以农机作业服务为载体的农业生产社会化服务，引导培育推广全程机械化综合农事服务、规模化精细化专项作业服务等新模式。进一步发挥农机使用一线"土专家"作用，办好农机驾驶操作员、修理工职业技能竞赛，不断提高机手技术水平。

3. 聚焦自身建设转作风，提高公共服务供给水平

一要坚持主动入位，提高政治站位。深入贯彻习近平总书记关于"三农"工作重要论述和党中央、国务院决策部署，提高政治站位，增强政治意识，善于从政治上看技术问题、业务工作，不断提高政治判断力、政治领悟力、政治执行力。切实把鉴定推广工作融入农业机械化和农业农村现代化发展全局中来思考、定位和推动，充分发挥农机化对农业各产业的综合性保障作用。二要坚持"七种思维"，提升工作本领。运用好战略思维、历史思维、辩证思维、系统思维、创新思维、法治思维和底线思维，加强对鉴定推广工作发展规律的研究，长短结合、统筹谋划，对中长期领域所需，要全面研究、超前布局，对当前重点任务，要快办办好。要加强鉴定推广协同发展，注重推进农机与农艺之间、机械化各环节之间的集成配套、协调发展。要强化风险意识，坚持依法办事，立标杆守底线，切实加强行风建设。三要改进工作方式方法，提升工作效能。加快推进鉴定推广机制创新，统筹用好公益性机构和市场化主体两种资源，搭建平台，加强合作，实现共赢。强化现代信息技术支撑，推进鉴定推广线上线下良性互动，大力开展"云培训""云服务"。充分认识外部环境变化带来的冲击挑战，做强行业优势特色，全力打造核心竞争力，不断壮大自己，形成并持续强化不可替代性，确保鉴定推广事业稳定可持续发展。注重协调多方力量，合力化解制约因素，实现技术互补、资源共用、成果共享，构建开放协作、互利共赢的新格局。

农业机械化论坛

基于需求侧的农业机械化高质量发展研究：理论逻辑与政策路径

侯方安　李斯华

由高速增长阶段转向高质量发展阶段是我国经济发展进入新时代的基本特征。习近平总书记在党的二十大报告中强调，高质量发展是全面建设社会主义现代化国家的首要任务。我们要坚持以推动高质量发展为主题，把实施扩大内需战略同深化供给侧结构性改革有机结合起来……推动经济实现质的有效提升和量的合理增长。加强需求侧管理，形成需求牵引供给、供给创造需求的更高水平动态平衡，是实现经济高质量发展的内在要求。农业机械化是将先进机械装备技术应用于农业生产中的经济活动，属于国民经济的有机组成部分。多年来，以数量、速度等外显性指标为主要表征的传统增长方式，在促进我国农业机械化快速发展的同时，也累积了质量与效率不高以及区域、产业、品种、环节间发展不平衡、不充分等一系列问题。如何在高质量发展普遍性认知基础上，结合农业机械化自身特点与发展规律，研究分析其高质量发展的基本内涵和理论逻辑，针对存在的问题和制约，从需求侧找准着力点，推动我国农业机械化转入高质量发展轨道，既是一个理论问题，也是一个具有实践意义的重要课题。

一、关于高质量发展的一般性述评

高质量发展的内涵非常丰富，相关理论研究正逐步深化，在经济社会各领域的实践也不断拓展。学术界从其理论基础、内涵特征、评价方法、推进路径等多视角展开了广泛的探讨，尽管在一些可量化的方面尚未形成共识，但是已经为从需求侧推动农业机械化高质量发展的研究提供了重要借鉴。

1. 高质量发展的理论基础

党的十八大以来，习近平总书记围绕什么是高质量发展、为什么要推动高质量发展、怎样推动高质量发展等问题，进行了全面系统的阐述，为深刻认识高质量发展的科学内涵、基本要求和实现路径提供了根本遵循。在需求侧这个维度上，习近平总书记强调，高质量发展应该不断满足人民群众个性化、多样化、不断升级的需求，这种需求又引领供给体系和结构的变化，供给变革又不断催生新的需求。这是从需求侧研究和推进高质量发展的理论源头和逻辑起点。

2. 高质量发展的主要内涵

近年来对高质量发展内涵的界定，学术界从不同层面开展的研究日益丰富。金碚认为，高质量发展具有多维性和目标多元性的特征，更加关注宏观经济发展的速度、效率、均衡等问题，如在给定投入下产出越多就表明经济增长效率越高，经济增长质量越高。高培勇、杨伟民等学者认为，高质量发展的实质是质量和效益替代规模和增速成为经济发展的首要问题，经济发展从"有没有""有多少"转向"好不好""优不优"。高质量发展的动力在于创新，推动传统的依赖于自然、劳动力资源和资本投入为主的发展方式，向人力资本积累和创新驱动增长方式转型，克服劳动力投入、资本深化带来的规模报酬递减等问题，高质量发展的成效体现在资源配置效率高，产品和服务安全可靠，在国土空间上均衡发展、绿色可持续发展等方面。

3. 高质量发展的评价方法

不管在微观层面上，还是宏观层面上，围绕高质量发展的评价和测度问题，国内许多学者展开了大量研究。赵昌文认为，一方面通过识别经济社会发展中不平衡、不充分问题，来判定高质量发展；另一方面通过判断是否有利于更好地满足人民在经济、政治、文化、社会、生态等方面日益增长的需要，来判定高质量发展。程虹认为高质量发展的第一个衡量标准就是劳动生产率；第二个标准就是经济发展动能是靠要素和投资驱动，还是靠创新驱动，而衡量创新最好的标准就是全要素生产率；第三个标准是经济与社会均衡发展；第四个标准是建立在人与自然和谐发展的基础上，追求更好的生态。

根据相关评价标准，现有研究中对高质量发展的评价指标设计大致分为两类：一是在狭义层面上，多采用全要素生产率及其扩展指标作为衡量经济发展质量的代理指标,但全要素生产率涉及面广,涵盖内容多,尚未形成统一的测算方法。二是在广义层面上,主要是基于高质量发展的丰富内涵设计的综合指标体系来评价。邓创等基于创新、协调、绿色、开放、共享发展理念,从创新动力、创新成果等若干个视角构建一套指标体系测度经济高质量发展水平。李金昌等从"人民美好生活需要"和"不平衡不充分发展"这个社会主要矛盾的两个方面,构建了由经济活力等5个部分共27项指标构成的高质量发展评价指标体系。这些研究从更宏观的层面拓展了对高质量发展的认识。

二、概念界定与理论逻辑

一切经济关系和经济现象可以归结为产品或服务的需求和供给的关系,需求与供给分析是经济学的主要分析工具。毋庸置疑,从需求侧推动农业机械化高质量发展是供给和需求两方面比较的结果。

1. 需求侧管理的历史演进

需求侧管理是以凯恩斯主义需求学派为理论基础,属于宏观经济学范畴,主张政府应利用扩张性货币政策、财政政策等手段对经济活动进行干预,刺激市场需求,促进经济增长。需求学派与供给学派的学术发展伴随着经济周期性波动经历了"此消彼长"的历史演进,需求侧管理侧重对经济的短期调控,供给侧结构性改革侧重对经济的长期调控,二者并行协同的经济调节方式逐渐得到认可,成为推动经济发展的政策基础。不同的发展阶段,对应不同的需求结构、供给结构和技术水平,供给侧管理与需求侧管理应实现动态协同。2020年12月中共中央政治局会议提出,"要扭住供给侧结构性改革,同时注重需求侧改革"。这是2015年提出"供给侧结构性改革"之后,中央层面首次提出"需求侧改革"。2021年发布的《中华人民共和国国民经济和社会发展第十四个五年规划和2035年远景目标纲要》强调,推动高质量发展,"必须建立扩大内需的有效制度,加快培育完整内需体系,加强需求侧管理,建设强大国内市场"。可见,加强需求侧管理是党中央在我国进入新发展阶段作出的重大部署,是推进高质量发展的战略举措。

2. 农业机械化高质量发展和需求侧的界定

基于上述讨论,这里将农业机械化高质量发展定义为合理投入、配置和应用农业机械资源,最大程度地提高利用效率,实现社会福利最大化。不同于其他国家,我国农户购买和使用农业机械主要是为了向社会提供作业服务来获取收益,这已经构成了一种特有的产业经济形态。从这个意义上看,农业机械化是一种特殊的产品(服务),只有农户被激发使用农业机械的动机时,才会形成市场需求,从而产生有效购买力,农户才可能购置农业机械或直接购买市场化的作业服务,这是农业机械化发展的内在机制。由于农业是一个具有正外部性的特殊产业,农业机械化所附属的产业特征,使其具有公共产品属性,引起了对公共政策的需求,包括需求侧和供给侧。为了聚焦研究目标,这里将农业机械化需求侧概括地表达为:投入购置农业机械就是供给侧的终点和需求侧的始点,需求侧包括了农业机械购置并投入使用以后的部分,主要是指农业机械作业用户端。加强需求侧管理推动农业机械化高质量发展,就是要在制度创新和公共政策的支持与规制下,注重扩大需求,推动需求升级,形成供需良性互动,实现质量和效率的提升。

3. 基于需求侧推动高质量发展的理论逻辑

供求原理反映了市场价格与供求数量之间的相互关系。对于一般产品(服务),在其他影响因素不变的情况下,价格上升,需求减少,而供给增加,反之亦然。这是一个已被广泛接受的命题。供给反映了资源可获得性的各种途径,需求则连接着所有可供选择的使用方向。研究需求侧时,可假定图1(a)中供给曲线S给定不变,当需求量从Q_1扩大到Q_2时,原有的市场均衡被打破,价格决定于需求曲线D_1上与供给量相等的点,此时供不应求,推动价格上升,但是需求量会随着价格的上升而下降。影响需求的因素不仅仅包括产品(服务)价格,还有替代品价格和人们对未来的预期等,需求侧管理还关注政策调整和技术进步等非价格因素变化引起的需求变动,表现为图1(a)中的需求曲线向右移动,即由D_1到D_2,当需求量从Q_1扩大到Q_2时,需求曲线D_2与供给曲线S在更高的价格水平P_2和数量水平Q_2上实现均衡。

不仅如此,加强需求侧管理的目的不止于数量上的增长,更重要的是质量与效率的提升,即在一定投入下实现产出最大化。这里引入生产函数$Y=Y(Q)$作进一步的分析。如图1(b)所示,在(P_1,Q_1)均衡状态下,假定其他投入不变,投入Q_1实现产出Y_1,即$Y_1=Y_1(Q_1)$。当需求量从Q_1扩大到Q_2时,既定生产函数下的产出点由A点移动到B'点。在农业机械化生产活动中,除了机械和人工的投入外,还有耕地状况、技术进步、操作技能等诸多因素影响着生产函数的形态。加强需求侧管理,提高投入产出效率,还要试图变革调整既有生产函数,可抽象为$Y_1=Y_1(Q_1)$向$Y_2=Y_2(Q_2)$的移动。在新的生产函数上,同样的投入可实现更多或更高质量的产出,即当投入增加到Q_2时,在新的生产函数$Y_2=Y_2(Q_2)$下实现了$[Y_2(Q_2)-Y_1(Q_2)]$的产出增量。这是加强需求侧管理推动农业机械化高质量发展的基本逻辑。

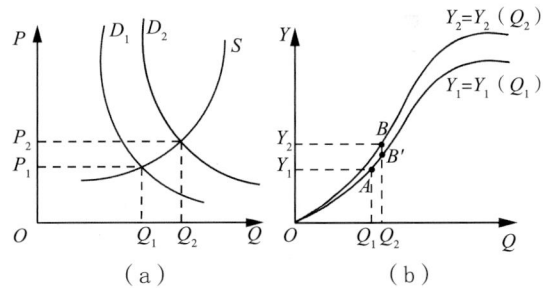

图1 基于需求侧管理推进农业机械化高质量发展的理论逻辑

一般认为,农业机械是农业生产函数中的一种资本性投入,小农户耕地规模过小,难以实现规模经济,将导致农业机械的投入成本过高。但是,根据自然和技术属性将农业生产过程分解为若干阶段或环节,农业机械化的投入产出就可以独立出来并用一个特定的生产函数来描述,实现规模经济,达到资源配置的最大效率。在我国,通过农机作业社会化服务将小规模农户引入农业机械化已经成为一种普遍业态,农业机械化的产出可认定为作业服务收入,因此构建一个独立的生产函数,就能够通过需求侧来变革调整生产函数达到高质量发展的目的。

三、我国农业机械化需求侧管理的实践历程

通过梳理不同发展阶段我国农业机械化需求侧管理与供给侧管理的实践,可以更加准确地把握新阶段加强需求侧管

理的内在要求。我国农业机械化政策变迁的阶段性特征为观察需求侧管理与供给侧管理的交替演进提供了生动素材。

1. 以供给侧管理为主的计划经济时期（1949—1977年）

我国农业机械化是新中国成立后在传统农具的增补、改良和引进现代农业机械的基础上开始起步的，在计划经济体制下，利用行政手段推动农业机械化从无到有，历经曲折探索取得一定发展，主要特征侧重供给侧管理。这个时期，在引进国外新型农业机械的同时，依靠国家投资建立农业机械制造企业，取得较快发展。到1980年，农业机械制造、配件生产企业数量达到1 829家，门类比较齐全的工业体系基本建成。从需求侧看，农业机械由国家统一调拨，产品价格和作业服务价格由国家统一制订，先后实行过国家、集体所有和经营等多种形式。尽管在需求侧管理上采取了较高强度的支持政策，但经过近30年发展，也没有实现农业机械化，1977年全国农作物耕种收综合机械化率仅为18.21%。

2. 以需求侧管理为主的市场经济时期（1978—2014年）

改革开放以来，农民成为推行农业机械化的市场主体，市场机制开始发挥基础性的资源配置作用，政策方向逐渐转向需求侧。这一期间可以分为两个阶段：一是2004年以前的调整过渡阶段；二是2004—2014年加强需求侧管理的快速发展阶段。

在调整过渡阶段，随着农村改革的不断深入，农户可以自主购买、使用农业机械，国家的直接投入逐步减少，引发了农业机械化发展的调整性波动。这个阶段初期，农业机械保有量迅速增加的同时，主要作业环节的机械化水平却连续下降，1983年农作物耕种收综合机械化率比高峰值下降了2.80个百分点，之后才出现恢复性增长。这是一种逆规律现象，背后是市场机制下农业机械资源的重新配置。在供给侧管理方面，继续采取价外补贴、产销倒挂补贴、减免税收、调拨平价物资等手段，弥补农业机械制造企业的政策性亏损，但政策力度逐步弱化以致最后退出。在需求侧管理方面，延续了对农业机械的价格管制，每年调拨数百万吨平价柴油供应农村，直到1995年取消，标志着这个时期需求侧方面的支持政策基本废止。由于需求侧政策力度的弱化，指标性的大中型拖拉机增长速度缓慢，到2003年与小型拖拉机总动力之比达到历史新高的1∶4.38，拥有量之比达到1∶14.36。结构失衡与供需错位成为加强需求侧管理的时代背景。

在快速发展阶段，一个重要标志是2004年《中华人民共和国农业机械化促进法》的颁布，并在同年依法实施农机购置补贴政策，开启了我国农业机械化发展的"黄金十年"，农机总动力增长83.08%，拖拉机拥有量增长53.79%，谷物联合收割机增长337.38%，农作物耕种收综合机械化率提高了29.13个百分点。同时，大中型拖拉机占比下降的趋势得到扭转，2014年与小型拖拉机总动力之比提高到1∶0.96，拥有量之比提高到1∶3.05。农机购置补贴成为这个阶段需求侧管理的代表性政策工具，累计投入中央财政资金1 234.08亿元，补贴购置各类农机具3 286.70万台（套），受益农户达到2 456.37万户，农业机械总量快速增长，有力促进了农业机械化发展。

3. 以供给侧管理为主的高质量发展时期（2015年以后）

这一时期，即使需求侧政策支持力度持续加大，我国农业机械化发展速度也出现了明显趋缓的态势。2015年农机总动力增速回落到4.28%，拖拉机、谷物联合收割机拥有量增速下降到0.55%、9.77%，均低于"黄金十年"的年均增速。更长时间看，这一趋势更为明显。2015—2021年的7年间，农机总动力和拖拉机、谷物联合收割机拥有量年均增速下降到3.18%和-0.79%、5.06%。经过多年高速发展，我国农业机械化实现了"从无到有""从少到多"的历史性跨越，但农业机械投入的边际报酬递减趋势已经显现，不平衡、不充分和质量、效率不高等深层次问题开始突出。同宏观经济特征一致，结构性矛盾成为这一时期我国农业机械化发展面临的主要矛盾，矛盾的主要方面已转化到供给侧。

四、我国农业机械化需求侧管理的基础现状

我国农业机械化是改革开放以后加快发展的，在大国小农基本国情下，走出了一条具有中国特色的发展道路，已成为世界第一农机制造大国和使用大国，为推进高质量发展积累了基础条件，也提出了必然要求。

1. 农机装备总量规模与结构性特征

农机装备总量规模与结构变化反映着农业机械化需求倾向，是加强需求侧管理的基本参照系。改革开放以来，我国农机装备总量规模不断扩大，2021年农机总动力达到1 077 643.21兆瓦，拖拉机达到2 173.06万台、谷物联合收割机达到223.78万台，自1978年以来分别增长了8.17倍、10.26倍和116.86倍。从拖拉机动力结构看，如图2所示，我国拖拉机台均动力曲线经历了一条凹型演化路径，从1978年的15.16千瓦连续下降到1997年的最低值10.59千瓦，之后逐渐增加到2021年的19.82千瓦，当前仍居于加速增长的区间内。其中，大中型拖拉机总动力占比经历一个先低后高的走势，从1978年的59.98%下降到2001年达到最低值的19.14%，之后持续提高，2021年达到56.98%。大功率、高效能发展趋向成为新阶段农机装备需求的明显特征。

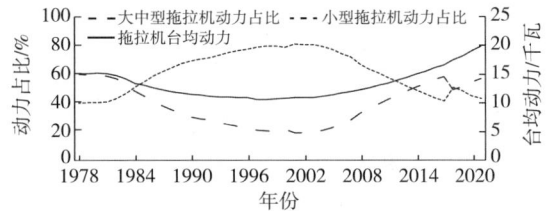

图2 我国拖拉机动力结构变化趋势（1978—2021年）

注：2018年对大中小型拖拉机统计口径进行了调整，将小型拖拉机动力范围的最高值由14.71千瓦提高到22.06千瓦，引起图中曲线在2018年形成一个拐点，实际上拖拉机发展趋势没有变化。

农机装备大型化趋势需要更大作业面积来实现其规模经济，意味着更多的小农户将更多的作业环节委托给大型农业机械的经营者。然而，我国农业机械化效率不高正成为一个事实。2020年我国农机装备总量已占世界的52.47%，每公顷耕地拥有农机总动力7.83千瓦，达到美国同期的10.17倍，农机装备投入强度已居于较高水平。从机械作业成本看，2020年我国水稻、小麦、玉米生产中的机械作业成本分别达到美国的84.71%、284.53%、131.99%，而同期三大作物的综合机械化率只有84.53%、97.19%、89.76%，机械化对其具有替代效应的人工投入成本则分别达到美国的3.50倍、13.66倍、10.84倍。尽管还没完全实现机械化，但机械投入的偏要素生产率不高的问题已露出端倪。这既是高质量发展的潜力所在，也是需要突破的挑战。

在空间分布上，我国农业机械化还面临着不平衡的问题。

不平衡是指相对平均水平的偏离，统计上常用标准差系数表示，经济学研究中多借用来测度经济现象的差异和离散程度。本文采用该系数来测算农业机械化标志性指标的不平衡度，计算公式为

$$V = \frac{\sqrt{\dfrac{\sum(X-\bar{X})^2}{n}}}{\bar{X}} \times 100\%$$

式中：V——不平衡度；

X——单个测度指标的统计值；

$\bar{X}$——单个测度指标统计值的平均值；

n——测度指数数量。

如图3所示，改革开放以来我国单位耕地拥有农机总动力的区域不平衡度趋于缩小，从78.01%下降到42.84%，但仍很显著，其原因中既有机械配置方面的，也有禀赋条件方面的。

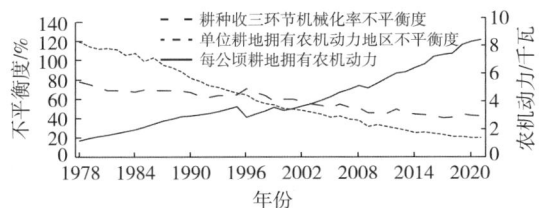

图3 我国农业机械化不平衡度变化趋势（1978—2021年）

如地处丘陵山区的湖南，2021年农作物耕种收综合机械化率为54.63%，每公顷耕地占有农机总动力18.40千瓦，居于全国最高水平；而以平原为特征的内蒙古，农作物耕种收综合机械化率为86.50%，每公顷耕地占有农机总动力仅为3.69千瓦，为全国最低值。根据需求侧特征消弭区域不平衡仍是农业机械化高质量发展的重点课题。

2. 农机作业水平与结构性特征

农民对农业机械化的需求最终反映在机械作业面积的不断扩大，可以通过主要作业环节机械化率的变化体现出来。改革开放以来，除了在初期有一个逆向波动外，我国农机作业水平呈现与装备总量一致的增长趋势，增速也有一个从低到高再低的明显走势。2021年全国农作物耕种收综合机械化率达到72.03%，比1978年提高了53.37个百分点，年均增速已从"黄金十年"的2.91个百分点回落到2021年的0.78个百分点。增长速度的先升后降，标识了我国农业机械化发展进入新阶段的另一个明显特征。

从主要作业环节上可以观察到我国农业机械化发展不平衡、不充分的问题。如图3所示，耕种收三个作业环节上的机械化率不平衡度呈线性下降趋势，从1978年的119.76%下降到2021年的20.06%，已低于单位耕地拥有农机总动力的区域不平衡度，即区域差异对农业机械化造成的制约已高于在主要作业环节上机械化的差异。主要作业环节中还有不充分的方面，39.78%和35.34%农作物播种和收获作业有待于机械化，这也是农业机械化需求侧管理的潜力所在。从主要农作物看，我国小麦、水稻、玉米、大豆、油菜、马铃薯、花生、棉花八大主要农作物耕种收综合机械化率持续提高，2021年分别达到97.29%、85.59%、90.00%、87.04%、61.92%、50.76%、65.65%、87.25%，品种间耕种收综合机械化率不平衡度持续下降，从2015年的28.32%降至21.04%，同时，马铃薯、油菜、花生等作物机械化发展不充分程度最高，还有较大的增长潜力。相对种植业，其他细分产业机械化发展不充分、不平衡程度更为显著，2021年设施农业、农产品初加工、畜牧养殖、水产养殖、水果生产、茶叶生产机械化水平分别达到42.05%、41.64%、38.50%、33.50%、25.88%、30.70%，除水果生产机械化外，年均增速均高于种植业，不平衡度不断降低，但仍处于高位，2021年细分产业间机械化不平衡度达到37.08%，需求侧发展空间很大。

3. 农机社会化服务水平与结构性特征

农机社会化服务水平是观察我国农业机械化质量的一个合理视角。改革开放以来，我国农机社会化服务经历了一个国营和集体组织退出，农机户和服务组织加快发展的一个历史进程，规模不断扩大，农机服务组织数量增加了16.77%，2021年达到19.34万个，其中农机专业合作社达到7.61万个。值得关注的是，农机户在2015年达到一个峰值后连续下降，2021年达到3 947.57万户，降幅达8.98%，其中的农机专业户呈现相同趋势，农机服务主体组织化进程不断加快。当前，从代耕、代种、代收到跨区作业、订单作业以及半托管、全托管，农机社会化服务各类业态不断演进，农机作业服务收入一直呈增长趋势，2021年达到3 675.92亿元，但年均增速也开始下降。从农机作业量观察，2021年农机专业合作社作业服务面积达到58 998.71千公顷，呈快速扩大趋势，自2012年有统计数据以来，增幅达66.38%，年均增速5.82%，而跨区作业面积已从2013年的367 129.21千公顷的峰值下降到2021年的20 603.04千公顷。跨区作业市场规模的缩小正在展示农机作业服务社区化的一个新场景。

从区域分布看，根据2021年统计数据测算，一个农机社会化服务组织和农机户覆盖的耕地面积平均为3.22公顷，最高的为上海的34.77公顷，最低的是福建，仅为1.56公顷，区域不平衡度为118.80%；收入水平平均为0.93万元，最高的为上海的5.35万元，最低的是西藏，仅为0.12万元，区域不平衡度为86.50%。其中，农机专业合作社所完成的作业服务面积平均为774.88公顷，区域不平衡度为72.14%。衡量农机社会化服务市场发育程度的单位耕地农机作业服务市场规模平均为2 874.06元/公顷，区域不平衡度为74.19%。我国农机社会化服务发展不平衡程度尤为突出，这是农业机械化高质量发展的重要着力点。

4. 农业机械化法律法规与结构性特征

改革开放以来，我国先后制定和施行了一系列规范农业机械化发展的法律法规，形成了较为完整的法律法规体系。从已有法律法规体系结构看，主要从支持和规制两个方面对农业机械化需求侧管理作了规定。在支持方面，《中华人民共和国农业机械化促进法》中规定了农业机械购置补贴、贴息贷款、燃油补贴等，鼓励和支持合作使用农业机械，发展多种形式的作业服务组织，对服务收入给予税收优惠，为农民和农业生产经营组织免费提供信息服务，加强基础设施的建设和维护等。《中华人民共和国农业法》等其他法律和地方法规章中也对一些专门的支持性规定进行了细化明确。在规制方面，全国层面上除了《中华人民共和国农业机械化促进法》外，《农业机械安全监督管理条例》以及配套制定的部门规章对农业机械安全监督管理作出了具体规定。另外，《中华人民共和国安全生产法》等法律对农业机械化生产和污染物排放进行了限制性规定。总体上，基于安全监督管理的法律规定比较丰富，支

持性法律规定主要是通过财政政策来拉动规模的扩张，燃油补贴等规定尚未执行，体现高质量发展的法律支持与规制措施还需完善。

5. 农业机械化政策体系与结构性特征

伴随着不同时期的发展目标，我国农业机械化政策体系不断调整完善，政策工具集中体现在历年的中央一号文件和2018年国务院印发的《关于加快推进农业机械化和农机装备产业转型升级的指导意见》（简称国发42号文）中。改革开放以来，通过25份中央一号文件推行了一系列农业机械化政策措施，其中涉及需求侧管理的有77项次。特别是2004年以来，除2018年和2019年外，历年中央一号文件均对农机购置补贴政策作出了部署和调整。国发42号文中规定的政策措施，涉及需求侧的有54项，包括了财政、金融、税收等各个方面。从投入力度看，农机购置补贴投入力度最大，2004—2021年累计投入中央财政资金2 583.52亿元，补贴购置农业机械4 969.07万台（套）。自2014年实施的农机深松整地作业补助，至2021年累计投入中央财政资金134.36亿元，实施面积0.888亿公顷次。自2020年实施的秸秆覆盖免（少）耕播种作业补助，至2021年累计投入中央财政资金44亿元，实施面积0.079亿公顷次。自2012年实施的农机报废更新补贴，至2021年累计投入中央财政资金43亿元，补贴报废农机具40多万台（套）。一些地方实施的融资租赁补贴、抵押贷款贴息、保险保费补贴等政策，覆盖面较小。这些政策也存在区域不均衡的问题，有的限于试点阶段，以高质量发展为目标的政策工具较少。

五、从需求侧推动农业机械化高质量发展的政策取向

基于现阶段农业机械化结构性特征，加强需求侧管理，就是要针对影响农业机械化需求潜力释放的制约，创新推动需求升级的制度设计，变革调整农业机械化生产函数，形成通过需求侧促进农业机械化更加充分、更加均衡和更高质量、更高效率发展的长效机制，为保障粮食安全、建设农业强国提供有力支撑。

1. 优化制度体系，强化目标引导

聚焦高质量发展目标，统筹考虑现行制度安排，优化调整相关法律法规和政策、标准体系，修订《中华人民共和国农业机械化促进法》，为促进高质量发展提供制度保障。一是针对农业机械化发展不平衡、不充分的突出问题，加强支持政策举措的差异化设计，突破堵点和瓶颈问题，加快补齐短板弱项，保障量的合理增长。二是针对质量、效率不高的问题，着眼于需求侧制度创设，丰富政策工具。在农业机械存量较高的领域和地区，要引导新增购置需求符合高质量发展的要求，以增量优化存量。

2. 丰富政策工具，分类精准施策

激发农户对农业机械的投资，扩大作业市场规模，将市场潜力转化为有效需求，这是高质量发展政策设计的主要目标之一。一是在稳定实施农机购置补贴的同时，积极探索并逐步扩大金融支持政策工具的应用，如融资租赁补助和信贷贴息支持等，降低农业机械购置的一次性投入。二是针对粮食生产中机械作业成本与人工投入成本双双高企的趋势，可在农业机械化水平较高的地区探索推行农机作业补贴、燃油补贴等政策组合，与差异化的农机购置补贴并行实施，降低作业成本，保障种粮合理收益。

3. 创新服务模式，深化共享利用

小规模农业与农业机械的规模经济属性存在着需要调和的矛盾，这对农业机械化高质量发展构成制度性硬约束。促进提高农机社会化服务的质量与效率，是我国农业机械化高质量发展的重要政策选项。一是培育农机社会化服务市场，扶植社区型社会化服务组织发展壮大，创新应用场景，扩大服务范围，降低一家一户自购自用低效能小型农业机械的占比。二是引导农机社会化服务模式演进升级，加快从分散交易的代耕、代种、代收向订单作业和作业托管等更高效的交易方式扩展，推动提高机械作业质量标准，促进农业机械的高效利用。三是增加公共服务投入，优化农机作业服务市场环境，利用信息化、智能化技术，减少信息收集与共享成本，降低交易费用。

4. 改善基础条件，释放需求潜力

改善基础条件，释放需求潜力，是推动农业机械化高质量发展的关键举措，也是难点所在。特别是丘陵山区，其耕地特征、种养植模式更为复杂，发展潜力巨大。一是统筹规划，加大投入，结合高标准农田建设等政策实施，按照高质量发展的要求适度超前部署适宜机械化生产的新型基础设施建设，建立"机地相宜"的推进机制，扩大市场需求。二是引导土地经营权有序流转，推动"小田并大田"，发展农业规模经营，改进机械化作业质量与效率。三是支持传统种养殖模式的标准化、宜机化改造，为农业机械的应用创造条件。

5. 健全激励机制，绿色安全发展

构建产出高效、产品安全、资源节约、环境友好的新型农业生产技术体系，推进水肥药种高效利用，促进节能减排减损绿色安全发展，也是农业机械化高质量发展的内在要求。一是加大财政投入，强化政策激励，健全绿色安全发展的公共服务机制，推行生态环保和安全高效的机械化生产模式。二是优化环境与安全规制的制定，适度提高标准水平。充分利用信息化、数字化等现代科技手段，提高机械施用农药、化肥等投入品的利用率。三是根据存量分布的区域差异，逐步淘汰安全生产标准、单位能耗标准和作业质量标准较低的农业机械，促进需求升级，加快绿色安全农业机械化的升级换代。

6. 强化技能培训，建设职业队伍

一支高水平的职业职能人才队伍是农业机械化高质量发展的必备条件。针对农业劳动力结构性矛盾突出、农业机械化专门人才后继乏人的问题。一是加强新型农业机械化专门人才的培养，将农机作业从业人员应纳入支持政策范围，有针对性地为操作驾驶农业机械的职业农民提供专业培训，增强其提高农业机械化质量效率意识与能力，夯实高质量发展的人力资本基础。二是提升从业人员的组织化程度，支持社区型综合农事服务中心发展，指导完善内部管理，创新服务模式。三是加强宣传引导，及时推介典型经验和服务模式，畅通高质量发展政策目标转化为生产实践的传导机制，激发农业机械化高质量发展的底层驱动力。

（作者单位：农业农村部农业机械化总站；论文来源：《中国农机化学报》2023年第6期）

我国农机科技社会化服务体系发展现状研究

李寅秋　郭冰　张萌

农业机械化是加快农业农村现代化的关键抓手和基础支撑。党中央国务院高度重视农业机械化发展，提出要大力推进农业机械化、智能化。随着农业生产机械化进程的加快，催生了一大批农机社会化服务组织，为农作物耕、种、管、收等环节提供机械化作业服务，促进农业规模化发展、农民增收致富。进入由传统农业向现代农业高速转变的关键阶段，农民和生产经营主体对机械化生产的需求越发广泛，对现代智能农机装备和智慧农机服务提出了更高要求。但是，当前农机社会化服务能力不足、服务内容科技含量不高、信息化手段未全面普及等问题还未得到解决，影响着农机全程全面和高质量发展。因此，本文分析了我国农机科技社会化服务的基本情况，挖掘农机科技社会化服务体系存在的问题和不足，并针对性提出完善农机科技社会化服务体系的对策建议。

一、文献综述

1. 农业科技服务

近年来，我国对农业科技创新工作高度重视，多个中央一号文件对农业科技创新和农业技术推广提出明确要求。2013年修订实施的《中华人民共和国农业技术推广法》对农业科技服务和农技推广服务做出了专门规定，加快建立了"一主多元"农技推广服务体系。随着农业科技服务体系的发展，我国学者围绕农业科技服务开展了相关研究。一是以区域、产业、主体等为研究切入点，以公益性农技推广机构、农业科研教学单位、农业社会化服务组织等为研究对象，把握我国农业科技服务体系基本现状，挖掘农业科技需求与服务供给对接存在的主要问题，并针对性提出对策建议。二是深入剖析农业科技服务典型案例，从服务供给主体的多元发展、服务方式的多样、服务内容的外延拓展、服务效果评价等方面，阐述农业科技服务发展现状与问题。三是关注服务对象和服务需求，通过实地调研、问卷调查等方式，梳理新形势下我国农业生产经营主体的产业发展需求和科技需求，研究加快建立需求导向、精准服务的科技服务体系相关建议。

2. 农机社会化服务

农机社会化服务以农机作业服务为主，并逐步拓展到农机维修、技术培训、信息服务、技术咨询等服务内容，成为促进小农户与现代农业发展有机衔接的重要力量。我国学者聚焦农机社会化服务开展了系列研究，一是从政策制度、产业发展等方面，研究了农机社会化服务需求的产生和影响因素。陈世本、罗建强、邱海兰、李忠旭通过对农户采用农机社会化服务的影响因素及作用机理研究，认为现代信息技术发展、制度环境的优化等，催生了多样化的农机服务需求。二是从不同主体的发展基础、知识层次、经营理念等，梳理了农机社会化服务的行为选择和作用机制，陈昭玖等认为农户的经营规模与农机社会化服务行为选择之间呈倒"U"形。李佳芳等从理论层面分析了农机服务外包与供给对于农户土地规模经营的作用机制，提出完善农机服务市场体系、强化政策扶持力度等措施推动农机社会化服务发展。三是通过数据爬取，实证分析，评价农机社会化服务组织发展、农机社会化服务的服务效率等。李平等基于我国农业机械化统计数据，对省域农机社会化服务组织服务效率进行了测算，认为我国农机社会化服务效率存在省域间发展不平衡，要素配置未达最优状态的问题。缪磊等从农业机械化配套服务的供给和需求出发，分析了农机各类服务的供需均衡性及失衡原因，提出社会化服务主体应承担公益性职责的建议。总体来看，我国农机社会化服务经过多年培育发展，发展规模不断扩大、服务行为逐步规范、服务能力不断提升，但也存在组织松散、服务专业性不够、作业范围有限、市场信息不对称等问题，影响着农机社会化服务的效率和质量。

3. 农业科技社会化服务体系

农业科技社会化服务体系，是在农技推广体系改革创新、农业社会化服务体系发展壮大的背景下应运而生的。随着农业科技创新的发展，农业生产经营越来越需要科技的赋能，农业科研教学单位、农业社会化服务主体也积极投身农业科技服务事业中，成为公益性农技推广队伍的重要支持力量。2020年7月，科技部、农业农村部等七部门联合印发《关于加强农业科技社会化服务体系建设的若干意见》，为加快健全多元互补、协同高效的农业科技社会化服务体系提供了方向指引，也带动专家学者更加关注农业科技社会化服务体系的理论研究与实践总结。郑小玉等通过梳理我国农业科技服务主体基本情况，采取"属加种差法"，对农业科技社会化服务体系的概念和内涵进行了界定。方杰、郑峰、林爱红、熊春林、赵成伟从农业科研教学单位、国营农场、供销合作社、国家现代农业园区等主体的农业科技服务实践入手，研究农业科技社会化服务主体发展与作用发挥现状。随着信息化进程的加快，"互联网＋农业技术推广""互联网＋农业科技服务"手段逐渐普及，科技信息化服务的研究逐步深入。竺玥锋、昌隽如、高功步梳理了"互联网＋"农业科技服务模式和内容，研究推动政府、企业、社会三方协同，探索多元主体构建互联网＋农业科技服务共同体，健全信息共享、互动交流、数据统计、在线学习等多功能信息平台，加快农业科技服务高质量发展。

综上，目前我国关于农业科技社会化服务体系的研究还主要集中在概念界定、典型案例分析、服务模式梳理等方面，专门针对农业机械化行业的研究还相对较少，与我国农机科技创新能力持续提升、加快推进农业机械化高质量发展的要求还有一定差距，亟待进一步拓宽研究视角、加大研究深度。

二、新时期我国农机科技社会化服务体系的建设进展

1. 服务主体类型多样

随着现代农业的发展，提供农机科技社会化服务的主体不断增加，服务内容、服务方式各具特色，基本形成了一主多元的农机科技社会化服务体系。

（1）公益性农机推广机构依然是服务主要力量。2019年底，我国拥有部、省、市、县及乡镇五级农机推广机构0.73

万个，占国家农技推广机构总数的9.68%，另有1.92万个综合设置的农技推广机构，也承担了部分农机技术推广和技术服务工作。农业机械化系统拥有推广人员5.03万人，占农技人员总数的9.78%，较2016年增加1.09万人。到2022年，全国累计拥有从事农机推广工作的技术服务人员4.61万人，占农技人员总数的9.32%，其中部级104人，省级1 239人，市级3 544人，县级2.08万人，乡镇级2.04万人。农机技术推广人员主要分布在县乡两级，在乡村承担先进农机装备推广、指导农民采纳农机技术、加快农机农艺融合、组织农机技术培训等任务，提高农业生产效益，帮助农民增收致富。

（2）农机科研教学单位是技术服务的关键核心。全国各级农业科研院所基本设置了农机装备相关的内设研究机构或团队，围绕农机科技社会化服务的科技特征，针对不同区域、不同产业的生产需求，聚焦多个专业技术研究领域，开展农机科学研究、成果转化、科技服务等。从高校看，全国有40余所高校开设了农业工程、农业机械化、农业自动化等专业，培养了一大批农机专业人才，研发农机先进设施装备，提供农机专业化推广服务。总体来看，科教单位为农机科技社会化服务夯实了科技成果和科技人才的关键基础。

（3）农机社会化服务组织快速壮大。农机大户、农机合作社、农机作业公司等新型农机社会化服务组织得到迅速发展壮大，为周边农户提供跨区作业、农机租赁、生产托管、订单服务等农机作业服务，农机作业服务领域逐步拓展到农业生产全过程，还创新了"全程机械+综合农事"服务模式，农机合作社拓展升级为综合农事服务中心，成为综合农事服务的重要供给主体，全方位服务农业生产发展。如表1所示，截至2021年底，全国共有农机服务组织19.34万个，较2011年增加了2.28万个，较2016年增加了0.61万个；其中农机专业合作社7.6万个，较2011年增加4.82万个，较2016年增加1.28万个，且呈现逐年增长的趋势。农机户规模保持稳定，达到3 947.57万个，其中农机作业服务专业户415.90万个。农机维修厂及维修点15.04万个，农机维修人员90.02万人。全国乡村农机从业人员达到4 957.36万人，社会化服务组织日渐成熟（表1）。

表1　2016—2021年农机社会化服务发展情况

项目	2016年	2017年	2018年	2019年	2020年	2021年
农机服务组织/万个	18.73	18.74	19.15	19.22	19.48	19.34
农机专业合作社/万个	6.32	6.80	7.26	7.44	7.50	7.60
农机户/万个	4 229.75	4 184.55	4 080.36	4 074.16	3 995.44	3 947.57
农机户人数/万人	5 289.29	5 267.77	5 132.75	5 127.89	4 751.78	4 678.58
农机作业服务专业户/万个	505.59	499.84	440.90	424.25	420.60	415.90
农机作业服务专业户人数/万人	721.36	714.06	610.51	592.28	588.75	578.00
农机维修厂及维修点/万个	17.81	16.99	16.18	15.89	15.55	15.04
乡村农机从业人员/万人	5 165.29	5 128.14	4 758.60	4 676.53	4 966.10	4 957.36
农机服务收入/亿元			4 717.75	4 723.17	4 781.48	4 816.21
农机作业服务收入/亿元			3 531.38	3 534.67	3 615.03	3 675.92

2. 新型经营主体成为服务主要对象

随着工业化、城镇化进程的加快，农业转型升级加快，新型经营主体不断涌现，且逐步发展壮大，成为农业生产的关键多数主体。而小农户，土地规模较小且分散，与全程机械化所需的农机作业规模并不相匹配。反之，新型经营主体生产规模较大，引入农业机械替代劳动力，能够改变传统农业生产方式，降低土地、劳动力禀赋对农业生产的约束，提高农业生产效率；经营管理者一般以青壮年为主，受教育程度相对较高，对采用新品种、新技术、新模式的需求水平、采纳意愿都较高；农业机械技术的推广应用，能够改变传统生产经营理念，推动绿色发展、生态发展，提高农业生产附加值，进而推动新型经营主体实现高质量发展。同时，新型经营主体发挥示范作用，引导带动周边农户转变生产经营理念，扩大农机社会化服务需求，形成"以需促供、以供带需"的循环发展模式。

3. 服务内容延展至生产经营全过程

近年来，农机科技社会化服务主体以需求为导向，针对性提供人才培养、技能培训、先进农机装备供给、农业产业链综合配套农机技术服务等综合性、专业性、多样性的服务内容，并不断整合人才、项目、技术、信息等资源，提供更加优质高效的科技服务，培育、支持、引导多元农业生产经营主体高质量发展。2021年我国累计完成机耕、机播、机收、机电提灌、机械植保五项作业面积达到4.75亿公顷次，同比增长1.7%。我国农机作业服务面积和服务质量不断提升，农机服务收入和农机作业服务收入稳步增长，2021年我国农机服务收入4 816.21亿元，比2020年增加34.73亿元，其中农机作业服务收入3 675.92亿元，比2020年增加60.89亿元。

江苏省洪泽县三河镇祥发农机服务专业合作社，成立于2011年，目前，合作社土地经营规模达到584公顷，拥有无人植保机6台、无人驾驶插秧机2台、飞机植保机3台、乘坐式插秧机22台、联合收割机34台等，近年来着力推进"全程机械化+综合农事"服务中心建设，为社会提供农机全程作业、农资统购、技术咨询、培训指导、稻米加工包装和农产品展销等多种形式的社会化服务。2020年，合作社为周边农户提供插秧、育秧、植保、收割、秸秆还田、稻米烘干等服务面积8 247公顷，保姆式一条龙机械化托管服务面积达到366.7公顷，服务范围涉及3镇39个村，服务对象涵盖农业企业3家、合作社13家、家庭农场42户、农户1 768人。

4. 服务方式百花齐放

随着农业科技创新能力的提升，农业科技成果转化路径持续优化，不同地区、不同产业的服务和经营主体加快磨合，共同探索多种因地制宜、实用管用的农业科技社会化服务模式。

（1）链式农机推广服务模式。"专家+农机技术人员+农业科技示范基地+示范带动户"的链式农机推广服务模式，农业科研教学单位的专家指导农机技术人员，开展机具选型、技术路线制定、农机装备试验、农机技术培训等，农机技术人员以农业科技示范基地和示范带动户为抓手，开展农机装备的试验示范、观摩培训，带动周边农户应用新型农机装备，促进新型农机装备、农机配套技术模式的推广落地。如江苏省句容市宝华镇强民稻米专业合作社，坚持需求导向，组建专业化农机服务团队，与南京农业大学和江苏省农业科学院合作，共建"产学研"一体化示范基地，联合新型农业经营主体组建优质农产品研究院，开展大量新产品、新技术、新装备熟化应用等工作，推进了"技术巡诊""全程机械化技术服务进万家"等活动，为农机大户、种植大户、合作社累计培养"新农人"500多人。

（2）现代农业产业技术体系协同推广模式。以现代农业产业技术体系为依托的农机技术攻关与协同推广模式，依托50个国家现代农业产业技术体系，每个体系设置1名农业机械装备领域的科学家岗位，围绕现代农机装备开展技术攻关、示范培训、政策咨询和应急服务，向社会提供了一批先进适用的农机装备，培训了一批高素质农民，助推了现代农业机械化发展水平。各省也因地制宜，组建省级现代农业产业技术体系，配备农机岗位或专家团队，联合农机推广机构、农机企业、农机专业合作社等协同开展技术推广服务。如江苏现代农业（小麦）产业技术体系农机装备创新团队，聚焦小麦生产全程机械化，研发播种复式作业机械新技术新装备，组织地方农机推广站站长、乡镇农机管理人员、粮食生产大户和农业生产合作组织等，协同开展先进农机装备推广工作，通过展示观摩会、培训学习会、技术指导服务等，示范推广一批高留茬收获、犁耕翻、秸秆粉碎还田、智能旋耕施肥播种等农机具及作业方式方法，加快全程全面机械化进程，实现高产高效。

（3）"互联网+农机服务"模式。"互联网+农机服务"模式，基于现代信息技术，开发集农机购置补贴、农机政策宣传、农机维修年检、农机安全管理等于一体的信息管理平台，提供农机技术服务、农机作业云平台监管、农机技术培训、农机技术咨询、农机远程维修指导、农机知识学习等服务。如浙江某公司自主开发农飞客App，对接新安农服平台，借助"农服云"技术实现植保飞防大数据收集整理，并对作业成效进行线上跟踪追溯。还通过自建、参股、加盟等方式，在县级设立科技服务点，配备无人机近50台，日作业能力达到1 334公顷以上，为周边农户提供便利的农机服务。同时，依托信息化平台，实时监测农机装备使用情况、农机作业服务情况等，提高资源调配能力，从而提高农机装备的使用效率和农机服务的质量。

（4）公益性与经营性联合服务模式。公益性推广机构与农机社会化服务组织融合发展联合服务，创新农机社会化服务组织与基层农技推广机构合署办公等方式，实现农机社会化服务主体与基层农机技术人员结对合作，共同开展农业技术推广服务，为生产经营主体提供代耕、代种、代防、代烘干等社会化服务，并针对农户和经营主体的需求不断提升服务质量。如江西省宜丰县清泉家庭农场与县农技推广中心高级农艺师签订融合发展协议，为周边农户提供"代耕、代种、代防、代收割、代烘干"全程社会化服务，并实行农技人员"一对一，实时跟踪"服务，农机服务精准性和服务效果得到有效保障。2020年清泉家庭农场服务机耕面积100公顷，机插面积33.3公顷，机防面积146.67公顷，机收面积120公顷，烘干稻谷800吨，得到服务对象的一致好评。

三、存在问题

1. 缺少相关服务标准，服务效果参差不齐

虽然近年来各类农机科技社会化服务主体都在快速成长，但不同服务主体发展基础、资源集聚能力不同，导致服务能力不足、服务内容雷同、服务质量不高等一系列问题。受各地经济发展水平、科技发展水平、产业融合发展程度、相关支持政策等因素影响，农机科技社会化服务主体在建设和发展上，存在地区发展不平衡、产业布局不均衡、全产业链覆盖率不高等现象。因市场信息发布速度、市场信息接收程度不同，农机社会化服务主体在科技社会化服务供给效率、供给内容质量等方面未能建立相应的服务标准、评价体系等，技术服务内容单一、技术服务模式简单等情况较为普遍。资源分布较为分散，各类主体之间尚未构建良好的利益联结机制，多元农机科技社会化服务主体间协同不力，服务效果难以达到最优。

2. 服务对象不清晰，服务需求不明确

农机科技社会化服务组织还处于规模较小、服务能力较弱的起步阶段，对服务对象的农业科技服务需求缺乏收集和统筹，科技服务处于以输出为目标的状态，而非以需求为目的，农机科技社会化服务不够系统和专业。小农户老龄化趋势明显、农业生产规模小，对农机科技社会化服务的需求也小，尤其是市场化农业科技服务，对于小农户来说几乎没有需求。各级各类农机科技创新力量布局较为分散，小型化、低水平的服务反复出现，高水平、大规模的服务供给不足，农业科技投入产出率较低。

3. 服务机构内生动力不足，公益性服务力量弱化

近年来，农机推广机构存在推广队伍年龄结构老化、专业能力不强、履职服务不够等情况。2019年，从事农机推广工作的农技人员中，年龄在50岁以上的占总人数的35.7%，仅有11%的推广人员年龄在35岁以下；58.7%的农机推广人员为初级及以下技术职称，仅有11.35%拥有高级技术职称；30.37%的农机技术人员为本科及以上学历，仍有31%为中专及以下学历。此外，基层也存在农机技术人员被借调、抽调至行政机关从事非农技服务工作，部分乡镇农机人员还需花大量时间和精力从事"三资管理"、土地确权等工作，农机技术推广的主责主业难以保障。

高校、科研院所虽然是事业单位性质，人员基本工资由财政保障，但开展技术推广、科普等工作没有专项经费支持，无法广泛开展农机装备的推广示范、教育培训等工作，难以第一时间为农业经营主体和农户提供专业化科技服务。此外，高校和科研院所对科技人员的考核和管理，仍以科研和教学为主，未对提供农业科技服务情况有过多要求，农机科研人员仍以科研教学为主责，为社会提供农机科技服务的动力不足，履行公益性农机技术服务职责不够。

4. 市场化服务力量粗放发展，服务供给效能不高

受制于农业季节性、周期性、地域性和新型经营主体自身引入科技资源能力有限等因素影响，市场化农机服务主体提供的农机服务同质化程度较高、科技含量较低、专业性不强、服务分类细分不足、全程服务少等。部分农机社会化服务组织未能制定良好的发展规划，在资源集聚、统筹和利用方面作用发挥不充分，未能形成系统性的农机科技社会化服务体系，与新型经营主体和农户之间未能形成利益联结机制和信息共享机制，存在跨区作业市场信息不对称、信息滞后、服务质量不高等现象。大部分农机专业合作社都是由农机大户或者种养大户牵头，联合周边农户组建，文化程度有限，不善经营管理，难以推动合作社做大做强，难以为社会提供绿色、优质、高效的农机服务产品和农业生产全程农机技术服务。

四、发展建议

1. 加强统筹协调，完善支持政策

构建并完善分类支持政策机制，统筹推进多元主体发展壮大，分层次、有重点地扛起科技服务重任。一是明确公益性推广机构职能定位，加大基层农技推广体系改革与建设项目实施力度，支持农机推广机构改善服务条件、农业机械化技术人员开展知识更新培训、先进农机的示范推广、遴选培育一批示范带动能力强的示范带动户，提高农机科技服务能力。二是加大科研投入，设置农机科技服务专项，支持农业机械化科研院校构建"项目、队伍、平台"三位一体服务模式，立足农机科技服务需求，推动科教单位强强联合，通过校（院）企合作、校（院）地合作，建立上联下通的科技服务平台，聚焦农业机械化开展关键技术集成攻关、技术推广、试验示范、科技服务人才培养、技术培训等，提升农机装备原始创新能力和科技服务能力。三是培育壮大社会化服务组织。明确大力发展农机科技服务业的政策导向，给予农机社会化服务组织税收优惠，取消享受税收减免政策的农机社会化服务组织的规模和效益限制，支持其发展壮大。通过政府购买服务等方式，引导市场化主体主动承担公益性农机科技服务，为社会提供大量优质、高效农机服务。

2. 整合科技服务资源，搭建科技协同服务综合平台

聚焦农业机械化发展，整合优势科技服务资源，构建政产学研推用六位一体服务模式，形成强大合力。集聚农机科研、教学、推广等单位和新型经营主体，打造一批公益性示范基地，围绕农机关键技术开展试验、示范和展示；成立区域性农机推广联盟，以农业机械化重大需求为导向，构建高效创新机制，形成协同创新合力。推动国家和省现代农业产业技术体系业务协同，聚焦农机关键技术瓶颈，协同开展技术攻关、示范推广、成果转化等。

3. 构建服务标准规范，提升科技社会化服务质量

完善农机科技服务标准规范。由政府部门或行业协会牵头，多元服务主体参加，加快研究制定科研教学单位、农机推广机构、新型经营主体相应的科技社会化服务主体服务内容、服务方式、服务标准等规范。建立服务质量监管体系。构建农机科技社会化服务品牌培育和评价标准体系，加快推进农机科技社会化服务规范化、标准化、品牌化。建立农机科技社会化服务主体信用记录平台，对市场化服务主体进行统一登记，对公益性服务主体实行从业人员职业资格准入制度。建立服务综合评价机制，从科技成果推广有效度、对农业贡献度等方面对农机科技服务体系流程进行评估，从成本收益、需求主体的成本变化、社会效益等对农机科技服务体系运行成效进行评估，提升农机科技社会化服务体系的综合能力。

4. 广泛运用信息技术，推进农机科技服务信息化进程

充分运用大数据、云计算、区块链等技术，构建集信息采集、数据分析、互动交流、农机维修、远程指导、服务监管等于一体的农机科技服务信息平台，采取科学的信息采集方法，构建农机科技信息数据库，精准向用户推送最新市场资讯、农机购置补贴政策、先进现代化农机装备等信息，不断提高信息使用价值；推动专家、农机技术人员等服务主体运用信息平台，在线进行技术指导、技术咨询、互动交流等，推动新型经营主体和农民运用信息平台学习知识、提出服务需求、咨询相关问题等，加快科技成果的快速转化，实现农机、人力、技术和土地等资源的即时响应与调配；丰富和拓展信息平台科技服务内容，针对不同用户需求提供包括信息支持、技术指导、农业咨询、信息发布等"一站式"科技服务。

（第一作者单位：江苏省农业科学院；论文来源：《中国农机化学报》2023年第3期）

"十三五"时期我国农机事故统计分析与对策研究

花登峰　李斯华

党的二十大对推进国家安全体系和能力现代化作出了战略部署，提出要坚持安全第一、预防为主，建立大安全大应急框架，完善公共安全体系，推动公共安全治理模式向事前预防转型。农机安全生产是国家安全生产工作的重要组成部分，直接关系到农业生产秩序、农民生活福祉及农村社会稳定，是基层社会治理的重要方面，是实现农业机械化全程全面高质高效发展的前提。近年来，我国农机安全生产形势稳定向好，农业机械事故（以下简称农机事故）的发生以一般事故为主，但涉及农业机械的重特大事故仍时有发生，对人民群众生命财产安全造成严重影响。加强农机安全监督管理，是当前保障农业机械化高质量发展的一项重大而紧迫的任务。本文在总结"十三五"时期我国农机事故发生的基本规律和分析当前农机安全生产形势的基础上，对新时期下推进农机安全监督精细化管理进行探索，从行业发展、监督管理、先进装备、宣传教育等方面提出对策建议。

一、"十三五"时期农机事故的基本情况

1. 农机事故的定义和统计范围

根据2009年国务院公布实施的《农业机械安全监督管理条例》，农机事故是指"农业机械在作业或者转移等过程中造成人身伤亡、财产损失的事件"，县级以上地方人民政府农业机械化主管部门负责农机事故责任的认定和调解处理。目前，发生在国家等级公路外的农机事故，简称道路外农机事故，

由农业农村部门统计。

由于拖拉机、联合收割机等自走式农业机械在跨区作业或田间转移时，往往需要借道行驶，必然与社会车辆或行人产生时空上的"密接"，亦可能在道路上发生交通事故。依据《农业机械安全监督管理条例》，农业机械在道路上发生的交通事故，由公安机关交通管理部门依照道路交通安全法律、法规处理。这类在道路上发生的涉及农业机械的事故，简称农机道路交通事故，由公安部门统计。

根据农业农村部统计发布的数据，"十三五"期间，道路外农机事故2 993起、死亡436人、受伤823人、直接经济损失4 477.67万元。根据公安部统计发布的数据，"十三五"时期农机道路交通事故9 710起、死亡3 864人、受伤9 384人、直接经济损失3 326.7万元。对比数据可以发现，农机道路交通事故在事故起数、死亡人数、受伤人数三项指标远远高于道路外农机事故，仅直接经济损失较低。

道路外农机事故和农机道路交通事故都涉及农机，但两者的概念定义、主要机型以及发生场景、时段、原因等差异较大，难以合并分析，故本文以道路外农机事故为研究对象。

2. "十三五"时期道路外农机事故发展趋势

按安全生产四项控制指标统计，2011—2020年道路外农机事故情况如表1所示。

表1　2011—2020年道路外农机事故统计表

年份	事故起数/起	死亡人数/人	受伤人数/人	直接经济损失/万元	年份	事故起数/起	死亡人数/人	受伤人数/人	直接经济损失/万元
2011年	933	171	473	821.38	2016年	1 004	133	318	1 211.41
2012年	2 091	692	943	2 240.64	2017年	829	130	226	1 396.04
2013年	1 733	432	631	1 711.65	2018年	563	74	131	717.54
2014年	1 744	300	556	1 450.04	2019年	351	49	87	569.4
2015年	1 306	208	427	1 758.7	2020年	246	50	61	583.28
合计	7 807	1 803	3 030	7 982.41	合计	2 993	436	823	4 477.67

注：数据源自农业农村部2011—2020年农机事故情况通报。

对比"十二五"和"十三五"时期道路外农机事故情况，四项控制指标降幅显著，结果如图1所示。

"十三五"时期道路外农机事故2 993起、死亡436人、受伤823人、直接经济损失4 477.67万元。与"十二五"时期相比，事故起数减少4 814起、死亡人数减少1 367人、受伤人数减少2 207人，直接经济损失减少3 504.74万元，降幅分别达到61.67%、75.82%、72.84%、43.91%。

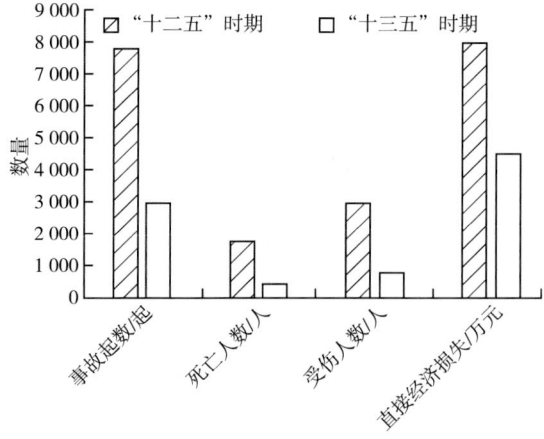

图1　"十三五"与"十二五"时期农机事故四项指标对比

对比2011—2020年数据，除直接经济损失外，其他三项安全生产控制指标基本呈现逐年下降的趋势，结果如图2所示。其中2012年数据比2011年数据出现了较大幅度的上升，原因是当年国务院安全生产委员会对道路外农机事故统计口径进行了调整，将统计范围扩大到包括拖拉机、联合收割机、微耕机、卷帘机等所有危及人身和财产安全的农业机械事故，导致2012年四项控制指标出现显著变化。但有媒体报道分析，如与原统计口径相比，2012年四项控制指标比2011年也是下降的，相对趋势保持一致。

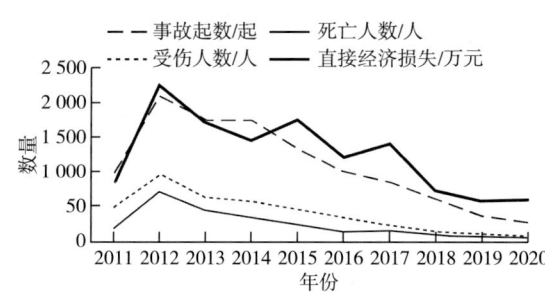

图2　2011—2020年道路外农机事故四项控制指标统计

二、"十三五"时期道路外农机事故分析

1. 按事故原因统计分析

根据《全国农业机械化管理统计调查制度》（以下简称《调查制度》）的规定，农机事故原因划分9类，分别为操作失误、无证驾驶、酒后驾驶、违法载人、超速超载、无牌行驶、未年检、机件失效及其他。其中，操作失误和机件失效是导致农机事故的直接原因，其他7项是间接原因。一般而言，农机事故可能涉及多项安全隐患，单起农机事故原因可能有多个。按事故原因对"十三五"时期道路外农机事故进行统计，结果如表2所示。

表 2 "十三五"时期道路外农机事故的原因统计表

项目	操作失误/起	无证驾驶/起	无牌行驶/起	未年检/起	超速超载/起	违法载人/起	酒后驾驶/起	机件失效/起	其他/起
2016 年	641	282	122	228	13	9	5	40	221
2017 年	524	236	81	163	7	5	1	23	141
2018 年	362	147	72	126	4	3	1	10	109
2019 年	225	75	52	75	3	3	4	7	81
2020 年	165	82	41	55	1	4	0	4	49
合计	1 917	822	368	647	28	24	11	84	601
占事故总数比例/%	64.4	27.46	12.3	21.62	0.94	0.8	0.36	2.8	20.08

注：数据源自 2016—2020 年全国农机事故报送分析系统。

按事故直接原因分析，"操作失误"占道路外农机事故总量的 64.4%，高于"机件失效"的 2.8%。这说明农机手驾驶操作技能水平是导致农机事故的主要因素。许多农机手在购置农业机械后往往急于投入生产应用，仅凭借以往生产经验对农业机械的操作方法进行探索，缺乏系统、专业、严格的培训，很难全面掌握农业机械的安全操作要求。农机驾驶操作工作周期性较强，多集中于农忙季节，若平时疏于训练练习，一旦出现安全隐患，慌乱中容易出错，进一步加重农机事故风险。

按事故间接原因分析，"无证驾驶"占道路外农机事故总量的 27.46%，"未年检"占 21.62%，"无牌行驶"占 12.3%，这些都是违法违规的行为，说明部分农机手安全意识不强。统计数据（表 3）显示，"十三五"时期，发生的道路外农机事故中涉及无证驾驶的事故 822 起、死亡 259 人，占比分别为 27.46%、59.4%；涉及超期未年检农机的事故 647 起、死亡 264 人，占比分别为 21.62%、60.55%；涉及无牌行驶的事故 368 起、死亡 174 人，占比分别为 12.3%、39.91%。值得注意的是，2016—2020 年涉及"无证驾驶""未年检"农机事故的死亡人数均超过当年全部农机事故的死亡人数 50%。这说明一些农机手未经培训考核取得合法驾驶资格或驾驶未经年度安全检验合格的农机就下地作业，是引发严重农机事故的主要诱因。

表 3 "十三五"时期道路外农机事故涉及无证驾驶、无牌行驶、未年检等违法违规情况

年份	涉及无证驾驶的农机事故				涉及未年检的农机事故				涉及无牌行驶的农机事故			
	事故起数/起	占比/%	死亡人数/人	占比/%	事故起数/起	占比/%	死亡人数/人	占比/%	事故起数/起	占比/%	死亡人数/人	占比/%
2016 年	282	28.09	80	60.15	228	22.71	84	63.16	122	12.15	52	39.10
2017 年	236	28.47	67	51.54	163	19.66	65	50.00	81	9.77	40	30.77
2018 年	147	26.11	51	68.92	126	22.38	49	66.22	72	12.79	36	48.65
2019 年	75	21.37	25	51.02	75	21.37	33	67.35	52	14.81	21	42.86
2020 年	82	33.33	36	72.00	55	22.36	33	66.00	41	16.67	25	50.00

注：数据源自 2016—2020 年全国农机事故报送分析系统。

此外，社会大众对农业机械的安全风险认知不足，亦会导致人员伤亡和财产损失。许多人认为农业机械是生产工具，还未形成经培训考试后持证作业的共识、未形成拒绝使用违规改装拼装农业机械的共识、未形成非作业人员远离作业区域的共识。2022 年"三夏"期间，抖音、搜狐等媒体广泛报道 1 名 15 岁男孩独自驾驶拖拉机运输小麦，引起了社会的广泛关注。媒体在树立男孩独立自主形象的同时忽视了无证驾驶违法行为的存在，误导社会大众对持证驾驶拖拉机和联合收割机的法规要求。

2. 按事故涉及的农业机械种类统计分析

按农机事故涉及的农业机械种类对"十三五"时期道路外农机事故进行统计，结果如表 4 和图 3 所示。

表 4 "十三五"时期道路外农机事故机型统计表

年份	拖拉机事故起数/起	联合收割机事故起数/起	其他农业机械事故起数/起
2016 年	410	533	61
2017 年	309	485	35
2018 年	263	283	17
2019 年	128	201	22
2020 年	116	114	16
合计	1 226	1 616	151

注：数据源自农业农村部 2016—2020 年农机事故情况通报。

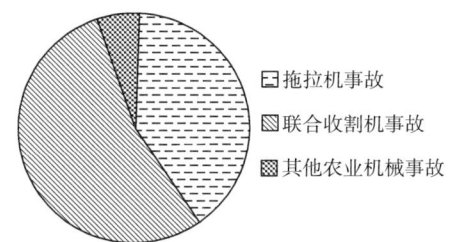

图 3　"十三五"时期农机事故涉及的农业机械种类分布图

道路外农机事故中，拖拉机事故 1 226 起，占比为 40.96%；联合收割机事故 1 616 起，占比为 54.00%；其他农业机械事故 151 起，占比为 5.04%。从保有量来看，2020 年全国农业机械化统计年报数据显示，全国拖拉机保有量为 2 204.88 万台，联合收割机保有量为 285.37 万台，前者为后者的 7.73 倍。从工作时长来看，联合收割机集中应用于夏粮、秋粮的收获时期，拖拉机作为全程机械化各个环节的动力机械，应用时长远超联合收割机，但"十三五"时期拖拉机的事故起数反而低于联合收割机。

联合收割机成为事故多发机型的主要原因包括：一是联合收割机产品质量不够稳定。2021 年农业机械产品质量国家监督抽查结果显示，稻麦联合收割机不合格发现率为 9.5%，该产品近 3 次国家监督抽查不合格发现率分别为 3.4%、0 和 9.5%，抽查合格率在 90% 以上波动。农业农村部也采用"满意度"调查方式对全喂入履带自走式水稻联合收割机进行调查，2021 年的调查结果显示在安全性方面，存在安全标识缺失，安全防护部件拆卸等情况，以及加装、改造产品部件等突出问题。二是安全意识淡薄、操作不规范。主要表现在机手作业前未进行严格清场，部分非作业人员在作业过程中跟随联合收割机捡拾遗漏的农作物，而驾驶操作人员视野受限，碾轧致死的事件常有发生；且驾驶操作人员违反联合收割机安全操作规程，停机检查不切断动力的现象也时有出现，很容易造成人员受伤或死亡。三是联合收割机的机型相对重心较高，稳定性差，且其后轮为转向导向轮，对驾驶操作人员的技术水平和转移环境要求较高。实际生产中，一些驾驶操作不熟练的机手在驾驶通过窄桥、窄路、田埂、机耕道、坡度较大的路段时，因操作不当极易发生翻车事故。

3. 按事故发生时段统计分析

按农机事故发生时间对"十三五"时期道路外农机事故进行统计，结果如表 5 所示。

农机事故发生在 5 月、6 月、9 月、10 月和 11 月的概率较大，这正是"三夏""三秋"等重要的农忙时节，占比达到了 68.86%，如图 4 所示。分析原因：一是农机作业时节，驾驶操作人员由于连续作业、疲劳驾驶等加大了安全隐患，特别是"三夏"时节，高温天气和连续作业容易对人的生理、心理、判断力、控制力及操作技能的发挥产生影响，极易发生农机事故。二是农业机械作为生产工具长时间处于闲置状态，一年内累计使用时间有限，加之疏于机务管理、不进行保养，容易加速农业机械的损坏，如轮胎、传动带、弹簧等零部件变形，木质件腐朽，橡胶件老化，金属件锈蚀等，在农忙季节短时期高强度应用影响作业安全。三是跨区机收对驾驶操作人员提出更高要求。跨区作业过程中，拖拉机、联合收割机等农业机械处于高频、长时、长距离作业状态，导致机械部件在短期内加速磨损，对作业安全造成风险；驾驶操作人员长期疲劳驾驶、对异地地形地貌及作业环境不熟悉等加剧了风险隐患。

表 5　"十三五"时期农机事故月度分布表

月份	事故起数/起	死亡人数/人	受伤人数/人	直接经济损失/万元
1 月	42	7	12	216.07
2 月	38	8	12	32.89
3 月	70	15	21	124.32
4 月	129	25	44	93.02
5 月	288	39	82	396.47
6 月	592	48	168	575.38
7 月	212	22	69	264.05
8 月	159	16	35	114.55
9 月	410	63	99	602.92
10 月	368	82	122	1 129.03
11 月	403	61	84	424.03
12 月	282	50	75	495.85
合计	2 993	436	823	4 468.58

注：数据源自农业农村部 2011—2020 年农机事故情况通报。

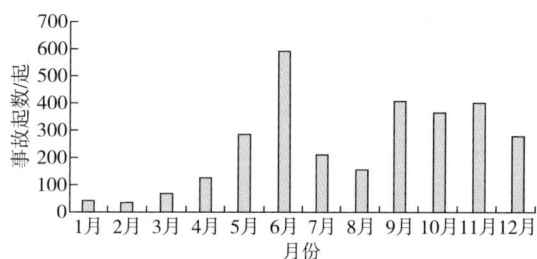

图 4　"十三五"时期农机事故起数月度分布图

三、新形势下农机事故防范对策

1. 农机事故防控形势分析

通过对"十三五"时期道路外农机事故规律的分析发现，全国农机安全生产的基本面在持续好转，但是农机事故防控的压力与难度也在提升，主要表现在以下几个方面。

（1）农业机械安全隐患较多。随着农业农村现代化不断推进，农业机械化向全程全面高质高效转型升级，农机应用领域不断拓展，已从粮食作物向经济作物拓展，从种植业向养殖业、加工业延伸，从平原地区向丘陵山区进军。我国农业机械的保有量不断攀升，2020 年全国农业机械总动力达到 10.56 亿千瓦，总台数超过 2 亿台套，但农机产能过剩与缺门断档并存，中高端产品不多，机具的可靠性、安全性有待提高，特别是部分地区销售不符合国家安全运行标准"变型拖拉机"的现象依然存在，非法改装、拼装农业机械的情况屡见不鲜，存在较大的安全隐患。

（2）农机安全生产责任落实还不到位。部分农机服务组织疏于对农机手的安全培训，不能充分识别生产活动中的隐患和风险，安全生产投入不足，安全管理人员缺失，农业机械档案不健全，没能及时对机车进行日常维护和维修保养，未能及时发现机件失效等安全隐患。

（3）农机安全监督管理能力不足。列入 NY/T1640—2021 《农业机械分类》中的农业机械涉及 32 个大类 404 个品目，其中仅实施牌证管理的拖拉机和联合收割机就分别达 2 170

多万台和250多万台，持证驾驶员达到920多万人，但全国农机安全监理人员仅2.5万人，监理人员力量严重不足。从监理装备能力看，全国农机安全监理条件建设长期缺乏稳定投入，安全技术检验设备、事故应急救援装备、信息化管理建设等滞后。部分地区经费保障困难的问题也较为突出，难以适应新形势下农机安全监理工作的要求。

2. 农机事故防控对策建议

加强农机安全监督管理，消除农机安全隐患，防范重特大农机事故发生，是促进农业机械化又好又快发展的重要保障。针对"十三五"农机事故的发生原因、主要机型、重点时段分析，要以提升农机事故防控精准性为导向，从行业发展、监督管理、先进装备、宣传教育等方面提出对策建议。

（1）加大农机手教育培训力度，降低操作失误等引发农机事故的风险。将农机安全生产知识纳入新型职业农民培训的重要内容，强化安全教育、法治教育，加强事故警示教育，完善从业人员培训体制机制，特别是加强安全驾驶操作技能培训。深入开展农机安全生产宣传"五进"（进企业、进农村、进社区、进学校、进家庭）活动，展示农机事故的发生规律及严重后果，让全社会普遍接受农机安全运行的基础性要求。

（2）严厉查处无证驾驶、无牌行驶等违法违规行为，提升农机手的安全守法意识。探索建立行政许可、隐患排查、行政执法等数据相融合的信息平台，提高监管效能，推进治理模式向事前预防转型。参照事故发生规律，对重要时段开展针对性执法，对照《农机安全生产重大事故隐患判定标准》，加大对无牌、无证、违法载人、安全防护缺失等事故隐患的管控力度，依法从严从重查处违法行为。

（3）推动农机装备升级换代，提高农业机械的安全性能。开展农机产品质量调查、市场抽查等活动，强化农机企业的主体责任，严把产品质量关。通过购机补贴等扶持政策，鼓励农机加装智能化辅助驾驶系统，探索在农业机械上设置作业状态传感器和报警器，运用作业安全预警系统，预防作业损失和人身伤害事故的发生；安装远程安全监控系统，掌握机具的运行状态，及时发现机具故障，以便向用户发出检查保养提醒，保障机具作业安全。

（4）深化农机行业"放管服"改革，提升农业机械牌证管理的有效性。将农机监理与购机补贴、作业补助、技术推广等工作深度对接，将牌证管理与融资信贷、农机保险、财政补贴、优惠用油等相挂钩，不断提升农机上牌率、年检率和农机手持证率。推动建立农机安全"黑名单"制度，对存在严重违法违规行为的组织和个人，暂停享受购置补贴、作业补贴和项目补贴，限制申领跨区作业证，刚性约束落实农机安全主体责任。

四、结语

农业机械化是加快农业农村现代化的关键抓手和基础支撑，农机安全生产是实现农业机械化高质量发展的重要基础和保障。农机事故的发生主要在于驾驶操作人员的安全意识及安全操作能力不足、农机产品质量不高、农机安全生产责任落实不够、作业环境及条件不完善等。各级农机化主管部门要加强分析农机事故发生的规律、成因，因地制宜采取对应的防范措施，开展精细化管理和服务。提高全社会的普遍共识，推广先进适用的智能装备，推动治理模式向事前预防转型，切实预防和减少重特大农机事故发生。

（第一作者单位：农业农村部农业机械化总站；论文来源：《中国农机化学报》2023年第3期）

乡村振兴背景下我国农机服务组织农机保险现状与建议

张林娜　李吉　花登峰　姚春生　席爱华　李晓红

改革开放以来，为促进我国农业现代化和农村经济的发展，2004年出台的《中华人民共和国农业机械化促进法》第二十七条提出，中央财政、省级财政应当分别安排专项资金，对农民和农业生产经营组织购买国家支持推广的先进适用的农业机械给予补贴，这为我国农业机械快速发展提供法律保障。2016年我国的农机购置补贴工作做到敞开补贴应补尽补，农业机械化生产全面渗透到农业生产的全过程，每年中央财政补贴资金维持在200亿元左右。

我国农业机械保有量不断增加，农机事故频繁发生。2019年，我国农机总动力达到10.27亿千瓦，是1978年（改革开放初期）我国农机总动力的874%。全国农业机械保有量的不断增加，加大了我国农机安全管理工作难度，特别是农机手的安全意识不高、农业机械安全防护装置缺失等问题，使得农业机械在作业或者是转移过程中造成人员伤亡和财产损失的农机事故频繁发生。据统计，2018—2020年3年间，全国农机道路外事故每年平均发生388起，年平均死亡58人，年平均受伤93人，年直接经济损失428.98万元；全国农机道路交通事故每年平均发生1 884起，年平均死亡人数710人，年平均受伤人数1 829人，年直接经济损失590万元。

农机保险可补偿农机事故损失，目前处在实践探索阶段。农机保险可为农机主或农机手因自然灾害或意外事故造成生命财产损失时获得一定的经济赔偿。为保障广大农户和农机手的生命财产安全，稳定农业农村经济生活，亟须农机保险分散农机事故风险。2004年我国出台了《中华人民共和国道路交通安全法》，将上路行驶的拖拉机第三者责任保险确定为道路交通强制责任保险（即"交强险"）；2005年上海率先开始农机具综合保险试点，2008年、2011年江苏和北京分别开展了农机政策性保险试点；2009年陕西省在全国率先开展农机互助保险试点，湖北省（2010）、湖南省（2013）也相继开展农机互助保险试点。2013年我国出台《农业保险条例》，从法律上将农机保险纳入涉农保险范畴，提出农机保险可以享有财政补贴，至此，我国农机保险步入实践探索阶段。我国农机保险按照承办主体的组织形式可分为政策性农机保险、农机互助保险以及商业性农机保险。政策性农机保险是指政府支持，保险机构承保，农机服务组织或个体投保的保险，在保费或是政策上给予一定支持；农机互助保险是指农机手个体缴纳会费成立互助基金，农机协会作为非营利机构开展互助保险业务，出险时形成互助共济的一种合作保险。

随着我国农业现代化发展、农业规模化经营推进，设施农业机械数量和跨区作业的需求不断增加，农机安全生产的潜在风险日益加大。农机服务组织逐步成为农业生产的生力军，对推动乡村振兴具有促进作用，我国农机服务组织投保的农机保险模式、险种、理赔等总体状况如何？基于此，本文利用农业农村部2020年农机安全生产事故防控监测课题中相关调研资料展开分析，全面了解我国农机服务组织农机保险发展现状以及存在的问题，提出有关建议，为完善我国农机保险政策实施提供参考依据。

一、相关研究综述

目前关于我国农机保险方面的文献研究主要集中于以下四个方面。

（1）农机保险实施的必要性方面。农机保险是一种风险管理手段和措施，若没有农机保险，一旦发生农机事故，则会给农机手造成经济负担，若造成人员伤亡，后果将不堪设想；农机保险赔付能够在很大程度上减轻事故给农户造成的经济负担，保障农户收入稳定及农村经济平稳增长。推进农机保险可为农机安全生产提供有效的保障，消除农机作业的后顾之忧，维护人民群众的生命和财产安全，促进农村发展和农民收入，维护农村社会和谐与稳定；开展农机保险不仅可以在事故发生后补偿农民的经济损失，而且在事前有积极的安全教育、预防作用，同时具有稳定社会、保障农业机械化发展的重要意义。

（2）农机保险的作用方面。农业生产作业环境的复杂性、农机型号多样性、农机手操作技能的差异性，导致农机事故率相对较高，而农机户的低收入性，使农机户保费支付能力较低，给商业保险公司直接经营农机保险增加了极大难度。农机互助保险弥补了交强险以及商业保险的不足，有助于防止农机手因事故返贫，有利于农村社会的稳定，拓宽了服务农机手的渠道，推动了农机安全监管工作的开展。政策性农机保险是支农惠农政策的体现，实施政策性农机保险不仅可以分散农机作业服务风险，增强农民发展农业机械化的信心，而且可以转变政府服务"三农"的方式，降低政府运行成本，提高政府运行效率和服务质量。

（3）我国农机保险试点地区不同农机保险经营模式开展情况方面。主要有经济发达地区（如江苏）、农业大省（如河北）等地农机政策性保险模式，以及陕西、湖北等地的农机互助保险模式，分别分析了实施的相关背景、需求及方案设计、实施成效或存在问题等。其中，由于农民低收入、农机保险高风险、高赔付率等问题，商业保险公司承保农机交强险积极性不足，故而在陕西首先出现了农机互助保险，形成了"协会经办、农民互助、专家管理、事故补偿、结余积累、会员积分、不以营利为目的"的农机互助保险模式。

（4）我国农机保险试点地区农户保险意愿及影响因素方面。农机保险价格对农机保险需求有显著的负向影响；保费补贴、农机户人均纯收入、拖拉机和联合收割机动力占比、农机跨区作业面积、农业机械化作业服务组织人数对农机互助保险需求有显著的正向影响；农机户家庭收入、对保险公司的认可程度、对农机保险了解程度、受教育水平和风险意识对农机保险需求有影响；农机户对农机保险政策的认知、保险补贴会对参保意愿产生显著影响；目前由于农户对农机保险政策的认知程度较低、农户收入水平低、补贴力度等问题，存在着保险意愿不足的情况。

这些文献对了解我国目前农机保险必要性、农机保险模式及优劣势等均有重要作用，对未来我国农机保险发展策略的提出有重要支撑作用。

二、我国农机服务组织的农机保险实施现状

1. 样本分布描述

农机安全事故防控监测调查课题组根据各省（区、市）的农业机械化发展情况，于2019—2020年在全国30个省（区、市）中抽取了200个县（市、区），每个县（市、区）又抽取了1~2个农机服务组织作为监测对象，各县级农机监管部门以及农机服务组织为"农机安全事故防控"问卷调查对象。30个省（区、市）的200个样本监测县（市、区）分布如图1所示。

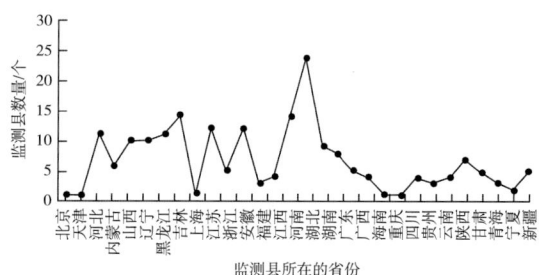

图1 全国30个省（区、市）抽取的200个样本县（市、区）分布

2. 监测县（市、区）的农机保险总体情况

在全国30个省份抽取的200个样本县（市、区）中，92个县（市、区）尚未实施农机保险，占比46%；42个县（市、区）实施政策性农机保险，占比21%；24个县（市、区）实施农机互助保险，占比12%；42个县（市、区）实施商业性农机保险，占比21%。

3. 农机保险组织形式与保障情况

从调查数据看，截至2020年底，按照承办主体的组织形式可分为政策性农机保险、农机互助保险以及商业性农机保险。各地按照保险险种分为农业机械损失保险、第三者责任保险、农业机械综合保险、驾驶人意外伤害保险。组织政策性农机保险的牵头部门主要为农业农村主管部门；组织农机互助保险的牵头部门主要为农机安全协会、互助协会、农机安全监理站等；商业性农机保险实施部门主要为各保险公司，包括阳光保险、中国人民保险公司、太平洋财险、中国人寿财产保险公司、中国大地财产保险股份有限公司、华安财险、天安保险、国元保险、江苏省紫金保险公司等。

（1）农机服务组织参保情况。调研数据显示，有效样本的340家农机服务组织里，农机服务组织除投保拖拉机运输机组交强险外（占比15.29%），参与政策性农机保险、农机互助保险和商业性农机保险小计占比60.89%。其中，参与政策性农机保险占比27.07%，参与农机互助保险占比11.76%，参与商业性农机保险占比22.06%，如图2所示。

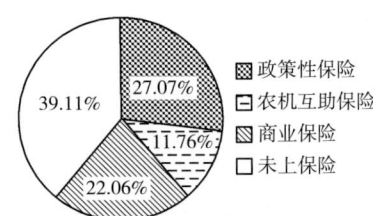

图 2 农机服务组织参保情况

（2）农机服务组织投保险种意愿。农机服务组织在选择农机保险险种上，有驾驶人意外伤害险、机身损失险、第三者责任保险、农业机械综合险 4 种。选择保险险种有 1～4 种不同组合，优选的是驾驶人意外伤害险，农业机械综合险选择意愿不高，如图 3 所示。只选择一种保险险种的组合方式最高，占比为 37.68%。

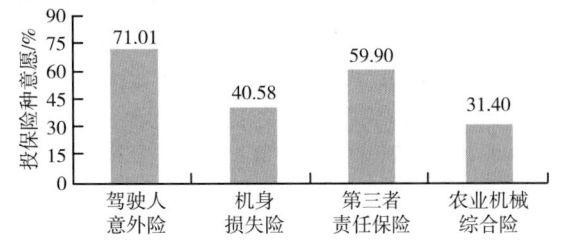

图 3 农机服务组织投保险种意愿

投保政策性农机保险享受的补贴比例有 100%、80%、70%、60%、50%、30%、20%、10% 等不同档次，平均补贴比例为 46.25%。

从承保期限看，无论是政策性农机保险、农机互助保险、商业性农机保险等不同的保险模式，针对驾驶人意外伤害险、机身损失险、第三者责任保险、农业机械综合险、拖拉机运输机组交强险等不同险种，承保期限均以 12 个月为主，占各种期限的比例在 60%～90%；其他为 6 个月、3 个月、1 个月，占比在 10%～30%；还有 3 年、10 个月、5 个月等不同承保期限，占比不超过 10%，主要在商业性农机保险和拖拉机运输机组交强险中应用，如表 1 所示。

4. 农机服务组织保费及保障额度情况

由样本数据显示，农机服务组织通过政策性农机保险、农机互助保险及商业性农机保险渠道投保的驾驶人意外伤害险、机身损失险、第三者责任险，其保费及保障额度差异不大，保费均值在 500～600 元/（人·台）；保障额度均值在 20～40 万元；农机综合保险的保费均值在 680 元/（人·台）左右，保障额度均值将近 50 万元。

从综合的保险费率（保费与保障额之比）看，政策性农机保险和商业性农机保险中驾驶人意外伤害险、农机互助保险中农机综合险费率相对较低，分别为 0.082%、0.138%、0.141%，如表 2 所示。

5. 农机服务组织理赔情况

样本数据显示，参与保险的农机服务组织，在农机生产安全事故发生后，能得到一定的赔偿。保险赔偿率 = 理赔金额/实际损失金额 ×100%。以政策性农机保险为例，农机服务组织在使用拖拉机和联合收割机进行作业时发生事故后，拖拉机的机身损失险保险补偿最高 82.14%，联合收割机的驾驶人员意外伤害险保险补偿率最高 93.45%。联合收割机的各保险平均补偿率在 80% 以上，高于拖拉机的各保险平均补偿率，如表 3 所示。

表 1 农机服务组织参与的农机保险承保期限分布

保险模式	险种	数量/个	承保期限分布/%				
			12 个月	6 个月	3 个月	1 个月	其他（如 36、10、5、4、2 个月）
政策性农机保险	驾驶人意外伤害险	61	75	5	10	5	5
	机身损失险	35	80	5.70	8.60	5.70	—
	第三者责任险	52	82.69	1.92	11.54	3.85	—
	农业机械综合险	47	78.72	4.26	8.51	6.38	2.13
农机互助保险	驾驶人意外伤害险	30	80	3.33	10	6.67	—
	机身损失险	20	80	5	5	10	—
	第三者责任险	21	90.48	4.76	—	4.76	—
	农业机械综合险	17	88.24	5.88	—	5.88	—
商业性农机保险	驾驶人意外伤害险	56	78.57	7.14	5.36	3.57	5.36
	机身损失险	25	68	4	16	8	4
	第三者责任险	43	60.47	4.65	11.63	13.95	9.30
拖拉机运输机组交强险		52	82.69	3.85	7.69	1.92	3.85

表2 农机服务组织保费缴纳及保障额度情况

险种		政策性农机保险	农机互助保险	商业性农机保险	均值
驾驶人意外伤害险	保费/[元/(人·台)]	261.14	865.38	421.55	516.02
	保障额度/万元	31.99	35.63	30.64	32.75
	保险费率/%	0.082	0.243	0.138	0.158
机身损失险	保费/(元/台)	285.32	493.00	858.53	545.62
	保障额度/万元	16.63	24.50	29.39	23.51
	保险费率/%	0.172	0.201	0.292	0.232
第三者责任险	保费/(元/台)	550.52	670.56	533.60	584.90
	保障额度/万元	38.97	29.81	37.00	35.26
	保险费率/%	0.141	0.225	0.144	0.166
农机综合险	保费/[元/(人·台)]	530.12	837.50		683.81
	保障额度/万元	35.39	59.29		47.34
	保险费率/%	0.150	0.141		0.144

表3 政策性农机保险理赔情况

项目		驾驶员意外伤害险	机身损失险	第三者责任险	农机综合险
拖拉机	年累计实际损失金额/元	1 320.00	1 000.00	357.14	3 126.33
	年累计理赔金额/元	900.00	821.43	238.38	1 738.10
	保险补偿率/%	68.18	82.14	66.75	55.60
联合收割机	年累计实际损失金额/元	2 076.00	3 000.36	1 500.00	3 095.24
	年累计理赔金额/元	1 940.00	2 428.57	1 200.00	2 666.67
	保险补偿率/%	93.45	80.94	80.00	86.15

三、我国农机保险发展面临的问题

1. 农机保险的覆盖面还较低

在全国30个省（市、区）抽取的200个样本监测县中，尚未实施农机保险的县占46%；参与不同农机保险模式的比例仅在10%~30%之间。农机服务组织总体受教育水平较低，通过保险进行农机风险转移的意识较弱，在全国200个监测县（市、区）的农机服务组织样本中，参与政策性农机保险占27.07%，参与农机互助保险的占11.76%，参与商业性农机保险的占22.06%。

2. 农机保险险种单一，且发展不平衡

我国农机保险项目除交强险外，还主要包括驾驶人意外伤害险、机身损失险、第三者责任险、农机综合保险；保障范围主要是拖拉机和联合收割机，对于其他农业机械的保险很少。但随着我国农业现代化及产业化的发展，农业机械的应用范围涉及农林牧渔业的产前、产中、产后各行业各环节，且农业机械的类型越来越多，农业机械将成为农户家庭的重要财产，如何使农机保险产品更加符合市场需求，特别是能满足收入水平和风险水平都较高的职业农机户需求，是值得关注的问题。

3. 承保和投保农机保险的积极性不高

农机综合险的保险费率较低，如政策性农机保险的驾驶人意外伤害险费率为0.082%，可以让投保人在一定程度上节省保费，却影响了保险公司承保的积极性；若保费较高，则增加了农机服务组织的农业生产成本，导致支付能力不足，投保意愿低。

4. 农机服务组织安全生产意识不强

农机服务组织经常使用拖拉机和联合收割机进行粮食生产，实现了"机器换人"缓解农业生产用工难的问题，但数据显示，在进行农业生产作业过程中发生了农机事故，拖拉机的机身损失险保险补偿率最高82.14%，联合收割机的驾驶人员意外伤害险保险补偿率最高93.45%，且联合收割机的各保险平均补偿率在80%以上，高于拖拉机的各保险平均补偿率。这说明，拖拉机和联合收割机驾驶操作人员的安全操作知识和意识亟须加强。

四、我国农机保险发展有关建议

1. 积极争取政府扶持力度

我国农业机械的购买者和操作者一般为农民，投保农机保险，客观上可以转移机具损失风险、驾驶人意外风险、第三者赔偿责任风险等，这不仅会惠及农机拥有者个人，也有利于农业生产及农村稳定，惠及全社会的其他成员。农机服务组织进行投保时，政策性保险的积极性要高于其他农机保险模式，投保意愿最高，为46.5%。建议争取政府对农机保险工作的重视和支持，出台相应扶持政策，引导各地结合实际，规范操作，确保农机保险在法制下运行，鼓励经济条件允许的地区，投入资金进行补贴。

2. 拓宽农机保险保障范围和险种

建议联合保险金融机构，积极进行市场调研，结合地区经济发展水平及农机产量规模、农机类型等，设计出适应不同地区农机户最需要的农机保险主副产品，要将《农业机械安全监督管理条例》中提到的7种危及人身财产安全的农机以及各地确定的对人身财产安全可能造成危害的其他农机纳入保险范围，实现农机投保人、政府、保险经营机构共赢。进而，提升服务水平，对促进农机安全生产具有重要意义。

3. 加强农机保险宣传

加强宣传是促进农机保险发展的有效途径。要以农机服务组织为重点，统筹农业（农机）部门、保险监管部门、保险机构等多方力量，结合"三夏""三秋"等重要农时，充分利用新媒体、安全宣传月等活动平台对农机保险政策法规等进行宣传，进一步扩大农机保险的社会影响力。尤其要注重大力宣传成功理赔的鲜活案例，切实提高农机手的保险意识。

4. 加强对农机服务组织的安全技能培训

农机生产安全关系到粮食安全和农村社会的和谐稳定，应围绕农机服务组织大力开展农机安全生产和风险防范教育培训活动，进一步加强农机安全技能培训，帮助农机驾驶操作人员更熟练地操作农业机械，从源头上防范事故风险；此外，要加强对作业辅助人员的农机安全知识普及，提高其对安全风险的认知程度，进而提高安全生产意识。

（第一作者单位：农业农村部农业机械化总站；论文来源：《中国农机化学报》2023年第12期）

西南地区玉米增产潜力与机械化支撑能力研究

徐峰　孔凡磊　姜宜琛　赵璧　王韵弘

2022年以来，西南地区玉米扩大生产受到前所未有的重视。全国玉米水稻生产工作推进电视电话会议强调，各地都要下大力气抓好玉米生产，近几年玉米面积下降较多的地方要加快恢复，西南、西北地区要多途径扩大玉米生产。全国农业农村厅局长会议上强调，"镰刀湾"南部地区要尽可能扩大玉米种植，为东北扩种大豆腾出空间。《国家发展改革委关于进一步做好粮食和大豆等重要农产品生产相关工作的通知》（发改农经〔2022〕361号）明确指出，西南地区要努力挖掘撂荒地潜力，着力扩大玉米种植面积。这些都为西南地区玉米种植扩大生产明确了方向。本文通过调研农机生产企业、科研机构、鉴定推广部门以及西南地区农机合作社等种植主体，结合四川农业大学长期试验示范点和调查数据，深入分析西南地区玉米种植的现状、面临的难题，有针对性地提出西南地区玉米扩大种植的途径，估算出玉米产量提升的潜力。在机械化支撑玉米扩种方面，从改地适机和改机适地两方面立足现状、分析问题、提出对策，为提高西南地区玉米机械化水平寻找解决方案，并提出任务分解、作业条件、机具研制、机艺融合、模式凝练、生产服务等政策措施。

一、西南地区玉米种植基本情况

西南玉米区包括四川、重庆、云南、贵州全部、广西大部、陕西南部，湖南、湖北的西部丘陵地区以及甘肃南部一小部分，共涉及9个省份，玉米种植面积超过600千公顷，播种面积占全国的15%左右，是我国玉米的第三大产区。同时也是玉米消费大区，生猪养殖及医药制造、酿酒生产对优质玉米的需求量巨大，饲用玉米缺口2000余万吨，青贮饲料缺口1000万吨，玉米自给率不足60%，供需矛盾突出，提升该地区玉米供给能力对于保障国家粮食安全具有重要意义。

其中，四川、重庆、云南、贵州、广西是西南地区玉米种植面积最大的五个省份，2020年五个省份的玉米种植面积为518.12千公顷，产量2747.79万吨，占西南地区85%以上。下面主要结合这五个省份玉米种植情况分析。

1. 种植条件和模式复杂

西南地区玉米种植的气候、地形和生态条件十分复杂，垂直分布非常明显，农业立体性较强，80%以上玉米种植在丘陵山地，从海拔250米的河谷平坝到3200米的高山，不同地区的温度与积温差别明显，整体呈现从西北到东南逐步增高的趋势。种植模式复杂多样，既有传统间套作也有净作，一年两熟三熟交织，以春播和夏播为主。玉米种植地块零碎、土壤瘠薄，季节性干旱、高温多湿、阴雨寡照交替，病虫害的种类多，严重影响玉米产量和品质。

2. 玉米种植面积稳中有降

如表1所示，2011—2020年，西南五省份玉米种植面积基本稳定在5000千公顷以上，2016年种植面积最大，达到5749.59千公顷，2011年和2020年基本相当，为5100千公顷左右，比最高峰下降了566 67千公顷。从全国占比来看，西南五省占全国玉米面积比例从2011年13.84%降到2020年12.56%。

可见，不论是与最高峰值相比还是从全国占比看，近年来西南五省份玉米种植面积总体是下降的，下一步扩种有较大潜力。

从省份来看，其中四川、云南呈现逐步增长势头，2020年均超过1800千公顷，较2011年分别增加了265.11千公顷和243.12千公顷；广西稳中有增，为600千公顷左右；重庆基本稳定在440千公顷左右；贵州下降明显，2020年501.46千公顷，仅为2016年1041.64千公顷的一半。可见，西南地区玉米种植下降主要来自贵州。如果恢复到玉米种植面积峰值以及占全国比重最高比例，西南五省扩种潜力至少有566.67千公顷，如果进一步挖掘潜力，扩种面积非常可观。

3. 玉米单产提升较快但仍偏低

从玉米产量看（表2），2011—2020年，西南五省份从2182.61万吨增加到2747.79万吨，增加了565.18万吨，占全国玉米产量比重保持在10.5%左右，比最高峰的11.37%略有下降，主要原因是种植面积没有跟上全国玉米种植面积增长的步伐。

从玉米单产看（表3），2011—2020年，西南五省份从4290.6千克/公顷增加到了5303.4千克/公顷，单产提升迅速，但是与全国 6 316.95 千克/公顷相比，仍低 1 013.55 千克/公顷，从占全国平均水平的 74.65% 提高到了 83.95%，单产增速快于全国平均水平，这主要是由于玉米单产基数低。但是从 2019 年开始，单产增速低于全国平均增速，呈现疲态。可见，目前西南地区玉米单产与全国水平仍有较大差距，提升潜力仍较大。

表 1　2011—2020 年西南五省份玉米种植面积　　　　单位：千公顷

地区	2011年	2012年	2013年	2014年	2015年	2016年	2017年	2018年	2019年	2020年
重庆	455.80	457.54	451.66	450.82	451.88	453.88	447.34	442.34	438.34	440.94
四川	1 574.26	1 629.78	1 685.84	1 739.14	1 816.92	1 866.01	1 863.88	1 856.01	1 844.01	1 839.37
贵州	934.46	951.40	988.52	1 034.84	1 037.81	1 041.64	1 006.39	602.12	530.60	501.46
云南	1 559.35	1 623.07	1 703.49	1 745.84	1 762.60	1 784.82	1 763.82	1 785.21	1 782.41	1 802.47
广西	563.04	577.02	583.48	579.32	617.00	603.26	591.24	584.44	580.14	596.98
西南五省份	5 086.91	5 238.81	5 412.99	5 549.95	5 686.20	5 749.59	5 672.66	5 270.11	5 175.49	5 181.21
全国	36 766.70	39 109.43	41 299.42	42 997.03	44 968.62	44 177.83	42 399.21	42 130.26	41 284.27	41 264.47

注：数据来源于国家统计局网站。

表 2　2011—2020 年西南五省份玉米产量　　　　单位：万吨

地区	2011年	2012年	2013年	2014年	2015年	2016年	2017年	2018年	2019年	2020年
重庆	250.36	249.61	249.32	246.02	248.86	252.78	252.62	251.33	249.54	251.13
四川	810.28	833.60	920.07	946.75	992.30	1058.02	1 068.00	1 066.30	1 062.14	1 064.99
贵州	258.40	362.88	316.00	332.73	343.62	456.40	441.18	258.96	232.30	220.34
云南	620.42	736.10	788.15	850.54	868.11	892.29	912.93	926.00	920.00	938.00
广西	243.15	248.68	263.52	263.68	277.45	275.78	271.64	273.40	261.21	273.33
西南五省份	2 182.61	2 430.87	2 537.06	2 639.72	2 730.34	2 935.27	2 946.37	2 775.99	2 725.19	2 747.79
全国	21 131.60	22 955.90	24 845.32	24 976.44	26 499.22	26 361.31	25 907.07	25 717.39	26 077.89	26 066.52

注：数据来源于国家统计局网站。

表 3　2011—2020 年西南五省份玉米单产　　　　单位：千克/公顷

地区	2011年	2012年	2013年	2014年	2015年	2016年	2017年	2018年	2019年	2020年
西南五省份平均	4 290.60	4 640.10	4 687.05	4 756.35	4 801.65	5 105.25	5 194.05	5 267.40	5 265.60	5 303.40
全国平均	5 747.55	5 869.65	6 015.90	5 808.90	5 892.90	5 967.15	6 110.25	6 104.25	6 316.65	6 316.95

4. 机械化水平过低

如表 4 所示，2020 年西南五省份玉米机耕率、机播率、机收率和综合机械化率分别为 86.95%、6.32%、6.95%，38.68%。除广西外，其他四省份玉米机播率和机收率均在 10% 以下，贵州、重庆玉米机播率接近为 0，远低于全国平均机播率 89.52% 和机收率 78.67%，也远落后于该地区水稻、小麦等作物。总体而言，玉米机播机收主要以种植大户和新型经营主体为主，平坝区机械化水平高于丘陵山地区，机耕机械化水平远高于机播和机收，青贮玉米机械化水平高于籽粒玉米和鲜食玉米。

表 4　2020 年西南各省份玉米机械化水平　　单位：%

地区	综合机械化率	机耕率	机播率	机收率
全国	89.76	98.27	89.52	78.67
重庆	40.78	98.19	1.28	3.74
四川	39.06	86.38	7.82	7.21
贵州	32.52	77.15	0.73	4.81
云南	38.00	87.00	8.00	4.00
广西	43.05	86.03	13.79	15.01

注：数据来源于全国农业机械化统计年报。

可见，西南地区玉米机播机收处于起步阶段，玉米生产仍然处于人工作业的传统农业状态，西南地区玉米机播和机收是我国三大主粮机械化水平最低的区域和环节，严重影响我国农业农村现代化进程。近年来西南地区玉米机种、机收率提升缓慢，机械化水平没有快速提升迹象，必须下大力气解决。

二、西南地区玉米扩大生产的主要途径

《中国农业展望报告（2021—2030）》中预测未来10年全国玉米种植面积将年均增长256.93千公顷左右，玉米单产年均增长1.8%，产量年均增长2.4%。如果采取有效措施，西南地区玉米扩大生产远高于全国平均水平，主要包括以下几种途径。

1. 复耕撂荒地和低效林地园地

如表5所示，西南五省国土"三调"比"二调"时期耕地减少了5 122.81千公顷，园地增加了1 767.60千公顷，林地增加了10 962.73千公顷，草地减少了6 852.47千公顷。过去10年的地类转换中，耕地主要流向林地、园地以及商业用地，还有一部分是撂荒地。以广西为例，耕地净流向林地645.4千公顷，净流向园地447.6千公顷。广西"三调"对按恢复耕种的难易程度进行了标注，全区标注耕地恢复属性的地类面积总计1 364.91千公顷，其中：即可恢复为耕地的农用地753.50千公顷，可以通过工程措施恢复为耕地的农用地611.4千公顷。根据广西玉米种植占耕地18%的比例，全部恢复耕地可增加玉米246.67千公顷，耕地恢复潜力可见一斑。

表5　西南五省份国土"二调"与"三调"对比　单位：千公顷

地区		耕地	园地	林地	草地
国土"二调"	重庆	2 438.41	277.53	3 791.69	334.40
	四川	6 720.03	766.67	22 202.11	12 232.06
	贵州	4 562.69	158.00	9 008.71	1 631.34
	云南	6 243.92	1 653.67	23 069.40	3 028.28
	广西	4 431.02	1 102.67	13 348.73	1 125.34
	合计	24 396.08	3 958.55	71 420.64	18 351.42
国土"三调"	重庆	1 870.18	280.59	4 689.05	23.64
	四川	5 227.23	1 203.14	25 419.73	9 687.92
	贵州	3 472.64		11 210.16	188.30
	云南	5 395.57	2 572.17	24 969.10	1 322.89
	广西	3 307.66	1 670.26	16 095.33	276.20
	合计	19 273.27	5 726.16	82 383.37	11 498.95

注：数据来源于各省第二次和第三次国土调查主要数据公报。

耕地减少的主要原因：一是农村的劳动力加速转移，农业生产有效劳动力严重不足，田地无人耕种，一部分直接撂荒，一部分改种经济效益高、易于养护的林木。二是由于种植粮食的经济效益低，农民种粮积极性不高，近年来各地在推动农业经济发展和脱贫攻坚中，农民占用了部分耕地种植特色农产品。三是西南地区玉米种植地块零碎，不适合机械化作业，经营主体流转承包意愿不强。四是玉米种植机械化水平低，劳动强度大、种植效率低，很多活人工不愿意干，机械又顶不上，造成撂荒。

提升潜力：一是撂荒地复耕，主要集中在不适宜机械化的小地块、陡坡高地和山垄地，长期无人耕种，通过复耕预计能增加玉米种植面积333.33～400千公顷；二是低效林地、园地（果园、茶园等）复耕，特别当前有些果园已经无人管理，将符合条件的低效园地、灌木林恢复为耕地，能增加玉米种植面积333.33～400千公顷。两部分共预计增加666.67～800千公顷。

解决措施：一是通过宜机化改造，达到机械化作业和排灌要求，加快土地流转，促进规模经营；二是提高玉米生产机械化水平和农民种植效益。

2. 稳步有序扩大间套作

提升潜力：一是玉米与其他农作物间套作。扩大大豆玉米带状复合种植模式，2022年西南五省份大豆玉米带状复合种植面积为360千公顷，2025年要达到1 000千公顷。完善间套作种植模式，因地制宜扩大玉米与大豆、马铃薯、花生等作物带状间套作。目前西南地区马铃薯种植面积2 233.35千公顷，花生面积433.34千公顷，按照25%用于玉米间套作计算，约有666.67千公顷，除去已有的间套作面积，按30%折算可新增玉米面积200千公顷。二是玉米与幼龄果树间作。2021年，西南五省果园面积约为3 600千公顷，按照30%的幼龄果园计算，约有1 066.67千公顷可间套作，每公顷果园的玉米有效种植面积按照25%计算，可新增玉米净作面积约266.67千公顷。可见，通过扩大间套作，共预计可新增玉米面积466.67千公顷。

解决措施：一是加快适宜间套作玉米、大豆、马铃薯、花生品种的培育和鉴选。二是推进间套作种植模式标准化规范化和宜机化，加快间套作播种、植保、收获专用机械研制和推广。

3. 加快提升玉米单产

通过复耕复种和间套作增加玉米种植面积需要长期推进，当前西南五省玉米单产比全国平均水平低了近70千克，提高玉米单产更容易实现。

单产低的主要原因：一是玉米生产生态条件差，丘陵山地旱地土壤瘠薄，生产方式粗放，无灌排设施设备，还处于靠天吃饭的阶段。二是机械化水平较低，人工播种密度过低，平均不足45 000株/公顷，施肥量少且不均匀，玉米种植密度和出苗质量难以保证。

提升潜力：通过增加玉米种植密度提高单产，可增加7 500～15 000株/公顷，株数52 500～60 000株/公顷，玉米产量可增加10%以上，提高到6 000千克/公顷以上，达到全国平均水平的95%左右。四川农业大学试验示范表明，机播密度67 500～75 000株/公顷，喷灌下出苗率90%以上，保苗60 000～67 500株,产量7 500～9 000千克/公顷，单产提高40%以上。

解决措施：一是提高玉米生产机械化水平，通过机械化实现单粒精播，提高机播密度、播种均匀性25%以上，播后根据墒情喷灌保证苗数和出苗质量，构建高产群体。二是重视宜机、耐密、综合抗性强的品种的选育与推广。三是推进玉米规模化生产经营，提高精细化作业水平。

总的来看，通过复耕撂荒地和低效林果地，可增加玉米种植面积666.67～800千公顷；通过扩大间套作种植，可增加玉米种植面积466.67千公顷，由于这两部分新增玉米种植

地力条件较差，单产按 4 500 千克/公顷计算；通过提升玉米单产措施，现有玉米亩产可增加 40 千克左右。通过三种途径，西南玉米种植预计可增加 820 万～880 万吨，相当于东北约 1 200 千公顷玉米的产量（东北玉米平均单产按 7 000 千克/公顷计），完全能弥补 2022 年东北调减 666.67 千公顷玉米改种大豆的面积缺口。

三、提升机械化水平促进西南地区玉米扩大种植和增产

从上述分析可以得出，提高玉米机械化水平是加快西南玉米扩大种植的重要措施，而丘陵山区农田不改造无法实现机械化，很多地就没人种，不仅玉米扩大生产实现不了，产量可能不升反降。综合分析，提高机械化水平促进西南地区玉米扩大种植和增产可以从以下两个方面入手。

1. 改地适机

地形条件影响农机进地、土地流转，进而影响撂荒地和低效果园复耕；地形条件还影响农机化水平提升，进而影响玉米单产提高。可见，地形条件是影响丘陵山区玉米产量提升和农业机械化发展的最重要因素，是当前大部分问题的源头。当前，首要任务是改变玉米耕地条件，改善丘陵山区农机作业通行条件。

（1）改造内容。农田宜机化改造通过工程等措施推动耕地达到适宜机械化作业为目标。包括三方面内容：一是土地并整，通过小并大、短并长、弯变直、坡改梯等方式，将零散、细碎的坡地进行重新规划整理，形成相对大块、方正、平整、集中的土地，以利于农业机械在田间作业。二是加强配套道路、沟渠等基础设施建设，改善基础设施条件，以利于农业机械在田间的行走。三是大力推进软体集雨窖等"五小"水利建设，通过就地蓄集降水，解决旱季缺水和季节性干旱问题。

（2）改造空间。据表 6 统计，西南五省份坡度 6°以上不适宜机械作业的耕地面积合计为 12 737.7 千公顷，约占全国的 41.8%，占西南五省耕地面积的 66%。坡度 6°～25°的耕地面积也高达 10 572.6 千公顷，约占全国的 42.5%，占西南五省耕地面积的 55%以上。可见，全国改善农机作业通行条件任务主要集中在西南。如果将丘陵山区 6°～25°坡度的耕地进行宜机化改造，需要改造面积约为 10 572.6 千公顷，西南地区一半以上的耕地需要改善农机作业通行条件，按照玉米种植面积占比 26.89%计算，玉米需要宜机化的耕地面积约为 2 843 千公顷，任务不可谓不重。

表 6　西南五省份国土"三调"不同坡度耕地面积

单位：千克/公顷

地区	小于2° （含）	2°～6° （含）	6°～15° （含）	15°～25° （含）	25° 以上
重庆	10.14	26.65	77.03	40.17	33.00
四川	72.57	85.15	227.98	91.41	8.73
贵州	14.54	37.35	141.37	95.53	58.50
云南	60.55	63.77	167.75	146.90	101.00
广西	176.18	69.76	52.47	16.66	15.70
西南五省份	333.98	282.68	666.60	390.70	217.00
全国合计	7 919.03	1 959.32	1 712.64	772.70	423.00

注：数据来源于全国和各省份第三次国土调查主要数据公报。

（3）改造资金。丘陵山区农田宜机化改造实际成本在 30 000～45 000 元/公顷。西南五省坡度在 6°～25°的耕地全部宜机化改造需要资金 3 172 亿～4 758 亿元，如果仅改造种植玉米地块也需要 853 亿～1 279 亿元，这是一项浩大工程，仅靠地方财政很难推动。近年来，重庆、四川积极推进宜机化改造，重庆按照"业主自建、先建后补、差额补助"方式，财政每年投入 2 亿元资金，2014 年以来实施了近 66.67 千公顷农田宜机化改造面积。四川省级财政资金投入 1.1 亿元，在 18 个市 24 个县开展宜机化改造 6.67 千公顷，建成 34 个集中连片面积在 6 667 公顷以上项目区，推进撂荒地复耕复种 412.07 公顷，农机化率提高 20 个百分点。我国高标准农田建设项目投入标准为 22 500 元/公顷，比丘陵山区旱田宜机化改造实际成本低 7 500～22 500 元/公顷，这就使得丘陵山区大部分高标准农田建设并不能完全达到标准要求。

（4）改造效益。土地宜机化改造发挥了三方面作用：一是促进撂荒地复耕，尤其是因零星散乱、缺乏劳动力、田间道路而不便耕作的撂荒地，经过改造之后，现代化生产方式得以施展，农业比较效益相应提高，增强了大户发展农业的信心，激发了社会资本投资农业的热情，带动一批产业主体。二是增加耕地面积，消除了一些原有不规则、不需要保留的田埂、厢沟和耕作死角，可以增加有效耕地面积 3%以上。三是降低了作业成本，农田宜机化改造后玉米机械化生产平均节本 5 850 元/公顷以上（其中：机耕 900 元、机播 1 800 元、植保 450 元、机收 2 700 元），提高了劳动、物资、装备等农业全要素效率，经济效益显著。

2. 改机适地

宜机化改造虽然至关重要，但也不是西南玉米扩种以及提升机械化水平的万能钥匙，要根据西南地区独特的地理、生态条件，加快适宜西南地区农机装备研制推广同样不可或缺。另外，宜机化改造是一项长期工程，不能一蹴而就，在宜机化改造未到位的情况下，也迫切需要提高农机装备的适应性，通过改机适地解决玉米生产机械化的问题。除了丘陵山区地形地貌不宜机外，还要着重解决以下问题。①气候复杂。干旱多雨并重，部分地区春播、夏播往往伴随着季节性干旱或连续阴雨，导致机播出苗质量差；收获时多绵雨，土壤水分蒸发缓慢，机收作业难；空气湿度大导致收获后玉米不及时烘干容易霉变。②土壤黏重。土壤以黏重土为主，湿了黏、干了硬，机械作业时不仅动力消耗大，而且播种时地轮容易打滑，影响播种质量。③农艺问题。种植制度多样，标准化生产水平低，机耕机播时受前作的影响，机收时受后作的限制。复种程度高、茬口衔接紧，也影响机械化作业的质量，这也是以多熟种植为主的南方地区共性问题。

目前，在西南地区推广使用的玉米种植机械，经过当地农技推广、科研机构配合相关生产企业进行技术改造、适应性改进试验后，"无机可用"的局面有所改观。四川农业大学玉米栽培团队结合丘陵玉米生产生态特点，引进 3 行玉米精量播种施肥机和 3 行玉米籽粒收获机，通过开展机播机收技术攻关，显著提高了玉米播种和收获质量。试验表明，四川寡日条件下适度增密（60 000 株/公顷）搭配 60 厘米行距，改善光分布和群体结构，促进穗分化，减少败育，实现增穗数、稳粒数和稳粒重，产量较传统种植提高 19.5%，实现了玉米增密增产和田间配置的宜机械化作业。

（1）机耕环节。耕整地以微耕机为主，特别是丘陵山区，在条件稍好的坝区旋耕机应用较多。存在以下问题：①耕层浅，微耕机耕深只有10厘米左右，旋耕机耕深也只有15厘米左右；②破坏土壤，旋耕对土壤和土体自然结构破坏较大；③整地效果差，微耕机作业速度慢，劳动强度大，整地大土块多。土壤耕层的"浅、实、少"问题限制玉米根系的生长发育，不仅严重影响水分养分的高效吸收，也使作物抗倒伏能力下降。

丘陵山地耕整地机械应具有整机质量轻、转弯半径小等特点，适应有坡度的小地块作业。近年来，丘陵山区的三角履带拖拉机、自走式旋耕机发展很快，重庆鑫源等公司研发了73.5千瓦三角履带拖拉机，左右自适应调整角度各15°，能在17°坡地上稳定作业，研制了22千瓦的履带旋耕机，虽然没有调平功能，但是整机比较小巧，在10°坡度的地块也比较适用。下一步，逐步推广山地履带拖拉机或履带自走式旋耕机，研制推广适应15°以上坡地、制动性好、自动调平的山地专用拖拉机，以及转弯半径更小的半履带折腰拖拉机。加快深松机、秸秆还田机等机具推广应用，2～3年深松（翻）一次，提高秸秆还田覆盖率，解决耕层变浅的问题，促进玉米根系生长，提高玉米单产。

（2）机播环节。西南玉米机播以中小型播种机具为主，目前以微耕机作为动力的小型播种机具为主，市场售卖的专用播种机具非常有限。小机器容易走偏，播种不均匀，漏播率和重播率较高，加之播深、覆土和土壤水分等不一致常引起出苗不齐、大小苗。近年来，西南地区逐渐引进北方玉米专用播种机，强化适应性改造，播种机作业性有较大提高。

西南地区不同地力条件、不同地块适用的播种机具、技术要求差别较大，目前各播种机研发推广应用情况也不尽相同。

①对于雨水多的地块，一般采用先旋耕，然后使用精量播种机播种，播种质量有大幅提高。四川农业大学在中江县通过设置密度和田间比对试验（表7），开展机具适应性研究。结果表明，旋耕后采用勺轮式播种机播种显著降低了重播率和漏播率，提高了播深整齐度和株高整齐度。但是由于土壤高含水率，播种时开沟器黏土严重的问题，目前还没有研制出防粘土的开沟器，需从改进材料和结构原理等方面解决。目前，河北农哈哈等公司采用圆盘开沟，降低开沟器翻土量，减少压土及脱泥。②对于干旱地块，由于播种后浇蒙头水，一般选择播前不整地，播种时使用旋耕播种一体机只在苗带进行条耕播种，减少动土率提高保墒能力，也便于后期喷灌时将水集中于苗带，提高水资源利用率，也减少土壤板结问题。目前引进河北农哈哈公司的勺轮式条带旋耕精播机比较成熟。③针对土壤黏重造成的地轮打滑问题，通过增加地轮直径或采用纹齿地轮来减少打滑，并配备作业监测报警系统，在出现种子、肥料堵塞时报警提示，基本能满足作业要求。但是最有效的方案是使用电控排种器，通过北斗定位实现精量播种，这种技术还需进一步研发改进，市场上成熟机型还不多。④对于云贵高原和四川"三州"等有玉米铺膜种植习惯的地区，选择小型鸭嘴式覆膜播种一体机，实现膜上点播。目前引进的新疆天诚公司小型铺膜播种机使用效果良好。⑤针对播种干旱问题，四川农业大学研发了坐水播种机，在播种机上携带500升水罐，播种时同步洒水施肥，每穴下50毫升水。目前推广应用面积较小，主要是携带水罐增加了机器重心，在丘陵山区行走不稳，作业效率偏低，且每穴水量有限对提高出苗率效果不明显。⑥对于玉米与大豆、花生等间套作播种，需使用适宜的专用播种机。目前逐步引进北方企业生产的一体化播种机。

表7　不同播种机播种出苗质量　　　　　　　　单位：%

播种方式	重播率	漏播率	粒距合格率	播深整齐度	出苗率	株高整齐度
旋耕＋勺轮式播种机 2BYFSF-3C	8.74	4.35	73.82	10.01	90.60	10.96
免耕＋勺轮式旋耕播种机 2BMF-3C	9.56	9.33	65.71	8.78	91.50	7.95
免耕＋槽轮式旋耕播种机 2BMF-3	12.35	10.61	54.09	8.42	89.30	6.52

下一步，要进一步持续加强现有播种机适用性改进和机播技术攻关，加快防黏土开沟器、电控播种机以及不同作物间套作播种机等短板机具研制攻关。

（3）田管环节。与其他环节相比，西南玉米机械化田间管理更薄弱，可以说还没有起步。由于丘陵山地水源不足、缺少农田灌水设施，严重干旱时只有极少数地块采用小型电动机或柴油机抽水灌溉。打药主要靠手动喷雾器或人工撒（点）药，据全国农业机械化统计年报显示，2020年，全国植保无人机保有量为70 344台，西南五省为3 803台，仅占全国的5.4%，总量不到江苏、山东、安徽等省的一半。追肥大多是人工干撒（丢），不仅费工费时效率低而且利用率不高。

目前，适宜西南丘陵山区玉米灌溉的小型卷盘喷灌机产品很成熟，需要逐步建设小蓄水池，加快小型卷盘式喷灌机推广应用。植保无人机不受地形地貌条件的限制，非常适宜西南丘陵山区喷药和施肥，目前无人植保飞机技术比较成熟，要大力推广植保无人机，加强飞手培训，提高施药规范化水平。对于施肥环节，在机械播种时施够底肥，后期可不再追肥或采用无人机进行叶片追肥，减少作业次数，提高作业效率，降低生产成本。

（4）机收环节。同机播类似，近年来，西南玉米机收一方面采用水稻收割机改装，一方面引进北方玉米专用收获机，机收短板逐步解决。①四川、重庆、贵州玉米收获季雨水多，存在下地难的问题，应选履带式玉米收获机。对于种植脱水快的玉米品种并配套有烘干设施的经营主体，目前主要采用机械粒收方式，利用现有水稻收割机改装更换玉米专用割台或者选择水稻收割机底盘的玉米籽粒专用收获机等收获，四川农业大学团队在试验示范地块，采用久保田水稻收获机加装玉米割台、艾禾4LZT-4.0ZB型玉米籽粒收获机和豪丰4YZP-3型履带自走式玉米籽粒收获机等三种机械，虽然损失率、破损率高于北方地区，但也满足标准要求。其他没有烘干设施的经营主体或小农户，一般选用果穗收获方式，但是由于空气湿度大，必须有足够大的贮藏场地，否则长时间堆放易霉变，北方小型玉米果穗收获机在西南地区应用比较成熟。玉米籽粒直收是西南玉米机械化收获发展的主要方向，试验示范地块玉米籽粒机收质量基本能满足标准要求，但是整体上还存在部分在用粒收机型不成熟、割台改装不到位、收获方式粗放等问题，玉米籽粒机收质量有待提升。四川农业大学在玉米收获季节采用跟踪测试的方法，测试对象包括专用玉米籽粒收获机、谷物收割机配套玉米割台和谷物联合收获机兼收等不同收获方式，共收集了西南地区玉米籽粒机收890个样本，分析表明（表8）：收获时玉米籽粒含水率分布范围14.40%～57.54%，平均为26.66%，变异系数为22.09%；籽粒杂质率分布范围0.07%～13.61%，均值为2.18%；破碎率分布范围0.10%～36.52%，均值为7.41%，高于标准要求；机收总损失率分布范围0.12%～40.88%，均值为5.84%，高于标准要求，其中落粒、落穗损失分别占总损失率的26.80%和73.20%。总体来看，玉米机械粒收质量指标的变异系数均较高，其中籽粒破碎率和落穗损失高是玉米机械粒收质量面临的主要问题，需要加快玉米籽粒收获机的升级换代，提高专用玉米割台或专用玉米收割机的配置比例。②云南玉米收获时干旱少雨，不存在晾晒难问题，玉米果穗和籽粒收获均可，但由于籽粒收获需配套烘干设施，所以使用玉米果穗收获方式较多。③间作套种模式，需采用小2行履带式玉米收获机，轮距窄、转弯半径小，机动灵活。目前引进北方的履带式玉米机使用基本满足。

表8 西南玉米籽粒收获质量指标统计 单位：%

指标	平均值	最大值	最小值	极差	变异系数
籽粒含水率	26.66	57.54	14.40	43.15	22.09
杂质率	1.66	13.61	0.07	13.54	97.17
破碎率	7.41	36.52	0.10	36.42	69.48
落粒损失率	1.57	9.35	0.03	9.32	79.34
落穗损失率	5.63	40.00	0.00	40.00	96.19
总损失率	5.84	40.88	0.12	40.76	82.66

由于果穗个头小、籽粒含水率高，相对于北方地区，西南玉米机收的籽粒破碎率和损失率偏高，机器的可靠性略差、故障率较高，现有机具存在底盘重、重心高、易倾翻的问题，下一步还需从轻量化、灵活性等方面提升机具质量，从农机农艺匹配性方面提高作业质量，同时要加快提升烘干能力。

四、建议

坚持"改地适机""改机适地"两端发力，加大丘陵山区机械化技术与装备研发推广应用力度，提出全程机械化解决方案，补齐丘陵山区机械化短板，充分挖掘玉米扩大生产潜力。

1. 分解玉米扩大生产任务

督促西南各省份严格落实粮食安全责任，抓紧开展玉米扩大生产潜力评估，从撂荒地复耕、低效林地园地复耕、有序扩大玉米与幼龄果园、其他作物间套作等方式积极扩种，督促各地种足种满、严禁撂荒；从种子选育、机械化水平提升、栽培方式优化等方面提高单产。坚持长短结合，因地制宜制定玉米扩大种植实施方案，层层分解玉米扩种面积和单产提升任务，明确路线图、时间表，多管齐下、多措并举扩大玉米生产。

2. 因地制宜推进改善农机作业通行条件

西南丘陵山区农田改造急迫但目前推进缓慢，应及时把高标准农田建设中心转移到丘陵山区，整合项目资金高标准、高起点地推进。同时鼓励宜机化改造与高标准农田建设错位发展，支持西南各省推进地方政府债券和有关资金开展丘陵山区农田宜机化改造，发挥政府和市场、中央和地方、国有资本和社会资本多方面作用，多渠道、多元化加快改变丘陵山区耕地面貌。制定完善宜机化改造技术规范和评价规范，提高改造质量，遴选发布一批典型案例，强化示范引领。

3. 加快关键环节机具补短板

当前西南玉米生产农机装备已取得阶段性突破，需要乘势而上加快补齐机具短板，实现"有机可用"到"有好机用"。由于西南地区农机工业基础相对薄弱，应坚持"北机南用"发展路线，加大北方成熟农机引进和改进力度，加强产学研推用结合，突出适用性改造，持续改善农机作业性能。发挥本地农机企业熟悉当地农情、地情优势，研发出更多适合丘陵地区的轻简型农机具。将更多适宜丘陵山区农机产品纳入补贴范围、加大补贴力度，增加适用机具供给，加快提升玉米专用播种机、专用收获机、烘干机等保有量。

4. 加强科技支撑，推进农机农艺融合

以提升玉米单产为核心，加强玉米科技攻关和农机农艺融合研究。开展宜机化玉米密植品种鉴选、种植模式优化、玉米密植高产配套机械化技术研究。针对丘陵玉米种植模式多样，通过改无序多熟种植为宜机种植模式，规范间套作种植，统一玉米行距株距，形成标准化有序生产，实现农机与农艺相互适应、相互协调。针对已经成熟的北方农机直接应用到西南地区水土不服的现象，积极探索北方农机和南方农艺的配套技术。

5. 构建全程机械化生产模式

加快机械化耕整地、精量密植播种、高效收获、节水减肥、秸秆还田培肥、病虫草害绿色防控等关键环节技术集成，构建以提升玉米产能和生产效益为目标的全程机械化技术模式。开展适用机具遴选，分区域、分地块筛选适宜西南玉米种植的装备，构建不同种植规模的农机配置体系。坚持因地制宜、逐步推进原则，地形条件好的地块先行推广全程机械化技术，以丘陵平坝、高原平地、丘陵梯台地及缓坡耕地作为机械化重点推广区域，针对不同地域特点集成不同技术模式。

6. 加快培育壮大规模经营主体

西南地区人均耕地面积小，小农户即使土地宜机化后也不可能购置播种机收割机，规模经营是西南玉米机械化发展的必由之路。建立由政府和村集体牵头、经营主体主导的土地流转机制，多渠道、多形式有效引导小农户加快土地流转，重点推进撂荒地、低效园地土地流转，让土地适度连片。针对规模经营主体偏少偏弱的问题，加大政策扶持力度，支持各地成立全程机械化＋综合农事服务中心，从每个县有示范合作社到每个村都有示范社，培育壮大经营主体。针对地块零碎、分散特点，创新丘陵玉米机械化生产经营模式，构建灵活多元的农业生产托管方式，提高社会化服务水平。

五、结论

（1）西南地区玉米扩大生产的潜力较大，是我国玉米产能提升的主要区域。通过复耕撂荒地和低效林地园地、有序扩大间套作以及提升玉米单产等方式，西南玉米产量预计可增加超过800万吨，能有效弥补东北其他地区调减玉米改种大豆造成的缺口。

（2）因地制宜推进丘陵山区农机作业通行条件改善和加

快提升机械化水平是促进西南地区玉米扩大生产提高产能的两大关键措施，目前，西南丘陵山区改善农机作业与通行条件有序推进、玉米机播机收适用机具短板逐步补齐，西南地区玉米扩大生产的条件基本成熟。

（3）加强适合玉米全程机械化农机农艺融合技术研究为西南地区玉米扩大生产提供技术支撑。重点在抗旱机播保苗、机械化植保与管理、机械化收获等方面开展技术攻关，切实解决玉米全程机械化生产的技术难题。

（第一作者单位：农业农村部农业机械化总站；论文来源：《中国农机化学报》2023年第12期）

棉花种植机械化关键技术与装备研究进展

苑严伟　白圣贺　牛康　周利明　赵博　伟利国　刘立晶

作为国家重要战略物资和经济作物，棉花种植面积和产量均位于全球前列，其产业是中国乡村振兴的基础配套产业，占有重要地位。随着棉花产业发展方式转变、结构调整以及比较效益降低，现如今中国棉花生产正面临着从单纯追求高产向高产优质高效的方向发展。中国作为世界棉花生产和消费大国，增强棉花话语权和国际市场竞争力，确保棉花产业高质量发展刻不容缓。这已得到政府、生产企业、科研院所等各方的广泛关注和重视。

棉花种植是棉花全程生产的基础环节，更是促进棉花生产提质增效和提升棉花生产竞争优势的重要途径。农业生产经营朝以机械化为支撑的适度规模化方向转变，我国棉花种植范围广，存在种植模式多、栽培自然条件差异较大、农艺工序繁杂、劳动强度大和效率低等诸多问题。因此，发展棉花机械化种植技术与装备是对我国棉花生产发展的有力支撑，更是提高棉花综合机械化水平、推进农业现代化的重要举措。

目前国内棉花机械化种植分为棉花直播和育苗移栽。育苗移栽是在营养钵上育苗，再将培育合格的棉苗移栽到棉田。育苗移栽属于劳动密集型作业，具有典型的旱田作物移栽的特点，但易产生伤苗与漏播现象。棉花直播可将棉种直接播入棉田，工序简单，劳动强度低且作业效率高，适合于大田种植作业，应用广泛。现有研究主要集中在装备结构设计及优化、流场模拟仿真分析、作业性能试验研究等方面，已初步形成了棉花种植机械化技术与装备体系。棉花种植机械化需符合精准农业发展方向，追求高产优质高效的发展目标。这是棉花产业发展的重大现实需求，更是棉花全程机械化和规模化的研究重点。

本文阐述中国棉花种植概况，归纳分析国内外典型棉花种植机械化关键技术与装备的研究现状。围绕棉花育苗移栽与直播技术及装备的研究动态，基于精准农业背景，结合棉花产业生产发展要求，以高效率、高精度、高效益为目标，提出棉花种植机械化面临的问题，并展望未来发展方向。

一、棉花种植概况

棉花种植范围集中在全球北纬40°至南纬30°之间，主要分为亚洲东南部、北美洲、拉丁美洲和非洲产棉区。其中，亚洲东南属于最大的棉花生产和消费地区，主要是中国、印度、巴基斯坦；北美洲属于第二产棉区，也是出口第一大区，主要是美国；拉丁美洲属于第三产棉区，以巴西、墨西哥、阿根廷为主；非洲属于第四产棉区，也是世界高品级长绒棉的主要产地。

国内棉花产区主要分为黄河流域棉区（以冀豫鲁陕为主）、长江流域棉区（以皖鄂湘苏赣川浙为主）、西北内陆棉区（以甘肃、新疆为主）三大区域，1991年、2000年、2010年、2020年各省棉花生产情况如表1所示。由表1可知，国内棉花种植呈现西移态势，长江流域、黄河流域棉区面积大幅减少，逐渐由西北内陆棉区变为主体，尤其是新疆棉花播种面积增幅最快，比重逐步增大。棉花种植主体正向新疆集中，已成为中国棉花生产的中坚力量和新主产区。

二、棉花育苗移栽技术与装备

我国棉花育苗移栽方式主要有2种：基质裸苗移栽和钵苗移栽。基质裸苗移栽育苗费用高，容易引起棉苗根系损伤；钵苗移栽省种省时，具有补偿气候、提前作物发育期的综合效益，即提高作物复种指数，该模式逐渐得以推广。棉花钵苗移栽多通过半自动移栽机进行作业，人工辅助喂苗，需在旁照看机器以防漏投棉苗，作业效率较低。长期以来，棉花钵苗移栽技术深受农艺专家和农户的青睐，但由于缺少性能可靠的移栽装备，致使难以大面积推广应用。

国外棉花种植均是直播，对棉花钵苗移栽研究较少，但旱地自动钵苗移栽技术相对成熟。棉花钵苗移栽装备技术研究在国内起步较晚，进展缓慢，大多是借鉴国外成熟旱田钵苗移栽机型。山东青州火绒机械制造的半自动棉花钵苗移栽机，每台机器配置2～3人工投放至鸭嘴式栽植器，利用行星轮式控制鸭嘴栽植器开合并带动附带的覆土镇压装置。该机用于棉花钵苗栽植效果较好，裸根苗直立度差。半自动吊篮式棉花钵苗移栽机由山东理工大学和石河子大学联合设计，采用偏心圆盘式驱动吊篮实现开穴栽植，再由覆土镇压器覆土压实。该类机型结构简单，价格低廉，以小田作物为主，比如2YZ-40型吊篮式钵苗移栽机。

为进一步提高棉花钵苗移栽机工作效率，学者开展了全自动棉花钵苗移栽机构研究。华中农业大学研制了棉花钵苗移栽系统总成，利用液压缸和曲柄滑块机构分别控制分钵装置和投钵装置完成对应的分钵和投钵动作，但结构复杂、机构庞大，尚处于研究阶段。浙江理工大学设计了旋转式棉花钵苗取苗机构，利用双向螺旋轴驱动秧箱横向往复运动，纵向间歇机构控制秧箱纵向间歇送秧动作。该机首次将回转式移栽机构应用于棉花钵苗移栽，结构简单、效率高、成本低，但需与栽植机构紧密配合。

由于种植农艺区别，国外几乎不采用棉花移栽方式，致使学者研究较少。但国外旱地自动移栽机技术先进，性能可靠，已有一定规模推广使用，可为国内开展棉花移栽研究提供经验和思路。国内棉花移栽基本采用人工投苗的半自动移栽方式（鸭嘴式与吊杯式），均缺乏可靠的自动送苗装置，长期作业故障率高，致使移栽作业劳动强度增大、作业速度降

表 1　不同省区棉花播种面积和总产量的比较

棉区	地区	1991年 播种面积/($\times 10^6$ 公顷)	1991年 产量/($\times 10^9$ 千克)	2000年 播种面积/($\times 10^6$ 公顷)	2000年 产量/($\times 10^9$ 千克)	2010年 播种面积/($\times 10^6$ 公顷)	2010年 产量/($\times 10^9$ 千克)	2020年 播种面积/($\times 10^6$ 公顷)	2020年 产量/($\times 10^9$ 千克)
黄河流域	北京	—	—	—	—	—	—	—	—
	天津	0.03	0.03	0.02	0.02	0.05	0.06	0.01	0.01
	河北	0.96	0.63	0.31	0.30	0.58	0.57	0.19	0.21
	山西	0.15	0.11	0.01	0.04	0.06	0.07	—	—
	内蒙古	—	—	—	—	—	—	—	—
	山东	1.56	1.35	0.57	0.59	0.77	0.72	0.14	0.18
	河南	1.19	0.95	0.78	0.70	0.47	0.45	0.02	0.02
	陕西	0.13	0.09	0.03	0.03	0.05	0.07	—	—
长江流域	上海	0.01	0.02	—	—	—	—	—	—
	江苏	0.55	0.56	0.30	0.31	0.24	0.26	0.01	0.01
	浙江	0.07	0.08	0.03	0.03	—	0.03	—	0.01
	安徽	0.41	0.27	0.31	0.27	0.34	0.32	0.05	0.04
	江西	0.11	0.11	0.07	0.07	0.08	0.13	0.04	0.05
	湖北	0.46	0.49	0.32	0.30	0.48	0.47	0.13	0.11
	湖南	0.13	0.15	0.15	0.16	0.18	0.23	0.06	0.07
	重庆	—	—	—	—	—	—	—	—
	四川	0.15	0.15	0.07	0.06	0.02	0.01	—	—
西北内陆	甘肃	0.01	0.01	0.03	0.06	0.05	0.08	0.02	0.03
	新疆	0.55	0.64	1.01	1.46	1.46	2.48	2.50	5.16
其他		0.06	0.02	0.01	0.01	0.01	0.01	—	—

注："—"表示无数据或该数值<0.01。

低、综合效益不明显；针对全自动棉花钵移栽机研究不够系统，多处于试验阶段，无性能稳定可靠的产品。后续围绕提升移栽质量与效率为目的，加强移栽机构创新。通过现代设计软件仿真、试验等手段对其进行不断优化，为研发高效、精准、低损取苗机构提供有力理论支撑。引入信息化、智能化技术，加强机电一体化融合，助于实现移栽机的全自动化作业，并促使移栽机械向智能化方向发展，提升作业质量。

三、棉花直播技术与装备

1. 种植农艺

棉花直播根据种植模式可分为露地直播和地膜覆盖直播。露地直播工序简单，省力省本，但播后受环境影响程度大，风险高；地膜覆盖直播具有增温保墒、改善品质效应等特点，有利于获得高产、优质棉，广泛应用于国内棉花主产区。其中地膜覆盖直播又称地膜覆盖穴播，根据铺膜与播种程序不同分为膜上打孔穴播和膜下开沟穴播。膜上打孔穴播可省放苗、封土工序，播种均匀，但若遇雨水，致使土面易板结，出苗难，且对土壤质地及整地质量要求高；膜下开沟穴播具有适应性强（黏土、砂壤土均能作业）、作业速度快、劳动效率高等特点，能够保持土壤结构与墒情，利于实现一播全苗，但劳动力消耗大。地膜覆盖穴播集中于新疆地区，主要有3种：传统模式、机采模式与超宽膜模式，特点如表2所示。

表 2　新疆棉花主要种植模式特点

种植模式	特点	应用地区
传统	覆膜宽度为1.45米，膜下种植4行，两侧窄行距约为30厘米，中间宽行距约为40厘米（南疆部分地区采用55厘米+20厘米行距），2条滴灌带位于两侧窄行中间	北疆地区淘汰，南疆部分人工采棉地区
机采	覆膜宽度为1.25米，膜下种植4行，两侧窄行距为10厘米，中间宽行距为66厘米，2条滴灌带位于中间宽行内；防风方面有优势	南疆库尔勒、阿克苏等春季风沙大地区
超宽膜	下覆膜宽度为2.05米，膜下种植6行，窄行距为10厘米，宽行距为66厘米，3条滴灌带位于宽行中间；满足机采棉要求，具有增温保墒效果	北疆主要产棉区

2. 棉花机械化穴播技术

穴播器是地膜覆盖直播机的核心部件，是决定播种机工作性能的关键要素。根据工作原理不同，棉花穴播器分为气力式和机械式，其中气力式基于真空吸力原理，形成气流作为载体确保完成排种工作；机械式有多种方法实现排种，比如水平圆盘式、勺式、指夹式等。

（1）气力式。气力式穴播器分为2种：负压式（气流清种）和正压式（气压差携种），通过改变吸孔大小和数量，以适应不同尺寸规格的种子。1950年，国外开始研究气力式排种器，因具有适应性强、稳定性好、高速播种等特点逐渐发展成为主流。1970年，HUDSPETHA等研制出气吸式棉花精密播种机。结果表明：该机种子间距合理，与传统的条播机相比具有良好的生长环境。PARISH等以玉米和棉花种子为研究对象，构建气吸式排种器投种过程的数学模型。结果表明：在保证排种性能的条件下，最大排种频率为16粒/秒，排种盘充种极限线速度为0.34米/秒。YAZGI等以棉花和玉米种子为研究对象，开展垂直圆盘气吸式排种器不同吸孔数量及作业速度对排种性能的影响。结果表明：排种器在播种作业速度为1～1.5米/秒时，具有良好的适应性，直至作业速度提高到2米/秒时，排种性能将急剧下降；SINGH为优化棉花播种机的结构与工作参数，探究排种盘转速、真空度和吸种孔形状对排种质量影响。

国内陈学庚等研制出气吸式棉花精密穴播器，可实现精量取种、清种、精准投种和精确点种，单粒穴播量合格率达到95%以上。为解决气吸式精量穴播器易漏气、能耗大等难题，该团队卢勇涛又设计了一种新型穴播器，优化其关键部件参数。试验表明单粒率超过95.5%，重播率低于2.9%，漏播率低于1.6%。徐国杰采用阵列吸孔吸种与侧向气吹清种相结合的方式，设计出一种气吸滚筒阵列式棉花精密排种器，对3种棉花种子进行试验。结果表明：合格指数均在92%以上，漏播指数均在3%以下，重播指数均在5%以下。为解决气吸滚筒式排种器能耗大、吸孔易堵塞等问题，康施为等采用气流清种、减小负压气室空间及清理吸孔等方法，以气流吸种为基础设计了一种滚筒式精密排种器。结果表明：播种合格率为93.2%，漏播率为2.1%，重播率为4.7%。姜有忠等设计了一种基于有序充种的集排滚筒式排种器，解决了结构复杂、振动大、动力消耗大等问题。

（2）机械式。机械式总体分为两种。一是通过机械方式直接从种群中精确获取种子来确定排种量，如指夹式，严格要求种子形状与尺寸。因此需精选种子，必要时需进行丸粒化处理，应用较少。二是通过控制种子体积以确定排种量，如圆盘式、勺轮式、窝眼式等，利用排种元件上的容腔从种子群精确分离单粒种子，但种子形状和大小等对排种性能产生直接影响。

Yazgi等研究排种盘在不同型孔数量条件下精密播种装置的排种均匀性。结果表明：在种子间距为100毫米的条件下，棉花在排种盘型孔为26孔时具有最好的排种效果。王吉奎等设计了一种夹持自锁式棉花精密穴播器，可实现精量播种。为降低地面振动引起的种子脱落问题，王吉奎等优化了取种器结构，增设护种装置，改善整机播种稳定性。陈学庚等以新疆地区土壤与气候状况为依据，研制出棉花双膜覆盖精密播种机。结果表明：该机空穴率低于3%，穴粒数合格率高于85%。张学军等设计了双仓转盘式棉花竖直圆盘穴播排种器，结果表明单粒率为94.3%，破损率0.09%。肖旭等以南方棉种"一穴两粒"的农艺要求为基础，设计了一种机械式精量穴播棉花排种器。结果表明穴粒数合格指数为93.62%，重播指数3.87%，漏播指数2.51%。王龙等模拟分析窝眼式穴播器转速对排种性能的作用关系。为解决排种器在充种过程中由于型孔未囊取种子而造成漏播问题，李娟娟等建立棉种充填过程的运动学模型对相互抢位棉种进行力学分析，研究取种轮运动参数与排种器转速对充种性能的影响。应用离散元仿真软件分析落入型孔的棉种速度的变化趋势，并分析取种轮振动频率对种群扰动的影响。表3为典型棉花播种装置。表4为典型棉花机械化穴播技术特点。

表3 典型棉花播种装置

序号	型号	技术参数
1	天诚2MBJ-3/12机械式铺膜播种机	外形尺寸：2 000毫米×3 400毫米×800毫米 作业速度：3.5～4千米/时 行距：100毫米+660毫米（120毫米+640毫米） 配套动力：≥66千瓦 适宜地膜宽度：1 250～1 450毫米
2	钵施然2MBJF-2/12机械式铺膜播种机	外形尺寸：2 900毫米×4 900毫米×800毫米 作业速度：3.5～4千米/时 行距：100毫米+660毫米（120毫米+640毫米） 配套动力：≥66千瓦 适宜地膜宽度：2 050毫米
3	鑫昌盛2MBJ-2/12机械式铺膜播种机	外形尺寸：2 100毫米×4 800毫米×1 050毫米 作业速度：3.5～4千米/时 行距：100毫米+660毫米（120毫米+640毫米） 配套动力：50～90千瓦 适宜地膜宽度：2 050毫米
4	天诚2MBQ4/8气力式铺膜播种机	外形尺寸：2 650毫米×4 500毫米×800毫米 作业速度：2.5～4千米/时 行距：400～800毫米 配套动力：40～60千瓦 适宜地膜宽度：700毫米
5	祥和2MBQ-3/6气力式铺膜播种机	外形尺寸：2 700毫米×3 350毫米×1 600毫米 行距：200～450毫米 配套动力：45～60千瓦 适宜地膜宽度：700～900毫米
6	祥和2MBJ-1/2机械式铺膜播种机	外形尺寸：2 500毫米×1 400毫米×1 300毫米 行距：200～450毫米 配套动力：15～48千瓦 适宜地膜宽度：700～900毫米

气力式播种具有不伤种子、通用性好、作业速度快等特点，可更换排种盘适用于不同尺寸种子。这既提高作业效率，又确保排种作业质量。但由于种子群在高速旋转作用下易造成运动规律不合理，影响排种性能，需严格要求气密性，并存在结构复杂、动力消耗大、价格高昂、不耐用易磨损等问题。今后在研究气力式播种技术时，在排种过程中应构建棉种的运动学和动力学模型，对排种器气流场动力学特性进行仿真分析，明确棉种运动规律和工作机理，优化穴播器空间结构，开发低能耗、低成本、高耐用的产品。机械式排种器因其结构简单、成本低得到广泛使用，按照作业形式主要分为指夹式、圆盘式、勺轮式、窝眼式等。其中指夹式利用机械力夹持种子进行排种；圆盘式通过更换排种盘来保证运转，单粒点播或穴播种子；勺轮式采用型孔大小取种，实现单粒穴播和点播；窝眼式利用取种轮实现取种，但存在易伤种、对种子外形尺

寸要求较高及播种作业速度不高等问题。后续应针对国内不同区域种植模式与技术需求的差异，完善棉花播种相关基础理论，优化改进关键部件与结构，集成先进技术，提高机械式排种器的适应性和高效性。

表4 典型棉花机械化穴播技术特点

播种方式		工作原理	特点
气力式	正压式	改变排种轮上穴孔大小和调节气吹压力来实现不同种子的精量播种	通用性好，适应不同尺寸种子，但充种室种子群状态不合理影响排种性能，密封要求高、结构复杂且易磨损
	负压式	风机工作时气吸室内产生真空，把存种室内的种子吸住，排种盘再旋转到无吸力的开沟器上方，种子在自重和推种器的作用下进入种沟内	排种盘吸孔需根据作物种子直径确定，能够实现单粒点播，但不易调节气吸室内的出口风
机械式	圆盘式	棉种沿导种槽涌向窝孔，同时进入充种区的窝孔开始攫取棉种，沿窝孔内壁滑入排种容腔内，待轴向支持力消失后，排种容腔内棉种掉入对应投种仓；仓内种子沿着间隔套滑入鸭嘴，待打开棉种掉入种穴	结构简单、工作可靠、均匀性好，可换装播带绒棉籽的排种器，适用范围广，但排种盘线速度较低，高速播种适用性差，对尺寸要求严格
	窝眼式	棉种与取种轮间产生相对运动，取种轮在弹簧恢复力的作用下进行旋转运动，储种腔内的棉种在取种模块的回转运动下被运送至二次投种区，棉种落入鸭嘴内，并在重力作用下完成投种作业	设置单双排或组合型孔，通用性能好，但对高速播种的适用性较差，并对尺寸要求严格
	指夹式	种子在重块杠杆力作用下被夹持板夹持，在重块离心力作用下夹持板绕横轴反向转动，夹持板张开，被夹持的种子在重力作用下落入接种杯。夹持板相对支座斜面向下移动，种子便解除自锁落入接种杯，进入成穴器，待成穴器打开，完成投种	适用性强、结构简单、造价低、故障少、使用维护方便，但高速运转时加持力过大，容易对种子造成损伤破坏
	勺轮式	棉种进入勺孔，勺孔离开种群到清种区时，清种毛刷将多余棉种刷掉，保证勺孔只有单粒棉种。后勺孔中的棉种进入护种区域，保证勺孔中棉种不会从勺孔中脱出。当排种勺盘离开护种区进入递种区，勺孔中的棉种在重力作用下从递种口进入分种盘中。在分种盘带动下，棉种受重力和离心力作用下同步从排种口排出棉花种子	结构简单、工作可靠、均匀性好、但结构和调节方式导致穴粒数不稳定，尤其当滚筒转速较低时，充种时间长，无空穴，清种不顺，穴粒数不稳；当滚筒转速较高时，充种时间短，种子在进种口易堵塞，易形成空穴

3. 棉花机械化播种智能化技术

采用精量播种技术省种省工，作业效率高、播种均匀性好、出苗整齐，利于后续田间管理和机械化收获，成为棉花机械化播种的技术重点和研究热点。国外精量播种技术成熟，智能化水平较高，其中气力式应用较多。国内棉花种植普遍采用地膜覆盖穴播，与国外农艺相差较大，难以直接应用。目前棉花机械化播种智能化技术发展缓慢，研究集中在自动导航和播种作业参数实时监控等。

北斗卫星导航自动驾驶有效保障作业后的条田接行准确、播行端直，为后续棉花打药、施肥、收获等提供了标准化作业环境。KAIVOSOJA等开发了GNSS错误模拟器提高拖拉机导航和定位精度。ERKAN等使用分布式非线性预测控制方法解决拖拉机轨迹追踪问题，可提高控制精度和对环境干扰的鲁棒性。2013年，罗锡文院士团队研发国内首套"基于GPS的轮式农业机械导航及自动作业系统"棉花铺膜播种机在新疆兵团第八师121团33连棉田进行现场播种演示。张超利用卫星导航自动技术搭载田间性能检测设备，与传统机械播种的误差比对。结果表明，卫星自动驾驶技术播种精度更高，棉花更易采净，且降低了劳动强度。王晨研究了视觉导航试验控制平台，通过LabVIEW建立了视觉导航控制测控系统。

播种作业参数实时监测是目前研究最多和最为成熟的领域。穴播器自身转动及前进时易振动，工作环境恶劣，易出现取种、排种不畅造成空穴；再者穴播器内部完全封闭，不易及时发现空穴问题。张学军等以齿盘式穴播器为对象，基于激光对射型和霍尔传感器开发了一种棉花精量穴播器取种状态监测系统。结果表明，光照对监测系统无影响，合格穴数监测精度最低为96.17%，空穴数监测精度最低为93.11%。曹叶等利用CCD高速摄像头，开发了棉花穴播器排种性能自动监测系统。周利明等研制了螺旋型电容籽粒传感器，实现了棉花精密播种机播种量的检测。结果表明，播种量监测精度为94.6%，漏播量监测精度为93.5%，重播量监测精度为88.1%。

播种作业中应用北斗卫星导航自动驾驶技术，有效解决了"播不直、接不上茬"难题。自动导航技术已逐步应用于棉花规模化的农业生产，但针对棉花播种过程智能化作业的实用性、适应性、可靠性仍需进一步研究。目前棉花精密播种机普遍采用穴播的方式，与常见排种器结构和排种方式不同，属于"点播式投种"，现有监测技术难以运用。播种作业参数实时监控虽取得一定成果，但无推广应用，后续需提高测控设备精度，降低设备成本。另外，变量播种核心是变量播种处方图和变量播种机，其中变量播种处方图获取是难点，需要依赖于各方面技术发展与进步。

4. 点播式全约束导种技术

棉花地膜覆盖直播则以点播式导种为主，利用与地面垂直的往复式投种机构将种子直接送进种沟，属于全约束的种子运移。杨徐飞等设计一种气吸式棉花精量穴播器，惯性和刮种器的共同推动使种子顺利滚落到穴播器滚筒内圈，优化鸭嘴结构尺寸，减少种子碰撞嘴壁情况，确保种子准确落入穴中，不会造成太大位置偏移。卢勇涛等优化设计鸭嘴结构，确保滚筒工作平稳，作业过程中不易挂膜，滑移率低。康建明等利用负压气吸取种与强制断气投种组合的排种原理，实现精量取种和精确投种。王顺利设计一种机械钳夹式棉花精量排种器，利用凸轮导轨和弹簧强制控制动钳和定钳间的张开角度，提高取种可靠度，并依靠弹簧弹力强制取种，确保了取种稳定性和可靠性。

点播式投种实质是用点播方式让土壤包围种子，在土壤摩擦力和回流作用下消除种子落入种床土壤的弹跳滑移现象，能够保证种距一致性，适用于穴播、铺膜播种等低速作业，但无法实现高速作业。零速投种一直是机械化播种中的技术难点和研究重点，现有技术仍做不到绝对的零速投种。后续应继续深入研究和应用"零速投种"理论，如通过虚拟仿真技术和高速摄影等技术研究种子与土壤的碰撞过程，以播种机"零速投种"为目标创新设计穴播器与配套导种装置，合理优化导种装置结构曲线。

四、棉花种植机械化面临问题与发展建议

棉花种植技术经历了快速的发展，在精准农业发展的大背景下，追求高产优质高效的发展目标。结合棉花产业生产发展要求与现有棉花种植机械化技术与装备现状，在以后研究中需重点关注和解决。

1. 棉花种植机械化面临的主要问题

（1）地区发展不均衡，忽略农机作业适应性。我国棉花生产布局随国家农业布局和结构调整而发生重大变化，承担国家棉花产业发展的重任。新疆棉区作为全国最主要的棉花产区，但由于长期的产量优势和扎实的农业生产基础，忽视了区域布局和长远发展规划。其中，南疆传统棉区发展缓慢，缺乏适宜小规模机采的种植模式，限制机器使用，且技术应用到位率不足，难以发挥区域特色；北疆棉区土地流转快，新技术应用快，机械化程度高，生产效益提升。

（2）基础性研究薄弱，科技创新不足。棉花种植机械的综合基础系统理论和共性技术综合分析比较欠缺，企业技术创新机制有待完善。另外缺乏多层次、多途径的创新探索，生产实践中存在问题研究不够深入，尤其棉花移栽机构创新过程中依然难以摆脱对经验和灵感的依赖，其创新设计的系统理论和方法仍未完成形成。由此造成棉花种植机械产品技术水平不高，影响机具作业的适应性和可靠性。

（3）智能化作业装备缺乏，农业环境日益恶化。重要农艺活动更多依赖于传统作业设备或人工操作，缺乏智能化精准作业装备，且绝大多数设备在作业过程中存在作业质量差、精准度低、操作不方便等多种问题。另外我国大部分棉花种植以直播为主，采用覆膜种植方式，产量明显高于传统直播方式，但造成了农田白色污染，连续多年种植导致土壤质量下降，加剧了农业生态环境恶化，给农业生产增加了不确定性。

2. 棉花种植机械化发展建议

现代化农业背景下，高效率、高精度、高效益成为棉花种植机械化发展方向。结合国内实际情况，因地制宜地开展棉花种植机械化技术研究，主要朝以下方向发展：

（1）优化棉花产区布局，增强农机与农艺配合。坚持棉区合理布局"三足鼎立"，兼顾三大棉区均衡发展。根据棉区比较优势，重点布局新疆棉区，确定扶持重点，实行规模化和专业化生产，弥补效率（单产）和效益（收益）优势不足，持续提高新疆棉花生产效率竞争力。适当发展长江和黄河流域棉区，稳定和巩固棉花生产。出台政策文件，整合相关资源，充分调动各相关涉棉部门的积极性，加强棉花种植扶持力度，确保种植结构保持合理水平。

研究农艺技术与农机技术融合发展模式，采用先进农艺技术，发展节本、高产的种植技术体系。构建规模化、轻简化种植体系改善棉田种植条件，投入智能化机械生产，实现棉花高效播种作业。针对不同地区棉花种植实际要求，研究不同作业要求机械装备，配套相应的农艺要求。明确标准，灵活形式，以规模化、标准化棉田为基础，配套建设高效节水、精准施肥设施，提高棉花生产管理水平、棉田产出水平和水肥资源利用效率，促进棉花产业模式规范化。

（2）加强基础理论研究，提升自主创新能力。探究土壤和作物与作业机具及关键部件的相互作用关系理论技术研究，集成作物物理特性、机构创新设计以及互作机理的一体化研究体系。加强生产工艺与生产机械的联动性，形成土壤—作物—机具有效的三元一体发展模式。优化改进机具关键部件与结构，集成先进技术，确保机具及关键部件的适用性和可靠性。

应加大研发和引进核心技术，进行二次创新，研制适用性强的农机装备并不断加以改进。不断突破新技术、新方法、新材料、新装备，加速学科间融合与渗透，提高播种质量。重点加大对穴播机的研究力度，提高其作业效率和耐久性，延长穴播机使用寿命。在满足农艺要求、提高自动化程度的前提下，兼顾装备的经济性和适应性，加快开发多功能、多元化自动种植装备，提高棉花种植业生产发展水平。

（3）加快智能化技术应用，绿色优质发展。加大信息化和智能化利用力度，突破关键工况参数及作业质量参数采集传感器的研究与开发，精准采集机具作业信息与播种质量指标。研发智能精准化装备，将使棉花种植机械向智能化、无人化方向发展，降低作业成本和劳动强度，提高生产效率和作业质量，提升资源利用率，从而推进传统棉区升级改造，加快产业模式与生产方式创新。加大研发棉花种植生物降解地膜力度，逐步替代聚乙烯地膜，依靠科技创新来突破资源环境瓶颈制约，推动形成产业布局合理、资源高效利用、生态系统稳定、产地环境良好的农业发展格局。突破生物降解地膜、农业污染控制与修复等关键技术，依靠科技支撑棉花生产走向优质高效、绿色安全、资源节约、环境友好的现代化道路。

棉花种植机械化是棉花产业转变发展方式、提质增效、增强国际市场竞争力的重要途径之一。目前棉花种植机械化已形成了比较完善机械化播种技术与装备体系，但自动化、智能化程度仍须提高。智能化精量播种装备成为发展趋势，必将向信息智能化、高效大型化的方向发展。精准农业是我国传统农业粗放化生产经营向现代化、精量化生产经营转型的必然要求。棉花精量播种技术的推广应用则是棉花全程机械化技术推广应用技术重点和基础，最终目标是实现棉花精准化、智能化、无人化播种。优化棉花产区布局，确保种植结构保持合理水平，提高新疆棉花生产效率与竞争力。加强加大自主研发力度，提高自主创新能力和技术储备是确保棉花产业发展的保障。推进棉花机械化种植模式下农机农艺农信深度融合，形成科学合理的棉花机械化播种体系。突破资源环境瓶颈制约，优化资源配置，全面推动中国棉花生产的绿色优质可持续发展。

（第一作者单位：中国农业大学工学院；论文来源：《农业工程学报》2023年第6期）

油菜移栽机作业效果综合测评

吴传云　冯健　吴俊　李丹阳　李曦　舒娟　王康军

根据全国农业机械化统计年报,2021年我国油菜耕种收综合机械化率为62%,其中机耕率为87%、机种率为39%、机收率为51%。北方春油菜基本实现了机械化播种,南方冬油菜主要还是依靠人工种植。我国南方冬油菜种植区域也是稻油、稻稻油、稻再油轮作区。粮油之间,油菜处于弱势地位,普遍存在水稻迟收、茬口紧张、油菜难种的问题。迟播油菜生育期不足、产量低、倒伏严重、收获损失重;人工育苗移栽劳动强度大、成本高、效率低。近年来,因种不下、长不好、收不上等因素,南方传统冬油菜种植区油菜种植面积逐年萎缩,出现了大量可种植油菜的冬闲田。

油菜机械化育苗移栽具有抢茬种植、稳产增产的优势。近几年,随着油菜毯状育苗、钵体育苗技术得到攻克,油菜机械化高速高密度移栽得以实现。但由于机育苗技术掌握和普及有一个过程,适用的移栽机成熟、定型也有一个过程。着力解决机育苗简易化、标准化,加快提高移栽机可靠性、适用性,是当前极为迫切的一个任务。

为此,2022年9月26—27日,农业农村部农业机械化总站在江西省婺源县江湾镇浯村组织开展了油菜移栽机作业效果综合测评,对国内目前可用的不同秧苗、不同栽植方式的3款油菜移栽机进行了田间实际生产的作业性能和经济性能两方面的测试和结果分析,为全国冬油菜扩种推荐了机具,为油菜机械化移栽技术推广提出了相关建议。

一、测试条件与方法

1. 机具情况

如表1所示,3款机具均是经过农机推广鉴定的目前国内适用的机型,其中,亚美柯2ZSZJ-2Y(VP-245Y)型油菜钵苗移栽机为手扶式2行作业机具,配套动力1.5千瓦汽油发动机,顶针式机械取苗,传送带式投苗,挠性圆盘式开沟栽插,所用秧苗为专用秧盘育的钵体苗。洋马2ZY-6型油菜毯状苗移栽机为水稻插秧机底盘悬挂式6行作业机具,配套动力15.4千瓦柴油发动机,圆盘压缝,针爪回转臂式机械取苗与栽插,双圆盘覆土挤压立苗,所用秧苗为通用秧盘育的毯状苗。云马2ZGK-6型油菜毯状苗联合移栽机为拖拉机牵引式6行复式作业机具,配套88千瓦以上拖拉机,旋耕整地,开沟作畦,圆盘切缝,针爪回转臂式机械取苗与栽插,双圆盘覆土挤压立苗,所用秧苗为通用秧盘育的毯状苗。

表1　3款油菜移栽机

机具型号	结构型式	取(投)苗方式	栽植器型式	操作人数	参考价格/万元
亚美柯2ZSZJ-2Y(VP-245Y)型	手扶式	机械	挠性圆盘式	1	13.5
洋马2ZY-6型	悬挂式	机械	针爪回转臂式	2	3.5(整机11)
云马2ZGK-6型	牵引式	机械	针爪回转臂式	2	7.6

2. 土壤情况

3台机具在同一区域开展测试作业,环境温度为25.6~33.3℃,环境湿度为34%~51.7%,其中,亚美柯2ZSZJ-2Y(VP-245Y)型油菜钵苗移栽机和洋马2ZY-6型油菜毯状苗移栽机测试作业田块为已经旋耕开沟作好畦面的待种植田块,土壤绝对含水率为25.83%;云马2ZGK-6型油菜毯状苗联合移栽机测试作业田块为稻茬田,土壤绝对含水率为47.37%。

3. 秧苗情况

亚美柯2ZSZJ-2Y(VP-245Y)型油菜钵苗移栽机测试用秧苗为自带专用秧盘播种流水线育的钵体苗,秧苗高度12.3厘米,秧苗宽度8.9厘米,叶片数6。洋马2ZY-6型油菜毯状苗移栽机、云马2ZGK-6型油菜毯状苗联合移栽机测试用秧苗为在江西当地用通用秧盘播种流水线育的毯状苗,秧苗基质含水率85.34%,秧苗高度6.6厘米,秧苗密度3 889株/米^2,秧苗空穴率0,叶片数3.8。

4. 测评方法

依据新制定的《油菜移栽机》推广鉴定大纲公示稿以及GB/T 5667—2008《农业机械　生产试验方法》,考虑实际生产作业情况下同一场景多种机型对比测试,制定了《油菜移栽机作业效果综合测评方法》,内容包括作业性能测试和经济性能测试两方面内容。该方法已在2021年农业农村部农业机械化总站在上海组织开展的蔬菜移栽机作业效果综合测评中得到试验验证。

测评中,3台机具与3组测评人员分组在同一区域的不同耕整地条件田块开展工作。测试前,企业技术人员根据当地油菜种植基本苗要求,通过调整机具株距设计栽植密度。在作业性能测试时,机具在正常作业速度状态下,在20米长度测区内,一次作业测定栽植频率、漏栽率、伤苗率、栽植合格率和栽植深度合格率等作业性能指标。在经济性能测试时,机具在正常作业速度和满足作业性能条件下,根据秧苗供应情况,连续作业不少于666平方米面积开展生产考核,测得作业时间、作业面积、燃油消耗量,测定单位人工成本、单位能耗成本、单位机具折旧成本、单位作业总成本等经济性能指标。其中,人工成本包括驾驶人员、辅助人员的用工费等,按照当地农村人均日工资150元、每天8小时进行折算;能耗成本指燃油费,按8元/千克油价格进行折算;机具折旧成本按机具销售价格5年折旧,每年30天作业季、每天8小时进行折算。

二、测试数据与分析

专家组根据测试结果,将每台机具的作业性能、经济性能各个指标数值全部列出,分别对照进行比较,评价出机具综合性能。

1. 作业性能结果与分析

从表2可以看出,3台机具的栽植频率均达到100株/(分·行)以上,栽植密度达到10万株(穴)/公顷以上,满足油菜高速高密度栽植要求。3台机具的漏栽率、伤苗率、栽植合格率、栽植深度合格率等关键作业性能指标均达到了行业标准和大纲要求。

表2 油菜移栽机作业性能测试结果

参数	亚美柯2ZSZJ-2Y（VP-245Y）	洋马2ZY-6	云马2ZGK-6
固定行距×设定株（穴）距/（厘米×厘米）	45×20	30×16	30×16
作业速度/（千米/时）	1.44	2.05	1.66
栽植频率/[株/（分·行）]	101	184	160
栽植密度/[株（穴）/公顷]	110 055	200 100	210 105
漏栽率/%	4.9	3.2	6.5
伤苗率/%	0	4.1	4.1
栽植合格率/%	90.2	83.7	82.1
栽植深度合格率/%	100	93.3	85.0

特别是洋马2ZY-6、云马2ZGK-6两款油菜毯状苗移栽机的测试结果是在秧苗基质含水率过高（标准要求45%～65%之间）、秧苗高度过低（标准要求8～12厘米）、翻耕田土壤含水率过高（标准要求15%～20%）、稻茬田土壤含水率过高（标准要求15%～30%）等不利条件下获得的，表现出了较强的适应性。

另外，同样结构的针爪式机械取苗与栽插，云马机具在稻茬田的作业性能接近于洋马机具在翻耕田的作业性能，充分说明了云马2ZGK-6型油菜毯状苗联合移栽机耕整地部件与移栽部件良好的整机配合度，产品具有较高的成熟度，彻底解决了我国油菜机械移栽无机可用、无好机用的短板瓶颈问题。

因此，在秧苗和田块满足机具作业的条件下，先进、适用的油菜机械化育苗移栽技术是推动南方冬闲田扩种油菜的有效方式之一。

2. 经济性能结果与分析

在一定作业面积的生产考核中，亚美柯2ZSZJ-2Y（VP-245Y）由1人独自完成机器把持、装苗盘等操作过程，洋马2ZY-6、云马2ZGK-6均由2人配合完成机器驾驶、装苗盘等操作过程，3台机具均能正常连续作业，未出现故障。

从表3可以看出，在作业效率上，云马2ZGK-6最高，达到0.347公顷/时，直接在稻茬田一次作业完成耕整地、栽插全部工作，可快速在南方规模连片稻茬田抢茬种植油菜；洋马2ZY-6和亚美柯2ZSZJ-2Y（VP-245Y）也表现出了较好的作业效率，但都需要提前整地，综合作业效率要远低于云马2ZGK-6。

人工成本受作业效率和作业人数双重影响，亚美柯2ZSZJ-2Y（VP-245Y）虽然只需1人操作，但在作业效率上，手扶2行机具远远低于洋马悬挂6行机具和云马牵引6行机具，加上挠性圆盘式开沟栽插速度低于针爪回转臂式栽插速度，因此，亚美柯2ZSZJ-2Y（VP-245Y）人工成本最高。

能耗成本受配套动力和作业效率双重影响，虽然亚美柯2ZSZJ-2Y（VP-245Y）作业效率最低，但配套动力消耗也最少，能耗成本最小；同样是6行机具，洋马2ZY-6由水稻插秧机底盘悬挂，只需完成移栽单一作业，而云马2ZGK-6为88千瓦拖拉机牵引，需要同时完成旋耕、开沟、切缝等耕整地作业，动力消耗大，能耗成本最高。

表3 油菜移栽机经济性能测试结果

参数	亚美柯2ZSZJ-2Y（VP-245Y）	洋马2ZY-6	云马2ZGK-6
作业效率/（公顷/时）	0.137	0.307	0.347
单位油耗/（千克/公顷）	3.0	6.0	31.05
人工成本/（元/公顷）	136.65	121.95	108.15
能耗成本/（元/公顷）	32.4	65.4	292.35
机具折旧成本/（元/公顷）	778.05	90（整机282.86）	173.55
作业总成本/（元/公顷）	947.1	277.35（整机470.21）	574.05

机具折旧成本受作业效率和机器价格双重影响，亚美柯2ZSZJ-2Y（VP-245Y）作业效率最低、机器价格最高，机具折旧成本最高；洋马2ZY-6是按照悬挂式移栽机报的机器价格，作业效率较高、机器价格最低，机具折旧成本最低，但若考虑此机具必须与洋马水稻插秧机底盘配套，按自走式整机价格11万元折算，机具折旧成本为282.86元/公顷，超过了云马2ZGK-6的机具折旧成本。

在作业总成本上，亚美柯2ZSZJ-2Y（VP-245Y）最高，达到947.1元/公顷，2行手扶式机具，价格过高，用于种植油菜，农民难以接受；洋马2ZY-6整机为470.21元/公顷，云马2ZGK-6为574.05元/公顷，两者作业总成本接近，但洋马2ZY-6为单一环节移栽作业，云马2ZGK-6为整地、移栽复式作业。综合考虑油菜机械移栽配套耕整地全作业过程，云马2ZGK-6的综合作业总成本最低，充分说明了云马2ZGK-6在稻茬田直接开展油菜机械移栽优越的经济性能。

总体来说，3台机具作业效率在0.137～0.347公顷/时，是人工移栽的50倍；包括人工、机具折旧、燃油在内的作业总成本在470.21～947.1元/公顷，远低于人工移栽油菜3 750～4 500元/公顷的作业成本，只有人工移栽的1/10～1/5。油菜机械化育苗移栽相对于人工育苗移栽，省工节本增效显著，为我国长江流域稻油茬口紧张地区和西南丘陵地区等传统油菜人工移栽种植方式提供了机械化替代解决方案。

此次测评表明我国油菜移栽机械化技术与装备已成熟，但进行大面积推广应用需要考虑与现有油菜种植方式的比较效益情况。表4为2020年农业农村部农业机械化技术开发推广总站对我国长江流域油菜生产全程机械化作业成本调查的种植环节情况。与机械直播相比，机械移栽可省种375元/公顷，可增产600千克/公顷、约3 000元/公顷，作业成本增加1 275元/公顷，净增效益2 100元/公顷；与人工移栽相比，产量持平，因省工，净增效益1 575元/公顷；与人工撒播相比，作业成本增加3 075元/公顷，考虑增产和省种，净增效益300元/公顷。机械移栽带来的增产收益主要被育苗成本抵消了。

表4 油菜不同种植方式作业成本对照表　单位：元/公顷

种植方式	育苗	耕整地	移栽	旋耕播种	施肥、打药、除草	人工间苗、补苗	合计
机械移栽	2 250	1 050	825	—	975	—	5 100
机械直播	—	1 050	—	1 050	975	750	3 825
人工移栽	900	1 050	3 750	—	975	—	6 675
人工撒播	—	1 050	—	—	975	—	2 025

注：1. 机械移栽育苗成本包括农资投入、设备费、人工费，合计约2 250元/公顷。2. 人工移栽育苗成本为人工费，约900元/公顷。

三、结论与建议

1. 结论

（1）亚美柯2ZSZJ-2Y（VP-245Y）型油菜钵苗移栽机、洋马2ZY-6型油菜毯状苗移栽机、云马2ZGK-6型油菜毯状苗联合移栽机3台机具，在同一区域不同耕整地条件田块开展了作业效果综合测评。在作业性能方面，测定了栽植频率、漏栽率、伤苗率、栽植合格率和栽植深度合格率等指标；在经济性能方面，测定了单位人工成本、单位能耗成本、单位机具折旧成本、单位作业总成本等指标。

（2）3台机具每分钟的栽植频率均达到了100株/行以上，栽植密度达到10万株（穴）/公顷以上，满足油菜高速高密度栽植要求。3台机具的漏栽率、伤苗率、栽植合格率、栽植深度合格率等关键作业性能指标均达到了行业标准和大纲要求。

（3）3台机具作业效率在0.137～0.347公顷/时，是人工移栽的50倍；包括人工、机具折旧、燃油在内的作业总成本在470.21～947.1元/公顷，远低于人工移栽油菜3 750～4 500元/公顷的作业成本，只有人工移栽的1/10～1/5。油菜机械化育苗移栽相对于人工育苗移栽，省工节本增效显著，为我国长江流域稻油茬口紧张地区和西南丘陵地区等传统油菜人工移栽种植方式提供了机械化替代解决方案。

（4）云马2ZGK-6型油菜毯状苗联合移栽机表现出了耕整地部件与移栽部件良好的整机配合度，产品具有较高的成熟度。综合考虑油菜机械移栽配套耕整地全作业过程，云马2ZGK-6的综合作业总成本最低，充分说明了云马2ZGK-6在稻茬田直接开展油菜机械移栽优越的经济性能。

2. 建议

（1）加大为机育苗补助力度，扶持油菜机械化移栽发展。机育苗成本高、育苗技术难掌握，是当前制约油菜机械化移栽技术推广的最大难点。从冬闲田扩种油菜，保障我国食用植物油供给安全的战略考虑，扶持油菜机械化移栽发展，建议对油菜种植大户开展油菜机械化育苗移栽进行作业补助，着力解决为机育苗简易化、标准化，鼓励大户实现油菜毯状苗、钵体苗育苗的工厂化、供秧的社会化；建议开展多用途区域性育秧中心建设，推动建设可同时培育水稻、油菜多种秧苗的区域性育秧中心，长期供苗，供多种苗，提高育秧中心使用效率，推动水稻育插秧与油菜育苗移栽同步实施，实现稻油周年良性循环种植。

（2）加大机具购置补贴力度，保障油菜移栽作业机具供应。此次测评的3台机具是国内目前可用的油菜移栽机。油菜是大田作物，需要高速高效种植，同时还要保证10万株/公顷的基本苗，机械移栽需要能实现较高栽植频率和栽植密度的机器。由于近年来油菜毯状苗、钵体苗移栽机产品刚刚起步，掌握相关技术并具有生产能力的企业仅有洋马农机、江苏云马、常州亚美柯3家企业，由于市场需求不足，机具量产不够，机器价格偏高，农民购买积极性不高。从机械化保障油菜扩种的国家要求出发，建议加大对油菜毯状苗移栽机、油菜钵苗移栽机以及开沟作畦机、育苗播种流水线等相关配套机具的农机具购置补贴力度，引导农民购买先进、适用的油菜移栽机，带动农机企业提升产能，为油菜机械化移栽提供强有力的装备支撑。

（3）加大技术示范推广力度，分区域总结集成适宜模式。此次测评是农业农村部农业机械化管理司和农业机械化总站2022年秋冬季油菜扩种机械化推进活动的一项重要内容，测评全过程进行了视频直播，39万人次进行了观摩，有效带动了南方10个冬油菜主省份开展油菜机械化移栽的积极性。在适宜地区大面积推广油菜毯状苗、钵体苗机械化移栽，需要加大技术示范推广力度，建议：一方面，加大对基层农技人员和农民培训，培养一批掌握育苗、移栽作业技术的骨干推广人员，培育一批保有适宜机具、有作业服务能力的应用主体，为进一步扩大面积打好基础；另一方面，加大对技术与机具的试验验证，根据南方一季稻、再生稻、双季稻等不同温光资源、不同稻油茬口衔接情况，扩大试验示范面积，充分验证机具适用性，农机农艺融合，耕种收一体化推进，分区域总结集成一批适宜的油菜移栽全程机械化生产模式。

（第一作者单位：农业农村部农业机械化总站；论文来源：《中国农机化学报》2023年第3期）

南方双季稻栽植机械化发展的影响因素和关键技术措施

徐峰　刘德普　彭俊明　何林

粮食安全是国家安全的重要基础，是"三农"工作的头等大事。粮食丰产离不开机械化的支撑，当前三大主粮综合机械化率均达到85%以上，已基本实现机械化，补短板、挖潜力成为当前粮作机械化发展的主旋律。水稻是我国三大主粮作物之一，常年种植面积30 000千公顷以上，总产2.1亿吨左右，是中国人饭碗里的第一大口粮作物，在保障国家粮食安全方面具有绝对重要地位。2020年水稻耕种收综合机械化率84.35%，在三大主粮作物中机械化率最低，其中种植机械化率仅有56.30%，特别是南方稻区种植机械化率在30%左右（含机插秧、机直播），四个双季稻主产省机插秧水平38%，双季稻区栽植机械化已成为全国粮食生产全程机械化的最大短板，严重威胁国家粮食安全。找准影响双季稻栽植机械化技术推广的因素，完善技术措施，提高双季稻栽植机械化水平越来越迫切。本文深入分析南方双季稻栽植机械化现状，找出与其他稻区机械化水平差距和制约因素，遴选出适宜三种南方双季稻机械化栽植技术模式，提出有针对性的技术措施和发展建议。

一、南方双季稻区栽植机械化现状

1. 双季稻对保障粮食安全至关重要

水稻已基本形成长江中下游单季稻区、西南稻区、南方双季稻区、北方稻区四大种植区域。当前增加粮食产量，一方面是扩大种植面积，另一方面是提高粮食单产。因耕地面积有限，单纯依靠扩大耕地面积提高水稻产量的道路已很难走通；水稻单产已处于高位运行，提升潜力有限；发展双季稻，提高复种指数，已成为粮食增产最大的潜力。2020年，双季稻产量为6 050万吨，占全年稻谷总产量的28%，地位举足轻重。近年来双季稻面积下滑较快，2019年为9 330千公顷左右，比2012年减少了2 330千公顷，2020年受国家惠农政策拉动，双季稻面积有所增加，但恢复有限。当前机械化水平高低是影响农民种植意愿的关键因素之一，所以提升双季稻区种植机械化水平是稳定和恢复双季稻面积的重要因素，对保障国家粮食安全至关重要。

江西、湖南、广东、广西四省区是双季稻主产区，2019—2021年全国早稻年平均播种面积4 640千公顷（表1），四个主产区早稻年平均面积4 006千公顷，占全国早稻种植面积的86.2%。另外，四个主产区的双季稻是水稻种植主要方式，广东、广西双季稻面积占本省水稻总面积的98%以上，江西、湖南双季稻面积占本省水稻总面积分别为73%和69%。可见，抓好南方四省区双季稻机械化生产对提升全国双季稻机械化水平起决定性作用。

表1 2019—2021年双季稻主产区种植情况 单位：千公顷

地区	早稻播种面积			双季稻总面积		
	2019年	2020年	2021年	2019年	2020年	2021年
江西	1 096	1 217.3	1 218.7	2 246.7	2 496.7	2 500
湖南	1 094.7	1 225.7	1 219.3	2 424	2 712.7	2 700
广东	834.7	871.3	858.7	1 736	1 810	1 786
广西	767.3	806	807.3	1 596.7	1 674	1 680
全国	4 450	4 750.7	4 734	9 466.7	9 973.3	9 933.3

2. 双季稻区机械化种植水平低

2020年全国水稻栽植机械化率可以分为四个层次：辽宁、吉林、黑龙江等北方稻区栽植机械化率最高，超过90%；江苏、安徽、湖北等长江中下游单季稻区栽植机械化率次之，超过50%；江西、湖南、广东、广西等双季稻区栽植机械化率较低，为25%～45%；云南、贵州、重庆等西南稻区最低，为5%～30%，如表2所示。

表2 2020年我国水稻主产区机械化种植水平

地区	种植面积/千公顷	直播机数量/万台	插秧机数量/万台	高速插秧机数量/万台	水稻机械种植面积/千公顷	水稻机械种植率/%
辽宁	520.41	0.03	4.04	1.21	515.20	99.00
吉林	837.14	0.02	10.67	1.35	777.09	92.83
黑龙江	3 920.00	0.02	34.71	15.65	3 912.00	99.80
江苏	2 202.84	0.99	14.32	5.00	1 957.54	88.86
浙江	636.02	0.21	1.55	1.20	343.90	54.07
安徽	2 512.08	0.38	4.78	0.98	1 557.00	61.98
江西	3 441.83	0.04	1.86	0.28	1 365.79	39.68
河南	617.07	0.06	1.26	0.38	367.72	59.59
湖北	2 280.73	0.72	8.63	0.45	1 360.05	59.63
湖南	3 993.85	0.25	3.70	0.93	1 586.82	39.73
广东	1 834.43	0.01	1.40	0.31	480.30	26.18
广西	1 760.11	0.03	2.05	0.17	761.02	43.24
重庆	657.27	0.03	1.13	0.02	182.38	27.75
四川	1 866.32	0.03	0.97	0.29	838.20	44.91
贵州	665.12	0.00	0.18	0.01	64.77	9.74
云南	818.93	0.00	0.26	0.06	45.66	5.58

北方稻区基本实现机械化，不存在问题。长江中下游单季稻区水稻种植机械化率也较高，而且增长很快，问题不大。云南、贵州、重庆等西南稻区，丘陵梯田、山垅田面积较大，机耕道等基础设施、田块条件都难以适应机械化，受自然条件限制短时间难以快速提升，解决的办法主要是高标准农田建设和宜机化改造。2020年，南方双季稻区主产区四个省份的水稻种植机械率仅为38%，比全国低了18个百分点，差距很大。据调研，晚稻机插秧水平8%左右，远低于单季稻地区种植机械化水平。

3. 双季稻区机具保有量少

双季稻区插秧机机械拥有量偏少，而且高速插秧机比例很低，主要以手扶插秧机为主。按水稻耕地面积计算，2020年，每千公顷拥有水稻插秧机数量：黑龙江88.5台（高插40.5台），江苏为65.1（高插22.7台），湖南为9.3台（高插2.4台），广西为11.7台（高插0.9台），江西为5.4台（高插0.9台），广东为7.7台（高插1.7台）。四个双季稻主产区每千公顷拥有水稻插秧机数量均不到15台，与黑龙江省相差7～16倍，高速插秧机数量相差16～45倍。

4. 手工直播呈蔓延趋势

近年来，双季稻地区手工直播出现蔓延趋势，部分地区直播比例甚至超过70%，主要是由于直播省去育秧和移栽两个环节，与移栽稻相比，具有无缓苗期、成熟期早、省工、省力等优点，生产程序大大简化，技术更轻便，成本更低，每公顷成本6 000元左右，比机插秧低750元，如表3所示。

但是直播的危害性也很大，容易受低温等异常气候影响导致减产，根系浅遇到台风天气容易倒伏，多年直播后杂草快速增多，一般要使用除草剂3次，而机插秧一般使用1次，直播大量使用除草剂造成农田污染加重，难种优质稻，发生杂稻，米质下降等突出问题，由此带来水稻生产风险加大威胁粮食安全。江西早稻栽植技术模式比对结果显示（表4），早稻直播产量比机插低654千克/公顷，综合效益比机插低1 020元/公顷。

表3　早稻机插和直播不同环节成本对比　　　　　　　　　　　　　　　　　　　　　　　单位：元/公顷

种植方式	整地环节	栽植环节	植保环节	收获环节	转运环节	烘干环节	总投入
机插	1 125	2 730	1 200	675	270	870	6 870
直播	1 125	1 500	1 800	675	270	750	6 120

表4　早稻机插和直播模式收益对比

种植方式	测产面积/公顷	实收净重/千克	含水产量/（千克/公顷）	平均水分/%	标准水产量/（千克/公顷）	总收入/（元/公顷）	纯收益/（元/公顷）
机插	0.294	1 950	6 632.7	29.08	5 437.95	13 268.55	6 563.55
直播	0.107	590	5 531.25	25.19	4 783.8	11 672.4	5 537.4

二、主要制约因素

日本、韩国以及我国东北、江苏地区等单季稻区主要是毯状苗育机插技术，但这项技术在我国南方双季稻特别是晚稻上的推广应用遇到瓶颈，主要是由于育秧规模、秧苗栽插的时间、插秧机的能力，以及前茬作物腾出的时间（茬口）合理的匹配关系。

1. 茬口衔接难以把握

南方双季稻区一般7月中旬收获早稻、7月下旬栽插晚稻，9月20日左右必须实现安全齐穗（出穗率大于75%）才能丰收，否则容易遭受秋季寒露风（气温连续几天低于22℃）低温危害造成空壳瘪粒、导致减产。传统的机插秧秧苗盘根错节，机插入土时会损伤根系、需要7天左右的缓青期，导致水稻生育期延长7～10天，对季节本就紧张的双季稻无疑是雪上加霜，较长生育期的晚稻品种容易在9月下旬遭受寒露风影响产量。优质品种特别是市场畅销的优质品种往往是生育期偏长的品种，农户要开展双季稻机插就必须牺牲稻谷产量和品质，不得不使用短生育期的品种，生育期与产量品质难以在机插秧上很好协调。

2. 晚稻长秧龄机插难

晚稻7月栽插，一方面育秧期间高温高湿，秧苗生长难以控制，容易徒长，形成超秧龄、长秧龄大苗；另一方面晚稻生育期偏紧，生产上也十分需要长秧龄大苗栽插。但是毯苗插秧机适宜秧龄20天、株高20厘米左右的中小苗，用于移栽长秧龄毯苗容易造成"搭桥、推秧、伤秧"等问题，不利于秧苗栽后正常发育生长。另外，目前晚稻以杂交籼稻为主，要求每穴单少本栽插，对育插秧机械要提高育苗播种精度和插秧时精确移送精度，目前育插秧机械精度有待提高，不太适合晚稻的长秧龄、单少本精量栽插的需求。

3. 机插秧经济效益低

南方双季稻区相对北方平原田块小且分散，农村劳动力相对充足，小农生产仍占较大比例，土地流转比例不高，种植规模1.33公顷以下的农户占大多数。广东、湖南等地人工抛秧比例很大，一个人工抛秧一天的作业效率跟机插秧的作业效率也不差，但是小农户购置插秧机成本高，投资回收期长，而且由于种植习惯的惯性，改用机插困难较大。由于晚稻育插秧投入产出比低，多数农户不太愿意接受机插晚稻，转向只种一季水稻，或直播方式播种晚稻以降低成本。

4. 机插技术不够轻简

农民喜欢轻简型栽培方式，目前双季稻区机械化移栽与人工插秧、抛秧和直播相比，技术难度相对较大，整个育秧过程操作烦琐，只要有一个环节出了问题，就有可能前功尽弃，而且双季稻生长期不好把握，品种选用不好，会影响水稻产量。水稻直播与移栽相比，双季稻改为单季稻，虽然减少了产量，但用工大大减少，成本也大大降低，受到农民的欢迎。

5. 社会化服务程度低

由于双季稻区土地流转少，生产规模偏小，水稻品种不统一，限制了商品化供秧，而且双季稻秧龄弹性差，运输成本高，导致机械化育插秧的社会化服务能力不足，现有农机合作社以满足自身农业生产需要为主，专门从事机育机插、以社会化服务为主的专业化服务组织不多，加上秧苗中心偏少，供应半径有限，限制了机插服务范围。插秧机利用率低，又影响农机服务组织的积极性，形成恶性循环，南方双季稻区水稻机插秧水平始终徘徊不前。

三、适宜南方双季稻机械化栽植技术

经过多年试验验证和示范推广，大钵体毯状苗机械化育插秧、水稻机械化有序抛秧、水稻钵苗摆栽技术等三种适用双季稻区的机械化栽植技术逐渐成熟，能有效解决传统毯状苗机插存在的缓青期长、秧龄弹性小、晚稻品种选择范围窄、比较收益低等瓶颈问题。2021年，在江西南昌开展了南方双季稻早稻栽植机械化不同技术模式比对试验（表5），包括育插秧的农资、劳动力、机具折旧等成本投入，产量收入和综合效益比较，试验比对结果与全国平均试验数据基本相当。

表5　早稻机械化移栽不同技术模式综合效益对比

指标			技术模式			
			水稻大钵体毯状苗机械化插秧技术	水稻钵苗摆栽技术	水稻机械化有序抛秧技术	水稻毯状苗机械化插秧技术
作业面积 / 公顷			1.00	2.58	1.05	5.12
秧盘数 /（盘 / 公顷）			525.00	600.00	600.00	525.00
投入	育插秧农资投入	育秧环节 / 元	987.75	3 368.13	1 015.25	5 565.41
		插秧环节 / 元	47.90	172.50	70.39	220.34
		总农资投入 / 元	1 035.65	3 540.63	1 085.64	5 785.75
		平均农资投入 /（元 / 公顷）	1 033.65	1 373.10	1 032.00	1 129.50
	育插秧劳动力投入	育秧环节 / 元	521.44	1 799.24	776.44	1 820.01
		插秧环节 / 元	979.00	1 540.00	1 140.00	4 080.00
		总劳动力投入 / 元	1 500.44	3 339.24	1 916.44	5 900.01
		平均劳动力投入 /（元 / 公顷）	1 497.45	1 294.95	1 821.75	1 151.70
	育插秧机具设备折旧	育秧环节 / 元	217.02	1 428.46	332.76	1 022.20
		插秧环节 / 元	329.86	687.50	503.47	479.17
		总折旧费 / 元	546.88	2 115.96	836.23	1 501.37
		平均折旧费 /（元 / 公顷）	545.85	820.50	794.85	293.10
	其他环节投入 /（元 / 公顷）		4 143.30	4 332.75	4 086.90	4 140.00
	平均投入总成本 /（元 / 公顷）		7 220.10	7 821.30	7 735.50	6 714.30
产出	产量 /（元 / 公顷）		6 112.80	6 642.30	5 916.15	5 437.95
	收入 /（元 / 公顷）		14 915.25	16 207.20	14 435.40	13 268.55
	综合效益 /（元 / 公顷）		7 695.15	8 385.90	6 699.90	6 554.25

注：收入 = 产量 × 单价。2021年早籼稻最低收购价按2.44元 / 千克。

1. 大钵体毯状苗机械化育插秧技术

充分发挥水稻钵体苗栽培高产优质的农艺技术优势和机插秧高效精准机械化作业优势，系统集成大钵毯苗秧盘、精准对位精量播种、秧苗秧期综合管理、高速机械栽插等关键技术，缩短插秧后秧苗缓苗期、延长了适宜机插秧龄，解决了双季稻区水稻适宜生育期不足难题。

（1）缓解茬口紧。与现有水稻毯状苗育秧盘比较，采用大钵体毯状苗秧盘育秧，既可以突出水稻钵体苗的栽培技术优势，同时还可使秧苗成苗后能够连成一体，满足插秧机作业要求。由于育苗钵体较大，育秧基质营养充足，可培育高素质壮秧大苗，提高秧苗秧龄。秧龄为25～40天，比常规育秧增加5～10天秧龄，缓解了农时紧张。

（2）降低灾害风险。该技术伤根少、缓苗期短，与常规插秧作业比较，可提前10～15天收获，有效减少了晚稻遭遇寒露风危害的风险，保障了丰产稳产。

（3）促进农药减施。可有效抑制杂草生长，减少病虫害的发生概率，每季可减少除草剂和农药的施用次数2～3次，对降低农业污染、保护生态环境、实现水稻绿色生产意义重大，社会效益及生态效益巨大。

（4）增产增收明显。具有早生快发技术优势，低节位有效分蘖多，穗型整齐，成熟度好，综合增产效果明显。江西早稻试验测产平均数据显示，与传统机插秧作业比较，每公顷增收稻谷675千克以上，增幅10%～20%，单季纯效益增加1 050元 / 公顷以上。

2. 水稻机械化有序抛秧技术

有序抛秧机把适龄钵体秧苗按农艺要求和规范，有序地抛掷到大田的技术，属机械抛秧农艺方式的创新，技术模式主要为钵体软盘育秧，并采用取秧带夹持式取秧、通过平板送秧转换成水平式抛秧，完成秧苗的带土移栽，优势明显。2020年湖南早稻机械化有序抛秧面积增加66.6千公顷。

（1）稳产增产。机抛不伤根、不缓苗，秧苗入土及时入土浅，一般为0.5～1.0厘米，具有发根能力强，吸收养分快，返青期短，茎秆粗壮，抗倒伏性强等优点，全生育期缩短3～7天，倒伏率较直播低了10个百分点，减少了晚稻遭遇寒露风

危害的风险。有序机抛水稻低节位分蘖多，优势分蘖比例大，高峰苗数多，有效穗多，结实率明显提高。江西早稻试验测产平均数据显示，机抛较传统机插增产幅度为8%以上，单季新增纯效益150元/公顷以上。

（2）药剂减施。秧苗行列整齐有序，而且克服了人工抛秧无序不均、杂乱无章、不利通风和田间管理及机械化作业的弊端，有利于均匀养分和光合作用。该技术要求大田水深10毫米，同时抛掷的秧苗没有返青期，其生长速度远大于杂草，挤占了杂草的生长空间，减少了除草剂的用量。通过提高抛秧密度，减少化学氮肥的施用，试验表明早稻种植密度从30万蔸/公顷提高到33万蔸/公顷，纯氮施用量减少30千克/公顷。

（3）适应性广。作业适用范围广，因为行距和株距可调，水稻有序抛秧机适应作业的季节更广，适应不同栽植密度要求的品种更广，单季稻、双季稻均适用。可一次抛秧13行，幅宽达到2.5～3.9米，适合于不同密度有序抛栽。综合作业效率为0.8公顷/时，是8行高速插秧机的1.2～1.5倍，手抛秧的10倍左右。

3. 水稻钵苗摆栽技术

采用日本"五步栽插法精准作业，大苗带钵无植伤移栽"水稻钵苗插秧机核心技术，融合我国"密植增产""边际优势增产"等水稻现代农艺种植技术。该技术除了大钵体毯状苗机械化育秧技术的缓解茬口紧的优点外，还有以下优势。

（1）密植增产。由于钵苗机插可培育秧龄30～35天秧苗，与毯苗机插或直播水稻相比，将水稻生长季向前延伸10～15天，可利用更多的温光资源。实现水稻钵苗机械化密植移栽，每公顷钵苗机插秧基本穴数可在12.75万～30.75万穴之间调整，基本苗足，穗数多，为中小穗型水稻种植增产奠定了基础。江西早稻试验测产平均数据显示，钵苗摆栽较传统机插增产幅度达22%，单季纯效益增加1 800元/公顷以上。

（2）绿色种植。中长秧龄钵体大苗，有利于稻田前中期建立3～5厘米水层，通过封闭的水层，抑制稻田杂草种子萌发与生长，实现以水抑草、生态控草。同时，降低有害生物影响。抗逆性强，病情指数降低67%左右，减少化肥农药使用。

（3）适宜综合种养。在泥脚深度30～45厘米的深泥脚条件下，可实现一次六行的水稻钵苗机械化精准移栽，突破了乘坐式插秧机移栽作业泥脚深度小的技术瓶颈，是综合种养绿色发展模式中"三低"田块水稻机播的首选技术。

四、发展建议

当前，解决双季稻栽植机械化问题的技术条件日趋成熟，加大政策扶持和适用技术推广应用，加快提高双季稻区水稻种植机械化率，努力成为推动双季稻面积增长的新引擎。

1. 因势利导明确适用的主推技术

水稻机械化栽植环节技术丰富、模式多样，目前有机插秧、机直播及机浅栽三种主流方式，衍生出毯苗、钵毯苗、有序抛秧、钵苗摆栽、长秧龄、穴直播、无人机飞播等多种技术模式。技术路径多了，容易出现选不对选不好的问题。要在试验示范的基础上，根据本区域农艺特点、种植习惯科学选定先进适用的技术路线，比如湖南、广东抛秧技术推广得好，农户对抛秧的田间管理技术已经熟悉，改用机械有序抛秧的话农民很容易接受，可因势利导推广有序抛秧技术；江西有钵毯苗、长秧龄试验示范基础，可以进一步扩大推广面积。另外在双季稻区推广难的地区，或在水稻生长一季有余、二季不足的地区，利用再生稻生育期短、种植成本低、省工省力的优势，推广再生稻技术，将再生稻计入双季稻种植面积。

2. 推动技术模式熟化优化集成化

针对双季稻区茬口紧、水稻生育期变化等难题，运用系统思维，着眼于周年生产全局，要加强技术模式对比和试验示范，遴选主推技术和适用机具，总结提炼不同品种不同区域水稻机械化生产的工艺路线、技术模式、机具配套、操作规程、运行机制。针对目前3种适用技术存在的应用难度大、使用复杂，生产成本高问题，联合研究单位和企业持续推动技术完善、应用简化，形成适合双季稻的轻简、高效、节本、适用的机械化生产技术模式和综合解决方案，实现作物品种、栽培措施和机械化技术的集成配套，切实解决南方双季稻区水稻种植环节关键问题。

3. 提高插秧机和育秧中心补贴力度

装备是提升机械化水平的基础，目前南方双季稻区机械化率低的主要原因之一就是栽植机具保有量偏少，而且成本偏高，农民难以承受。充分利用农机购置补贴政策，提高高速插秧机、有序抛秧机、钵苗移栽机等适用机具的补贴额，鼓励各地实施省级、市级累加补贴，将补贴比例提高到50%，切实降低农民购机成本，提高购机的积极性，加快提高机具保有量。目前育秧中心建设投入很高，种植规模200～333公顷需要一次性投入200万～500万元，可探索成套设施装备方式，开展水稻育秧中心建设补助试点，制定育秧中心建设技术规范，通过以奖代补、先建后补的方式，验收合格后兑现补助资金。按照服务面积和辐射范围做好育秧中心布点规划，确保育秧服务距离适中、覆盖到位。

4. 提升机械化育插秧社会化服务能力

积极培育机械化育插秧服务主体，加大资金政策的扶持力度，推进水稻生产全程机械化综合农事服务中心创建升级，全面提升农机社会化服务能力。鼓励农民土地流转和生产托管，通过农机大户、农机专业合作社、社会化服务组织等新型主体，开展代耕、代育、代插等水稻种植全程机械化服务，着力解决小农户育秧难、无机用、成本高等问题。鼓励双季稻区利用中央财政农业生产社会化服务项目资金优先对水稻机插（播）、工厂化育秧等关键环节进行作业补助，降低农民育插秧作业成本。

5. 多渠道开展形式各样的技术培训指导

机插秧的技术推广难点和应用风险在育秧，一方面要加快配套育秧生产装备机械化、自动化、智能化建设，实现规模化集中育供秧；另一方面要加强育秧技术的培训与指导，将育秧的每一环节、每一技术细节落实到位，全面提升苗期管理水平和育秧技术水平，提升育供苗质量、能力和效益。聚焦水稻机械化种植实际问题，以农民需求为关注点，开展作业演示、技术讲解、操作体验、互动答疑等参与式、体验式推广田间日活动，不仅要请技术专家，也要请"土专家"，做给农民看，带着农民干，手把手教农民使用主推技术。

五、结语

南方双季稻机械化栽植水平较低，严重影响国家粮食安全，破解南方双季栽植机械化发展制约因素迫在眉睫。大钵体毯状苗机械化育秧、水稻机械化有序抛秧、水稻钵苗摆栽技术三种适宜南方双季稻机械化栽植的技术，有效解决双季稻茬口衔接紧、生育期短、经济效益低等问题，增产增收效果明显。持续推动大钵体毯状苗机械化育秧、水稻机械化有序抛秧、水稻钵苗摆栽技术完善、应用简化，形成轻简、高效、适用的技术方案，进一步发挥技术优势。加大政策补助力度，提高育插秧机具装备保有量，扩大育秧中心建设规模，加快在南方双季稻地区因地制宜推广先进适用水稻栽植机械化技术装备，为我国粮食安全提供坚实机械化技术支撑保障。

（第一作者单位：农业农村部农业机械化总站；论文来源：《中国农机化学报》2023年第2期）

我国大蒜全程机械化生产现状、问题与对策

崔志超　刘先才　陈永生　管春松　杨雅婷　许斌星

我国是世界上最大的大蒜生产国和消费国，种植面积、产量、出口量以及出口额均居世界首位，为农民增收，国家创汇作出了积极贡献。相对于大蒜产业的快速发展，大蒜机械化生产条件滞后成为制约大蒜产业发展难题，目前大蒜生产机械化技术个别环节虽然有所突破，但全程机械化整体水平较低。随着国家对农机装备整体水平的转型升级，传统大蒜生产方式已无法满足市场需要，推进大蒜全程机械化生产愈发显得尤为重要，攻克大蒜正芽播种、联合收获、蒜薹收获等关键技术，优化耕整地、田间管理、产后处理等装备水平，完善大蒜全程机械化中的不足，实现劳动生产率提高，农民节本增收，对大蒜产业稳步发展具有促进作用。本文通过调研了解我国大蒜产业和机械化研究现状，分析大蒜全程机械化生产面临的主要问题并提出对策建议，旨在为我国大蒜生产装备的研究提供系统参考。

一、大蒜产业现状

据农业农村部统计，近几年全国年种植大蒜面积稳定在800千公顷左右。山东、河南、江苏是核心种植区，占全国种植面积50%以上。山东是全国大蒜产业的领头羊，各地市基本都有大蒜种植，有3个全国著名的大蒜种植区，近年来大蒜年种植面积约200千公顷。鲁西南大蒜种植区：以金乡县为核心的济宁市、菏泽市大蒜种植区，面积超过133.3千公顷，其种植大蒜的品种以及种植模式基本一致。该地区大蒜以收获蒜头为主，品种多为"杂交红蒜"以及"金乡白皮大蒜"。红皮大蒜蒜薹产量一般在3 750～6 000千克/公顷，蒜头产量在15 000～21 000千克/公顷；白皮大蒜蒜薹产量较低，750～2 250千克/公顷，可忽略不计，蒜头产量16 500～22 500千克/公顷。白皮大蒜价格较红皮稍高，不同地区种植喜好不同。鲁南大蒜种植区：以兰陵县为核心地的临沂市大蒜种植区，面积约7 500千公顷。该地区大蒜以收获蒜薹为主，品种以"二水早"以及"苍山大蒜"为主。"二水早"为密植型大蒜，蒜薹产量一般在15 000～19 500千克/公顷，蒜头产量在12 000～15 000千克/公顷，蒜薹收获早，价格高，经济效益也高；苍山大蒜蒜薹产量在12 000～15 000千克/公顷，蒜头产量15 000～16 500千克/公顷，该品种蒜薹蒜头均高产，经济效益也很好。鲁中、西北大蒜种植区：以莱芜、聊城、济南商河为代表的大蒜种植区，面积约13 500千公顷，该地区大蒜品种更为复杂，有"金乡红皮大蒜""白皮大蒜"以及"苍山大蒜"等。

河南省大蒜种植面积30 000千公顷，主要分布在杞县、通许、开封、中牟等地。该种植区可分为早熟蒜和晚熟蒜：早熟蒜比晚熟蒜提前收获20多天，量少；主要是晚熟蒜，收获期比山东、江苏略早几天。

江苏省大蒜种植面积约30 000千公顷，可分为邳州、盐城2大种植区，二个区域的种植模式略有差异。邳州大蒜种植区：以邳州市为核心地的徐州大蒜种植区，面积15 000千公顷，占江苏省大蒜总面积近七成，大蒜以收获蒜头为主，品种多为杂交红蒜以及金乡白皮大蒜。盐城大蒜种植区：主要包括射阳和大丰两个县，该地区大蒜以收获鲜蒜头为主，也是蒜薹专业化产区，蒜薹产量一般在6 000～9 000千克/公顷不等，鲜蒜头产量在15 000～22 500千克/公顷左右。

二、大蒜主要种植模式

大蒜的播种期因地区和品种而异，可分为秋播和春播。以北纬35°～38°为大蒜春播和秋播的分界线，北纬35°以南地区冬季不太寒冷，大蒜幼苗可自然露地越冬，多以秋播为主，来年initially夏收获。北纬38°以北或高海拔地区，冬季严寒，幼苗不能安全越冬，秋播易遭冻害，宜在早春播种，夏中或夏末收获。北纬35°～38°的地区春、秋播均可。虽然各地的具体播种期千差万别，但春播时的日平均温度一般在3～6℃；秋播时的日平均温度在20～22℃。春播大蒜的生育期，尤其是幼苗生长期比秋播大蒜显著缩短，所以应尽量早播，以满足发育过程中对低温的要求，使大蒜抽薹、分瓣。如春播过晚，势必影响产品的形成，降低产量。

大蒜生产流程如图1所示。

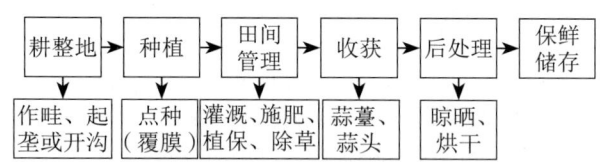

图1　大蒜主要生产流程

（1）垄（畦）型：大蒜是好水性植物，种植有露地平作，也有起垄或作畦，以便于田间管理时人机作业。一般缺水地区作畦，丰水地区起垄。各地因为种植习惯不同，垄或畦宽度、高度并不一致，并无特殊农艺上的要求。尽管垄畦型各种各样，然而在一定区域内，行株距的范围是大致统一的。确定行株距的习惯一是密植高产，二是为套种作物预留合理种植行距。

（2）定植：苏鲁豫大蒜主要栽培模式为秋播大蒜。秋播大蒜需要经过冬季，生长期长。9月底至10月初是集中种植时间，播种作业期10天以上。播期主要作业环节包括：整地—播种—喷除草剂—浇水—覆膜，播完到覆膜周期需一周左右。定植密度通常45万～52.5万株/公顷，部分品种可以达75万株/公顷。常见行距：180～220毫米；株距：80～180毫米。也有间作套种选择宽窄行（如射阳：150毫米—300毫米—150毫米—300毫米）。有起垄、也有不起垄。灌溉一般为漫灌，少数采用喷灌。

（3）覆膜：种植习惯上，大蒜播种期有覆膜和不覆膜之分。覆膜有利于增加产量，使收获期提前，兼有压制杂草生长功能，目前多数地区已习惯覆膜种植。据金正大公司在山东兰陵种植实验，对比不覆膜，覆膜后抽薹提前6～10天；蒜头成熟提前5～8天；蒜薹增产55.35%；蒜头增产44.8%。

（4）收获：收获期一般为10天，晚蒜品种干销为主、产量高，5月20日开始收获，月底结束。开封地区早蒜品种4月20左右开始收获，收获期10天左右，鲜销为主，产量略小，但销售价格较高。人工收获作业环节主要包括：挖拔—晾晒—剪茎去胡—收集装袋—运送—收集处理秸秆及残膜。

（5）轮茬套种：大蒜通常与其他作物轮作，不同地区轮作作物不同。轮茬并需套作作物常见的有玉米、辣椒、棉花、花生等。种植户基于经济效益考虑，80%～90%采取套作方式，给推广机械化收获造成很大困难。

三、大蒜全程机械化现状

我国大蒜机械化总体水平较低。整地、植保、灌溉、施肥、运输等环节机械化作业因为机械设备的通用性和使用率高，目前已达到较高水平；播种机械化有较快发展，机械装备也日渐成熟，规模种植户使用率较高；大蒜全程机械化瓶颈是蒜头田间收获、蒜头茎胡整理、蒜头干燥及蒜薹田间收获四个环节。从生产成本分析，近年来人工费用绝对值和相对比例逐年增长，规模种植户在收获季节无工可雇佣已成为常态，尤其是人工收获方式中的收获环节人工费用一般占生产全程人工费用的50%。实现机械完全替代人工收获，是大蒜机械化发展的重点和难点。

1. 大蒜播种机械

大蒜播种方式可以分人工播种和机械播种，机械播种又分正芽（蒜种芽尖朝上）播种和随机性播种两类。正芽播种一直是困扰广大科研工作者的难题，崔志超等运用大蒜弓背特征，基于多层弧形料斗+鸭嘴直立栽插的原理，设计了牵引式大蒜播种机，机具作业速度在0.5～0.9千米/时立直率95%以上；崔荣江等运用大蒜芽尖特征设计了弧形开口换向器，结合鸭嘴式栽植器，实现正芽率90%以上；侯加林等基于图像识别与正芽方法设计了试验台，正芽率90.56%。实际生产中，选择正芽播种还是随机性播种，取决于种植户对分别使用两类机械投资收益水平及后期生长差异的经验性比较。

由于正芽播种机对蒜种形态一致性要求较高，而大多数实际使用蒜种外形、大小差异性显著，加之整地质量不高的影响，正芽播种机往往难以达到预期的正芽效果，种植户对价格偏高的正芽播种机接受度较低；比较而言、随机性播种机具有购机费用低、种子处理要求低、操作轻简易上手、田块适应性好的优势，易被中小种植户接受。据调查，目前机械化播种中采用随机性播种机比例占80%以上。

据现有研究和种植户反映，同等田间管理条件下，正芽播种导致大蒜前期生长发育整齐，蒜头、蒜薹的优品比率较高。虽然采用正芽播种和随机性播种使大蒜品质、产量或有差异，但是对于种植户总体经济效益的影响并不显著。

大蒜机械化播种节本增效十分显著，近几年机械化播种率正快速提升，部分主产区播种机械化水平已经接近70%。调研了不同产区的10个大蒜种植基地，结果表明：人工播种效率是0.026～0.033公顷/天，人工播种费用3 000～6 000元/公顷（不同地区人工成本差距导致人工播种费用存有差异）；6～10行正芽播种机（玛利亚系列及同类机型）效率是1.33～1.66公顷/天，8行左右随机性播种机（得易播系列及同类机型）效率是1.67～2.67公顷/天，在当季机械10天满负荷作业情况下，正芽机械播种综合费用不超过人工播种费用1/2，随机性机械播种综合费用通常只有人工费用的1/4～1/3。

2. 蒜头收获机械

蒜头收获分人工收获、半机械化收获和机械化收获。

人工收获使用工具是挖蒜铲、剪茎剪胡的剪刀或小铡刀。采用手工夹持作业方式的台式电动剪胡机尽管存有安全隐患，也有大量使用。挖掘和剪茎剪胡装袋可同日进行，也可田间带茎秆晾晒蒜头1～2天后分段作业。

半机械化收获方式是采用机械挖掘，有的机械挖掘同时完成剪茎，再人工剪茎去胡后装袋，完成收获作业。大蒜联合收获机目前处于试用阶段，实际应用面积不大，联合收获机械推广进展缓慢有种植模式不适应和机械性能不完善双方面原因。现有联合收获机开发的技术路径有夹持式收获和挖掘式收获两种。其中，夹持式收获作业主要包括"松土夹秧—拔蒜输送—剪秧去胡—蒜头集装—运输车离田"过程；挖掘式收获包括"剪秧—挖掘—蒜土筛分—蒜头集装—运输车离田"过程。李超研发了手扶式大蒜夹持收获机，可实现夹拔、切秧、切胡等功能，收获成功率98%左右；于昭洋等基于挖掘铲+夹持链，设计了组合式大蒜联合收获机，实现铲出、夹送、切秧、收集功能，伤蒜率在2.78%左右。

国内目前针对蒜头收获已经开发的几种联合收获机多采用夹持方式收获。夹持式收获机关键机构是"夹"，优点是机械伤蒜轻、剪茎合格率较高。缺点是在蒜秧不完整情况下将出现较高漏夹漏收率，因为一般天气条件下，覆膜大蒜在5月中下旬收获，这时植株叶片大部分已经枯干，假茎变软，若主秆枯萎，对夹持式收获不利。夹持式收获机需要较高的茎秆完好率，收获宜早不宜迟。挖掘式联合收获机较夹持式联合收获机理论上作业效率更高，机械结构相对简单，是大蒜联合收获机开发值得重视的方向。

国际上根茎类联合收获机对于收马铃薯、胡萝卜等已有相当成熟技术装备，国内大蒜挖掘机加人工捡拾模式在实际生产中已有较高的普及率。因此，在土壤性状合适条件下，通过"清膜、剪茎、挖掘、筛分、装袋、运输"，实现蒜头一次性收获在技术上是完全可行的。挖掘式联合收获机关键机构是"筛"，实现已去茎蒜头与土壤有效分离。该方式优点是对大蒜收获期茎秆性状没有要求，缺点是对土壤要求高，在黏土和土壤含水量过高时筛分效果不好。另外，蒜土筛分过程中易撞击碰擦伤蒜，留茎长度可能合格率不高，茎秆再次整理工作量大等。为获得挖掘式联合收获机较佳收获效果，要做好农机农艺融合，例如进行耕地前期精整、改良土壤性状。另外，残余地膜对于筛分效果会有影响，可用机械或人工方法进行清理。

调查对比大蒜人工收获与机械收获的成本与效率，大致结论如下。

人工收获作业包括挖掘、剪胡剪茎与蒜头装袋环节，一般效率为0.026公顷/天，费用通常12 000～15 000元/公顷，视劳动力供给情况或有波动。

半机械化收获作业模式比较普遍，主要是挖掘和剪茎使用专用机械或根茎类蔬菜兼用型挖掘机（有的机械仅完成挖掘），其余仍由人工完成。这种收获模式与全人工作业模式比较，能显著降低挖掘劳动强度，但增效节本并不明显。

联合收获机收获模式目前仍在试用阶段，没有大面积使用相关数据。据丰县、金乡县夹持式6行以上自走式联合收获机样机小面积试用结果推演，如机械化收获达到设计性能并完成当季作业总量13.33公顷（日均1.33公顷）以上，预期综合收获成本可控制在9 000元/公顷以下。

正是由于机械化联合收获模式预期综合效率不低于纯人工效率15倍，收获成本较纯人工收获降低25%以上的诱人前景，开发先进适用的高效大蒜联合收获机是当务之急。

3. 蒜薹收获机械

蒜薹是大蒜植株上抽出的花茎，作为一种传统特色蔬菜，是大蒜产业的主要产品之一。蒜薹采收是大蒜生产中常有的作业环节，其季节性强，收获时间短而集中。长期以来，蒜农主要依靠手工方式或简易工具抽取蒜薹，作业效率低，劳动强度大，生产成本高，采收质量参差不齐难以保障，蒜薹及蒜头产量、质量均受到严重制约。近年来，蒜薹采收人工费用成本甚至占生产成本的八成，受人工费用增长和劳动力短缺制约，部分地区甚至放弃蒜薹收获。

由于蒜薹采收时既要不重伤蒜茎，使蒜头后期生长不受影响，又要将蒜薹较完整取出，机械化作业难度较大，耿令新等基于人工抽薹原理设计了具有划茎夹薹功能的蒜薹收获机，试验抽薹成功率89.1%，损伤率20.55%；刘龙设计了一种具有针扎和抽拔功能的电动蒜薹收获机，试验成功率仅16%，关于蒜薹收获机械目前还停留在研究试验阶段，期待有实质性的技术突破。

四、大蒜全程机械化发展主要问题

大蒜全程机械化是一个系统工程，其障碍不仅限于机械技术，还受到经营规模、种植模式的制约。与之相比，机械化自身的技术难点或不是症结所在。

1. 种植规模小

种植户规模化经营是大蒜生产全程机械化的基本前提，建立在兼业农户和分散小农户基础上的机械化生产是不可能实现的。目前经营规模0.2~0.53公顷小农户占经营面积比重在90%以上，10公顷以上的种植大户并不多，农机装备如投资在10万元以上对于小农户则不具有机械化的规模经济性。对于10公顷以上大规模经营户，机械化替代人工效益则十分显著，建议政府做好主产区产业带规划，引导蒜农土地流转相对集中经营、推广专业化标准化生产、并发展以机械化为主导的社会化服务合作社，同时还要加大机械购置补贴。

2. 种植模式与规范不统一

大蒜套种种植模式采用比例太高，是推进大蒜全程机械化的重大难题。据苏、鲁、豫等主产区调查，大蒜与其他连茬作物如辣椒、玉米、棉花、花生等等套种，导致收获机无法下地，全程机械化无从下手。另外，起垄、作畦规格不统一，或采取宽窄行形式种植，也不便于播种、收获及田间管理机械的系列化定型。金乡县、邳州市、杞县等大蒜主产区近年来分别制定了大蒜全程机械化种植模式与技术规范，并进行试验示范推广，已经收到一定效果。目前，全国性的机械化种植模式与规范仍然缺乏，需要跨区域进行农机农艺大融合，从制种、种植、到商品初加工形态，提出共性的技术标准。

3. 机械性能与效率低下

大蒜全程机械化要做到有机可用、有机好用。当前，机械设备供给与生产需求还有很大缺口。第一，正芽播种机需要适应不同类型的种子，蒜种的正芽技术还有待完善；第二，蒜薹收获难题至今没有解决，需要机械技术或生产模式上有所创新；第三，蒜头的机械损伤机理缺乏深入研究，不利于从机收环节降低蒜头损伤率；第四，推行联合收获机，需要改变蒜头田间干燥传统做法，开发与之配套的蒜头轻简节能低成本干燥技术及其操作标准。

五、促进大蒜全程机械化的对策建议

1. 推广宜机化种植模式

推广宜机化种植模式，一是要引导蒜农土地流转集中，推进种植户的规模化经营；二是为了便于机械化播种及机械化收获，在全国主产区推广大蒜非套作的种植模式；三是开展耕地宜机化改造，完善机耕路规划建设、小田块并大田块、避免插花地种植。

2. 制定主产区通用的机械化种植规范

在种植模式规范化基础上，要对整地起垄、播种覆膜、收获机械的系列作业进行标准和配套统一。鉴于收获环节是全程机械化的核心和重心，建议兼顾收获机单机价格与单机作业效率两个主要因素，制定适合收获机的垄宽系列标准，如可以以垄宽1.5米、一垄6行种植为基本型，作为国内通用型大蒜收获机及播种机及其他有关田间作业机具的开发制造依据。

3. 完善联合收获成套的技术与装备

发展大蒜联合机收获是替代人工、提高效率、降低成本的必由之路。需要继续支持产学研开发，完善夹持式联合收获机、掘式联合收获机、试验优化轻简高效烘干技术，探索蒜薹收获技术装备。

4. 抓好基地建设示范推广

从农业生产实际和农村经济发展阶段看，我国大蒜全程机械化是个渐进过程，不可一蹴而就。必须由政府主导建立标准化全程机械化示范基地，先行先试，以带动大蒜主产区全程机械化渐次发展。政府要从种植户购机补贴、机械作业补贴、技术技能培训等方面对大蒜机械化进行大力扶持。要提升农机作业的社会化服务水平，大力推广"农业机械+综合农事"服务中心，以解决中小种植户配置大型高效机械后面临经营规模不经济的矛盾。

（第一作者单位：农业农村部南京农业机械化研究所；论文来源：《中国农机化学报》2023年第6期）

国内外设施蔬菜机械化发展现状分析及对策

王江　李浩　马志伟　郝建军　刘文科

蔬菜是人们日常生活中必不可少的重要食品，我国幅员辽阔，人口众多，对蔬菜需求量很大。为解决我国蔬菜供给不均衡、消费者对反季蔬菜高需求的问题，需要在不适宜露地种植蔬菜的季节，利用日光温室、塑料拱棚、遮阳棚、网棚等设施，创造适宜蔬菜生长的环境条件，进行设施蔬菜生产。

2020年全国温室设施大棚栽培面积达3 700千公顷，其中连栋温室面积达到1 000千公顷，设施栽培总面积已突破4 000千公顷，设施蔬菜种植面积在不断扩大。2022年1月农业农村部颁布的《"十四五"全国农业机械化发展规划》明确指出，加快推进农业机械化全程全面和高质量发展，到2025年设施农业、畜牧养殖、水产养殖和农产品初加工机械化率总体达到50%以上，2035年实现设施种植、农产品初加工机械化促进农产品增值能力显著增强，"机械化+"信息化、智能化全面应用于农业机械化管理、作业监测与服务。随着人们对设施蔬菜的需求日益增加，设施蔬菜种植面积与日俱增，但设施蔬菜产业化程度仍处于较低的发展水平，设施蔬菜产量供不应求，蔬菜品质得不到保障。设施装备和机械化生产是设施蔬菜产业高质量发展的重要支撑，目前我国设施蔬菜生产大部分仍处于人工作业模式，远达不到机械化标准作业要求，为实现设施蔬菜产业高水平快速发展，我国设施蔬菜机械化、自动化水平较低的问题亟须解决。为此，通过分析目前国内外设施蔬菜机械化发展的现状与特点，为我国设施蔬菜发展方向提供参考。

一、国外设施蔬菜机械化发展现状

1. 美国设施蔬菜机械化发展现状

美国的市场经济发达，设施产业发展处于世界领先水平，实现了产业化、规模化生产。美国的设施蔬菜生产区域呈现集中化、布局专业化和服务社会化的特点，设施蔬菜机械化水平高，从选种、耕整地、播种、收获到运输加工都已实现了机械化作业。如图1所示，农业机器人广泛应用于作业生产过程中，显著增加了工作效率与质量。佛罗里达大学开发了用于人—机器人协作的随机优化模型，使用风险规避框架来确定最优的服务策略，最小化经济损失的风险。美国某公司研制的自动机器人执行多种农业功能，通过机器学习模型、计算机视觉和高精度机械工具，干净地采摘杂草，同时消除有害的化学物质输入。

图2所示为美国设施蔬菜内部布局。美国有发达的设施栽培技术，综合环境技术水平高，设施向连栋化方向发展。美国设施蔬菜机械趋向多功能化、智能化发展，可选用的机具种类多，机具质量稳定可靠，使用寿命长，标准化、系列化、通用化程度高，售后服务便利。作业机械通过与物联网、计算机技术结合，对设施的空气浓度、温度、湿度、水分等进行实时检测与监控，并与大数据相耦合，实现了自动化调控，极大地提高了生产效率，在保证产量的同时还提高了品质，有效增加了设施蔬菜的经济效益，纳米材料在作物加工设备上得到应用，太阳能作物烘干机、作物剥皮和打包机械上都有纳米材料的应用。

（a）采摘机器人　　　（b）运输机器人

图1　机器人作业过程

图2　美国设施蔬菜内部布局

2. 日本设施蔬菜机械化发展现状

日本国土面积小，约75%属山地丘陵地带，极大限制了日本农业的发展。据日本农林水产省的最新统计，日本设施农业面积达到421 643公顷，其中约有67%种植蔬菜，11%种植果树，其他则种植水稻育苗、花卉以及养殖畜禽等，日本设施农业总量不大，但特色鲜明，机器朝着小型化、轻便化方向发展。日本设施蔬菜生产采用先进的栽培技术，机械化程度高，农机农艺有效融合，除部分果菜类的采收环节尚未实现机械化外，蔬菜生产基本实现了机械化。日本山冈大学开发了菜用大豆分选设备，分选效率达到85千克/时，是人工分选的7倍。日本富士集团联合九州大学，发挥各自的优势，加快人工智能技术在农业产业的应用。日本还建造了世界上最为先进的植物工厂，采用完全封闭生产、人工补充光照，全部由计算机控制。近年来日本还研制了一种遥感温室环境控制系统，将分散的温度群与计算机控制中心连接，从而实现更大范围的温室自动化管理。

日本设施蔬菜机械相比于欧美等国家偏小，也适用于我国设施蔬菜机械作业，但价格比较昂贵。日本设施蔬菜移栽机、蔬菜栽培机械向高性能、低油耗、自动化和智能化方向发展，耕作质量效果较好，满足农艺要求。采用精准的温湿度检测调节设备对设施进行通风降温、保温和加温，实现了自动化调控，并配备先进的运输设备、智能化采摘及后加工处理系统、精准的水肥监控系统实现设施生产的智能化管理，实现园艺作物优质高产的目标。

3. 荷兰设施蔬菜机械化发展现状

荷兰农业发展处于领先水平，其蔬菜产量稳居世界前列。目前，荷兰的温室设施面积为110千公顷，占世界玻璃温室面积的1/4，主要用来种植蔬菜和花卉。荷兰制订了相关计划并加大了研究力度，荷兰设施农业采用规模化生产方式，设施蔬菜实现了从机械化、装备化、自动化、物流化到智能化的生产。荷兰公司发的水培蔬菜工厂化生产系统代表了水培蔬菜的世界先进水平，整个生产过程全部在智能温室系统中进行。图3为荷兰生产的ISO植物取样器，可自动收集种子DNA材料。图4为荷兰设施蔬菜机械化收获作业过程，控制技术与配套装备在设施园艺中广泛使用，具有动力平台专用化、生产全程机械化和生产管理智能化的特点。以黄瓜、番茄这两种常见的蔬菜为例，在设施生产中，广泛采用生产率较高的自动化生产线，例如：精量播种自动化生产线、蔬菜嫁接作业生产线以及蔬菜岩棉块种苗生产线等，荷兰研发了自动化装备较完善的蔬菜岩棉块种苗生产线，并在多家蔬菜育苗企业中应用，减少了各个环节之间的作业时间，降低了作业劳动强度，大大提高了总体作业生产率。

图3　ISO植物取样器

图4　荷兰设施蔬菜收获作业过程

4. 以色列设施蔬菜机械化发展现状

以色列位于中东地区，全年降水稀少，雨热不同期，是世界上淡水资源十分匮乏的国家之一，其国土干旱半干旱地区面积约占总面积的75%以上，沙化严重，这些不利气候条件对以色列国内农业的发展起到了限制作用。高效的灌溉体系是以色列设施园艺最显著的特征，以色列专注于水肥技术，在节水灌溉方面处于世界前列。设施农业生产大力发展滴灌、喷灌和微喷灌等技术，图5所示为以色列设施蔬菜灌溉设备，在节水灌溉装备方面，现代化的滴灌和喷灌系统都配备温度、湿度、二氧化碳浓度等环境因子的电子传感器，利用计算机技术测定水肥含量并进行线性规划，施肥和灌溉同时进行，封闭的输水和配水灌溉系统极大地减少了灌溉过程中的渗漏和蒸发损失，有效克服了不利的自然环境与气候对蔬菜产量的影响，提高了蔬菜的产量。

图5　以色列设施蔬菜灌溉设备

以色列注重设施机械装备产品的研究与开发，创新研制的现代薄膜可抗除虫剂中硫化物的腐蚀，还能抵挡阳光中对植物有害的光谱。图6为以色列某公司开发的GROW的多用途机器人，可以在温室内执行劳动密集型任务，还设计温室番茄自动收割机，减少采摘过程中对产品的损害，并提高效率。

图6　GROW机器人

二、国内设施蔬菜机械化发展现状

经过30多年的发展，我国设施蔬菜产业取得了巨大成就，形成了低碳、节能、低成本的独具特色的发展道路，我国设施蔬菜规模逐年增加，同时也存在着土壤连作障碍严重、蔬菜生产机械化水平低、劳动强度大、生产效率低等问题，对我国设施蔬菜产业的发展起到了一定的制约作用。

1. 设施蔬菜耕整地机械化发展

蔬菜是典型的精耕细作生产方式，主要包括土地耕整、直播、育苗、移栽、田间管理和收获等生产环节。在蔬菜生产过程中，耕整地、开沟起垄、覆膜等已基本实现了机械化作业，极大地减少了人工强度。但我国对于设施蔬菜专用机械研究起步较晚，用于设施蔬菜作业的耕整地机械大多用大田机械替代，或者将大田作业机具经过简单的改装来进行耕整地作业。表1为我国研发的几种耕整地机械，由于微耕机尺寸较小，适用于温室机械作业，但目前研制的微耕机自动化程度不够，不能实现一机多用，造成人力物力资源浪费。未来应加强关于设施蔬菜耕整地机械小型化、轻量化及智能化的研究，加强以电力等清洁能源为动力的作业机械的研发，减少污染，缓解资源短缺。与此同时，结合不同种类设施蔬菜对于土地耕作要求不同，将农机农艺相结合，增加作业机械的种类，满足不同作物对于不同作业要求的需求，提高作业机械的耕作质量与效率。

表1　整地机械

机具名称	机具相关参数	工作优缺点
电动微耕机	微耕机的耕幅60厘米，最大耕深15厘米，作业效率为330米²/时，耗电量为18千瓦时/公顷	优点：尺寸较小，适用于设施狭窄的环境下作业，以电力为动力进行作业，不会对温室环境造成污染
大棚电动微耕机	耕深为117.9毫米，实际耕作幅宽为801.9毫米，正常工作时旋耕刀转速为143.13转/分，正常工作时功耗为1 727.86瓦，生产率为786.67米²/时	缺点：不能实现一机多用，作业生产时往往需要搭配多种农业机械同时使用，增加了生产成本，需要提高机械智能化水平，实现精准化作业

2. 设施蔬菜播种机械化发展现状

在蔬菜种子播种机械方面，按照大棚蔬菜播种机的动力源可以分为人力手扶式播种机、汽油机动力播种机以及电动播种机3种类型。表2为我国研发的蔬菜播种机，播种时对蔬菜种子造成损伤较少，少播、漏播和重播等现象出现较少。但目前设施蔬菜播种机械种类较少，可选机型不多，进行不同类型作物种子播种时，需要更换排种器，机器通用性较低，增加了作业时间、成本花费与劳动强度。未来应加强自动化技术在播种机器上的应用，加强研发适用于日光温室的播种机械开发，设计智能监控系统功能模块等实现精密播种，提高设施蔬菜播种机的智能化水平，减少人工强度，提高播种效率。

表2 蔬菜播种机

机具名称	机具相关参数	工作优缺点
电控锥盘式蔬菜播种机	播种机尺寸为800毫米×1000毫米×500毫米，播深0～20毫米，株距30～300毫米，前漏播指数<5%，重播指数<5%，播种合格指数>90%	优点：结构紧凑、性能稳定，播种精度较高，重播、漏播现象较少，尺寸适用于温室大棚播种，符合国家标准且满足蔬菜种植的农艺要求
小型气力式蔬菜精量播种机	整机质量200千克，外形尺寸1500毫米×1000毫米×1000毫米，配套动力7.5千瓦，播种深度0～50毫米，播种株距20～100毫米。漏播率≤5%，重播率≤5%，种子机械破损率≤1%，播深一致性合格率≥90%	缺点：自动化程度不高，机器通用性较低，增加了作业时间、成本花费与劳动强度

3. 设施蔬菜收获机械化发展现状

按照收取蔬菜部位不同，可分为根菜类收获机、果菜类收获机、叶菜类收获机等类型。由于蔬菜的果实、枝叶相对脆弱，因此在研究设施蔬菜收获机械时，应先考虑蔬菜的几何形状、物理特性，尽可能减少采摘过程中对蔬菜的损伤，保证蔬菜的产量与品质。目前，我国设施蔬菜的采收大多采用人工进行，损伤率较低，但人工作业强度大、耗时长、成本高。

我国研发的蔬菜采摘机械如表3所示，目前对于大蒜、甘蓝等露天大规模种植蔬菜的收获机研究比较成熟，机器作业效率较高，但对设施蔬菜收获机的研究比较匮乏。虽然我国展开了设施蔬菜收获机械的相关研究，但研发的作业机械成熟度不够，关键技术尚未解决，存在工作效率低、蔬菜损伤率大等问题，目前运用于实际生产中的不多。相较于欧美等发达国家，设施蔬菜收获机械的发展还处于比较落后的地位。我们应该针对设施蔬菜的物理特性，研发适宜生产的蔬菜收获机，同时加强采摘机器人和新能源动力设施蔬菜收获机的研究，借助机器视觉、传感器等自动化技术实现设施蔬菜收获机械智能化发展，提高蔬菜采摘的质量与效率，减少人工作业强度。

表3 蔬菜采摘机械

机具名称	机具相关参数	工作优缺点
4GYZ-1200甘蓝收获机	整机质量1500千克，外形尺寸2500毫米×1200毫米×1300毫米，配套动力18千瓦，适应行距500毫米，行走速度0.5米/秒。当机具前进速度为0.4米/秒，样机收获效果最佳，拔取成功率93%，输送成功率92.5%，切根合格率91.9%	优点：收获机收获时对作物损失率较小，采收时成功率较高
4VYF-120型手扶式叶菜收获机	整机重170千克，作业幅宽1200毫米，外形尺寸2550毫米×1550毫米×1200毫米，最小离地间隙210毫米，生产率0.15～0.3公顷/时。叶菜损失率为3.4%，平均残茬高度为15.8毫米，生产率为0.26公顷/时	缺点：机器尺寸较大，不适用于温室大棚机械化作业，调头难。且机器通用性较小，针对不同的作物需要更换不同的作业机械

三、我国设施蔬菜机械化存在的问题

由于各地区社会经济发展程度不同，设施蔬菜产业发展存在一定的差异，难以形成统一的标准化种植模式。设施蔬菜生长处于较复杂的环境，在作业过程中对机械设备要求较高。随着设施蔬菜产业的发展，我国也不断加强设施蔬菜机械装备研发的重视程度，我国设施蔬菜生产中各作业环节的机械装备都处于快速发展的阶段，但设施蔬菜装备关键技术并没有得到改善，技术水平尚不成熟，就目前现有的发展情况来看，仍存在着一些问题。

1. 机械化程度水平总体低下

目前我国设施蔬菜机械化水平不足25%，远低于国际水平，还处于初始的生产机械化阶段，南北地区机械化作业也因自然条件、社会经济条件等因素存在明显的差异，虽然部分作业环节的机械化水平较高，但整体作业水平较低。目前对于设施蔬菜机械化装备研究主要集中在耕整地和植保等作业环节，在栽培、收获、灌溉施肥、初加工等环节机械化装备研究不多，主要表现在机具种类少、生产效率低、智能精准化作业水平不高等方面。

2. 专用机械与通用机械缺乏

目前，专用于设施蔬菜生产的机械种类单一，可选用机型较少。用于设施蔬菜的机械一般是在大田作业机械上改进而成，生产率较低，作业质量差，有些大田机械并不能适用于设施狭窄的空间进行工作。设施蔬菜专用机械的缺乏导致作业效果满足不了农艺要求，尤其是在蔬菜采收时，蔬菜易被损坏，影响设施蔬菜的产量与品质。

设施蔬菜的通用机械缺乏主要体现在播种机械上，受到种子形状、大小及含水率等特征的影响，播种不同作物时需要更换不同类型的排种器，降低了生产效率，提高了作业成本，还增加了劳动强度。对采摘运输及后加工等环节的作业机具研究已经逐步进行，目前并没有特别适宜的机具运用实际生产。

3. 农机农艺融合程度低

设施蔬菜采用精耕细作生产方式，农机既要满足耕作的要求，还要满足作物生长农艺要求。在作业时，易出现耕深不够、耕深不一致、重耕漏耕、土壤细碎度不一致、破碎度不够等问题，农机作业质量往往达不到作物生长最适宜的条件。种植农艺与机械化生产方式的集成度、系统性不够，使得设施蔬菜的经济效益降低。

四、设施蔬菜机械化发展对策

随着社会经济的快速发展，设施蔬菜产业的不断扩大，为保证设施蔬菜产品保质保量生产，有必要推行设施蔬菜标准化种植模式，提高产业生产机械化水平。虽然我国设施蔬菜产业机械化发展处于起步阶段，但已开始加强对设施蔬菜机械装备研发，并取得了一系列的突破与进展，未来我国设施蔬菜机械装备发展应注重以下方面。

1. 加强自主创新意识，推进科技创新，因地制宜

我国地域辽阔，自然环境存在明显的差异，我们应因地制宜，推广标准化温室设施，北方以节能日光温室为主、南方以塑料大棚为主。研究适宜的设施机械，重点解决设施蔬菜栽培、收获、运输及后加工等环节机械化程度低的问题，增加自主创新能力，研发适合我国设施蔬菜生产的机具。树立和落实新的发展理念，在设施蔬菜机械化发展过程中，加大对基础设施与关键技术装备的研发的投入，加快无人驾驶、图像识别、柔性夹持等技术在设施蔬菜生产过程中的应用，降低劳动强度，减少作业损失。

2. 推进生产作业机械化、智能化，加快新材料以及农业机器人新技术的应用

目前，我国设施农业规模不断扩大，但总体来说，机械化水平仍旧低下。各地应该充分吸收国内外先进的技术成果与经验，形成自己的品牌效应，让更多的"寿光"模式出现。加大创新投入力度，突破作业产前、产中及产后关键环节装备短缺的短板，推动设施设备与温室结构集成配套，加强生产作业各环节设备之间的协调配套。让机具工作稳定可靠，增强生产效率。推动信息化和机械化融合，结合物联网、新材料、计算机、大数据等先进技术，实现设施蔬菜光、温、水、肥及空气的检测，形成自动化生产，突破关键技术装备的研发与应用。

3. 提高研产率，提升科技支撑能力，推进标准化生产

我国对于设施蔬菜相关机具研究很多，也取得了一定的成果，但还不能够很好地运用于实际生产中。创新力度不够，没能够形成自己的系列标准，产出率较低，使得成本增加。各科研院所、学校及公司研发部门等应加强最新技术与信息交流与合作，加大科研力度，提高机械化水平。加强设施蔬菜机械作业要求与农艺要求相匹配，提高机械竞争力水平，提高作业质量，加大设施蔬菜生产机械化作业、智能化控制、产品后加工处理、产前预处理等关键技术的研发与投入，加快科技成果转化与推广。

4. 完善社会服务体系，加强公共服务

政府部门应加大对设施蔬菜产业发展的扶持力度，出台相关的政策发挥积极的引导作用，建立信息共享平台，实现信息的共享。推进农机农艺融合的机械化生产模式，提高生产标准，组织开展生产标准制定、质量检测、技术推广等服务，加强安全管理与监督。加强对操作人员机械操作及农艺要求的培训，加强机械售后服务，开展设施种植机械化发展情况动态监测，加强发展指导。为设施蔬菜机械化发展提供保障。

综上所述，我国设施蔬菜机械化、智能化以及标准化研究和推广使用的任务还很艰巨，道路还很漫长。面对我国对设施蔬菜需求量的增加问题，更加高效、保质保量生产是当务之急，设施蔬菜机械化、智能化生产是主要的发展方向。未来我们应该按照设施蔬菜特定的环境以及设施蔬菜对特定生长环境的需求，加大对设施蔬菜各个作业环节机具的开发，与现代信息技术相结合，小型化、轻量化的同时提高机器自动化、智能化水平，提高作业质量与效率。设计和优化设施蔬菜机械关键部件，借鉴国外的研究，设计适合于我国使用的设施蔬菜机械。

（第一作者单位：河北农业大学机电工程学院；论文来源：《中国农机化学报》2023年第1期）

农业机械化政策法规及规章

农业农村部部门规章及文件

【关于印发《"十四五"全国农业机械化发展规划》的通知（农机发〔2022〕2号）】为贯彻落实《中华人民共和国国民经济和社会发展第十四个五年规划和2035年远景目标纲要》《"十四五"推进农业农村现代化规划》的有关部署，农业农村部2021年12月27日印发《"十四五"全国农业机械化发展规划》。

【中华人民共和国农业农村部公告（第530号）】根据《农业机械试验鉴定办法》（农业农村部令2018年第3号）的规定，农业农村部2022年2月22日发布新修订的《水稻插秧机》等19项农业机械推广鉴定大纲、新制定的《甘蔗切种机》等12项农业机械推广鉴定大纲，自发布之日起实施。

【关于印发《"十四五"时期"平安农机"创建活动工作方案》的通知（农机发〔2022〕1号）】为深入贯彻落实党中央、国务院关于安全生产工作的决策部署，进一步加强农机安全生产监管，推进农机安全生产形势持续向好，农业农村部2022年4月13日印发《"十四五"时期"平安农机"创建活动工作方案》，要求加强组织领导，制定实施方案，因地制宜采取有力举措，扎实推进"平安农机"创建活动深入开展，带动农机安全生产监管能力水平持续提升，为农业机械化全程全面和高质量发展提供有力保障。

【关于做好"十四五"农机作业用油保障工作的通知（农机发〔2022〕2号）】为学习贯彻习近平总书记关于"三农"工作的重要论述，认真落实李克强总理讲话要求，加强农业农村部门和石油、石化系统的合作，充分发挥中国石油天然气集团有限公司、中国石油化工集团有限公司品牌、资源、服务等优势，切实做好"十四五"农机作业用油保障工作，有力支持农业生产，推进农业机械化，助力乡村振兴和农业农村现代化，农业农村部、中国石油天然气集团有限公司、中国石油化工集团有限公司2022年5月10日印发通知，要求切实提高政治站位、保障农机优先用油、全面实行优惠加油、优质提供用油服务、积极拓展服务领域、密切配合协同管理等。

【关于落实落细大豆玉米带状复合种植配套农机装备保障工作的通知（农办机〔2022〕1号）】为贯彻落实中央农村工作会议、全国农业农村厅局长会议精神和《农业农村部关于做好2022年大豆油料扩种工作的指导意见》（农农发〔2022〕2号）有关部署要求，落实落细复合种植配套农机装备保障各项工作，提升关键环节机械化生产效率质量，农业农村部办公厅2022年1月30日印发通知，包括总体要求、抓紧细化装备保障方案、多措并施增加适用机具供给、深入开展培训指导等。

【关于扎实做好南方水稻机械化种植推进工作的通知（农办机〔2022〕2号）】为深入贯彻2022年中央一号文件精神，落实落细中央农村工作会议、全国农业农村厅局长会议有关稳定粮食生产的部署要求，加快补齐水稻机械化种植短板，进一步提升水稻全程机械化水平，农业农村部决定组织开展南方稻区水稻机种推进行动，农业农村部办公厅2022年3月14日就做好南方水稻机种推进工作有关事项印发通知，包括聚焦农机化扶持政策，夯实育插秧设施装备基础、加大试验验证力度，明确主推技术模式、培育服务组织，提高育插秧作业能力、组建专家队伍，包片开展技术指导、结合示范县创建，树立机械化典型样板、加强组织领导，制定机种工作推进方案等。

【关于做好油菜机收减损有关工作的通知（农办机〔2022〕3号）】为贯彻落实党中央、国务院有关决策部署和扩种大豆油料工作推进电视电话会议精神，采取过硬措施提高油菜机械化水平，提升机收作业质量，努力减少收获损失，农业农村部办公厅2022年3月29日印发油菜机收减损有关工作通知，包括提高政治站位、加强工作部署、深入调查现状、加强问题研究、广泛宣传动员、加强指导培训、密切跟踪服务，加强效果评估。

【关于印发《2022年主粮作物机收损失监测调查方案》的通知（农办机〔2022〕6号）】 为贯彻党中央、国务院有关决策部署，深入实施《中华人民共和国反食品浪费法》，推动落实《粮食节约行动方案》部署工作任务，最大限度降低粮食作物生产损失，进一步加强水稻、玉米、小麦机收损失监测调查，农业农村部和国家发展改革委联合制定《2022年主粮作物机收损失监测调查方案》，2022年5月27日印发。要求各级农业农村部门和发展改革部门按照监测调查方案要求，各司其职、密切配合，结合当地实际，根据机收进度，认真开展水稻、玉米、小麦机收损失监测调查，并按时报送相关情况。

【关于印发《农机安全生产重大事故隐患判定标准（试行）》的通知（农办机〔2022〕7号）】 为严密防范、坚决遏制农机安全生产领域发生重特大事故，按照《国务院安委会办公室关于切实加强重大安全风险防范化解工作的通知》（安委办〔2022〕4号）以及《农业农村部安委会办公室关于开展防范化解重大安全风险工作的通知》（农安办发〔2022〕4号）的要求，农业农村部制定《农机安全生产重大事故隐患判定标准（试行）》，并研究提出相关管理措施。农业农村部办公厅2022年6月24日印发通知，要求按照标准和农机安全生产大检查工作部署，结合实际统筹制定工作方案，切实抓好农机重大安全风险防范化解工作。

【关于做好"三秋"机械化生产工作的通知（农办机〔2022〕11号）】 为贯彻落实党中央、国务院关于抓好粮食生产的决策部署，高质量高效率地组织做好2022年秋收、秋种、秋整地（以下简称"三秋"）机械化生产工作，农业农村部办公厅2022年9月16日印发通知，要求明确目标、加强组织领导、提前谋划，做好各项准备、分类施策，做好抗灾救灾作业装备保障、加强协作，做好农机保通保畅服务、强化减损，力争秋粮颗粒归仓、精细指导，确保关键机械化生产任务落地。

【关于加强农业机械试验鉴定工作的通知（农办机〔2022〕12号）】 为贯彻落实党中央、国务院关于深化"放管服"改革精神，进一步提升农机鉴定能力和服务效能，有力支撑《"十四五"推进农业农村现代化规划》《"十四五"全国农业机械化发展规划》的实施，农业农村部办公厅2022年10月11日印发通知。要求围绕"三农"工作重心，明确重点任务、着力补齐短板、完善鉴定大纲体系、加强资源统筹，增强鉴定供给服务能力、严格履职尽责，提升鉴定工作规范化水平、加快信息化建设，提高鉴定工作效能、加强组织领导，切实加大支持保障力度。

【关于公布全国第七批率先基本实现主要农作物生产全程机械化示范县（市、区）名单的通知（农办机〔2022〕15号）】 为贯彻落实《中华人民共和国国民经济和社会发展第十四个五年规划和2035年远景目标纲要》对农业机械化发展有关部署和《国务院关于加快推进农业机械化和农机装备产业转型升级的指导意见》（国发〔2018〕42号）有关要求，2022年农业农村部组织开展第七批主要农作物生产全程机械化示范县申报评价活动。在各地择优申报、省级初评推荐的基础上，经组织专家审核复评、现场抽查和网上公示，农业农村部办公厅2022年12月28日印发通知，认定北京市延庆区等114个县（市、区）为全国第七批率先基本实现主要农作物生产全程机械化示范县（市、区），予以公布。

【关于做好2022年东北黑土地保护性耕作行动计划实施工作的通知（农机科〔2022〕11号）】 为进一步推进《东北黑土地保护性耕作行动计划（2020—2025年）》有序有效实施，促进黑土地保护，农业农村部农业机械化管理司农业农村部计划财务司、财政部农业农村司2022年3月8日印发2022年行动计划实施有关工作通知。要求明确目标任务，稳步扩大年度实施面积、明确主推方向，分区定型适用技术模式、坚持优机优补，着力强化机具有效供给、明确资金支持，突出抓好高标准基地建设、明确补助标准，扎实推进分档差异化补助、明确应兑尽兑，高度重视补助资金兑付、明确政策边界，努力推动政策协同用力、明确宣传导向，加快推动思想观念转变、明确主体责任，切实狠抓实施过程管理。

【关于下达2022年农业机械推广鉴定大纲制修订计划的通知（农机管〔2022〕7号）】 根据《农业机械试验鉴定办法》（农业农村部令2018年第3号）和《农业机械试验鉴定工作规范》（农机发〔2019〕3号），农业农村部农业机械化管理司2022年3月15日印发《2022年农业机械推广鉴定大纲制修订计划》，要求抓紧开展工作。

地方性法规、规章及文件

【北京市农业农村局 北京市应急管理局关于印发《北京市"十四五"时期"平安农机"创建活动工作方案》的通知（京政农发〔2022〕92号）】 为深入贯彻落实党中央、国务院关于安全生产工作的决策部署和北京市委、市人民政府对安全生产的相关要求，进一步加强农机安全生产监管，推进农机安全生产形势持续向好，按照农业农村部和应急管理部印发的《"十四五"时期"平安农机"创建活动工作方案》要求，北京市农业农村局和北京市应急管理局制定了《北京市"十四五"时期"平安农机"创建活动工作方案》，并于2022年7月11日印发。此方案包含指导思想、目标任务、创建程序、工作要求。

【北京市农业农村局 北京市规划和自然资源委员会 北京市财政局 北京市经济和信息化局 北京市园林绿化局关于印发《北京市农业机械化提升行动实

施方案（2023—2025 年）》的通知（京政农发〔2022〕143 号）】为加快推动本市农业机械化全程全面和高质量发展，按照《国务院关于加快推进农业机械化和农机装备产业转型升级的指导意见》（国发〔2018〕42 号）和《农业农村部关于印发〈"十四五"全国农业机械化发展规划〉的通知》（农机发〔2021〕2 号），北京市农业农村局、北京市规划和自然资源委员会、北京市财政局、北京市经济和信息化局和北京市园林绿化局制定了《北京市农业机械化提升行动实施方案（2023—2025 年）》，并于 2022 年 12 月 5 日印发。此实施方案包含总体要求、重点任务、保障措施。

【天津市农业农村委　天津市工业和信息化局关于印发《天津市农机装备补短板行动方案（2022—2025 年）》的通知（津农委〔2022〕30 号）】为加快补齐重要农机装备短板弱项，着力破解农机装备研发制造和推广应用难题，全产业链协同推动农业机械化高质量发展，切实满足广大农民群众对机械化生产的需要，全面推进天津市现代都市型农业发展，天津市农业农村委、天津市工业和信息化局联合制定了《天津市农机装备补短 25 年》，并于 2022 年 11 月 2 日印发。此行动方案包含总体要求、重点任务、保障措施。

【河北省农业农村厅关于印发《2022 年河北省农机装备水平提升工作方案》的通知（冀农函〔2022〕38 号）】为贯彻落实河北省人民政府《关于加快推进农业机械化和农机装备产业转型升级的实施意见》和农业农村部农机装备补短板工作部署，加快提升农机装备水平，促进农业机械化全程全面、高质高效发展，河北省农业农村厅制定了《2022 年河北省农机装备水平提升工作方案》，并于 2022 年 2 月 12 日印发。此工作方案包含发展目标、重点任务、进度安排、保障措施。

【山西省农业农村厅关于印发《山西省"十四五"农业机械化发展规划》的通知（晋农机发〔2022〕5 号）】为贯彻落实《"十四五"全国农业机械化发展规划》《山西省国民经济和社会发展第十四个五年规划和 2035 年远景目标纲要》《山西省"十四五"推进农业农村现代化规划》的有关部署，山西省农业农村厅编制了《山西省"十四五"农业机械化发展规划》，并于 2022 年 6 月 16 日印发。此发展规划包含发展背景、总体要求、区域发展重点、主要任务和重大行动、保障措施。

【山西省农业农村厅　山西省应急管理厅　山西省行政审批服务管理局关于印发《山西省"十四五"时期"平安农机"创建活动工作方案》的通知（晋农机发〔2022〕6 号）】为深入贯彻落实国务院安委会"十四五"国家安全生产规划》、农业农村部应急管理部"十四五"时期"平安农机"创建活动工作方案》和山西省委省人民政府关于安全生产工作的决策部署，进一步加强农机安全生产监管，推进全省农机安全生产形势持续向好，山西省农业农村厅、山西省应急管理厅和山西省行政审批服务管理局联合制定了《山西省"十四五"时期"平安农机"创建活动工作方案》，并于 2022 年 6 月 16 日印发。此工作方案包含指导思想、目标任务、组织领导、创建程序、工作措施。

【内蒙古自治区农牧厅　财政厅关于印发《内蒙古自治区 2022 年黑土地保护性耕作推进行动实施方案》的通知（内农牧机发〔2022〕280 号）】根据《农业农村部　财政部关于印发〈东北黑土地保护性耕作行动计划（2020—2025 年）〉的通知》（农机发〔2020〕2 号）、《农业农村部办公厅　财政部办公厅关于印发〈东北黑土地保护性耕作行动计划实施指导意见〉的通知》（农办机〔2020〕3 号）、《内蒙古自治区农牧厅　财政厅关于印发〈内蒙古自治区黑土地保护性耕作推进行动方案（2020—2025 年）〉的通知》（内农牧机发〔2020〕133 号）和《农业农村部农业机械化管理司　计划财务司　财政部农业农村司关于做好 2022 年东北黑土地保护性耕作行动计划实施工作的通知》（农机科〔2022〕11 号）等要求，为做好内蒙古自治区 2022 年黑土地保护性耕作实施工作，内蒙古自治区农牧厅和财政厅制定了《内蒙古自治区 2022 年黑土地保护性耕作推进行动实施方案》，并于 2022 年 5 月 25 日印发。此实施方案包含总体要求、目标任务、技术模式及工艺处理要求、补助资金用途、补助标准及补助对象、工作程序、进度要求、保障措施。

【内蒙古自治区农牧厅关于印发《内蒙古自治区"十四五"农牧业机械化发展规划》的通知（内农牧机发〔2022〕577 号）】为贯彻落实《内蒙古自治区"十四五"推进农牧业农村牧区现代化发展规划》和《"十四五"全国农业机械化发展规划》的有关部署，内蒙古自治区农牧厅制定了《内蒙古自治区"十四五"农牧业机械化发展规划》，并于 2022 年 12 月 7 日印发。要求各级部门加快实施全程全面机械化推进行动，加快推进农机智能化、绿色化发展，做大做强农牧业机械化服务产业链，切实加强农机安全管理，强化支持发展政策举措，强化规划实施保障。

【吉林省农业农村厅　吉林省财政厅关于印发《吉林省 2022 年保护性耕作实施方案》的通知（吉农发〔2022〕2 号）】为贯彻落实《东北黑土地保护性耕作行动计划（2020—2025 年）》，按照农财两部《关于做好 2022 年东北黑土地保护性耕作行动计划实施工作的通知》（农机科〔2022〕11 号）要求，吉林省农业农村厅和吉林省财政厅联合制定了《吉林省 2022 年保护性耕作实施方案》，并于 2022 年 3 月 24 日印发。此实施方案包含总体要求、任务目标、实施办法、工作程序、保障措施。

【关于印发《黑龙江省 2022 年黑土地保护性耕作实施方案》的通知】为加强黑龙江省黑土地战略性保护，加快保护性耕作技术推广应用，遏制黑土地退化、恢复提升耕地地力、保障国家粮食安全，按照农业农村部、财政部印发的《东北黑土地保护性耕作行动计划（2020—2025 年）》《东北黑土地保护性耕作行动计划实施指导意见》《黑龙江省黑土地保护性耕作行动方案（2020—2025 年）》要求，黑龙江省农业农村厅和黑龙江省财政厅联合制定了《黑龙江省 2022 年黑土地保护性耕作实施方案》，并于 2022 年 4 月 12 日印发。此实施方案包含目标任务、技术模式、支持政策和实施步骤、保障措施。

【关于印发《黑龙江省粮食机械化生产提质增产减损行动方案》的通知】为深入贯彻党中央、国务院和省委、黑龙江省人民政府关于"开展粮食节约行动"的部署要求，切实推进粮食机收提质增产减损工作，为保障粮食安全提供更有力的机械化支撑，黑龙江省农业农村厅制定了《黑龙江省粮食机械化生产提质增产减损行动方案》，并于 2022 年 4 月 23 日印发。此行动方案包含指导思想、工作目标、重点任务、保障措施。

【关于印发《上海关于贯彻落实〈"十四五"全国农业机械化发展规划〉的实施意见》的通知（沪农委〔2022〕88 号）】 为贯彻落实农业农村部《"十四五"全国农业机械化发展规划》有关工作部署，上海市农业农村委员会制定了《上海关于贯彻落实〈"十四五"全国农业机械化发展规划〉的实施意见》，并于 2022 年 5 月 26 日印发。此实施意见包含指导思想、发展目标、主要任务、保障措施。

【关于加快推进渔业机械化高质量发展的实施意见（苏农机〔2022〕1 号）】 为深入贯彻农业农村部《关于加快水产养殖机械化发展的意见》（农机发〔2020〕4 号）、农业农村部等 10 部委《关于加快推进水产养殖业绿色发展的若干意见》（农渔发〔2019〕1 号）、江苏省人民政府《关于加快推进农业机械化和农机装备产业转型升级的实施意见》（苏政发〔2019〕46 号）、江苏省人民政府办公厅《关于加快推进渔业高质量发展的意见》（苏政办发〔2020〕37 号）等文件精神，加快实施农机化"两大行动"，推动渔业机械化高质量发展走在全国前列，助力农业农村现代化建设，江苏省农业农村厅于 2022 年 1 月 14 日发文提出实施意见。此意见包含主要目标任务、加强渔业装备与技术高效供给、开展渔业装备与技术"四分"推广、推动机械化与渔业融合发展、提升服务保障水平。

【关于做好农机装备补短板工作的通知（苏农机〔2022〕21 号）】 为贯彻落实农业农村部等关于农机装备补短板决策部署以及江苏省委省人民政府关于推进优势产业链强链补链工作要求，加快产业急需农机装备研发制造和推广应用，推动农业装备科技创新、农机装备制造产业和农业机械化高质量发展，支撑保障实施乡村振兴战略和推进农业农村现代化，江苏省农业农村厅、江苏省工业和信息化厅和江苏省科学技术厅于 2022 年 10 月 18 日发文通知有关事宜。此通知包含强化思想认识和目标导向、梳理建立短板清单、认真组织装备攻关、加强装备应用示范、强化协同组织建设。

【关于做好 2022 年农业生产全程机械化保障油料扩种稳粮增产工作的通知（苏农办机〔2022〕4 号）】 为贯彻落实《农业农村部关于做好 2022 年大豆油料扩种工作的指导意见》（农农发〔2022〕2 号）和《江苏省政府办公厅关于印发 2022 年大豆玉米带状复合种植推广工作方案的通知》（苏政传发〔2022〕44 号）等文件精神，全面实施农机化"两大行动"，深入推进农业生产全程机械化，全力保障大豆油料扩种和稳粮增产工作任务，江苏省农业农村厅办公室于 2022 年 3 月 17 日发文通知有关事项。此通知包括大力发展油料作物生产机械化、巩固提升粮食生产全程机械化、抓好机收减损和抢收抢种工作、推动全程机械化智能化绿色化。

【浙江省农业农村厅 浙江省应急管理厅关于印发《浙江省进一步深化"平安农机"创建活动工作方案》的通知（浙农机发〔2022〕5 号）】 为扎实有序推进"十四五"期间浙江省"平安农机"创建活动，根据《农业农村部应急管理部关于印发〈"十四五"时期"平安农机"创建活动工作方案〉的通知》要求，浙江省农业农村厅和浙江省应急管理厅联合制定了《浙江省进一步深化"平安农机"创建活动工作方案》，并于 2022 年 8 月 31 日印发。此工作方案包含指导思想、目标任务、创建程序、工作措施。

【江西省人民政府关于印发《江西省农业七大产业高质量发展三年行动方案（2023—2025 年）》的通知（赣府字〔2022〕45 号）】 为深入贯彻落实习近平总书记关于"三农"工作重要论述和视察江西重要讲话精神，有效解决当前江西省农业产业"弱、小、散"的问题，提高农业质量效益和竞争力，推动乡村产业振兴，加快农业大省向农业强省转变，为打造新时代乡村振兴样板之地提供坚实支撑，江西省人民政府制定了《江西省农业七大产业高质量发展三年行动方案（2023—2025 年）》，并于 2022 年 8 月 6 日印发。此行动方案包含总体要求、主攻方向、重点任务、支持政策、保障措施。

【江西省农业农村厅 江西省应急管理厅关于印发《江西省"十四五"时期"平安农机"创建活动工作方案》的通知（赣农字〔2022〕46 号）】 根据《农业农村部 应急管理部关于印发〈"十四五"时期"平安农机"创建活动工作方案〉的通知》（农机发〔2022〕1 号）要求，江西省农业农村厅和江西省应急管理厅联合制定了《江西省"十四五"时期"平安农机"创建活动工作方案》，并于 2022 年 8 月 11 日印发。此工作方案包含指导思想、目标任务、创建程序、有关要求、结果运用。

【山东省人民政府办公厅关于印发山东省农机装备补短板行动实施方案的通知（鲁政办字〔2022〕160 号）】 为深入学习贯彻党的二十大精神，全面落实党中央、国务院关于提高农机装备水平的决策部署，山东省人民政府办公厅制定了《山东省农机装备补短板行动实施方案》，并于 2022 年 12 月 14 日印发。此实施方案包含行动目标、重点任务、保障措施。

【湖北省农业农村厅关于做好 2022 年湖北省农机深松整地作业补助项目工作的通知（鄂农函〔2022〕271 号）】 按照《财政部关于下达 2022 年农业资源及生态保护补助资金预算的通知》（财农〔2022〕35 号）要求，为高质量完成 2022 年湖北省农机深松整地作业补助试点工作，湖北省农业农村厅于 2022 年 8 月 31 日发文通知有关事宜。此通知包含明确工作任务、规范工作程序、开展研究推广、强化质量监控、及时兑现资金、落实既定要求、做好绩效总结。

【广西壮族自治区农业农村厅办公室关于切实做好大豆玉米带状复合种植配套农机装备保障工作的通知（桂农厅办发〔2022〕74 号）】 为贯彻落实《农业农村部关于做好 2022 年大豆油料扩种工作的指导意见》（农农发〔2022〕2 号）、《农业农村部办公厅关于落实落细大豆玉米带状复合种植配套农机装备保障工作的通知》（农办机〔2022〕1 号）以及《自治区农业农村厅办公室关于印发广西壮族自治区2022年大豆玉米带状复合种植技术示范推广实施方案的通知》（桂农厅办发〔2022〕22号）等文件精神，切实做好大豆玉米带状复合种植配套农机装备保障（以下简称机具保障）工作，广西壮族自治区农业农村厅办公室于2022年4月22日发文通知有关事宜。要求各级部门提高思想认识，确保机具保障工作抓实抓细；明确工作重点，落实机具保障工作主体责任；紧跟生产需求，抓好适用机具有效供给；积极争取支持，推动出台机具保障扶持政策；强化指导培训，提升机具服务保障水平。

【广西壮族自治区农业农村厅办公室关于印发《广西2022年主要粮食作物机收减损工作方案》的通知（桂农厅办发〔2022〕110号）】 为进一步做好粮食作物机收减损工作，促进粮食稳产增产，保障粮食安全，按照《农业农村部办公厅关于将机收减损作为粮食生产机械化主要工作常抓不懈的通知》（农办机〔2021〕10号）有关要求，广西壮族自治区农业农村厅办公室制定了《广西2022年主要粮食作物机收减损工作方案》，并于2022年6月28日印发。此工作方案包含工作目标、工作措施、时间安排、工作要求。

【广西壮族自治区农业农村厅关于印发《广西农业机械化高质量发展"十四五"规划》的通知（桂农厅发〔2022〕93号）】 贯彻习近平总书记对广西工作的重要指示精神，围绕"建设壮美广西、共圆复兴梦想"总目标总要求，围绕凝心聚力建设新时代中国特色社会主义壮美广西"1+1+4+3+N"目标任务体系，按照"乡村振兴、农业优先、农机先行"的总体思路，着力抓重点、补短板、聚集群、重科技、强服务、夯基础，推动农机装备产业转型升级，加快广西壮族自治区农业机械化向全程全面高质高效发展，为保障粮食等重要农产品有效供给、巩固拓展脱贫攻坚成果、助力乡村振兴、加快农业农村现代化提供有力支撑，广西壮族自治区农业农村厅制定了《广西农业机械化高质量发展"十四五"规划》，并于2022年7月9日印发。此规划包含规划背景、总体要求、重点任务、支持政策、实施保障。

【重庆市农业农村委员会关于进一步做好农田宜机化改造工作的通知（渝农规〔2022〕3号）】 根据国务院《关于加快推进农业机械化和农机装备产业转型升级的指导意见》（国发〔2018〕42号）、《重庆市农业机械化促进条例》、重庆市人民政府《关于加快推进农业机械化和农机装备产业转型升级的实施意见》（渝府发〔2019〕15号）、重庆市人民政府办公厅《关于印发促进农业机械化发展若干政策举措的通知》（渝府办发〔2021〕53号）和重庆市人民政府专题会议纪要（2020—48）精神，决定在全市持续加力推进农田宜机化改造，重庆市农业农村委员会于2022年5月27日发文通知有关事宜。此通知包含充分认识农田宜机化改造的重要意义、坚持基本原则、适用对象和建设规模、改造目标、技术标准和补助标准、市级项目管理流程、工作要求。

【关于印发《四川省"十四五"现代农业装备推进方案（2021—2025年）》的通知（川农发〔2022〕10号）】 为贯彻落实《"十四五"全国农业机械化发展规划》《四川省"十四五"推进农业农村现代化规划》的有关部署，四川省农业农村厅制定了《四川省"十四五"现代农业装备推进方案（2021—2025年）》，并于2022年4月7日印发。此方案包含"十三五"现代农业装备发展成效与形势、指导思想、基本原则与发展目标、主要任务、重大专项、保障措施。

【西藏自治区农业农村厅关于印发《西藏自治区"十四五"农业机械化发展规划》的通知（藏农厅发〔2022〕15号）】 全面贯彻党的十九大和十九届历次全会、中央第七次西藏工作会议精神，认真落实党中央、国务院决策部署，牢固树立和贯彻落实新发展理念，围绕供给侧结构性改革要求，以提高农产品供给保障能力，推动农业转型升级，服务乡村振兴战略，满足农牧民对高效生产、幸福生活和宜居生态的重大需求为目标，以农机农艺融合、机械化生产与农田基础条件建设相适应为路径，以科技创新、机制创新和政策创新为根本动力，以补短板、建体系、强服务为重要抓手，走出一条具有西藏特色的高原农牧业机械化发展道路，为加快推进西藏农业农村现代化提供有力支撑，西藏自治区农业农村厅制定了《西藏自治区"十四五"农业机械化发展规划》，并于2022年1月18日印发。此规划包含发展形势、指导思想、基本原则与发展目标、区域发展重点、主要任务、重大工程、扶持政策与保障措施。

【陕西省农业农村厅关于印发《陕西省"十四五"农业机械化发展规划》的通知（陕农发〔2022〕33号）】 为保障粮食等重要农产品供给安全，加快全省农业机械化向全程全面高质高效转型升级，为实现农业农村现代化提供坚强的农业物质装备支撑，根据《"十四五"全国农业机械化发展规划》，陕西省农业农村厅制定了《陕西省"十四五"农业机械化发展规划》，并于2022年5月6日印发。要求各级部门着力提升粮食作物生产机械化水平，大力发展特色产业机械化水平，加快补齐丘陵山区农业机械化短板，做大做强农机化服务产业链，加快推动农业机械化智能化、绿色化，切实加强农机安全管理，全力推动全程全面机械化示范县创建。

【陕西省农业农村厅关于印发《陕西省主要农作物生产全程机械化示范县创建方案》的通知（陕农发〔2022〕8号）】 根据农业农村部主要农作物生产全程机械化示范县推进行动、陕西省加快农业机械化和农机装备产业转型升级的实施意见，为进一步提升全省农机化水平，促进农业生产机械化全程全面发展，切实增强粮食安全保障能力，全面落实"两藏"战略，推动农业机械化转型升级，陕西省农业农村厅制定了《陕西省主要农作物生产全程机械化示范县创建方案》，并于2022年2月26日印发。此方案包含指导思想、创建目标、创建内容、创建程序、组织实施。

【关于印发青海省2022年耕地深松项目实施方案的通知（青农机〔2022〕171号）】 根据《农业农村部 财政部关于做好2022年农业生产发展等项目实施工作的通知》（农计财发〔2022〕13号）要求，为保质保量完成2022年耕地深松任务，青海省农业农村厅和青海省财政厅联合制定了《青海省2022年耕地深松项目实施方案》，并于2022年7月12日印发。此方案包含总体要求，目标任务和补助资金，实施范围、作业模式和质量要求，补助对象和补助标准，项目区选择、项目县、承担单位确定原则，项目实施程序，保障措施。

【关于印发《自治区农机作业防灾减灾应急预案》的通知（新农办机〔2022〕58号）】 为建立健全应对重大自然灾害和突发事件农机作业保障体系和运行机制，规范应急行为，提高防灾减灾能力，迅速、有序、高效地实施应急处置，最大程度减轻灾害影响和损失，确保粮棉等重要农产品丰收到手、朵絮归仓，新疆维吾尔自治区农业农村厅办公室制定了《自治区农机作业防灾减灾应急预案》，并于2022年10月9日印发。此预案包含总则、组织体系、监测预警、应急响应、应急保障、预案管理、附则。

【关于印发《新疆生产建设兵团农机购置与应用补贴试点方案》的通知（兵农机发〔2022〕7号）】 根据《农业农村部 财政部关于贯彻落实中央一号文件要求开展农机购置与应用补贴试点的通知》（农机发〔2022〕3号）要求，为进一步完善农机购置补贴政策，探索更加符合生产需求、高效、便捷、利民的农机购置补贴政策实施模式，强化应用导向，新疆生产建设兵团农业农村局和兵团财政局联合制定《新疆生产建设兵团农机购置与应用补贴试点方案》，并于2022年8月3日印发。此方案包含总体要求、基本原则、试点时间、试点范围、试点机具、试点补贴对象、资金规模、补贴标准及兑付方式、办理流程、保障措施。

【宁波市人民政府关于印发《宁波市扎实推进科技强农机械强农行动实施方案（2022—2025年）》的通知（甬政发〔2022〕26号）】 为贯彻落实《浙江省实施科技强农机械强农行动大力提升农业生产效率行动计划（2021—2025年）》（浙政发〔2021〕39号）精神，提升农业科技和机械化运用水平，全面提高农业生产效率和效益，促进农业高质量发展，宁波市人民政府制定了《宁波市扎实推进科技强农机械强农行动实施方案（2022—2025年）》，并于2022年6月16日印发。要求各级部门大力实施科技强农行动，大力实施机械强农行动，加大政策支持和保障，强化组织实施。

【厦门市农业农村局 厦门市财政局关于进一步做好农机购置与应用补贴工作的通知（厦农〔2022〕101号）】 根据《农业农村部财政部关于贯彻落实中央一号文件要求开展农机购置与应用补贴试点的通知》（农机发〔2022〕3号）《农业农村部办公厅财政部办公厅关于进一步便利购机者提交补贴申请的通知》（农办机〔2022〕10号）要求，厦门市农业农村局于2022年11月15日发文通知有关事宜。要求各级部门取消停止受理补贴申请规定，提升政策实施便利度，优化补贴机具品目，优化实施操作流程，加强政策实施监管，落实"国四"标准规定，加强政策宣传引导。

【关于印发《北大荒集团2022年农机深松整地作业补助试点实施方案》的通知】 按照农业部办公厅《关于印发全国农机深松整地作业实施规划（2016—2020年）的通知》（农办机〔2016〕2号）、农财两部《关于做好2020年农业生产发展等项目实施工作的通知》（农计财发〔2020〕3号）文件要求，结合黑龙江垦区实际情况，北大荒农垦集团有限公司制定了《北大荒集团2022年农机深松整地作业补助试点实施方案》，并于2022年7月20日印发。此实施方案包含指导思想及补助原则、补助范围及资金额度、受益对象及补助标准、作业标准及机械选择、补助程序及检查验收、实施要求及注意事项。

【关于印发《北大荒农垦集团农业发展部"迎二十大百日攻坚战"农机安全生产专项整治工作方案》的通知（北大荒集农发〔2022〕135号）】 为认真贯彻落实党中央、国务院和黑龙江省委、省人民政府以及集团关于安全生产重大部署，深刻汲取全国农机事故教训，深入推进农机安全生产大检查，确保党的二十大期间集团农机安全生产形势持续稳定，北大荒农垦集团有限公司农业发展部制定了《"迎二十大百日攻坚战"农机安全生产专项整治工作方案》，并于2022年8月30日印发。此方案包含指导思想、攻坚目标、攻坚任务、攻坚保障。

【关于印发《黑龙江垦区2022年黑土地保护性耕作实施方案》的通知】 为加强黑龙江垦区黑土地战略性保护，加快保护性耕作技术推广应用，遏制黑土地退化、恢复提升耕地地力、保障国家粮食安全，按照《东北黑土地保护性耕作行动计划（2020—2025年）》、《2022年东北黑土地保护性耕作行动计划技术指引》（农机科〔2021〕97号）、《农业农村部农业机械化管理司 计财司 财政部农业农村司关于做好2022年东北黑土地保护性耕作行动计划实施工作的通知》（农机科〔2022〕11号）等文件要求，北大荒农垦集团有限公司制定了《黑龙江垦区2022年黑土地保护性耕作实施方案》，并于2022年3月30日印发。此实施方案包含指导思想、补助范围及资金、补助对象及标准、技术模式及要求、实施步骤及验收、高标准应用基地建设、保障措施。

农业机械化工作

各地工作要览

北京市

【概况】 2022年，北京市农业机械化管理处立足本职，坚持以党建为引领，统筹推进农业机械化工作，全市农作物耕种收综合机械化率达93%，畜牧养殖机械化率达84%，设施机械化率达37.6%，农作物秸秆综合利用率99%以上，全年无重大农机安全事故发生。

【强化农机服务保障】 2022年，北京市农机部门围绕重要农时，做好抢收抢种农机供给、调度、维修、作业气象预警、机具通行、突发事件处置等服务保障。"三夏""三秋"期间，全市投入农机装备1万余台套，保障粮食颗粒归仓，下茬种植紧密衔接，人民网、中国三农报道等媒体先后对相关工作进行报道。

【抓作业调度】 2022年"三夏""三秋"期间，北京市农机部门组织各区逐地块落实作业机具和机手，按日调度投入农机具数量及作业进度，及时会商种植部门，推进重要农时农业生产进度。

【抓防疫协调】 2022年，北京市农机部门与公安、交通运输、卫生健康部门建立直接沟通协作机制，统筹做好防疫和机械化生产，保证符合防疫要求的机具和机手顺利下地作业，指导各区做好跨区机手点对点闭环防疫管理。

【抓技术指导】 2022年重要农时期间，北京市农机部门成立3个市级农机督导和技术服务组，深入13个涉农区，开展技术服务160余次，571人次，指导各区高质量完成机械化生产作业。

【抓机收减损】 2022年，北京市农机部门指导各区加强机手培训、检修维护，组织开展全市"粮食机收减损大比武"活动，组织各区做好机收减损监测，全市小麦机收损失率为0.82%，低于农业农村部指导标准1.18个百分点。

【抓服务保障】 2022年，北京市农机部门联合中国石油化工股份有限公司北京分公司、中国石油天然气股份有限公司北京分公司印发《北京市优先优惠保障农机作业用油工作方案》，在544个加油站开辟农机加油绿色通道，优先保证农机作业用油，同时享受不低于当地零售到位价3%的优惠，联合北京市交通委员会准备跨区作业证200张，保障农机跨区服务。

【抓应急服务】 2022年，北京市农机部门梳理出16家农机服务组织，作为"三夏""三秋"抢收应急保障队伍，开展生产作业服务。

【深化农业机械化行动方案顶层设计】 2022年，北京市农机部门在按照北京市委、市人民政府《关于做好2022年全面推进乡村振兴重点工作的实施方案》要求，联合北京市园林绿化、财政、科委、经信、规自部门，在组织开展"分区域、分产业、分品种、分环节"的农机"四分"研究基础上，编制形成《北京市农业机械化提升行动实施方案》，在2023—2025年，紧密围绕种植、养殖、农产品加工三大领域，深入实施重点产业机械化提升、绿色智能装备升级、重大科技联合攻关、农机社会化服务能力提升、农机监管和服务水平提升五大行动，组织实施绿色农业机械化技术推广应用、农机装备智能化改造、农机关键装备科技攻关和新技术推广应用等15项重点工程，即北京农业机械化提升"3515"行动计划，加快提升本市农业机械化和智能化水平。

【提升管理服务能力水平】 2022年，北京市农机部门组织制定《2022年北京市农机购置与应用补贴延伸绩效管理工作方案》，明确指标体系、评分标准、时限等内容。组织召开全市农机购置与应用补贴培训会，对系统操作进行培训，对规范实施农机购置补贴政策提出要求，解答政策执行过程中遇到的问题。全市累计申请补贴机具3 000余台套。

【优化完善政策推进优机优补】 2022年，北京市农机部门加强对农机购置与应用补贴申请办理服务系统和"三合一"

系统数据分析和应用，梳理补贴机具的使用情况。扩大"三合一"办理补贴机具范围，品目或档次由原有的 5 个扩展至 13 个。组织制定设施农业成套设备、智慧农场成套设备补贴试点方案。

【推进农机报废更新】 2022 年，北京市农机部门召开专题会议，部署全市农机报废更新补贴工作，明确要求、压实责任，细致梳理在用机具的使用情况，引导农民自主自愿报废老旧机具，并申请补贴，将实施农机报废更新补贴纳入粮食安全区长负责制和乡村振兴考核工作中，督促各区按要求完成任务。截至 10 月 11 日，已有 11 个区用户申请农机报废更新补贴机具 23 台套，已完成农业农村部任务要求。编制形成北京市新的农机报废更新补贴实施方案。

【参与全国农机装备补短板相关工作】 2022 年，北京市农机部门按照农业农村部统一部署，联合北京市经济和信息化局面向在京院校及农机科研、生产单位，征集中央层面第一、二批短板机具牵头编制单位，并向农业农村部推荐，经农业农村部组织专家论证，确定中国农业机械化科学研究院、北京市农林科学院等 3 家单位作为"高效卫星平地机"等 11 项全国短板机具项目化实施方案的牵头编制单位。

【加强先进农机装备应用场景建设】 2022 年，北京市农机部门开展智能农机装备推广应用，推进北斗终端智能装备技术在农业生产领域应用，在海淀区启动"京西稻智慧农场"建设，在密云区打造"农机无人作业试验示范基地"等，打造猪养殖粪污清理、猪养殖健康管理、猪疫苗注射 3 个机器人应用场景入选全国农业领域机器人典型应用场景。

【组织开展北京市农机装备补短板工作】 2022 年，北京市农机部门通过公开征集农机装备补短板需求清单及意见建议，并与经济和信息部门 10 多次对接、5 次实地调研征求意见，形成《北京市农业机器人攻关研发清单》。涉及研发类 21 项，其中 6 项是北京市农林科学院承担立项研发中的任务，1 项列入农业农村部研发计划，14 项待研发，涉及果类菜采摘机器人、果园采摘机器人等。

【开展全国农作物秸秆综合利用重点区建设工作】 2022 年，北京市农机部门完成本市 2021 年度农作物秸秆资源台账建设，当前秸秆综合利用率达 99%以上，制定《北京市 2022 年秸秆综合利用重点区建设项目实施方案》，在重点区创建全覆盖的基础上，确定昌平、密云、延庆三区打造尾菜综合利用示范区。

【启动全程机械化示范区创建工作】 2022 年，北京市农机部门巩固本市顺义、昌平全国主要农作物全程机械化示范县创建成果，组织延庆、密云、大兴、房山、平谷、通州 6 个区，开展主要农作物生产全程机械化示范区创建工作，并向农业农村部推荐。

【完成保护性耕作技术推广项目】 截至 12 月 31 日，北京市农机部门共在 164 台深松机、371 台秸秆粉碎还田机具设备、193 台少免耕播种机上应用作业质量监测终端，实现作业情况实时热点图呈现，作业质量在线监测核验。系统监测农机深松整地、秸秆粉碎覆盖还田、少免耕播种三项作业面积分别为 12.33 千公顷、24.67 千公顷、13.33 千公顷，有效降低季节性裸露农田扬尘。

【强化重点时段专项整治】 2022 年，北京市农机部门印发《关于切实做好冬春季农机安全监管工作的通知》《关于切实做好"三夏"农业生产农机化和防疫各项工作的通知》《关于做好"三秋"农机化工作通知》，组织各区围绕农机作业的特点，做好重点时节的农机安全生产工作，强化农机安全源头管理，严厉打击农机安全生产违法违规行为，确保农机安全生产各项措施落实到位。

【开展隐患排查整改】 2022 年，北京市农机部门建立安全隐患排查、督查整改、复查监管的工作机制，全面梳理农机作业主体在基础设施、技术装备、作业环境、作业活动等方面存在的隐患，安全生产体制机制、制度建设、安全管理组织体系、责任落实、劳动纪律、现场管理等方面存在的薄弱环节，实现隐患台账动态清零，闭环管理。

【开展"平安农机"创建】 2022 年，北京市农机部门联合北京市应急管理局，印发《北京市"十四五"时期"平安农机"创建活动工作方案》。召开全市工作会，对方案进行宣贯和部署，组织各区推进"平安农机"创建活动，择优推荐 1 个区，以区人民政府名义申报全国"平安农机"示范区，带动农机安全生产监管能力水平提升。

天津市

【概况】 2022 年，天津市各级农业农村部门贯彻党的二十大精神，落实习近平总书记关于加快建设农业强国的重要指示精神，围绕农业农村部"保供固安全、振兴畅循环"工作定位，发挥农业机械化在现代都市型农业发展中的重要支撑作用。

【保障重要农产品机械化支撑】 2022 年，天津市农机部门加强农业机械化生产的组织管理与督导，及早谋划布局春耕备耕，及时将 1 800 张跨区作业证发放至各涉农区，抓好机具检修保养、信息发布、技术培训、配件供应、进度统计等环节的管理和服务工作。发挥机收工作专班作用，保障"三夏""三秋"等重要农时农业生产。全市累计投入各类农机具 6.5 万余台（套），完成粮食种植机械化作业面积 373.67 千公顷。2022 年全市农作物耕种收综合机械化率保持在 90.3%以上，小麦、玉米、水稻三大粮食作物耕种收综合机械化率均保持在 98%以上。

【推进农机装备补短板行动】 2022 年，天津市农机部门组织召开农业机械化补短板形势分析会，梳理 10 个产业领域 50 项机具类型的短板弱项需求清单，与天津市工业和信息化局联合印发《天津市农机装备补短板行动方案（2022—2025 年）》，部署农机装备补短板七项重点任务。

【推进粮食机收提质减损】 2022 年，天津市农机部门树立"减损就是增产"理念，制定小麦、玉米、水稻等主要粮食作物机械化收获减损技术指导意见和技术措施明白纸等资料，组织技术人员 50 余人次深入农机合作社和田间地头开展《玉米机械化收获减损技术指导意见》《小麦宽幅沟播机械化技术指导意见》等作业规范宣贯指导和示范操作技术服务活动，发放宣传材料 1 000 余份。举办第三届

"海河工匠杯"技能大赛暨第五届全国农业行业职业技能大赛天津选拔赛农机修理工项目，组织开展2022年全国农机化主推技术现场演示活动暨天津市"三秋"农机化生产田间日活动、秋粮机械化收获减损技术培训会、秋粮作物机收减损作业质量跟踪及机收减损大比武等活动，技术服务辐射带动低于2%损失率的机收减损面积达63.33千公顷。

【常态化建设农机应急作业服务队】 2022年，天津市农机部门印发《关于推进常态化农机应急作业服务队建设的通知》，推动各涉农区组建常态化农机应急作业服务队，按照"建在平时、用在战时""平战结合"的体制机制，提升农机手应急作业技能水平和农机装备水平，夯实农机应急作业服务基础。"三夏""三秋"期间，全市依托农机合作社、农机大户组建由244名机手、173台联合收割机、443台（套）其他作业机具组成的10个应急作业服务队。

【推动农业机械化全程全面高质量发展】 2022年，天津市农机部门开展"四分"农业机械化发展目标任务研究、水肥一体化技术在蔬菜育苗生产上的试验，在武清区兴有果蔬种植专业合作社建立水肥一体化技术应用示范点，引进智能水肥一体化施肥机1台，示范面积13.33公顷；引进并示范应用通风温控、精准上料等数字化系统和装备；组织开展大葱全程机械化技术现场培训及小站稻生产智能机械化技术演示会，推广大葱机械化生产技术7项。东丽区成功创建全国主要农作物生产全程机械化示范县，天津市率先实现全国主要农作物生产全程机械化示范县全覆盖，提前完成"十四五"期间创建目标任务。宁河区农鑫达农机技术服务专业合作社因推广水稻全程机械化，实施生产托管"一条龙"服务，入选全国农业社会化服务模式类名单。天津滨海新区旺达农机服务专业合作社刘占海获得全国最美农机合作社理事长称号。

【多措并举落实农机惠农政策】 2022年，天津市农机部门农机购置补贴列入全市20项民心工程，组织各涉农区有序开展农机购置补贴工作，完成两批次投档审查，调整补贴额一览表，开发完成农机购置补贴App、机具二维码和物联网监测"三合一"系统，落实农机购置补贴资金1.11亿元（其中中央财政9 900万元，市级财政1 200万元），截至12月底，使用补贴资金1.1亿余元，补贴机具1.4万余台，受益农户5 000余户；推进老旧农业机械报废更新工作，报废老旧农业机械59台，利用农机购置补贴政策，引导农机合作组织加快淘汰性能落后的老旧机型，指导农机合作社新购置谷物收获机652台；推动"互联网＋"信息化远程监测技术在耕地深松作业中的应用，推广北斗智能终端设备266台，全市实施耕地深松作业面积20千公顷；做好秸秆处理进度的监督检查、反馈上报、问题处理等工作，完成全年农作物秸秆综合利用工作，秸秆综合利用率保持在98%以上。

【强化农机安全监督管理】 2022年，天津市农机部门落实农机安全生产责任制，印发工作要点和考核办法，完成年度考核工作。推动"平安农机"创建，印发"十四五"创建方案，推动创建活动有效落实，推荐静海区参评全国"平安农机"示范县。规范农业机械及驾驶员牌证核发，抓好源头管控，全市全年新增注册登记拖拉机、联合收割机3 184台；新增核发拖拉机、联合收割机驾驶证465人。推进网格化管理，每年更新网格员信息，组织开展网格员培训，压实农机合作社安全生产主体责任，指导建立"四有"安全制度。

【开展隐患排查】 2022年，天津市农机部门与公安交管部门启动联查联动机制，在全市集中开展督导检查和联合执法行动，全市共开展执法检查620余次，其中联合执法69次，发现安全隐患61起，完成整改61起。查处违法行为21起，处罚金额3 100元。农机安全宣力度，组织开展"安全生产月"等宣传活动，全市发放宣传材料20 000余份，制作宣传条幅、展板500余条（块），媒体报道信息70余条。

【配合举办2022国际农机展】 2022年，天津市农机部门召开5次支持服务工作协调会，制定3个支持接待服务方案，征求天津市农机企业参展需求，深入有关企业开展调研，征集农机新技术新产品发布会相关信息，利用展会平台谋划招商引资、津农精品展示、技术论坛等具有天津特色的活动。由于疫情原因，经过两次延期之后，原定于在国家会展中心（天津）举办的2022中国国际农业机械展览会停办，为做好农机展停办后的相关工作，组织召开支持服务农机展后续工作调度会。

河北省

【开展春耕备播】 2022年，河北省农机部门组织调度100万台套农机装备，推广应用农机深松、精量播种、节水灌溉等农机农艺融合技术；加强春季镇压，累计完成镇压面积666.67千公顷以上，确保苗全苗齐苗匀苗壮。

【确保夏粮颗粒归仓】 2022年，河北省成立农业农村、交通运输、卫健、公安等部门参加的"三夏"生产指挥部，指挥调度9.7万台小麦联合收割机，机收率达99.7%。成立省市县乡村五级工作专班2.61万个，建立村级工作清单2.5万个，实现供需对接全覆盖。分别制定防范区、管控区、封控区应急处置预案，成立应急代收代种作业队2 713个，为全省5 800多户外出务工家庭以及困难农户开展服务。发放农机跨区作业证1.5万张，设立接待服务站570个，在每个乡镇建立跨区作业服务站1 077个，严格落实"即采即走即追"。开通"三夏"机收机播热线电话173个，24小时不间断受理相关问题。

【因地制宜抓好秋收秋种】 2022年，河北省农机部门成立工作专班，以村为单位建立机具保障清单，提前落实谁作业、何时作业。按照"平战结合"原则组建常态化应急作业服务队20支，组织各乡镇成立抢收抢种作业队1 036个，确保"有机能干、有处能调"。累计投入大中型拖拉机32万台，小麦播种机21万台，玉米联合收割机8.2万台等各类农业机械200多万台套，完成玉米机收面积2 405.33千公顷，小麦机播面积760千公顷，玉米机收率达83%，小麦机播率达99%。

【夯实大豆玉米带状复合种植机具保障】 2022年，河北省农机部门加强机具创新研发，筛选发布《急需适用的播种、收获等专用机具名录》《大豆玉米带状复合种植配套机具调整改造指引》，提前与农机产销企业对接做好整机备货供应准备，引导相关企业及时安排生产。加大政策扶持力度，对购置适用于大豆玉米带状复合种植机具优先补贴、应补尽补，补贴比例由目前30%提升到35%。全省新增大豆玉米带状复合专用播种机1 098台，调整改造播种机1 074台，先后投入大豆收获机3 639台，玉米收获机4 781台，玉米大豆带状复合种植综合机械化率超过85%。

【高效落实农机购置及应用补贴】 2022年，河北省农机部门优化补贴兑付方式，推进补贴机具有进有出、优机优补，加大大豆玉米带状复合种植相关机具、小麦镇压机具等农业急需机具的补贴力度。创新服务方式，推动实施"三合一"办理方式，实现农户补贴办理全程最多跑一趟。作为全国第一批试点省份，开展农机购置与应用补贴试点建设，推动在农机购置、应用环节分步兑付资金，提升农机作业能力。全省落实补贴资金12.96亿元，实施进度达103%，补贴各类机具10.4万台，受益农户8.18万户。扩大报废更新补贴实施覆盖面，已补贴报废农机具5 028台，受益农户3 658户。

【推进全程机械化示范县创建】 2022年，河北省农机部门利用省财政资金3 500万元，以"强主体、建模式、搞示范、重宣传、提水平"为主要内容，完成农业生产全程机械化示范县创建工作。创建27个农业生产全程机械化示范县，其中打造无人农场2个，形成小麦、玉米、水稻、马铃薯、花生、燕麦以及奶牛规模化养殖生产全程机械化解决方案。容城县、辛集市"无人农场"创建工作已基本完成，在33.33公顷的核心示范区内实现小麦、玉米无人化耕整地、播种、田管和收获作业，示范引领效果显著。故城县等6个县成为全国第七批率先基本实现主要农作物生产全程机械化示范县。

【加强农机新技术新模式宣传】 2022年，河北省扶持农机合作社等新型主体购置先进适用农机装备350多台套，示范推广玉米籽粒直收技术示范面积20千公顷以上，新增烘干能力100万吨以上，新增马铃薯机收面积16.67千公顷以上、机采棉面积0.67千公顷以上、水稻机插秧面积10千公顷以上、燕麦机械化收获面积13.33千公顷以上。各地采用树立全程机械化技术示范展牌、召开现场演示观摩活动等方式，加强农机新技术新模式的宣传推介，累计召开现场观摩活动40余次，在市级以上新闻媒体上宣传报道30余次。

【规范实施新机具新技术研发项目】 2022年，河北省农机部门制发《河北省农业农村厅关于印发2022年度河北省农机新机具新技术研发项目实施方案的通知》《关于做好2022年河北省农机新机具新技术研发项目工作的通知》，及时下达2022年农机新机具新技术研发项目资金750万元，组织省内优质生产企业，围绕粮食节能减损装置、粮食作物智能收获机械、精准播种机械以及丘陵山区全程机械化小型农机装备等15种新机具开展研发。安排部署项目申报单位与承担单位签订项目任务书，第一季度15个研发项目承担单位全部与县农业农村主管部门签订任务书。2022年8月份，组织开展2022年农机新机具新技术研发项目督导检查，形成《2022年河北省农机新机具新技术研发项目专项资金中期绩效评估报告》。2022年全省农机新机具新技术研发项目中15个研发专项已生产19种样机，按时完成绩效目标任务。

山 西 省

【概况】 2022年，山西省农机总动力达1 680万千瓦，比2021年增加26万千瓦；农作物综合机械化率达74.7%，比2021年提高0.8个百分点。

【完成"十四五"规划编制】 2022年，山西省农机部门重视全省农业机械化发展"十四五"规划的制定和执行工作，充分履职，及早制定《山西省农业机械化"十四五"专项规划编制方案》，梳理农业机械化发展"十三五"规划的执行情况，总结经验、查找问题，跟进国家农业农村经济和农业机械化规划编制进程，针对制约山西省农业机械化转型升级的主要短板弱项，将全省农业机械化"十四五"规划编制做细做实。3月下旬，组织农业、农机、科技等领域专家对规划进行评审，并提交山西省农业农村厅党组会审定，根据专家和有关单位修改意见，完善农业机械化"十四五"规划，强化与畜牧、渔业等规划的衔接。经合法性审核后，按照统一安排，于6月16日正式印发《山西省"十四五"农业机械发展规划》。

【实施农机购置与应用补贴政策】 2022年，山西省农机部门联合山西省财政厅对全省11个市近3年农机购置补贴工作进行自查；上报《关于增加山西省2022年度中央财政农机购置补贴资金的报告》，向农业农村部争取缺口资金。调整优化补贴机具种类范围和补贴额，确定19个大类、39个小类、115个品目补贴产品。投入省级资金372.5万元，开展大豆玉米带状复合种植农机新产品补贴试点。制定《集约化肉鸡养殖层叠式自动化养殖成套设备购置补贴试点实施方案》。铺开"三合一"农机购置与应用补贴信息化系统建设工作。2022年，全省共落实中央财政农机购置补贴资金4.11亿元，扶持3.67万农户购置4.71万台（套）机具。

【组织重要农时农业机械化生产】 2022年，山西省农机部门发挥农业机械化支撑作用，"春耕""三夏""三秋"期间，分别投入各类农机具30.5万台、40万台、45万台，完成全年机械化生产任务。针对全省疫情多点散发特点，沟通协调山西省新冠疫情防控工作领导小组办公室、山西省交通运输厅，消除疫情影响，打通农机作业堵点卡点。

【加强机械化应急作业能力建设】 2022年，山西省农机部门组建366支农业机械化应急服务队，先后制定"三夏"跨区作业和小麦机收工作预案、机械化防灾减灾应急作业工作预案、农机跨区作业突发事件应急处理预案等。常态化组织机收减损活动，编制《"三夏"农机化生产与机收减损指导手册》《小麦机收减损要诀》《玉米机收减损要诀》，在芮城县、洪洞县举办小麦机收减损技能大比武活动。

【抓好重点工作机具保障】 2022年，山西省农机部门推进机械化有机旱作农业，制定农机深松整地项目实施方案、优质杂粮生产全程机械化作业补助和丘陵山区农田宜机化改造试点指导意见，完成农机深松整地作业面积360千公顷，谷子、高粱等杂粮作物机械化作业补助面积10.83千公顷，丘陵山区农田宜机化改造试点面积533.33公顷。开展大豆玉米带状复合种植机具保障，印发《2022年山西省大豆玉米带状复合种植农机装备保障方案》，编印《大豆玉米带状复合种植机械化技术保障读本》；举办培训会和试验验证观摩会活动40余次，保障到位各类复合种植机械7000余台，完成复合种植作业面积56.8千公顷，超计划任务4%。

【推进农机装备应用与研发】 2022年，山西省农机部门加快农作物全程生产机械化，建设小麦、玉米、杂粮等全程机械化示范基地13个，设施农业、果园、畜牧、中药材等机械化示范点11个，产后初加工装备技术示范点14个。完成主要农作物全程机械化作业面积1666.67千公顷。五寨县、泽州县被评为全国第七批率先基本实现主要农作物生产全程机械化示范县。开展农机示范社场户三年培育活动，制定农业机械化新型经营主体提档升级指导意见，培育、认定省级农机示范合作社40个，机械化示范家庭农场20个，农机示范大户20个，建设农业机械化新型经营主体提档升级试点19个。加强农机装备质量建设，开展小麦联合收割机质量调查和小麦、玉米收获损失率调查；实施新型农机装备引进试验开发项目，扶持12家省内企业开展短板机具研发。

【开展"机田证"一体化建设】 2022年，山西省农机部门在农业物质装备服务能力、土地资源综合利用能力、农民自我发展能力方面下功夫，提炼形成"机田证"一体化发展思路，为现代农业发展探索新路径。投入省级资金1亿元，遴选出15个试点县，涵盖主粮、杂粮、水果、蔬菜等8种不同作物，按照以田为基、以机为要、以人为本的原则，对已建高标准农田提质改造，开展"耕、种、管、收、储、运"全过程实现机械化，实施职业技能评价颁证。建设完成不低于13.33千公顷的集中连片示范区，可实现种植作物单产增长10%以上，生产经营效益增加20%以上。推动高性能农机、高标准农田、高素质农民集成耦合。

【提高农机安全监管水平】 2022年，山西省农机部门印发《关于做好2022年农业机械安全技术检验工作的通知》，为全省115个农业县新配农机安全技术检验设备，指导市县加强农机检验。印发《关于进一步做好道路交通（农机生产作业）事故救助基金管理工作的通知》，保障农机生产作业事故受害人的切身利益。联合山西省应急管理厅、山西省行政审批服务管理局制定《山西省"十四五"时期"平安农机"创建工作方案》，深化平安农机创建活动，申报襄汾为全国平安农机示范县。制定全省农机安全生产检查工作方案，赴农机作业一线进行安全隐患排查，完成全省变型拖拉机注销清零。完成77项国家支持的农机推广鉴定，受理81项省级推广鉴定，协调处理农机质量投诉案件3件，办结2件、终止1件。

内蒙古自治区

【概况】 2022年，内蒙古自治区农业机械化工作在农业农村部农业机械化管理司指导和支持下，坚持以"三个强化"推进保护性耕作，"三个精准"落实补贴政策，"三个提早"保障复合种植机具，"三个抓实"强化机械化生产支撑，"三个坚持"补齐补强短板，推动全自治区农作物耕种收综合机械化率达87%，为全自治区粮食产量突破390.5亿千克，居全国第六位，发挥支撑保障作用。

【强化高位部署】 2022年，内蒙古自治区人民政府主要负责同志与东部四盟市签订粮食生产责任书，将保护性耕作列为重要内容，明确目标任务，有效压实责任。内蒙古自治区农牧厅联合内蒙古自治区财政厅及时下达中央财政补助资金5.71亿元，主推3种技术模式，推进"高质多补"，调动实施主体积极性，推动完成黑土地保护性耕作面积985.53千公顷，连续3年超额完成目标任务。

【强化全过程监管】 2022年，内蒙古自治区农机部门实行春耕前"半月调度"、春播"周调度"、关键节点"日调度"，强化会议推进、专项督导、专家指导，全程跟进保护性耕作秸秆预留、地块落实、机具保障、基地建设、作业质量。发挥农机购置与应用补贴政策引导，带动新增高性能免耕播种机3760台。全自治区投入保护性耕作的9283台免耕播种机全部安装远程监测设备，实现作业时间、位置、图像轨迹、面积全程可追溯、监测全覆盖。

【强化基地引领】 2022年，内蒙古自治区农机部门引导政策资金、技术力量向高标准应用基地倾斜，投入补助资金493万元，争取科教部门农业重大技术协同项目资金200万元，自治区专家组先后32次43人次巡回开展包联技术指导，打造县、乡、村级高标准应用基地136个，成为规范实施保护性耕作的"助推器"。安排长期监测点补助资金120万元，推进20个长期监测点安装智能监测系统，运用物联网技术动态监测土壤、环境等数据，实现实施效果一网可查，准确展示保护性耕作技术成效。

【落实补贴政策】 2022年，内蒙古自治区农机部门争取中央财政资金13.1亿元，在自治区财政安排4122万元基础上落实配套资金1.04亿元。优化补贴范围，新增2大类5小类16个品目，先后下调59个品目补贴额，将36.76千瓦以下轮式拖拉机品目退出补贴范围，缓解资金缺口，保障政策安全实施。

【提升为民服务水平】 2022年，内蒙古自治区农机部门取消110%限制规定，常年开放手机App受理补贴申请。优化营商环境，运用补贴机具自主投档平台，方便企业随时便捷投档，全自治区发布5批6000余个产品，保障农牧民和企业合法权益。

【强化监管效能】 2022年，内蒙古自治区农机部门实行轮式拖拉机等7类自走式机具二维码识别、手机App申领和物联网轨迹监控。强化农财两部门协同配合，围绕补贴范围及补贴额调整、资金兑付通报、违规行为联合查处建立协作机制，提升监管水平。

【提早释放政策信号】 2022年，内蒙古自治区农机部门制定印发6个机具保障配套文件，率先开展复合种植专用播种机新产品补贴试点备案工作，逐级开展动员，层层压实责任，形成政策、技术落实叠加效应，主动引导社会预期。

【提早抓实机具供给】 2022年，内蒙古自治区农机部门引导农机企业研发攻关，春播前实现6行大豆玉米一体播种机和大豆玉米一体双膜4行覆膜播种机批量生产，增加先进适用机具供给。

【提早开展供需对接】 2022年，内蒙古自治区农机部门发布复合种植播种、植保、收获机具生产（改装）企业74家，为实施主体和企业搭建供需对接平台。指导旗县采取"上门对接、电话联络"的"点对点"服务方式，有效对接实施主体2.2万余户。春耕、夏管、秋收期间，全自治区投入播种、植保、收获机械分别为4 503台、4 640台和6 132台，保障全自治区106.67千公顷复合种植种得好、管得住、收得上。

【抓实机械化生产保障】 2022年"春耕""三秋"期间，内蒙古自治区农机部门投入农机具276万台套，保障粮食生产顺利完成。会同中国石油、中国石化销售企业出台农机作业用油保障方案，优惠用油金额达7 000余万元。组织开展大宣传、大培训、大比武活动93场，推动主粮机收平均损失率控制在现行标准以内。根据疫情管控地区收获需要开展"点对点"应急作业，发布"白名单"农机应急作业服务队298个，确保不误农时、颗粒归仓。

【抓实耕地深松任务落实】 2022年，内蒙古自治区农机部门落实中央财政耕地深松资金2.1亿元，抢抓农时赶进度，在适宜区域开展耕地深松作业，强化信息化监测手段应用，确保打破犁底层，带动全自治区完成耕地深松1 074.73千公顷，超年度任务面积74.73千公顷。

【抓实农机安全和质量监督】 2022年，内蒙古自治区农机部门开展农机安全生产大检查和隐患排查治理，全自治区派出检查组631个，累计检查2 470次，未发生农机重特大事故。完成农机试验鉴定207项，组织开展玉米收获机、高性能免耕播种机、全混合日粮搅拌机质量调查，对25家企业400个产品进行抽样调查，保障农业机械化质量安全。

【坚持统筹协调发展】 2022年，内蒙古自治区农机部门依托政策牵引，主要农作物主攻精量播种、高效植保、减损收获、秸秆处理等关键环节，创建全国主要农作物生产全程机械化示范县3个。聚焦牲畜饲喂等畜牧养殖重点环节，发展畜牧业机械化。

【坚持技术装备示范】 2022年，内蒙古自治区农机部门举办展示演示、"田间日"等活动，召开保护性耕作、机收减损、大豆玉米带状复合种植机械、柠条收获机械演示会，推广新机具、新技术。

【坚持加力推进补短板】 2022年，内蒙古自治区农机部门组建工作专班，搭建协作平台，引导产学研协同攻关，实现高速免耕精量播种机、柠条平茬收获专用机械等短板机具突破，高速免耕精量播种机在21千米/时的作业速度下，粒距合格指数达95%以上；柠条平茬收获专用机械及其关键部件刀片得到验证。

辽宁省

【概况】 2022年，辽宁省农机部门在辽宁省农业农村厅党组的领导下，全省各级农业农村部门农业机械化系统干部职工克服疫情不利影响，推进农业机械化全程、全面和高质量发展为中心的各项任务，完成年度工作目标任务。

【确定农机购置补贴产品】 2022年，辽宁省农机部门落实按照《农业农村部办公厅 财政部办公厅关于印发〈2021—2023年农机购置补贴实施指导意见〉的通知》（农办计财〔2021〕8号）和《2021—2023年辽宁省农机购置补贴实施方案》（辽农机〔2021〕146号）精神，按照《农业机械分类》（NY/T 1640—2021）标准修订补贴机具种类范围和补贴额度一览表。对除动力换挡以外的21个档次轮式拖拉机、25个档次普通型免耕播种机等相关品目补贴额进行下调。全年组织4次农机生产企业自主投档，8 102个通过形式审核的产品确定为补贴产品。

【规范实施农机购置与应用补贴政策】 2022年，辽宁省农机部门落实优机优补、立足部门职责，深入挖掘内部潜力，梳理补贴申领方式和操作流程，出台《关于进一步优化农机购置补贴工作流程缩短办理时限有关工作的通知》（辽农机〔2022〕142号）。农机购置补贴App与"辽事通"App对接，启用手机App的资金预登记功能，推广补贴信息化申办。手机申办补贴率由2021年的15%提高到2022年的25.4%以上。加强政策实施的全过程监管。督促加快补贴资金兑付进度。全年制发资金使用、发放通报14期。

【强化实施农机购置政策实施】 2022年，辽宁省农机部门组成专题调研组对资金使用、兑付缓慢的重点市、县进行实地调研督导；联合辽宁省财政厅对补贴资金发放缓慢的10个县（市、区）人民政府主要负责同志进行集中约谈。组织补贴数据信息分析排查；组织委托有资质的第三方中介机构对提高测算比例的高性能免耕播种机和大棚钢骨架试点产品进行补贴机具抽查。加大自主投档参与农机购置与应用补贴过程中的违规查处力度。2022年中央财政下达辽宁省农机购置补贴资金57 708万元，截至2023年12月31日，已受理使用补贴资金55 625.732万元，受益农户3.8万户，拉动社会资金投入24.3亿元。农作物耕种收综合机械化率达83%以上，比2021年增长0.3个百分点以上。

【推进农机装备产业转型升级】 2022年，辽宁省农机部门在吸收借鉴《"十四五"全国农业机械化发展规划》的基础上，统筹考虑辽宁省相关规划的一致性和衔接性，编制完成《辽宁省"十四五"农业机械化发展规划》。组织开展农机装备补短板情况调研，梳理出辽宁省第一批农机装备短板弱项清单（17项）。围绕实现全程全面机械化，立足"四分"明确目标任务，组织成立主要农作物、畜牧业、渔业、林果业、设施农业、农产品初加工和农业机械化指标评价体系，开展"四分"农业机械化发展目标任务研究工作，编辑印制《辽宁省"十四五"和2035年农业机械化发展目标任务研究报告汇编》。

【组织参与国家短板机具项目化实施方案编制工作】 2022年，辽宁省农机部门先后分三批次对47个短板机具上报参与国家短板机具项目化实施牵头编制单位，其中，中国科学院沈阳自动化研究所官网上报《省油动单旋翼大载植保无人机实施方案》和大连海洋大学上报《贝类底播养殖播种机子专项项目化实施方案》被农业农村部确定为全国牵头单位。中国石油天然气集团公司辽宁分公司和中国石油化工集团公司辽宁分公司共同组织开展农机作业用油优先优惠活动。全年优先优惠用油约3.45万吨，为农户节省2 400万元资金。

【推进保护性耕作行动计划工作】 2022年，辽宁省14个市的67个县（市、区）共实施面积682千公顷。联合印发《辽宁省2022年黑土地保护性耕作实施方案的通知》，实行差异化补助，确定适宜的3种不同技术类型的11种主推技术模式。加强保护性耕作行动计划任务落实督导，先后两次开展组织管理、实用技术培训班。

【实施农机深松整地项目】 2022年，辽宁省农机部门采取优先在保护性耕作地块实施深松（深耕）作业，发挥"互联网＋监管"信息化技术在远程监测农机深松整地作业面积、作业质量等方面的作用，监管质量和效率明显提高。全年实施深松（深耕）面积373.33千公顷。

【加强生产调度指导】 2022年，辽宁省农机部门印发《关于切实做好农机春耕生产工作的紧急通知》《关于做好秋季机械化生产工作的通知》，免费发放农机跨区作业证6 600个，开通农机绿色通道100个，开通秋季机收保障热线电话117部，科学指导各地开展农业机械化生产。

【实施推进全程机械化提升行动】 2022年，辽宁省农机部门印发《关于切实做好2022年主要粮食作物全程机械化工作的通知》《关于组织开展2022年主要农作物生产全程机械化示范县推荐申报工作的通知》，举办2022年度全程机械化示范县推荐申报工作培训班，辽阳县、大石桥市和兴城市入选国家第七批主要农作物全程机械化示范县，锦州市入选全程机械化示范市。2022年，全省水稻耕种收综合机械化率达97.6%，同比提高0.6%；玉米耕种收综合机械化率达92.23%，同比提高1.23%。

【做好粮食机收减损工作】 2022年，辽宁省农机部门印发《关于做好机械化防灾减灾抓好秋粮生产的通知》《关于做好秋季机械化生产工作的通知》《关于进一步加快粮食机收工作的紧急通知》等文件，组织全省粮食作物机收减损技术培训班。与辽宁省发展和改革委员会联合印发《关于开展2022年主粮作物机收损失监测调查的通知》，明确粮食作物机收损失监测调查测定方法。全年组织应急抢收抢种作业队393支，烘干服务主体282个，开展机收减损大比武活动26场次。组织秋粮机收减损技术培训130场，培训机手10 357人，开通88个县秋季机收保障热线电话117部。2022年全省玉米平均机收损失率为2.06%，水稻平均机收损失率为1.59%。

【做好农机安全生产工作】 2022年，辽宁省农机部门印发《辽宁省农业农村厅办公室关于做好春节、两会期间农机安全生产工作的通知》《辽宁省农业农村厅办公室关于抓好当前农机安全生产工作的通知》《辽宁省农业农村厅办公室关于采取措施切实消除作业现场农机安全隐患的紧急通知》等通知，开展安全生产隐患排查，加强对重点地区、重要场所和重要农业生产环节的安全监管。2022年共查处农机违法违章行为291起，行政处罚办结案件132件。制定《辽宁省"十四五"时期"平安农机"创建活动工作方案》。指导大石桥市开展"平安农机"创建工作，通过实地核验对创建工作进行初评，联合推荐大石桥市参加全国"平安农机"示范县评选。

【做好农机鉴定推广工作】 2022年，辽宁省农机部门修订3个农机试验鉴定大纲，制定发布专项鉴定大纲。全年推广鉴定145项，对100个通过鉴定的农机产品核发机械推广鉴定证书。按照要求对2家企业的3种部级推广鉴定获证产品事后监管抽查，对21家企业的21种产品省级推广鉴定获得产品进行事后监管抽查。组织《深松耙地联合作业技术规程》等10项地方标准专题调研。

【补贴资金短缺问题突出】 2022年，受新冠疫情、农产品价格上涨带来的用工难、用工贵以及大力推进保护性耕作行动计划等因素影响，辽宁省农机购置数量较往年增多（特别是大马力拖拉机、智能农机），尤其是从2022年12月1日起，动力机械排放标准由"国三"升"国四"，农机生产企业降价加速处理"国三"库存产品，广大农户大量提前购置机具，导致补贴资金不足。2022年补贴资金绝大多数都用于补贴2021年购置未申请补贴机具，资金缺口7亿元左右。

【农机购置补贴资金兑付较慢】 2022年，受经济下行等因素影响，辽宁省财政收入形势不乐观，增长乏力，基层财政"三保"、债务还本付息等刚性支出有增无减，收支矛盾突出，处于"紧平衡"状态，运转艰难，部分地区存在占用农机购置补贴资金问题，影响补贴兑付进度。

【农机产业发展短板明显】 2022年，辽宁省主要粮食作物机械化水平较高，其他领域机械化水平偏低。平原低丘陵区机械化水平较高，山地丘陵区机械化水平偏低。省内的农机生产企业总体数量少、规模小、分布散，产业引领和集群效应不突出。

吉 林 省

【概况】 2022年，吉林省农机部门在农业农村部的指导下，贯彻习近平总书记视察吉林重要讲话重要指示和党的二十大精神，发挥农业机械化稳粮增效保障作用，全省农作物耕种收综合机械化率达93%。

【加大保护性耕作推进力度】 2022年，吉林省农机部门共争取国家保护性耕作补助资金12.414 8亿元，全省实施保护性耕作面积2 188.67千公顷，同比增加272千公顷，超额完成2 033.33千公顷的年度目标任务。

【实施差异化补助】 2022年，吉林省农机部门根据国家要求，按照"稳步扩面、质量为先"原则，实施秸秆大量覆盖、部分覆盖和少量覆盖3个档次差异化补助。全省共有8个市(州)42个县(市、区)实施保护性耕作，为保护好黑土地提供保障。

【强化调度监督】 2022年4月底，吉林省农机部门开始实施春播期间保护性耕作进展情况周调度机制，督促指导各地加快保护性耕作推进进度，确保完成年度目标任务。会同吉林省人民政府督查室和吉林省财政等部门赴重点地区对保护性耕作项目实施和资金拨付情

【加强技术指导】 2022年，吉林省农机部门组织保护性耕作技术专家指导组编制《吉林省保护性耕作主推技术模式及实施要点》《吉林省保护性耕作技术高标准应用基地建设指南》《吉林省保护性耕作技术应用效果监测点建设指南》等技术文件，供各地实施时参考使用。组织专家指导组通过微信、快手、抖音、视频会议等多种形式，开展20场"一对一"线上指导服务活动，指导解决实施过程中出现的问题。全省共建设整体推进县15个，保护性耕作实施效果监测点数量增加至21个。

【实施农机购置补贴】 2022年，吉林省农机部门共争取国家农机购置补贴资金11.041 7亿元，全年共受理购机者申请90 163户，机具台套72 568台(套)，促进全省农业机械化向全程全面高质高效发展。

【优化补贴标准】 2022年，吉林省农机部门会同吉林省财政厅发布《吉林省2022年农机购置补贴机具补贴额一览表》，明确2022年农机购置补贴标准，突出"优机优补"，水稻抛秧机、高性能牵引式免耕穴播机等重点机具补贴额测算比例按35%进行，并采用国家最高补贴限额标准；按照国家明确要求，对轮式拖拉机等区域内保有量明显过多、技术相落后产品的补贴额测算比例降低至15%及以下。

【修订完善补贴范围】 2022年，吉林省农机部门根据国家有关要求，按照农业机械分类新版标准，对全省中央农机购置补贴机具种类范围进行梳理，补贴机具种类范围调整为23大类47个小类131个品目。8 402个产品通过审核进入补贴范围。

【开展专项检查】 2022年，吉林省农机部门组织各地对2019—2021年农机购置补贴政策标准预算和预算执行情况进行自查，会同吉林省人民政府督查室和吉林省财政等部门赴重点地区对农机购置补贴政策实施和资金拨付情况开展实地督查，督促各地加快补贴资金兑付，推进优机优补，科学分配资金。

【开展一体化试点，提升农机装备水平】 2022年，吉林省农机部门为探索农机研发应用技术集成发展有效途径，提升粮食生产全程机械化重点关键环节高端智能农机装备能力，根据农财两部《关于贯彻落实中央一号文件要求开展农机购置与应用补贴试点的通知》有关要求，组织开展农机研发制造推广应用一体化试点，方案已获得批复同意。

【科学系统谋划】 2022年，吉林省农机部门在组织相关单位、专家和企业代表召开2次专题研讨交流会，对项目支持方向进行反复研究，最终确定吉林省农机装备攻关的7个重点品种，针对每种农机装备提出研发评价指标和机具性能技术参数及推广应用评价要求。

【强化沟通协调】 2022年，吉林省一体化试点内容包含农机研发、制造、推广和应用一体化全流程，不仅涉及到科技、工信和财政等多个部门职能，还关系到地方项目的具体操作实施，为确保《试点方案》制定的科学性和可操作性，吉林省农机部门与相关部门和地方沟通，最终对《试点方案》内容达成一致意见。

【请示汇报】 2022年，吉林省农机部门为确保《试点方案》制定方向的准确性，多次向农业农村部农业机械化管理司请示汇报工作情况，按要求先后2次报送农业农村部和财政部审核，在得到原则性同意后，正式向吉林省人民政府报告《试点方案》有关情况，并得到吉林省省长韩俊和副省长韩福春的圈阅。现已联合吉林省财政厅正式向农财两部备案《试点方案》，并得到批复同意。

【推进新型农业经营主体建设】 2022年，吉林省围绕30个产粮大县集中开展全程机械化新型农业经营主体装备建设，农业经营主体农机装备水平得到提升，全省已建设全程农业机械化农业新型经营主体近800个。

【扩大实施范围】 2022年，吉林省投入省级财政资金8 000万元，支持榆树市、农安县等30个产粮大县（市）开展全程机械化新型农业经营主体农机装备建设，支持建设范围比2021年增加20个县（市），提升全省全程农业机械化发展水平。

【增设投资档位】 2022年，吉林省项目投资规模在以往300万元基础上增设200万元投资规模档位，享受省级补助资金也增设为不超过100万元和67万元两个标准，兼顾丘陵山区等农业机械化薄弱地区产粮大县发展需求，项目实施惠及更多农业经营主体。

【配置先进机具】 2022年，吉林省农机部门将大功率动力换挡拖拉机、抛秧机、辅助驾驶（系统）设备、植保无人驾驶航空器、粮食烘干成套设备等高端智能农机装备纳入支持范围，倡导配置先进机具，提升农机装备建设质量。

【开展机损监测调查】 2022年，吉林省农机部门为最大限度降低粮食作物生产损失，加强主粮作物损失监测调查，联合吉林省发展和改革委员会制定调查方案，对全省机损监测调查工作进行统一安排部署。

【强化宣传培训】 2022年8月，吉林省农机部门启动以"大宣传、大培训、大比武、大服务"为主要内容的机收减损主题月活动。9月开展全省机收减损动员培训，组织大比武培训班，在全省掀起机收减损工作热潮。

【开展实地检测】 2022年"秋收"期间，吉林省级专家组分成4个小组，在全省巡回指导服务，榆树、东辽、洮北、公主岭、敦化5个产粮大县（市）设立示范点，展示机收减损效果，在全省33个主要产粮县，覆盖所有玉米、水稻种植面积超过33.33千公顷的乡镇开展主粮机收损失率监测调查。

【强化技术服务】 2022年，吉林省各县（市、区）在"秋收"期间，机收减损宣传、培训资料发放到每个农户，组织专家、技术人员深入田间地头，走访村屯进行指导服务，并组织主要产粮县农技、经营主体、农户座谈，交流经验、总结措施。

【强化农机安全监管】 2022年，吉林省农机部门开展农机安全生产常态化管理，联合公安等部门严厉打击农机安全生产违法作业行为，全年未发生较大农机安全生产事故。

【加强工作部署】 2022年，吉林省农机部门印发《2022年农机安全生产工作要点》，谋划部署全年农机生产安全工作。根据农业生产作业季节性特点，分别在"春耕"和"秋收"等重要生产时段，下发《关于做好2022年春季农机安全生产工作的通知》《关于切实加强秋收时节农机作业安全生产工作的通知》，安排部署阶段性重点工作，严防农业生产安全事故发生。

【开展安全检查】 2022年，吉林省农机部门印发《吉林省农机安全生产大检查工作方案》，确定6项重点任务，明确3个阶段的重点工作。联合吉林省公安厅开展拖拉机交通安全"大排查、大整治、大教育、大服务"专项行动，通过拖拉机无牌行驶和无证驾驶大排查等4大方面、15项具体措施，全面消除拖拉机道路交通安全隐患，确保全省交通安全形势平稳。

【开展"平安农机"创建】 2022年，吉林省农机部门联合吉林省应急管理厅印发《吉林省"十四五"时期"平安农机"创建活动工作方案》，对"十四五"期间在全省范围内开展新一轮"平安农机"创建活动做安排部署，在县级申报、市（州）级审查推荐、省级核验的基础上，推荐延边州敦化市、通化市辉南县为全国"平安农机"示范县（市）。

【加快淘汰老旧机具】 2022年，吉林省农机部门推进落实农机报废补贴政策，补贴资金优先满足农机户报废老旧农机需求，防范化解农机安全生产风险隐患。截至目前，农机报废更新工作试点县达33个，公布回收企业8家，结算报废申请机具1 058台。

【存在问题】 2022年，吉林省各项重点工作虽然取得较大的成效，但从现实和发展看，基层农机机构职责不明，经费紧缺等问题突出，制约工作开展。

黑龙江省

【概况】 2022年，黑龙江省贯彻农业农村部关于农业机械化的决策部署，以保障国家粮食安全、推进农业农村现代化为主线，推动农业机械化与农机装备产业高质量发展，完成各项工作任务。

【争创高端智能农机装备推广应用先导区】 2022年，黑龙江省农机部门围绕从研发、制造到推广应用的全产业链布局，拟定《黑龙江省高端智能农机装备推广应用先导区建设方案》《黑龙江省高端智能农机技术要点通则》等12个行业指导文件。佳木斯骥驰拖拉机制造有限公司和哈尔滨工业大学化工与化学学院、哈尔滨工程大学联合成立高端智能农业机械产业技术研究院，围绕高性能免耕播种机数字化播种器的测速和控制系统等农机作业工况监测分析技术开展协同攻关。佳木斯市、潍柴雷沃、北大荒集团三方共同签约总投资15亿元的高端智能农机装备产业生产基地项目开工建设，年产大功率拖拉机等高端智能农机装备2万台，达产后可实现年销售收入40亿元。推广方面，促进信息技术与农机农艺融合应用，推进智慧农业发展，全省安装可进行免耕播种、深松和秸秆还田作业监测的终端7.7万台，北大荒集团先行探索建设6个智慧无人农场。

【农业机械化生产有序开展】 2022年，黑龙江省农机部门组织基层开展冬检冬训工作，适时指导各地早整地、早播种，抢农时、夺丰收，确保春秋两季农业机械化生产顺利开展。制定印发《黑龙江省粮食机械化生产提质增产减损行动方案》，组织开展全省玉米、水稻机收减损技术培训及现场测试活动，推进粮食精细收获，完成年初制定的减损目标。黑龙江省集贤、友谊、大箐山、丰林、汤旺5个县被评选为全国第七批率先基本实现主要农作物生产全程机械化示范县（市、区）。

【推进跨区作业向纵深发展】 2022年，黑龙江省农机部门按照国务院副总理胡春华、黑龙江省省长胡昌升要求，制发《关于开展农机跨区作业的指导意见》，鼓励引导农机大户、农机合作社、农机作业服务公司开展跨区作业服务，严格跨区作业证发放。利用省农机调度指挥平台，收集发布"找农机""找农活"需求，共享作业服务信息。截至2022年底，发放跨区作业证5 053张，全省跨区作业面积达1 442.67千公顷次，出动各类农用机械达7 519台（套），作业净收益2.76亿元。

【推进常态化农机应急作业服务队建设】 2022年，黑龙江省农机部门制定印发《关于推进农机应急作业服务队建设的实施意见》，指导各地制定服务队建设方案，按照"建在平时、用在战时""平战结合"的体制机制加快建设，构建农机应急作业服务机制，组织经验交流，提升机械化防灾减灾能力。全省组建农机应急作业服务队636支，全省农机应急作业能力得到提升。

【落实农机购置补贴工作】 2022年，黑龙江省农机部门按照黑龙江省人民政府的要求平稳顺利地完成专项整治工作，并以黑龙江省人民政府名义向农业农村部、财政部报送农机购置补贴专项整治总结报告。2022年，共发布3批补贴额一览表，开展5批次补贴产品投档工作，已补贴机具92 347台，累计补贴资金156 021.3万元。修订印发《黑龙江省农业机械报废更新补贴实施方案》，指导各地开展农机报废更新补贴工作。

【完成深松整地工作】 2022年，黑龙江省农机部门制定《2022年黑龙江省深松整地补助实施方案》，完成作业深度达25厘米以上的深松整地作业面积2 859.73千公顷（含农垦），完成国家下达的任务。

【推进保护性耕作工作】 2022年，黑龙江省农机部门制定《黑龙江省2022年黑土地保护性耕作实施方案》，全省实施保护性耕作面积1 702千公顷，完成国家下达的任务。在五常市举办全省黑土地保护性耕作田间博览线上培训活动，制作保护性耕作动画、短片共4部，全面宣传保护性耕作政策、技术及效益。

【加强农业机械化质量管理工作】 2022年，黑龙江省农机部门组织开展"稳粮保供，提质护农"全省"农机3·15"消费者权益日宣传活动，活动延伸到13个市（地）和81个县（市、区），共发放宣传资料82 992份，提供投诉等各种咨询服务4 963人次，响应此次活动倡议承诺的生产经销企业共计622家。组织对全省在用的73.53千瓦至147.06千瓦轮式拖拉机、免耕播种机、遥控飞行喷雾机开展质量调查，涉及32家企业生产的34个型号170台机具。

【强化农机安全管理】 2022年，黑龙江省农机部门组织安全生产大检查，坚决消除各类事故隐患。全省派出检查组4 422个，参加检查1.95万人次，检查农业机械18.45万台，排查整改各类安全隐患1.78万个，全省未发生较大以上农机事故。会同黑龙江省公安厅印发《关于进一步规范联合执法常态化制度化工作的通知》，压降农村道路交通事故，共同维护农村道路交通安全。推荐兰西县申报全国"平安农机"示范县。

【开展农机试验鉴定工作】 2022年，黑龙江省农机部门公布2022年农机鉴定产品种类指南，增加220.59千瓦拖拉机、大豆收获机国推鉴定能力。承担农业农村部大豆收获专用割台推广鉴定大纲制定工作，并参与4项推广鉴定大纲修订工作，组织完成黑龙江省2项农机专项鉴定大纲的修订；完成国家支持推广鉴定项目132项，省支持鉴定项目338项，获证后监督20项。

上海市

【概况】 2022年，上海市农业机械化工作克服疫情不利影响，加快提升农机装备水平，推进农业机械化全程全面和高质量发展，为保障粮食和地产蔬菜等重要农产品有效供给，推进上海农业农村现代化提供技术支撑和装备保障。

【总结提炼典型经验】 2022年，上海市抓住全面推进城市数字化转型的契机，发挥上海的技术优势、人才优势和资金优势，加快农机数字化转型，推动果蔬机械化智能化生产、智能牧场和智慧农场建设，紧扣"一网一图一库"打造农机物联网管理平台，重点在农业机器人研制、粮食生产无人农场建设、高精度农业北斗导航技术等一批关键核心技术和农机短板弱项方面取得突破。为破解农机安全监管"最后一公里"难题，构建农机安全生产网格化监管新格局，在全域范围探索推行农机安全网格化监管。上海的典型做法和工作经验分别在全国农业机械化工作会议和全国推进基层农机安全生产网格化管理工作会上作典型交流发言。

【推动农业机械化转型升级】 2022年，上海市编制《上海关于贯彻落实〈"十四五"全国农业机械化发展规划〉的实施意见》，明确本市"十四五"期间农业机械化发展目标。推进农机装备补短板工作，梳理形成42个短板需求清单，组织20个涉农科研院校、推广机构及相关企业分批申报国家短板机具创制方案编制工作。开展粮食作物机收减损技术和作业质量标准培训、农机维修专业技能大赛，提升农机操作人员业务水平。推动农机社会化服务的分类、分级和分档指导，推进"全程机械化+综合农事服务"服务中心典型创建。

【指导疫情防控下农机的复工复产】 2022年，上海市农机部门与中国石油化工集团公司、中国石油天然气集团公司上海分公司合作开展2022—2023年农机作业用油"优价保供"工作，解决特殊时期燃油阶段性供求矛盾。加强农忙时节作业机具调配，督导区域性农机维修中心、粮食烘干中心等做好零配件供给、合理安排烘干，确保农业机械化生产作业安全有序和优质高效。推广水稻机械化种植同步侧深施肥、无人机飞防等绿色生产技术。2022年，全市水稻生产综合机械化水平达98.5%，侧深施肥推广面积为14.4千公顷，无人机飞防覆盖面积56.87千公顷（含域外）。

【加快推进粮食无人农场建设工作】 2022年，上海市引导科研院所和技术企业加强协作、共同攻关，推进无人农场技术创新和应用示范，多次组织开展实地调研和专题研究，形成《上海粮食生产无人农场建设的现状、问题与路径建议》专题调研报告。嘉定区外冈镇水稻无人农场通过1年多的建设，初步实现106.67公顷水稻耕、种、管、收无人化生产作业；上海市农业科学院和青浦区推进建设"长三角水稻生产全程机械化科研基地（上海）项目"，着力攻关水稻无人化生产技术，奉贤、崇明、宝山、松江、光明等区和市属单位均已启动水稻无人农场创建工作，农投集团和地产农投相关创建方案也在酝酿之中。与财政部门沟通协调，制定并发布无人农场建设奖补试点政策，全市近1.33千公顷粮食生产无人农场创建稳步推进。

【提升蔬菜生产"机器换人"示范创建水平】 2022年，上海市聚焦全市"机器换人"示范创建重点工作，先后印发《关于进一步加强蔬菜生产机器换人示范基地建设的通知》和《上海市设施菜田宜机化导则》，规范宜机化改造和机械化生产，创新管理机制、加大试验力度等。组织对2019—2021年创建的27家蔬菜生产"机器换人"示范基地开展"回头看"督导检查，确保蔬菜机械化生产持续有效，并组织对2022年新创建基地开展指导和专业技术培训，做好新一轮示范基地创建工作，并形成调研报告《上海蔬菜生产"机器换人"示范基地建设研究》。2022年，全市1.5千公顷次蔬菜生产综合机械化率达55%以上。

【规范实施农机补贴政策】 2022年，上海市修订完善补贴政策，先后发布《关于修订上海市2021—2023年农机购置补贴机具种类范围及补贴额一览表（第一批）的通知》《关于做好2022年农机购置与应用补贴相关工作的通知》《关于进一步做好本市农机购置补贴"三合一"工作的通知》等文件，调整补贴范围、发布补贴额、明确工作要求。完成三批农机购置补贴产品投档审核、发布，并联合江苏等省印发《关于探索开展长三角区域一体化投档的通知》，对动力换挡轮式拖拉机探索开展区域一体化投档。

【优化补贴平台功能】 2022年，上海市优化补贴App、补贴申请办理服务系统等平台功能，加强补贴政策宣传，开展操作培训，确保政策规范实施。利用农机物联网平台大数据优势，加强补贴机具监管，对历年北斗定位终端有问题的农机购置补贴"三合一"机具进行实地调查并督促相关企业限时完成整改。规范有序实施老旧农机报废更新，优化农机装备结构，报废更新工作区级覆盖率达80%以上。2022年共下达中央、市补贴资金5 083万元，补贴农机3 680台，受益农业生产经营服务组织及农户671个。

【加大农机安全生产监管力度】 2022年，上海市印发《上海市"十四五"时期"平安农机"创建活动工作方案》，指导各区开展"平安农机"示范创建活动，2022年成功创建"平安农机"示范村4个、合作社2个。印发《关于推进本市农机安全生产网格化监管工作的通知》及其实施方案，在全市范围内开展农机安全生产网格化监管工作。通过线上线下相结合的方式，加大农机安全法律法规、安全生产知识宣传教育力度，参与全国农机普法作品征集活动，荣获团体组织三等奖奖，参展作品获得优秀奖。指导嘉定区等开展农机事故应急处置演练，提高农机事故处理人员处置突发事故的能力。组织开展2022年上海市"农机3•15"消费者权益日暨稳粮保供、提质护农活动。随机对有效期内7个农机产品的农业机械推广鉴定证书进行证后监督检查。

【开展农机安全检查】 2022年，上海市开展蔬菜园艺场、畜禽养殖场等场所违规使用农机大检查、在册未参加年检的拖拉机和联合收割机清查、粮食烘干场所安全检查等专项检查，落实隐患排查问题清单制度，及时跟踪隐患整改，全年市区两级累计出动执法和监管人员2 457人次，检查各类经营组织1 206个，本市全年未发生农机人员伤亡事故。

江苏省

【概况】 2022年，江苏省围绕乡村振兴战略和率先实现农业农村现代化发展目标，以满足广大农民对机械化生产的需要为导向，以农业生产全程全面机械化推进行动和农业机械装备智能化绿色化提升行动"两大行动"为抓手，着力补短板强弱项，加快推进农业机械化全程全面高质量发展。

【农业机械化扶持政策效应创新高】 2022年，江苏省聚焦稳产保供，强化惠农政策落地落实，突出支持粮食生产，精准组织实施农机购置与应用补贴政策，加强对全省农机购置补贴政策实施管理的指导服务和监督管理，按3∶1配套要求落实省级财政农机购置补贴资金4.06亿元。全年共登记使用农机购置与应用补贴资金21.81亿元，补贴机具15.42万台(套)，受益对象7.61万个。做好以生态型犁耕深翻还田试点为重点的秸秆机械化还田工作，全省完成稻麦秸秆机械化还田面积2 920千公顷，稻麦秸秆机械化还田率达65%，生态型犁耕深翻还田作业面积超133.33千公顷，兑付省级专项补助资金8.8亿元。推动农机报废更新补贴，全年报废机具3 019台、补贴资金3 453万元。在农业农村部组织的对38个省级农业农村部门农机购置补贴政策落实绩效管理工作考核评估中，江苏省排名全国第一，获优秀表彰。

【农业生产全程全面机械化成效凸显】 2022年，江苏省实施农业机械化"两大行动"，江苏省市县各级财政投入逾4亿元专项资金，两批54个农业生产全程全面机械化示范县建设全面启动。推进机艺融合和机械化信息化融合发展，支持"宜机化"品种选育和"宜机化"设施改造，加快农业机械化数字建设，整合优化开发"机慧来"江苏农业机械化数字平台，发布《"无人化"农场建设指引》，评价公布省级20家"无人化"农场，全省农作物耕种收综合机械化率达85%。开展农业机械化"四分研究"，组织做好乡村振兴实绩考核"特色农机化水平"考核评估，引导市县加大投入，加快发展特色产业机械化，推进农业机械化向智能化、信息化、绿色化转型升级，发布信息化果园、智能化温室、数字化渔场等建设规范，建设101家特色农业生产全程机械化典型基地，推动农业机械化向全程全面加快推进，助力农业强省建设。

【农业机械化组织保障水平提升】 2022年，江苏省做好油料扩种配套农机装备机具保障、专用机具作业指导和技术服务工作。强化机械化生产和社会化服务，建立机械化生产工作专班和小麦、水稻机收应急处置指挥部，将农机运输、跨区作业、农机用油纳入重点保障范围，全省夏秋两季分别调度联合收割机近12万台、大中型拖拉机14.5万台、烘干机3.5万台服务于生产作业。率先建立省市县乡镇四级联动的农机应急作业服务体系，保障农业生产应急作业服务。抓实抓细农机抢收抢种和粮食作物机收减损，部署推广应用节粮减损装备技术，小麦、水稻机收平均损失率在2%以下，直接挽回粮食损失超2亿千克，实现增产和减损"两端发力"。中央农办《农村工作通讯》等多次专题报道江苏省"三夏"小麦机收和农业机械化工作经验做法。

【推动农机装备补短板工作】 2022年，江苏省农机部门联合江苏省工业和信息化厅、江苏省科技厅建立部门协调、列名联系农机企业和工作动态调度三项机制，推动农机装备补短板工作，无级变速和特色机械装备研发应用实现突破。抓好现代农机装备与技术示范推广项目实施和科技平台建设，落实专项资金9 547万元，推进农机装备研发，全省农机装备研发项目达99项。

【开展农机示范推广】 2022年，江苏省举办首届全省水稻机收"无人化"作业比武竞赛活动，开展油菜全程机械化绿色高效生产示范试点，发布蔬菜、果茶桑、渔业等多项机械化生产模式及主要环节适用农机产品信息，开展多产业、多形式的农机田间推广日、新装备新技术展演示、现场会等活动，指导农机装备与技术推广，推动农业生产稳生产、提效率、降成本、增效益，助力乡村产业振兴。

【农业机械化公共服务能力提升】 2022年，江苏省开发面向全省农业机械化应用与管理，覆盖农机研发、鉴定、生产、销售、推广、使用、维修、报废全过程以及农机人才队伍的"机慧来"农业机械化应用与管理平台，打造全国第一个省级农业机械化数字大脑。加强"全程机械化＋综合农事"服务中心建设指导，建设省级服务中心50个。

【加强鉴定能力供给】 2022年，江苏省农机部门发布江苏省农机推广鉴定产品种类指南共计21大类45小类117个品目、专项鉴定产品种类指南15大类26小类31个品目，接收鉴定业务申请923项，受理完成率100%。加强人才队伍建设，全省累计组织举办职业技能培训、基层农机人员培训等90多期，培训5 500多人。深化志愿服务，传播江苏农机科技志愿服务惠民为民正能量，全年志愿服务达14 600余人次，举办各类培训及观摩演示会1 700期左右，无偿机具维修服务13 000多台次。加强农业机械化发展统计监测，筹备第十二届江苏国际农机展。

【落实农业机械化安全生产工作】 2022年，江苏省统筹发展和安全，压紧压实农机安全生产责任，实施全机具、全人员、全天候、全覆盖"四全"监管，组织开展农机安全生产专项整治行动、农机安全生产大检查和农机安全百日攻坚行动、冬季农机安全生产专项治理行动等，推广镇村农机安全监管"柳堡模式"，推进农机安全源头管理，开展拖拉机、联合收割机、插秧机等重点机械安全执法检查，坚决防范化解农机安全风险隐患，农机本质安全水平提高，安全生产形势向好，连续两年全省未发生道路外农机安全事故。

浙江省

【概况】 2022年，浙江省农机系统贯彻落实浙江省委省人民政府关于农业高质量发展总体部署，谋划丘陵山区小型农业机械推广应用先导区，争取农机研制推广应用一体化试点，"浙江智能轻便'小农机'解决丘陵山区'大难题'"入选全国农业农村厅局长会议《农业农村重点工作精选范例汇编》，在2021年度省级农机购置补贴政策落实绩效管理考核中被评为优秀，为南方丘陵山区省份机械化发展提供浙江经验。

【重要农产品机械化水平提升】 一是突出粮油机械化补短板。2022年，浙江省推广水稻"二段式"育供秧模式，将水稻机插面积纳入粮食安全生产责任制考核。组织开展烘干能力调研。推进宁波镇海、湖州吴兴、兰溪、龙游4个县（市、区）的油菜移栽机械化试点。二是强化重要农时保障。联合中国石油化工股份有限公司、中国石油天然气股份有限公司储备农机专用油2万余吨，开通农机绿色通道42个，向社会公布机收保障热线电话117个，建立农机应急作业服务队167支，累计为疫情管控地区作业服务1.72千公顷。三是狠抓机收减损。在湖州组织开展机收减损大比武、大培训，在余杭、衢江等8个县市区开展田间损失率数据测定。全省农作物耕种收综合机械化率达77%以上，水稻耕种收综合机械化率达86%以上。

【农机装备研制供给能力增强】 一是深化"四分"研究。2022年，浙江省梳理"1＋2＋8"领域短板弱项，梳理形成问题清单175项、推广清单258项、研发清单179项。二是开展项目化攻关。报送浙江省科学技术厅2022年度"尖兵""领雁"攻关榜单11项，"蔬菜钵苗高速全自动移栽机"等7项需求列入农业农村部农机装备补短板榜单。三是多形式搭建联合攻关平台。农业农村部支持的长三角特色优势蔬菜全程机械化科研基地和省部共建东南丘陵山地农业装备重点实验室落户浙江省。支持永康市筹备建设浙江省现代农机装备技术创新中心。形成18.38千瓦丘陵山区小型拖拉机等一批小农机标志性成果，认定7项（"2ZG-4QK高速插秧机"等）首台（套）农机产品。马铃薯采收机、中耕除草机、两行全自动蔬菜移栽机等样机已开展小批量生产自主研发的单轨运输机、船式拖拉机、爬山虎、小4行插秧机都已投产并广泛销往湖北、福建等丘陵山区省份。

【实施购机补贴政策】 一是优化补贴政策。2022年，浙江省新增中央常规补贴产品品目24个、专项鉴定产品1个和中央农机新产品5个。将再生稻联合收割机、油菜毯状苗联合移栽机等机具纳入补贴试点，并提高相应产品中央补贴额测算比例至35%。二是规范政策实施。全年组织开展投档产品形式审核3次，评审产品4601个，导入补贴系统产品3737个，查处补贴产品违规经营、投档违规、取消产品补贴资格后仍办理补贴申请等行为24起，向部报送异常情形3次。三是探索开展长三角区域一体化投档、启动实施"国四"排放标准。全年累计使用中央补贴资金3.08亿元，新增各类补贴机具8.18万台（套）。

【加强农业机械化技术支撑】 一是深化"一县三基地"建设。2022年，浙江省建成"机器换人"高质量发展先行县36个、农机综合服务中心150个、全程机械化应用基地263个、农机创新试验基地61个。二是培育形成机械化技术模式。指导形成兰溪山地杨梅园设施化机械化数字化生产、慈溪毛豆、瑞安花椰菜生产全程机械化、丽水丘陵山区钵苗抛秧机械化栽植、龙泉黑木耳"排场、采摘、废菌棒回收"等具有地方特色农业机械化生产技术模式，其中3个农产品初加工、2个设施蔬菜机械化种植、9个茶叶机械化生产模式入选全国典型案例。南浔、天台等县区入选全国第七批全程机械化示范县（主要农作物）。

【农机鉴定能力及标准化建设强化】 一是提升农机试验鉴定能力。2022年，浙江省鉴定产品种类由原来的21种产品拓展到77种，完成省级试验鉴定任务414项（其中续证46项）、农业农村部国推鉴定任务1项。二是承担试验鉴定大纲建设。参与制定《坚果采打机》《茶叶发酵机》等两项农业农村部农业机械推广鉴定大纲，组织制定《手扶履带式掘耕机》《蜜蜂子脾移虫机》《手持电动除草锄》3项浙江省农业机械专项鉴定大纲。三是推动标准化建设。主持或参与制修订发布农机国标1项、省地标3项、浙江制造标准1项、国家级团标3项、省级团标6项；报批报审行标13项、国家级团标3项、省级团标3项；立项省地标2项、国家级团标6项、省级团标19项立项；申报行业标准5项。四是强化质量监管。全年受理农机质量投诉案件5起、办结5件。5起投诉案件涉案价值88.54万元，帮助用户挽回经济损失56.33万元。组织开展以"稳粮保供，提质护农"为主题的"农机3·15"活动。

【安全基础扎实】 一是开展上道路行驶拖拉机专项整治工作。2022年，浙江省农机部门开展上道路行驶拖拉机专项整治，报废拆解外省籍牌照变型拖拉机186台，报废拆解已注销未报废解体变型拖拉机196台，联合公安部门路面执法957次，参与执法4247人次，处理违章违法行为333个。二是落实农机安全隐患排查治理，做到"三必两无"，全省开展农机安全生产检查3220次，出动检查人数9697人次，排查整治农机风险隐患2349个。三是推进农机报废工作。加快推进报废更新工作。四是夯实农机安全基础工作。举办现场农机安全咨询日、农机事故应急演练活动、农机安全监管业务培训等工作。全年实现农机上道交通事故2起，未发生较大及以上农机事故及人员死亡。

安徽省

【概况】 2022年，安徽省贯彻中央和安徽省委农村工作会议精神，推进"两强一增"行动方案落实，补短板、强弱项、提能力，重视农业机械化全程全面高质高效发展。全省农业机械总动力超过7 000万千瓦，农作物耕种收综合机械化率达83%，均同比增长1%。

【聚焦机械强农，主抓"三中心、两基地"建设】 2022年1月，安徽省委、省政府联合出台《科技强农机械强农促进农民增收行动方案（2022—2025年）》，推动安徽从农业大省向农业强省转变。围绕机械强农行动，农机相关处室主抓"三中心两基地"（包括全程机械化综合农事服务中心、水稻育秧插秧中心、粮食烘干中心、主要作物生产高标准全程机械化综合示范基地、农机农艺融合示范基地）建设及特色农机研制补短板工作。安徽省农业农村厅下发《关于印发全程机械化综合农事服务中心等建设指导意见的通知》，明确"三中心两基地"建设内容和要求，设立"新型农机推广应用项目"，参与全国农机补短板工作。截至目前，2022年度相关任务已经超额完成。

【推进育秧中心、烘干中心建设】 2022年，安徽省瞄准主要粮食作物全程机械化短板，重点推进育秧中心、烘干中心建设。全省新增育秧中心145个，完成年度任务（120个）的121%，新建的育秧中心：新增插秧机345台，完成插秧面积42 811.6公顷，辐射带动小农户2.9万户；新增烘干中心158个，完成年度任务（145个）的109%，新建的烘干中心：新增烘干机488台，批处理量总和达2万吨，辐射带动小农户8.6万户。

【重视示范引领，加强"两基地"建设】 2022年，安徽省安排省财政资金500万元，分别新建20个万亩高标准全程机械化综合示范基地和20个农机农艺融合示范基地。以提高机械化、智能化为重点，提炼总结全程机械化技术路线，探索生产全过程信息化管理经验，打造符合安徽实际的适度规模粮油生产高质量全程机械化样板。与此同时，在20个基地实施安徽省北斗综合应用示范项目，安装部署330套北斗3号农机辅助驾驶系统，初步实现基地生产智能化、作业精准化、管理数字化和服务网络化。

【开展示范县创建】 2022年，安徽省颍上县、六安市裕安区、含山县、芜湖市繁昌区被认定为全国第七批主要农作物生产全程机械化示范县，滁州市被认定为已整建制率先基本实现主要农作物生产全程机械化市。目前，全省小麦、玉米基本实现全程机械化生产，水稻机插秧水平大幅度提高，达47%，比2021年增加5%，农业机械装备支撑作用和农业机械化技术的高效高质作用凸显。

【加大奖补力度】 2022年，安排省财政资金1 200万元作为全程机械化综合农事服务中心建设奖补，全省新增全程机械化综合农事服务中心135个，完成年度任务（120个）的112.5%。新增综合农事服务中心完成作业面积358千公顷，托管面积52.87千公顷，辐射带动小农户5.1万户。

【加强农机社会化服务人才队伍建设】 2022年，安徽省25 000名农机手、1 250名理事长培训任务均较好完成。9月15日，安徽省农业农村厅农机管理处在池州市举办全省全程机械化综合农事服务中心高质量发展培训班，全省54家全程机械化综合农事服务中心理事长及16个市农业农村局分管此项工作的负责同志参加培训，种粮大户徐淙祥、徐海波等到会交流发展经验。

【加强农机智能化技术应用】 2022年，安徽省农机部门与赵春江院士团队合作，初步建成全省基地信息化管理平台，按照基地大田作业耕、种、管、收各环节农机作业全面信息化管理的总体思路，以农机作业监管、机手信息调度为主要功能，全面应用农机服务管理信息化，为农业生产大数据管理积累经验。

【落实特色农机研制补短板行动】 2022年，安徽省农机部门贯彻安徽省委省人民政府部署和厅党组要求，将年度目标任务分解到各市并按月调度，落实特色农机研制补短板行动任务。梳理农机发展需求，分区域、分产业、分品种和分环节编制农机装备需求和研制清单72项。通过2022世界制造业大会等多个平台，多次组织补短板农机展示宣传。完成安徽省人民政府与中国机械工业集团有限公司推进"两强一增"行动合作协议送审稿制定，并组织农机生产企业开展自主研发或与国机集团合作研发，通过点对点对接，已形成合作研发意向59项，取得阶段性成效40项。

【推进重要农时机械化生产】 2022年，安徽省围绕粮食生产抓好农机装备支撑，做好农机社会化服务。安徽省农业农村厅农机管理处全力以赴，早谋划、早部署、早行动，圆满完成重要季节粮食生产农业机械化保障工作，2022年"三夏"抢收期间，全省收割机准备充足、组织有序、收割进度快。

【组织春季农业机械化生产】 2022年"春耕"期间，安徽省投入各类大型高性能农业机械50万台，培训农机操作人员5万人次，检修农机具50万台（套），为推进春耕生产奠定基础。

【开展小麦机械化抢收】 2022年，安徽省制定小麦抢收工作方案及应急预案，免费发放8 000册《跨区作业信息手册》和3.6万张跨区作业证，联合石油部门加强柴油保供，协调交通运输部门设立"绿色通道"确保转移顺畅，成立7个"三夏"指导服务工作组巡回开展指导服务。全省共投入联合收割机近20万台，机收率稳定在99%。

【指导各地做好秋收秋种机械化生产】 2022年，安徽省加大高性能智能农机推广应用，全省投入各类农机具240万台套，中晚稻机收水平达99.8%，小麦、油菜机播水平分别超过93%和50%。

【抓机收减损工作】 2022年，安徽省印发油菜、小麦、秋粮机收减损方案，明确粮食机收平均损失率控制目标。成立工作组赴一线开展粮食机收减损工作指导服务。全省组织开展100余场次机收减损大比武，与安徽农村广播等联合创办夏季和秋季线上线下机收减损现场会。在44个县（市、区）497个乡镇623个点，与发改部门联合开展机收减损检查，营造"减损就是增产"的理念。2022年全省粮食机收平均损失率控制在2%以内。

【配合完成大豆玉米带状复合种植和油菜扩种任务】 2022年，安徽省组织相关专家召开机播技术研讨会，确定适宜安徽省实际的种植模式，印发技术指导意见，陪同专家组开展专项工作指导调研，做好装备保障。

【开展农机深松（翻）整地作业】 2022年，安徽省开展农机深松深翻创新改革。在沿淮淮北的25个县区和省农垦农场开展深松深翻作业。在6个县（区、农垦）开展深松深翻整地作业对比试验。

【优化补贴政策】 2022年，中央财政分配安徽省农机购置补贴资金12.4亿元，较2021年增加34%。全年补贴各类农机具10.82万台（套），受益农户8.06万户，拉动社会投入资金37.69亿元。共补贴大中型拖拉机15 879台，谷物收获机械10 142台，玉米收获机械1 959台，粮食烘干机636台，农机装备结构优化。本着"稳定实施政策，最大限度发挥政策效益"的原则，安徽省2022年补贴机具范围从15个大类41小类138个品目调整为23个大类47个小类125个品目。将符合条件的"两利用"、畜牧养殖等绿色发展机械及大型复式智能高效农机装备全部纳入补贴范围并按较高标准测算补贴额。将适合安徽省大豆玉米带状复合种植的专用播种机纳入农机新产品购置补贴试点，并将补贴额测算比例提高至35%。推行补贴政策跨年度连续实施，稳定政策预期，编印政策宣传手册，在媒体开展专题宣传。

【完善省级专栏建设】 2022年，安徽省102个市县补贴专栏全部保持开通，专栏建设率连续六年保持100%。完成两轮农机补贴自主投档集中审核工作，共审核6 865个产品，审核通过5 607个产品。选择丘陵山区机械共62款产品开展演示评价实地验证，规范实施补贴政策。在农业农村部农业机械化管理司组织的2021年度省级农机购置补贴政策落实绩效管理评估中被评为优秀等次。

福 建 省

【概况】 2022年，福建省开展"春耕、夏季"机械化生产工作，组织农机合作社、农机大户和农机手开展农机作业服务。全省主要农作物耕种收综合机械化率达73.5%，较2021年提升1.26个百分点。

【出台农机用油优惠举措】 2022年，福建省联合中国石油化工股份有限公司、中国石油天然气股份有限公司省级分公司，制定福建省"十四五"农机作业用油保障活动方案，落实"三优一免"政策，保障重要农时季节农机作业用油供应。

【开展跨区作业】 2022年，福建省发放农机跨区作业证800张，引导插秧机、联合收割机顺畅跨区作业。组织全程机械化示范县申报。组织浦城县、尤溪县、上杭县、龙海区、福鼎市、仙游县、德化县、连江县、同安区等县（市、区）申报全国示范县。浦城县、尤溪县、上杭县均被评为全国第七批主要农作物全程机械化示范县。

【农业机械化短板加快补齐】 一是举办现场培训班。2022年5月份，福建省在南平市举办全省丘陵山区农业机械化补短板现场培训班，分析福建省农机装备短板弱项，研究安排下阶段重点工作。二是举办再生稻机收演示培训。在浦城县组织全省再生稻机收作业现场演示培训班，现场展示适宜再生稻生产的中小型机具，演示再生稻"回"形收割、单道进出等新型收割技术，举办农机农艺融合生产讲座，提高再生稻机械化作业水平。三是开展水稻机收减损行动。联合福建省发展和改革委员会出台水稻机收损失监测调查方案，选取尤溪县、南安市、建阳区、长汀县4个水稻主产县（市、区）开展水稻机收损失监测调查。在全省举办10场早稻机收减损技能大比武活动，推动水稻机收减损率最大限度降低。

【农业机械化示范推广有新进展】 一是加快新机具示范与推广。2022年，福建省组织实施"五新（农机新机具）示范推广"项目，围绕水稻、蔬菜、茶叶等作物，在全省新建20个省级示范推广基地，开展新机具的引进、示范和推广。5月中旬，开展线上全省农机系统"农艺大讲堂"活动，组织全省农机推广技术人员、合作社、种植大户代表300多人，参加全国油菜蔬菜生产全程机械化技术线上培训班。二是新建主要农作物和特色产业生产全程机械化示范基地。目前，全省已建设71个主要农作物基地，召开各类现场培训会181场次。全省建设62个特色产业基地，召开各类现场培训会54场次。三是开展机械化推进活动。全省以提高农作物生产全程机械化水平为目标，重点突破各作物机械化关键薄弱环节，先后在闽侯、建宁、尤溪、宁德等地，组织开展多场次全省机械化生产推进活动。

【落实农机购置补贴政策】 2022年，福建省安排省级以上补贴资金27 642万元，已使用资金28 359.28万元，使用比例102.59%，申请补贴农机具12.29万台（套），受益农户6.86万户。福建省先后在全国农机报废更新补贴政策培训班和农机购置补贴采信认证结果工作研讨会上做典型发言。

【完善补贴政策】 2022年，福建省制定农机购置补贴资金分配方案，绩效目标，组织实施农机购置补贴政策。联合福建省财政厅印发《关于进一步做好农机购置与应用补贴工作的通知》，优化补贴机具品目，推进市场化改革，强化保障和监管督导。完成国务院办公厅督查室对福建省补贴工作调研。

【优化补贴种类范围】 2022年，福建省按照农业农村部、财政部农机购置与应用补贴试点工作要求，推进补贴机具"优机优补、有进有出"工作，修订印发农机购置补贴一览表，公布23个大类47个小类100个品目一览表，其中取消16个，下调19个，增加23个。组织2 166款农机产品投档，新增1 927款补贴产品。

【推进补贴试点】 2022年，福建省向农业农村部农业机械化管理司备案24个产品直接采信第三方检测报告，印发开展试点通知，推进试点。开展蛋品清洗分级装托生产线等3类农机成套设施装备分类分档及补贴额制定工作。

【提升农机合作社服务能力】 一是培育"五有"合作社。2022年，福建省指导农机合作社加大设备投入、拓展服务领域、创新服务模式，2022年全省培育52家"五有"农机合作社，农机作业服务面积达300.67千公顷。二是建设服务中心。全省新建10个"全程机械化+综合农事"服务中心，为农户提供"一站式"机械化服务。三是推动数字农机服务。在9个项目县开展数字农机试点工作，目前已安装北斗终端376台，提供作业服务面积达4.75千公顷，服务小农户达6 000户。福建省加快推动省级数字农机服务系统建设，目前数字农机服务系统可研报告已通过评审。

【存在问题】 一是粮安考核缺乏资金保障。粮安考核农业机械化工作内容多，包括培育建设"全程机械化+综合农事"服务中心、建立应急作业服务队、开展机收损失监测或第三方随机抽检等方面工作，但没有相关经费支持。二是农机购置补贴资金无法满足需求。随着购机补贴政策优化完善、补贴机具范围扩大、政策知晓度提升，农民购机积极性高涨，补贴资金出现不足，难以有效满足农民购机需求。

江 西 省

【概况】 2022年，江西省农业农村厅在农业农村部农业机械化管理司的领导下，以问题为导向，以建设模范机关为抓手，带领全省农业机械化系统，推进农业机械化全程全面高质量发展，为加快农业农村现代化和实施乡村振兴战略提供机械化支撑。

【农业机械化工作情况】 2022年，江西省实施中央财政农机购置补贴政策和省级农业机械化高质量发展项目，强化农机补短板工作措施，推动全省农业机械化工作全程全面高质量发展，水稻生产耕种收综合机械化率和主要农作物生产耕种收综合机械化率均提升1个百分点以上，分别超83%、78%；南昌县、彭泽县、余干县等8个县（市、区）获评全国第七批基本实现主要农作物生产全程机械化示范县。按照农业农村部农业机械化管理司部署，承担多项农机购置与应用补贴区域性牵头工作，开展机收减损、损失监测调查和"田间日"等工作，在全国农业机械化工作会议上作典型发言，获得农机购置与应用补贴政策落实绩效管理评估优秀等次，农机质量投诉信息报送工作获部司通报表扬。

【加大政策扶持力度】 2022年，江西省在实施中央农机购置与应用补贴政策的基础上，对农户急需的高速插秧机、有序抛秧机，按中央财政补贴额的30%进行省级财政累加补贴，高速插秧机、有序抛秧机新增3 560台，助推水稻机械化种植率提升5个百分点以上。

【举办现场观摩活动】 2022年，江西省举办以粮油全程机械化为主的"田间日""地头展"，通过形式多样、内容丰富的农业机械化作业现场活动，引导农民使用新机具、新技术，各地共举办各类机械化推广、演示、观摩等活动1 000余场。

【开展新技术试验示范】 2022年，江西省推广大钵体毯状苗机械化育插秧技术，全年推广面积超20千公顷，解决双季机插茬口紧的问题。建立22个油菜机械化移栽示范区，引进、试验示范油菜机械化种植装备，探索稻油机械化生产技术模式，为油菜扩种66.67千公顷提供技术支撑。

【强化农机实用人才培育】 2022年，江西省依托高素质农民培育项目，开展农机手培训，解决农忙时期机手短缺问题。举办全省农机维修工技能竞赛，通过"以赛代训"培训一批优秀农机维修工。

【加快建设水稻机械化育秧中心】 2022年，江西省争取中央和省级财政支持，对水稻机械化育秧中心建设进行补助，全省已建成水稻机械化育秧中心399个，单季育秧能力达117.8千公顷。

【加快建设全程机械化综合农事服务中心】 2022年，江西省安排省级财政专项对达到建设要求的全程机械化综合农事服务中心进行补助，推进小农户与现代农业的有效衔接。全省已建成全程机械化综合农事服务中心89家，带动服务7 860户小农户，推动小农户与现代农业的有机衔接。

【加快建设区域性农机应急救灾防灾中心】 2022年，江西省以南昌农机大市场、新余农机大市场为依托，分别在南昌市南昌县、新余市渝水区建设区域性农机应急救援中心，实现农机应急救援作业、维修服务响应到位。

【加快建设"四有三能"农机维修网点】 2022年，江西省制定《江西省"四有三能"农机维修网点认定工作实施方案》，在全省打造100个有资质条件、有形象标识、有技术能力、有经营水平、能服务、能发展、能共享的"四有三能"的农机维修网点，提升全省农机维修服务水平。

【成立农机装备补短板专班】 2022年，江西省成立由江西省农业农村厅领导牵头，江西农业大学、江西省农业科学院、江西省农业技术推广中心和江西省农业农村厅相关部门参与的农机装备补短板工作领导小组，推进农机装备补短板工作。

【梳理短板机具目录】 2022年，江西省农机部门联合江西省工业和信息化厅，在调查研究和专题调研研讨的基础上，发布《江西省农业机械化生产技术装备需求目录（2022版）》，确定41项短板机具的主要技术参考指标，引导科研院所、生产企业和应用主体有针对性地协同开展短板机具的研发、制造和应用推广等工作。

【举办农机招商展览】 2022年，江西省举办第二届中部（江西）农业机械及零部件展览，共吸引省内外100余家农机厂商参展，超过1.5万人次现场观展、60万人次线上观展，签约成交农机具及配件近5 000台（套）、总金额达2.7亿元。

【强化丘陵山区智能农机研发创新能力】 2022年，江西省与中国农业大学签署《联合申报建设江西省南方丘陵山区智能农机装备研究院协议》，借助"大院大所"力量，提升江西省农机装备研推用能力。推动抚州市东乡区人民政府与国家农机装备创新中心合作，在当地建立国家农机装备创新中心江西研发基地，助力江西短板机具研发、推广。

【强化农机试验鉴定能力】 2022年，江西省强化资金支持，创造条件改善农机产品测试检验条件，农机鉴定能力由原来14个品目增加至71个品目。全年鉴定农机产品57个，制修订鉴定大纲6件，农机试验鉴定能力增强。组织对鉴定机构进行绩效评价，规范鉴定行为。

【优化政策实施】 2022年，江西省将补贴机具种类范围调整为20大类42小类113个品目，做到品目归属合理；优化补贴额一览表，新增轨道运输机等60个分档，提高油菜籽收获机等32个分档的补贴额，降低保有量明显过多的轮式拖拉机等38个分档的补贴额，促进优机优补；将装配式循环水养殖设施、畜禽精准饲喂设备、油茶果剥壳机、精量石灰撒施机4个农机专项鉴定产品纳入农机购置与应用补贴范围，支持丘陵山区特色产业发展，助力巩固拓展脱贫攻坚成果。

【推进政策创新】 2022年，江西省探索实施拖拉机、收割机农机购置贷款贴息试点，全省共有1 842户2 004台机具办理贷款贴息510多万元，涉及农机购置贷款金额总计1.5亿元。

【强化政策监管】 2022年，江西省农机部门联合财政部门，针对补贴标准的精准性、资金兑付的及时性等问题和近三年农机购置补贴政策实施情况，进行自查自纠，发现问题及时纠偏。制定印发《江西省农机购置与应用补贴机具投档工作办法》《江西省农机购置与应用补贴政策实施异常情形报告制度（试行）》《江西省农机购置与应用补贴机具核验工作指引》《江西省农机购置与应用补贴"三合一"办理操作指引》4个工作制度，完善内控措施，规范农机购置补贴政策实施，预防政策及廉政风险。

【推进政策便民】 2022年，江西省新增履带自走式旋耕机、四轮乘坐式水稻插秧机、有序抛秧机、油菜籽收获机4个品目或相关档次的机具纳入"三合一"补贴办理范围，将北斗导航自动驾驶系统纳入农机购置补贴机具种类范围，现纳入信息化监管的机具达5.8万台，监测面积累计达4 105千公顷，基本实现作业可查、轨迹可回放、面积可计算。

【强化应急保障】 2022年，江西省建立江西省农机应急保障体系，强化机具保障和服务。"春耕、双抢、秋收、冬种"期间，全省共投入农机具100万台（套）以上，保障农事生产。依托全程机械化综合农事服务中心等新型农机服务组织，成立应急抢收抢种作业队伍1 206支，对外公布省、市、县三级水稻机收保障热线电话111个，累计受理咨询电话2 354个，为基层农户解决实际困难和问题。

【强化机具调度】 2022年，江西省农机部门加强同江西省交通运输厅、江西省卫生健康委员会等单位工作对接，统筹做好农机跨区作业和疫情防控等工作。落实跨区作业机具免收高速通行费等政策，发放联合收割机插秧机跨区作业证2 600张，在高速公路出入口等防疫检查点设立联合收割机绿色通道112个，设立跨区作业服务接待站193个，保障跨区作业机具高效通行。

【强化"三优一免"用油措施落实】 2022年，江西省农机部门与中国石油化工股份有限公司江西分公司、中国石油天然气股份有限公司江西分公司，联合下发"十四五"农机用油保障工作的文件，推动农机用油"三优一免"（优先加油、优惠供应、优质服务和免费办理）政策落实，汽油每升最高可95折，柴油最高每升可优惠1元，降低农机作业成本，减轻农民负担。

【强化机收减损】 2022年，江西省发布《江西省水稻机械化收获减损技术指导意见》，各地通过短视频、明白纸、微信公众号等形式，宣传机收减损技术。全省共举办机收减损技术培训237场次，培训机手6 881名，江西省省长叶建春亲临全省机收减损技能大比武现场指导，鼓舞全省农机系统和广大农户斗志，"减损就是增粮"意识增强。联合江西省发展和改革委员会，安排1 235个采样点，对水稻机收损失进行监测调查，实现产粮大县各涉农乡镇全覆盖，机收平均损失率在3.0%以下，符合现行作业质量标准。

【强化技术指导】 2022年，江西省派出6个省级指导组赴各地开展农机春耕备耕指导工作，重点指导各地开展早稻机械化育（供）秧、机具检修、安全生产指导等工作。发挥全国和省级农机使用一线"土专家"的示范带动作用，培育省级农机使用一线"土专家"156名，指导小农户使用先进的农机具。

【加强安全理论学习】 2022年，江西省以安全生产"大讲堂""大家谈""微课堂"和基层宣讲等形式，全省共开展安全生产学习、宣讲234场次，组织各类农机安全生产部署动员会议286场次。

【开展安全隐患排查】 2022年，江西省各级农业机械化管理部门深入田间地头、乡村场院、烘干中心等地，开展农机安全生产督导检查千余次，排查整治农机安全生产风险隐患1 056个；联合公安交警等部门上路执法，出动执法人员800余次，查处违法行为230余起。派出5个农机安全检查组，以随机抽查方式深入11个设区市的农机生产一线，对农机安全生产工作进行检查。

【推进老旧农机报废】 2022年，江西省共申请报废补贴机具2 949台，申请报废补贴资金2 438.5万元，受益农户2 110户，淘汰一批老旧机、低档机，降低农机安全隐患。

【开展"变拖清零"攻坚战】 2022年，江西省联合开展打非治违、加速消化存量，开展变型拖拉机专项整治工作。推动赣州市多个县市区实现清零工作，目前仅剩宜春高安市248台变型拖拉机，正在努力清零。

【开展安全生产月活动】 2022年，江西省通过设置展台、发放农机安全生产资料、举办农机安全展等方式，开展农机安全生产知识宣传和现场解答，共发放农机安全生产资料8 300余份，提高农机驾驶员安全意识、法律意识和操作水平。

山 东 省

【概况】 2022年，山东省在农业农村部农业机械化管理司和农业农村部农业机械化技术开发推广总站的领导指导下，按照部党组提出的"保供固安全，振兴畅循环"的工作定位，坚持"走在前、开新局"的目标定位，聚焦聚力促进粮食等主要农产品稳产保供和全面推进乡村振兴，扎实工作、砥砺奋进，推动农业机械化全程全面和高质量发展，各项重点工作任务取得成效。

【强化农机作业组织管理】 2022年，山东省组织发布对接农机作业服务供需信息，做好机具保障、维修服务、优先优惠用油等工作。"三夏"期间，组织上阵小麦联合收获机 18.6 万台，实现小麦机收 3 987.33 千公顷、机收率 99.6%，上阵玉米播种机 20.7 万台，玉米机播率 98.9%。"三秋"期间，组织上阵玉米联合收割机 14 万台，小麦播种机 30.8 万台，玉米机收率 95%，小麦机播率 99.5%。推进常态化农机应急作业服务队建设，提升机械化防灾救灾能力。组建应急抢收队 1 312 个，覆盖所有乡镇，以应对恶劣天气等特殊状况。

【确保农机跨区作业畅通】 2022 年，山东省农机部门以山东省人民政府办公厅名义印发《关于全力以赴做好夏粮收获工作的通知》，建立省级"三夏"农业生产工作协调机制。印发《统筹新冠肺炎疫情防控和"三夏"小麦机收工作导则》。会同山东省交通运输、公安等部门印发农机跨区作业通告，发放跨区作业证 2.7 万张，办理技术服务车免费通行证 231 个，开辟 555 个农机跨区绿色通道，设立"接机服务站"476 个。联合山东省商务厅、中国石油天然气集团公司中国石油化工集团公司，开展农业用油惠农保供活动，省内省外机手同享用油优惠 5%。"三夏""三秋"期间 24 小时值守，接听热线电话 100 余个，第一时间为机手提供服务。

【推进粮食机收提质减损】 2022 年，山东省在保障粮食安全方面着重从机收减损上挖潜，通过科技攻关、机收培训比武等，指导各地实现机收减损。"夏收与秋收"期间，指导各地常态化开展小麦机收减损大比武 38 场，玉米机收减损大比武 32 场，开展机收减损培训指导，对所有持证机手全覆盖，最大限度地减少机收环节损失，确保粮食颗粒归仓。山东省随机抽取的 466 个采样地块小麦平均机收损失率为 1.07%。组织 337 个乡镇随机抽取 350 个采样地块开展玉米机收损失数据监测，玉米平均机收损失率为 2.09%，较 2021 年降低。

【推进大豆玉米带状复合种植机械化技术推广应用】 2022 年，山东省设立 5 个农机农艺融合应用试点，以适合大豆玉米带状复合种植机械化生产为目标，围绕"播种、植保、收获"3 个环节，通过不同种植模式下的机械化技术和装备的应用研究，进行产量、效益和损失对比试验，形成《关于大豆玉米带状复合种植装备支撑保障情况的报告》。受农业农村部委托，按照"区域一体化+专业技术支撑"总体原则，山东省协同河北等 6 个省份，组织牵头制定黄淮海地区大豆玉米一体化播种机田间试验验证方案，组织集中开展田间试验验证，加快遴选出符合黄淮海地区农艺种植要求、质量可靠的产品。对复合种植专用机具进行重点倾斜，按照 35% 的现行最高补贴标准，对播种、植保、收获等亟须机具优先补贴、应补尽补。

【落实农机购置与应用补贴政策】 2022 年，山东省 13 亿元补贴资金全部落实到位，补贴各类农业机械 11.4 万台套，受益农户达到 9.2 万户，拉动农民和农业生产经营组织投入 37 亿元。在全国较早实行手机 App 申办补贴、补贴机具二维码识别、作业物联网监管"三合一"办理，手机 App 申办比例达 98%，物联网监管机具品目扩大到 15 个。优化补贴程序，提高补贴申办效率，方便机具核查，强化机具监管。推进粮食烘干成套设备补贴工作，将其纳入农机购置与应用补贴范围，制定粮食烘干成套设备建造规范。

【落实农机报废更新补贴政策】 2022 年，山东省实施覆盖面扩大到 80%，报废老旧农机 5 743 台套，提前一年完成"四增四减"三年行动目标任务。农机深松整地补助，落实 16 538 万元补助资金，作业面积 720.67 千公顷，超额完成国家下达的 700 千公顷作业任务。将全省 1 万余台深松监测终端对接到省级农机信息化服务平台，完成深松信息化监测面积 386.67 千公顷。选取 11 个试点，实施粮食烘干作业补助，促进藏粮于地战略实施。

【抓发展研究】 2022 年，山东省以应用需求为导向，开展"四分"农业机械化发展研究和基本实现农业机械化评价指标体系研究。优化种植业研究报告。动态调整农机产品需求目录。针对目前山东省农业机械化短板弱项和薄弱环节，谋划 19 大类 69 个亟须研究项目，拟在 3~5 年内，按照轻重缓急逐步攻关"卡脖子"问题。

【开展补短板行动】 2022 年，山东省农机部门组建农机装备补短板工作专班，以山东省人民政府办公厅名义印发《山东省农机装备补短板行动实施方案》（鲁政办〔2022〕160 号），谋划重大专项、争取政策支持、加快推动山东省农机装备转型升级和高质量发展。

【强化机艺融合应用】 2022 年，山东省争取 2 000 万元财政资金，选取 23 个试点组织开展农机农艺融合应用试点工作，以点带面逐步补齐各产业机械化发展短板。

【坚持示范典型引领】 2022 年，山东省 9 个县（市、区）创建为全国第七批主要农作物生产全程机械化示范县，5 个市创建为示范市。组织实施"两全两高"农业机械化示范县推荐申报和审核工作，13 个县（市、区）评价认定为"两全两高"农业机械化示范县，4 个市认定为示范市。推进"平安农机"创建活动，创建省级示范市 2 个，示范县 10 个，省级示范乡（镇、街道）88 个，示范农机服务组织 78 个。在农业农村部公布的 14 家全国蔬菜初加工机械化典型案例中，山东省入选 4 家。组建全国首支常态化农机应急作业服务队。4 次在全国农业机械化系统活动上介绍山东工作经验，3 次承办全国现场会、培训班。农机购置补贴政策落实工作在 2021 年度延伸绩效管理中被评为优秀等次，受到农业农村部通报表扬。

【农机安全生产形势向好】 2022 年，山东省多次召开山东省农业农村厅党组会议、厅长办公会和专题会议对农机安全生产工作进行安排部署，推动全省农机安全生产监管责任逐级落实。开展全省农机安全生产大排查大整治行动和农机安全生产专项整治三年行动。全省共开展农机执法 1 716 次，查处作业区域内违法行为 771 起；累计开展安全生产检查 4 100 余次，出动人员 1.2 万余人次，排查隐患 3 500 余处，均整改完毕，专项整治三年行动圆满收官。

【加强农机事故应急管理工作】 2022 年，山东省累计开展不同层级和形式的农机事故应急演练 300 余次，参演人数 6 000 余人。多渠道抓好农机安全宣传。农机安全生产形势稳定向好，全省未发生较大以上农机安全生产事故，保持平稳发展态势。

河南省

【概况】 2022年，在河南省农业农村厅党组的领导下，全省各级农机农垦部门坚持以习近平新时代中国特色社会主义思想为指导，学习贯彻党的十九大和二十大会议精神，落实中央、河南省委农村工作会议决策部署，以开展"能力作风建设年"活动为抓手，为农业生产提供装备支撑，抓重点、补短板、强弱项、保安全、促生产，推进农业机械化全程全面和高质量发展，深化农场企业化改革，为实施乡村振兴战略、加快推进农业农村现代化提供支撑。

【服务重要农时，保障农业生产】 2022年底，河南省农作物耕种收综合机械化率突破87%。小麦、玉米、水稻、花生生产种植面积分别是5 684千公顷、3 853千公顷、605千公顷、1 267千公顷；机播面积分别是5 605千公顷、3 767千公顷、381千公顷、1 079千公顷，机播率分别是98.6%、97.7%、62.9%、85.2%，其中玉米、水稻、花生分别较2021年度提升2.6个、1.9个、0.8个百分点；机收面积分别是5 657千公顷、3 399千公顷、572千公顷、1 012千公顷，机收率分别是99.5%、88.2%、94.5%、80%，其中玉米、水稻、花生分别较2021年度提升6.1个、1个、6.5个百分点。

【精心谋划部署】 2022年，河南省农机部门指导各地做好关键农时季节农业机械化生产的组织、农业机械化和服务保障、信息报送等工作。9月6日，河南省农机农垦发展中心在驻马店市举办全省"三秋"农业机械化生产暨全程机械化推进工作现场会。

【密切协作配合】 2022年，河南省农机农垦发展中心与河南省交通运输厅联合印发5万张2022年跨区作业证，开通绿色通道826条。联合河南省气象局为农机合作社理事长、农机大户等发送气象、机收进度等信息200多万条；与中国石油化工集团公司、中国石油天然气集团公司河南分公司联合下文，农机用油享受不低于3%的优惠，设立农机专用加油点，开展送油到田间地头活动。

【狠抓生产组织】 2022年，河南省各地做好农业机械化作业市场信息收集、整理、发布和更新工作，引导机械合理流动，提高机械利用率，保障农业生产的顺利进行。仅用18天就完成5 667千公顷小麦的收获作业。

【推进机收减损】 2022年，河南省举办"粮食机收减损知识有奖竞答"活动、发放20万余份《粮食减损 农机先行》宣传册、开展线上线下专题培训，全省受益人员100余万人次。全省小麦、玉米、水稻机收平均损失率均低于相关作业标准。

【优化服务保障】 2022年，"三夏"期间，河南省各地农机部门设立小麦机收跨区作业接待站441个。指导农机社会化服务组织、农机大户等做好机收准备，检修机具400多万台（套），培训农机人员30余万人次，公布省市县24小时应急值班电话190个。小麦收获前组织机收对接面积5 597千公顷，占全省种植面积的99%。开展线上、线下等多种形式的机手培训和现场活动，举办培训和现场活动207场次，累计受训人员30万人。

【强化指导督导】 2022年，"三秋"期间，河南省组织成立6个"三秋"农业机械化生产服务指导组，分包18个地市，下沉一线进行，就农业机械化作业、项目实施、应急服务、安全生产等开展技术指导和服务。

【组织应急救灾】 "三夏"期间，河南省成立应急作业服务队617支，为封控区、外出打工无法返乡和家里缺少劳动力以及小散偏地块的农户开展代收代种。"三秋"期间，组织应急抢收抢种作业队705支，为完成"秋收、秋种"提供保障。平顶山市郏县从驻马店市汝南县专门引进30余履带式联合收割机解决套种田块麦收；长葛市面对疫情严格落实农机手吃住在地，人不入村的"闭环管理"，全市40千公顷小麦适时收获，机收率99.5%。

【明确补贴重点，强化政策导向】 2022年，河南省制定发布四批农机购置补贴机具补贴额一览表和大豆玉米带状复合种植专用播种机新产品补贴额一览表，共包含21个大类、45个小类、120个品目、562个档次。将大豆玉米复合播种机列入河南省补贴范围，提升大豆玉米带状复合种植专用播种机、大豆收获机、专用植保机补贴标准。补贴资金向2021年受灾严重的鹤壁、安阳、新乡等地市倾斜5%（计5 043万元）。选择救灾适用机具谷物（粮食）干燥机、自走履带式谷物联合收割机（全喂入）、离心泵（52千瓦及以上）、潜水电泵（37千瓦及以上）等纳入省级累加补贴范围。2022年，落实中央农机购置补贴资金156 169万元，共补贴农机具294 588台（套），受益户279 152户，带动投入111.40亿元。

【推进报废更新，优化装备结构】 2022年，河南省建立农机报废更新补贴辅助管理系统，落实绩效考核。进行20个报废更新创新试点，建设农机报废远程监控试点。截至2022年底，全省149个农机购置补贴实施县（区）中，有139个县区实施农机报废更新工作，覆盖面达93%（占农机购置补贴实施县的比例）。报废老旧农机共计2 467台，其中：拖拉机218台，联合收割机2 211台，水稻插秧机38台，共惠及农户2 119户。

【强化措施落实，做好深松整地】 2022年，河南省共安排补助资金1.875 5亿元，投入作业深松机具近2万台，实施深松面积874千公顷。加大信息化远程监测设备应用力度，投入安装深松监测设备的深松机5 821台，完成深松整地作业信息化检测面积424千公顷，作业补助面积实现信息化监测全覆盖。

【立目标，强推动】 2022年，河南省参照国际上基本实现农业机械化标准并衔接全省"十四五"农业机械化发展规划，制定示范县建设引导性目标和约束性目标，明确示范县建设目标导向。以示范县建设为抓手，提升农机装备质量和全程全面机械化水平，构建率先实现农业机械化发展新格局。

【抓组织，创佳绩】 2022年，河南省成功推荐商水县、平舆县、西峡县、潢川县、濮阳县、漯河市源汇区、尉氏县、渑池县、浚县、鲁山县这10个县（市、区）获得农业农村部全国主要农作物生产全程机械化示范县认定。至此，河南省主要农作物生产全程机械化示范县总量达80个，占全国总量9.2%，居全国第二名。此外，南阳市、濮阳市、周口市3个设区市于2022年整建制率先基本实现主要农作物生产全程机械化。加上此前的商丘市和漯河市，河南省已有5个市整建制率先基本实现主要农作物生产全程机械化。

【培训提升强业务】 2022年，河南省组织各地农机监理人员参加全国农机事故报送分析系统线上实操视频会议培训班、农机安全生产与防灾减损、如何当好企业第一责任人网络直播讲座等线上培训；举办全省农机安全监理业务线上培训，编印《河南省农机安全监督管理业务手册》2 000册。各地针对农机监理人员和农机手开展各类培训、知识竞赛、大比武、应急演练等活动954场，累计培训人数29 044人次。

【隐患排查保安全】 2022年，河南省加强与公安交警等部门协调联动，开展安全隐患排查，严厉查处违法违规行为。全省共开展农机安全检查4 689次，排查事故隐患3 537个，整改隐患3 504个。其中安阳市"亮尾工程"，免费粘贴反光标识6 600余条；长垣市依托农机合作社和行政村村委会，设立农机安全检验点30个，开展送年检、送安全生产技术、送机收减损技术"三下乡"民生服务活动；周口市探索开展全市农机安全技术示范基地建设。全年未发生一起较大以上农机事故，事故起数、死亡人数、经济损失比2021年均有所下降。

【宣传宣讲筑防线】 2022年，河南省依托农机"安全生产月"，河南省农机农垦发展中心印制宣传册、挂图1万余份免费发放各地；各地通过线上+线下方式，累计宣传3 258次，发放各类宣传资料45.5万余份，刊发农机安全新闻稿件463篇，受益群众30万余人。其中济源市搭建农机手机短信服务平台，发送短信15 000余条；信阳市定制农机安全生产挂图等2 000多份。持续开展全省"平安农机"创建活动，推荐国家级"平安农机"示范县（区）9个，评选河南省"平安农机"示范县6个，示范乡镇142个，示范合作社91个，岗位标兵61个。

【优化服务促提升】 2022年，河南省安排农机监理装备能力提升建设资金200余万元，用于改善23个市（县）监理装备环境。设立跨区作业服务站337个，开展送检下乡、免费保养农机、牌证发放等便民服务，确保农机手得得安心、收得放心。全年新注册拖拉机和联合收割机8.59万台，检验拖拉机和联合收割机4.77万台，新增申领驾驶证人数2.16万人，发放催检、催审短信17.2万余条。

【强化政策引导增合力】 2022年，河南省把农机合作社建设作为农机推广的主战场、提升农业机械化率的主抓手、提升农业社会化服务水平主突破口，利用省财政400万元资金支持50家农机社会化服务组织完善机库棚等基础设施，为农机社会化服务发展注入强劲动力。

【典型案例示范增实效】 2022年，河南省评选确定47个省级"全程机械化+综合农事"服务中心典型案例，做到服务链条向耕种收管、产地烘干、产后初加工等"一条龙"农机作业服务延伸，服务内容向农资统购、技术示范、咨询培训、产品销售对接等"一站式"综合农事服务拓展，为提升农业科技应用水平，实现农业节本增效，推动适度规模经营探索有效路径。

【建设"河南农机云平台"】 2022年，河南省与国家农机装备创新中心开展合作，开发建设"互联网+农机"信息化平台——"河南农机云平台"推动农业机械化和信息化融合发展。2022年5月云平台Web端、手机端App已上线运行并实现智能监测终端、农机云平台、手机App三方数据互联互通，实现以平台为基础，数据分析为手段，利用作业数据监测、作业面积核算、作业轨迹查询、农机调度等基础功能指导农机作业。

【探索农机信息化新路径】 2022年，河南省依托农业农村部农业机械化总站"河南省后装农机远程运维终端补助项目"，利用中央资金140万元，在漯河市、信阳市2县1区（光山县、罗山县、浉河区）补助安装基于北斗的农机远程运维终端，共安装1 400台，涉及作业类型14类。投入省级资金400万元，在漯河市和信阳市光山县、罗山县、浉河区实施"河南省2022年智能农机作业补贴（漯河试点）项目"，对安装智能终端的1 390台农机具实施作业补贴，涉及作业类型12类。"三夏""三秋"期间，漯河市参与作业补贴项目的谷物联合收割机，平均每台作业面积比2021年平均作业面积多25公顷左右，增长率56%。

【组织垦区土地管理与利用调查摸底及监测工作】 2022年，河南省组织各地对2018年农垦土地确权登记发证后出现的人民政府收回等土地权属变化、资产化资本化、农用地经营方式、高标准农田建设等情况进行全面摸底，组织填报、变更2021年农垦国有土地管理与利用监测数据。河南省有13个农场的部分土地因人民政府收回、新发证等原因导致土地面积、权属信息发生变化，黄泛区农场、河南省兆丰农垦集团有限公司、淮滨县农场等在推进农垦国有土地资产化资本化、适度规模经营、培育新型农业经营主体等较有成效。

【巩固拓展脱贫成果】 2022年，河南省依托中央财政衔接推进乡村振兴补助资金1 552万元，分配给9个"十四五"欠发达国有农场，共安排项目15个。配合国家乡村振兴局和财政部完成欠发达国有农场2019—2021年的项目的第三方检查。国家乡村振兴局、财政部等6部门开展2022年度衔接推进乡村振兴补助资金绩效评价及考核工作，现场考核效果较好。正阳县农场万亩小麦秸秆回收利用项目核心区综合利用率达到100%，年实现新增纯效益26万元，免费为农场农工及周边群众进行秸秆打捆作业超过0.8千公顷，2 500多人受益。

【推进粮食生产】 2022年，河南省农垦冬小麦收获面积19.65千公顷，总产量17.01万吨，比2021年增加1.31万吨，增长14.7%，平均产量8 655千克/公顷，较2021年增加675千克/公顷，增长8.46%。秋粮种植面积16.99千公顷，总产15.06万吨。

【生猪养殖规模逐渐恢复】 2022年，河南省生猪存栏12.91万头，能繁母猪1.84万头，出栏17.51万头。诸美集团、谊发牧业、鑫欣牧业成功入选全国62

个非洲猪瘟无疫小区，成为国家首批"无非洲猪瘟小区"。

【加强农垦品牌建设】 2022年，河南省组织推动兆丰农垦集团有限公司的企业品牌"兆丰"成功入选并收录进2022年《中国农垦品牌目录》。组织黄泛区农场、诸美集团、博农方便面、博农乳业等开展中国农垦品牌目录动态管理工作，组织博农集团参与农业农村部市场司开展的农业品牌精品培育计划企业品牌申报工作。

【地市补贴资金兑付滞后】 2022年，河南省据农财两部门职责分工，农业部门负责农机补贴申请受理、机具核验及项目管理，财政部门负责资金管理和资金兑付。全省2021年度农机补贴资金结算比例77.63%，2022年结算比例45.50%。截至2022年底，全省完成深松整地作业874千公顷，但深松补助资金仅兑付4 908万元，占资金总额的26%。资金兑付滞后影响惠农政策的顺利实施，降低农户的获得感。

【补贴资金和工作费用缺口大】 2022年，河南省超额受理补贴申请近19亿元。河南省每年平均补贴机具12万～13万台（套），需要基层工作人员现场或入户核验，因经费无保障，影响核验工作。按照农业农村部要求，农机购置补贴工作需使用农机购置补贴管理系统、报废更新系统、农机购置补贴"三合一"系统等，每年需要费用90万～100万元，目前缺口80万～90万元。这些软件系统，一方面保障补贴日常监管，另一方面部级绩效考核需要。

【农机合作社发展良莠不齐】 2022年，河南省调查10年前注册的100家农机合作社，收到情况反馈93家。仍保持经营50家，占比54%；已经不再运行（含空壳化）43家，占比46%。不再运行的合作社中29家反馈原因，理事长年龄偏大或去世，造成合作社解体的，占比约38%；经营不善，导致合作社失去运营能力的占比约为45%；设施用地问题无法得到解决，失去生存和发展能力的占比约为19%。

【农业机械抗灾救灾能力不足】 2022年，河南省抗灾救灾机械作为应急装备，农民不常用，购买积极性不高，导致遇到灾情农机作业无法保障，造成农民收益受损。

【农机安全存在隐患】 2022年，河南省部分地区工作经费保障不到位，缺少技术检验、无纸化考场等装备，尤其是2019年底农业农村部发布新的《拖拉机和联合收割机安全技术检验规范》，各县需要对农机检验装备进行更新换代，但有一定资金缺口。由于机构改革，基层农机监理机构人员、职能剥离，业务不熟，手段不强，部分基层监理机构工作经费没有纳入财政预算，影响到工作的开展。农民机手法律意识淡薄，纳入管理的自觉性不强，还没有形成人人懂法、人人守法的安全生产氛围。

【存在农垦发展问题】 2022年，河南省农垦高效科学地促进发展机制和体系还没有很好地构建起来，获得支持的政策渠道也不够畅通。农垦特色主导产业不够明确，没有形成优势品牌和拳头，河南省农垦经济发展总体上与外省有差距。对全省农垦现状了解把握不够全面、深入、系统，对农垦全面发展和振兴的服务指导工作针对性不强、力度不够，办法不多，比较薄弱。

湖北省

【概况】 2022年，湖北省农机部门坚持以习近平新时代中国特色社会主义思想为指导，推进农机购置补贴政策实施，加强农机具有序调度，强化绿色高效农业机械化技术服务，夯实农机安全生产监督管理基础，发挥农业机械化在"春耕""三夏""三秋"农业生产中的重要作用。

【完善购机补贴政策】 2022年，湖北省调整补贴范围，确定2022年补贴机具种类范围为17大类34个小类92个品目；三次优化调整湖北省2022年农机购置补贴机具补贴额一览表，全年受理企业投档工作，推进水稻插秧机、履带旋耕机等优机优补工作；加快推进水稻育秧中心、连栋温室大棚、畜牧用车辆消毒（清洁）设备、浓香菜籽油加工等成套设施装备的补贴试点实施工作，向农业农村部报送蛋鸡养殖成套设施装备和水产圈养成套设备补贴试点备案报告；推动自走式镇压机、窄履带水稻收割机、毯状苗油菜移栽机等创新产品进入补贴范围；优化补贴办理流程，启用便利录入功能，补贴申请不受资金限制，启动湖北省农机购置补贴办理服务"三合一"工作；推进农机报废更新补贴政策，部署和推动农业机械发动机标准由国三向国四升级换代工作，促进农业机械化绿色安全发展。

【农机购置补贴实施】 2022年，湖北省实施补贴资金10.38亿元（可用补贴资金8.54亿元，超录约1.8亿元），资金使用比例达到121.54%，补贴农机具14.78万台，受益农户10.36万户；淘汰报废各类老旧农业机械1 999台、受益农户1 892户，农民享受报废补贴资金1 760.5万元。新增农机总动力约200万千瓦，全省农机保有量超过1 300万台，农机总动力超过4 850万千瓦，农机装备结构优化。

【抓农机跨区作业服务】 2022年，湖北省推广托管式、订单式、租赁式等本地农机作业服务，科学有序抓好农机调度工作。作为湖北省农业农村厅第二指导组牵头单位，先后10多次奔赴基层一线，指导督促农业生产工作。累计投入各类农机具263万台以上，水稻、小麦、油菜和玉米耕种收综合机械化率分别达87%、91%、74%和67.5%，全省农作物耕种收综合机械化率达73.5%，比2021年增加0.6个百分点。

【抓推广示范】 2022年，湖北省举办现场会、培训班、大比武等100多场次，建立新机具新技术示范点50多个，打造基于北斗的综合集成型智慧农场和基于北斗的智能农机应用示范基地20个，其中机收减损成效显著，挽回粮油损失近0.87亿千克（小麦约0.12亿千克，油菜约0.4亿千克，早中稻约0.35亿千克），晚稻机收减损正在监测中。

【抓协调保障】 2022年"三夏""三秋"期间，湖北省农机部门发布24小时值班电话，坚持农业机械化生产日报或周报调度；落实高速公路免费通行政策，累计为机手发放跨区作业证6 700多份，累计优惠通行费3 000万元以上，惠及12.58万辆/次以上；设立县级农机跨区接待服务站500多个，为来鄂跨区作业的机手免费提供各类服务；联合中国石油天然气集团公司、中国石油化工集团公司等公司，打造机手驿站或司机之家167个，累计服务农机手超过190万人次，累计支农惠农用油超过10.68万吨，为农机手节约资金约8000万元。

【加快补齐农机装备制造短板】 2022年，湖北省推进国家级主要农作物全程机械化示范创建，成功推介国家级示范县5个。每季度编制湖北省农机补短板工作及农机装备研制动态信息、短板机具项目化实施方案，推进国家级全程机械化科研基地落户武汉，前三季度共编制短板机具实施方案121个，重点支持22个"产学研推"联合技术攻关项目，加速农机科研成果转化落地，东风井关、湖北名泰农机产业园（南漳）、中国南方农机产业园、星光玉龙农机产业园等初现雏形，农机装备高质量发展步伐加快。

【加快补齐机械化生产环节短板】 2022年，湖北省安排8800多万资金用于开展水稻、油菜、小麦等主要农作物薄弱环节作业补助，制定省级粮食烘干中心技术标准，加快实施粮食烘干能力提升工程，建设区域性粮食烘干中心311个，补贴粮食烘干机1210台。

【加快补齐丘陵山区机械化短板】 2022年，湖北省在荆门市开展丘陵山区农田"宜机化"改造试点，拓展农业机械运用空间，开展农业生产全程机械化试验示范和联合攻关，打造3个国家级丘陵山区农机装备熟化应用基地，建立加快探索具有区域特点的农业生产全程机械化解决方案。

【加快补齐农机社会化服务短板】 2022年，湖北省向社会推介第二批"全程机械化＋综合农事"服务典型案例20家，打造区域性农机社会化服务中心；依托农机新型经营主体组建农机应急作业队近700个，从南到北助力全国小麦、玉米和水稻机收作业，打造湖北省跨区作业服务品牌。全年农机服务收入超过250亿元。

【抓实抓细安全生产监管措施】 2022年，湖北省组织农机安全生产宣传教育，开展农机安全生产月活动，全省累计开展宣传活动700余次，发放宣传资料10万余份，安全教育培训农机手6000余人次，宣传教育12万余人次；开展农机安全生产暗察暗访，推进农机安全隐患排查，全省开展农机安全检查8600次，检查农业机械及驾驶操作人员3.8万台（人）次，纠正违章900余起，排查事故隐患1600余起，下达隐患整改通知书23处；巩固"变拖清零"专项整治成果，对部分重点地区进行"回头看"，协助云南、四川、河南、广西等省区查处湖北假牌假证12起；开展"平安农机"创建，向农业农村部推荐团风县等4个国家级"平安农机"示范县。全省发生农机事故40起，受伤8人，死亡3人，直接经济损失74.924万元，与2021年同期相比，事故起数、受伤人数和死亡人数分别下降29.82%、27.27%和40%，未发生较大以上农机事故，农机安全生产形势总体平稳。

湖 南 省

【概况】 2022年，湖南省实施农机购置与应用补贴资金107418.27万元（含2021年超录资金48712.33万元），水稻和油菜综合机械化水平分别达81.78%和66.55%，较2021年提升1.73%和1.78%。

【突出稳产保供】 2022年，湖南省将水稻机械化育秧中心成套设备纳入农机购置补贴范畴，根据规模大小补贴3万~12万元/套；将农用连栋钢架大棚补贴试点扩大至全省范围。制定喷滴灌、生猪饲喂、蛋鸡养殖等成套设施设备建设规范，并逐步纳入补贴范围。

【突出急需急用】 2022年，湖南省将大豆玉米带状复合种植专用播种、植保、收获等机械，油菜移栽机和再生稻收获机纳入农机新产品试点范围。将高速插秧机、有序抛秧机、履带式拖拉机等丘陵山区特色机具和粮食生产重点急需机具补贴比例由30%提高到35%；省级安排4000万元，对高速插秧机、有序抛秧机和用于集中育秧的钢架大棚等3类机具按中央财政补贴额的30%进行累加补贴。

【突出绿色环保】 2022年，湖南省开展重金属污染机械化治理，将石灰撒施机纳入农机购置补贴范围并给予作业补贴，完成治理面积40余千公顷。推广植保无人驾驶航空器1308台、侧身施肥装置1461台，分别减施农药700吨、化肥6000多吨。全省规模养殖场粪污处理设施装备配套率达100%，粪污综合利用率达93%。

【突出优机优补】 2022年，湖南省推进北斗终端在农业生产领域的应用，牵头制定高精度农机北斗终端验证方案，将前置北斗终端机具和北斗作业终端纳入农机购置与应用补贴试点优机优补范畴。

【抓机插机抛】 2022年，湖南省财政安排1.12亿元，按照4千公顷、2千公顷、1千公顷、0.5千公顷4个任务档次，分配75个县163千公顷水稻机插机抛作业补贴任务面积。各县完成面积达221.25千公顷，完成率为135.73%，带动全省水稻机械化种植水平增长5个百分点。

【抓机收减损】 2022年，湖南省开展水稻油菜机收减损大宣传、大培训、大比武、大调研，巩固机收减损成效。在全省21个水稻单季种植面积27千公顷以上的县市区开展水稻早、中、晚三季水稻机收损失监测调查。水稻机收损失率控制在2.46%，低于3%的现行国家标准，约减少稻谷损失1.1亿千克；油菜机收损失降低3.6个百分点，约减少油菜籽损失2500万千克。

【抓农机合作社建设】 2022年，湖南省连续三年每年安排6100万元，支持建设120家现代农机合作社、60家示范社和25家全程机械化综合农事服务中心，全省农机合作社总数超过6200家，农机社会化服务水平超过50%。益阳市资阳区十代全程水稻专业合作社联合社的"十代服务"入选农业农村部农业社会化服务典型。

【抓农机抗灾救灾】 2022年，湖南省成立常态化农机应急作业服务队，依托全程机械化综合农事服务中心建立应急作业服务核心队，组织农机专业合作社、示范社建设应急作业服务分队。2022年特大旱情期间，全省累计动员农机作业服务组织4895个、农机手52万人次，投入抗旱救灾农机达 124 万（台）套，完成农机抗旱浇灌面积 1 661 千公顷，缓解极端天气对粮食生产影响。

【坚持高点谋划，高位推动】 2022年，湖南省政府办公厅和湖南省委农办分别制定关于补齐农机装备短板打造智慧智能农机产业链发展高地的若干措施和实施方案，构建"一中心三基地三示范区"发展格局。建立由分管省长为召集人，湖南省农业农村厅、湖南省工业和信息化厅牵头，科技、财政、发改等相关部门参与的农机产业链发展协同推进机制。

【坚持财政引导，社会参与】 2022年，湖南省利用农机研发制造推广应用一体化试点契机，支持湖南智能农机创新研发中心建设、支持企业提升农机生产制造能力。发挥湖南智能农机创新研发中心平台优势，引导省内农机生产企业和科研院所等社会资本参股，建立利益联结机制，共享发展成果，调动各方力量参与积极性。

【坚持三链同构，三链齐补】 2022年，湖南省农机部门引导湖南省内农机龙头企业加强上下游供需合作，配套完善供应链，推动解决农机装备供应堵点、断点问题，全省农机企业主要零配件省内配套率超过50%。在制造链方面，省财政连续两年每年安排 2 000 万元支持省内企业创新研发，形成丘陵山区轻量化智能通用动力底盘、有序抛秧机、水稻机收减损等20种研发成果。引导山河智能、铁建重工等工程机械头部企业参与农机制造。在应用链方面，启动中联沅江智慧农业示范基地、西洞庭智慧农业（数字大米）项目、贺家山原种场智慧水稻项目，推动高端农机装备应用。投入 8 000 万元，支持建设25个设施农业示范基地，带动集中育秧中心和优质蔬菜基地建设。支持农机企业开拓东盟、非洲等海外市场，帮助企业解决国外抵押融资和售后服务等困难，提升湘产农机"走出去"服务保障能力。

【开展拖拉机安全顽瘴痼疾专项整治】 2022年，湖南省以变型拖拉机为重点，整治上道路行驶拖拉机逾期未检验、应注销未注销、应报废未报废等问题隐患，加快变型拖拉机报废淘汰。全省共计淘汰变型拖拉机 3 346 台，变型拖拉机现存量降至 16 233 台，较 2017 年登记数减少 88.21%。

【组织农机安全生产大检查】 2022 年 4 月，湖南省下发《关于开展全省农机安全生产大检查工作的通知》，组织各地围绕6个方面32个具体内容全面排查农机安全风险隐患。9月份，部署"回头看"行动，在前期农机安全生产大检查的基础上再次查漏补缺，彻底消除事故隐患。全省共计开展农机安全生产检查 7 956 次，出动检查人员 27 275 人次，排查农机安全风险隐患 11 122 个。

【推进"平安农机"示范创建】 2022年，湖南省以"平安农机"示范市、示范县、示范乡镇、示范合作社创建为抓手，压实各级党委人民政府农机安全管理领导责任、行业部门安全监管责任和农机使用者主体责任，夯实农机安全监管基础。全年创建"平安农机"示范县5个、示范乡镇90个、示范合作社120个。

【开展农机"安全生产月"活动】 2022年，湖南省印发《2022年湖南省农机"安全生产月"活动实施方案》，6月份集中学习习近平总书记关于安全生产重要论述精神，在全省范围内部署开展农机"安全宣传咨询日"和"送安全下乡"等一系列活动。6月16日，在浏阳市举办全国农机"安全宣传咨询日"活动湖南分会场启动仪式。全省共计举办农机"安全生产月"活动 530 场，开展"进门入户送安全" 1 962 次，发放各类农机安全宣传资料 165 532 份，直接受益 62 075 人次。10月，农业农村部 2022 年第9期《"三秋"农机安全生产快报》上刊发全省保障"三秋"农机安全生产工作经验做法，湖南省委常委、副省长张迎春作出肯定性批示。

【水稻机械化种植水平低】 2022年，湖南省农作物耕种收综合机械化水平为54.23%，低于全国平均水平17个百分点，其中水稻机械化种植水平是最突出的短板。一方面，发展不平衡，丘陵山区农业机械化水平普遍低于平湖市；另一方面，领导干部思想认识存在偏差，对水稻机械化生产重视不够，部署推动乏力，补短板韧性不足。

【基础设施建设不足】 2022年，湖南省机耕道建设与农业机械化发展不相匹配，除高标准农田之外，其他耕地的机耕道建设还比较缺乏，特别是丘陵山区机耕道路严重缺失，田块细碎，高低不平，农机"下田难、作业难"问题突出。

【研发制造能力弱】 2022年，湖南省农机装备核心技术没有突破，关键零部件进口依赖度高，产业链条不完整；技术含量和工艺水平不高，高性能、智能化产品少，适宜丘陵山区的便捷机械不多。

广东省

【概况】 2022年，广东省落实中央农村工作会议、全国农业农村厅局长会议和中央一号文精神，落实《国务院关于加快推进农业机械化和农机装备产业转型升级的指导意见》和《广东省人民政府关于加快推进农业机械化和农机装备产业转型升级的实施意见》精神，按照农业农村部农业机械化管理司的统一部署，围绕"十四五"全省农业机械化发展目标，推进农机装备补短板行动，加大力度推进主要农作物生产全程机械化，推动农业机械化向全程全面、高质高效转型升级，为广东省实施乡村振兴战略、推进农业农村现代化提供支撑。

【新规划引领，健机制补短板】 2022年，广东省印发《广东省农业机械化"十四五"发展规划（2021—2025年）》，提出"十四五"期间具体工作措施及发展目标。建立健全广东省农机装备补短板推进工作机制，深化摸底调研，开展"四分"（分地域、分产业、分品种、分环节）调研，梳理农机装备短板弱项，编制广东省农机装备补短板行动方案，梳理、筛选出广东省农机装备短板项目清单，提出加快补齐农业机械化发展短板弱项的建议，为领导决策提供依据。

【规范高效实施，农机购置补贴政策落实到位】 2022年，广东省推进农机购置补贴的实施，按农业农村部要求开展补贴机具一览表制定，并及时发布。规范开展企业产品自主投档工作，共开展3批，进入农机购置与应用补贴系统中的农机产品近1万个。截至2021年12月31日，各地共申请补贴资金1.4亿元，补贴机具9.93万台套，受益农户2.83

万户。同时推进农机报废更新补贴工作，全省共报废补贴机具342台，申请报废资金197万元。

【落实措施】 2022年，广东省农机部门贯彻落实《广东省支持2022年晚造粮食生产措施》《广东省粮食节约减损实施方案》精神，省级财政安排3亿元粮食烘干设施建设资金，支持建设大中小型烘干中心项目251个，提高全省稻谷烘干能力，稳定种粮生产者的效益预期，广东省机械化烘干水平由20.06%提高到27.77%。

【谋划省市县联动】 2022年，广东省推进水稻机收减损激励机制试点和水稻机收减损行动。对在试点中完成机收作业损失率低于3.5%的农机手择优给予1元/公顷的奖励，省级财政安排300万元，实施试点面积13千公顷，初步形成"粮食增产、农民增粮、机手增收"三方获利，互利共赢的格局。2022年全省共开展"省市联动"水稻机收减损技能大比武活动6场，各地举办水稻机收减损技能大比武活动近20场。

【开展水稻机收损失率监测调查工作】 2022年，广东省监测点损失率均低于3.5%，其中损失率低于2%的监测点占比达47%。谋划2023年粮食生产保障项目8 000万元计划安排扶持规模化水稻育秧中心建设和重点省级"全程机械化+综合农事"服务联合体，已完成项目申报入库工作。

【建设重点实验室】 2022年，广东省财政统筹安排4 800多万元，加大对农机新装备新技术的研发推广力度。建设农业农村部华南现代农业智能装备重点实验室，夯实南方农机装备补短板科研条件。重点依托广东省现代农业装备研究所等科研院所开展花生、蔬菜、菠萝等主要农作物、特色作物生产关键环节机械化技术及装备研发，丘陵山区多功能底盘、菠萝移栽机、多功能田间管理机、吸鱼泵等薄弱环节装备等智能装备得以开发。

【强化农机农艺融合】 2022年，广东省推动特色、绿色农业机械化新技术研发应用，开展"宜机化"水稻品种研究，推进广水稻侧深施肥等绿色农业机械化技术。

【发展合作】 2022年，广东省共同推动山地适用小型农机研发推广应用，实施"丘陵山地苹果生产全程机械化基地建设"项目。

【实施补短板科研项目】 2022年，广东省现代农业装备研究所实施一批补短板科研项目，多渠道科研立项共42项。获得重要科技奖励9项，其中全国商业科技进步奖一等奖、二等奖各1项，广东省农业技术推广奖一等奖1项，大北农科技奖一等奖1项。申请知识产权共125件（其中发明专利31件），获得授权知识产权共93件（其中发明专利6件）。

【树典型、强示范】 2022年，广东省创新开展"百万农机保粮安 农机人庆丰收"系列认定活动，首次认定全省十佳农机社会化服务组织、全省十大最美农机合作社理事长和全省十大最美基层农机使用一线专家，并在第五届广东省庆祝2022年"中国农民丰收节"主会场上对获奖个人和组织代表进行颁奖，激发基层农机社会化服务组织、农机使用一线实用人才干事创业的积极性和荣誉感。

【谋划服务联合体】 2022年，广东省谋划省级专项支持建设重点省级全程机械化+综合农事"服务联合体。引领带动各地加大"全程机械化+综合农事"服务联合体培育力度，探索"1+N+X"服务模式，提高全程托管服务能力、撂荒地复耕复种能力和农机防灾救灾应急作业能力。组织认定省级"全程机械化+综合农事"服务联合体，省级服务联合体增至126家，全省农机服务组织达2 000多个。组织防灾救灾和灾后复产，全年协助受灾地区开展稻谷烘干机等农机装备维修保养500多台套。

【建立农机作业防灾救灾应急机制】 2022年，广东省制定《广东省农机作业防灾减灾应急工作预案》，加快组建农机作业应急服务队。保障重要农时农业机械化生产，及时公布"双抢""三秋"机收保障热线电话，确保水稻应收尽收，颗粒归仓。

【多方协作联动】 2022年，广东省联合中国石油化工集团公司、中国石油天然气集团公司广东分公司开展"十四五"农机作业用油保障活动，保障农机优先优惠用油。结合疫情防控工作要求，指导各地了解疫情发生地区水稻机收作业需求及困难问题，协调当地农业农村部门为农户办理《重点物资运输通行证》，保障重要农时农机作业顺畅。

【推进农机安全"网络化"管理】 2022年，广东省开展农机安全生产大检查和拖拉机"不安全、不出门"专项行动及变拖清理，排除农机安全生产隐患，2022年以来，全省共注销报废1 100多台变型拖拉机。

【开展农机活动】 2022年，广东省开展农机"安全生产月""安全生产宣传咨询日"，以及农机安全宣传"五进"活动，提高广大农民群众守法意识、安全生产意识。组织开展"平安农机"创建活动，肇庆市、江门恩平市和云浮市新兴县，2021年以来，平安农机创建活动工作成效显著，被评为广东省2022年省级平安示范市、示范县，并向农业农村部、应急管理部推荐为2022年全国"平安农机"示范市、示范县。全省未发生较大以上农机事故，农机安全生产形势稳定向好。

【加强农机鉴定能力建设】 2022年，广东省农业技术推广中心广东省农业机械试验鉴定站通过广东省市场监督管理局检验检测机构资质认定评审，获得检验检测机构资质认定证书，具备开展69类农机产品、2 425个参数的试验鉴定能力。

【推动农机专项鉴定工作】 2022年，广东省发布72类产品推广鉴定、14类产品专项鉴定产品种类指南，制定发布《母猪发情监测设备》等5个农机专项鉴定大纲，加快推动全省农机专项鉴定工作，已在曲江、兴宁等6个市县共建农机质量投诉示范点。核发49个农机产品试验鉴定证书，更换14个农机产品试验鉴定证书。

【稳粮保供，提质护农】 2022年，广东省以切实为农民群众"有好机用"把好关、"把机用好"引好路，以"稳粮保供，提质护农"为主题，组织开展省市县联动、政推企协同推进的"农机3·15"消费者权益日"线上""线下"活动。向社会公布全省各级农机质量投诉监督电话，畅通农机质量投诉渠道。结合农机闹春耕现场会、农机质量调查、农机安全咨询日、省市联动机收减损大比武活动和"春耕""双抢""三秋"等重要农时农业机械化生产，开展农机质量投诉、农机维修技术、机收减损技术等咨询、宣传近50场次。通过"线上"专栏、厅微信公众号及"线下"活动，将常态化宣传工作贯穿全年，营造"稳粮保供，提质护农"良好氛围。

【组织开展质量调查】 2022年，广东省公布2021年农机水稻联合收割机质量调查结果，组织开展2022年广东省水稻联合收割机质量调查，重点开展韶关、茂名、湛江等8个重点地市的用户调查，督促农机生产、经销企业不断改进提升产品质量。持续推进农机质量投诉示范点建设，在韶关曲江、肇庆怀集新建农机质量投诉监督示范点2个，全省基层农机质量投诉监督示范点增至6个。全年向各地派发《农机用户购机指南》《农机质量与监督》等宣传资料超1万册。

【抓部署、促推进】 2022年，广东省印发《2022年农业机械化培训工作实施方案》，"线上＋线下"加强对农业机械化管理、技术推广和实用人才等三支队伍培训。省级统筹培训专项资金350多万元，组织开展农机使用一线技能人才大培训活动，省级培训农业机械化实用人才2 400多人，全省培训农业机械化人才近5万人次。

【加大培育"土专家"力度】 2022年，广东省壮大省级农机使用一线"土专家"库，2022年认定省级农机使用一线"土专家"88名。编印《广东省农机使用一线"土专家"名录》，引领和推动各地加大对"土专家"的培育力度。

【组织技术培训】 2022年，广东省各地结合农机修理工职业技能大赛、机收减损大比武活动和各类现场会活动，组织农机使用一线"土专家"开展技术演示、培训等，为"土专家"创造有利条件，弘扬劳模精神、劳动精神和工匠精神，全省有1名农机驾驶高技能人才获得"广东省五一劳动奖章"称号，4名农机驾驶高技能人才获得"广东省技术能手"荣誉。

【加强宣传统计工作】 2022年，广东省组织开展全年农业机械化生产信息、统计年报报送工作，全省累计报送各类报表超1 000次。创新宣传方式，加大信息宣传力度，通过中国农业机械化信息网、农业农村厅网站、微信公众号、"南方+"等平台，采用短视频、信息宣传等多渠道多方式，开展"春耕""双抢""三秋"等重要农时农业机械化生产、"百万农机保粮安 农机人庆丰收"系列等重大活动和省级农机使用一线"土专家"等典型事迹宣传，在全省营造农业机械化发展良好氛围。通过中国农业机械化信息网、农业农村厅网站、农业农村厅微信公众号、"南方+"等平台上载农业机械化质量工作等农业机械化宣传信息稿超200条/次。

广西壮族自治区

【概况】 2022年，广西壮族自治区在自治区党委的领导下，自治区农机中心党委学习贯彻党的二十大精神，贯彻落实习近平总书记在参加党的二十大广西代表团讨论时的重要讲话精神、习近平总书记视察广西"4·27"重要讲话精神和对广西工作系列重要指示要求，完整、准确、全面贯彻新发展理念，推进广西壮族自治区农业机械化全程全面高质量发展，为建设新时代中国特色社会主义壮美广西贡献农机力量。

【农作物生产机械化水平提高】 2022年，广西壮族自治区主要农作物耕种收综合机械化率达68.3%，同比提高1.7个百分点。其中：水稻83.68%，提高1.41个百分点；甘蔗69.06%，提高2.08个百分点。优势特色农业综合机械化率实现增长。

【糖料蔗生产全程机械化作业补贴】 2022年，广西壮族自治区已使用作业补贴资金4.99亿元（含综合耕作补贴2.92亿元），较2021年同期增加4亿元；资金使用率97.94%，较2021年同期提高84.96个百分点。

【完成农机购置补贴任务】 2022年，广西壮族自治区已使用农机购置补贴资金9.01亿元，在完成下达资金6.35亿元任务基础上，超录资金2.66亿元，超录比例达41.88%。累计补贴各类农机具8.94万台套，受益农户6.45万户，拉动社会投资27.09亿元。

【农机社会化服务能力提升】 2022年，广西壮族自治区农机专业合作社1 743个，入社成员2.75万户，服务农户数86.62万户，作业服务面积719.4千公顷，拥有机具数量10.01万台（套），农业机械化作业服务收入达9.42亿元。

【水稻机收减损成效突出】 2022年，广西壮族自治区组织开展21场水稻机收减损技能大比武活动，现场观摩人数达2 500多人次。全年水稻机收损失率平均为2.41%，比3.5%的控制指标减少1.09个百分点，全自治区机收减损1.08万吨，相当于2022水稻增产量的22.6%。

【农机安全生产形势稳定】 2022年，广西壮族自治区监管登记在册拖拉机13.46万台，驾驶员21.96万人，乡村道路超3万条、长度超12万千米。全年全自治区累计发生农机事故1起、死亡1人，未发生一起较大事故，农机安全生产态势平稳。

【宣传工作取得新进展】 2022年，广西壮族自治区获得自治区级以上主流媒体报道农业机械化工作388次（篇），同比增长83%，其中国家级主流媒体报道139次（篇）。中央电视台新闻频道先后播出《广西：100万亩糖料蔗进入收榨关键期 蔗农砍蔗忙》《广西：特色生产全程机械化助力乡村振兴》《广西玉林：耙田育苗种瓜果 春耕备播春潮起》。

【开展经验交流】 2022年，广西壮族自治区在全国推进基层农机安全生产"网格化"管理工作视频会、全国农机报废更新工作培训班、全国农机安全监理岗位人员培训班上作典型发言。

【争取项目资金】 2022年，广西壮族自治区累计争取到各类农业机械化项目资金12.58亿元，同比增长3.2%，比2018年增长159.92%，平均每年增长39.98%。

【争取国家级试点】 2022年，广西壮族自治区争取获得作为便利申请工作全国试点省份，率先实行农机购置补贴申请应录尽录。联合农业农村部规划设计研究院共同编制高架网床养猪成套设施设备建设规范，争取高架网床环保猪舍全国试点。

【宣传先进经验和做法】 广西壮族自治区举办2022中国—东盟农业机械暨甘蔗机械化博览会、全国农机"安全宣传咨询日"活动、全国丘陵山区和水田特色动力机械现场演示会和"云上"农机——全国甘蔗生产机械化"补短板促全程"现场推进活动。

【开展示范创建】 2022年，广西壮族自治区组织开展"百万农机闹春耕"，早稻生产成效突出得到农业农村部通报表扬。以创建促发展，贵港市成功创建广西首个全国整建制率先基本实现主要农作物生产全程机械化示范市，灌阳县、灵川县、北流市、陆川县获评示范县；柳城县、雁山区、港南区、田东县获评2022年度全国"平安农机"示范县；贵港艾草生产机械化技术模式入选全国中药材适宜品种全程机械化生产模式与典型案例；藤县粉葛机械化生产模式与典型案例入选全国第二批特色经济作物适宜品种全程机械化生产模式与典型案例。

【开展创先争优】 2022年，广西壮族自治区研究成果"广西机插水稻农机农艺融合关键技术研究与示范"荣获2019—2021年度全国农牧渔业丰收奖农业技术推广成果奖三等奖，组织参加全国农机普法作品征集活动获评组织奖二等奖，农业机械化质量投诉监督信息报送工作成效突出得到农业农村部农业机械化总站通报表扬，农业机械化信息宣传成效明显获评2021—2022年度中国农业机械化信息网信息宣传工作先进单位。

【创新工作机制】 2022年，广西壮族自治区创新实施"一月一通报、一季一约谈、半年一督查、年终一考核"的"四个一"工作机制，多次组织召开全自治区农机购置补贴、糖料蔗生产全程机械化作业补贴项目实施和资金兑付情况约谈会、调度会。

【加强沟通协调】 2022年，广西壮族自治区农机部门主动向广西壮族自治区人民政府汇报并得到支持，与广西壮族自治区人民政府督查室到进度较慢的南宁市、柳州市、崇左市实地督办。农机购置补贴结算兑付资金南宁市增加1.435亿元，柳州市增加320万元，崇左市增加483万元。成效明显，得到广西壮族自治区副主席方春明肯定性批示。

【规范实施农机购置补贴】 2022年，广西壮族自治区将补贴机具种类范围由15大类43小类163个品目调整为24大类50小类139个品目，组织1 782家企业的1.56万个农机产品自主投档并获得补贴资格，组织46款机具参与现场演示评价。

【调整糖料蔗生产全程机械化作业补贴措施】 2022年，广西壮族自治区将耕作综合补贴对象由机械化作业服务组织或个人调整为甘蔗种植主体，与糖料蔗良种补贴工作同步进行。

【拓展农业生产社会化服务】 2022年，广西壮族自治区拓展农业生产社会化服务（生产托管）项目补贴作物种类从水稻向大豆、玉米、花生、油菜等粮食油料作物拓展，实施项目县从15个增至75个，全区累计使用农业生产社会化服务（生产托管）项目补贴资金5 419万元，同比增加3 170万元。

【优化报废补贴申办流程】 2022年，广西壮族自治区将回收点由15个增加至51个，全自治区累计使用农机报废更新补贴资金525.57万元，支持380户农户报废更新497台老旧农机具。

【推动农业机械化项目规范高效实施】 2022年，广西壮族自治区投入自治区财政资金1 000万元，支持建成7个高效机收糖料蔗生产全程机械化示范基地。完成基地建设387.13公顷，宜机化升级改造289.4公顷，购置各类机具设备74台套，核心示范区实现单机日均收获2.67公顷或200吨以上的机收能力。投入自治区财政资金1 200万元，支持建成11个丘陵山区优势特色产业机械化创新示范基地。完成基地建设536公顷、机棚机库4 685平方米，购置安装水肥一体化、尾水处理等各类设备机具131台套。投入中央资金1 185万元开展基层农技推广体系改革与建设补助项目，建成示范基地44个，总面积249.53公顷；建成"五好"示范站2个；特聘农技员31人，脱产培训农机推广人员467人，培育科技示范主体414人；开展现场演示活动40余场，推广农业机械化技术47项，现场观摩人数达1 700余人次。

【推进水稻生产机械化】 2022年，广西壮族自治区组织开展水稻生产机械化技术培训现场会52场，深入田间地头服务4.3万人次。联合广西农业科学院水稻研究所开展水稻直播试验示范面积200公顷，面向全自治区遴选推介17个技术娴熟、成本质量控制好、服务覆盖能力强的机械化育插秧服务典型案例。

【推进大豆玉米带状复合种植机械化】 2022年，广西壮族自治区将3种专用机具纳入农机购置补贴新产品试点，支持广西合浦县惠来宝机械制造有限公司研发大豆玉米复合种植一体种植样机，引进河北农哈哈机械集团有限公司、湖北省农友机械集团有限公司等国内先进农机企业的播种机入桂，全年完成玉米大豆带状复合机械化种植面积4.2千公顷。

【推进畜禽水产养殖机械化和农产品初加工机械化】 2022年，广西壮族自治区饲料草加工机械保有量达37.1万台，畜牧饲养机械1.64万台，水产养殖机械12.9万台，全年完成机械收获饲草秸秆92.4万吨，机械投饲、起捕、清淤池塘及网箱养殖9.33万吨、4.46万吨、6.45万吨。全自治区各类农产初加工机械保有量达108.9万台，机械脱出、清选、保质农产品2 700万吨、738万吨、1 123万吨。

【创新推动分步式机收】 2022年，广西壮族自治区加强农机装备研发指导，完成分步式机具试验鉴定4类6个型号，9家农机企业成功研发20多款分步式收获装备，初步形成"割铺（割堆）＋田间转运＋切段式除杂"和"割铺（割堆）＋田间转运＋整秆式除杂"两种分步式收获模式。加大政策支持力度，将分步式收获装备列入补贴范围，割堆机收、割铺机收、地头集堆机械剥叶每公顷分别由1 500元、900元、750元提高至1 950元、1 500元、1 500元。

【提升甘蔗联合收获作业能力】 2022年，广西壮族自治区引导企业申报自治区科技项目，支持农机企业、糖厂、社会化服务组织等创建高效机收基地。2021/2022榨季，全自治区完成联合机收面积21.52千公顷，重量118.66万吨。

【加强技术交流】 2022年，中国—东盟农业机械暨甘蔗机械化博览会在广西壮族自治区南宁成功举办，线上线下共有190家国内外知名企业参展，展览展示农机具1 388台（套）；展览规模达3.5万平方米，线上线下观展人员达32.21万人次。

【开展农机安全生产督导检查】 2022年，广西壮族自治区全面压实各级农业农村、农机部门的主体责任。严格把好拖拉机和联合收割机安全技术检验关，累计登记注册拖拉机和联合收割机9 516台，新核发驾驶证5 320件，年检4.23万台，注销登记变型拖拉机2.47万台。深入组织开展农机安全宣传"五进"、安全宣传咨询日、"安全生产万里行"等各类宣传活动1 052场次，参加人员3.44万人次。开展拖拉机和联合收割机大排查大整治活动，累计排查拖拉机和联合收割机31.5万台，执法检查5 925次，检查机具2.52万台，消除违规违章状态4 568个，行政处罚82.58万元；培训农机手7 150人次，核发驾驶证4 047件。

【坚持培育主体】 2022年，广西壮族自治区开展农业机械化新技术新装备"田间日"培训6场，培训农机推广人员300多人次，当地农民近500人次，引导各市县开展各类"田间日"、现场会活动70场次以上。开展"百万农机闹春耕""百万农机促双抢"，千方百计为小农户和受疫情影响农户代耕代种。春耕、"双抢"期间，全自治区累计组织农机技术人员入村服务8.21万人次，培训农机手、维修工3.5万人次，检修各类农机具143.6万台套，发放跨区作业证1 552张；投入农机具334.4万台，完成机耕、机插、机收面积3 761千公顷、1 230千公顷、793千公顷。

海南省

【概况】 2022年，海南省农业农村厅农业机械化处贯彻落实省农业农村厅党组以及农业农村部农业机械化管理司的工作部署和有关文件精神，稳定实施农机购置补贴政策，开展老旧农机报废工作，推进先进实用的新机具、新技术示范推广和应用，组织开展农机安全生产检查指导工作，提高全省农机装备能力、农业机械化技术水平和农机安全生产监管能力。

【做好农机购置补贴工作】 2022年，海南省加快农机补贴资金支出进度，海南省农业农村厅农业机械化处先后召集部分市县农机部门负责人、部分生产企业及经销商、有关专家召开农机补贴座谈会。农业农村部下达海南省农机购置补贴资金2 925万元。截至12月，各市县已使用发放补贴3 187.57万元，受益企业和农户达1 810户，补贴购置机具数量为4 175台（套），带动农业企业和农机户投入购机资金13 647万元。

【启动老旧农机报废更新补贴工作】 2022年，海南省全面加快变型拖拉机等老旧农机报废更新，5月14日，海南省农业农村厅农业机械化处变型拖拉机报废清理的任务分解至各市县。5月24日，召开全省农业机械化工作会议，各市县农业农村（农机）部门主要负责人参加会议，分管农机工作的杨建平副厅长对农机报废更新工作进行部署。同时，开办农机报废更新工作培训班，组织各市县农机部门人员学习报废更新补贴实施方案。截至10月，河南省农机安全监理所对超过报废年限的2 515辆变型拖拉机从牌证办理系统中予以牌证注销。

【推进水稻全程机械化】 2022年，海南省加强对市县的技术指导，推动海口、文昌、定安、临高、三亚、万宁等市县开展水稻生产全程机械化试验示范，并在多个市县建设水稻育插秧服务点和烘干点，加强育插秧和烘干社会化服务。通过举办育插秧和烘干关键环节现场作业演示，加快实施耕、种、管、收、秸秆粉碎还田、机械化烘干作业等机械化技术的应用。已推广使用水稻插秧机、水稻直播机148多台，谷物烘干机308多台，提升全省水稻生产全程机械化水平。

【推广初加工成套设备】 2022年，海南省举办胡椒机械化加工技术推广培训，现场演示胡椒脱枝脱粒、熟化、脱皮脱胶、烘干等关键生产环节机械化技术；目前全省已安装11条胡椒初加工生产线，55多台胡椒初加工设备，对胡椒初加工机械化技术的推广应用起到促进作用，显著促进海南胡椒产业规模化、集约化发展。

【开展技术试验示范】 2022年，海南省指导乐东县九所镇大庄生态园"菜篮子"基地蔬菜生产机械化建设，向该基地投入电动蔬菜收获机、多功能播种机、起垄机、除草机等一批先进实用的蔬菜生产机械，提高基地蔬菜生产机械化技术水平。在儋州建立番薯生产机械化技术示范基地，引进番薯种植机、液压撒肥机、瓜藤杀秧机、薯类收获机、旋耕起垄施肥一体机等一批先进实用的机械进行试验示范和推广，实现耕整地、开沟起垄、节水灌溉、机械施肥、机械植保以及机械杀秧、收获作业，番薯生产机械化技术水平不断提高。

【开展安全监管三年攻坚战】 2022年，海南省落实《海南省农业农村厅贯彻实施道路交通安全专项整治新一轮三年攻坚战具体工作方案》，召开会议推进拖拉机道路安全新一轮三年攻坚战工作，联合公安交警等部门抓好拖拉机道路安全监管工作。贯彻落实变型拖拉机管理措施《关于进一步加强变型拖拉机安全监管的通知》，从变型拖拉机产销源头管理、牌证管理、强制报废、路面执法检查、信息互通等方面，进行明确规定。

【加强农机安全生产指导工作】 2022年，海南省农机部门与河南省应急管理厅联合印发《关于印发海南省"十四五"期间"平安农机"创建活动实施方案的通知》。2022年1—10月，全省累计开展农机安全检查464天次，出动检查人员2 195人次，发现并整改安全隐患238项；开展"警农"道路联合执法537天次，出动执法人员3 045人次，检查拖拉机1 964辆，查处违法违章行为643起；开展农机安全宣传教育活动264次，发放宣传资料4.3万份，发送短信微信15万条，与拖拉机手签订安全责任书9 696份。2022年以来，全省共发生农机安全事故2起，其中琼海1起、死亡1人（农机维修点维修过程发生中），临高1起、受伤1人（联合收割机作业过程中发生）。历年变型拖拉机道路交通事故发生数量和死亡人数呈逐年下降趋势，特别是近两年的数据比前几年有一定幅度的减少；农机作业事故基本呈偶发态势，每年发生起数和死亡人数为0或1~2起（人）。

【开展调研工作】 2022年，海南省农机部门全面掌握海南省农业机械化发展情况，为全省农业机械化发展决策提供科学依据，组织6个调研组到18个市县实地调研。经过调研，形成调研报告报送至海南省人民政府，海南省省长冯飞在调研报告中批示。

【制定发展行动方案】 2022年，海南省为加快推进全省农业机械化高质量发展，围绕产业急需、农民急用的农机装备技术，制定2023—2025年海南省农业机械化发展行动方案，从发展目标、重点任务、保障措施、实施清单4个方面明确海南省农机发展方向及重点内容。

【制定农机督查方案】 2022年，海南省为确保2023年"两节"期间农机安全生产，加快推进农业机械化发展，制定《农机督查方案》。联合海南省农机安全监督管理所、海南省农业机械鉴定推广站、农林执法大队等单位成立三个督查组，重点针对农机安全生产工作情况，分区域对海南省东部、中部、西部共计18个市县农机相关部门及作业农户开展督导及巡查工作。

【安全执法检查力度有待加强】 2022年，海南省变型拖拉机违法载人、超速超载、人货混载、无牌无证、假牌假证等违法行为造成的道路安全事故时有发生，安全生产形势不容乐观。

【变型拖拉机报废清零工作进展不大】 2022年，虽然海南省变型拖拉机报废清零工作已启动，但目前各市县仍处于排查清理、选定报废回收企业、系统注销牌证等前期基础性工作阶段，未有实质性报废进展。面对2022年报废减量1.66万台，任务进展缓慢。

【农机购置补贴资金支出进度较慢】 截至2022年12月底，海南省各市县使用补贴资金占农业农村部下达的补贴资金总额的98%，购置补贴资金支出进度相对较慢。

重 庆 市

【概况】 2022年，重庆市按照"两全两高两融两适"总体要求，有序推进各项工作，全市农业机械化呈现持续较快发展势头。农机购置补贴政策落实绩效管理考核成绩在全国36个考核单位中名列第16位，比2021年提升5个位次；开展农田宜机化示范及带动改造8.8千公顷，累计改造75.3千公顷，示范项目第一笔新增耕地指标交易额达2 574万元；农作物耕种收综合机械化率稳居西南地区省份前列，达55%左右；成功创建1个全国主要农作物全程机械化示范县，实现"三连创"；"变拖"清零专项行动深入推进，去存率达82%，超额完成35%的年度目标任务。

【农机购置补贴政策实施规范有序】 2022年，重庆市扩大补贴范围。修订补贴机具种类范围，将108个品目纳入补贴范围。把大豆玉米带状复合种植专用播种机、收获机、窄履带水稻收获机、油菜移栽机纳入农机新产品补贴试点。高效率办理补贴。全年共受理补贴申请75 521件、农机具76 546台套，补贴资金8 218万元，72 777家农户受益。加快农机报废更新补贴工作。实施区县达到17个，受理农机报废更新补贴机具107台套，兑付补贴资金51.9万元。做好违规行为调查处理。对部分增氧机违规经营行为组织开展调查核实，约谈处理产销企业6家，取消2款产品补贴资格，企业退缴违规报补产品补贴资金10 750元。

【农田宜机化示范改造成效显著】 2022年，重庆市完善监管制度，印发《关于进一步做好农田宜机化改造工作的通知》，开发启用"重庆市农机综合运用服务平台"农田宜机化管理模块，组织做好市级项目资料归档、信息录入等工作。开展示范带动，全年投入市级专项资金1亿元，完成示范改造面积34.7千公顷，带动改造5.3千公顷，永川区实施的2021年市级农田宜机化改造项目第一笔新增耕地指标在2022年5月完成交易，收益达2 574万元。加强监管指导，市级组建5个技术指导小组深入项目区县开展培训和技术指导，启动2018年度以来市级项目抽查工作。

【推动农机装备补短板】 2022年，重庆市协调推动8家企业的智能山地农机研发项目列入市经济信息委2022年重点项目，获专项补助资金1 040万元；指导涉农高校、科研机构和农机企业申报2022年度农业科技创新项目，5家主体获专项支持480万元。向农业农村部申报27类短板农机具项目实施方案牵头编制单位，申报全程机械化科研基地7个、丘陵山区农机装备熟化应用基地6个；向农业农村部申报农业全程机械化科研基地建设项目2个。开展农业机械化发展补短板研究、水稻生产全程机械化示范基地建设规范研究、经果产业农业机械化水平提升"四分"研究。农业农村部农业机械化情况2022年第3期发布《重庆市积极推进丘陵山区农机装备补短板工作》，《农民日报》两次深度报道重庆市农机装备补短板工作成效。

【推广先进适用农业机械化技术】 2022年，重庆市实施全程机械化农机技术装备水平提升及相适农艺技术项目，开展水稻机械化直播技术示范8.7千公顷，推广水稻大钵体毯状苗机械化育插秧34千公顷。推动大豆玉米带状复合种植机械化生产，完成机械播种2.1千公顷、机械植保4.5千公顷、机械收获1.6千公顷。

【提升农机作业水平】 2022年，重庆市农作物耕种收综合机械化率达55%左右，农机总动力超1 560万千瓦，全市水稻机收面积532千公顷，同比增加32千公顷，增长6.4%。举办水稻机收减损技能大比武活动，推动全市水稻收获损失率降低1%以上。协调中国石油天然气集团公司、中国石油化工集团公司重庆公司联合出台农机燃油"三优一减免"政策，给予最低5%的价格优惠，优惠幅度位居全国前列。

【农机服务主体壮大】 2022年，重庆市培育壮大农机社会化服务组织，全市注册农机专业合作社达1255个，农机维修服务组织达942个。

【农机作业能力提高】 2022年，重庆市引导农机专业合作社等服务主体开展规模化作业、农机销售维修、流转承包土地、农资经营等服务，"全程机械化＋综合农事"服务中心超200个。推进农机应急作业服务队伍建设，提升农机防灾减灾服务能力。

【农机技能人才成长】 2022年，重庆市持续实施"智汇农机手金蓝领成长计划"，成功举办"巴渝工匠"杯2022年重庆市农机职业技能竞赛暨全国农业行业职业技能农机大赛重庆选拔赛。首次3人被评为"全市技术能手"，首次3人被评为"巴渝青年技能之星"，15名优秀农机手获颁"拖拉机驾驶员三级/高级工"职业技能等级证书。开办农村党员农机驾驶操作技能提升示范培训班2期。

【抓业务能力提升】 2022年，重庆市组织召开农机安全经验交流会，举办业务能力提升培训班2期，累计培训200余人次。组织区县、乡镇参与"平安农机"创建活动。

【抓日常安全检查指导】 2022年，重庆市组织开展农机安全大检查，联合市公安交巡警总队开展联合执法行动，市级抽查发现问题9条，当即督促区县限时整改。在春耕、秋收、节假日等重要时间节点抓好工作提醒。完成"双随机、一公开"抽查。

【抓"变拖"清零工作】 2022年，重庆市制作"变拖"清零专项行动宣传片，累计编发简报8期，举行"变拖"假号牌集中销毁仪式3场。全市"变拖"在册总存量下降至4550台，去存率达82%，提前完成2022年去存目标。

【丘陵山区农田作业条件亟须改善】 2022年，重庆市在高标准农田建成区、规划区外，还有近666.67千公顷耕地没有改地项目覆盖，全市宜机化农田面积仅533.33千公顷左右，大部分耕地还不能满足大中型农机通行作业条件。

【先进适用农机装备有效供给不足】 2022年，重庆市油菜、玉米、马铃薯、红薯等大宗农作物全程机械化关键环节尚无适配农机装备，且小型农机具多，大中型农机具少，自动化、智能化、绿色低碳农机装备更少。

【农机社会化服务能力不强】 2022年，重庆市农机社会化服务组织无论是数量还是规模都不够大，装备水平和服务能力有待提升。

四川省

【概况】 2022年，四川省农机部门在四川省农业农村厅党组的领导下，在农业农村部农业机械化管理司的支持下，落实中央和四川省委农村工作会议精神，按照四川省委"稳农业"工作思路，推动制度、机制和技术创新，推进全省农业机械化高质量发展。围绕四川省农业农村厅中心工作，为全省粮食增产和重要农产品保供提供装备支撑，从快速发展进入稳定发展轨道，完成环节机械化向全程全面高效机械化的转型升级。

【顶层设计优化】 2022年，四川省委组织部于立军部长对全省农业机械化发展作出重要批示。"10＋3"牵头四川省政协李昌平副主席专题研究四川省农业机械化发展工作，制定《四川省现代农业装备2022年工作要点》《2022年四川省农业机械化工作要点》，启动《四川省农业机械化促进条例》立法专项调研。印发《四川省"十四五"现代农业装备推进方案（2021—2025年）》。组织开展粮食产地烘干设施建设情况、农机装备补短板、"天府粮仓"粮食生产全程机械化等调研，形成10余个调研报告、政策制度、指导意见和规范标准。在全国农业机械化工作会议上作典型发言。

【政策效应提升】 2022年，四川省争取中央财政农机购置与应用补贴资金5.7亿元，为政策实施面拓宽提供资金保障。会同四川省财政厅修订种类范围、发布贴额一览表。补充完善相关制度、规程、流程。开展大豆玉米带状复合种植专用播种机等新产品补贴试点，开展蜜蜂养殖及蜂产品初加工成套设施装备、崇州市生猪养殖成套设施设备和四川省植保无人驾驶航空器规范应用试点备案。作为首批试点省，开展农机研发制造推广应用一体化试点。规范农机购置补贴与应用投档管理，按要求处理违规企业21家。实施补贴资金3.4亿元，补贴机具24万台（套），受益农户18万户，撬动农民或农业生产经营组织投入社会资金10.8亿元。绵阳整市推进农机作业奖补试点，安装北斗作业监测终端2894套，农机装备信息化走在全省前列。《植保无人机有无补贴政策？及时明确政策暖农心》被选为2022四川网络理政优秀案例。

【推动合力增强】 2022年，四川省级财政安排支持农业机械化专项1.55亿元。成都市财政投入3000万元引导农业生产经营主体和农户购置用于粮食生产；巴中市评选公布10个优秀农机社会化服务组织，共给予15万元农机服务作业补助，通江县财政统筹乡村振兴衔接资金500万元，对复耕复种3.3公顷以上撂荒地的农业经营组织给予每公顷4500元农机作业补助。仁寿县投资2834万元用于"天府粮仓"农用机械购置项目。宜宾市投入2140.69万元，建成机耕道7.12千米、生产路19.33千米、筑设下田坡道321处。遂宁市对当年评选的国家级、省级、市级农机专合社分别补贴30万元、5万元、2万元，射洪市筹集30万元开展农机操作人员闲时补助试点工作。南充市整合涉农资金1.5亿元开展农业机械化生产道路、机具库棚等农业机械化基础设施建设。

【科技创新能力增强】 2022年，四川省组织召开农业机械化生产技术装备需求座谈会，梳理分析四川省主要农作物、丘陵山区机械化生产技术装备的薄弱环节。推进农机装备需求目录清单项目化，组织申报农业农村部农机补短板科研项目13个，申报项目资金1300万元。安排薄弱环节农业机械化关键技术及装备研发攻关项目资金500万元，重点开展大豆玉米带状复合种植机械化薄弱环节机具研发攻关。签订共建战略合作协议共同推动建设成都市现代农机装备产业园。组织科研高校申报"十四五"期间农业农村部全程机械化科研基地建设，遴选推荐基地1个。推荐全国丘陵山区农机装备熟化应用基地8个。

【基础设施短板强化】 2022年，四川省组织开展2021年"五良"融合产业宜机化改造项目绩效评价工作。实施"五良融合 宜机改造"示范县项目，推进丘陵山区宜机化改造。2022年省级财政安排1.1亿元，在31个县（市、区）实施"五良融合 宜机改造"示范县建设项目。改造"宜机化"面积5.3千公顷，建成66.67公顷及以上宜机化改造项目区31个，项目区大中型农业机械地块通达率达100%。雅安市明确在粮经统筹示范建设、大豆玉米带状复合种植示范建设中把宜机化改造等纳入补助范围。

【农机支撑能力提高】 2022年，四川省抓好重要农时机械化生产，下达2022年农机生产任务。印发《关于落实大豆玉米带状复合种植配套农机装备保障工作的通知》。组织召开大豆玉米带状复合种植机具保障视频会、大豆玉米带状复合种植机械化现场会和全省农业机械化工作会。开展农机作业成本与价格调研，做好水稻种植机械化情况油菜移栽机具保障情况调度，组织开展"农机3·15"产品质量行活动。组织各地开展"机收减损"大比武行动及减损技术培训，完成机收损失监测调查工作。制定《四川省农机作业防灾救灾应急工作预案》，做好《2022年联合收割机插秧机跨区作业证》的发放和热线服务。协调中国石油天然气集团公司、中国石油化工集团公司为机手提供"三优一扶"优惠活动，农机用油按5%折价优惠。组织调动机具121万台（套）开展"春耕""三夏""三秋"农机作业，检修机具151万台（套），完成机械化作业面积10 666.7千公顷。持续推进四川"五良"融合无人农场（大邑）示范基地试点建设，四川首个无人农场迎来大丰收。

【农机服务体系健全】 2022年，四川省开展第二批全程机械化＋综合农事服务中心推荐活动。巴中市委农村工作领导小组印发《关于加快培育农机社会化服务组织保障粮食安全的指导意见》，推广南江县创新组建农机助耕队的经验做法。乐山市推广复制夹江县乐天农机服务专业合作社"全程机械化＋综合农事服务中心"典型案例。广元市大力推广"1＋1"发展模式（1个现代农业园区或1个高标准农田建设区发展创建1个服务中心）。仪陇县制定《仪陇县2022年农业社会化服务体系建设实施方案》，建成1个农业社会化服务中心、3个分中心、10个服务点。蓬安县推广运用"蓬安农机共享"微信小程序，西充县推广智慧农机服务平台，开发社会化服务手机App，以农机智能化拓展社会化服务空间。

贵 州 省

【概况】 2022年，贵州省农机系统学习贯彻党的二十大精神和习近平总书记对贵州工作重要指示批示精神，贯彻落实贵州省委、贵州省人民政府决策部署，在实施粮油生产机械化社会化服务提升工程的基础上，坚持问题导向，构建系统思维，创新发展思路，聚焦"地不宜机、机不适地、机艺不配、服务不强、保障不足、监管不力"6个方面难题，着力补短板、强弱项、促融合、激活力、优政策。2022年末，全省主要农作物耕种收综合机械化率达46%，同比增长2个百分点；发展培育农机服务组织640家，从业人员6 586人，同比分别增加14.90%、16.18%；新增补贴农机具3.49万台（套），受益农户3.05万人，同比分别增长89.5%、75.9%。

【粮食增产得到新保障】 2022年，贵州省农机社会化服务蓬勃发展，"全程机械化＋综合农事"等服务模式逐步推广，助力撂荒地复耕复垦。推广机械化播种＋无纺布育秧、机插秧密植等水稻种植集成技术，全省13.3千公顷水稻全程机械化示范区平均产量8 835千克/公顷，与同期人工生产相比，平均产量提高11.1%。兴义市高产示范田采用无纺布钵苗育秧、无人机精准飞防等农机技术，实现最高产量17 320.2千克/公顷，打破贵州水稻单产历史纪录。

【农民增收找到新路子】 2022年，贵州省农户带机入股合作社，开展农机作业服务，有效提高农户财产性和工资性收入。水稻耕种管收全程机械化示范区平均每公顷节本增效6 720元。"机器换人"的推进，提高生产效率，农村富余劳动力投向二三产业，拓宽农户经营性收入渠道。投入农业机械化财政补贴资金，提高农民转移性收入。如安龙县盛禾农机专业合作社，农户机具入社可获2 000元保底＋分红收入，机手作业收入每公顷1 350元，累计发放工资和分红70多万元，实现农户和农机合作社双赢。

【绿色发展取得新提升】 2022年，贵州省联合收割机和秸秆粉碎机的推广应用，推动农作物秸秆资源化利用，将"闹心秆"转变为"绿色秆""致富秆"。水稻插秧同步侧深施肥、无人机精准施药，降低化肥、农药使用量。水稻钵苗秧盘使用寿命达8～10年，无纺布可回收再利用，提高资源利用率。

【树立新形象】 2022年，贵州省农业机械化工作得到农业农村部、贵州省领导充分肯定，农业农村部明确将贵州省纳入"丘陵山区适用小型机械推广应用先导区"建设省份。各级新闻媒体报道200余次，其中新华社、央视报道21次。7月9日，央视《新闻调查》栏目，首次用整期45分钟播出贵州省《农机上山路》专题节目。

【创新推进农田宜机化改造】 2022年，贵州省实行高标准农田建设、宜机化改造"双同步"，推动新建173.3千公顷高标准农田"地平整、路相通、旱能灌、涝能排、宜机化、高效益"，打通农机上山下田的"最后一米"。发布标准，精准施策，制定发布DB52/T 1675—2022《丘陵山区土地宜机化整治技术规范》贵州地方标准，提出丘陵山区土地宜机化整理整治基本要求、内容、技术要求、流程等，指导各地针对不同地形特点，分类制定技术方案，科学实施宜机化改造。

【撬动资金，多元投入】 2022年，贵州省鼓励引导各地整合涉农资金41.8亿元，以项目"旱改水"、新增产能、新增耕地等指标收益，撬动金融和社会资本54.8亿元投入高标准农田建设，切实保障宜机化改造、灌排设施提升等投入。

【强化监管，联合督导】 2022年，贵州省建立健全"635"工作机制，在设计上实行县直部门、乡镇、村、业主单位、设计单位、群众代表"六方会审"；在建设上实行县直部门专家、镇村两级负责人、农户"三方共建"；在督导上聚焦"规划设计、工程质量、资金进度、耕地指标、助农增收"5个重点，联合省水利厅等成立3个省级督导组实行专项督导。

【组建研制联盟】 2022年，贵州省农业农村厅主动对接，上门拜访，成功聘请中国工程院院士罗锡文，农业农村部突出贡献专家宋建农教授作为贵州省农机研发制造指导专家，引进江苏、湖南优强农机企业，与贵州省内科研院所、装备制造企业联合组建集产、学、研、推、用为一体的贵州农机研发制造联盟。

【提升研发能力】 2022年，贵州省统筹整合贵州詹阳动力重工有限公司、北京航天智慧科技发展有限公司等省内机械装备制造企业和贵州大学、贵州省山地农机研究所、贵州农业职业学院等科研院所人才、技术、装备资源，成立研发核心技术攻关小组，围绕贵州省水稻、油菜、大豆玉米等主要粮油作物生产急需农机具开展联合攻关，提升核心研发能力。

【推动新机下田】 2022年，贵州省协调推动贵州詹阳动力重工有限公司与江苏常州亚美柯机械设备有限公司、湖南长沙桑铼特农业机械设备有限公司、江苏云马农机制造有限公司等省外优强农机企业通过技术引进、联合生产等多种形式建立合作关系，合作生产下线51台六行水稻插秧机、34台水稻播种机、16台油菜毯壮苗机械化移栽机、30台大豆玉米复合播种机，并全部投入2022年粮油生产。

【开展全程机械化示范推广】 2022年，贵州省组织在全省9个市（州）26个县（市、区）开展13.3千公顷水稻生产全程机械化示范推广，完成农机作业13.98千公顷，示范推广区水稻耕种收综合机械化率达90.6%，同比提高23.6个百分点；平均产量8 835千克/公顷，与同期人工生产相比，平均亩产提高11.1%，平均每公顷节约生产成本5 040元，平均每公顷增产增收1 680元。

【开展育苗移栽示范推广】 2022年，贵州省组织在修文、松桃等21个县(市、区)开展油菜毯状苗机械化育苗移栽示范推广，推动农机农艺高效融合，有效解决中晚稻生产区人工种植油菜时间紧、强度大等问题，为油菜集约化生产、产业化经营提供技术和装备支撑，降低油菜生产成本，促进油菜恢复性增长。

【建设水稻生产"智慧农场"】 2022年，贵州省组织在剑河、思南等8个县建设水稻生产"智慧农场"，目前剑河县已建设完成，基本实现水稻生产全程机械化智能化操作，获得农业农村部充分肯定，指定贵州省编写《西南稻区"智慧农场"建设标准》。

【推动成立行业协会】 2022年，贵州省推动成立贵州省农机社会化服务协会和9个市（州）分会，通过搭建协会平台推动农机服务组织实现资源共享、力量整合、抱团发展，提升组织化程度，增强综合服务能力。

【推动发展壮大组织】 2022年，贵州省出台扶持政策，加大资金投入，发展培育农机服务组织，全省农机服务组织达640家，从业人员6 586人，同比分别增加14.90%、16.18%，完成农机作业2 733千公顷次，同比增加14.32%，推动贵阳市、铜仁市涉农乡镇基本实现农机服务组织全覆盖。

【推动建设信息平台】 2022年，贵州省组织搭建集农机服务组织、农机手、供需信息、服务价格、联系方式等为一体的"智能农机云"信息平台，有效解决以往农机服务供需信息不通、联络不畅，"机等地、地等机"等难题。

【推动创新服务模式】 2022年，贵州省组织在松桃、玉屏等县探索"农机托管＋综合农事""全程机械化＋综合农事"等服务模式试点，总结提炼安龙盛禾农机合作社整合闲置机具和机手入股模式、长顺县农机合作社"抱团发展"经验。

【完善农机政策措施机制】 2022年，贵州省针对农机政策机制不完善等问题，主动作为，创新工作思路，着力破解难题。一是争取中央资金。多次主动向农业农村部领导、相关司局汇报对接，争取更多支持，2022年中央财政下达贵州省农机购置补贴资金4 383万元，同比增加87%。二是建立累加补贴机制。2022年，新增省级财政资金2 500万元建立主要粮油作物急需农机具累加补贴机制，激发农民购机积极性，累计新增补贴农机具3.49万台（套）、受益农户3.05万人，同比分别增长89%、70.6%。三是实行农机考核评价。2022年，推动首次将农业机械化率纳入省对市县高质量发展考核评价指标，提高各地对农业机械化工作的重视程度，推动各地投入农业机械化资金超3亿元，同比增长10倍以上。

【实行网格化管理】 2022年，贵州省划分农机安全监管网格118 476个，明确县、乡级行政包保责任人464人、8 423人，设立乡级农机安全监理员2 407人、村级农机安全协管员20 785人、农机服务组织安全管理员590人，与农机服务组织、农机手签订安全生产责任（承诺）书6.4万份。

【推进"平安农机"创建】 2022年，贵州省制定印发《贵州省"十四五"时期"平安农机"创建活动工作方案》，组织花溪、赤水、金沙、镇远、岑巩5个县（区）创建2022年度全国"平安农机"示范县。

【实施变拖"清零"行动】 2022年，贵州省农机部门组织在全省开展变型拖拉机"清零"行动，明确2022—2025年变型拖拉机"清零"目标任务，到2025年全部实现"清零"，2022年全省已注销变型拖拉机5 441台，存量11 522台。

【开展农机安全打非治违】 2022年，贵州省农机部门统筹农机安全监理和农业综合行政执法资源，与应急管理、公安、市场监管等部门建立常态化联合执法工作机制。全省排查农机安全隐患3 229个，完成整改3 078个，纠正农机违章1 285起，查处违法行为924起，罚没金额3.53万元，查办违法案件219起、移交司法7起、批捕1人。配合省公安厅刑侦总队"8·04"专项工作组打击制售变型拖拉机假牌假证行为，提供问题线索46条。

【宜机化改造任重道远】 2022年，贵州省现有耕地面积3 472.62千公顷，其中15°以上耕地1 540千公顷，占耕地总面积的44.35%，大多为梯田、梯土和坡耕地，田坎多、坡度大，尽管2022年对新建173.33千公顷高标准农田实行"宜机化"改造，但面对全省3 472.62千公顷耕地，依然任重道远。

【农机适用性有待加强】 2022年，贵州省本土农机生产企业研发制造能力仍然较弱，省内农机具大多数从省外引进，而省外企业研发推广的多为大中型农机具，适宜丘陵山区的小型化、智能化、轻便化机具少，加之贵州省土壤黏性重，多数机具需改进后方能使用，适宜于贵州省的小型农机具不足问题依然突出。

【农艺匹配性亟待提升】 2022年，贵州省立体农业特征显著，农作物种植的地域和季节差异大，适宜农机作业的农作物品种和栽培技术推广滞后，难以适应农机作业技术要求。农民户均耕地少，种植品种插花不连片，尚未形成农机作业的耕作习惯和生产布局，严重制约农机推广应用，农机农艺相互协作、高度融合的格局亟待形成。

【农机服务能力有待增强】 2022年，贵州省大多数农机服务组织底子较薄、资金缺乏，机械单一，服务链条短、服务范围窄，管理能力、技术水平普遍不高，尽管2022年推动成立省级和9个市（州）农机服务行业协会，但距规模化经营、企业化管理、专业化运作等还有较大差距，难以适应现代农业发展需要，服务能力有待增强。

【政策精准性有待提高】 2022年，贵州省现行中央财政购机补贴政策对小型机械多采用定额补贴方式，补贴额度较低，对农户购置的吸引力不强。如六行水稻钵盘移栽机中央资金按3.3万元定额补贴，省级累加补贴2.2万元，占市场销售价23万元的23.9%，购机户一次性投入大、回收成本周期长，购置意愿不强。

【农机管理机制有待理顺】 2022年，贵州省受机构改革压缩岗位、人员流失、科研项目少、财政投入少等因素的影响，原有农机研发、管理体系被打破，新的体系与机制未能够得到有效建立，导致农业机械化研发、推广乏力，薄弱环节农机具研发不足，管理运作服务不畅。

【安全监管能力有待提升】 2022年，贵州省基层农机安全监管"三员"（乡级农机安全监理员、村级农机安全协管员、农机社会化服务组织农机安全管理员）均为兼职，农机安全监管业务知识掌握不够，监管能力不足。

云 南 省

【概况】 2022年，云南省农机部门在云南省农业农村厅党组的领导和农业农村部农业机械化管理司的指导下，云南省农机系统坚持以服务"三农"为宗旨，贯彻落实党中央、国务院和云南省委、云南省人民政府决策部署，推进"十四五"全国农业机械化发展规划落地实施，强化机械装备对粮食和重要农产品生产的保障支撑，推进农机装备补短板行动，推进农业机械化各项工作并取得实效。全省农机总动力达2 858万千瓦，比2021年增长0.7%；农机具总拥有量达655万台，比2021年增长1.7%；拖拉机总数达33万台，拖拉机配套农具34万台；农机作业面积达7 120千公顷，比2021年增长1.4%，农作物耕种收综合机械化率达52%，全省农业机械化事业取得新突破，呈现出"五个新突破、一个平稳"的良好发展格局。

【农机购置补贴实施实现新突破】 2022年，云南省争取中央财政农机购置补贴资金44 367万元，比2021年增加3 844万元，增长9.5%，争取资金量创2005年实行农机购置补贴政策以来历史新高。按照"有进有出，优机优补"的原则，调整完善全省农机购置补贴机具种类范围，编制发布一览表，范围涵盖21大类45个128个品目，补贴机具包括粮食、果菜茶、中草药、油糖料、橡胶生产、搬运及初加工、畜禽养殖、水产养殖等多作物、多环节机械设备，将深松整地联合作业机、抛秧机、大豆玉米带状复合种植一体播种机、山地轨道运输机等支撑丘陵山区粮食和重要农产品生产的21种机械设备纳入补贴范围，对耕整打塘机、辣椒除柄机、连栋温室大棚等开展省级专项鉴定并开展补贴试点，将秧盘播种成套设备（含床土处理）水稻插秧机、履带式拖拉机、旋耕机、穴播机、单粒（精密）播种机、铺膜（带）播种机等支撑粮食生产的7个机具补贴额测算比例从30%提高到35%以上。组织开展四批次自主投档产品形式审核，审核通过产品5 000余个。全省共使用中央农机购置补贴资金40 985.5万元，补贴机具17.67万台套，受益农户13.44万户，带动社会投入农机购置资金13.98亿元。2021年度中央财政农机购置补贴政策落实绩效考核获全国"优秀"等次。

【保障支撑实现新突破】 2022年，云南省强化农业机械对粮食生产的保障支撑，组织农机投入"春耕""三夏""三秋"生产，全年共投入农机160万台（套），检修农机具134万台（套），机械耕整地3 045千公顷，机插（播）380千公顷，机械收获745千公顷。

【建立优惠用油保供服务机制】 2022年，云南省联合中国石油天然气集团公司、中国石油化工集团公司云南分公司在全省范围内建立优惠用油保供服务机制，最高优惠幅度达6%。推动组建云南省常态化农机应急作业服务队238支，保障疫情管控区域"三秋"抢收3.7千公顷。围绕粮食安全目标任务，研究制定并组织实施《云南省水稻机械化种植推进工作实施方案》，将水稻机械化种植纳入党政领导班子粮食安全责任制考核指标体系；组织红河州、文山州、大理州、德宏州开展水稻钵体毯状苗机械化生产技术引进试验，探索"本土化"水稻种植新技术、新机具集成示范；大力开展水稻育秧中心建设，扶持7个农机合作社开展水稻机械化种植。

【发挥农机装备技术支撑作用】 2022年，云南省围绕33.3千公顷大豆玉米带状复合种植任务，发挥农机装备技术支撑作用，成立大豆油料扩种机具装备评估评价工作组，研究制定《云南省大豆玉米带状复合种植播种机具保障方案》，指导有种植任务的29个县（市、区）编制并落实大豆玉米带状复合机械化种植"一县一方案"，安排专项经费支持20个农机合作社开展大豆玉米带状复合机械化种植。29个任务县农机部门组织耕整地机械24 937台、大豆播种机具7 759台、玉米播种机具8 399台，完成大豆玉米种植耕整地29.9千公顷、机械播种大豆6.1千公顷、机械播种玉米8.66千公顷，改造播种机35台。

【主要农作物生产全程机械化建设实现新突破】 2022年，在云南省牟定县、勐海县、盈江县、双江县、易门县、弥勒市、会泽县7个县（市）实施主要粮食作物全程机械化示范点建设，重点补齐水稻、玉米、马铃薯在机播、机种环节的技术、机具短板，整县推进主要农作物生产全程机械化。首次与院校合作实施寻甸县马铃薯、麒麟区水稻、陆良县玉米、勐海县甘蔗生产4个全程机械化示范基地建设，通过示范点、示范基地的示范引领和产学研推协作攻关，探索形成该类作物全程机械化生产技术规程、技术模式和成本效益分析。陇川县被评定为"全国第七批率先基本实现主要农作物生产全程机械化示范县"，"基于中小型收获机的甘蔗农机农艺融合技术"模式入选2022年农业农村部甘蔗主推技术模式。

【丘陵山区农机装备补短板实现新突破】 2022年，云南省人民政府工作报告提出"推动高原特色农业生产端和加工端增值增效，提升农机装备研发应用水平"的发展思路；云南省农业农村厅与云南省工业和信息化厅联合成立云南省农机装备补短板工作专班，统筹推进。云南省科技厅发布《重点产业关键核心技术攻关行动方案（2022—2025年）》，提出面向云南咖啡、橡胶、烟草、花卉、普洱茶等特色经济作物，重点支持农业种植、精加工等现代农业装备研发。对外发布云南省首批农业机械化短板装备需求清单29条，涵盖粮食机播机收、玉米大豆复合种植播种、甘蔗种植和收获、特色经作收获后初加工等环节机械化需求，引导企业、科研院所、推广机构聚焦短板机具攻关发力。累计安排专项经费200余万，支持昆明市、红河州研发（改造）丘陵山区主要农作物、特色经济作物机械化关键技术环节急需的短板机具。

【加快成果转化和推广应用】 2022年，云南省引导鼓励科研院所、农机生产企业、农机合作组织根据生产需求因地制宜开展农机研发改造，加快成果转化和推广应用。2022年，全省参与农机研发、改造的机构12家，研发改造的产品有果蔬烘干机、犁、大豆玉米带状复合播种一体机、蔬菜移栽机等10多种机械50多个机型，努力解决农业机械"水土不服""无好机用"的问题。参与国家"一大一小"农机装备补短板先导区建设，广泛动员引导科研院所、重点农机生产企业参与农业农村部组织的短板机具项目化实施方案编制，共推荐22个单位63个短板机具产品申报省级短板机具研发改造项目，最终云南农业大学被确定为"中药材精密播种机"短板机具项目化实施方案牵头编制单位。

【农业机械化技术推广应用实现新突破】 2022年，云南省制定印发两批次《云南省2022年度农业机械试验鉴定产品种类指南》，将7大类12小类29个品目纳入试验鉴定范围；开展试验鉴定工作，2021年4月至2022年末共鉴定农机产品140个；协助云南井禾机械制造有限公司等14家企业的秸秆揉丝机等53个产品到陕西、湖南、重庆等地进行试验鉴定，解决云南省农机企业能生产而云南省没有鉴定能力的问题。组织开展"农机3·15"消费者权益日活动，开展农机质量投诉和调查。组织举办大豆玉米带状复合种植机械化技术、水稻机械化育秧、机收减损、坚果采后处理和初加工、联合收割机驾驶技能培训等培训班10次，培训基层农机推广人员和机手1 500多人。

【农机安全生产保持平稳】 2022年，云南省农机部门针对云南省在册的各类拖拉机和联合收割机16.16万台，在册的农业机械驾驶、操作人员48.19万人，变型拖拉机5.66万台，开展农业机械安全监督管理工作，全年未接报农机安全责任事故。逐层逐级签订农机安全生产目标责任书2 962份，与农机手签订安全生产责任书209 846份，实现应签尽签；开展农业机械维修网点和拖拉机驾驶培训事中事后监管。

【开展农机安全宣传】 2022年，云南省共出动宣传人员21 656人次，张贴宣传标语1 946条，发放宣传资料1 132 415份，手机短信宣传324 508条，举办安全知识讲座287次，开展安全日学习活动840次，举办违法人员培训班40次；开展农机风险隐患排查，全省共排查农业机械81 024台次，排查驾驶人员72 001人次，排查有关单位企业和场所8 619个次，排查出一般隐患9 109项限期整改，整改率100%。开展变型拖拉机专项整治，注销变型拖拉机38 504台，占应注销数的111.11%；拆解3 395台，占下达任务数的67.36%，全省变型拖拉机总量由34.56万台降至5.66万台，减幅达83.62%。

西藏自治区

【概况】 2022年，西藏自治区各级农业机械化主管部门在西藏自治区党委人民政府和西藏自治区农业农村厅党组的领导下，在农业农村部农业机械化管理司、农业农村部农业机械化总站的指导和支持下，围绕年初确定的目标任务和工作重点，创新举措，扎实推进，全自治区农业机械化发展提升。

【提升农机装备水平】 2022年，西藏自治区实现主要粮食作物（青稞）耕种收综合机械化率达69%的目标，发展农机社会化服务，指导以日喀则市江孜县年楚永发农机专业合作社（全国农业社会化服务创新试点组织）为典型的各类农机社会化服务主体，拓展社会化服务范围，探索开展"全程机械化＋综合农事服务"新模式，发挥大型耕整地机械、精量播种机械、植保无人机械、高性能联合收割机械等农机装备优势，2022年"春耕""春播""秋收"期间，全自治区累计投入各类农业机械57.82万台套，主要粮食作物（青稞）机耕率、机播率、机收率分别达70.9%、61.1%、77.18%，主要粮食作物耕种收综合机械化率为69.8%，同比增长1.8个百分点。

【加大农机购置补贴】 2022年，西藏自治区农机购置与应用补贴资金使用量占当年资金总量的70%。中央及西藏自治区财政下达全自治区农机购置与应用补贴资金14 174万元。截至12月31日，全自治区共使用农机购置与应用补贴资金11 963万元，资金使用量占当年资金总量的84%，扶持16 546户（个）农牧民和农业生产经营组织，购置2.27万台套农业机械。

【完成农机深松整地作业】 2022年，西藏自治区农机部门与农业农村部农业机械化管理司多次争取，中央财政实际下达西藏自治区农机深松整地作业补助资金2 230万元，实施26.67千公顷作业任务。截至12月30日，全自治区共实施农机深松整地作业面积26.03千公顷，完成全年任务97.6%，剩余任务将在春播前全部完成。

【农机装备总量增长】 2022年，西藏自治区农机装备总量达53万台套，农机总动力720万千瓦。通过补贴系统调度，截至12月6日，全自治区农机装备增加2.1万台套，其中大型及以上（73.5千瓦及以上）拖拉机、谷物联合收割机、动力喷雾机分别增加138台、460台、374台，农机总动力增加23.5万千瓦，农机装备结构优化。2022年全自治区农机装备拥有量达54.56万台套，农机总动力达731.1万千瓦。

【实施农机报废更新补贴政策】 2022年，西藏自治区继续实施农机报废更新补贴惠农政策，利用中央财政补贴资金对拖拉机、联合收割机、机动喷雾（粉）机、机动脱粒机、饲料（草）粉碎机、铡草机、割晒机、微耕机、播种机等9种机具进行补贴，2022年1—12月，全自治区共申请农机报废补贴机具520台，申请资金141.66万元，已结算报废机具268台套，结算资金60.36万元，结算率42.6%。

【创建主要农作物生产全程机械化示范县】 2022年，西藏自治区农业农村厅下发《西藏自治区农业农村厅关于开展2022年全国主要农作物生产全程机械化示范县申报工作的通知》，并对示范县申报工作进行专题培训，对申报材料进行审核把关、补充完善，推荐萨迦县、边坝县、巴宜区、达孜区、曲水县、隆子县6县（区）申报农业农村部2022年主要农作物生产全程机械化示范县。萨迦县、边坝县、巴宜区3个县（区）已认定为"全国第七批率先基本实现主要农作物生产全程机械化示范县"。

【实施农机购置与应用补贴政策】 2022年，西藏自治区开展2021年度农机购置补贴政策延伸绩效管理考核工作，取得"良好"的综合评价，发布《西藏自治区农业农村厅关于探索开展累加补贴轮式拖拉机"优机优补"工作的通知》《关于西藏自治区农机购置与应用补贴实施农业机械国四排放标准的通知》，开展累加补贴轮式拖拉机"优机优补"试点工作，指导各地市加快推进国三排放的农机具销售和补贴办理。

【推动农机报废更新补贴实施】 2022年，西藏自治区加快推动农机报废更新补贴实施力度，实行月调度、月通报制度，对推进落实缓慢的地市予以督促，对享受报废补贴的受益对象相关信息进行公示，主动接受社会监督。

【推动农机深松整地作业补助工作】 2022年，西藏自治区下发《西藏自治区农业农村厅关于做好2022年农机深松整地工作的通知》，为133家农机作业服务组织免费安装400台远程信息化监测终端，启动实施农机深松整地作业远程信息化监测。

【创建植保无人驾驶航空器作业补助试点】 2022年，西藏自治区印发《2022年全区植保无人驾驶航空器作业试点工作方案》，下达160万元作业补助资金，在拉萨、日喀则、山南、林芝、昌都5市13个县区，实施农作物病虫草害防控机械化作业。

【组织重要农时农业机械化生产】 2022年，西藏自治区围绕"春耕春播""三秋"等重要农时和关键节点，下发《西藏自治区农业农村厅关于做好"春耕春播"农机化生产工作的通知》《西藏自治区农业农村厅关于做好"三秋"农机化生产工作的通知》，抢前抓早组织开展机械化生产。

【强化机具供应保障】 2022年，西藏自治区协调农机经销企业，备足备齐耕整地、播种、植保等重点机具及零配件，合理调剂机具余缺，保持供需平衡。

【强化作业用油保障】 2022年，西藏自治区出台"十四五"农机作业用油保障政策，落实免费办理"农机加油一卡通"、优先加油、优惠供应（每升立减0.3元）、优质服务、送油下乡等"三优一免一送"惠民举措。

【强化技术维修保障】 2022年，西藏自治区组织产销企业、维修网点等技术力量，深入田间开展农机具检查、保养、维修。运用"农机使用维修技能学习平台"等线上学习平台，指导各地开展线上自学。

【强化社会化服务保障】 2022年，西藏自治区引导各类农机社会化服务组织大力开展以耕、种、收服务为主的生产性托管或半托管服务，提升农机使用效率和机械化作业水平。

【强化机收减损保障】 2022年，西藏自治区制定《青稞机械化收获减损技术规程》，下发《关于做好2022年青稞机收损失监测调查工作的通知》，发放《青稞全程机械化生产技术手册》，指导广大农机手调整机具状态性能，掌握低损失收获技术规范。

【推动农机装备补短板工作】 一是开展主要粮食生产全程机械化推进行动。2022年，西藏自治区林芝市举办"青稞全程机械化生产新机具、新技术示范展示"活动，昌都市起草《昌都市丘陵山区新型农机引进试验示范工作方案》，正按程序报西藏自治区财政厅审核批准。向农业农村部农业机械化管理司推荐全自治区5名专家，拟牵头编制14项短板机具项目化实施方案。二是发挥"青稞机械化低损收获装备研发与改进"项目试验示范作用。多功能微耕机、青稞割捆机等机具已相继试制成功，正在开展田间性能测试工作。三是由西藏自治区农牧科学院承担的"高原农作物生产全程机械化科研基地建设项目"已获国家发改委批复，待专家评审通过后组织实施。

【开展农机安全生产服务】 2022年，西藏自治区制定下发《西藏自治区农业农村厅关于做好当前农机安全生产工作的通知》《全区农机安全生产大检查工作方案》，安排部署全自治区农机安全生产工作，开展农机作业安全生产巡查和针对农机合作社、农机维修站点等场所的专项检查工作，防范农机生产安全事故发生。

【依法履行农机安全监理职责】 2022年，西藏自治区起草《西藏自治区农机安全监理体系建设实施方案(送审稿)》，已征求农业农村部农业机械化管理司、西藏自治区财政厅、西藏自治区公安厅、西藏自治区人力资源和社会保障厅等相关单位意见，正按程序报请西藏自治区党委编办事业机构编制处审核，待修改完善后，以西藏自治区农业农村厅正式文件报送区党委编办。

【加大农机安全宣传力度】 2022年，西藏自治区各级农业农村部门宣传农机安全法律法规和安全操作知识，发放《农业机械安全作业常识宣传手册》1 000余份，制作展板110余幅、悬挂横幅300余条，累计受教育人数达135 00余人。

【加大政务信息报送力度】 2022年，西藏自治区党委办公厅采纳涉及全自治区农业机械化方面政务信息3条，西藏农牧信息采纳5篇，中国农业机械化信息网采纳20篇。报送《关于新冠疫情期间深入开展农牧业生产典型经验的通报》2期。

【完成农业机械化其他工作】 2022年，西藏自治区推动印发《西藏自治区"十四五"农业机械化发展规划》；成功举办"2022年全区农机购置与应用补贴申请办理服务系统和农机统计直报系统操作培训班"；推荐报送"关于加快提升西藏自治区设施农业装备水平"全国两会选题；完成2022年部门预算资金执行进度，2022年西藏自治区农业农村厅农业机械化管理处部门预算经费40万元，截至11月底，已使用资金40.408万元，部门预算资金使用进度超过100%。

【农机购置补贴资金使用情况】 2022年，西藏自治区林芝市转变宣传方式，开展先进机具装备展示活动，提高农牧民群众对补贴政策的知晓率和购买机具的积极性、主动性，推广手机App补贴信息化平台，压缩申请受理和资金兑付办理时限。目前，林芝市中央财政农机购置补贴资金使用进度已超过100%，排名全自治区第一。

【农机维修服务及时】 2022年，西藏自治区拉萨市达孜区、山南市乃东区、日喀则市桑珠孜区、林芝市米林县、昌都市洛隆县选定农机维修技术人员，精准下派维修任务，采取"点对点服务、专人专线往返"的方式,深入农户上门服务，及时对作业机械进行检测和更换零部件。

【组织农机抢收工作】 2022年，西藏自治区拉萨市林周县、墨竹工卡县，日喀则桑珠孜区，山南市错那县统筹调度农机专业合作社和农机户，组建专业代收作业队点对点收割，以村为单位，分段、分区域轮流收割。

【组织农机抢运工作】 2022年，西藏自治区拉萨市林周县、曲水县，山南市琼结县组织成立"党员先锋保运队"，按照"田间地头视频连线确认人地相符—过程转运专人跟车—除杂装袋专人监督—成袋粮食逐户敲门送到家"的转运流程，及时安全把收获的粮食免费送到群众家中。

【保障农机作业用油】 2022年，西藏自治区拉萨市曲水县、日喀则桑珠孜区、山南市乃东区协调相关部门为农用物资运输车辆办理通行证，开辟绿色应急通道，开展送油下乡服务活动，保障农机作业用油。

【探索农机安全生产新路径】 2022年，西藏自治区为解决农机安全监管工作一直存在缺监管机构、缺技术人员、缺专业知识、缺规范机制和缺登记管理、检测检验等"五缺"问题，2022年初，日喀则市率先启动"拖拉机和联合收割机登记管理试点工作"，为全自治区农机安全监理工作全面推广探索新路径，目前，"日喀则市农机监理信息化平台"已进入试运行阶段，预计2023年初将正式投入运行。

【存在问题】 一是农业机械化惠农政策宣传和监管约束力度还不够，等靠上级部门解决的思想依然存在，主动处理解决问题的能力还亟待提升，对部署各地市的工作任务抓实抓细还不足，破解工作中遇到的困难方法还不多。争取资金建设农机购置补贴"三合一"平台和农机报废更新补贴信息化监管平台项目力度还不够。二是农机装备"产、学、研、推、用、管"体系机构缺失，农机作业方式总体比较粗放，精准化、标准化、高效化程度还比较低，小型机械多、大中型机械少；动力机械多，配套机械少，传统机械多、高端装备少等问题。项目资金投入严重不足，农机推广、作业补贴、技能培训、全程机械化示范县创建、"全程机械化＋综合农事"服务中心等都缺乏财政资金扶持。

陕 西 省

【概况】 2022年，陕西省在农业农村部农业机械化管理司、农业农村部农业机械化总站的支持下，立足主导产业发展需求，抓示范、建模式、守底线、提质量，加快推进主要农作物全程机械化示范，推广小麦"3335"、玉米"5335"、大豆玉米复合种植机械化装备应用普及，"四分"研究有所突破，抓机收减损提质量，推进特色产业机械化装备集成示范，推进农机装备补短板，为保障粮食安全，特色产业蓬勃发展提供机械化装备与技术支撑。

【推动重大政策实施】 2022年，陕西省聚焦农业农村中心工作，研究出台《陕西省"十四五"农业机械化发展规划》并推进落实，制定印发《2022年全省农机化工作要点》，明确重点任务和主要抓手。发挥农机购置补贴政策导向作用，及时发布《陕西省2022年农机购置补贴机具一览表》并组织实施，优先保障粮食生产等重要农产品生产、丘陵山区特色农业生产农机补贴需求，实行"优机优补"，推动农机装备总量提升，结构优化。全年实施补贴资金4.4亿元，补贴各类机具8.7万台（套），受益农户和生产经营服务组织6.9万户，带动农机销售1.9亿元；完成深松作业面积222.67千公顷；实施报废更新补贴农机530台，结算资金661.2万元。全省农作物耕种收综合机械化水平达72.2%。

【突出抓好重要农时农业机械化生产】 2022年"三夏""三秋"重要农时前，陕西省农机部门组织各市开展农业机械化生产摸排调度，确保供需衔接精准到位。及时与陕西省应对新冠疫情工作领导小组办公室沟通协调，印发《关于统筹做好疫情防控和农机跨区作业的通知》，为疫情防控形势下农机作业顺畅提供保障。推出农机用油优惠、维修服务、绿色通道等"七个一"保障措施，保障重要农时农业机械化生产安全顺畅。针对夏收"烂场雨"、秋收秋淋风险，首次建立农机抢收应急机制，构建全省统一指挥、统一调度，省市县联动应急体系。"三夏"期间，创单日抢收小麦

186.67千公顷记录，全省小麦机收任务较2021年提前2天完成，机收率达95.5%，较2021年同期提高2个百分点，机收损失率为0.78%，较2021年降低0.32%，农业农村部"三夏"小麦机收专项工作组对陕西省工作给予肯定。"三秋"期间，针对"国庆"期间将有强降雨天气预报，立即印发《关于做好应对强降雨天气农机化生产的紧急通知》，及时安排抢收，3天抢收渭河滩地及低洼区域玉米28千公顷。"三秋"玉米机收率达75%以上，水稻机收率达84%以上，小麦机播率达95%以上。

【推进全程机械化示范县创建】 2022年，陕西省重点支持粮食主产县和规模化经营重点区域梯次创建主要粮食作物生产全程机械化示范县，制定印发《陕西省主要农作物生产全程机械化示范县创建方案》，先后召开省级主要农作物生产全程机械化示范县创建视频培训会、全程机械化示范创建指导培训会，组织省级全程机械化示范县专家组逐县实地研判创建短板弱项，有针对性提出解决方案，及时总结推广好经验好做法。临潼等12个县（区）成功创建全国第七批主要农作物全程机械化示范县，陕西省主要农作物全程机械化示范县总量达23个，位居西部省份前列。通过全程机械化示范县创建，各创建县主要农作物综合机械化水平均超过90%以上，粮食烘干能力均达到40%以上，小麦免耕播种机等先进复合机具应用水平提升，植保、烘干环节补短板成效明显，农机装备结构优化，全省创建示范县积极性增强。

【开展农机装备补短板行动】 2022年，陕西省围绕粮油生产和特色农业九大产业链，聚焦产业发展关键环节，按照部司"四分"工作安排部署，分区域、分产业、分作物、分环节研究农业机械化全程全面高质高效发展的机具搭配组合，探索农机产业高质量发展路径。在苹果、设施农业全程机械化试点的基础上，扩大应用范围，在太白、泾阳等蔬菜产业链主产县复制推广设施蔬菜全程机械化配套方案，建设示范基地10个；在白水、宝塔等苹果产业链主产县开展苹果生产全程机械化示范，优化机具配套方案，建设示范基地10个。初步形成《陕西省粮油生产和特色农业生产全程机械化示范基地建设指引》，以边用边改、边改边用等方式，抓好试验示范和推广应用，提高适用机具装备的研制和推广力度。

【保障大豆玉米带状复合种植任务】 2022年，陕西省围绕推广大豆玉米复合播种机械化技术集成配套及机具应用，印发《关于做好大豆玉米带状复合种植配套机具保障工作的通知》，在淳化县组织9家重点企业17个大豆玉米带状复合种植专用机型开展专项田间试验，全年开展调研和田间试验6次，筛选出适用于陕西省的专用播种机，及时发布《陕西省大豆玉米带状复合种植配套机具应用指引》，并将适用于陕西省的13家企业28类大豆玉米复合播种机具纳入农机补贴新产品试点名单，确保53.33千公顷种植任务顺利完成。

【推进农机服务能力提升】 2022年，陕西省农机部门依托农机专业合作社，建设农机手实训基地，组建应急作业队180支、应急保障队134支、应急服务队126支，提升应对防霉变抢收、严重水涝以及极端天气等突发特情处置能力。开展农机手大培训，机收减损大比武活动，评比表彰一批本领强、技术精的农机手；遴选一批"全程机械化＋综合农事"社会化服务典型案例。围绕重要农时关键节点，强化农机安全源头管理，着重抓好拖拉机联合收割机注册登记、驾驶证办理、安全检验、机具质量投诉监督等业务，强化农机安全应急管理，加大安全生产宣传培训，开展大排查大整治大宣传活动，农机安全态势保持稳定良好。组织开展"平安农机"示范县创建，命名省级示范县4个、示范社41个、岗位标兵38名，择优推荐太白县、彬州市、千阳县3县（市）创建全国"平安农机"示范县。

甘肃省

【概况】 2022年，甘肃省农业机械化工作围绕全面贯彻落实中央和省委农村工作会议、中央一号和省委一号文件精神，按照农业农村部农业机械化管理司要求，紧扣《2022年全省稳定粮食生产行动方案》《全省现代丝路寒旱农业优势特色产业三年倍增行动计划》，抓重点、补短板、强弱项，集合发挥政产学研推用各方优势力量，分区域、分产业、分作物、分环节突破农业机械化装备技术瓶颈，加大薄弱环节重要装备研发，推进丘陵山区实用高效作业装备引进试验示范，提升各类农机服务主体装备实力和服务能力，促进小农户和现代农业发展有机衔接，为全省粮食生产和特色产业发展提供装备支撑和服务保障。

【农机装备总量增加】 2022年，甘肃省在国家农机购置补贴政策拉动下，全省农机装备总量增加，装备结构不断优化，大型化、智能化趋势加快。全省农机总动力达2450万千瓦，拖拉机达87万台，联合收获机达1.5万台，配套农具达200万台。

【农业机械化发展水平提升】 2022年，甘肃省农作物耕种收综合机械化率达65%以上，其中机耕89%、机播52%、机收47%。小麦、玉米、马铃薯三大粮食作物耕种收综合机械化率分别达90.1%、73.8%、63%。丘陵山区农作物耕种收综合机械化率达61.2%。

【农业机械化支撑保障作用显著】 2022年，甘肃省紧扣"春耕""夏收""三秋"等重要农时，抓好农机作业服务组织调度，发挥农机在农业抢种抢防抢收上的主力军作用，确保农业生产种得好、防得住、收得净。全省小麦机械化率首次突破90%，小麦玉米机收减少损失0.675亿千克。

【农机装备补短板取得新突破】 2022年，甘肃省初步搭建"一中心六基地"的省级农机装备研发创新平台，聚焦粮食作物、特色产业和丘陵山地农机装备短板瓶颈，组织研制种玉米去雄机、低损收获机等短板农机装备49种，部分机具已投入批量生产，解决生产急需、农民急用的装备问题，取得一批具有自主知识产权的科技成果。

【农机农艺集成示范成效显著】 2022年，甘肃省依托省市县农机推广系统力量，分区域分产业分作物分环节实施省级现代农机农艺技术集成示范推广项目40个，指导市县建立农机农艺融合高标准应用基地123个，通过项目带动、试验验证、集成应用、观摩培训，以点带面、示范引领，打造新型实用农机装备推广和作业服务样板，为全省粮食生产和特色产业发展提供装备技术支撑。

【**农机社会化服务能力提升**】 2022年，甘肃省培育壮大新型农机经营服务主体，推广"全程机械化＋综合农事服务""菜单式半托管服务"等农机社会化服务新模式，发展以农业机械为载体的农业托管服务，促进小农户与现代农业发展有机衔接。全省各类农机服务组织和农机专业户达19.2万个，其中农机合作社达2 750个，乡镇农机合作社覆盖率达到78%。全省农机社会化服务规模达到2 333.33千公顷，占耕地面积的40%以上。

【**实施农机购置补贴政策**】 2022年，甘肃省落实《甘肃省2021—2023年农机购置补贴实施方案》及相关配套文件，重点支持粮食和重要农产品生产、丘陵山区特色农业生产及农业绿色发展所需机具的补贴需求，加强监督管理，推进农机购置补贴政策落实。全年下达中央农机购置补贴资金4.98亿元，已使用补贴资金9.1亿元，使用比例182.7%，补贴各类农机装备15.12万台，已结算7.43万台，受益农户及经营主体10.2万台，报废机具2 045台。

【**开展补贴产品投档**】 2022年，甘肃省完成四个批次1 441家企业的6 448个补贴产品投档审核导入，对50家企业的181个产品开展可靠性报告审核，对11家企业的16个产品违规投档进行处理。

【**推进农机补贴办理方式转变**】 2022年，甘肃省启动农机补贴"三合一"试点，推进办理方式转变，提升风险防控技术化手段；实施农机监理与补贴系统数据对接，为农户办理农机装备购置贷款提供担保依据。

【**开展农机新产品购置与应用补贴试点**】 2022年，甘肃省组织省内5个农机企业的14种大豆玉米一体化种植专用播种机产品分批次开展新产品补贴试点安全性和适用性检测，并通过现场演示验证。制定公布大豆玉米复合种植播种机补贴额一览表3个品目25个档次、植保机一览表1个档次、收获机一览表1个品目8个档次。全省补贴专用播种机535台，补贴资金127.8万元。组织申报10个急需急用机具鉴定补贴产品和日光温室钢骨架纳入补贴试点材料；上报申请提高根（块）茎作物收获机（中药材挖掘机）等5个机具品目的补贴额测算比例材料；开展粮食烘干设施装备调研。

【**做好补贴额一览表年度调整工作**】 2022年，甘肃省组织专家评审编制《甘肃省2021—2023年农机购置补贴机具补贴额一览表（2022年修订）》并发布实施。

【**推进农机排放补贴实施**】 2022年，甘肃省推进农机排放"国三"升级"国四"补贴实施，按规定发布公告；组织专家对补贴系统内"国三"排放标准柴油机产品进行梳理，防范违规补贴风险，组织专家开展符合"国四"排放标准的柴油农业机械投档审核。开展补贴产品实施监督检查，对种子清选机等补贴额偏高产品进行调查，降低补贴额。

【**组织农机购置补贴考核工作**】 2022年，甘肃省牵头完成农业农村部农业机械化管理司安排的农机购置与应用补贴申请办理服务系统录入功能升级方案制订、6家农机生产企业违规处理专家意见起草等工作。组织开展2021年中央农机购置补贴延伸绩效考核工作和2021年省级预算执行绩效评价工作。2021年度省级农机购置补贴政策落实绩效管理评估结果，甘肃省为进步明显省份，受到农业农村部农业机械化管理的表扬。

【**抓粮食生产机械化**】 2022年"春耕""夏收""三秋"等重要农时季节，甘肃省组织各地农机部门抓好农机供给、维修服务、用油保障等协调备工作，共投入各类农业机械70.5万台（套），检修机具15.6万台（套），专业农机手4万多人，开展耕种、田管、收获机械化作业服务。

【**组织小麦跨区机收工作**】 2022年，甘肃省成立甘肃省"三夏"农机跨区作业应急处置工作专班，公布24小时小麦机收应急值班电话120部，设立跨区机收接待服务站374个，发放联合收割机跨区作业证4 541个，与中国石油天然气集团公司、中国石油化工集团公司甘肃公司制定出台《关于做好"十四五"农机作业用油保障工作的通知》，启动"三优一免"优先优惠保障农机作业用油政策措施，开展小麦机收开镰仪式暨机收减损大宣传大培训大比武活动、举办全省谷物联合收割机机收减损技术网络培训，开展小麦联合收割机开展质量调查和收获损失率调查。农业农村部李金祥总兽医师对甘肃省委省人民政府高度重视粮食生产给予高度评价，对市县党委人民政府落实粮食安全党政同责充分肯定，对各级农业农村部门认真落实各项稳粮增产技术措施和扎实准备"三夏"工作提出表扬，认为甘肃粮食生产抓得紧、落得实。

【**组织"三秋"农业机械化生产**】 2022年，甘肃省投入联合收割机、秸秆捡拾打捆机、深翻深松机、精量播种机、全膜双垄沟覆膜机等各类农机装备60多万台，完成玉米机收面积486.67千公顷以上、马铃薯346.67千公顷以上，完成深耕深松1 433.33千公顷、秸秆捡拾打捆566.67千公顷以上。

【**组织实施耕地深松整地政策**】 2022年，甘肃省下达中央耕地深施整地作业补助资金9 780万元，下达任务362千公顷，全年完成农机深松作业446.67千公顷，为计划任务的123%，已兑付资金8 820万元（326.67千公顷），兑付比例90%，深松能有效打破犁底层，改善耕地质量，提高土壤蓄水保墒和抗旱防涝能力。甘肃省农业农村厅制定印发《关于做好耕地深松整地政策实施工作的通知》，加强政策实施监管。针对耕地保护政策措施落实及资金管理使用情况专项审计反馈问题，及时对农机深松整地政策有关问题给予说明，确保不出政策性问题。

【**完善农机装备研发创新和科研基地平台**】 2022年，甘肃省在酒泉奥凯种子机械制造股份公司、甘肃农业大学举办甘肃省农作物种业装备研发中心、甘肃省农业装备协同创新研发中心揭牌仪式，中国工程院陈学庚院士和李旺泽厅长分别出席仪式。建立农业全程机械化科研试验基地平台2个，组织实施河西学院"制种玉米全程机械化科研试验基地项目"，落实甘肃农业大学"西北中药材全程机械化科研基地项目"中央预算内投资1 500万元。组织申报陇东学院"农业农村部西北饲草全程机械化科研试验基地项目"、甘肃农业大学"农业农村部西北特色作物（胡麻）全程机械化科研试验基地项目"。

【开展农机装备补短板工作专题调研】2022年，甘肃省农机部门与甘肃省工业和信息化厅组织开展全省农机装备补短板工作专题调研，摸清甘肃省农机装备企业数量、生产规模、主导产品，建立企业名录，补充完善甘肃省农机装备短板机具需求清单，筹备召开全省农机装备补短板视频座谈会。

【争取和实施全国农机装备补短板项目】2022年，甘肃省落实全国农机装备补短板科企合作项目2项，到位资金311万元，启动实施部省共建"党参黄芪长根茎类轻量化自走式收获机项目"。组织高校、企业牵头编制全国短板机具项目实施方案5项。

【组织实施省级农机装备补短板项目】2022年，甘肃省投入省级研发资金1 050万元，实施研发项目11个，制种玉米去雄机、低损收获机、马铃薯联合收获机、中药材叉式挖掘机、大豆玉米复合种植专用播种机、电动牵引平台、粪污处理施用机械等农机装备研发实现新突破，取得一批具有自主知识产权的科技成果，部分机具已投入批量生产。争取省科技厅下达畜禽粪污综合利用装备研发和马铃薯联合收获装备研发与集成示范重大科技专项2项，安排资金370万元。

【组织举办农机装备补短板重点活动】2022年，甘肃省农机部门在甘肃农业大学机电学院组织召开全省农机装备补短板座谈会和农业机械化专家启动仪式；在定西市三牛农机制造有限公司举行中药材种植收获机研制样机投放与培训演示会；在甘州区举办制种玉米收获机研制样机田间性能测试及机具选型现场会；在安定区举办马铃薯联合收获机械化现场演示会。

【抓大豆玉米带状复合种植专用机具保障】2022年，甘肃省印发《大豆玉米带状复合种植机具保障实施方案》，安排省级专项资金1 280万元，组织省内6家农机生产企业研发生产大豆玉米复合种植播种机，开展机具选型试验，购置投放专用播种机具1 485台，改造播种机具4 381台，投放铺膜机7 517台。组织试点县区开展窄行距大豆收获机推荐选购和改制工作，购置补贴大豆玉米收获机66台，改制收获机30台。组织陇东学院、庆阳晴山牛农业科技公司研制大豆分段收割机2种，开展田间性能试验。组织大豆玉米带状复合种植机械化演示宣传培训，组织举办机具现场演示及机手操作培训活动60场次，培训人员14 606人（次），建立大豆玉米带状复合种植全程机械化示范基地35个。在宁县、镇原县机械化示范点分别举办全国和全省大豆玉米机械化种植现场观摩会，在凉州区、泾川县机械化示范点举办大豆机械化收获现场演示会。

【组织开展现代农机装备技术集成示范推广】2022年，甘肃省制定印发《2022年现代农机装备技术集成示范推广项目实施方案》，安排省级资金1 950万元，实施示范推广项目40个，建立省级农机抓点示范基地123个，引进关键薄弱环节新机具350多台，举办全程机械化现场演示观摩活动110次，示范培训14 000多人，制定农业机械化技术操作规范23项。在甘肃省委农村工作会、全省农业农村局长会、全省高标准农田建设撂荒地整治暨粮食高产创建示范基地建设现场推进会、全省乡村振兴产业推进会上举办现代农机装备展示演示活动。在宁县举办的以小麦智能化收获为主题的中国农机田间日活动当日访问量超过800万人次。在陇南市、定西市、庆阳市等8个市州围绕粮食生产和特色产业举办全省农业机械化现场观摩会和培训活动。

【培育壮大农机社会化服务主体】2022年，甘肃省制定印发《2022年农机服务主体装备提升行动实施方案》，安排省级农机补贴资金2 500万元，重点围绕小麦、制种玉米、玉米、马铃薯等绿色标准化种植基地及示范片带建设，以农机购置累加补贴为抓手，支持农机合作社、家庭农场、龙头企业等农机社会化服务主体购置急用实用农机，增强农机服务主体装备实力和服务能力，为示范集中连片规模化示范基地提供单环节、多环节、全程机械化托管服务，提高粮食生产和特色产业发展农业机械化水平。全年扶持13个市州45个县区（农场）农机合作社等服务主体631个，新增补贴农机装备2 900台，新增作业服务能力46.67千公顷。陇西县创新农机社会化服务模式，组织60支农机专业服务队开展中药材、马铃薯、小麦、玉米等全程机械化作业服务，成为乡村振兴的强劲引擎。

【开展规划编写工作】2022年，甘肃省开展农业机械化"四分"目标研究和"十四五"全省农业机械化发展规划编写工作。一是组织开展畜牧业、林果业、水产、农产品加工等产业"四分"研究，各专题组通过自上而下、自下而上的方式开展资料收集和实地调研，提出"十四五"和2035年的发展目标，编写全省畜牧业、林果业、水产、农产品加工"四分"研究报告。二是开展全国基本实现农业机械化评价指标体系验证工作，研究确定甘肃省基本实现农业机械化评价指标体系，开展省级和市州验证工作，形成甘肃省评价指标体系验证报告。三是推动"十四五"规划落地实施。组织编制印发甘肃省"十四五"农业机械化发展规划，推动各地重点工作、重要项目和重大行动计划任务启动实施。

【开展农机推广鉴定和农机质量监管工作】2022年，甘肃省统筹计划，科学调度，按季节、分农时、分区域实施各项试验，优先保证小麦、玉米、中药材、马铃薯种收、特色农产品产地加工等机具鉴定供给。甘肃省农业机械化技术推广总站全年收到各类农机试验鉴定申请356个，经审查后受理产品304个，通过现场试验鉴定，已发布通报4批，发放鉴定证书283个；共接收国家支持的农机推广鉴定任务27个，结转2021年度任务20个；制定《2022年甘肃省农业机械试验鉴定产品种类指南》，经甘肃省农业农村厅同意向社会发布实施。

【做好农机质量投诉受理和调解处理工作】2022年，甘肃省受理农机质量投诉4起，成功调解处理4起，为农机用户挽回经济损失3.15万元。通过投诉热线电话解答农机用户质量问题咨询69人次，及时化解农机质量纠纷。组织开展"稳粮保供，提质护农"为主题的 2022 年甘肃省"农机 3·15"消费者权益日活动。

【开展农机质量调查工作】 2022 年，甘肃省按照《农业农村部农业机械化管理司关于下达 2022 年农业机械质量调查计划的通知》要求和安排，以部省联动的方式开展在用小麦联合收割机质量调查和收获损失率调查。

【做好农业机械化标准、大纲制修订工作】 2022 年，甘肃省制修订《根茎类中药材烘干机 作业质量》等 5 项地方标准于 2022 年 6 月 1 日发布实施。组织申报《果园自走式风送喷雾机作业技术规范》等 7 项地方标准计划项目，完成《温室大棚电动轨道运输机》等 3 项专项鉴定大纲的制修订工作。

【存在问题】 一是农机购置与应用补贴资金缺口大。2022 年补贴资金缺口达 4.1 亿元，既有"国三"升"国四"发动机生产成本上升影响，年底购买国三拖拉机和收获机大增，提前透支来年春季 1 个多亿元的购买力，也有常年 3 个多亿元的资金滚动缺口。二是地方对农业机械化重视区别大。2022 年 15 个市州及县区党委人民政府利用衔接资金等支持农业机械化发展资金 2.2 亿元，最多的定西市 4 133 万元，最少的甘南州只有 137 万元。地方党委人民政府重视程度高，支持力度大的县区农业机械化发展明显加快。三是受疫情影响部分工作受到影响。原计划举办的大豆玉米带状复合种植播种机选型会、大豆机收现场会、中药材机收现场会、农机装备补短板研发机具中期汇报会、农机购置与应用补贴交叉检查会等无法线下开展，部分工作未达到预期效果。

青 海 省

【概况】 2022 年，青海省在农业农村部农业机械化管理司的支持下，农业机械化工作按照全省农业农村工作会议安排部署，围绕粮油稳产增产、推进乡村振兴"八大行动"、打造绿色有机农畜产品输出地等重点工作，优化农机购置补贴政策顶层设计，推广先进适用的农业机械化技术和装备，抓农机安全生产，全力保障农机服务，为提高农业综合生产能力、全面推进乡村振兴和农业农村现代化提供支撑。

【农机服务得到保障】 2022 年，青海省安排青海省农牧机械推广总站印发《关于做好备耕春播农机检修工作的通知》，做到早谋划、早安排、早部署。组织全省农机推广部门专业技术人员深入田间地头，指导和服务农业机械化生产，加大农机具检修和新机具、新技术推广应用力度。"春播""秋收"期间，全省组织检修农机具 38 万台套，举办培训 205 期次，培训近万人次。面对新冠疫情和洪涝灾害叠加对农机保障工作的考验和需求，联合青海省疫情防控指挥部办公室、青海省交通运输厅印发《关于统筹做好疫情期间农机服务保障工作的通知》，向社会公布农机保畅服务电话，开展农机跨区调度和统筹协调，为收割机及其运输车辆办理重点物资运输通行证和跨区作业证近 1 500 个；向社会公布农机保畅服务电话，协调农机转场 3 000 多台次，《青海新闻联播》专题播报全省农机保畅工作。

【抓农机装备短板弱项】 2022 年，青海省着力全省农机装备短板弱项，从国家政策中找结合点、创新点，强化与农业农村部农业机械化管理司的沟通请示，争取支持；联合青海省财政厅、青海省工业和信息化厅开展全省农机装备补短板工作调研，形成《关于农业现代化视角下青海轮式拖拉机装备情况的调研报告》，报请青海省人民政府批准实施轮式拖拉机省级累加补贴政策，每年新增 800 万元资金支持。将蚕豆联合收获机纳入农机购置补贴范围。优化提高薯类收获机、饲草料收获设备省级补贴标准。启动装配式圈舍成套设备农机购置补贴试点。2022 年，共落实农机购置补贴资金 8 264 万元（其中：中央补贴资金 7 694 万元、省级补贴资金 570 万元），截至 12 月 31 日，全省已申请农机购置补贴资金 6 129 万元，扶持 5 571 户农民和农业生产经营组织购置各类农机具 7 820 台，拉动农民和农业生产经营组织投入资金 23 880 万元。

【推广农机先进技术】 2022 年，青海省推广耕地深松技术，增强政策普惠性，将耕地深松项目补助标准从每公顷 270 元提高到 360 元，落实每公顷 15 元的监督检测经费，此工作信息被国务院网站采用。组织实施蔬菜、蚕豆、油菜、牧草生产全程机械化项目和玉米秸秆饲料关键机械化技术与装备推广应用。2022 年 9 月，由青海省农牧机械推广总站与中联重机浙江有限公司联合研发的蚕豆无人驾驶联合收获机及收获打捆一体机试验成功。联合山东思代尔农业装备有限公司，研发的适合青海省需求特点的小型自走式马铃薯联合收获机进入田间试验阶段。

【优化便民服务措施】 2022 年，青海省完成农机购置与应用补贴办理系统和财政"一卡通"监管平台对接，筑牢农机购置补贴资金监管"防火墙"，此项工作信息被《人民日报》刊发。协调落实农机作业用油优惠政策，对农机用油给予 0.5 元/升的优惠，并同步实施 2 项农机用油便利措施，开辟绿色通道，优先加油；对用油量较大的农业生产经营组织、不方便移动的大型农机或作业地块集中的农机实行点对点送油。农机购置与应用补贴"三合一"办理系统建成试运行，农机信息化、数字化管理迈上新台阶。探索推进农机社会化服务体系建设，开展 4 个"全程机械化＋综合农事"服务中心建设。完成全省农机安全监督管理信息平台和农机购置与应用补贴申请办理服务系统平台数据对接工作，解决农户购机筹资难的问题。

【农机安全生产取得实效】 2022 年，青海省面对安全生产要求，全省农机部门上下联动，印发《青海省重特大农业机械安全事故应急救援预案》《关于做好 2022 年度拖拉机、联合收割机及驾驶证检审验工作的通知》《关于进一步加强拖拉机和联合收割机驾驶培训事中事后监管的通知》，规范农机管理工作，给基层教办法、明职责，夯实农机有序管理的基础。结合"春耕""秋收"等重点节点，下发《关于切实加强秋收秋耕秋种期间农机安全生产工作的通知》《农机安全生产专项督查工作方案》，组织开展农机安全隐患专项排查整治，查检农机具 40 000 多台套。组织开展以"喜迎'二十大'，农机必安全"为主题的农机安全生产宣传月活动，制作《农机利民 安全先行》宣传小视频，点对点为农机手推送安全信息4万余条次，社会面宣传20余万人次，取得全省非道路农机事故0死亡的显著成效。

【农机试验鉴定能力和农机质量监管服务能力提升】 2022年，青海省农牧机械推广总站通过每6年一次的检验检测机构资质认定复评审。对3家企业生产的播种机等4类产品进行5批次的省级监督抽查检验，完成3项推广鉴定项目和7项推广鉴定到期产品换证鉴定。《农田残膜回收机械化技术作业质量》《植保无人机安全操作技术规范》2项农机地方标准通过专家组审查。开展植保无人机高原性能测试，举办全省第六届农机操作技能大赛。

【存在问题】 一是东部农业区耕地多呈"小坡碎"块，种植结构复杂，农业机械化作业生产基础条件差，农机具小，难以形成机械化、集约化生产规模，人工劳动强度增大，农作物种植效益低。二是受气候、海拔、经济等诸多因素影响，先进农机具和农业机械化技术的推广和使用不理想，适合青海省特点的农机具研发不足，普遍存在"无机可用""无好机用"现象。三是高端化、智能化、绿色化农机具缺乏，农机装备结构不合理，农机社会化服务能力弱。

宁夏回族自治区

【概况】 2022年，宁夏回族自治区农业农村厅农业机械化管理处贯彻落实厅党组各项工作部署，坚持党建引领，聚焦重点发力，强化措施落实，围绕"一个目标"，紧盯"四项重点"，守住"一条底线"，取得"五个成效"。即：围绕农业机械化高质量发展这个目标，紧盯全程机械化稳粮保供、农机购置补贴政策实施、农机装备补短板行动推进、农机安全监管责任落实四项重点工作，抓关键、补短板、强弱项、促协调、提水平，确保不发生农机安全生产事故。

【农业机械装备水平实现新提升】 2022年，宁夏回族自治区新增拖拉机、收获机等各类农业机械装备3.3万台，同比增长7.6%，农机装备总动力达662万千瓦，同比增长1.4%，大功率、高性能、复式作业和畜牧业、设施农业等机械增加，农机装备结构优化。

【农作物全程机械化取得新进展】 2022年，宁夏回族自治区农作物耕种收综合机械化率达82%，高于全国平均水平10个百分点，其中小麦、水稻、玉米耕种收综合机械化率分别达97.1%、99.3%和91.4%，引黄灌区主要农作物实现全程机械化。

【农机科技创新应用获得新突破】 2022年，宁夏回族自治区聚焦研发制造和推广应用两个链条，组织引入研发的中小型养殖场粪污机械化成套处理设备、柠条平茬机、辣椒联合收获机等10多台（套）农机装备填补自治区内空白，示范推广的水稻精量穴播技术获得自治区科技进步二等奖。

【农机作业服务能力得到新拓展】 2022年，宁夏回族自治区择优支持新建农机社会化服务组织10个，全自治区农机社会化服务组织达522个，农机作业服务面积达1 733.33千公顷次，作业服务收入超21.4亿元。

【农机安全生产监管取得新进步】 2022年，宁夏回族自治区实施农机安全网格化监管，建成县、乡、村、社会化服务组织"四级"农机安全生产监管网格体系，全年没有发生一起较大以上农机事故。

【抓服务保障】 2022年，宁夏回族自治区紧盯"春耕""三夏""三秋"等重要农时，强化机具供给，注重抢前抓早，做好农机全程作业服务保障。全年有164家农机作业服务公司、29.7万台农机具投入农业生产。对接中国石化销售股份有限公司宁夏石油分公司、中国石油天然气股份有限公司宁夏石化分公司落实"三优一免"农机作业用油最高4%优惠保障，促进农民增收节本增效1.2亿元。发放"联合收割机插秧机跨区作业证"1 380张，协调交通部门落实高速公路免费通行政策。做好疫情防控条件下跨区作业机具运转、零配件供应、维修服务等应急保障工作。确保全年完成粮食播种面积692千公顷，其中夏粮播种面积、总产比2021年增幅较大，增速位居全国前列，受到农业农村部通报表扬。全年粮食总产量374万吨。

【指导大豆玉米复合种植工作】 2022年，宁夏回族自治区大豆玉米复合种植机具保障到位，超额完成国家下达的53.33千公顷种植任务，实际完成57千公顷。宁夏回族自治区党委书记梁言顺亲临灵武市大豆玉米种植现场调研指导，对复合种植播种机具使用效果给予肯定。制定印发大豆玉米带状复合种植技术指导方案、机具调整改造指引等指导性文件，采取视频或现场方式巡回指导、实地培训100余场次，培训30万人次，新媒体宣传120余次，印发技术挂图2万余份。组织新型大豆玉米复合种植、植保机具现场展示演示4次，指导县区购置改造播种机械1 427台，植保机械429台，收获机械957台。农业农村部农业机械化总站在宁夏举办全国（西北片区）大豆玉米带状复合种植机收作业现场会暨网络在线培训，16个省份的2万余名农机技术推广人员、农机手等同步参加网络在线培训，为大豆玉米带状复合种植适时收获提供机械化解决方案。

【强化科技支撑】 2022年，宁夏回族自治区在全自治区设置6个试验基地，开展"5＋N"专项试验研究。2022年复合种植机具作业效果山川差异显著，引扬黄灌区复合种植玉米机播率95.1%、机收率91%，大豆机播率69.4%、机收率70.8%；中南部山区玉米机播率64.1%、机收率62.6%，大豆机播率30.5%、机收率32.1%。

【加强农机应急抢收作业】 2022年，宁夏回族自治区针对"9·20"突发疫情和秋粮作物收获期叠加的关键时刻，宁夏回族自治区农业农村厅党组立即启动关键农时保丰收农机作业应急保障预案，成立自治区"战疫情 保丰收 促稳定"农机应急作业服务队，赴中宁县8个乡镇21个中高风险村组开展"点对点""一站式""全程式"应急抢收作业服务，投入农机45台（套）、作业人员57人，抢收秋粮1千公顷，实现滞收秋粮面积"清零"、作业人员"零感染"，作业农机"零事故"。

【争取农机购置补贴资金】 2022年，宁夏回族自治区在2021年度农机购置补贴政策延伸绩效管理考核中，全国38个省级实施单位宁夏回族自治区农业农村厅获考核第五名，获得优秀等次，取得历年来考核成绩最好名次。2022

年争取农机购置补贴资金 1.92 亿元，补贴各类农机具 2.37 万台（套），受益农户 1.73 万户，带动农民直接投资 10.76 亿元。

【优化补贴机具种类范围】 2022 年，宁夏回族自治区确定对 19 大类 38 个小类 97 个品目的机具进行补贴。强化投档产品形式审核，组织专家对 985 家生产企业申报的 5 204 个产品开展两批次投档形式审核，退回不符合要求产品 1 871 个。启动实施大豆玉米带状复合专用机械新产品补贴试点，有 8 家企业 18 种产品纳入补贴范围，提高补贴额测算比例到 35%。

【严防政策实施风险】 2022 年，宁夏回族自治区修订印发《宁夏回族自治区农业机械购置补贴产品违规经营行为处理细则（试行）》《宁夏农机购置补贴政策实施管理内部控制制度（试行）》等制度规范，加大对违规企业惩戒力度，取消 4 家企业违规产品补贴资格。举办全自治区农机购置补贴政策实施暨廉政警示教育培训班，筑牢廉政风险防范意识。开展农机购置补贴信息公开、补贴申请限时办理、关键岗位人员配备情况专项检查，通报存在的相关问题，督促各县区排查整改，最大限度降低政策实施风险。

【畅通便民服务渠道】 2022 年，宁夏回族自治区及时发布 2022 年自治区农机购置补贴实施方案，全面升级补贴办理服务系统，推广应用补贴手机 App，实施农机购置补贴"三合一"办理方式，方便购机者随时在线提交购机申请，申领补贴"最多跑一次""最多跑一地"。

【印发农业机械化发展规划方案】 2022 年，宁夏回族自治区印发《宁夏回族自治区农业机械化"十四五"发展规划》《宁夏回族自治区农机装备补短板行动方案》《关于进一步提高农机使用效率实施方案》等规划方案，以农业机械化"四分"研究（分区域、分产业、分品种、分环节）为抓手，补短板、强弱项、促提升。"四分"研究成果在全国农机装备补短板工作会议上交流发言。

【推进农机农艺融合发展】 2022 年，宁夏回族自治区聚焦特色优势产业，建设农机农艺融合机械化示范园 10 个，智能农业机械化示范基地 3 个，指导盐池县、西吉县创建 2022 年主要农作物生产全程机械化示范县。重点打造灵武绿先锋智慧农机示范园、平罗玖倍尔未来 5G 智慧牧场、青铜峡新大众智能农机制造，打造数字化"无人牧场""无人农场""智能饲喂机器人"等应用场景。

【"非粮化"饲料收获加工机械化取得进展】 2022 年，宁夏回族自治区组织全自治区柠条收获机械化暨饲草料加工农机推广"田间日"活动，集中展示柠条平茬机、自动捡拾碎枝机等高端农机装备及动力机械 32 台（套），重点演示机械化平茬、捡拾、打捆、揉丝等柠条饲料加工利用关键技术，实现柠条饲料收获加工全程机械化，助力宁夏回族自治区滩羊等特色产业高质量发展。宁夏回族自治区党委副书记陈雍、宁夏回族自治区人民政府副主席王和山亲临现场指导，对柠条全程机械化作业给予肯定。

【加快农机科技创新步伐】 2022 年，宁夏回族自治区加强与中国联合网络通信有限公司宁夏回族自治区分公司合作，建设"宁夏智慧农机综合服务平台"，优化建设方案，提升宁夏回族自治区农机智能化、信息化水平。实施农机购置补贴"三合一"，推进互联网、农用北斗导航作业监测，安装定位装置设备的拖拉机 5 063 台。组织研发葡萄清土机、全自动精准投饲喂设备、小型菜心收获机等 10 多台农机装备，解决特色产业发展关键环节"卡脖子"装备瓶颈。

【农机社会化服务水平提升】 2022 年，宁夏回族自治区采取先建后补助的方式，在全自治区择优支持建设 10 个基础条件好、示范带动能力强的新建农机社会化服务组织，每个补助 25 万元。创新推广"互联网+农机作业""全程机械化+综合农事"等农机服务新业态新模式，农机服务领域不断扩大，已覆盖农作物耕种收全过程、经济作物关键环节等领域。灵武万众农机服务公司、青铜峡众联合作社农机社会化服务模式被农业农村部评为优秀典型案例在全国推介宣传。

【加强耕地地力保护】 2022 年，宁夏回族自治区争取中央耕地深松项目资金 2 538 万元，支持在贺兰县、西吉县等 16 个县（市、区）完成深松整地作业面积 67.68 千公顷。鼓励农机社会化服务组织采取订单式、托管式等多种形式，实施耕地深松项目，确保作业深度必须达到 30 厘米以上，同一地块三年深松一次，发挥项目实施效果。

【开展中小型牧场粪污处理设备示范推广】 2022 年，宁夏回族自治区安排项目资金 160 万元，现已安装完成 2 台先进适用粪污处理设备，并投入生产使用，形成以"村集体+合作社+养殖户"和"龙头企业+合作社+养殖户"较为典型的中小型牧场粪污机械化处理模式。

【完善农机网格化监管新机制】 2022 年，宁夏回族自治区制定印发《全区农机安全生产网格化监管实施方案》，在全自治区 22 个县、221 个乡镇（街道、农场）、1 883 个村、324 家农机服务组织为主体建立农机安全监管"四级"网格化体系。

【推进老旧农机报废补贴工作】 2022 年，宁夏回族自治区加大报废补贴政策宣传力度，重点淘汰报废老旧拖拉机、联合收割机以及收获、插秧、植保、脱粒等机械，强化回收网点建设，全年报废老旧农机 328 台，兑付补贴资金 265 万元，受益农户 276 户。

【开展农机安全生产专项整治行动】 2022 年，宁夏回族自治区开展"除隐患、防事故、护民生"集中攻坚行动和农机领域百日专项整治行动，实施拖拉机"亮尾工程"，扎实推进"平安农机"创建活动。组织开展安全生产检查 1 923 次，出动检查人员 5 682 人次，排查整治风险隐患 825 个；联合公安交管部门开展联合执法检查 42 次；开展关键农时安全生产培训 352 场次，培训人员 1.6 万人次。2020 年以来全自治区未发生较大及以上农机事故，农机安全生产专项整治三年行动取得显著成效。

【完善农机事故应急救援体系】 2022 年，宁夏回族自治区组织修订《宁夏回族自治区重大农机事故应急处置救援预案》《大范围疫情防控条件下农机保障应急预案》等农机应急预案，强化农机生产领域重大风险防控。组织举办全自治区农机事故应急处置演练活动和农机事故处理员培训。组建22支农机应急服务队,投入农机具达4 600余台(套),实现所有县区全覆盖。

【存在问题】 一是受财政预算约束,农机购置补贴政策项目资金的硬缺口,影响农机社会化服务组织和农户的购机积极性,制约宁夏回族自治区农机装备水平提升。先进适用农机装备的引进、研发,新装备、新技术推广应用等项目安排顾此失彼,造成装备研发、技术推广链条不完整,示范效果不明显。二是农机社会化服务组织规模小、服务能力不强,支撑小农户和现代农业有机衔接的利益机制不紧密。三是农机安全监管责任还压得不实,除隐患、抓安全、促发展的风险防范意识还有待强化。

新疆维吾尔自治区

【概括】 2022年,新疆维吾尔自治区在自治区党委、人民政府的领导下,在农业农村部农业机械化管理司的支持下,自治区农业机械化工作坚持以习近平新时代中国特色社会主义思想为指导,贯彻党的二十大精神,贯彻落实中央农村工作会议、全国农业农村厅局长会议要求,贯彻落实中央一号文件和自治区党委一号文件精神,围绕粮食安全"国之大者",抓重点、补短板、强弱项,推进农业机械化转型升级和高质量发展,为保障粮食安全和重要农产品有效供给提供坚实的技术装备支撑。

【抓常态化疫情防控下农业机械化生产工作】 2022年,新疆维吾尔自治区累计投入各类农业机械109.09万台套、增长18.58%,检修各类农业机械167.13万台套、增长29.69%,培训各类农机人员56万余人次、增长16%。协调交通、卫健、公安、气象、石油化工等部门成立"三夏""三秋"农机跨区作业工作专班,加强农机跨区作业指挥调度,累计发放8 300份农机跨区作业证。落实农机加油优惠政策,已累计为作业服务组织和农机户办理农机加油卡2.37万张,优惠1 846万余元,惠及农机2万余台。落实农业农村部推进粮食机收减损重大工作部署,在伊犁州组织召开自治区2022年小麦机收减损大比武活动,小麦、玉米机收损失率分别降至0.65%、2.14%,低于小麦2%和玉米5%机收损失率标准。印发《关于加快推进常态化农机应急作业服务体系建设的通知》,已指导各地组建常态化农机应急作业服务队249支。

【推进农作物生产全程全面机械化】 2022年,新疆维吾尔自治区坚持把推进粮食、棉花、油料等主要农作物生产全程机械化作为重要任务。组织开展新疆维吾尔自治区"十四五"和2035年"四分"农业机械化发展目标和基本实现农业机械化评价指标体系研究工作。开展2022年主要农作物生产全程机械化示范县创建工作,吉木萨尔县等5个县市成功创建。会同相关部门完成迎接和配合农业农村部"三夏"小麦机收"新疆组"专项指导工作。开展花生大豆生产机械化保障情况调研、农业植保无人机应用及药害情况调研。制定出台《自治区农机作业防灾救灾应急工作预案》《关于进一步加强农用无人机喷施棉花脱叶剂作业技术要求的通知》《关于加快推进常态化农机应急作业服务体系建设的通知》。全自治区主要农作物综合机械化水平达85.5%以上,小麦、玉米、棉花耕种收综合机械化水平分别达98.9%、89.7%、94%,棉花机采面积达1 446.67千公顷,机采率达81%左右。

【推进农机装备补短板】 2022年,新疆维吾尔自治区农机部门在全自治区组织开展农机装备补短板需求摸排工作,形成《关于新疆农业机械装备补短板需求摸排情况的报告》。实施农机研发制造推广应用一体化试点项目,围绕棉花、粮食、油料、畜牧、林果及特色作物等产业发展急需的大型高端智能农机创制和北斗智能监测终端系统集成应用,实施一批一体化试点项目,助推农机装备补短板。

【攻关关键核心技术】 2022年,新疆维吾尔自治区开展自治区农业主导产业关键核心技术攻关,组织相关企业、科研单位形成一批农业机械化攻关课题,完成经费需求测算和实施方案编制工作,加强与科技、财政部门协调对接,围绕粮食、棉花、特色作物、设施农业等领域机械化短板弱项,在前期编制项目实施方案和经费预算的基础上,争取项目支持,加强农机研发、制造、鉴定、试验示范与推广应用,解决部分产业、品种、环节"无机可用,无好机用"的矛盾。

【落实农机购置补贴资金】 2022年,新疆维吾尔自治区落实2022年中央农机购置与应用补贴资金11.983 2亿元。其中,直接用于农机购置补贴资金9亿元、开展农机购置与应用补贴试点资金1亿元、农机研发制造推广应用一体化试点资金1.5亿元。确定5个农机购置与应用补贴试点县和一批一体化试点项目。截至12月31日,已支出农机购置与应用补贴资金10.83亿元,总支出进度90.34%。其中,直接用于农机购置补贴资金已支出8.86亿元,支出率98.44%;农机购置与应用补贴试点已支出8 884万元,支出率88.84%;农机研发制造推广应用一体化试点1.5亿元已支出1.082亿元,支出率72.13%。

【探索创新补贴资金使用与管理方式】 2022年,新疆维吾尔自治区启动农机购置综合补贴"三合一"试点。组织完成农业农村部2021年度农机购置补贴政策落实延伸绩效管理考核自评工作。

【落实农机报废更新补贴政策】 2022年,新疆维吾尔自治区已报废老旧农机1.29万台套、受理报废补贴资金申请4 400余万元,同比分别增长85.58%、83.08%,75个县(市、区)实施农业机械报废更新补贴,报废数量位居全国前列。实施耕地深松(深耕)作业补助项目,制定《2022年自治区耕地深松补助项目实施方案》,先后两次组织在全区农机补贴政策视频培训班上对深松补助项目实施进行培训,推进农机深松作业补助政策的落实。截至12月31日,已支出资金5 189.7万元,支出进度57.04%。因耕地深松作业具有季节性、特殊性,加之受新冠疫情影响,作业窗口期短,部分面积需要2023年开春实施。

【农机公共服务能力和社会化服务水平提升】 2022年,新疆维吾尔自治区优化农机购置补贴操作程序,补贴办理时限由100个工作日缩短到35个工作日。开展农机专项鉴定产品、农机新产品和成套设备设施等补贴试点。按照农业农村部农业机械化管理司的统一部署,支持组织自治区农机质监站开展指定机型质量调查工作。推进"全程机械化＋综合农事"服务中心建设，制定印发《关于加快推进"全程机械化＋综合农事"服务中心建设的通知》，组织筹建新疆维吾尔自治区农机合作服务联合会，利用自治区财政扶持农业机械化发展专项资金给予支持，对农机合作联合社补贴不超过 30 万元，对中小型"全程机械化＋综合农事"服务中心补助不超过 20 万元、大型及超大型补助不超过 50 万元，推进各类农机社会化服务组织发展壮大。

【推进农机标准化工作】 2022 年，新疆维吾尔自治区征集自治区农机领域地方标准制（修）订项目 13 个，审核论证后向新疆维吾尔自治区市场监督管理局推荐报送 11 个，其中 4 个项目予以立项，发布农机团体标准 15 个。

【加强安全监管】 2022 年，新疆维吾尔自治区落实关键节点农机安全生产责任，主动适应新形势，调整新疆维吾尔自治区农业农村厅农机安全专项组组成单位，强化农业综合执法、农机监理及公安交警部门协作和联合执法机制，组织地、县两级出动 1.38 万人次，排查各类生产经营主体 1.88 万个，结案 2 042 件，处罚金额 54.8 万元。依法开展拖拉机和联合收割机注册登记工作，组织各地全面摸排脱检农业机械，有序开展安全检查。完成 2022 年度全国"平安农机"示范县创建申报工作。组织开展"农机安全生产月"活动。开展《新疆维吾尔自治区农业机械安全监督管理条例》修订立法工作，形成条例修订立法调研报告。

【举办 2022 新疆农业机械博览会】 2022 年 7 月 3—5 日，在新疆国际会展中心举办"2022 新疆农机博览会"。以"创新引领农机支撑，给农业现代化插上科技的翅膀"为主题，国内外 350 余家企业参加，入场观众 3 万余人，展出先进农业机械产品 5 000 多个、机具 1 万余台（套），举办现场演示、农机科技论坛学术交流和主题党日等系列活动 14 场，博览会期间累计签约超过 50 亿元，展示农机新品牌新技术，搭建农机商贸洽谈和交流推广平台，加快新疆农业机械化和农机装备转型升级，为实施乡村振兴战略、推进农业现代化提供支撑。

【存在问题】 一是当前新疆农业机械化水平和农机装备产业发展不平衡不充分问题突出。新疆农作物耕种收综合机械化水平位居全国第五，是农机使用大区但不是制造强区，本土农机产品以组装为主，未形成完整的农机装备制造产业链，农机装备仍存在较多短板弱项。二是农机购置补贴资金不足，补贴资金缺口较大。三是基层农机管理服务体系不健全，农机管理人员和农机技术人员匮乏老化，人员调配不到位。农机安全监管机构有待理顺，农机专业合作社组织化程度整体偏低。

大 连 市

【概况】 2022 年，大连市贯彻《中华人民共和国农业机械化促进法》，落实《大连市人民政府关于加快推进农业机械化转型升级的实施意见》（大政发〔2020〕19 号）提出的各项政策措施，按照在全域城市化、新型工业化、城市智慧化深入发展中同步推进农业现代化的要求，以绿色发展为导向，以转变农业机械化发展方式为主线，以调整优化农机装备布局结构、主攻薄弱环节机械化、推广先进适用农业机械化技术和装备为重点，加强农机农艺融合、机械化与信息化融合，落实完善政策，培育发展主体，壮大人才队伍，强化公共服务，提高农机装备水平、作业水平、科技水平、服务水平和安全水平，为全面推进农业现代化提供支撑。

【推进保护性耕作行动】 2022 年，大连市通过采取政策推动、市场引导、突出重点、全面推进的工作举措，以玉米主产区为重点，在大连市旱作适宜耕作区域全面实施黑土地保护性耕作行动，重点推广秸秆覆盖还田免耕播种和秸秆覆盖还田少耕播种两种技术类型。

【加强组织领导】 2022 年，大连市召开保护性工作专题会议，贯彻落实国务院和省、市人民政府关于保护性耕作工作重要指示精神，提出明确、具体的工作要求，推进年度保护性耕作工作任务的落实。

【建立健全长效机制】 2022 年，大连市农机部门会同大连市财政局制定《大连市 2022 年黑土地保护性耕作行动计划作业补助项目实施方案》，印发《关于做好 2022 年保护性耕作工作的通知》《大连市 2022 年保护性耕作技术模式》《保护性耕作周报制度》等文件，规范工作程序、完善工作步骤、加强项目管理。

【强化技术支持】 2022 年，大连市组织召开 2022 年保护性耕作春季推进工作会暨保护性耕作技术培训会。组织专家开展保护性耕作春耕和苗期田间调查和技术指导工作，共解决全市的保护性耕作作业播种施肥等问题 140 余处，加快农民对保护性耕作技术认识和接纳过程，推进保护性耕作技术推广。组织开展保护性耕作核验及苗期田间管理培训工作，全市举办现场观摩活动 30 余场，培训农机操作人员 800 余人。全市组织保护性耕作培训 86 场，培训人员 2 230 人次，落实免耕播种机 560 台，远程信息化监测设备 464 台，实施保护性耕作 33.63 千公顷，达任务面积 28.67 千公顷的 117%。创建县级保护性耕作高标准应用示范基地 7 个、乡级基地 20 个、村级基地 21 个。

【实施农机购置补贴项目】 2022 年，大连市规范实施农机购置补贴政策，推动农业机械化向全程全面高质高效转型升级，有效支撑粮食安全、重要农产品有效供给和农民增收，促进农业高质高效发展，助力全面推进乡村振兴，加快农业农村现代化。会同大连市财政局制定《2021—2023 年大连市农机购置补贴实施方案》，以稳定实施农机购置补贴政策、最大限度发挥政策效能为主线，以补短板、强弱项、促协调为着力点，突出实施重点，拓展补贴范围，提升服务能力，强化监督管理，提升农机购置补贴政策实施的精准化、规范化、便利化水平。

【突出农业稳产保供工作】 2022 年，大连市将粮食、生猪等重要农产品生产所需的先进适用机具全部列入补贴范围，应补尽补、优先补贴。持续优化机具补贴标准，加大粮食生产薄弱环节、丘陵山区特色农业生产急需机具和高端、复式、智能农机产品的支持力度，提升重点机具补贴额度。降低保有量明显过多、技术相对落后的机具品目补贴额，将轮式拖拉机补贴额测算比例由 25% 降低到 20%。全市补助农机具

1 374台套，受益农户1 162户。

【推广农机深松整地作业技术】 2022年，大连市农机部门会同大连市财政局制定《大连市2022年农机深松整地作业补助试点工作实施方案》，以转变农业生产方式为方向，以农机农艺融合、机械化信息化融合为路径，以农机作业补助为抓手，以社会化服务为手段，凝聚人民政府推动和市场拉动的力量，调动广大农民、农机手和农机服务组织的积极性，推进农机深松整地技术的推广应用。全市开展农机深松整地作业6.8千公顷，提高土壤蓄水保墒能力，促进耕地质量提升和农业可持续发展。

【实施农业机械报废更新补助项目】 2022年，大连市围绕实施乡村振兴战略，按照"农民自愿、政策支持、方便高效、安全环保"原则，实行农业机械报废更新补贴政策，促进农业机械化转型升级和农业绿色发展。指导各地按照《大连市农业机械报废更新补贴实施方案》要求，对符合条件的拖拉机、联合收割机、水稻插秧机、机动喷雾（粉）机、机动脱粒机、饲料（草）粉碎机、铡草机进行报废更新补助，淘汰耗能高、污染重、安全性能低的老旧农业机械，加快推广应用先进适用、节能环保、安全可靠的农业机械，优化农机装备结构。

【开展农机生产作业】 2022年，大连市印发《2022年农机化工作要点》《关于做好2022年农机春耕备耕工作的通知》等通知，要求各地切实加强组织领导，抓住关键农时，聚焦重点和薄弱环节，细化目标任务，强化工作措施，落实工作责任，做好农机生产工作。开展粮食作物机收减损工作，组织庄河市、瓦房店市、普兰店区、金普新区利用高素质农民培育项目，针对强化联合收割机机手的节粮减损操作技能开展专项培训，提高收获质量，减少机收损失。

【开展机收减损大宣传活动】 2022年，大连市加强对《玉米机械化收获减损技术指导意见》《水稻机械化收获减损技术指导意见》，以及玉米、水稻机收作业质量标准的宣贯，引导农户和机手因地制宜选择收获时机、合适机具和机收方式，避免机收损失。全市完成机耕整地272千公顷，机械化播种245.33千公顷，机械化收获192.67千公顷，农作物耕种收综合机械化水平达84.8%。

【部署农机安全工作】 2022年，大连市印发《大连市农业机械事故应急预案的通知》《关于加强拖拉机驾驶培训事中事后监管工作的通知》等文件，规范大连市农业机械生产安全监督管理和应急响应程序，提高农机安全技术状态。在春、秋两季农机作业集中和两会召开期间，印发《大连市农业农村局关于开展春季农机安全督查的通知》《关于进一步做好秋季农机安全生产工作的通知》《关于抓好当前农机安全生产工作的紧急通知》等文件，对各关键时间节点的农机安全工作做出明确部署。

【加强农机安全生产管理】 2022年，大连市为加强冬季设施农业生产机械的安全管理工作，将大棚卷帘机的使用安全作为冬季安全宣传和检查的重要内容。市县农机执法人员深入田间地头开展农机安全生产检查工作，严防安全装置不全、安全状态不合格的农业机械投入生产作业，杜绝违法违规使用农业机械行为，加强对农机集中存放点、农机维修点等重点部位的安全检查，有效消除事故隐患。

【做好拖拉机安全监管工作】 2022年，大连市农机部门沟通协调公安交警部门，与大连市公安局联合按照《关于进一步加强拖拉机安全管理工作的通知》，对拖拉机的源头管理、专项整治、执法检查、宣传教育等方面做出具体的工作部署，提出工作要求。并建立联合执法机制，信息共享、协作配合，共同做好拖拉机的安全监管工作。

宁 波 市

【概况】 2022年，宁波市贯彻落实中央、省、市农业农村工作会议精神，在全力护航党的二十大，推进共同富裕、乡村振兴的大场景中，围绕农业"双强"、数字赋能、高质发展、安全发展等农机重点工作，紧盯目标、落实责任、细化举措，实现水稻生产耕种收综合机械化水平浙江省第一，农作物综合机械化水平全省领先，为推动"两个先行"，推进"五位一体"农业农村现代化协同发展，加快建设现代化滨海大都市提供坚强有力的农机装备支撑和保障。

【提高农机购置补贴资金】 2022年，宁波市共计使用农机购置补贴资金8 312.35万元，其中中央资金6 195.57万元、市级资金870.65万元、县级资金1 246.13万元，带动农民和农业生产经营组织投入17 069.03万元，受益主体3 533户，补贴机具4 987台（套），呈现中央、市县及社会投入齐增，机具适用性更广、智能化水平更高的良好态势。

【梳理修订补贴机具种类范围】 2022年，宁波市按产业和领域需求梳理修订市中央农机购置补贴机具种类范围和市农机购置补贴产品补贴额一览表，补贴机具种类范围由14大类40小类138品目调整为21大类44小类119品目。

【合理调整品目分类分档】 2022年，宁波市修订《宁波市2021—2023年农机购置补贴产品补贴额一览表》，相比2021年，新增5个大类、12个小类、13个品目和61个分档，新增品目多为粮食、生猪设施农业生产、丘陵山区、果菜茶生产等特色农业生产所需。继续实行市级资金累加补贴，对重点推广的水稻插秧机、谷物烘干机、打（压）捆机等补贴机具，选取高端适用的分档，按不超过中央资金补贴额的1/3实行市级资金累加补贴。

【科学调整补贴额】 2022年，宁波市按照"分档科学合理直观、定额就低不就高"、周边省（市）补贴额相近的原则，适当提高粮食生产机械化薄弱环节、丘陵山区、浅海滩涂、特色农业生产急需机具以及高端、复式、智能农机产品补贴，逐步降低保有量明显过多、技术相对落后的农机具补贴。

【简化产品归档流程】 2022年，宁波市为减轻生产企业投档压力，直接沿用浙江省的补贴产品投档信息，已按批次发布1 313家企业共10 395条产品归档信息，并采取企业承诺、实地抽检演示评价等方式，核准企业产品补贴资格。

【做好信息公开】 2022年，宁波市着力完善省级农机购置补贴信息公开专栏，及时公开补贴实施方案、补贴一览表、操作程序、资金规模、补贴政策投诉电话，并对补贴公开及投诉电话接听情况进行检查通报。

【加强违规行为联查联动】 2022年，宁波市上线运行农机购置补贴违规查处登记功能，让违规企业"一处失信，处处受限"。

【推进农机信息化管理】 2022年，宁波市推进农机购置与应用补贴"三合一"办理工作，推广补贴手机App，将办理时限从104天缩短至35个工作日。截至12月31日，宁波共办理4 292份申请，其中App申请3 774份，占比达87.93％。

【开展新型机具推广应用】 2022年，宁波市印发中央新产品购置与应用补贴相关文件，将生猪饲养成套设备、废弃物处理成套设备、标准化设施大棚及附属设备3个品目纳入宁波市中央新产品补贴试点，加快先进适用的农机新产品推广应用步伐。选取11个品目纳入市级补贴，着力解决宁波市部分特色产业关键环节机械化的难点，实施首台（套）引进补贴，重点保障特色产业和区域适用性强的机具需求。2022年已推广市级补贴机具325台（套），补贴资金380.7万元。实施农机科技项目，重点开展"数字农业智慧农场实验示范项目"5个项目。

【加快推动农机社会化服务提质增效】 2022年，宁波市培育各类农机服务主体，强化服务组织功能提升，推动宁波市农机服务体系组织化、规范化和标准化建设。安排308万元市级资金，扶持新建7家区域性农机服务中心、2家农机作业服务公司、8家市级示范农机合作社，并对9家农机合作社进行功能培育。

【推进现代化农事服务中心建设】 2022年，宁波市以全程机械化服务为重点，拓宽服务领域，构建集成式提供农业产前产中产后服务、科技推广应用、农业数字化智能化管理等服务的农业社会化服务体系，推动农机服务业态创新。海曙未来农场现代化农事服务中心和余姚田螺山现代化农事服务中心入选浙江省首批20家省级现代化农事服务中心。

【推进"一县三基地"和机械强农项目建设】 2022年，宁波市加大农业"机器换人"高质量发展先行县创建力度，安排市级创建专项资金160万元，创建综合性农业"机器换人"高质量发展先行县1个、特色产业农业"机器换人"高质量发展先行县4个、农机服务中心18个、全程机械化应用基地30个，创建数量和比例浙江省领先。开展农事服务中心、农机农艺融合试验示范基地建设，并落实32个项目列入第一批开工建设计划，项目总投资额约2.5亿元。

【成立农业机械化生产服务保障组】 2022年，宁波市协调解决机具配件维保等方面问题和困难，并及时多渠道预警发布灾害天气，保障农机正常生产。2022年累计调度各类农机具1.5万台（套），派出农机人员千余人次，组建维修服务队200多个，维保机具1.3万余台(套)，培训机手、修理工3 000多人次。

【落实跨区作业】 2022年，宁波市及早摸底需求，尽早发放跨区作业证，指导机手调试检修机具，备足零配件。指导机手通过平台，对接供需，有序流动，减少农机具空档期，提高作业效率。全年共发放跨区作业证330张。

【协调解决用油矛盾】 2022年，宁波市与石油（化）公司对接，建立农机作业用油保供服务机制，多方协同做好农机用油保供服务，全市共办理农机加油卡（IC）2 000多张。

【强化农机人才队伍】 2022年，宁波市参加浙江农业行业职业技能竞赛农机修理工赛项并荣获优胜奖，参加全国农机职业技能评价考评员培训，并遴选推荐2022年全国"最美农机合作社理事长"，通过典型引领，推动农业机械化实用人才队伍建设。

【加强组织领导，压实主体责任】 2022年，宁波市发布《关于开展农机安全生产大检查行动计划的通知》，明确工作目标。严格落实"三个必须"和"谁主管、谁负责"要求，逐级压实安全监管责任，层层签订安全生产责任书，强化主体责任。围绕平安农机建设，开展新一轮创建活动。制定"十四五"期间"平安农机"创建活动工作方案，推荐北仑区创建全国"平安农机"示范县，多次深入实地检查指导创建工作，目前已通过省、市两级的初步验收。

【开展安全隐患排查治理】 2022年，宁波市加强重大节日和重要农时季节的安全生产监管，深入农机合作社、农田作业现场，全面排查治理农机安全生产隐患。2022年，全市共检查农机合作社733家，排查并整改安全隐患101起，检查农机农田作业461次，纠正违章70台。

【加大联合执法力度】 2022年，宁波市加强管理，优化服务，提升"三率"水平，全市拖拉机、联合收割机年检率达99％。根据《浙江省农业机械报废更新管理办法》，会同宁波市财政局出台文件，2023年起新增粮食烘干机、热风炉、履带自走式旋耕机为市级高耗能农业机械报废补偿种类，加快宁波市高耗能农业机械的报废退出。会同公安交警等部门加大对个别本地和外省籍变型拖拉机的联合执法频次和检查力度，严厉查处违法违纪行为。全市共联合交警上路执法538次，参加人数2 155人次；检查各类拖拉机885台，处理违法行为83台次，查扣各类拖拉机26台。

【加强宣传培训】 2022年，宁波市以全国"安全生产月""6.16"广场咨询日活动为载体，开展农机安全宣传活动。全市共发放宣传资料2 469份，张挂安全提示216条，发送短信2.31万条，签订承诺书494份，提高人民群众安全意识。各地举办培训、轮训各类农机从业人员837人次。创新农机安全宣传载体，设计制作6段《分析农机事故话安全》漫画视频。

青岛市

【概括】 2022年，青岛市农业机械化工作在农业农村部农业机械化管理司、农业部农业机械化技术开发推广总站的领导和支持下，围绕"全国争一流、全省当龙头"目标定位，在巩固提升全国率先实现主要农作物全程机械化示范市创建成果基础上，补短板、强弱项,加快推进农业机械化向"全程全面、高质高效"发展。全市农机总动力达760万千瓦以上，农作物耕种收综合机械化率达91%以上。

【抓好机具检修调度】 2022年，青岛市调度检修机械20万多台套，上阵作业机械22万多台套，小麦、玉米机械化率接近100%，顺利完成"春耕""春播""三夏""三秋"农业机械化生产任务。采取加大补贴推广力度、外地调运、改装机械等措施，增加履带式机械供应，克服"三秋"部分地区涝灾较重，轮式机械无法下地作业难题，确保玉米及时收获，颗粒归仓。

【抓好技术指导服务】 2022年，青岛市提升驾驶操作水平，每年组织专家深入一线开展技术指导2 000多人次，举办实用技术培训班近200个，培训驾驶操作人员6万多人次。发放跨区作业证1 260个，组织160多个农机合作社3 000多台机械开展跨区作业，增加作业收入1.5亿元。加快推进常态化农机应急作业服务队建设，提升农机应急作业服务能力，设立接机服务站19个，建立应急服务队48支。

【抓好机收减损】 2022年，青岛市累计举办机收减损技术培训班31个，现场演示会12场次，培训机手2 500余人次。举办全市"三夏""三秋"生产现场演示会和机收减损启动仪式，承办山东省小麦、玉米机收减损技能大比武，前5名的选手获省"粮食机收减损之星"称号。全市小麦玉米机收实现减损1个百分点，挽回粮食损失近3万吨。

【扩大农业机械化发展影响力】 2022年，青岛市级以上媒体宣传报道农业机械化工作200条以上，其中在中央广播电视总台、新华社、人民日报等国家级重要媒体宣传报道20余条。新华社多次报道青岛市农业机械化生产，浏览量均超过100万次，人民日报头版报道青岛市粮食机械化生产，《新闻联播》2次报道青岛市主要农时机械化生产。

【发展大型高端智能机械】 2022年，青岛市73.53千瓦以上拖拉机达10 631台，谷物联合收割机达18 048台，植保无人机1 600多台，高端大型复式机械保有量攀升。

【加速提升经济作物机械化水平】 2022年，青岛市举办全国马铃薯、大葱、花生全程机械化现场演示会及年度国内规模最大的经济作物机械地头展；承办全国大豆玉米带状复合种植全程机械化现场演示会，来自全国10多个省市100多台复合种植机械进行现场演示，部、省厅以及有种植任务的16个省市领导和专家线上参会；总结形成的大葱、丹参全程机械化生产模式分别成为全国14个蔬菜、12个中药材机械化典型案例之一。

【推进畜牧业水产业等各业生产全程机械化】 2022年，青岛市依托2022年全程机械化示范区建设项目，建设粮油作物、畜牧业、农产品加工等10处全程机械化技术示范基地，开展10项全程机械化技术集成试验与示范推广，举办4项全市全程机械化新技术新装备演示推介活动。参与全国畜禽养殖和粪污资源化利用成套设备建设规范制定，承担全国蛋鸡、奶牛规模养殖示范县评价指标体系研究工作，为农业农村部开展示范县创建提供技术支撑。农业农村部遴选公布第一批18个水产机械技术装备，青岛市5个产品在列；农业农村部推介14个蔬菜初加工机械化典型案例，青岛市3个单位入选。成功创建山东省"两全两高"农业机械化示范市。

【加快推进"智慧农机"发展】 2022年，青岛市北斗导航无人驾驶拖拉机超过1 200台，安装深松、保护性耕作监测仪3 000多台套，农机作业监管实现信息化。应用手机App、二维码和物联网等技术便捷办理补贴，工信部、农业农村部公布21个"农业领域机器人应用优秀场景"，青岛市2个应用场景入选。

【组织实施好新一轮农机购置补贴政策】 2022年，青岛市争取2023年中央农机购置补贴资金13 285万元，同比增加1 379万元，增幅11.58%；安排市级农机购置补贴资金2 000万元，同比增长100%；共落实补贴资金14 717万元，补贴机具14 221台（套），受益农户8 295户，在全国农机购置补贴绩效考核中取得优秀等次。

【加快推进农机报废更新】 2022年，青岛市报废老旧农机1 617台，补贴资金1 000多万元，完成年度计划的161.7%，补贴资金和报废数量居全国前列。青岛市、莱西市在全国农机报废更新培训工作会议上作典型发言。

【开展农机深松整地和保护性耕作项目】 2022年，青岛市争取中央补贴资金1 000万元，建立"互联网＋深松＋保护性耕作"信息化监管模式。完成农机深松整地71.33千公顷，完成保护性耕作12.67千公顷，均超额完成年度任务。会同联合国可持续农业机械化中心、农业农村部保护性耕作中心举办亚太地区秸秆综合利用试点项目成果分享国际会议，30多个国家200多名农业专家学者线上参会。"联合国亚太区域秸秆综合利用试点项目"入选联合国"南南合作"促进可持续发展全球最佳实践案例，联合国亚太区域秸秆综合利用试点项目成果分享国际会议获联合国亚洲及太平洋经济社会委员会颁发的第二届创新比赛"最佳创新实践奖"。

【培育农机社会化服务典型】 2022年，全国"全程机械化＋综合农事"服务中心典型案例达4个，数量居计划单列市之首；青岛同富勤耕农机专业合作社上榜中国农民合作社10强。

【增强农机社会化服务能力】 2022年，青岛市引导农机合作社开展专业化、规模化、社会化作业服务，提升为"三农"服务水平，全市农机合作社承担1 466.67千公顷作业任务，占农机作业总量的80%以上，担负起农业生产主力军作用。

【加大技能人才培养力度】 2022年，青岛市农业农村局、青岛市人力资源和社会保障局、青岛市总工会连续两年组织举办无人驾驶航空植保技能大赛，大赛第1名的选手获青岛市"五一劳动奖章"，通过技能大赛，以赛提技、以赛促训，提升机手技能操作水平；加大农业机械化干部、技术人才培养力度，先后组织全市农业机械化管理干部培训班、农机购置补贴实务培训班等，邀请部省领导和专家授课，提升农业机械化干部、技术人才业务能力水平，平度市农业机械服务中心姜言芳入选全国首批"最美农机推广员"。

【深化农机安全责任落实】 2022年，青岛市将农机安全生产列入人民政府安全生产总体规划，与"平安农机"创建一并纳入人民政府安全生产目标考核。建立月联合执法、季工作例会、年总结通报制度，分析安全生产形势研究部署工作。

【开展农机安全生产大排查大整治行动】 2022年，青岛市组织开展农机安全专项整治"三年行动""大排查大整治行动"以及"除隐患、打非法、治顽疾"农机安全生产大检查，全市农机、公安部门联合执法检查40余次，出动1 000多人次，检查农机2万余台次，驾驶人1万余人次，确保农机安全生产责任全面有效落实。

【强化农机安全宣传教育】 2022年，青岛市农机部门结合青岛市实际，推行农机安全生产"网格化"监管等精细化管理模式，开展农机安全宣传"五进"、农机"安全生产月"等安全宣传教育活动。全市全年未发生农机安全生产事故，农机安全生产形势持续稳定，成功创建"十四五"期间山东省首批"平安农机"示范市。

厦门市

【概况】 2022年，厦门市农业农村部门学习习近平总书记关于"三农"工作的重要论述，贯彻落实中央、福建省委、厦门市委农村工作会议精神，全年农业机械化工作围绕农业农村部、福建省农业农村厅年度部署要求，结合实际，推进各项工作。

【开展机具核查】 2022年1月12日至19日，厦门市农业农村、财政部门组成调研核查小组，采取座谈交流、检查补贴申请材料及现场核查补贴机具等方式，调研各区2021年农机购置补贴政策执行情况，重点针对部分在厦门市周边地区使用，已享受厦门市补贴资金的补贴机具是否存在套补、骗补行为开展现场核查。

【建设"三合一"系统】 2022年，厦门市按照部司要求，及时完成农机购置与应用补贴信息化监管"三合一"系统建设，明确从2022年12月1日起启用，为农户提供更加方便、快捷的办理平台。

【开展绩效评估】 2022年，厦门市对照农业农村部2021年度绩效管理指标体系内容开展自评工作，形成《厦门市农业农村局2021年度农机购置补贴政策落实延伸绩效管理自评报告》和《自评表》，按要求上报并复查反馈初审结果。

【制定市级资金补贴方案】 2022年，厦门市农机部门根据厦门市委办公厅、厦门市人民政府办公厅印发的《关于加快推进农业农村现代化的若干措施》精神，研究制定《关于开展市级财政资金农机购置补贴工作的通知》，推动出台未列入全国补贴机具种类范围厦门市农业生产所需机具的补贴政策。

【开展补贴资金测算】 2022年，厦门市组织开展测算2023—2025年补贴资金执行情况和绩效目标，并提交厦门市测算说明。

【调整农机购置补贴相关规定】 2022年，厦门市制定印发《关于进一步做好农机购置与应用补贴工作的通知》，明确补贴申请受理和落实"国四"标准等规定。截至12月31日，全市共受理补贴申请1624份，受益户数1 300户，补贴机具1 990台，补贴资金442.9万元（其中中央补贴资金395.4万元，中央补贴资金使用比例达100.4%），受理多功能拖拉机报废补贴申请42台，报废补贴资金25.54万元。

【抓农机调度服务与机具演示】 2022年"春耕""双抢""三秋"等重要农时，厦门市深入农机合作社、经销企业开展调研，了解掌握机具配件、检修、保供情况，督促农机经销企业做好售后服务，确保农忙时节机械化生产需求。组织开展水稻机插、机收和机烘现场演示活动。

【组织开展水稻机收减损竞赛与监测】 2022年，厦门市通过联合收割机驾驶员培训考试和高素质农民培训，组织学习《水稻机械化收获技术指导意见》，举办2场全市水稻机收减损竞赛活动。在水稻主产区同安区莲花镇云埔村、汀溪镇华美村各设立1个水稻机收损失监测调查采样点开展监测调查，其中：云埔村采样点水稻机收损失率为2.32%，华美村采样点水稻机收损失率为2.45%。

【推进农业机械化创建工作】 2022年，厦门市指导翔安区完成并报送2022年度马铃薯生产全程机械化示范县创建相关申报材料，指导翔安区闽翔兴农机合作社培育"五有"农机合作社、翔安区兴源博农机合作社推进数字农机试点、同安顺仔农机合作社创建综合农事服务中心等工作。

【强化培训与调研】 2022年，厦门市组织市、区级农机管理、农机推广人员线上参加全国油菜蔬菜生产全程机械化技术培训班暨全省农机系统"农艺大讲堂"第四期活动、2022年中国农机推广田间日暨新技术培训班、全国绿色农业机械化新技术培训班等。组织开展全市农机装备短板和农机生产企业调查摸底和全省粮食产地烘干设施建设情况调研工作，梳理撰写厦门市胡萝卜生产初加工机械化案例。

【开展"农机3·15"活动】 2022年，厦门市制定下发《关于开展2022年"农机3·15"消费者权益日活动的通知》《2022年厦门市"农机3·15"活动倡议书》，组织学习《农机质量投诉服务指南》，规范农机质量投诉咨询受理服务。截至12月底，全市完成主要农作物耕种收机械化率64.3%、水稻机械化率76.9%。

【部署农机安全工作】 2022年，厦门市根据上级等有关部门开展安全检查等要求，研究制定下发厦门市农机安全生产大检查、"安全检查百日大会战"、开展农机违法行为查处等文件，周密部署全市农机安全工作。

【强检查排隐患】 2022年，厦门市结合元旦、端午、中秋、"双抢"、"三秋"、国庆等重点时节，深入田间地头、场院以及农机户、家庭农场、农机合作社开展执法监督检查。2022年以来，组织开展安全生产检查202次，出动执法人员571人次。

【联合执法严查处】 2022年，厦门市农机部门主动协调公安交警等部门，采取巡查和定点检查相结合的方式开展联合执法检查；在党的二十大召开期间，联合各区公安交警、农业执法大队集中开展农机安全巡查，检查25个对象，排除一般安全隐患2个。配合省市道安办开展挂外省拖拉机号牌车辆摸底排查工作，集美区、同安区对挂外省牌照的拖拉机情况进行核查，对涉嫌使用假牌行为立案查处，办理并结案5起，罚款1950元。为规范道路交通和农机安全监管秩序，联合公安部门制定印发《关于加强上道路行驶拖拉机交通安全治理工作的通知》，并在福建省率先发布《关于在全市道路禁止多功能拖拉机通行的通告》，常态化开展多功能拖拉机联合执法。2022年以来，开展上道路联合执法76次196人次，查扣已达报废年限仍在使用、无牌无证拖拉机57台。

【规范监理业务】 2022年，厦门市组织开展联合收割机驾驶人员培训考试，为21名申请人核发驾驶证；协调同安大宏驾校对19名轮式拖拉机驾驶人员开展培训考试；提高服务意识，创新工作思维，开展农机上门送检服务。目前，全市拖拉机和联合收割机有效在册数836台、持有效驾驶证1459人，年度检验102台。

【推进平安农机创建】 2022年，厦门市根据国家、省级部门印发的《"十四五"时期"平安农机"创建活动工作方案》，结合厦门市实际，会同厦门市应急管理局印发《"十四五"期间创建"平安农机"活动方案》，全面部署厦门市"十四五"期间平安农机创建工作。

【组织应急演练】 2022年，厦门市在同安区五显镇西洋村举办2022年厦门市农机事故应急处置演练，市、区农业综合执法部门负责人、农机执法人员以及同安区农机服务机构共30余人参加。

【加强宣传教育】 2022年，厦门市结合办理农机监理业务、购机补贴、机具核验和执法检查，利用"放心农资下乡""安全生产月宣传咨询日"等专题宣传活动以及各类媒介平台，扩大提高农机安全和消防宣传教育的覆盖面和针对性；创新宣传模式，制作1条以"农忙时节，安全莫忘"为主题的农机安全宣传短视频，同时根据农村出行方式特点，选择3条跨区运行较长的农村公交线路，在车内显眼的位置投放农机安全宣传标语广告。2022年以来，组织"五进"宣传普法314次，发放宣传手册2788多本，群发安全宣传和农机报废更新补贴短信29127多条，制作播放农机安全宣传视频6条。截至目前，全市农业机械在田间、场院未发生农机事故，安全生产形势持续保持稳定向好。

新疆生产建设兵团

【概况】 2022年，新疆生产建设兵团农机行业在农业农村部农业机械化管理司的支持和兵团党委的领导下，以习近平新时代中国特色社会主义思想为指导，围绕乡村振兴这个中心工作，培育农机新型经营组织，拓展农业机械化服务领域，加强农业机械化管理，推进主要农作物全程机械化，发挥农机在农业生产过程中的主导作用，各项工作稳步推进。

【农机装备结构优化】 2022年，新疆生产建设兵团农机总动力达540万千瓦，同比增长1%。大中型拖拉机和配套农具保有量同比分别增长2%。农机装备结构优化，兵团73.53千瓦以上的拖拉机达1.3万台，占耕作拖拉机总数的1/3。更新大中型拖拉机4000台，采棉机保有量达3129台，联合收割机达1650台，农用飞机达35架，大型装备能力加强，作业效率和作业质量提升。

【机械化作业水平提高】 2022年，新疆生产建设兵团机耕面积131万公顷，机播面积138万公顷，机收面积111.8万公顷。机耕、机播、机收水平分别达100%、100%、85%，种植业综合机械化水平达95.5%，同比增加0.1个百分点。

【棉花生产全程机械化工作取得新进展】 2022年，新疆生产建设兵团棉花种植面积851.33千公顷，耕整地环节投入2000台132.35千瓦以上拖拉机全面实现机械化作业；种植环节投入5000台精量播种机，全面应用卫星自动导航播种；在田间植保和脱落叶剂喷施环节，投入机具5000台；采收环节，投入采棉机3000台，完成机采面积813.33千公顷，机采面率95.5%，同比增长1%。棉花耕种收综合机械化水平达98.7%。

【农机购置与应用补贴政策实施规范高效】 2022年，新疆生产建设兵团农机购置与应用补贴资金43642万元，共实施补贴资金43758万元，占总金额的101%，购置农业机械20528台，12947户职工和农机服务组织直接受益，带动购机资金31亿元以上。在全国开展农机购置与应用补贴"三合一"试点，试点资金1亿元，已实施补贴资金14334万元，购置农业机械348台，228户职工受益。

【落实农机购置补贴工作】 2022年，新疆生产建设兵团享受国家农机购置与应用补贴资金58642万元，同比增加19529万元，增幅50%。按照要求，对拖拉机、农业用北斗终端等品目的分档或补贴额进行测算，调低补贴额。

【提升南疆师市农业装备水平】 2022年，新疆生产建设兵团在南疆师市开展差别化农机购置补贴试点工作，提高补贴额，降低购机成本，提高南疆师市职工群众的购机积极性，提升南疆师市农业装备水平。

【开展农机报废更新补贴工作】 2022年，新疆生产建设兵团落实《兵团农业机械报废更新补贴实施方案》（兵农机发〔2020〕60号），截至12月20日，实施农机报废更新补贴资金480.71万元，共报废各类农业机械991台，受益农机户766户。进行4次农机购置补贴产品归档工作，对4557个农机产品进行评审。

【探索开展农机购置与应用补贴试点】 2022年，新疆生产建设兵团结合实际，制定《新疆生产建设兵团农机购置与应用补贴试点方案》，配合农业农村部农业机械化管理司全程参与农机购置与应用补贴申请办理服务系统升级，组织召开线上培训班，对5个试点师市和团场农机工作人员进行培训，截至目前，共实施补贴资金14334万元，完成计划的143.3%，共补贴机具348台，受益职工228户。

【组织开展农机研发制造推广应用一体化试点工作】 2022年，国家安排新疆生产建设兵团5000万元用于开展农机研发制造推广应用一体化试点，组织各师市农业农村局、农机研发制造企业、农机生产推广应用单位、科研院所结合兵团农机短板弱项开展项目申报，经组织专家论证评审，确定项目安排优先顺序，并经与农业农村部农业机械化管理司反复沟通，形成《兵团农机研发制造推广应用一体化试点方案》，经局党组会审议通过后已报农财两部审核。

【加强农机购置补贴的监管力度】 2022年，新疆生产建设兵团指导师市建立农机购置与应用补贴内部风险防控规程，规范工作流程，明确风险点，加强风险管控。对4个师20个团场的购置补贴执行情况进行核实，对发现的问题提出整改意见。加大农机购置补贴工作信息化应用力度。2023年，新疆生产建设兵团全面使用农机购置与应用补贴申请办理服务系统、兵团农机购置补贴信息公开专栏平台等4个软件平台。

【组织开展"四分"研究工作】 2022年，新疆生产建设兵团整合科研院所专家团队和生产企业力量，分区域、分产业、分品种、分环节梳理兵团农机装备短板弱项，制定机具需求清单，分阶段提出解决办法和措施。组织开展采棉机国产化替代、高效残膜回收机、林果业全程机械化关键环节技术攻关，取得进展。

【推广农业机械化新机具新技术】 2022年，新疆生产建设兵团大面积推广机械化秸秆还田、残膜回收、土壤深松、机械植保、机械移栽、高架精量喷雾、土壤深翻、葡萄埋藤、保护性耕作、节能降耗等农业机械化新技术。已推广马铃薯、甜菜、打瓜、油菜、辣椒、番茄等作物联合收获机械1 100余台。畜牧园艺业机械化生产进展较快，推广牧草收割机、饲草料打捆机、储奶罐、挤奶器等畜牧机械。新增葡萄埋藤机、挖坑机、微耕机、弥雾机等园艺机械。

【培育和增强农机社会化服务能力】 2022年，新疆生产建设兵团各类农机专业合作社达377个，同比增加27个，增长7.7%。服务领域不断拓展，由单项作业为主，逐步向订单式、生产托管等"一条龙"作业服务模式转变，由产中向产前、产后服务延伸发展，农机作业年产值达58亿元，同比增加8.7%。跨区作业达286.67千公顷，作业产值约3亿元。

【开展粮食机收减损工作】 2022年，新疆生产建设兵团在玉米、小麦种植面积20千公顷以上的师市组织开展大比武活动，树立"减损就是增产、减损就是增收"意识，秋收前组织农机手开展机收机具维修保养和调试。利用农闲时间加强对小麦、玉米、水稻机收作业质量标准宣贯，引导职工和机手因地制宜选择收获时机、合适机具和机收方式，避免和减少损失。

【加强农业机械化安全工作】 2022年，新疆生产建设兵团贯彻落实习近平总书记关于安全生产重要论述，把安全生产作为重大政治任务、重大民生问题，以安全生产专项整治三年行动为统领，推进各项工作，安全生产形势持续向好。截至目前，农业行业报告事故1起，死亡1人，受伤0人，事故起数同比增加1起，死亡人数同比增加1人。

【推动安全责任落实】 2022年，新疆生产建设兵团与各师市农业农村局负责人分别签订安全生产目标管理责任书。梳理新疆生产建设兵团农业机械化管理局安全生产职责及安全隐患点，明确各行业处室职责及月度监督检查重点，确保行业监管责任落实到位。

【抓关键节点安全生产】 2022年，新疆生产建设兵团在冬奥、"三秋"、党的二十大等重要节日及敏感时间节点、农业生产大忙季节，及时下发通知，有针对性对农机、畜牧、农药、农村沼气等重点领域安全生产工作进行安排部署，并就落实情况开展督导检查，全年共组织5个督导检查组对9个师市安全生产工作进行督导检查和巡察暗访，对发现的安全隐患下达整改通知书，责令限期整改，并监督各师市整改落实到位，预防安全生产事故的发生。

【开展安全生产专项活动】 2022年，新疆生产建设兵团组织开展农业农村领域风险隐患大排查大整治"百日攻坚"集中行动、农业生产领域安全大检查和"防风险、保安全、迎二十大"安全生产集中攻坚行动。

【宣传培训抓安全生产】 2022年，新疆生产建设兵团农机行业对参加"三秋"作业的2万余名农机操作人员全部进行安全培训。部署开展"安全生产月"活动。各级农业农村部门活动期间共发放宣传册4万余份，张贴标语、横幅、展板、宣传专栏等1 000多个，各种媒体报道宣传40篇，培训农机驾驶操作人员3 000余人次。

北大荒农垦集团有限公司

【概况】 2022年，黑龙江省垦区农机战线贯彻落实习近平总书记对垦区两次"特指性"重要讲话重要指示精神，推进"四个农业"建设，农业机械化水平提高，农机管理和装备水平领先全国。主要农作物耕种收综合机械化水平保持在99.7%。重点推广应用卫星导航、收割机自动测产、智能控制、自动监测精准变量施肥施药和无人驾驶等多项智能农机技术。

【推进农机应用国产化转型升级】 2022年，北大荒农垦集团有限公司建成6个无人化智慧农场先行示范区，实现水田育秧、整地、插秧、施肥施药、收获及旱田耕整地、播种、中耕、植保、收获等农业生产全过程无人化；建设农机高端智能化示范农场6个，共投入资金4.17亿元，更新各类高端智能农机装备9 450余台套，更新国产化率达90%；建设农机试验示范基地6个，总面积999.13公顷，试验示范各类国产新型农机具69台套。

【开展农机研发制造推广应用一体化项目】 2022年，北大荒农垦集团有限公司项目安排财政资金共2亿元，目前已完成研发联合体成员组建及协议签订，各子项目均取得阶段性进展。高端智能农机装备研发制造项目完成各类样机的试制及室内性能试验，进行可靠性试验及田间作业示范；各无人化智慧农场创建单位对承担的水、旱田关键技术开展攻关研究；高端智能农机检测试验推广应用基地项目正按照计划，加快落实试验基地和基础设施建设；智能农机信息平台项目完成核心模块的研发工作，已能够满足日常农机作业要求，将农机管理及作业监管转变为电子化、线上化；智能农机检测能力提升项目在完成实施方案制定的基础上，推进仪器设备采购"选优选强"。

【创新开发农机管理系统】 2022年，北大荒农垦集团有限公司的农机管理系统平台已完成9个核心模块和33项二级模块的研发工作，将农机管理及作业监管转变为电子化、线上化。实现农机作业线上调度139 796项，调度作业面积总计3 720.95千公顷。完成线上监管免耕播种面积27.33千公顷，监测深松作业面积550.65千公顷。

【促进农机制造产业发展】 2022年，北大荒农垦集团有限公司重点打造佳木斯现代农机产业园区，园区已有国家农机装备创新中心、黑龙江重兴机械设备有限公司、黑龙江省众为农机有限公司3家企业入驻生产。与中联农业机械股份有限公司、黑龙江中科原动力科技有限公司、中国福马机械集团有限公司等公司合作的智能化、精准化项目正在深度洽谈，将以人工智能、无人驾驶技术及车辆自动变速技术为基础，开展自动驾驶、自动传感等项目的研发合作。与佳木斯市、潍柴重机股份有限公司三方携手，在佳木斯市开展"高端智能农机装备产业生产基地"建设项目已完成签约，计划总投资15亿元，规划占地约20万平方米，项目2023年达产后将生产制造大功率拖拉机、大喂入量联合收获机等。

【规范政策实施】 2022年，北大荒农垦集团有限公司结合黑龙江省垦区农业生产实际制定下发农机购置补贴额一览表，共完成3批次补贴机具归档工作，利用农机专项鉴定，将新技术新产品纳入补贴范围。指导各分公司、农（牧）场按照补贴机具核验规范、机具录入、公开补贴信息、执行补贴申请审核、补贴资金兑付等限时办理规定，加强农机报废更新补贴标准化管理，掌握实施情况，规范化开展农机购置补贴工作。2022年，购置更新大中型拖拉机、收割机、精量播种机、插秧机、搅浆平地机、北斗导航等各类农机具9.5万台套，共完成农机更新投入47.84亿元。

【强化监督检查】 2022年，北大荒农垦集团有限公司制定下发《关于全面开展2022年农机购置补贴核查的通知》，组织各农（牧）场农业发展部全面核查，登记造册，建立问题台账，进行自查自改。分公司成立核查督导组，对各农牧场进行督导检查，集团成立专项工作组对分公司进行督导抽查，加强补贴机具监管力度。

【抓关键农时机械化生产】 一是提早调度开展春耕机具检修，春耕期间复检复修各类农机具60.2万台套；二是推广应用高端智能农机装备，春耕期间更新各类高端智能农机装备3.97万台套，解决农忙季节劳动力短缺问题；三是推进智能化替代机械化，推广暗室叠盘育秧、无人驾驶、卫星导航精密播种、水田智能化轨道运苗等先进技术，实现农机智能化作业覆盖春耕生产全过程；四是加强抗灾保秋收装备能力，投入各类秋收机具38.5万台套；五是科学调配管理外引机车，对外引到位的8 178台机车，实行统一指挥调度；六是加大农机跨区作业力度，协调黑龙江省垦区机车去地方市县开展跨区作业，共出动机车3 001台次，完成跨区作业面积777.87千公顷，收益1.42亿元。

【推进保护性耕作替代传统翻耕】 一是实施保护性耕作免耕播种，推进保护性耕作替代传统翻耕，实施差异化作业补助，推动"高质多补"，2022年实际播种面积27.43千公顷，合格面积21.21千公顷，降低示范区内土壤风蚀、水蚀程度，实现节本增效达1 875元/公顷；二是推广应用秸秆深松碎混还田技术，扩大深松监测装置安装规模，应用农机深松作业物联网监测平台，全年推广深松作业面积达699.91千公顷，提高耕地抗旱保墒能力。

【发挥机收减损技术优势】 一是加大先进适用的旱田电控精量播种机、水田苗床电动播种机、四轮驱动高速插秧机、高性能收获机等节粮减损重点机械的推广力度；二是科学指导减损工作，春播期间累计减少水旱田各作物品种数量1 150千克；三是制定包括减损技术规范、加强减损培训、加快机具更新、储备抗灾机型、创新收获方式、开展机具改装、完善后勤保障、协调粮食收储、开展损失率检测等系列减损措施；四是开展损失率对比检验检测，秋收期间在集团范围内共计开展4组24场次检测；五是组织各农（牧）场开展机收减损大比武活动，秋收期间，集团共开展机收减损大比武298场次，检测各型号收获机械972套，水稻收获综合损失为2.03%，玉米收获综合损失率为1.77%，大豆收获综合损失率为1.52%，同比分别下降0.25%、0.2%、0.22%，累计减少粮食田间收获损失达4 625.375万千克。

【加强农机服务情况统计调度和行业监测】 2022年，北大荒农垦集团有限公司建立健全农机统计调度制度，及时掌握农业机械拥有量、农机服务组织人员及投入产出、农机作业和农机服务收入、农机安全作业等情况。统筹运用垦区农业机械化信息作业平台，监测农机作业轨迹、作业面积等，强化统计数据审核，提高农业机械化统计工作的效率和质量。以物联网、大数据技术为支撑，强化作业组织调度，探索实时监测，依托大数据支持，创新农机服务模式，加强农机作业成本效益和各项作业动态监测，为农机手提供便捷高效的服务。

【落实安全生产责任】 2022年，北大荒农垦集团有限公司开展"迎二十大安全生产百日攻坚战"，为确保"二十大"召开期间无农机安全生产事故发生，引导各分公司、农（牧）场完善农机安全监管网络，在百日攻坚期间开展农机安全生产大检查行动。共开展隐患排查1 585次，立行立改各类安全隐患959处，更换及粘贴农机反光标识23.6万余条，预防和减少农机事故的发生。

广东省农垦

【概况】 2022年，广东省农垦以习近平新时代中国特色社会主义思想为指导，贯彻落实党的二十大、十九大及十九届历次全会精神，在农业农村部的领导和支持下，围绕实施乡村振兴战略，以推进农业供给侧结构性改革、促进农业机械化全程全面高质高效发展为基本要求，围绕广东省垦区深化改革加快发展任务，坚持农机农艺与生态建设相结合，补短板，实施农机报废更新补贴，提高技术装备水平，推进现代农业快速发展。

【加强组织领导】 2022年，广东省农垦总局领导多次到生产一线开展调研，对农业机械化工作进行部署，明确目标任务和措施要求；加强补短板投入和研究，由广东省农垦总局分管副局长负责，广东省农垦总局科技生产处组织管理，推进垦区农业机械化工作。

【实施农机购置补贴政策】 2022年，广东省农垦农业生产发展资金（农机具购置补贴）申请和追加预算125万元，主要用于有申报需求垦区广东省广垦橡胶集团有限公司、广东省丰收糖业发展有限公司、广东省华海糖业发展有限公司、广东省广前糖业发展有限公司、广东广垦农机服务有限公司、南华农场、红星农场等单位购置橡胶初加工、甘蔗生产机械化等农机具设备89台套，申请补贴资金112万元。2022年，农机报废更新实施进度为0；农机购置补贴总资金为125万元，使用补贴资金为52.1万元、购机41台。争取其他项目资金1 500多万元支持农机发展。农机深松整地作业完成作业面积6千公顷，没享受到补贴。

【学习贯彻农机报废更新补贴政策】 2022年，广东省农垦学习贯彻《农业农村部办公厅 财政部办公厅关于印发〈2021—2023年农机购置补贴实施指导意见〉的通知》、农机报废更新补贴政策等一系列法律法规及方针政策，围绕现代农业建设，加快农业机械化发展步伐，重点发展甘蔗全程机械化、畜牧养殖机械化、橡胶生产加工机械化等领域。自从2021年底制定印发《广东农垦农机报废更新补贴工作实施方案(试行)》，但因广东省垦区需求量少，有些职工群众也在广东省办理农机报废，至今无人申报。按时报送报废更新补贴进度表和工作总结。

【加大农机投入】 2022年，广东省农垦争取产业集群项目、新型农机购置补贴资金等资金1 565万元，加大对橡胶机械化生产、军工胶生产设备、智慧农机、菠萝机械化、南药机械化的建设支持力度。

【优化农机装备结构，提升农业生产设备水平】 一是加大资金投入购置南药种植护管和初加工、橡胶护管、智能割胶、剑麻初加工、畜禽养殖自动化、非瘟防控、植保无人机等新型农机具1 763台(套)，转变传统耕作模式。二是加大农机具研发力度，补短板。加大与高校院所合作研制力度，主要有农机智慧系统，南药初加工设备，橡胶护管机、无人机橡胶飞防、自动卸胶压块装备、军工胶生产设备,菠萝机械化种植机、菠萝采摘平台,赤眼蜂无人机投放装置等。

【推进南药机械化】 2022年，广东省农垦配套南药种植护管和南药初加工农机。在8月底研究决定后，2个月内就在胜利农场建设日加工量鲜货5吨的南药趁鲜加工点，摸索形成种植—加工产业链经验，促进南药产业发展。

【推进甘蔗机械化】 2022年，广东省农垦甘蔗机械化种植率达60%、机械化收获率达10%。8个高标准甘蔗全程机械化试验示范基地和国有经营3.33千公顷以上的甘蔗基地，人均管理面积53.33公顷以上，单产达到农场或蔗区较高水平，特别湛江农垦4个基地实现盈利，其中广前140公顷基地实现利润91.49万元，基地实现新植每公顷收入37 592.7元，宿根每公顷收入42 819.75元。

【推进橡胶机械化】 2022年，广东省农垦在建设、团结农场等开展橡胶智能割胶、机械化护管、飞防等机具研制和试验示范，与广东省现代农业装备研究所联合开展智能割胶装置、护管机研究和试验。

【推进菠萝等生产机械化】 2022年，广东广垦农机服务有限公司、广垦研究院开展菠萝机械化工作，申请菠萝移栽机等相关专利6件，自主研发的4行和2行菠萝移栽机适用于巴里、台农等品种，处于大田试验阶段。

【推进其他产业机械化】 2022年，广东省农垦油茶剥壳烘干全部实现自动化加工，红旗养鸡场、胜利蛋鸡场实现机械自动化。

【开展智慧农机助力农业社会化服务工作】 2022年，广东省农垦开展智慧农机试点工作，建设农机管理平台、安装20套自动驾驶室、95套监测系统，实现农机作业实时监测，实现生产全程机械化过程的信息采集、共享、分析和管理，完成4千公顷的农业社会化托管服务任务，建成"广垦农机托管运营服务中心"。

【存在问题】 2022年，广东省农垦农业机械化取得发展，但与经济发展的总体要求还存在差距，如广东省垦区生产经营机制不能很好适应新形势下农业机械化发展的需要；农业机械化发展不平衡，个别垦区普及面还不够广，机械拥有率不高；能较好地适应橡胶、剑麻、水果等主要作物的种植、抚管、收获等生产环节要求的作业机具较少；甘蔗全程机械化推进较慢，实施规模与垦区经济发展不适应；农机科研及生产力量较弱；职工农机使用和管理知识不足。关键问题是糖厂适合机收甘蔗的配套设施和工艺改进慢，阻碍甘蔗机械化的发展。

试验鉴定与技术推广

【概况】 2022年，农业农村部农业机械化总站坚持以习近平新时代中国特色社会主义思想为指导，在部党组的正确领导下，在农业机械化管理司等司局的关心指导下，紧紧围绕部党组中心工作和36项重点任务，按照保供固安全、振兴畅循环工作定位,围绕"四稳四提"工作布局，紧盯稳产保供稳粮增收重点任务,以加强政治建设为统领、加强业务建设为主线、加强自身建设为保障，统筹推进疫情防控和各项重点工作，为持续推动农业机械化全程全面高质高效发展、全方位夯实粮食安全根基提供有力的技术支撑和服务保障。

落实机械化生产重点任务

【做好大豆玉米带状复合种植机械化装备配套和技术支撑】 开展复合种植机具研发和技术应用专题调研，调研报告获张桃林副部长肯定性批示。编写配套机具应用指引和调整改造指引，发布4项播种机、收获机调整改造实例视频，积极推动各地探索适宜的全程机械化生产模式。编印发布复合种植收获机具备选机型、减损收获技术指导意见，分区域、分模式总结发布机收实例，做好机械化收获生产指导。举办4期复合种植专题培训，培训超过8万人次，覆盖所有实施县。起草编制《大豆玉米带状复合种植播种机》鉴定大纲，优先保障复合种植配套机具国推鉴定项目实施。配合农业机械化管理司起草大豆玉米带状复合种植工作专报，获张兴旺副部长肯定性批示。

【做好水稻生产全程机械化补短板技术装备支撑】 配合农业机械化管理司开展南方水稻机种补短板促全程工作，起草发布早稻育插秧、南方双季稻抢收抢种等机械化技术指导意见，编制水稻育秧中心建设指引，加快水稻机械化移栽技术推广应用。及时开展再生稻机收调研，配合科教司、种植业司、农业机械化管理司起草技术材料，针对再生稻头季稻机收碾压率大问题，提出机械化解决方案。组织开展再生稻收获机作业效果综合测评，探索实践补贴技术支撑新举措，测评报告获张桃林副部长肯定性批示。

【做好油料生产机械化技术装备支撑】 紧盯油菜扩种机械化保障重点工作，制定油菜移栽机推广鉴定大纲，开展油菜机收、机种2个全国现场推进活动，线下和线上分别有500人次和540万人次观摩参与。组织专家编写并通过部司发布《南方冬闲田油菜生产全程机械化技术指导意见》，协助部司抓好油菜机械化移栽示范推广，在7个省的70个县建立了106个示范点，超额完成示范任务。开展油菜籽收获机、花生收获机、油菜移栽机作业效果综合测评，推动企业技术进步，为农民购机用机提供了参考。积极争取上级部门的支持，油菜机械化移栽与低损收获技术被列入2022年粮油生产主推技术，稻油钵苗育秧移栽机械化技术被列入2022年农业农村十大新技术。

【做好粮食等重要农作物生产机收减损技术支撑】 坚决落实落细机收减损常抓不懈的要求，组织编写修订并通过部司发布了水稻、小麦、油菜机械化收获减损技术指导意见，及时修订农业行业标准《玉米收获机作业质量》《谷物联合收割机作业质量》，参与制定农业农村部办公厅、国家发展改革委办公厅《2022年主粮作物机收损失监测调查方案》。深入各地开展机收减损专项指导工作，持续指导各地开展机收减损大比武、大培训、大宣传，印发《小麦机收减损歌》，组织举办全国粮食作物机收减损技能大比武、谷物机收减损机械化技术培训及两期粮油作物机收减损操作与损失率快速测定培训。

【做好重要农时农机作业和防灾减灾机械化技术指导与服务】 引导系统和行业学习运用农机维修技术，编写印发《2022年"春耕""三夏""双抢""三秋"农机检修技术指引》，为重要农时农机化生产提供技术支撑。及时规范完成跨区作业证印制采购发放，保障跨区机收顺利开展。麦收期间，站领导班子成员和技术人员分别深入安徽、河南、陕西、山东、河北、甘肃等省份小麦机收一线开展机收技术指导服务，为实现应收尽收、颗粒归仓作出总站贡献。积极落实"三夏"机收应急预案，每日统计机收进度，调度机收减损工作情况，及时协助工作专班解决机手和农民群众反映的困难问题。协助部司起草的《关于"三夏"小麦机收工作情况的报告》获张桃林副部长肯定性批示。"三秋"时节，安排24小时值班，开通"跨区作业证信息查询系统"，多措并举保障"三秋"生产。编写并由部司发布2022年"三秋"机械化生产技术指导意见，"双抢"期间深入广西调研指导水稻抢收抢种。积极推进机械化防灾减灾，选派技术专家深入湖南洪灾、旱灾一线调研指导，起草的报告获张桃林副部长、吴宏耀副主任肯定性批示。

助力全程全面机械化发展

【推进主要农作物生产全程机械化】 组织开展主要农作物生产全程机械化示范县评审工作，向农业农村部推荐114个示范县，稳步落实"十四五"规划创建300个示范县目标任务。组织13个专业组分作物、分区域、分环节开展20多次全国性的调研指导和技术培训活动，采用全程直播方式组织开展农作物生产全程机械化发展现状和趋势研讨交流，推出61个特色经济作物全程机械化生产模式与典型案例，加快提升农作物全程机械化水平。分农时开展粮食作物作业价格和成本变化趋势调查，获副部长张兴旺肯定性批示。成功以线上线下相结合的方式举办2022年中国农机推广"田间日"，810万人次在线观摩，示范推广先进适用农机化技术。

【推进养殖业、设施农业、农产品初加工机械化】 组织开展养殖行业急需的肉牛养殖全程机械化、水产养殖设施装备补短板等技术交流活动，制定包含30余个畜禽水产养殖领域短板机具的需求目录，加快补齐畜牧水产养殖装备短板。指导各地编制养殖成套设施装备和新产品技术规范及方案，推进关键环节先进成套设施装备应用，加快推进智慧牧场建设。遴选发布19个池塘养殖尾水处理重点推广技术装备和10个设施种植水肥一体化技术装备、14个蔬菜初加工机械化典型案例、7个设施蔬菜机械化生产先进模式，发挥典型示范引领作用。配合农业机械化管理司开展规模养殖全程机械化、设施农业全程机械化示范县创建，参与起草制定加快农产品初加工机械化发展意见，举办绿色农机化新技术培训班暨"设施日"农机化技术装备现场演示活动，指导各地开展农机推广"牧场日""水产日"活动，推动建立产业互融互通、系统上下对接、部省协同推进的工作机制，有力推进了畜牧水产养殖、农产品初加工和设施农业机械化。

【推进丘陵山区机械化发展】 组织开展丘陵山区适用机具遴选活动，共向社会推荐308个适用机具。分类型、分作物研究制定农田农机作业通行条件建设技术规范，组织制作宣传视频，举办丘陵山区农田农机作业通行条件建设技术培训班，开展丘陵山区和水田特色动力机械现场演示活动，以山地拖拉机、水田拖拉机和轨道运输机等南方丘陵地区常用农业机械为重点，全景式展示生产技术和机具配套方案，搭建了新技术新装备科研、生产、推广、应用学习交流平台。参与丘陵山区实用高效农机装备研发课题研究，摸清当前丘陵山区专用动力机械的技术短板和发展难点，研究起草相关机具试验检测方法，为研发制造提供有力支撑。

【推进农机社会化服务提档升级】 着力推广北斗导航技术应用，累计补助农机远程运维终端52.87万台，农机自动驾驶系统4 385台，项目运行成果取得良好经济、社会效益，获得全国农牧渔业丰收奖二等奖。推进社会化服务平台建设，开展农机作业大数据分析，完成各类数据分析信息158期。开展"全程机械化＋综合农事"服务中心典型案例分类宣传和示范推广，印发《农机社会化服务指引（2022版）》，推动农机服务模式与农业适度经营相适应。举办全国农机社会化服务培训，开展典型经验交流，帮助农机合作组织负责人开阔视野、提升能力。配合农业机械化管理司开展农机维修工作情况摸底调查，组织编写《农机维修服务保障体系研究》报告，制定《农业机械维修服务能力评价规范》等两项团体标准，编写《轮式拖拉机生产企业优质售后服务能力通用要求》，推进农机社会化服务提档升级取得积极成效。

【大力推进农机实用技能人才培养】 协助农业机械化管理司起草发布《农机使用一线"土专家"遴选培养办法》，建立农机使用一线"土专家"遴选培养的长效机制。聚焦主要粮食作物机收减损技术、大豆玉米带状复合种植机械化技术和农机维修技术应用，遴选40个全国农机实用技能培训优秀课件。稳步推进职业技能等级评价改革，联合中国农机化协会申报技能等级认定评价单位；制定《农机驾驶操作员》职业标准，编写《农机化人才教育培养体系研究》报告，起草《农用无人驾驶航空器操控员培训大纲》，精心筹备全国农业行业职业技能大赛，引导和促进农机职业技能开发与实用人才培养。

强化调查研究和服务保障

【开展农机化工作专题研究和统计调查工作】 密切跟踪农机化发展新形势新要求，开展推进农业机械化高质量发展研究、发展设施农业和乡村特色产业机械化研究和农机装备高质量推广应用支撑保障体系研究。协助农业机械化管理司推进"一大一小"农机装备推广应用先导区建设，参与推动农机研发制造推广应用一体化试点，开展大豆玉米带状复合种植、再生稻收获机械技术熟化与推广应用情况等多项专题调研，开展急需急用机具鉴定情况调度。起草鉴定、推广体系建设情况研究报告，提出优化体系建设的措施建议。组织完成5项19个统计指标的专题调查，统计各省近两年农机化水平58项主要指标数据、水稻油菜生产机械化12项指标数据，组织编印新修订全国农业机械化统计制度实施指导书，改版升级统计直报软件系统，为服务农业机械化管理司决策和政策实施提供坚实的技术支撑和服务保障。

【全面支撑保障农机购置与应用补贴政策实施】 积极推动复合种植农机新产品补贴试点，起草机具保障方案，协助开展产品安全性、适用性试验验证，完成新产品补贴备案评估。推动补贴机具种类范围与新旧农机分类标准衔接，积极参与优机优补与区域一体化分档工作，推进排放标准升级补贴产品补贴衔接，推动大型高端智能农机装备示范应用。扎实做好补贴政策实施评价，组织开展延伸绩效考评。跟踪统计各省补贴实施情况数据，对异常情形及时提出处理建议。落实农机购置与应用补贴政策联动工作机制，编报政策实施进度半月报16期、信息共享机制《信息简报》13期，举办2期政策宣贯培训班，政策实施服务保障持续强化。

【大力推进东北黑土地保护性耕作行动计划实施】 配合农业机械化管理司起草印发2023年保护性耕作技术指引，强化技术支撑服务。开展东北黑土地保护性耕作技术网络培训，培训4省（区）技术人员6 000余人。总结凝练东北黑土地保护性耕作技术推广应用成效，完成科技成果评价，总站作为"东北黑土地保护性耕作机械化技术集成与推广"第一完成单位获得全国农牧渔业丰收奖成果奖一等奖。加快推进黄河流域保护性耕作技术推广，承担中国绿色发展研究会"黄河流域冬小麦保护性耕作技术集成与示范"项目，编制起草《黄淮海麦玉两熟区玉米秸秆全量还田保护性耕作全程机械化生产模式》，有效支撑耕地保护利用。

【稳步推进农机报废更新补贴工作】 配合农业机械化管理司完成2021年农机报废更新补贴绩效考评工作，推动各地深入落实相关制度和实施方法。配合农业机械化管理司做好各地扶持粮食生产机具报废更新工作，研究信息化建设模式，推动提升农机报废更新政策实施管理服务信息化水平。举办两期农机报废更新补贴工作培训，修订报废农机回收拆解技术规范，推动完善农机报废更新标准体系。与2021年相比，报废结算机具数量与实际结算兑付资金分别增长43％、38％，申请结算比例显著提高，报废需求得到更为充分的满足。

加强行业系统指导服务

【持续强化农机试验鉴定和技术推广行业指导】 组织召开全国农机试验鉴定和技术推广工作会、农机试验鉴定创新发展研讨会，副部长张兴旺专门对会议做出重要批示。会议以贯彻落实党的二十大精神为重点，分析农机鉴定和推广工作面临的新形势、新任务、新要求，研究部署下一阶段重点工作任务，在行业取得较大反响。协助农业机械化管理司起草并以办公厅文印发《关于加强农机试验鉴定工作的通知》，起草并印发《关于做好"十四五"农业机械化技术推广工作的指导意见》，明确当前和今后一段时期农机鉴定、推广工作目标和主要任务。起草印发《农业机械试验鉴定机构采信检验检测结果管理办法（试行）》，推动采信工作规范化。落实控制非道路柴油机污染物排放要求，做好农机产品"国三"升级"国四"试验鉴定衔接工作，发布"国三"升"国四"通知，做好配套获证产品信息变更，加快推动农机产品向绿色、高端转型发展。开展轮式拖拉机先进性评价，发布19个达到国内领先水平以上的机型产品，引导企业技术转型升级。举办动力机械试验鉴定和技术推广培训班和研讨会，推进高端智能大功率和履带式拖拉机推广应用。组织全国农机鉴定推广系统，创新开展首届寻找"最美农机鉴定员、最美农机推广员"活动，宣传行业典型，激发干事创业热情。

【持续提升农机试验鉴定能力】 开展三批国推鉴定机构210项能力确认，重点引导行业不断提升"一大一小"、大豆玉米复合种植等重点机具能力建设。对各省农机化主管部门2021年农机鉴定工作进行绩效考评，发挥考核导向作用。组织对3家鉴定机构进行监督检查，不断提升鉴定工作规范化。提出2023年国推鉴定种类指南调整建议，拓展农机鉴定能力范围，有效保障补贴政策实施。组织开展油菜栽植机、农用北斗终端等4个产品的实验室检测能力扩项评审，升级改造272马力牵引试验负荷车并通过验收，可以满足500马力拖拉机牵引试验，总站试验能力再上新台阶。开展免耕播种机检测实验室间比对活动和检测技术交流研讨，提升鉴定检测技术水平。组织完成实验室年度内审、管理评审、资质认定外部评审和人员培训，全面修订质量手册和程序文件，确保实验室管理体系规范、有效运行。

【稳步规范实施国推鉴定项目】 统筹做好国推鉴定项目受理审查、任务分配、项目实施、发证评审、产品变更、证后监督及经费使用等工作，全年共接收国推鉴定申请1 734个，受理1 349个，增补53名发证评审专家，发放1 185张鉴定证书，撤销2张。组织开展200张证书监督检查，有力维护鉴定的权威性和公信力。积极开展国推鉴定任务和委托检验业务，总站共承担80余项鉴定任务，77项委托检验业务，充分发挥行业引领作用。举办推广鉴定规范实施培训班，宣贯国推鉴定政策，讲解程序要求，提高服务水平。发布《关于进一步做好国家支持的农业机械推广鉴定拖拉机产品检测结果采信相关工作的通知》，修订拖拉机采信工作规范，进一步规范采信工作。

【持续优化完善农机化标准和农机试验鉴定大纲体系】 加强农业机械化标准体系建设，编制发布《"十四五"农业机械化标准体系建设指南》，组织完成农机化领域11项国家标准复审和10项农业行业标准制修订，新发布行业标准12项，现行农机化领域国家标准达到16项，农业行业标准达到380项。加强大纲体系建设，组织开展"十四五"大纲制修订项目建议征集，印发大纲制修订项目管理规程，组建大纲专家库。持续增加大纲供给，组织开展推广鉴定大纲制修订，新发布31项，现行推广鉴定大纲达到278项。举办大纲编写和宣贯培训班，宣贯解读推广鉴定大纲12项。指导各地科学编制专项鉴定大纲，完成专项鉴定大纲制修订计划备案47项，现行专项鉴定大纲达到209项。

【不断加强行业安全生产业务指导】 服务支撑加强农机安全生产监管工作，协助农业机械化管理司起草关于加强农机安全监督管理工作的意见。推动开展新一轮"平安农机"创建，配合农业机械化管理司印发创建方案，加强创建工作指导。持续开展变型拖拉机专项整治，推动"变拖"加速清零。指导各地规范开展农机安全执法工作，推进农机安全专项整治工作落实落细。积极创新农机安全宣传方式，丰富宣传内容，在两网设立安全宣传专题，通过公众号、云直播大力宣传各地好经验好做法。线上线下相结合组织开展农机"安全生产月"活动，组织开展农机安全法规知识竞赛，遴选发布农机普法优秀作品征集，免费发放近万套农机安全宣传挂图、反光衣，取得了好的宣传效果。继续实施农机"亮尾工程"，免费发放反光标识3.38万条，预防和减少农机事故发生。配合农业机械化管理司做好安全生产三年行动收官之年监督检查，派员参加2022年安全生产督导检查，获国务院安委办肯定。举办农机安全生产系列培训，编印《拖拉机和联合收割机安全技术检验及装备》培训教材，不断提高监理人员业务水平和能力。2022年，全国报告在国家等级公路以外的农机事故起数、死亡人数、受伤人数分别下降53.1%、51.1%和51.4%，农机安全生产形势平稳向好。

【持续拓展农机认证技术评价服务范围】 优化100马力以下轮式拖拉机产品认证技术体系，推动200～220马力拖拉机自愿性认证落地实施，完成首批6家拖拉机企业申请资料评审、工厂检查和发证工作，23个型号产品已在多省累加补贴政策中作为资质采信。组织制定高端自走式喷杆喷雾机等3个自愿性产品认证特则，参与微耕机"优机优补"方案研讨，推动扩大农机购置与应用补贴采信认证结果范围。从严把握认证采信异常情况处理，优化信息平台管理，防范采信技术风险。现有自愿性产品认证证书186张，涉及企业70家，有效3C证书641张，涉及企业410家，认证工作为推广鉴定提供有益补充。

【扎实开展农机质量监测工作】 围绕"稳粮保供，提质护农"主题，线上线下相结合举办全国"农机3·15"系列活动，累计20多万人次参与活动。创新开展小麦收获机质量调查，配合部司认真开展水稻收获机质量调查整改，联合内蒙古自治区开展玉米联合收割机调查方案验证，推动黑龙江等6省（区）开展省级质量调查。举办质量投诉工作培训班，搭建交流平台，推动农机质量投诉体系建设。积极指导受理农民投诉，全国接到投诉182件，受理169件，挽回经济损失354.2万元。

强基固本，守正创新，自身建设成效明显

【持续强化政务运转保障】 农业农村部领导3次到农业农村部农业机械化总站考察调研工作，体现部领导对总站工作的重视。组织对现行的116项制度进行梳理，制定制度、制修订工作计划，明确责任部门和时间进度，积极推进完善总站制度体系建设。配合农业机械化管理司签订《业务归口管理权责事项目录》，制定总站服务中心工作和履行主责主业任务清单。修订印发新的总站绩效管理办法，扎实做好部站两级绩效管理工作。严格公文审核和会议、培训班管理，努力提高质效。加强日常教育提醒和督促检查，组织签订责任书，切实落实保密管理、信访维稳等各项工作要求。注重加强对站属企业的监督管理，推动防控风险，规范经营。

【持续强化干部人才队伍建设】 制定落实促进部属事业单位高质量发展的意见举措一览表，明确20个方面39项措施。提任2名副处级干部，晋级聘用15名专业技术岗位人员，进一步优化干部队伍结构。新招录4名优秀毕业生，为总站补充新鲜血液。组织开展高级职称推荐和中初级职称评审，9人通过评审。推荐1人为青年英才候选人，1人为全国农业农村先进工作者评选对象。选派1名援藏干部，推荐2名人员纳入部党组巡视干部人才库，选派3人借调部司，

组织8名新进人员轮岗实践锻炼。选派16人参加部系统各类培训，组织举办7期"农机公开课"，安排15名高级专业技术人员讲授农机化专业知识。扎实做好干部职工劳资核发、社保管理，用心用情做好离退休干部工作。

【持续提高财务管理水平】 有序推进财务制度建设，积极推进整合组建后财务管理工作，不断推进信息化建设，完成OA系统8个项目文本嵌入及11个表单更新。积极争取新增项目，消防改造项目已通过评审。积极争取资金支持，本年度部本级补助总站医疗补助经费66.57万元，比2021年增长15.19万元。高质量完成总站部门决算、政府财务报告、内控报告等编报工作，内控报告作为部三家典型之一报送财政部，预决算管理荣获农业农村部年度先进单位一等奖。强化项目绩效管理，建立健全总站项目支出绩效评价指标体系，构建共性与个性相结合的绩效指标体系。定期对部门预算执行和绩效目标指标完成情况实行"双监控"，加快推动预算执行。

【持续强化科技管理和国际交流】 推荐15人参加站外课题研究，丰富科研项目渠道，提升总站科研能力。组织开展神农中华农业科技奖申报推荐，开展2022年农业农村重大新技术新产品新装备等科技成果的征集遴选，推荐新技术1项、新装备1项。组织开展首届全国农业高新技术成果交易活动有关材料征集工作，推荐重大科技成果6项，不断推动科技成果转化应用。印发总站科研项目管理办法，推动科研管理规范化。推荐4人为ANTAM（亚太农机检测网）专家，组织28人次线上参加OECD（经济合作与发展组织）农林拖拉机官方试验标准规则审议、ANTAM会议和培训活动，及时掌握各国相关领域发展动态。编印完成总站对外宣传画册，印发总站外事工作管理办法，推动外事工作规范化。

【持续强化农机化信息宣传】 坚持网站专栏宣传和刊物专题报道相结合，全年新开发专栏2个、运维《直击"三夏"》等专栏7个。2022年，中国农机化信息网编发信息近5.5万条，编发公众号信息330期、556条。"春耕"期间，通过"春耕农机线上服务站"发布抗疫情保生产信息2 000多条；"三夏"期间，组织撰写《全力以赴抓好小麦机收和"三夏"生产 确保夏粮颗粒归仓》等3篇评论，动员全系统做抢种抢收、抗疫保供主力军，2篇评论被农民日报等媒体采用。全年，总站名称在中央电视台新闻宣传中出现5次，制作署名总站的新闻专题片《卫星见证：奔跑的三夏》在央视1套和13套晚间新闻播出，冲上百度热搜榜第三名，网络点击量达到480万次。

【持续强化基础服务保障】 为全体干部职工开通远程访问OA系统权限，保障居家办公期间内网系统平稳安全运行，确保重要工作顺利开展。统筹推进农丰大厦电梯更新项目、消防设施改造项目，建设完成微型消防站，改善院区硬件设施条件，建成具有等保二级水平的机房。完成采购发放办公设备软硬件98台套、办公家具201件。持续推进国家农机试验鉴定中心立项研究和申报，积极调研，确定选址地点，推动项目落实落地。推进平安单位创建工作，做好院区安全保障和重大会议、节日期间值班值守，全面落实安全责任。及时核查登记入账固定资产，精心做好公车管理、职工体检、健康咨询等日常工作，不断提升后勤保障条件。

【持续统筹做好疫情防控】 始终坚持把干部群众生命安全和身体健康放在首位，深入贯彻落实疫情防控各项要求，科学精准落实"二十条"和"新十条"优化措施。科学制定疫情防控应急处置预案，保障应急处置措施有力有序。主动适应疫情发展变化形势，多次召开专题会议，因时因势研究制定和调整总站院区防控措施。注重加强人文关怀和思想引导，及时向感染或隔离的干部职工发布慰问信。积极统筹疫情防控和各项工作开展，及时调整工作时序，创新方式方法，用好信息化技术、网络平台和地方资源力量，努力将疫情影响降到最低，确保重点工作任务落实。

农业机械化统计资料

全国农业机械化统计分析

2022年全国农业机械化发展情况综述

2022年，全国农机化系统坚持以习近平新时代中国特色社会主义思想为指导，全面贯彻落实党的二十大精神，统筹疫情防控和农业机械化发展，加力推进农机装备补短板，加力推动良机与良田、良种、良法、良制系统集成，加力推广增产增效、减灾减损、绿色智能机械化技术装备，精心组织重要农时机械化生产，强化稳粮扩油扩豆装备支撑保障，农业机械化高质量发展取得新成效，为全面推进乡村振兴、加快建设农业强国提供了有力支撑。

农机总量稳定增长，装备结构不断优化。农机购置与应用补贴政策效应不断释放，中央财政投入212亿元，较上年增加22亿元，支持324.17万农民和农业生产经营组织购置机具385.50万台（套），报废更新机具3.84万台，推动农业各产业新机具、新装备拥有量稳定增长。全国农业机械总动力超过11亿千瓦，达到11.06亿千瓦，较2021年增长2.63%；拖拉机拥有量2 144.05万台、配套农具4 029.14万部，其中大、中型拖拉机拥有量同比分别增长12.47%、4.24%，小型拖拉机拥有量同比减少3.36%，与大中型拖拉机配套农具数量同比增长9.65%。粮食作物生产机具继续保持较快增长，谷物联合收割机、玉米收获机、水稻插秧机拥有量分别达到173.11万台、63.80万台、98.79万台，同比分别增长6.39%、4.49%、2.56%。大功率无级变速拖拉机、大喂入量联合收获机等大型高端智能农机装备相继投入农业生产，植保无人驾驶航空器拥有量达到13.07万架，同比增长33.48%。

综合机械化率稳步提高，薄弱环节机械化水平加快提升。实施农机研发制造推广应用一体化试点，加大对关键薄弱环节机械购置和作业补贴支持力度，新创建114个基本实现主要农作物生产全程机械化示范县，示范县总数达872个。全国农作物耕种收综合机械化率达到73.11%，较2021年提高1.08个百分点。小麦、水稻、玉米三大主粮耕种收综合机械化率再创新高，分别达到97.55%、86.86%、90.60%，同比分别提高0.26个、1.27个、0.60个百分点；其中水稻机械种植、油菜机收、花生机收、棉花机收等关键薄弱环节机械化率分别达到61.59%、55.60%、53.90%、72.51%，同比分别提高2.48个、4.63个、3.00个、4.49个百分点。

农机服务产业提档升级，生产和应急主力军作用凸显。做大做强农业机械化产业链产业群，培育壮大农机应用市场主体，加强农机社会化服务组织装备能力、服务能力和维修能力建设，不断提升农机防灾救灾能力，大力发展以农机为载体的农业生产托管，推动农机服务业加快发展。全国农机服务收入4 820.68亿元，较2021年增加4.47亿元，其中农机作业服务收入3 678.95亿元，较2021年增加3.03亿元。全年完成机耕、机播、机收、机电灌溉、机械植保五项作业面积达到490 600千公顷次，同比增长3.23%。推进东北黑土地保护性耕作行动计划，实施保护性耕作5 533.33千公顷，较上年增加733.33千公顷。实施耕地深松补助，作业面积达8 000千公顷。农机托管作业面积32 667千公顷。全国农机服务组织19.64万个，较2021年新增2 983个，其中农机专业合作社7.83万个，新增2 205个。全国乡村农机从业人员4 959.98万人，其中持有农机驾驶、农机维修等方面证书人员1 216.58万人。农机维修厂及维修点14.58万个，组建常态化农机应急作业服务队6 800余支。

下一步工作：进一步强化农业科技和装备支撑，紧紧围绕提高粮食和重要农产品单产水平、扩种大豆油料、发展设施农业等重要任务，加快推进农机装备补短板，着力提升农机防灾救灾能力，推动农业机械化高质量发展迈上新台阶，为全面推进乡村振兴、加快农业农村现代化、建设宜居宜业和美乡村提供有力的装备支撑。

全国农业机械化发展情况综合分析表

项目	计量单位	2022 年	2021 年	2022 年比 2021 年增减	
				增减量	%
全国农作物耕种收综合机械化率	%	73.11	72.03	1.08	
机耕面积	千公顷	129 380.99	128 176.55	1 204.44	0.94
机耕率	%	86.42	86.42	0.00	
机播面积	千公顷	105 237.81	101 593.52	3 644.29	3.59
机播率	%	61.91	60.22	1.69	
机收面积	千公顷	112 238.40	108 030.00	4 208.40	3.90
机收率	%	66.56	64.66	1.89	
小麦：耕种收综合机械化率	%	97.55	97.29	0.26	
机耕率	%	99.93	99.93	0.00	
机播率	%	94.17	93.48	0.69	
机收率	%	97.77	97.59	0.18	
水稻：耕种收综合机械化率	%	86.86	85.59	1.27	
机耕率	%	99.30	98.82	0.48	
机械种植率	%	61.59	59.11	2.48	
机收率	%	95.55	94.43	1.12	
玉米：耕种收综合机械化率	%	90.60	90.00	0.60	
机耕率	%	98.47	98.27	0.21	
机播率	%	90.28	90.02	0.26	
机收率	%	80.42	78.95	1.47	
大豆：耕种收综合机械化率	%	87.95	87.04	0.91	
机耕率	%	91.05	90.46	0.59	
机播率	%	88.41	87.48	0.93	
机收率	%	83.37	82.03	1.33	

续表

项目	计量单位	2022 年	2021 年	2022 年比 2021 年增减	
				增减量	%
油菜：耕种收综合机械化率	%	65.62	61.92	3.7	
机耕率	%	90.62	87.46	3.15	
机播率	%	42.29	38.81	3.48	
机收率	%	55.6	50.97	4.63	
马铃薯：耕种收综合机械化率	%	53.34	50.76	2.58	
机耕率	%	85.31	81.21	4.1	
机播率	%	30.62	29.77	0.85	
机收率	%	33.43	31.16	2.27	
花生：耕种收综合机械化率	%	67.05	65.65	1.4	
机耕率	%	82.56	81.96	0.6	
机播率	%	59.5	58.65	0.86	
机收率	%	53.9	50.9	3	
棉花：耕种收综合机械化率	%	88.5	87.25	1.25	
机耕率	%	99.11	99.44	-0.33	
机播率	%	90.33	90.22	0.1	
机收率	%	72.51	68.02	4.49	

注：耕种收综合机械化率计算方法：按照机耕率、机播率、机收率分别为 40%、30%、30% 的权重计算。

全国农业机械化发展指标

全国农机服务组织人员及投入产出情况表

指　标　名　称	代码	年末机构数／个		年末人数／人	
		2022 年	2021 年	2022 年	2021 年
一、农机服务组织及农机户	—	—	—	—	—
（一）农机服务组织	01	196 391	193 408	2 106 264	2 092 271
其中：农机专业合作社	02	78 344	76 139	1 434 956	1 434 129
其中：拥有农机原值 100 万元（含 100 万元）以上的	03	32 698	30 851	604 695	586 409
（二）农机户	04	39 171 058	39 475 713	46 489 154	46 785 822
其中：农机作业服务专业户	05	4 105 957	4 159 048	5 739 696	5 779 901
二、农机维修厂及维修点	06	145 838	150 395	361 432	369 025
三、乡村农机从业人员	07	—	—	49 599 821	49 573 598
其中：持证人员	08	—	—	12 165 815	—
其中：驾驶操作人员	09	—	—	11 668 128	—
农机维修人员	10	—	—	284 210	267 008

指　标　名　称	代码	计量单位	数量	
			2022 年	2021 年
四、农机化投入	—	—	—	—
（一）财政资金	11	万元	955 919.19	910 708.27
1. 科研投入	12	万元	45 353.39	16 866.91
2. 推广投入	13	万元	463 773.38	399 375.99
3. 安全监理投入	14	万元	29 827.71	32 188.22
4. 试验鉴定投入	15	万元	8 561.34	7 195.46
（二）基本建设投入	16	万元	903 551.05	480 498.48
（三）农业机械购置投入	17	万元	8 459 005.56	6 746 509.67
五、农机服务收入	18	万元	48 206 820.91	48 162 110.11
其中：农机作业服务收入	19	万元	36 789 487.50	36 759 197.75

注："—"表示相应指标不需要填数据。

全国农业机械拥有量表

指标名称	代码	计量单位	2022年	2021年	2022年比2021年增减	
					增减量	%
一、农业机械总动力	001	万千瓦	110 597.19	107 764.32	2 832.87	2.63
（一）柴油发动机动力	002	万千瓦	85 897.16	83 564.27	2 332.89	2.79
（二）汽油发动机动力	003	万千瓦	4 990.86	4 813.46	177.40	3.69
（三）电动机动力	004	万千瓦	19 584.11	19 267.12	316.99	1.65
（四）其他机械动力	005	万千瓦	125.05	119.47	5.58	4.67
二、拖拉机及配套机械	—	—	—	—	—	—
（一）拖拉机	006	万台	2 144.05	2 173.06	−29.01	−1.33
	007	万千瓦	44 518.85	43 065.01	1 453.84	3.38
1. 小型（22.1千瓦及以下）	008	万台	1 618.70	1 674.99	−56.29	−3.36
	009	万千瓦	17 893.33	18 526.08	−632.75	−3.42
2. 中型（22.1～73.5千瓦）	010	万台	440.74	422.83	17.91	4.24
	011	万千瓦	18 242.86	17 195.96	1 046.90	6.09
其中：58.8千瓦及以上	012	万台	83.97	78.81	5.16	6.54
	013	万千瓦	5 399.72	5 049.17	350.55	6.94
3. 大型及以上（73.5千瓦及以上）	014	万台	84.62	75.24	9.38	12.47
	015	万千瓦	8 382.67	7 342.97	1 039.70	14.16
（二）拖拉机配套农具	016	万部	4 029.14	4 022.93	6.21	0.15
其中：与58.8千瓦及以上拖拉机配套	017	万部	526.00	479.69	46.31	9.65
三、种植业机械	—	—	—	—	—	—
（一）耕整地机械	—	—	—	—	—	—
1. 耕整机	018	万台（套）	519.28	524.71	−5.43	−1.04
	019	万千瓦	2 450.81	2 461.52	−10.71	−0.44
2. 微型耕耘机	020	万台（套）	890.21	842.63	47.58	5.65
	021	万千瓦	4 454.86	4 242.82	212.04	5.00
3. 犁	022	万台	1 231.71	1 246.12	−14.41	−1.16
4. 旋耕机	023	万台	670.09	663.38	6.71	1.01
5. 深松机	024	万台	31.77	31.03	0.74	2.37
6. 耙	025	万台	667.13	673.63	−6.50	−0.97
7. 铺膜机	026	万台	62.41	61.36	1.05	1.72
8. 联合整地机	027	万台	29.11	28.42	0.69	2.41
（二）种植施肥机械	—	—	—	—	—	—
1. 播种机械	—	—	—	—	—	—
其中：（1）免耕播种机	028	万台	111.78	108.19	3.59	3.32
（2）精量播种机	029	万台	417.24	416.05	1.19	0.29
（3）整地施肥播种机	030	万台	28.50	26.77	1.73	6.47
（4）水稻直播机	031	万台	4.10	3.82	0.28	7.15
2. 栽植机械	—	—	—	—	—	—

续表

指标名称	代码	计量单位	2022年	2021年	2022年比2021年增减	
					增减量	%
（1）水稻插秧机	032	万台	98.79	96.32	2.47	2.56
	033	万千瓦	599.76	575.77	23.99	4.17
其中：乘坐式	034	万台	32.55	30.67	1.88	6.14
	035	万千瓦	323.10	300.46	22.64	7.53
（2）移栽机	036	万台	1.50	1.36	0.14	10.44
（三）排灌机械	—	—	—	—	—	—
1.农用水泵	037	万台	2 312.76	2 299.75	13.01	0.57
2.节水灌溉类机械	038	万台（套）	261.48	257.58	3.90	1.51
（四）田间管理机械	—	—	—	—	—	—
1.中耕机械						
其中：田园管理机	039	万台	88.87	77.57	11.30	14.56
	040	万千瓦	364.63	310.95	53.68	17.26
2.机动植保机械	041	万台	645.60	644.18	1.42	0.22
	042	万千瓦	1 414.51	1 347.26	67.25	4.99
其中：自走式	043	万台	23.81	23.07	0.74	3.20
	044	万千瓦	289.19	251.62	37.57	14.93
3.修剪机械	—	—	—	—	—	—
（1）茶树修剪机	045	万台	65.24	61.46	3.78	6.14
（2）果树修剪机	046	万台	41.38	35.50	5.88	16.55
	047	万千瓦	68.60	60.39	8.22	13.60
（五）收获机械	—	—	—	—	—	—
1.脱粒机	048	万台	1 004.10	1 057.23	-53.13	-5.03
	049	万千瓦	2 332.22	2 488.72	-156.50	-6.29
2.谷物联合收割机	050	万台	173.11	162.72	10.39	6.39
	051	万千瓦	10 068.67	8 998.42	1 070.25	11.89
3.玉米收获机	052	万台	63.80	61.06	2.74	4.49
	053	万千瓦	4 722.89	4 340.31	382.58	8.81
其中：自走式	054	万台	55.63	51.14	4.49	8.79
4.大豆收获机	055	万台	2.57	2.19	0.38	17.57
	056	万千瓦	206.49	189.76	16.73	8.82
5.油菜籽收获机	057	万台	2.55	2.42	0.13	5.55
	058	万千瓦	122.18	118.26	3.92	3.32
6.马铃薯收获机	059	万台	10.72	10.00	0.72	7.20
	060	万千瓦	29.56	27.20	2.36	8.69
7.花生收获机	061	万台	21.65	20.81	0.84	4.05
	062	万千瓦	185.40	157.24	28.16	17.91
8.甜菜收获机	063	万台	0.34	0.36	-0.02	-4.67
	064	万千瓦	4.06	3.50	0.56	15.88

续表

指标名称	代码	计量单位	2022年	2021年	2022年比2021年增减	
					增减量	%
9.甘蔗收获机	065	万台	0.33	0.29	0.05	15.81
	066	万千瓦	42.56	36.91	5.65	15.31
10.棉花收获机	067	万台	0.83	0.71	0.12	17.27
	068	万千瓦	172.26	133.79	38.48	28.76
11.蔬菜收获机械	069	万台	3.23	3.11	0.12	3.99
	070	万千瓦	17.59	16.42	1.17	7.12
12.采茶机	071	万台	26.73	24.36	2.36	9.70
	072	万千瓦	30.56	28.69	1.87	6.53
13.饲料（草）收获机	073	万台	39.39	—	—	—
	074	万千瓦	455.02	—	—	—
其中：青（黄）饲料收获机	075	万台	7.66	6.26	1.40	22.30
	076	万千瓦	246.52	244.97	1.55	0.63
打（压）捆机	077	万台	16.57	14.81	1.75	11.85
	078	万千瓦	138.00	112.81	25.19	22.33
14.秸秆粉碎还田机	079	万台	104.43	102.42	2.01	1.96
（六）设施农业设备			—	—	—	—
温室	080	万平方米	1 778 130.81	1 778 216.92	-86.11	0.00
其中：连栋温室	081	万平方米	56 361.34	56 381.36	-20.02	-0.04
日光温室	082	万平方米	522 742.78	520 938.30	1 804.48	0.35
塑料大棚	083	万平方米	1 164 987.51	1 177 274.07	-12 286.56	-1.04
四、农产品初加工机械	084	万台（套）	1 726.99	—	—	—
	085	万千瓦	8 875.31	—	—	—
（一）种子初加工机械	086	万台	9.60	4.42	5.18	1.17
	087	万千瓦	69.87	20.14	49.72	2.47
（二）粮食初加工机械	088	万台（套）	1 215.98	—	—	—
	089	万千瓦	4 390.34	—	—	—
其中：谷物（粮食）干燥机	090	万台	14.56	—	—	—
	091	万千瓦	235.48	—	—	—
其中：30吨以上	092	万台	2.82	—	—	—
	093	万千瓦	91.33	—	—	—
（三）油料初加工机械	094	万台（套）	79.88	80.72	-0.83	-1.03
	095	万千瓦	496.18	—	—	—
（四）棉花初加工机械	096	万台（套）	20.00	20.99	-0.99	-4.70
	097	万千瓦	98.50	—	—	—
（五）果蔬初加工机械	098	万台（套）	54.17	—	—	—
	099	万千瓦	364.32	—	—	—
其中：1.果蔬干燥机	100	万台	20.85	22.80	-1.95	-8.55
	101	万千瓦	77.59	72.66	4.93	6.79

续表

指标名称	代码	计量单位	2022年	2021年	2022年比2021年增减	
					增减量	%
2.果蔬冷藏保鲜设备	102	万台（套）	12.96	16.79	-3.83	-22.81
	103	万千瓦	204.30	213.57	-9.27	-4.34
（六）茶叶初加工机械	104	万台（套）	167.38	170.20	-2.82	-1.66
	105	万千瓦	412.30	—	—	—
五、畜牧机械	106	万台（套）	907.43	869.85	37.57	4.32
	107	万千瓦	2 919.01	2 809.61	109.41	3.89
（一）饲料（草）加工机械	108	万台（套）	714.47	693.70	20.78	2.99
	109	万千瓦	2 242.40	2 181.27	61.13	2.80
其中：1.铡草机	110	万台	120.71	115.55	5.16	4.47
2.饲料（草）粉碎机	111	万台	337.81	315.79	22.02	6.97
（二）饲养设备	112	万台（套）	103.28	—	—	—
	113	万千瓦	387.29	—	—	—
（三）畜产品采集储运设备	114	万台（套）	22.71	—	—	—
	115	万千瓦	85.34	—	—	—
其中：1.挤奶机	116	万台	9.63	9.68	-0.05	-0.51
	117	万千瓦	47.24	47.94	-0.70	-1.46
2.剪毛机	118	万台	7.53	—	—	—
	119	万千瓦	8.06	—	—	—
（四）畜禽粪污资源化利用设备	120	万台（套）	20.02	19.63	0.39	2.00
六、水产机械	121	万台	508.98	492.19	16.79	3.41
	122	万千瓦	1 803.52	1 711.84	91.68	5.36
（一）水产养殖机械	123	万台	482.75	467.83	14.92	3.19
	124	万千瓦	933.95	917.57	16.39	1.79
其中：1.增氧机	125	万台	360.22	348.43	11.79	3.38
	126	万千瓦	705.41	686.47	18.94	2.76
2.投饲机	127	万台	108.67	105.13	3.54	3.37
	128	万千瓦	122.92	118.05	4.88	4.13
（二）捕捞机械设备	129	万台	8.76	8.25	0.50	6.08
	130	万千瓦	299.28	251.21	48.09	19.14
七、农田基本建设机械	131	万台	57.64	56.04	1.61	2.86
	132	万千瓦	3 358.03	3 221.74	136.29	4.23
八、农用航空器	133	架	132 119	98 423	33 715	34.24
（一）植保无人驾驶航空器	134	架	130 719	97 931	32 788	33.48
（二）其他无人驾驶航空器	135	架	1 205	—	—	—
九、其他机械	—	—	—	—	—	—

全国农机作业情况表

指标名称	代码	计量单位	2022年	2021年	2022年比2021年增减	
					增减量	%
一、农作物生产机械化作业总体情况	—	—	—	—	—	—
（一）机耕面积	001	千公顷	129 380.99	128 176.55	1 204.44	0.94
（二）机播面积	002	千公顷	105 237.81	101 593.52	3 644.29	3.59
（三）机电灌溉面积	003	千公顷	57 462.43	55 858.66	1 603.77	2.87
（四）机械植保面积	004	千公顷	86 250.49	81 583.47	4 667.02	5.72
（五）机收面积	005	千公顷	112 238.40	108 030.00	4 208.40	3.90
二、主要农作物生产机械化作业情况	—	—	—	—	—	—
（一）小麦	—	—	—	—	—	—
1.机耕面积	006	千公顷	22 040.27	22 020.81	19.46	0.09
2.机播面积	007	千公顷	22 147.92	22 030.36	117.56	0.53
3.机收面积	008	千公顷	22 993.87	22 998.94	-5.07	-0.02
（二）水稻	—	—	—	—	—	—
1.机耕面积	009	千公顷	29 081.42	29 440.21	-358.78	-1.22
2.机械种植面积	010	千公顷	18 139.44	17 686.18	453.26	2.56
其中：机直播面积	011	千公顷	2 230.51	2 150.22	80.29	3.73
机插面积	012	千公顷	15 707.79	15 297.84	409.95	2.68
机浅栽面积	013	千公顷	187.01	126.90	60.11	47.37
3.机收面积	014	千公顷	28 138.35	28 253.81	-115.45	-0.41
（三）玉米	—	—	—	—	—	—
1.机耕面积	015	千公顷	26 123.94	26 967.19	-843.25	-3.13
2.机播面积	016	千公顷	35 332.60	35 312.76	19.84	0.06
3.机收面积	017	千公顷	32 329.19	31 249.06	1 080.13	3.46
（四）大豆	—	—	—	—	—	—
1.机耕面积	018	千公顷	8 473.27	6 862.18	1 611.09	23.48
2.机播面积	019	千公顷	8 076.63	6 479.16	1 597.47	24.66
3.机收面积	020	千公顷	7 795.17	6 179.20	1 615.97	26.15
（五）油菜	—	—	—	—	—	—
1.机耕面积	021	千公顷	6 572.95	6 115.16	457.79	7.49
2.机播面积	022	千公顷	3 067.83	2 713.57	354.25	13.05
3.机收面积	023	千公顷	4 033.00	3 563.65	469.36	13.17
（六）马铃薯	—	—	—	—	—	—
1.机耕面积	024	千公顷	3 868.81	3 762.01	106.80	2.84

续表

指标名称	代码	计量单位	2022年	2021年	2022年比2021年增减	
					增减量	%
2.机播面积	025	千公顷	1 388.40	1 378.99	9.41	0.68
3.机收面积	026	千公顷	1 515.91	1 443.52	72.39	5.01
(七)花生	—	—	—	—	—	—
1.机耕面积	027	千公顷	3 866.86	3 938.49	-71.63	-1.82
2.机播面积	028	千公顷	2 787.07	2 818.27	-31.20	-1.11
3.机收面积	029	千公顷	2 524.76	2 445.85	78.91	3.23
(八)棉花	—	—	—	—	—	—
1.机耕面积	030	千公顷	2 973.62	3 011.14	-37.53	-1.25
2.机播面积	031	千公顷	2 710.09	2 732.07	-21.99	-0.80
3.机收面积	032	千公顷	2 175.53	2 059.85	115.68	5.62
(九)水果	—	—	—	—	—	—
1.机械中耕面积	033	千公顷	4 750.15	4 573.65	176.51	3.86
2.机械施肥面积	034	千公顷	3 039.20	2 846.28	192.93	6.78
3.机械植保面积	035	千公顷	6 791.32	6 549.58	241.75	3.69
4.机械修剪面积	036	千公顷	1 617.86	1 471.61	146.25	9.94
5.机械采收产量	037	万吨	498.58	401.03	97.55	24.33
6.机械田间转运产量	038	万吨	9 624.98	9 275.76	349.22	3.76
(十)茶叶	—	—	—	—	—	—
1.机械中耕面积	039	千公顷	783.81	725.22	58.59	8.08
2.机械施肥面积	040	千公顷	406.31	362.93	43.38	11.95
3.机械植保面积	041	千公顷	1 227.57	1 173.56	54.01	4.60
4.机械修剪面积	042	千公顷	1 432.70	1 356.44	76.26	5.62
5.机械采收产量	043	万吨	131.33	120.75	10.58	8.76
6.机械田间转运产量	044	万吨	134.69	127.74	6.95	5.44
(十一)其他农机作业情况	—	—	—	—	—	—
1.机械深耕面积	045	千公顷	29 051.73	29 950.19	-498.15	-1.69
其中:机械深松面积	046	千公顷	10 789.85	10 188.08	601.77	5.91
2.机械免耕播种面积	047	千公顷	18 917.10	17 529.78	1 387.32	7.91
3.机械精量播种面积	048	千公顷	46 198.74	45 503.65	695.09	1.53
4.机械深施化肥面积	049	千公顷	37 970.60	39 268.82	-1 298.22	-3.31
5.机械铺膜面积	050	千公顷	9 916.94	9 594.89	322.05	3.36
6.农田机械节水灌溉面积	051	千公顷	18 473.08	17 978.39	494.69	2.75

续表

指标名称	代码	计量单位	2022年	2021年	2022年比2021年增减	
					增减量	%
7.机械化播种牧草面积	052	千公顷	1 072.36	1 215.03	-142.67	11.74
8.机械化秸秆还田面积	053	千公顷	57 335.07	57 399.01	-63.94	-0.11
9.机械化秸秆捡拾打捆面积	054	千公顷	14 917.25	13 398.50	1 518.75	11.34
10.农用航空器作业面积	055	千公顷	24 076.52	20 821.77	3 254.75	15.63
其中:植保无人驾驶航空器作业面积	056	千公顷	22 535.41	18 829.88	3 705.54	19.68
11.机械化青贮秸秆数量	057	万吨	12 099.44	10 827.26	1 272.18	11.75
三、农机社会化服务作业情况	—	—	—	—	—	—
(一)农机专业合作社作业服务面积	058	千公顷	62 118.61	58 998.71	3 119.90	5.29
(二)农机跨区作业面积	059	千公顷	20 636.32	20 603.04	33.28	0.16
1.跨区机耕面积	060	千公顷	3 810.79	3 847.24	-36.45	-0.95
2.跨区机播面积	061	千公顷	2 217.69	2 067.32	150.37	7.27
3.跨区机收面积	062	千公顷	13 843.18	13 844.57	-1.39	-0.01
其中:跨区机收小麦	063	千公顷	5 617.87	5 734.37	-116.51	-2.03
跨区机收水稻	064	千公顷	4 851.47	4 703.62	147.86	3.14
跨区机收玉米	065	千公顷	2 712.95	2 607.42	105.53	4.05
(三)生产托管作业面积	066	千公顷	32 693.66	—	—	—
四、农产品初加工机械化作业情况	—	—	—	—	—	—
(一)机械脱出农产品数量	067	万吨	82 729.62	79 756.42	2 973.20	3.73
其中:1.机械脱出粮食数量	068	万吨	56 259.85	55 079.75	1 180.10	2.14
2.机械脱出油料数量	069	万吨	2 556.79	2 557.39	-0.60	-0.02
(二)机械清选农产品数量	070	万吨	45 515.81	44 899.86	615.95	1.37
其中:1.机械清选蔬菜数量	071	万吨	9 810.40	9 086.09	724.31	7.97
2.机械清选水果数量	072	万吨	4 776.33	4 608.79	167.54	3.64
3.机械清选棉花数量	073	万吨	566.34	714.18	-147.84	-20.70
(三)机械保质农产品数量	074	万吨	44 085.86	40 912.47	3 173.39	7.76
其中:1.机械保质粮食数量	075	万吨	19 273.83	18 208.82	1 065.01	5.85
2.机械保质油料数量	076	万吨	975.89	933.95	41.94	4.49
3.机械保质蔬菜数量	077	万吨	5 405.93	4 183.38	1 222.55	29.22
4.机械保质水果数量	078	万吨	3 751.40	3 453.83	297.57	8.62
5.机械保质棉花数量	079	万吨	483.32	471.19	12.13	2.57
6.机械保质茶叶数量	080	万吨	149.45	146.96	2.49	1.69
五、畜牧养殖机械化作业情况	—	—	—	—	—	—
(一)机械收获饲草秸秆量	081	万吨	30 645.86	29 090.18	1 555.68	5.35

续表

指标名称	代码	计量单位	2022年	2021年	2022年比2021年增减	
					增减量	%
其中：机械收获牧草数量	082	万吨	8 188.99	8 002.09	186.90	2.34
（二）机械化饲草料加工数量	083	万吨	31 781.07	30 879.45	901.62	2.92
（三）机械饲喂的畜禽数量（折算为羊单位）	084	万个	71 068.50	63 911.40	7 157.10	11.20
（四）机械清粪的畜禽数量（折算为羊单位）	085	万个	63 615.33	55 914.02	7 701.32	13.77
（五）机械环控的畜禽数量（折算为羊单位）	086	万个	53 173.83	47 318.14	5 855.69	12.38
（六）机械挤奶的家畜数量（折算为羊单位）	087	万个	4 263.11	4 250.78	12.33	0.29
（七）机械剪毛的畜禽数量（折算为羊单位）	088	万个	4 744.13	4 153.87	590.27	14.21
（八）机械捡蛋的蛋禽数量（折算为羊单位）	089	万个	4 380.43	4 071.53	308.90	7.59
六、水产养殖机械化作业情况	—	—	—	—	—	—
（一）池塘养殖	—	—	—	—	—	—
1.机械投饲池塘养殖产量	090	万吨	1 311.78	1 292.28	19.50	1.51
2.机械水质调控池塘养殖产量	091	万吨	1 217.39	1 150.48	66.91	5.82
3.机械起捕池塘养殖产量	092	万吨	283.23	264.74	18.49	6.98
4.机械清淤池塘养殖产量	093	万吨	799.75	750.95	48.80	6.50
（二）网箱养殖	—	—	—	—	—	—
1.机械投饲网箱养殖产量	094	万吨	42.23	36.95	5.28	14.29
2.机械清洗网箱养殖产量	095	万吨	26.11	21.54	4.57	21.20
3.机械起捕网箱养殖产量	096	万吨	22.25	19.87	2.38	11.99
（三）工厂化养殖	—	—	—	—	—	—
1.机械投饲工厂化养殖产量	097	万吨	32.59	27.01	5.59	20.68
2.机械起捕工厂化养殖产量	098	万吨	19.59	15.44	4.15	26.85
（四）筏式吊笼及底播养殖	—	—	—	—	—	—
1.机械投苗养殖产量	099	万吨	386.78	322.14	64.63	20.06
2.机械采收养殖产量	100	万吨	492.86	392.17	100.69	25.68
七、设施农业（种植）机械化作业情况	—	—	—	—	—	—
（一）机械耕整地面积	101	千公顷	1 587.90	1 535.60	52.30	3.41
（二）机械种植面积	102	千公顷	441.80	417.50	24.31	5.82
（三）机械采运面积	103	千公顷	258.96	231.29	27.67	11.96
（四）机械灌溉施肥面积	104	千公顷	1 190.68	1 138.20	52.49	4.61
（五）机械调控环境面积	105	千公顷	658.02	623.41	34.61	5.55
八、其他	—	—	—	—	—	—
（一）保护性耕作面积	—	千公顷	10 362.63	9 785.41	577.22	5.90

各地区农机服务组织人员及投入产出情况表

地 区	一、农机服务组织及农机户		其中：农机专业合作社	
	（一）农机服务组织			
	年末机构数	年末人数	年末机构数	年末人数
	个	人	个	人
合　　计	196 391	2 106 264	78 344	1 434 956
北　　京	228	1 517	145	808
天　　津	210	5 835	159	5 246
河　　北	5 607	62 319	2 693	47 135
山　　西	4 629	30 447	2 778	24 221
内 蒙 古	4 411	42 928	3 317	35 317
辽　　宁	4 416	57 833	3 733	48 704
吉　　林	9 655	94 439	6 685	68 245
黑 龙 江	26 641	100 781	2 298	24 233
上　　海	312	2 135	188	1 403
江　　苏	12 774	448 596	7 334	340 325
浙　　江	3 464	27 868	1 441	18 380
安　　徽	10 851	122 088	6 077	84 687
福　　建	1 027	23 080	754	19 835
江　　西	12 488	81 776	1 555	27 063
山　　东	21 964	209 544	9 310	142 739
河　　南	13 778	153 945	7 643	124 837
湖　　北	6 356	141 004	3 315	105 643
湖　　南	17 597	133 579	5 575	75 090
广　　东	2 487	27 618	1 049	19 405
广　　西	3 134	38 970	1 687	21 372
海　　南	218	1 794	92	1 052
重　　庆	4 693	85 282	972	56 929
四　　川	16 487	73 752	1 626	34 402
贵　　州	1 340	15 949	752	8 481
云　　南	979	14 077	542	10 945
西　　藏	180	2 427	153	2 275
陕　　西	2 191	31 473	1 392	25 354
甘　　肃	4 492	37 496	2 878	29 501
青　　海	830	4 905	199	3 100
宁　　夏	508	7 143	316	4 490
新　　疆	1 634	21 231	1 373	19 326
新疆兵团	810	4 433	313	4 413

续表

地区	其中：拥有农机原值100万元（含100万元）以上的		（二）农机户	
	年末机构数	年末人数	年末机构数	年末人数
	个	人	个	人
合　　计	32 698	604 695	39 171 058	46 489 154
北　　京	53	357	12 218	12 926
天　　津	131	4 433	35 471	41 977
河　　北	939	19 544	2 464 347	2 837 221
山　　西	688	7 416	506 354	643 755
内　蒙　古	1 584	18 121	1 240 793	1 558 884
辽　　宁	1 537	21 410	533 531	645 691
吉　　林	1 907	16 008	1 099 150	1 303 500
黑　龙　江	1 761	18 611	1 141 695	1 425 086
上　　海	126	1 133	4 598	6 157
江　　苏	3 419	134 899	1 051 602	1 252 364
浙　　江	667	9 130	476 595	550 257
安　　徽	2 575	42 678	3 112 258	3 636 127
福　　建	300	9 316	599 816	671 005
江　　西	501	10 706	1 029 602	1 417 786
山　　东	3 268	51 840	3 989 861	4 629 949
河　　南	3 319	53 602	4 912 758	5 532 677
湖　　北	1 329	52 947	1 727 443	2 244 026
湖　　南	3 149	41 234	2 044 723	2 711 247
广　　东	333	8 265	1 044 740	1 203 562
广　　西	590	8 400	2 443 719	3 125 542
海　　南	9	141	236 254	267 332
重　　庆	134	3 982	1 192 644	1 302 975
四　　川	613	17 917	2 353 078	2 754 493
贵　　州	148	2 015	544 657	802 112
云　　南	234	5 585	1 943 196	2 067 200
西　　藏	107	1 997	198 772	220 934
陕　　西	475	10 713	943 464	1 055 755
甘　　肃	1 500	16 020	1 199 961	1 296 784
青　　海	114	1 168	197 285	221 008
宁　　夏	159	1 423	251 915	353 851
新　　疆	777	9 869	612 059	658 020
新疆兵团	252	3 815	26 499	38 951

续表

地 区	其中：农机作业服务专业户		二、农机维修厂及维修点	
	年末机构数	年末人数	年末机构数	年末人数
	个	人	个	人
合　　计	4 105 957	5 739 696	145 838	361 432
北　　京	494	700	149	314
天　　津	7 965	11 079	181	387
河　　北	179 804	278 234	12 275	29 958
山　　西	69 691	94 318	4 920	12 280
内　蒙　古	106 450	152 350	6 510	13 730
辽　　宁	59 477	86 542	3 440	7 913
吉　　林	29 790	32 686	6 483	14 840
黑　龙　江	134 196	193 618	6 537	20 632
上　　海	941	1 434	25	94
江　　苏	175 226	261 569	3 152	10 122
浙　　江	82 910	97 389	1 891	3 444
安　　徽	417 565	584 563	9 197	21 814
福　　建	89 391	109 963	288	533
江　　西	353 639	528 319	9 324	28 702
山　　东	568 004	788 133	4 149	12 106
河　　南	232 137	372 110	18 716	38 960
湖　　北	164 545	323 409	5 120	15 869
湖　　南	179 706	269 793	5 087	13 871
广　　东	51 305	85 165	6 879	17 615
广　　西	30 823	69 735	3 710	9 149
海　　南	46 851	50 457	779	2 033
重　　庆	140 851	168 418	2 528	7 240
四　　川	189 251	240 967	7 596	23 022
贵　　州	154 559	206 016	4 446	11 536
云　　南	60 950	69 845	8 605	18 899
西　　藏	12	100	204	658
陕　　西	229 979	249 355	3 593	7 442
甘　　肃	188 915	216 760	4 840	8 260
青　　海	4 290	5 933	1 066	1 700
宁　　夏	37 837	41 308	1 698	3 130
新　　疆	110 633	137 234	2 091	4 268
新疆兵团	7 770	12 194	359	911

续表

地 区	三、乡村农机从业人员 年末人数 人	其中：持证人员 年末人数 人	其中：驾驶操作人员 年末人数 人	农机维修人员 年末人数 人
合 计	49 599 821	12 165 815	11 668 128	284 210
北 京	17 338	11 332	11 059	470
天 津	61 751	8 791	8 148	1 163
河 北	3 345 944	608 358	585 794	18 737
山 西	700 771	91 114	101 002	9 888
内 蒙 古	1 697 355	656 333	633 808	8 395
辽 宁	817 929	315 453	302 804	7 250
吉 林	1 374 767	798 322	763 242	5 538
黑 龙 江	1 676 474	1 261 420	1 247 586	13 834
上 海	13 989	11 807	11 382	701
江 苏	1 572 714	383 093	299 055	47 979
浙 江	559 987	82 260	74 652	4 028
安 徽	3 838 933	792 620	774 620	13 582
福 建	694 809	80 312	68 428	3 248
江 西	1 256 396	195 617	188 854	11 460
山 东	4 726 227	462 255	434 832	18 488
河 南	5 820 531	2 202 276	2 110 283	21 450
湖 北	2 257 566	606 365	600 362	6 002
湖 南	2 791 699	334 700	333 655	9 439
广 东	1 245 603	202 050	174 656	2 893
广 西	3 159 782	335 877	328 932	6 003
海 南	269 105	94 692	93 801	891
重 庆	1 375 722	68 071	49 131	8 246
四 川	2 820 782	222 973	204 179	13 059
贵 州	1 072 917	189 989	189 281	708
云 南	2 250 577	492 638	479 288	13 350
西 藏	305 621	0	0	0
陕 西	1 120 157	250 866	228 374	10 420
甘 肃	1 358 295	484 227	480 313	11 025
青 海	271 454	92 265	82 802	1 259
宁 夏	344 432	138 220	136 125	2 157
新 疆	701 711	585 840	567 295	11 084
新 疆 兵 团	78 483	105 679	104 385	1 463

续表

地 区	四、农机化投入 (一) 财政资金 万元	1.科研投入 万元	2.推广投入 万元	3.安全监理投入 万元
合 计	955 919.19	45 353.39	463 773.38	29 827.71
北 京	5 687.87	0.00	2 546.47	56.00
天 津	5 431.75	170.00	107.68	366.97
河 北	27 272.10	960.00	16 501.61	1 297.69
山 西	88 204.25	431.00	20 531.45	97.49
内 蒙 古	79 773.46	102.50	79 475.46	124.50
辽 宁	54 448.97	0.00	21 452.06	189.55
吉 林	67 707.07	2.00	67 173.01	492.06
黑 龙 江	19 707.52	107.00	724.17	240.10
上 海	14 765.68	401.05	1 361.77	460.88
江 苏	149 469.17	977.00	96 566.82	5 234.54
浙 江	47 826.72	1 475.74	12 513.65	583.41
安 徽	30 921.66	1 663.10	7 403.43	2 284.50
福 建	2 622.81	0.00	1 284.66	300.65
江 西	14 433.73	637.73	8 196.22	705.13
山 东	53 011.33	20 018.42	22 967.23	951.47
河 南	38 970.21	199.40	4 505.11	2 092.78
湖 北	50 385.43	2 681.20	20 014.29	3 116.70
湖 南	54 310.11	2 882.25	14 589.71	3 525.99
广 东	16 151.12	8 406.00	4 604.36	782.58
广 西	2 002.37	0.00	1 479.76	512.04
海 南	2 027.23	2.00	382.78	75.25
重 庆	14 009.31	0.00	4 134.27	311.03
四 川	28 819.82	640.00	10 323.15	1 906.10
贵 州	6 625.20	160.00	4 614.10	83.20
云 南	3 643.64	30.00	2 744.92	309.90
西 藏	0.00	0.00	0.00	0.00
陕 西	26 608.36	297.00	13 430.42	1 134.42
甘 肃	19 980.96	890.00	13 702.15	933.36
青 海	4 421.45	0.00	1 828.60	190.00
宁 夏	9 758.64	33.00	6 015.47	455.24
新 疆	16 324.23	2 177.00	2 023.61	1 002.18
新疆兵团	597.00	10.00	575.00	12.00

续表

地 区	4.试验鉴定投入 万元	（二）基本建设投入 万元	（三）农业机械购置投入 万元	五、农机服务收入 万元	其中：农机作业服务收入 万元
合　　计	8 561.34	903 551.05	8 459 005.56	48 206 820.91	36 789 487.50
北　　京	38.53	15.00	25 027.53	17 130.51	14 723.78
天　　津	28.70	4 883.41	55 228.22	97 937.00	82 498.00
河　　北	94.00	27 968.86	575 816.16	1 990 076.47	1 555 107.19
山　　西	75.00	4 461.00	153 912.02	861 647.47	610 670.56
内　蒙　古	25.00	45 552.00	528 786.81	1 868 053.80	1 480 266.35
辽　　宁	0.00	3 031.19	179 483.36	1 107 418.99	919 530.30
吉　　林	40.00	7 619.00	668 172.00	1 724 068.90	1 309 582.76
黑　龙　江	0.00	9 603.55	756 883.54	1 860 297.38	1 329 808.31
上　　海	23.50	0.00	21 120.79	33 465.45	25 230.43
江　　苏	308.00	142 369.00	735 329.97	4 146 789.74	3 329 919.02
浙　　江	0.00	51 705.41	162 801.46	742 165.26	515 078.99
安　　徽	92.60	31 246.96	475 046.70	5 477 194.31	4 078 640.13
福　　建	60.00	193.00	83 585.73	628 329.69	378 700.82
江　　西	526.21	11 576.13	267 910.34	1 739 380.86	1 331 487.37
山　　东	191.08	62 367.28	560 827.28	4 324 941.77	3 521 094.58
河　　南	155.40	5 731.80	519 665.45	2 776 463.60	2 285 193.91
湖　　北	83.30	16 271.00	374 249.04	2 573 049.07	1 976 300.98
湖　　南	4 629.43	28 167.28	235 618.80	3 660 810.42	2 543 071.01
广　　东	136.68	31 213.02	70 853.71	1 430 247.71	1 090 786.60
广　　西	0.00	80.20	195 672.62	3 143 058.22	2 552 789.00
海　　南	1.00	1 210.00	13 272.31	332 051.93	286 135.37
重　　庆	0.00	77 942.28	88 858.70	371 520.91	232 706.89
四　　川	0.00	221 885.04	172 343.48	1 742 119.84	1 038 751.82
贵　　州	38.00	57 008.10	66 402.37	262 134.82	176 622.84
云　　南	180.00	12 440.57	165 582.34	1 054 876.13	620 362.31
西　　藏	0.00	0.00	43 786.58	14 839.40	14 839.40
陕　　西	38.00	9 460.21	123 139.05	1 088 345.38	794 819.80
甘　　肃	35.00	5 214.15	260 954.56	927 975.34	726 545.63
青　　海	0.00	27 223.00	38 330.22	87 241.30	67 175.90
宁　　夏	3.00	3 368.10	85 378.88	262 157.20	192 700.30
新　　疆	1 758.91	1 505.50	402 465.54	1 497 377.03	1 352 817.16
新疆兵团	0.00	2 239.00	352 500.00	363 655.00	355 530.00

各地区农业机械拥有量表

地区	一、农业机械总动力 万千瓦	（一）柴油发动机动力 万千瓦	（二）汽油发动机动力 万千瓦	（三）电动机动力 万千瓦	（四）其他机械动力 万千瓦
合　　计	110 597.19	85 897.16	4 990.86	19 584.11	125.05
北　　京	121.14	47.09	10.43	63.62	0.00
天　　津	370.77	225.08	26.13	119.56	0.00
河　　北	8 249.08	5 939.96	145.09	2 164.03	0.00
山　　西	1 714.27	1 411.09	44.17	257.14	1.87
内　蒙　古	4 596.42	4 145.04	24.28	422.32	4.78
辽　　宁	2 657.84	2 123.90	99.97	433.26	0.71
吉　　林	4 357.86	4 070.04	60.81	227.00	0.00
黑　龙　江	7 090.88	6 733.41	144.48	211.26	1.73
上　　海	100.19	82.65	4.99	12.36	0.19
江　　苏	5 264.08	3 891.14	268.22	1 098.57	6.15
浙　　江	1 767.56	1 021.02	154.54	590.62	1.37
安　　徽	7 070.12	6 048.29	188.65	832.71	0.47
福　　建	1 296.71	774.75	211.29	310.65	0.01
江　　西	2 838.16	2 215.19	138.39	482.93	1.65
山　　东	11 530.49	9 396.55	323.95	1 809.98	0.00
河　　南	10 858.66	9 529.53	103.10	1 225.51	0.52
湖　　北	4 878.65	3 417.06	205.40	1 242.42	13.77
湖　　南	6 755.95	5 074.84	442.96	1 195.70	42.46
广　　东	2 556.30	1 600.61	237.19	706.81	11.69
广　　西	3 825.26	2 768.39	324.34	717.64	14.89
海　　南	631.80	506.78	44.26	71.31	9.45
重　　庆	1 565.60	614.63	396.67	552.63	1.67
四　　川	4 923.33	3 000.36	520.45	1 399.09	3.44
贵　　州	2 805.71	1 621.86	416.92	766.93	0.01
云　　南	2 913.65	1 811.14	144.81	956.75	0.96
西　　藏	624.08	560.04	18.02	46.03	0.00
陕　　西	2 473.88	1 674.17	178.99	619.03	1.69
甘　　肃	2 516.66	1 885.33	52.44	577.85	1.03
青　　海	503.27	429.84	25.53	45.41	2.49
宁　　夏	663.43	525.09	11.39	126.43	0.52
新　　疆	2 531.46	2 311.26	22.18	197.36	0.67
新疆兵团	543.89	441.03	0.78	101.19	0.89

续表

地区	二、拖拉机及配套机械 (一)拖拉机		1.小型(22.1千瓦及以下)		2.中型(22.1~73.5千瓦)	
	万台	万千瓦	万台	万千瓦	万台	万千瓦
合　　计	2 144.05	44 518.85	1 618.70	17 893.33	440.74	18 242.86
北　　京	0.62	25.38	0.18	3.22	0.36	14.12
天　　津	1.23	78.45	0.21	3.05	0.73	39.49
河　　北	137.08	3 107.48	103.40	1 214.43	25.98	1 134.80
山　　西	39.17	890.82	26.57	262.81	10.58	434.28
内 蒙 古	128.71	3 346.51	81.54	1 261.98	42.74	1 599.38
辽　　宁	59.57	1 510.31	37.57	511.76	19.39	760.12
吉　　林	131.33	2 943.47	86.35	1 044.25	41.86	1 553.01
黑 龙 江	155.84	4 799.78	86.26	1 198.86	59.94	2 398.30
上　　海	0.90	42.33	0.19	1.99	0.63	31.90
江　　苏	67.04	1 813.94	49.86	563.85	9.95	556.07
浙　　江	4.89	126.85	3.30	35.65	1.35	72.39
安　　徽	218.05	3 319.44	188.95	1 611.37	21.15	1 020.30
福　　建	8.20	114.97	7.54	84.23	0.60	26.12
江　　西	37.11	699.00	30.53	340.59	5.76	292.12
山　　东	246.35	4 623.27	192.16	1 796.79	43.50	1 805.97
河　　南	327.45	5 896.81	282.80	3 212.58	30.77	1 477.29
湖　　北	125.89	1 833.36	105.97	849.59	18.13	828.28
湖　　南	28.93	678.49	18.76	236.29	9.63	398.76
广　　东	31.91	406.37	29.02	261.56	2.61	121.15
广　　西	52.96	808.25	47.31	494.24	4.83	234.90
海　　南	7.24	141.83	5.14	70.01	2.01	63.32
重　　庆	0.72	22.37	0.46	7.78	0.22	10.48
四　　川	21.39	496.23	13.58	199.39	7.46	266.96
贵　　州	11.84	209.28	10.17	143.25	1.63	62.50
云　　南	34.68	659.54	27.48	325.18	6.33	256.41
西　　藏	28.74	494.36	21.40	202.34	7.31	289.59
陕　　西	31.01	815.23	18.94	231.28	10.47	433.31
甘　　肃	86.57	1 457.63	72.30	820.52	12.89	484.30
青　　海	25.93	311.12	24.48	248.31	1.29	49.29
宁　　夏	21.62	423.35	16.37	205.50	4.79	175.00
新　　疆	62.75	2 028.60	27.25	411.64	31.43	158.33
新疆兵团	8.36	394.04	2.65	39.04	4.43	194.63

续表

地 区	其中：58.8千瓦及以上		3.大型及以上(73.5千瓦及以上)		(二)拖拉机配套农具
	万台	万千瓦	万台	万千瓦	万部
合 计	83.97	5 399.72	84.62	8 382.67	4 029.14
北 京	0.02	1.50	0.07	8.04	1.34
天 津	0.18	11.65	0.30	35.90	4.96
河 北	5.90	392.87	7.69	758.25	213.21
山 西	2.46	160.43	2.02	193.72	59.35
内 蒙 古	4.12	271.93	4.43	485.15	238.43
辽 宁	2.67	173.98	2.61	238.43	84.66
吉 林	3.00	194.46	3.12	346.21	280.14
黑 龙 江	9.01	582.12	9.64	1 202.62	288.08
上 海	0.14	9.35	0.08	8.44	1.91
江 苏	5.08	326.67	7.22	694.02	138.46
浙 江	0.58	37.52	0.23	18.81	10.02
安 徽	8.31	534.55	7.94	687.77	535.88
福 建	0.17	10.97	0.06	4.63	14.14
江 西	2.45	151.89	0.82	66.30	41.98
山 东	8.26	526.43	10.69	1 020.51	446.27
河 南	10.37	663.90	13.88	1 206.94	723.89
湖 北	4.36	276.93	1.78	155.50	256.26
湖 南	1.80	112.91	0.54	43.44	20.75
广 东	0.57	37.77	0.28	23.66	40.39
广 西	1.47	97.22	0.82	79.11	65.77
海 南	0.29	17.97	0.09	8.50	7.93
重 庆	0.07	4.20	0.05	4.11	0.76
四 川	1.13	70.35	0.36	29.88	18.46
贵 州	0.20	12.60	0.04	3.53	2.22
云 南	1.27	80.61	0.87	77.95	35.97
西 藏	0.05	3.16	0.03	2.43	25.03
陕 西	2.39	142.95	1.60	150.63	57.60
甘 肃	1.38	93.39	1.38	152.81	198.44
青 海	0.19	12.76	0.15	13.52	35.78
宁 夏	0.61	39.85	0.46	42.85	35.70
新 疆	4.37	277.49	4.07	458.62	135.48
新 疆 兵 团	1.08	69.34	1.29	160.36	9.88

续表

地 区	其中：与58.8千瓦及以上拖拉机配套	三、种植业机械		2.微型耕耘机	
		（一）耕整地机械			
		1.耕整机			
	万部	万台（套）	万千瓦	万台（套）	万千瓦
合　　计	526.00	519.28	2 450.81	890.21	4 454.86
北　　京	0.14	0.03	0.13	1.18	4.96
天　　津	1.86	0.31	1.52	1.25	4.82
河　　北	45.16	2.72	14.60	8.06	36.47
山　　西	11.15	5.04	23.94	12.36	59.83
内　蒙　古	24.59	2.28	12.25	0.73	3.87
辽　　宁	17.96	6.40	30.03	6.86	27.58
吉　　林	11.41	0.80	4.40	0.36	2.00
黑　龙　江	73.13	7.27	40.60	0.06	0.22
上　　海	0.46	0.01	0.01	0.04	0.16
江　　苏	42.64	3.26	17.60	4.65	24.75
浙　　江	1.70	1.68	8.80	10.67	43.64
安　　徽	47.24	11.83	57.05	7.09	31.48
福　　建	0.46	1.43	7.22	24.96	113.17
江　　西	5.28	10.40	49.77	32.58	140.28
山　　东	62.04	19.16	85.28	30.75	128.83
河　　南	68.33	2.08	12.35	8.43	34.69
湖　　北	20.80	20.22	110.88	40.80	207.25
湖　　南	4.58	173.55	698.85	48.93	194.89
广　　东	3.09	14.43	65.25	31.46	135.82
广　　西	3.52	67.43	302.86	92.29	416.45
海　　南	1.50	3.33	14.14	1.59	7.33
重　　庆	0.25	0.01	0.03	92.23	428.17
四　　川	2.74	98.58	500.80	121.22	585.79
贵　　州	0.26	5.02	29.64	138.36	810.60
云　　南	3.94	37.84	230.43	104.79	638.44
西　　藏	0.11	0.80	3.59	0.45	1.97
陕　　西	13.23	12.15	66.16	32.05	163.85
甘　　肃	9.63	6.63	37.38	31.19	179.95
青　　海	1.45	2.45	14.51	1.51	9.11
宁　　夏	2.98	0.39	2.37	1.55	8.56
新　　疆	41.72	1.74	8.37	1.47	8.64
新疆兵团	2.66	0.00	0.00	0.29	1.30

续表

地　区	3.犁	4.旋耕机	5.深松机	6.耙	7.铺膜机
	万台	万台	万台	万台	万台
合　计	1 231.71	670.09	31.77	667.13	62.41
北　京	0.12	0.31	0.02	0.06	0.01
天　津	0.43	1.93	0.11	0.08	0.27
河　北	39.62	31.63	3.46	5.20	4.08
山　西	13.53	19.34	1.13	1.65	2.36
内 蒙 古	62.37	12.62	2.24	15.54	6.19
辽　宁	10.09	11.55	1.01	2.20	0.85
吉　林	67.64	26.56	4.65	22.00	1.09
黑 龙 江	47.77	28.11	3.77	10.86	0.90
上　海	0.24	0.77	0.01	0.27	0.00
江　苏	14.74	78.23	0.56	2.23	0.24
浙　江	1.07	6.33	0.00	0.77	0.01
安　徽	165.47	73.71	1.85	134.23	1.07
福　建	1.14	11.11	0.00	0.31	0.32
江　西	4.23	34.27	0.16	4.42	0.01
山　东	137.32	38.68	3.99	68.05	12.28
河　南	295.00	38.01	2.13	195.36	1.83
湖　北	83.88	77.04	0.29	56.90	0.56
湖　南	97.37	19.81	1.61	67.28	0.19
广　东	6.65	20.25	0.16	5.06	0.01
广　西	23.58	21.49	0.33	23.52	0.35
海　南	1.71	1.92	0.07	1.46	0.00
重　庆	0.07	0.71	0.10	0.03	0.03
四　川	7.33	20.91	0.03	2.20	0.30
贵　州	0.60	1.36	0.00	0.06	0.07
云　南	13.35	21.40	0.63	6.56	0.24
西　藏	9.90	0.86	0.04	2.19	0.03
陕　西	14.54	22.62	0.44	0.20	1.70
甘　肃	55.31	30.54	2.25	26.28	15.73
青　海	16.23	7.23	0.15	1.12	0.12
宁　夏	14.86	3.60	0.16	3.68	1.24
新　疆	24.74	6.58	0.30	6.71	9.74
新 疆 兵 团	0.78	0.61	0.12	0.65	0.60

续表

地区	8.联合整地机	（二）种植施肥机械 1.播种机械 其中：（1）免耕播种机	（2）精量播种机	（3）整地施肥播种机	（4）水稻直播机
	万台	万台	万台	万台	万台
合　　计	29.11	111.78	417.24	28.50	4.10
北　　京	0.00	0.18	0.17	0.01	0.00
天　　津	0.00	0.90	0.73	0.02	0.00
河　　北	0.47	19.28	21.18	1.91	0.00
山　　西	0.21	2.54	6.42	1.29	0.00
内　蒙　古	0.82	12.90	49.16	2.18	0.01
辽　　宁	4.31	2.56	15.68	0.36	0.04
吉　　林	10.08	5.13	51.26	0.01	0.00
黑　龙　江	4.87	3.65	60.12	1.63	0.05
上　　海	0.01	0.00	0.02	0.00	0.16
江　　苏	0.29	8.26	12.30	3.97	1.01
浙　　江	0.04	0.01	0.06	0.02	0.23
安　　徽	0.07	5.30	37.01	3.38	0.42
福　　建	0.01	0.00	0.16	0.01	0.00
江　　西	0.01	0.06	0.07	0.07	0.04
山　　东	1.43	19.15	38.61	0.84	0.02
河　　南	0.30	20.92	84.59	3.45	0.05
湖　　北	0.91	1.56	5.19	1.43	0.87
湖　　南	0.60	0.24	0.21	0.24	0.26
广　　东	0.02	0.00	0.01	0.01	0.02
广　　西	0.14	0.04	0.02	0.07	0.03
海　　南	0.00	0.00	0.00	0.00	0.00
重　　庆	0.01	0.01	0.02	0.01	0.03
四　　川	0.07	0.34	1.58	0.08	0.03
贵　　州	0.00	0.01	0.04	0.01	0.01
云　　南	0.03	0.08	0.17	0.09	0.01
西　　藏	0.02	0.02	0.17	0.86	0.00
陕　　西	0.07	5.33	4.92	0.50	0.01
甘　　肃	0.46	2.12	13.33	3.03	0.00
青　　海	0.06	0.34	1.57	1.16	0.00
宁　　夏	0.05	0.28	0.79	0.59	0.67
新　　疆	3.01	0.52	10.02	1.08	0.08
新疆兵团	0.72	0.05	1.67	0.20	0.04

续表

地 区	2.栽植机械		其中：乘坐式		（2）移栽机
	（1）水稻插秧机				
	万台	万千瓦	万台	万千瓦	万台
合 计	98.79	599.76	32.55	323.10	1.50
北 京	0.03	0.14	0.00	0.00	0.00
天 津	0.09	1.04	0.07	0.94	0.00
河 北	0.27	2.61	0.16	2.07	0.02
山 西	0.00	0.00	0.00	0.00	0.00
内 蒙 古	1.33	8.76	0.29	2.21	0.03
辽 宁	4.10	26.41	1.24	13.17	0.03
吉 林	12.01	60.81	1.65	12.12	0.04
黑 龙 江	34.10	220.83	15.72	126.43	0.03
上 海	0.19	2.54	0.18	2.49	0.00
江 苏	13.74	102.51	5.95	78.98	0.16
浙 江	1.67	18.26	1.35	16.70	0.03
安 徽	5.31	26.43	1.16	14.15	0.02
福 建	1.29	6.54	0.23	2.58	0.00
江 西	2.27	15.02	0.62	8.97	0.06
山 东	0.25	1.73	0.10	1.04	0.03
河 南	1.74	10.49	0.56	5.02	0.29
湖 北	9.89	35.41	0.70	8.82	0.05
湖 南	3.64	22.92	1.20	12.77	0.18
广 东	1.50	9.11	0.38	3.87	0.00
广 西	2.21	8.92	0.26	2.09	0.02
海 南	0.04	0.24	0.01	0.12	0.00
重 庆	1.16	3.00	0.03	0.27	0.00
四 川	1.08	8.33	0.44	5.54	0.35
贵 州	0.16	0.85	0.04	0.46	0.01
云 南	0.28	2.06	0.09	1.21	0.00
西 藏	0.00	0.00	0.00	0.00	0.00
陕 西	0.04	0.46	0.03	0.31	0.01
甘 肃	0.00	0.01	0.00	0.00	0.03
青 海	0.00	0.00	0.00	0.00	0.00
宁 夏	0.12	0.47	0.04	0.19	0.00
新 疆	0.23	3.52	0.03	0.33	0.09
新疆兵团	0.06	0.36	0.04	0.23	0.03

续表

地 区	(三)排灌机械 1.农用水泵	2.节水灌溉类机械	(四)田间管理机械 1.中耕机械		2.机动植保机械	
			其中：田园管理机			
	万台	万台	万台	万千瓦	万台	万千瓦
合　　计	2 312.76	261.48	88.87	364.63	645.60	1 414.51
北　　京	2.62	1.72	0.78	3.48	1.16	2.71
天　　津	7.15	0.54	0.29	1.04	0.67	3.45
河　　北	151.61	5.94	2.94	12.02	49.02	94.37
山　　西	10.32	2.10	4.46	18.23	4.81	9.42
内　蒙　古	44.36	8.57	1.25	6.26	9.62	27.29
辽　　宁	113.41	14.15	9.22	40.52	10.71	29.95
吉　　林	59.66	4.90	0.04	0.24	2.72	5.44
黑　龙　江	46.56	5.48	0.18	0.90	8.88	37.16
上　　海	0.00	0.00	0.05	0.25	1.91	5.82
江　　苏	68.45	9.30	5.08	31.72	58.65	161.75
浙　　江	67.40	3.56	2.65	12.18	25.22	46.74
安　　徽	186.32	21.65	0.78	2.97	47.24	80.04
福　　建	21.75	2.80	6.10	24.34	41.63	92.62
江　　西	51.10	14.17	2.10	8.61	14.97	35.64
山　　东	294.93	55.19	17.08	69.94	51.60	161.61
河　　南	219.48	22.84	1.39	6.49	34.11	81.60
湖　　北	121.46	13.50	3.07	10.53	74.73	95.35
湖　　南	239.04	9.46	3.82	9.97	39.81	56.98
广　　东	75.92	13.42	2.88	8.22	23.71	48.86
广　　西	99.82	19.12	1.39	5.85	17.58	46.78
海　　南	17.20	0.99	0.97	1.71	7.98	17.14
重　　庆	91.57	0.42	0.52	1.75	8.16	13.24
四　　川	138.49	3.53	2.57	9.66	39.73	72.28
贵　　州	64.14	2.69	3.12	13.16	8.17	12.83
云　　南	62.01	8.15	2.86	11.62	22.60	40.63
西　　藏	0.54	0.07	0.00	0.00	1.61	6.41
陕　　西	32.40	6.25	7.49	27.82	20.15	55.74
甘　　肃	13.28	2.74	3.95	15.78	6.27	20.67
青　　海	0.22	0.25	0.12	0.55	0.74	6.64
宁　　夏	3.76	0.97	0.59	2.32	0.55	3.11
新　　疆	6.12	5.77	0.97	5.52	9.77	39.57
新　疆　兵　团	1.66	1.26	0.16	0.98	1.13	2.69

续表

地 区	其中：自走式		3.修剪机械 （1）茶树修剪机	（2）果树修剪机	
	万台	万千瓦	万台	万台	万千瓦
合 计	23.81	289.19	65.24	41.38	68.60
北 京	0.03	1.41	0.00	0.08	0.43
天 津	0.11	2.11	0.00	0.02	0.01
河 北	2.03	14.51	0.00	0.12	0.50
山 西	0.16	0.80	0.00	0.17	0.42
内 蒙 古	0.26	7.61	0.00	0.01	0.08
辽 宁	0.20	1.75	0.00	0.14	0.20
吉 林	0.44	0.87	0.00	0.02	0.04
黑 龙 江	0.41	13.46	0.00	0.02	0.15
上 海	0.06	1.41	0.00	0.03	0.06
江 苏	3.02	79.42	1.08	5.14	8.87
浙 江	0.10	1.52	8.52	1.10	1.26
安 徽	0.72	19.95	10.58	0.29	0.55
福 建	0.53	3.22	10.16	4.44	7.82
江 西	0.35	2.69	0.49	0.57	2.13
山 东	7.08	63.35	0.50	0.57	0.83
河 南	2.12	31.10	1.30	0.11	0.59
湖 北	0.72	10.93	12.10	10.46	17.58
湖 南	1.36	2.96	0.76	0.45	1.03
广 东	0.94	3.02	0.78	1.25	3.89
广 西	1.07	3.01	5.81	2.30	4.02
海 南	0.00	0.00	0.10	0.07	0.13
重 庆	0.03	0.19	0.38	1.46	0.78
四 川	0.13	1.62	4.40	2.96	4.00
贵 州	0.00	0.03	2.34	0.94	1.78
云 南	0.03	0.29	4.82	2.31	4.79
西 藏	0.01	0.33	0.00	0.00	0.00
陕 西	0.67	7.37	1.07	2.89	4.49
甘 肃	0.43	5.85	0.05	0.27	0.55
青 海	0.11	1.70	0.00	0.01	0.00
宁 夏	0.14	1.81	0.00	0.56	0.71
新 疆	0.37	3.10	0.01	2.59	0.88
新疆兵团	0.18	1.80	0.00	0.01	0.01

续表

地 区	(五)收获机械 1.脱粒机		2.谷物联合收割机		3.玉米收获机	
	万台	万千瓦	万台	万千瓦	万台	万千瓦
合 计	1 004.10	2 332.22	173.11	10 068.67	63.80	4 722.89
北 京	0.35	2.01	0.03	2.22	0.04	3.77
天 津	1.55	2.91	0.25	23.13	0.27	25.89
河 北	11.79	31.24	10.79	856.25	8.54	756.42
山 西	5.44	12.29	1.13	85.98	2.92	228.47
内 蒙 古	11.97	17.12	1.24	106.99	3.73	270.84
辽 宁	11.50	56.64	1.35	78.36	2.76	202.49
吉 林	15.38	20.15	3.82	167.96	9.18	548.55
黑 龙 江	14.37	40.78	13.87	1 017.35	4.86	550.49
上 海	0.00	0.00	0.20	12.68	0.00	0.00
江 苏	6.16	52.21	16.86	1 019.10	1.18	70.73
浙 江	5.95	11.80	1.26	67.90	0.00	0.08
安 徽	32.87	41.48	20.75	1 235.60	3.11	248.21
福 建	9.60	25.65	1.17	52.08	0.00	0.00
江 西	20.00	51.20	9.64	466.14	0.00	0.01
山 东	39.90	75.87	19.99	1 071.13	13.88	882.76
河 南	47.22	76.61	24.99	1 648.62	9.43	621.94
湖 北	40.00	86.20	11.62	650.66	0.27	14.92
湖 南	108.67	292.53	13.11	514.35	0.06	2.16
广 东	50.28	117.44	2.92	98.84	0.00	0.07
广 西	98.42	237.11	3.84	153.78	0.00	0.15
海 南	0.55	2.64	0.49	13.44	0.00	0.04
重 庆	73.77	160.34	1.14	17.43	0.00	0.22
四 川	170.83	354.43	4.07	131.53	0.05	2.39
贵 州	77.90	123.11	0.49	15.83	0.01	0.56
云 南	54.69	157.61	0.88	38.13	0.07	2.19
西 藏	5.37	19.94	0.55	26.39	0.01	0.23
陕 西	52.08	128.49	2.84	203.83	1.62	120.05
甘 肃	28.95	97.30	0.81	54.71	0.80	77.14
青 海	3.00	15.43	0.40	25.83	0.00	0.30
宁 夏	1.27	5.23	0.99	61.36	0.42	31.20
新 疆	4.18	15.60	1.49	138.31	0.49	56.06
新疆兵团	0.10	0.87	0.15	12.75	0.06	4.54

续表

地　区	其中：自走式	4.大豆收获机		5.油菜籽收获机		6.马铃薯收获机	
	万台	万台	万千瓦	万台	万千瓦	万台	万千瓦
合　　计	55.63	2.57	206.49	2.55	122.18	10.72	29.56
北　　京	0.04	0.00	0.01	0.00	0.00	0.00	0.01
天　　津	0.25	0.02	0.77	0.00	0.00	0.00	0.01
河　　北	8.18	0.00	0.22	0.00	0.12	0.36	0.76
山　　西	2.69	0.00	0.11	0.00	0.00	0.68	0.80
内　蒙　古	2.85	0.45	24.31	0.06	3.45	1.93	0.34
辽　　宁	2.35	0.04	1.40	0.00	0.08	0.16	0.57
吉　　林	8.21	0.11	4.22	0.00	0.00	0.09	0.07
黑　龙　江	4.05	1.81	168.50	0.00	0.18	0.18	4.09
上　　海	0.00	0.00	0.00	0.00	0.11	0.00	0.00
江　　苏	1.04	0.02	0.88	0.29	14.49	0.02	0.58
浙　　江	0.00	0.00	0.12	0.06	3.02	0.01	0.08
安　　徽	2.97	0.02	1.21	0.28	11.86	0.01	0.12
福　　建	0.00	0.00	0.00	0.00	0.24	0.05	0.18
江　　西	0.00	0.00	0.08	0.10	3.71	0.00	0.02
山　　东	11.84	0.02	1.26	0.00	0.07	2.80	5.19
河　　南	7.95	0.01	0.48	0.22	13.99	0.39	3.65
湖　　北	0.24	0.01	0.53	0.65	34.32	0.15	0.91
湖　　南	0.01	0.01	0.12	0.30	12.82	0.02	0.13
广　　东	0.00	0.00	0.00	0.00	0.00	0.03	0.73
广　　西	0.00	0.00	0.01	0.00	0.01	0.00	0.17
海　　南	0.00	0.00	0.00	0.00	0.00	0.00	0.00
重　　庆	0.00	0.00	0.14	0.04	1.92	0.00	0.12
四　　川	0.03	0.01	0.29	0.24	11.26	0.04	0.81
贵　　州	0.01	0.00	0.01	0.03	1.13	0.08	0.59
云　　南	0.03	0.00	0.00	0.02	0.96	1.17	4.05
西　　藏	0.01	0.00	0.00	0.01	1.08	0.04	1.02
陕　　西	1.36	0.00	0.06	0.02	0.94	0.29	0.91
甘　　肃	0.72	0.00	0.10	0.10	1.53	1.25	1.78
青　　海	0.00	0.00	0.00	0.08	3.79	0.41	0.63
宁　　夏	0.34	0.01	0.48	0.00	0.00	0.46	0.80
新　　疆	0.45	0.01	0.83	0.01	0.91	0.08	0.29
新疆兵团	0.04	0.00	0.38	0.01	0.19	0.02	0.16

续表

地 区	7.花生收获机		8.甜菜收获机		9.甘蔗收获机	
	万台	万千瓦	万台	万千瓦	万台	万千瓦
合　　计	21.65	185.40	0.34	4.06	0.33	42.56
北　　京	0.00	0.02	0.00	0.00	0.00	0.00
天　　津	0.00	0.04	0.00	0.00	0.00	0.00
河　　北	0.52	13.97	0.05	0.50	0.00	0.00
山　　西	0.00	0.01	0.03	0.00	0.00	0.00
内　蒙　古	0.10	0.00	0.22	0.71	0.00	0.00
辽　　宁	3.52	8.56	0.00	0.01	0.00	0.00
吉　　林	0.69	0.85	0.00	0.00	0.00	0.00
黑　龙　江	0.04	0.30	0.00	0.23	0.00	0.00
上　　海	0.00	0.00	0.00	0.00	0.00	0.00
江　　苏	0.17	3.91	0.00	0.02	0.00	0.00
浙　　江	0.00	0.02	0.00	0.00	0.00	0.00
安　　徽	0.22	0.63	0.00	0.00	0.00	0.00
福　　建	0.03	0.28	0.00	0.00	0.00	0.00
江　　西	0.25	0.93	0.00	0.00	0.00	0.00
山　　东	5.37	8.89	0.00	0.00	0.00	0.00
河　　南	10.21	141.96	0.00	0.00	0.00	0.00
湖　　北	0.48	4.20	0.00	0.00	0.00	0.00
湖　　南	0.00	0.01	0.00	0.05	0.00	0.00
广　　东	0.00	0.11	0.00	0.00	0.02	1.64
广　　西	0.02	0.11	0.00	0.00	0.29	38.08
海　　南	0.00	0.00	0.00	0.00	0.00	0.00
重　　庆	0.00	0.00	0.00	0.00	0.00	0.00
四　　川	0.02	0.30	0.00	0.00	0.00	0.00
贵　　州	0.00	0.00	0.00	0.00	0.00	0.00
云　　南	0.00	0.00	0.00	0.00	0.03	2.83
西　　藏	0.00	0.00	0.00	0.00	0.00	0.00
陕　　西	0.00	0.02	0.00	0.00	0.00	0.01
甘　　肃	0.00	0.00	0.00	0.00	0.00	0.00
青　　海	0.00	0.00	0.00	0.00	0.00	0.00
宁　　夏	0.00	0.00	0.00	0.00	0.00	0.00
新　　疆	0.01	0.26	0.04	1.97	0.00	0.00
新疆兵团	0.00	0.01	0.01	0.58	0.00	0.00

续表

地 区	10.棉花收获机		11.蔬菜收获机械		12.采茶机	
	万台	万千瓦	万台	万千瓦	万台	万千瓦
合　　计	0.83	172.26	3.23	17.59	26.73	30.56
北　　京	0.00	0.00	0.00	0.00	0.00	0.00
天　　津	0.00	0.00	0.00	0.00	0.00	0.00
河　　北	0.00	0.11	0.01	0.00	0.00	0.00
山　　西	0.00	0.00	0.00	0.00	0.00	0.00
内 蒙 古	0.00	0.02	0.01	0.03	0.00	0.00
辽　　宁	0.00	0.00	0.01	0.05	0.00	0.00
吉　　林	0.00	0.00	0.00	0.00	0.00	0.00
黑 龙 江	0.00	0.00	0.00	0.03	0.00	0.00
上　　海	0.00	0.00	0.00	0.01	0.00	0.00
江　　苏	0.00	0.00	0.93	8.79	0.13	0.31
浙　　江	0.00	0.00	0.00	0.04	1.59	2.31
安　　徽	0.00	0.02	0.00	0.01	1.99	1.41
福　　建	0.00	0.00	0.00	0.00	5.02	6.40
江　　西	0.00	0.00	0.00	0.00	0.24	0.53
山　　东	0.00	0.25	2.19	7.36	0.11	0.27
河　　南	0.00	0.00	0.00	0.00	0.18	0.35
湖　　北	0.00	0.02	0.00	0.05	8.34	7.32
湖　　南	0.06	0.19	0.02	0.19	1.22	1.94
广　　东	0.00	0.00	0.00	0.00	0.33	0.54
广　　西	0.00	0.00	0.00	0.00	1.63	2.71
海　　南	0.00	0.00	0.00	0.00	0.00	0.00
重　　庆	0.00	0.00	0.01	0.02	0.03	0.06
四　　川	0.00	0.00	0.00	0.11	1.95	2.04
贵　　州	0.00	0.00	0.00	0.00	2.58	2.61
云　　南	0.00	0.00	0.00	0.00	0.95	1.44
西　　藏	0.00	0.00	0.00	0.00	0.00	0.00
陕　　西	0.00	0.00	0.02	0.03	0.42	0.31
甘　　肃	0.00	0.54	0.01	0.12	0.01	0.01
青　　海	0.00	0.00	0.00	0.02	0.00	0.00
宁　　夏	0.00	0.00	0.00	0.01	0.00	0.00
新　　疆	0.46	101.62	0.01	0.36	0.00	0.00
新 疆 兵 团	0.31	69.50	0.01	0.37	0.00	0.00

续表

地 区	13.饲料（草）收获机械		其中：青（黄）饲料收获机		打（压）捆机	
	万台	万千瓦	万台	万千瓦	万台	万千瓦
合　　计	39.39	455.02	7.66	246.52	16.57	138.00
北　　京	0.03	4.37	0.02	4.34	0.01	0.03
天　　津	0.06	4.72	0.01	2.84	0.04	0.48
河　　北	1.13	47.28	0.56	36.34	0.47	6.28
山　　西	0.54	10.48	0.15	5.96	0.33	1.33
内　蒙　古	8.45	44.84	1.17	38.35	2.86	3.52
辽　　宁	0.73	10.70	0.17	1.05	0.52	8.63
吉　　林	1.68	29.02	0.19	7.71	1.24	16.15
黑　龙　江	2.61	63.66	0.32	28.48	2.25	31.84
上　　海	0.02	0.78	0.00	0.48	0.02	0.29
江　　苏	0.70	19.67	0.08	3.09	0.62	16.58
浙　　江	0.20	4.01	0.04	0.39	0.12	3.30
安　　徽	2.25	12.87	0.03	1.70	2.17	6.41
福　　建	0.00	0.03	0.00	0.03	0.00	0.00
江　　西	0.09	1.21	0.02	0.22	0.07	0.99
山　　东	1.33	21.40	0.60	17.13	0.72	3.56
河　　南	2.39	20.12	0.14	5.18	2.14	9.38
湖　　北	2.72	15.63	0.98	3.34	0.52	6.95
湖　　南	0.15	3.69	0.03	0.56	0.08	2.89
广　　东	0.13	0.50	0.01	0.12	0.00	0.22
广　　西	0.09	2.00	0.05	1.22	0.04	0.78
海　　南	0.00	0.03	0.00	0.00	0.00	0.02
重　　庆	0.06	0.56	0.04	0.27	0.01	0.16
四　　川	0.63	3.53	0.03	0.95	0.10	0.82
贵　　州	3.64	7.39	0.72	3.83	0.08	0.67
云　　南	0.16	2.36	0.05	1.16	0.11	1.19
西　　藏	0.58	4.95	0.46	1.59	0.01	0.10
陕　　西	0.54	10.23	0.26	5.44	0.17	2.52
甘　　肃	4.03	39.80	0.62	21.09	0.72	4.43
青　　海	0.25	2.83	0.15	1.80	0.10	0.57
宁　　夏	0.98	9.54	0.28	6.54	0.16	1.58
新　　疆	3.16	53.52	0.46	42.40	0.82	5.89
新疆兵团	0.08	3.33	0.02	2.90	0.06	0.38

续表

地 区	14.秸秆粉碎还田机	（六）设施农业设备 温室	其中：连栋温室
	万台	万平方米	万平方米
合　　计	104.43	1 778 130.81	56 361.34
北　　京	0.14	12 772.67	461.55
天　　津	0.50	18 801.35	867.13
河　　北	13.25	136 292.70	383.42
山　　西	3.31	46 868.40	262.52
内　蒙　古	1.89	99 398.26	4 810.10
辽　　宁	0.58	176 707.53	5 161.41
吉　　林	0.36	26 295.63	283.93
黑　龙　江	6.26	23 011.94	1 067.10
上　　海	0.07	7 873.25	1 027.96
江　　苏	15.30	147 936.85	13 660.74
浙　　江	0.41	54 289.00	9 989.00
安　　徽	7.05	71 938.40	2 125.93
福　　建	0.00	13 041.64	737.11
江　　西	0.92	17 676.77	322.22
山　　东	15.83	366 956.31	5 644.27
河　　南	23.47	77 636.44	682.43
湖　　北	3.77	86 067.32	1 873.88
湖　　南	1.24	7 735.44	292.34
广　　东	0.82	13 287.93	2 718.05
广　　西	0.73	469.56	3.55
海　　南	0.03	4 340.93	5.22
重　　庆	0.14	25 326.57	56.63
四　　川	1.75	68 128.48	1 516.20
贵　　州	0.16	1 693.79	282.05
云　　南	0.13	26 380.93	344.66
西　　藏	0.00	3 410.34	84.13
陕　　西	2.69	109 434.36	275.94
甘　　肃	0.48	75 623.84	520.10
青　　海	0.02	4 865.17	506.45
宁　　夏	0.10	20 597.09	41.29
新　　疆	2.33	28 051.13	317.68
新疆兵团	0.68	5 220.78	36.34

续表

地区	日光温室 万平方米	塑料大棚 万平方米	四、农产品初加工机械 万台（套）	万千瓦	（一）种子初加工机械 万台	万千瓦
合　　计	522 742.78	1 164 987.51	1 726.99	8 875.31	9.60	69.87
北　　京	6 528.05	5 783.07	0.81	7.57	0.00	0.01
天　　津	8 372.40	9 561.82	0.83	6.95	0.00	0.01
河　　北	54 574.26	77 371.73	68.09	523.42	1.12	22.62
山　　西	26 248.93	20 356.96	9.30	94.59	0.02	0.13
内　蒙　古	35 976.58	58 610.99	10.66	84.69	0.82	6.21
辽　　宁	109 138.09	54 243.72	18.30	260.14	0.03	0.29
吉　　林	6 588.36	19 423.33	13.60	163.37	0.22	4.24
黑　龙　江	683.01	21 241.82	7.18	149.78	0.60	1.88
上　　海	0.00	6 845.29	0.39	4.15	0.01	0.12
江　　苏	17 836.40	116 024.52	29.31	527.93	0.41	3.65
浙　　江	23.00	38 450.00	57.77	203.08	0.64	1.38
安　　徽	7 000.35	56 436.72	64.92	432.07	0.13	0.38
福　　建	0.00	12 234.10	64.33	228.77	0.12	0.81
江　　西	0.00	16 068.32	31.77	356.92	0.34	2.11
山　　东	134 470.29	222 232.21	61.52	747.73	0.43	3.38
河　　南	20 693.60	55 983.12	63.04	464.34	0.19	0.61
湖　　北	995.64	83 169.82	100.35	372.93	0.06	0.35
湖　　南	0.00	7 425.48	167.73	773.95	1.03	4.96
广　　东	140.08	10 239.09	30.43	266.50	0.00	0.01
广　　西	0.00	466.01	112.57	732.33	0.00	0.00
海　　南	13.47	3 512.03	2.65	23.67	0.00	0.00
重　　庆	0.51	25 189.41	155.44	288.04	0.01	0.07
四　　川	58.08	66 515.60	222.38	780.54	0.04	0.21
贵　　州	0.60	1 405.38	242.17	499.65	1.10	2.93
云　　南	0.00	26 036.46	118.41	446.94	0.87	5.72
西　　藏	415.32	2 910.99	1.69	6.88	0.04	0.22
陕　　西	27 761.78	81 147.83	38.69	161.29	0.08	1.01
甘　　肃	31 859.18	41 690.89	23.09	136.14	0.95	4.19
青　　海	2 499.40	1 858.55	1.81	11.53	0.14	0.26
宁　　夏	13 188.90	7 310.89	2.38	28.98	0.01	0.09
新　　疆	13 987.39	13 746.06	5.13	70.82	0.12	1.86
新疆兵团	3 689.13	1 495.31	0.24	19.66	0.05	0.18

续表

地 区	(二)粮食初加工机械		其中:谷物(粮食)干燥机		其中:30吨以上		(三)油料初加工机械	
	万台(套)	万千瓦	万台	万千瓦	万台	万千瓦	万台(套)	万千瓦
合 计	1 215.98	4 390.34	14.56	235.48	2.82	91.33	79.88	496.18
北 京	0.35	2.21	0.01	0.02	0.00	0.00	0.01	0.11
天 津	0.48	1.15	0.01	0.49	0.01	0.33	0.05	0.14
河 北	33.09	222.38	0.12	5.83	0.06	4.28	7.28	57.14
山 西	5.31	31.34	0.10	1.97	0.03	1.08	0.73	2.91
内 蒙 古	5.90	40.14	0.10	8.04	0.07	6.41	0.69	5.19
辽 宁	14.97	187.26	0.12	7.11	0.07	4.56	0.77	6.11
吉 林	12.27	147.94	0.24	7.51	0.12	5.19	1.07	10.81
黑 龙 江	5.28	65.36	0.35	11.26	0.22	9.06	0.83	5.76
上 海	0.32	3.42	0.14	1.42	0.04	0.73	0.00	0.03
江 苏	19.30	264.34	3.36	45.66	0.41	7.90	2.40	19.51
浙 江	9.51	40.27	1.30	12.57	0.02	0.41	0.72	2.90
安 徽	25.20	87.99	1.73	22.22	0.37	6.81	5.05	16.47
福 建	11.63	36.22	0.22	2.25	0.04	0.48	1.53	4.33
江 西	20.26	155.44	1.40	12.25	0.24	4.10	3.89	31.69
山 东	38.40	183.69	0.42	13.36	0.19	8.68	6.72	55.39
河 南	34.30	114.39	0.46	11.44	0.23	6.93	9.40	35.17
湖 北	74.46	223.73	0.79	15.58	0.27	7.26	5.01	46.18
湖 南	126.08	257.25	1.08	12.68	0.15	2.47	6.65	18.97
广 东	19.05	123.54	0.35	6.44	0.08	2.68	3.13	26.15
广 西	97.07	519.68	0.28	3.12	0.04	0.80	4.25	38.61
海 南	1.70	4.58	0.07	0.64	0.00	0.06	0.14	0.21
重 庆	97.09	199.54	0.18	4.51	0.01	0.31	1.65	2.85
四 川	203.08	525.22	0.36	4.64	0.04	0.72	7.42	54.64
贵 州	230.13	417.64	0.09	0.77	0.01	0.19	3.00	14.02
云 南	91.16	339.87	0.43	4.35	0.02	0.28	1.03	5.43
西 藏	1.38	4.37	0.00	0.00	0.00	0.00	0.26	2.26
陕 西	22.90	89.71	0.23	3.67	0.03	1.77	1.64	8.19
甘 肃	11.41	65.84	0.08	1.50	0.01	0.49	2.95	14.61
青 海	0.68	3.37	0.01	0.07	0.00	0.01	0.49	2.84
宁 夏	1.53	16.75	0.16	4.09	0.02	1.50	0.51	3.97
新 疆	1.64	15.26	0.36	9.92	0.04	5.79	0.59	3.41
新 疆 兵 团	0.05	0.45	0.01	0.10	0.00	0.07	0.02	0.19

续表

地 区	（四）棉花初加工机械		（五）果蔬初加工机械		其中：1.果蔬干燥机	
	万台（套）	万千瓦	万台（套）	万千瓦	万台	万千瓦
合　　计	20.00	98.50	54.17	364.32	20.85	77.59
北　　京	0.00	0.00	0.41	4.42	0.00	0.21
天　　津	0.02	0.01	0.02	0.26	0.00	0.00
河　　北	2.80	14.44	0.75	9.59	0.16	0.86
山　　西	0.11	0.99	0.48	5.94	0.25	1.70
内　蒙　古	0.00	0.00	0.07	1.92	0.01	0.40
辽　　宁	0.01	0.00	0.49	10.99	0.00	0.00
吉　　林	0.00	0.00	0.03	0.30	0.00	0.00
黑　龙　江	0.00	0.00	0.01	0.07	0.00	0.00
上　　海	0.00	0.00	0.05	0.47	0.00	0.00
江　　苏	0.68	5.28	2.99	35.51	0.05	1.28
浙　　江	0.27	0.72	1.22	13.58	0.03	0.22
安　　徽	2.15	5.09	0.76	6.09	0.10	0.72
福　　建	0.00	0.00	2.82	14.76	0.43	4.26
江　　西	1.60	9.36	0.84	3.50	0.04	0.34
山　　东	2.83	26.95	3.33	33.54	0.40	1.40
河　　南	3.93	10.04	2.62	20.46	1.97	8.76
湖　　北	1.49	4.72	1.78	16.90	0.12	1.59
湖　　南	2.64	5.41	1.22	3.35	0.12	0.86
广　　东	0.00	0.00	1.59	13.97	0.14	1.40
广　　西	0.20	0.81	9.54	28.32	0.87	2.94
海　　南	0.00	0.00	0.04	0.04	0.00	0.00
重　　庆	0.00	0.00	0.81	5.73	0.19	1.00
四　　川	0.36	1.46	2.05	22.16	0.26	1.39
贵　　州	0.00	0.00	0.43	3.57	0.28	1.31
云　　南	0.00	0.00	12.44	40.58	11.40	29.19
西　　藏	0.00	0.00	0.01	0.03	0.00	0.00
陕　　西	0.20	1.23	2.66	18.93	1.11	8.25
甘　　肃	0.21	0.79	2.97	28.20	2.45	7.00
青　　海	0.00	0.00	0.10	0.52	0.04	0.15
宁　　夏	0.00	0.00	0.03	0.12	0.02	0.05
新　　疆	0.47	10.58	1.53	19.46	0.37	1.54
新　疆　兵　团	0.04	0.62	0.08	1.06	0.05	0.77

续表

地 区	2.果蔬冷藏保鲜设备		（六）茶叶初加工机械		五、畜牧机械	
	万台（套）	万千瓦	万台（套）	万千瓦	万台（套）	万千瓦
合　计	12.96	204.30	167.38	412.30	907.43	2 919.01
北　京	0.35	3.88	0.00	0.00	0.75	8.58
天　津	0.02	0.26	0.00	0.00	0.85	9.00
河　北	0.37	8.04	0.00	0.02	17.68	124.81
山　西	0.13	4.11	0.00	0.00	13.09	46.93
内 蒙 古	0.05	1.52	0.00	0.00	31.49	186.92
辽　宁	0.44	10.55	0.00	0.00	23.60	86.48
吉　林	0.01	0.12	0.00	0.00	17.50	98.97
黑 龙 江	0.00	0.05	0.00	0.00	10.72	36.48
上　海	0.05	0.41	0.00	0.00	0.64	1.51
江　苏	1.71	29.24	1.17	4.62	49.13	227.89
浙　江	0.64	11.53	42.17	116.01	6.35	32.06
安　徽	0.55	5.38	27.62	30.65	9.90	60.87
福　建	1.14	5.59	47.07	110.29	5.72	34.53
江　西	0.04	0.48	1.23	2.50	5.39	42.57
山　东	1.01	16.51	1.14	5.40	38.90	189.18
河　南	0.43	6.15	4.98	0.65	25.58	106.52
湖　北	0.74	11.28	12.45	32.10	54.65	131.79
湖　南	0.15	1.59	3.26	5.35	26.58	116.88
广　东	0.37	4.80	2.04	10.09	17.42	84.58
广　西	0.46	4.75	1.49	9.30	38.94	100.20
海　南	0.00	0.00	0.08	0.00	1.04	6.03
重　庆	0.34	2.91	1.82	2.73	56.82	74.93
四　川	1.14	19.09	5.19	35.10	88.50	196.46
贵　州	0.11	1.90	5.76	19.13	76.48	119.04
云　南	0.56	10.30	7.43	21.74	169.75	285.32
西　藏	0.00	0.00	0.00	0.01	2.43	6.62
陕　西	0.77	9.01	2.35	6.34	40.84	163.60
甘　肃	0.49	19.97	0.12	0.27	39.02	189.70
青　海	0.02	0.27	0.00	0.00	2.30	18.59
宁　夏	0.04	0.49	0.00	0.00	22.62	91.08
新　疆	0.79	13.81	0.00	0.00	12.29	37.68
新疆兵团	0.03	0.29	0.00	0.00	0.72	5.19

续表

地 区	（一）饲料（草）加工机械设备		其中：1.铡草机	2.饲料（草）粉碎机	（二）饲养设备	
	万台（套）	万千瓦	万台	万台	万台（套）	万千瓦
合　　计	714.47	2242.40	120.71	337.81	103.28	387.29
北　　京	0.44	3.22	0.21	0.20	0.09	1.40
天　　津	0.61	6.57	0.16	0.22	0.08	0.56
河　　北	10.22	77.31	2.79	3.16	3.98	34.80
山　　西	6.80	37.76	2.84	1.94	5.16	5.71
内　蒙　古	26.89	168.52	6.40	15.19	1.53	12.79
辽　　宁	18.05	68.34	6.26	6.40	3.79	11.20
吉　　林	11.39	75.99	2.34	3.78	1.20	9.57
黑　龙　江	5.35	21.88	0.88	1.62	1.52	5.15
上　　海	0.09	1.00	0.00	0.00	0.50	0.27
江　　苏	10.68	79.36	1.63	6.15	26.39	101.01
浙　　江	2.30	11.40	0.25	0.41	2.57	9.34
安　　徽	7.28	45.80	0.91	3.90	2.10	11.86
福　　建	3.36	23.74	0.25	1.36	2.07	9.55
江　　西	3.62	29.51	0.66	1.44	0.86	5.83
山　　东	21.70	122.63	2.93	4.88	10.62	40.46
河　　南	19.03	77.14	3.18	5.54	3.72	12.32
湖　　北	38.19	93.57	5.49	18.69	12.22	28.19
湖　　南	21.70	93.48	4.99	8.10	1.20	5.93
广　　东	9.33	59.82	1.46	4.22	6.98	16.29
广　　西	37.29	92.34	2.14	9.48	1.46	7.87
海　　南	0.62	4.93	0.05	0.20	0.30	0.88
重　　庆	53.27	67.81	5.42	13.79	1.31	3.80
四　　川	78.98	166.95	7.26	38.83	4.60	15.79
贵　　州	72.68	108.94	1.10	65.95	3.09	7.10
云　　南	146.43	248.89	14.54	85.38	1.36	5.18
西　　藏	1.17	2.47	0.30	0.18	0.65	2.92
陕　　西	36.59	147.21	13.58	13.91	1.53	5.79
甘　　肃	36.47	176.75	15.26	13.29	1.57	8.41
青　　海	1.97	17.02	0.06	0.69	0.06	0.47
宁　　夏	21.64	83.97	14.36	4.51	0.33	2.70
新　　疆	10.17	27.47	2.94	4.20	0.43	3.90
新疆兵团	0.42	1.24	0.08	0.22	0.06	0.67

续表

地 区	（三）畜产品采集储运设备		其中：1.挤奶机		2.剪毛机	
	万台（套）	万千瓦	万台	万千瓦	万台	万千瓦
合　　计	22.71	85.34	9.63	47.24	7.53	8.06
北　　京	0.14	3.16	0.14	3.10	0.00	0.00
天　　津	0.08	0.84	0.03	0.41	0.00	0.01
河　　北	2.31	10.81	1.34	6.12	0.10	0.09
山　　西	0.81	3.10	0.55	1.83	0.07	0.14
内　蒙　古	2.54	4.87	1.44	3.89	1.07	0.97
辽　　宁	0.57	2.27	0.27	1.76	0.28	0.23
吉　　林	4.85	13.40	0.19	8.75	4.65	4.65
黑　龙　江	1.17	4.33	1.08	3.93	0.01	0.02
上　　海	0.04	0.24	0.03	0.14	0.00	0.00
江　　苏	1.70	7.29	0.34	1.37	0.02	0.04
浙　　江	0.09	0.32	0.06	0.23	0.01	0.01
安　　徽	0.06	0.30	0.03	0.14	0.01	0.03
福　　建	0.08	0.71	0.03	0.46	0.00	0.00
江　　西	0.15	1.33	0.01	0.09	0.00	0.00
山　　东	1.55	8.07	0.89	3.66	0.11	0.14
河　　南	0.69	4.91	0.53	2.24	0.01	0.02
湖　　北	0.46	1.31	0.04	0.19	0.00	0.00
湖　　南	0.29	1.76	0.06	0.25	0.00	0.00
广　　东	0.19	1.46	0.06	0.62	0.00	0.00
广　　西	0.11	0.32	0.04	0.11	0.00	0.00
海　　南	0.06	0.18	0.03	0.09	0.03	0.10
重　　庆	0.14	0.36	0.05	0.13	0.00	0.00
四　　川	1.13	2.17	0.27	0.50	0.39	0.22
贵　　州	0.09	0.30	0.06	0.23	0.00	0.00
云　　南	0.22	1.06	0.20	0.96	0.01	0.01
西　　藏	0.46	0.99	0.10	0.22	0.02	0.03
陕　　西	0.62	2.50	0.52	2.06	0.06	0.09
甘　　肃	0.86	2.32	0.46	1.51	0.38	0.55
青　　海	0.26	0.59	0.09	0.21	0.08	0.12
宁　　夏	0.34	1.64	0.29	1.13	0.01	0.01
新　　疆	0.71	2.72	0.43	2.11	0.23	0.42
新疆兵团	0.12	1.30	0.08	0.40	0.04	0.16

续表

地区	（四）畜禽粪污资源化利用设备	六、水产机械		（一）水产养殖机械	
	万台（套）	万台	万千瓦	万台	万千瓦
合 计	20.02	508.98	1 803.52	482.75	933.95
北 京	0.08	1.20	3.77	1.15	3.13
天 津	0.08	6.54	13.69	6.46	13.55
河 北	0.51	6.77	58.26	5.85	18.91
山 西	0.07	0.28	1.02	0.27	1.01
内 蒙 古	0.17	0.58	2.50	0.57	2.39
辽 宁	0.56	7.63	22.26	7.46	20.01
吉 林	0.06	1.00	3.98	0.90	2.35
黑 龙 江	0.02	0.56	2.11	0.52	1.58
上 海	0.01	2.80	20.33	2.76	6.25
江 苏	6.50	110.20	271.39	105.00	198.13
浙 江	0.63	31.89	367.09	29.04	55.39
安 徽	0.73	13.26	47.54	12.79	23.94
福 建	0.16	20.04	176.41	17.12	33.63
江 西	0.09	8.74	28.14	7.73	18.20
山 东	4.19	17.71	111.61	11.24	28.42
河 南	0.56	5.21	18.73	4.92	16.22
湖 北	1.82	50.79	95.91	49.37	90.24
湖 南	0.22	16.84	40.64	17.50	35.99
广 东	0.41	139.17	316.59	136.62	253.91
广 西	0.16	13.40	26.96	12.95	21.82
海 南	0.00	8.91	90.91	8.28	16.23
重 庆	0.71	9.81	19.09	9.33	15.67
四 川	1.37	28.22	41.71	27.79	37.45
贵 州	0.12	0.19	0.55	0.19	0.54
云 南	0.27	3.34	10.23	3.29	9.95
西 藏	0.15	0.00	0.00	0.00	0.00
陕 西	0.21	1.82	4.80	1.78	4.32
甘 肃	0.05	0.24	0.94	0.24	0.83
青 海	0.00	0.16	1.15	0.02	0.03
宁 夏	0.04	0.75	1.57	0.73	1.57
新 疆	0.10	0.85	3.00	0.81	1.92
新疆兵团	0.04	0.09	0.60	0.07	0.37

续表

地 区	其中:1.增氧机		2.投(饲)饵机		(二)捕捞机械设备	
	万台	万千瓦	万台	万千瓦	万台	万千瓦
合 计	360.22	705.41	108.67	122.92	8.76	299.28
北 京	0.88	2.76	0.27	0.37	0.00	0.01
天 津	5.13	13.13	1.31	0.42	0.01	0.12
河 北	4.06	13.42	1.75	4.41	0.56	17.92
山 西	0.19	0.72	0.08	0.28	0.00	0.00
内 蒙 古	0.34	1.40	0.23	1.00	0.01	0.10
辽 宁	5.51	15.11	1.94	3.11	0.08	1.93
吉 林	0.44	1.56	0.45	0.79	0.11	1.63
黑 龙 江	0.28	1.09	0.22	0.37	0.03	0.18
上 海	2.62	6.08	0.13	0.17	0.05	14.09
江 苏	62.05	132.80	38.62	36.62	1.36	24.31
浙 江	25.44	48.13	2.71	2.16	0.73	79.56
安 徽	7.37	16.97	4.02	2.24	0.30	6.83
福 建	15.61	24.72	1.30	1.59	2.54	115.95
江 西	4.10	12.54	3.43	4.39	0.07	0.56
山 东	6.73	16.77	2.52	3.93	0.29	5.11
河 南	2.92	11.42	1.84	2.78	0.14	0.55
湖 北	30.87	68.20	18.13	20.91	0.19	1.70
湖 南	12.42	26.24	4.40	5.28	0.13	0.87
广 东	122.62	206.65	12.47	18.69	1.20	14.03
广 西	12.17	20.31	0.78	1.51	0.45	5.14
海 南	7.20	8.51	1.02	0.41	0.15	5.24
重 庆	6.79	12.84	1.50	2.02	0.05	0.56
四 川	19.95	30.88	7.05	4.73	0.11	0.63
贵 州	0.15	0.44	0.04	0.08	0.01	0.11
云 南	2.35	7.18	0.92	2.00	0.02	0.20
西 藏	0.00	0.00	0.00	0.00	0.00	0.00
陕 西	1.12	2.88	0.65	1.25	0.01	0.42
甘 肃	0.13	0.39	0.10	0.25	0.00	0.01
青 海	0.01	0.03	0.00	0.01	0.14	1.11
宁 夏	0.41	0.99	0.32	0.50	0.00	0.00
新 疆	0.31	1.19	0.44	0.64	0.01	0.17
新疆兵团	0.05	0.08	0.02	0.03	0.02	0.23

续表

地区	七、农田基本建设机械		八、农用航空器	（一）植保无人驾驶航空器	（二）其他无人驾驶航空器
	万台	万千瓦	架	架	架
合　　计	57.64	3 358.03	132 119	130 719	1 205
北　　京	0.06	4.82	8	8	0
天　　津	0.21	13.17	320	318	1
河　　北	3.26	324.46	4 000	3 998	2
山　　西	1.34	97.32	870	870	0
内 蒙 古	1.32	67.72	2 131	2 123	8
辽　　宁	1.29	66.93	1 347	1 327	16
吉　　林	0.37	18.85	2 486	2 486	0
黑 龙 江	0.49	30.73	12 550	12 434	6
上　　海	0.02	0.59	475	475	0
江　　苏	9.16	201.42	19 374	19 369	0
浙　　江	2.58	188.87	5 375	5 342	33
安　　徽	1.72	90.02	14 501	14 500	0
福　　建	1.03	74.49	1 719	1 719	0
江　　西	2.16	122.18	6 763	6 763	0
山　　东	4.48	294.09	12 304	12 280	1
河　　南	2.01	119.31	4 729	4 711	15
湖　　北	3.34	149.18	7 809	7 792	4
湖　　南	2.07	141.37	7 564	7 564	0
广　　东	2.09	100.14	2 640	1 954	686
广　　西	2.28	122.67	2 294	2 051	243
海　　南	0.14	9.81	2 217	2 217	0
重　　庆	1.77	36.51	873	873	0
四　　川	1.97	128.71	2 728	2 715	13
贵　　州	2.11	64.71	435	430	5
云　　南	0.94	58.86	1 985	1 985	0
西　　藏	0.03	2.38	40	40	0
陕　　西	1.65	99.82	2 345	2 342	3
甘　　肃	1.74	43.37	1 393	1 343	50
青　　海	0.09	5.16	125	125	0
宁　　夏	0.49	33.28	1 283	1 217	66
新　　疆	4.52	643.99	6 830	6 830	0
新疆兵团	0.90	3.10	2 606	2 518	53

各地区农机作业情况表

地 区	一、农作物生产机械化作业总体情况 (一) 机耕面积 千公顷	(二) 机播面积 千公顷	(三) 机电灌溉面积 千公顷	(四) 机械植保面积 千公顷	(五) 机收面积 千公顷
合　　计	129 380.99	105 237.81	57 462.43	86 250.49	112 238.40
北　　京	90.77	95.91	52.67	65.22	71.07
天　　津	329.64	401.03	305.39	308.71	381.47
河　　北	5 303.48	6 902.91	5 120.61	4 414.50	6 214.39
山　　西	2 807.86	2 759.71	1 066.89	1 018.50	2 169.02
内　蒙　古	6 794.88	7 930.13	3 120.01	4 660.11	6 867.84
辽　　宁	4 017.01	3 809.61	909.42	1 842.42	3 172.78
吉　　林	3 755.62	5 794.72	1 092.56	3 894.10	5 443.52
黑　龙　江	13 583.54	15 063.17	3 751.75	13 732.78	14 931.23
上　　海	269.17	117.43	0.00	266.48	119.10
江　　苏	7 101.49	5 797.70	4 742.73	6 582.65	5 965.52
浙　　江	1 407.45	615.87	815.01	1 255.17	881.14
安　　徽	7 642.03	6 551.44	4 185.16	6 146.85	7 520.77
福　　建	995.26	306.07	337.85	733.73	640.76
江　　西	4 660.35	2 417.92	1 597.60	1 733.23	3 977.58
山　　东	6 340.33	9 827.20	6 207.51	6 450.78	9 416.33
河　　南	9 630.68	12 113.15	5 870.54	6 609.71	11 961.44
湖　　北	6 323.00	3 599.02	3 350.54	5 362.02	4 764.52
湖　　南	6 474.87	2 558.87	2 615.82	3 153.77	5 201.49
广　　东	3 980.79	721.93	1 815.93	1 683.73	2 032.60
广　　西	5 349.22	1 667.98	719.65	648.90	3 381.30
海　　南	444.55	6.13	159.13	174.45	285.91
重　　庆	2 821.79	553.29	344.38	611.81	1 282.75
四　　川	7 493.65	2 643.66	2 103.34	3 485.79	3 586.64
贵　　州	3 656.94	234.49	467.33	402.25	1 031.22
云　　南	2 998.44	467.94	1 146.42	1 951.26	838.70
西　　藏	191.05	156.62	15.35	33.03	148.92
陕　　西	3 404.09	2 394.06	901.40	2 101.50	2 178.70
甘　　肃	3 689.66	2 253.50	815.72	1 126.21	2 056.32
青　　海	448.77	365.51	37.74	201.12	327.83
宁　　夏	1 098.82	936.17	169.12	424.00	791.70
新　　疆	4 852.95	4 726.22	2 474.50	3 865.70	3 299.66
新疆兵团	1 422.85	1 448.45	1 150.39	1 310.02	1 296.18

续表

地 区	二、主要农作物生产机械化作业情况 (一) 小麦 1.小麦机耕面积	2.小麦机播面积	3.小麦机收面积	(二) 水稻 1.水稻机耕面积	2.水稻机械种植面积
	千公顷	千公顷	千公顷	千公顷	千公顷
合　　计	22 040.27	22 147.92	22 993.87	29 081.42	18 139.44
北　　京	7.97	18.19	18.19	0.41	0.38
天　　津	118.80	118.80	118.80	55.27	55.27
河　　北	2 230.50	2 246.11	2 245.38	73.94	68.32
山　　西	481.56	499.45	486.00	0.80	0.71
内　蒙　古	260.29	385.33	384.73	117.14	117.14
辽　　宁	2.31	2.28	1.41	500.88	491.98
吉　　林	6.60	6.59	6.54	831.17	796.19
黑　龙　江	16.86	16.75	16.80	3 715.30	3 721.26
上　　海	15.36	13.98	15.36	103.70	97.93
江　　苏	2 361.13	2 298.42	2 352.10	2 214.87	2 063.83
浙　　江	124.00	101.04	130.41	638.61	420.77
安　　徽	2 825.04	2 667.68	2 842.01	2 496.22	1 726.43
福　　建	0.03	0.00	0.00	593.37	261.94
江　　西	11.91	10.39	11.04	3 373.35	1 667.69
山　　东	3 223.58	3 983.13	3 992.40	105.77	90.58
河　　南	5 376.55	5 608.47	5 660.46	584.19	385.53
湖　　北	1 022.05	815.83	1 010.57	2 242.27	1 427.33
湖　　南	18.16	6.13	20.66	3 910.65	1 816.45
广　　东	0.31	0.05	0.01	1 816.83	665.98
广　　西	1.75	0.00	0.00	1 737.55	868.24
海　　南	0.00	0.00	0.00	208.26	4.87
重　　庆	17.07	1.84	8.57	643.97	201.16
四　　川	578.71	379.55	547.53	1 851.77	1 033.91
贵　　州	110.25	9.73	52.16	594.49	9.96
云　　南	267.79	71.27	141.71	506.10	69.03
西　　藏	24.35	20.48	20.92	0.53	0.29
陕　　西	879.49	880.79	889.79	95.53	12.41
甘　　肃	699.99	606.11	651.68	2.49	1.27
青　　海	165.05	160.47	154.01	0.00	0.00
宁　　夏	71.71	78.98	77.05	29.36	29.35
新　　疆	982.30	985.08	980.43	25.36	21.96
新疆兵团	138.80	155.02	157.16	11.27	11.27

续表

地 区	其中：水稻机直播面积	水稻机插面积	水稻机浅栽面积	3.水稻机收面积	（三）玉米
					1.玉米机耕面积
	千公顷	千公顷	千公顷	千公顷	千公顷
合　　计	2 230.51	15 707.79	187.01	28 138.35	26 123.94
北　　京	0.19	0.19	0.00	0.40	21.65
天　　津	1.01	54.26	0.00	55.27	95.95
河　　北	3.51	64.76	0.00	67.87	1 189.41
山　　西	0.00	0.52	0.19	0.57	1 495.31
内　蒙　古	2.56	114.57	0.00	116.75	3 253.11
辽　　宁	6.07	485.81	0.10	479.08	2 727.69
吉　　林	0.00	795.58	0.61	804.23	2 081.15
黑　龙　江	11.11	3 700.49	9.66	3 769.98	4 360.55
上　　海	72.06	25.85	0.00	103.70	0.96
江　　苏	423.53	1 640.16	0.13	2 208.93	386.83
浙　　江	170.20	246.55	1.17	629.98	46.65
安　　徽	579.03	1 139.61	7.79	2 510.65	566.85
福　　建	0.55	261.39	0.00	553.96	21.94
江　　西	248.72	1 355.68	63.29	3 334.41	55.22
山　　东	34.62	55.75	0.16	102.40	324.11
河　　南	25.51	346.90	13.11	580.30	765.47
湖　　北	311.51	1 105.70	0.23	2 222.54	736.92
湖　　南	52.53	1 700.73	63.20	3 665.69	173.88
广　　东	63.77	601.33	0.89	1 764.30	98.41
广　　西	24.41	843.76	0.00	1 716.84	555.84
海　　南	1.63	3.20	0.00	210.35	15.04
重　　庆	34.20	166.85	0.12	556.31	351.77
四　　川	109.22	900.63	24.06	1 737.55	1 741.35
贵　　州	2.72	5.56	1.68	479.48	596.87
云　　南	10.19	57.11	0.60	313.81	1 098.94
西　　藏	0.00	0.29	0.00	0.51	4.27
陕　　西	1.47	10.89	0.03	86.38	840.26
甘　　肃	1.19	0.08	0.00	2.16	1 027.75
青　　海	0.00	0.00	0.00	0.00	20.70
宁　　夏	27.80	1.55	0.00	28.72	336.46
新　　疆	6.65	15.31	0.00	23.99	986.04
新疆兵团	4.52	6.75	0.00	11.27	146.59

续表

地 区	2.玉米机播面积	3.玉米机收面积	（四）大豆 1.大豆机耕面积	2.大豆机播面积	3.大豆机收面积
	千公顷	千公顷	千公顷	千公顷	千公顷
合　　计	35 332.60	32 329.19	8 473.27	8 076.63	7 795.17
北　　京	50.27	45.87	1.59	3.48	3.26
天　　津	187.49	185.26	4.59	4.59	4.36
河　　北	3 306.25	2 995.85	62.04	81.70	70.04
山　　西	1 616.96	1 272.58	65.21	59.58	30.51
内 蒙 古	4 104.74	3 600.59	1 011.13	1 183.27	1 136.13
辽　　宁	2 714.48	2 166.15	110.09	98.06	84.80
吉　　林	4 242.30	3 985.65	241.88	225.99	195.29
黑 龙 江	5 769.16	5 753.07	4 768.73	4 945.39	4 938.06
上　　海	0.00	0.00	0.55	0.00	0.00
江　　苏	437.86	423.96	183.38	120.17	108.79
浙　　江	4.35	3.58	64.54	8.38	4.61
安　　徽	1 107.95	1 021.98	364.66	508.29	481.89
福　　建	0.00	0.20	23.30	0.00	0.00
江　　西	21.21	19.74	103.16	22.66	24.07
山　　东	3 843.87	3 745.41	200.57	181.27	148.76
河　　南	3 695.73	3 439.69	134.89	325.06	297.39
湖　　北	382.33	390.24	208.33	105.30	101.09
湖　　南	19.39	22.15	55.34	10.45	8.86
广　　东	2.44	0.21	25.03	0.43	0.10
广　　西	87.64	147.85	53.12	4.95	0.48
海　　南	0.00	1.31	0.47	0.00	0.00
重　　庆	27.43	32.51	96.49	8.69	12.43
四　　川	322.83	290.19	285.64	51.00	60.17
贵　　州	31.38	118.03	135.54	4.71	3.94
云　　南	185.12	114.83	74.46	9.07	4.32
西　　藏	3.24	3.41	0.00	0.00	0.00
陕　　西	976.69	816.80	81.89	29.22	7.91
甘　　肃	694.56	599.89	57.87	29.34	16.71
青　　海	16.39	6.93	0.00	0.00	0.00
宁　　夏	350.61	285.18	20.92	18.29	18.12
新　　疆	981.36	691.49	23.86	23.31	19.87
新疆兵团	148.58	148.58	13.99	13.99	13.24

续表

地 区	（五）油菜 1.油菜机耕面积 千公顷	2.油菜机播面积 千公顷	3.油菜机收面积 千公顷	（六）马铃薯 1.马铃薯机耕面积 千公顷	2.马铃薯机播面积 千公顷
合　　计	6 572.95	3 067.83	4 033.00	3 868.81	1 388.40
北　　京	0.11	0.11	0.11	0.37	0.08
天　　津	0.34	0.34	0.21	0.49	0.48
河　　北	25.51	24.65	11.70	145.04	123.13
山　　西	12.96	9.85	9.49	146.93	111.37
内　蒙　古	107.76	251.58	245.28	220.48	217.39
辽　　宁	0.31	0.30	0.26	32.01	26.11
吉　　林	0.00	0.00	0.00	36.14	29.63
黑　龙　江	0.06	0.06	0.06	77.59	71.02
上　　海	0.68	0.03	0.04	0.00	0.00
江　　苏	168.03	82.42	82.67	17.24	3.36
浙　　江	105.41	40.46	61.08	24.09	1.42
安　　徽	364.79	213.67	272.07	4.92	0.47
福　　建	5.38	0.39	0.77	46.24	4.64
江　　西	475.53	251.34	367.46	18.73	4.21
山　　东	8.71	5.86	5.38	138.95	113.76
河　　南	172.05	80.43	116.73	12.33	3.14
湖　　北	1 106.70	604.77	775.37	217.03	36.38
湖　　南	1 276.42	529.32	860.58	44.12	0.44
广　　东	3.77	0.34	0.48	43.55	3.94
广　　西	13.47	0.00	0.00	42.99	8.62
海　　南	0.00	0.00	0.00	0.15	0.00
重　　庆	263.98	62.56	67.74	269.68	4.62
四　　川	1 317.09	618.46	705.43	391.85	45.75
贵　　州	482.76	49.50	144.02	691.33	41.56
云　　南	199.13	12.52	82.67	314.27	70.22
西　　藏	17.79	9.33	1.85	10.95	6.45
陕　　西	144.31	24.52	60.85	235.44	107.50
甘　　肃	146.63	60.24	46.59	537.42	247.79
青　　海	122.96	106.38	89.51	59.75	28.28
宁　　夏	1.16	0.21	0.76	69.68	60.66
新　　疆	22.98	21.99	17.65	13.63	10.54
新疆兵团	6.19	6.19	6.19	5.42	5.42

续表

地 区	3.马铃薯机收面积	（七）花生	2.花生机播面积	3.花生机收面积	（八）棉花
		1.花生机耕面积			1.棉花机耕面积
	千公顷	千公顷	千公顷	千公顷	千公顷
合　　计	1 515.91	3 866.86	2 787.07	2 524.76	2 973.62
北　　京	0.32	2.71	2.48	2.17	0.00
天　　津	0.36	0.30	0.30	0.19	2.50
河　　北	121.63	223.01	211.49	177.28	115.09
山　　西	87.49	2.30	1.42	0.64	0.30
内　蒙　古	205.84	31.35	31.35	30.13	0.02
辽　　宁	23.97	304.56	294.20	279.67	0.00
吉　　林	29.16	218.78	216.00	216.56	0.00
黑　龙　江	73.08	10.76	10.76	10.76	0.00
上　　海	0.00	0.00	0.00	0.00	0.00
江　　苏	4.50	86.20	54.45	46.69	3.93
浙　　江	2.35	7.98	0.08	0.10	0.87
安　　徽	0.87	144.07	73.49	62.12	30.52
福　　建	22.80	70.82	33.95	22.40	0.00
江　　西	5.04	142.31	31.60	33.17	14.15
山　　东	118.35	606.74	555.04	492.88	110.90
河　　南	5.70	1 016.18	1 097.43	1 010.63	9.25
湖　　北	46.36	222.69	100.72	77.82	109.44
湖　　南	2.44	34.26	0.98	1.07	59.08
广　　东	5.54	281.96	10.54	6.88	0.00
广　　西	13.15	186.40	36.53	32.95	0.00
海　　南	0.00	24.06	0.10	1.13	0.00
重　　庆	7.88	61.20	2.58	0.45	0.00
四　　川	56.47	105.49	2.94	2.10	0.07
贵　　州	118.96	35.97	0.25	0.31	0.07
云　　南	95.06	19.87	0.15	0.02	0.58
西　　藏	3.32	0.00	0.00	0.00	0.00
陕　　西	78.31	14.65	6.21	4.77	0.22
甘　　肃	285.55	0.39	0.35	0.25	17.87
青　　海	28.03	0.00	0.00	0.00	0.00
宁　　夏	58.06	0.00	0.00	0.00	0.00
新　　疆	9.88	7.02	6.86	6.80	1 648.18
新疆兵团	5.42	4.82	4.82	4.82	850.59

续表

地 区	2.棉花机播面积	3.棉花机收面积	（九）水果　1.水果机械中耕面积	2.水果机械施肥面积	3.水果机械植保面积
	千公顷	千公顷	千公顷	千公顷	千公顷
合　　计	2 710.09	2 175.53	4 750.15	3 039.20	6 791.32
北　　京	0.00	0.00	21.52	9.17	22.67
天　　津	2.50	0.00	14.61	9.49	13.08
河　　北	114.37	1.34	192.33	104.08	291.53
山　　西	0.30	0.00	216.64	178.27	170.47
内　蒙　古	0.02	0.01	36.89	23.19	21.19
辽　　宁	0.00	0.00	143.34	57.50	166.74
吉　　林	0.00	0.00	29.61	19.95	38.42
黑　龙　江	0.00	0.00	12.99	20.52	21.44
上　　海	0.00	0.00	8.95	6.62	11.04
江　　苏	0.54	0.50	162.72	114.96	173.90
浙　　江	0.00	0.00	125.08	94.22	195.02
安　　徽	0.00	0.00	99.71	44.48	124.21
福　　建	0.00	0.00	132.77	80.20	212.37
江　　西	0.91	0.01	116.72	47.45	156.19
山　　东	73.19	6.67	407.80	320.87	454.35
河　　南	2.32	0.00	123.79	93.79	201.64
湖　　北	3.39	0.05	218.69	184.35	341.35
湖　　南	1.89	3.34	163.85	48.20	285.36
广　　东	0.00	0.00	226.96	160.12	491.54
广　　西	0.00	0.00	105.71	72.22	290.49
海　　南	0.00	0.00	14.01	7.34	76.85
重　　庆	0.00	0.00	70.46	32.08	163.25
四　　川	0.00	0.00	146.25	79.33	424.88
贵　　州	0.00	0.00	184.61	5.89	124.56
云　　南	0.00	0.00	157.37	41.94	249.62
西　　藏	0.00	0.00	0.23	0.02	1.08
陕　　西	0.14	0.08	506.11	306.94	843.06
甘　　肃	17.87	13.45	180.43	192.97	188.90
青　　海	0.00	0.00	0.36	0.00	3.61
宁　　夏	0.00	0.00	60.73	23.90	47.43
新　　疆	1 642.05	1 336.53	674.00	464.38	796.55
新疆兵团	850.59	813.54	194.92	194.76	188.54

续表

地 区	4.水果机械修剪面积	5.水果机械采收产量	6.水果机械田间转运产量	（十）茶叶 1.茶叶机械中耕面积	2.茶叶机械施肥面积
	千公顷	万吨	万吨	千公顷	千公顷
合　计	1 617.86	498.58	9 624.98	783.81	406.31
北　京	4.13	0.20	22.55	0.00	0.00
天　津	4.53	21.67	32.69	0.00	0.00
河　北	25.36	3.99	463.16	0.01	0.01
山　西	54.32	2.90	480.18	0.02	0.01
内 蒙 古	4.82	1.49	27.10	0.00	0.00
辽　宁	2.63	40.42	143.12	0.00	0.00
吉　林	1.31	0.35	31.09	0.00	0.00
黑 龙 江	8.38	2.52	5.64	0.00	0.00
上　海	3.25	0.00	9.15	0.14	0.03
江　苏	84.32	20.46	235.17	24.54	16.67
浙　江	100.92	13.08	260.33	101.10	79.38
安　徽	23.16	8.65	264.19	56.93	33.23
福　建	81.65	32.04	235.01	47.48	34.81
江　西	23.15	2.17	55.07	26.50	12.08
山　东	81.64	72.74	1 225.44	20.25	12.66
河　南	14.58	15.05	435.20	10.49	4.44
湖　北	99.23	12.31	398.98	156.21	103.10
湖　南	32.14	28.86	222.14	49.52	38.21
广　东	95.89	28.18	823.55	18.00	9.78
广　西	131.19	14.18	1 492.41	8.67	6.09
海　南	3.93	0.77	30.16	0.08	0.00
重　庆	53.68	6.16	175.40	10.05	2.82
四　川	39.71	7.56	331.72	49.55	26.65
贵　州	23.91	19.87	54.02	137.91	17.70
云　南	72.94	15.50	292.66	40.85	2.51
西　藏	0.00	0.00	1.24	0.00	0.01
陕　西	165.07	36.02	799.62	21.95	3.62
甘　肃	24.55	6.49	232.52	3.56	2.50
青　海	0.00	0.00	3.02	0.00	0.00
宁　夏	2.11	0.17	21.52	0.00	0.00
新　疆	340.96	80.60	647.74	0.00	0.00
新疆兵团	14.42	4.18	173.19	0.00	0.00

续表

地区	3.茶叶机械植保面积	4.茶叶机械修剪面积	5.茶叶机械采收产量	6.茶叶机械田间转运产量	（十一）其他农机作业情况 1.机械深松深耕面积
	千公顷	千公顷	万吨	万吨	千公顷
合 计	1 227.57	1 432.70	131.33	134.69	29 051.73
北 京	0.00	0.00	0.00	0.00	22.18
天 津	0.00	0.00	0.00	0.00	53.94
河 北	0.01	0.00	0.00	0.00	902.32
山 西	0.01	0.01	0.00	0.00	991.15
内 蒙 古	0.00	0.00	0.00	0.00	3 172.50
辽 宁	0.00	0.00	0.00	0.00	658.04
吉 林	0.00	0.00	0.00	0.00	1 340.85
黑 龙 江	0.00	0.00	0.00	0.00	5 287.18
上 海	0.01	0.14	0.00	0.00	63.80
江 苏	29.59	25.68	0.54	1.13	412.51
浙 江	150.40	174.920 9	17.60	12.13	59.84
安 徽	103.72	136.74	4.20	5.92	760.80
福 建	116.38	121.48	20.85	27.13	95.14
江 西	34.77	28.80	1.95	1.76	429.03
山 东	12.95	17.99	0.52	1.97	1 655.98
河 南	18.04	23.83	0.15	0.45	3 201.85
湖 北	228.00	199.97	21.28	19.38	513.35
湖 南	37.74	36.19	4.52	4.19	812.77
广 东	39.57	20.28	3.91	6.73	446.93
广 西	12.53	38.91	0.45	4.67	272.43
海 南	0.00	0.00	0.00	0.00	49.64
重 庆	23.35	21.34	0.67	0.64	63.50
四 川	184.48	195.05	32.14	27.37	39.81
贵 州	106.38	248.13	15.66	6.37	0.01
云 南	81.61	86.58	6.04	13.09	803.10
西 藏	1.89	0.01	0.00	0.00	77.84
陕 西	39.73	51.38	0.84	1.74	769.67
甘 肃	6.40	5.27	0.00	0.02	1 699.27
青 海	0.00	0.00	0.00	0.00	263.57
宁 夏	0.00	0.00	0.00	0.00	527.98
新 疆	0.00	0.00	0.00	0.00	2 226.83
新 疆 兵 团	0.00	0.00	0.00	0.00	1 377.93

续表

地 区	其中：机械深松面积 千公顷	2.机械免耕播种面积 千公顷	3.精量播种面积 千公顷	4.机械深施化肥面积 千公顷	5.机械铺膜面积 千公顷
合　　计	10 789.85	18 917.10	46 198.74	37 970.60	9 916.94
北　　京	8.16	41.48	38.20	26.83	1.30
天　　津	21.15	91.54	189.01	274.94	26.13
河　　北	500.28	2 230.80	2 511.12	2 185.39	511.98
山　　西	382.17	212.13	1 332.92	1 900.82	611.06
内 蒙 古	1 082.13	1 446.84	5 519.82	5 078.92	1 834.83
辽　　宁	393.81	555.72	2 299.69	2 162.32	232.70
吉　　林	1 188.00	2 362.74	3 599.50	3 561.05	197.21
黑 龙 江	3 068.29	1 727.52	10 351.02	8 998.70	149.88
上　　海	0.00	0.00	74.38	34.78	0.24
江　　苏	36.83	107.88	1 300.58	536.00	34.09
浙　　江	5.29	0.00	5.67	54.08	1.00
安　　徽	375.80	1 020.64	2 324.47	1 645.95	121.51
福　　建	0.00	0.00	0.25	35.60	19.27
江　　西	59.51	40.10	8.86	256.51	1.28
山　　东	765.06	4 297.97	4 446.20	1 925.59	764.71
河　　南	942.30	3 860.63	5 440.63	2 655.68	193.31
湖　　北	108.77	93.45	730.64	262.28	36.87
湖　　南	105.95	45.50	63.37	183.54	5.61
广　　东	7.41	3.15	0.89	11.72	2.56
广　　西	39.96	144.00	8.15	392.75	90.29
海　　南	10.86	12.24	0.00	4.21	0.06
重　　庆	22.87	3.84	2.92	11.90	5.35
四　　川	14.94	14.23	138.81	61.59	10.29
贵　　州	0.01	9.34	10.08	0.13	16.58
云　　南	92.32	4.00	40.21	46.76	35.24
西　　藏	26.67	0.15	3.58	0.00	3.16
陕　　西	229.98	398.48	770.23	562.28	135.31
甘　　肃	486.94	80.53	692.62	1 366.46	1 223.94
青　　海	54.80	29.15	95.99	151.87	32.16
宁　　夏	67.22	32.92	179.32	270.62	207.42
新　　疆	416.55	24.53	3 040.31	2 635.96	2 410.57
新疆兵团	275.84	25.61	979.32	675.36	1 001.02

续表

地 区	6. 农田机械节水灌溉面积	7. 机械化播种牧草面积	8. 机械化秸秆还田面积	9. 机械化秸秆捡拾打捆面积
	千公顷	千公顷	千公顷	千公顷
合　计	18 473.08	1 072.36	57 335.07	14 917.25
北　京	45.20	0.00	61.01	7.55
天　津	69.09	0.89	251.14	71.46
河　北	956.52	39.56	4 168.52	278.90
山　西	294.52	53.69	1 714.55	168.30
内 蒙 古	2 161.62	251.03	2 095.74	2 815.97
辽　宁	283.22	6.38	889.02	866.16
吉　林	1 092.56	112.55	2 440.15	1 243.85
黑 龙 江	1 873.24	63.05	7 171.28	2 421.83
上　海	0.00	0.00	99.96	24.27
江　苏	653.04	0.87	3 804.47	426.65
浙　江	155.93	0.50	614.05	41.61
安　徽	1 405.02	9.00	3 998.20	2 347.08
福　建	78.14	0.00	221.17	1.65
江　西	187.31	0.72	3 068.15	48.95
山　东	1 961.30	5.14	6 917.04	371.32
河　南	1 171.71	9.30	7 475.69	939.32
湖　北	544.76	17.34	2 973.75	451.05
湖　南	410.66	1.98	1 071.75	127.55
广　东	255.63	0.30	730.62	9.85
广　西	285.35	0.90	1 352.86	22.05
海　南	27.64	0.11	111.68	1.56
重　庆	35.86	1.03	314.10	0.37
四　川	318.09	6.99	1 159.05	26.22
贵　州	39.53	9.07	144.60	2.38
云　南	290.06	1.94	144.42	7.82
西　藏	2.10	13.17	0.00	1.27
陕　西	239.70	38.49	1 159.66	106.52
甘　肃	317.14	118.72	276.87	404.27
青　海	12.82	37.12	95.48	66.72
宁　夏	68.13	68.45	186.66	206.42
新　疆	2 277.31	165.30	1 660.12	1 227.78
新疆兵团	959.88	38.75	963.32	180.54

续表

地 区	10. 农用航空器作业面积	其中：植保无人驾驶航空器作业面积	11. 机械化青（黄）贮秸秆数量	三、农机社会化服务作业情况 (一) 农机专业合作社作业服务面积
	千公顷	千公顷	万吨	千公顷
合　　计	24 076.52	22 535.41	12 099.44	62 118.61
北　　京	1.43	1.43	99.61	76.84
天　　津	179.42	179.42	120.11	432.21
河　　北	1 034.58	1 032.58	1 082.00	1 679.00
山　　西	174.44	174.44	308.81	1 191.74
内 蒙 古	880.19	880.19	3 247.60	2 906.54
辽　　宁	364.72	351.21	173.52	1 905.86
吉　　林	534.08	489.60	657.64	1 539.39
黑 龙 江	4 506.68	3 330.03	451.50	3 411.88
上　　海	79.05	70.88	2.17	33.97
江　　苏	1 560.39	1 534.60	87.50	12 225.40
浙　　江	571.90	549.70	13.46	615.87
安　　徽	2 229.69	2 224.69	237.17	4 542.45
福　　建	73.63	73.63	6.35	421.08
江　　西	662.23	643.65	0.28	869.89
山　　东	2 531.67	2 406.14	761.43	10 545.40
河　　南	1 197.25	1 140.07	421.63	5 709.82
湖　　北	1 320.03	1 302.43	232.86	2 479.85
湖　　南	1 509.85	1 509.85	11.40	1 791.51
广　　东	312.22	312.22	7.27	632.68
广　　西	243.62	241.45	6.50	744.17
海　　南	27.80	27.80	0.07	30.13
重　　庆	101.52	101.52	35.71	521.30
四　　川	395.03	394.90	92.88	1 210.73
贵　　州	52.42	52.22	40.55	318.48
云　　南	197.02	196.67	175.55	398.32
西　　藏	4.86	4.86	0.00	66.58
陕　　西	401.39	386.44	346.23	1 124.88
甘　　肃	187.18	183.99	845.63	2 220.78
青　　海	38.91	38.91	24.11	92.95
宁　　夏	220.39	220.39	397.90	433.24
新　　疆	1 922.84	1 922.84	2 019.01	1 763.96
新疆兵团	560.08	556.71	192.99	181.71

续表

地 区	(二)农机跨区作业面积 千公顷	1.跨区机耕面积 千公顷	2.跨区机播面积 千公顷	3.跨区机收面积 千公顷	其中:跨区机收小麦 千公顷
合 计	20 636.32	3 810.79	2 217.69	13 843.18	5 617.87
北 京	9.80	2.52	2.38	4.89	3.05
天 津	110.82	4.33	37.81	67.39	27.52
河 北	1 335.79	244.60	196.54	859.31	521.53
山 西	71.47	15.83	8.10	47.54	12.70
内 蒙 古	423.57	91.65	21.66	310.26	47.93
辽 宁	350.45	54.02	28.41	263.22	0.29
吉 林	666.61	177.68	103.73	385.20	0.00
黑 龙 江	631.65	158.10	55.40	392.87	0.00
上 海	15.71	0.17	0.03	14.48	0.92
江 苏	1 886.60	251.47	138.24	1 247.37	588.04
浙 江	293.11	41.74	13.38	184.65	46.00
安 徽	2 770.00	570.88	293.78	1 879.31	920.66
福 建	69.80	3.97	2.90	62.45	0.00
江 西	350.66	33.78	45.87	264.01	1.80
山 东	2 020.90	350.36	267.92	1 346.12	887.76
河 南	2 829.01	457.77	325.87	2 040.97	1 448.27
湖 北	1 013.16	244.96	50.28	684.70	210.33
湖 南	517.92	115.36	21.87	371.38	8.24
广 东	460.71	62.89	19.91	377.91	0.00
广 西	472.11	33.85	16.81	421.45	0.00
海 南	32.36	11.25	0.35	17.73	0.00
重 庆	234.30	19.47	10.95	197.03	4.18
四 川	1 119.25	149.26	147.57	790.56	96.42
贵 州	180.04	30.22	5.08	114.94	5.98
云 南	109.66	46.65	3.91	48.44	14.16
西 藏	2.44	2.32	0.03	0.09	0.09
陕 西	527.47	80.05	75.36	370.89	229.39
甘 肃	606.76	131.29	48.62	390.12	282.37
青 海	41.31	13.43	9.37	18.45	14.58
宁 夏	132.16	24.09	3.46	104.61	20.66
新 疆	932.52	274.95	179.82	399.35	155.09
新 疆 兵 团	418.24	111.89	82.27	165.49	69.92

续表

地 区	跨区机收水稻	跨区机收玉米	（三）农机托管作业面积	四、农产品初加工机械化作业情况 （一）机械脱出农产品数量	其中：1.机械脱出粮食数量
	千公顷	千公顷	千公顷	万吨	万吨
合　　计	4 851.47	2 712.95	32 693.66	82 729.62	56 259.85
北　京	0.02	1.82	21.43	86.85	42.46
天　津	28.34	11.53	27.59	214.82	181.16
河　北	27.76	285.99	2 768.40	3 705.10	2 914.66
山　西	0.00	34.84	369.53	2 143.43	1 153.87
内 蒙 古	12.68	195.97	1 253.69	4 901.29	3 592.58
辽　宁	145.36	117.56	862.15	2 235.32	1 966.79
吉　林	169.66	215.54	976.27	3 584.83	2 715.77
黑 龙 江	197.17	174.80	2 494.75	7 186.36	6 733.89
上　海	13.46	0.00	4.31	131.60	95.57
江　苏	602.15	38.42	1 872.78	6 629.54	3 631.49
浙　江	128.18	0.04	256.08	1 601.88	649.65
安　徽	620.30	240.98	2 874.73	3 794.16	2 839.40
福　建	62.09	0.00	217.32	727.58	382.78
江　西	227.21	0.29	1 594.34	2 100.29	1 764.82
山　东	26.40	429.39	4 101.35	9 081.24	5 449.70
河　南	150.43	417.42	2 500.15	7 544.97	5 456.71
湖　北	432.32	14.28	2 003.56	3 718.32	2 346.74
湖　南	344.68	2.29	1 628.53	3 731.46	2 813.12
广　东	377.89	0.02	427.45	2 659.26	1 272.30
广　西	401.07	1.64	738.22	2 947.35	1 128.45
海　南	16.11	0.00	186.66	245.78	109.02
重　庆	179.46	1.37	165.33	1 367.40	664.04
四　川	499.48	97.49	351.23	2 847.02	2 411.14
贵　州	101.58	6.22	236.27	805.14	475.85
云　南	21.63	4.32	254.01	2 084.67	1 101.83
西　藏	0.00	0.00	12.87	85.51	71.88
陕　西	46.41	93.65	510.49	1 381.94	903.83
甘　肃	0.73	92.83	1 499.45	1 704.24	974.47
青　海	0.00	0.17	27.89	141.87	105.39
宁　夏	9.73	74.22	199.15	444.87	361.23
新　疆	2.69	121.10	1 764.79	2 154.64	1 678.54
新 疆 兵 团	6.48	38.78	492.87	740.90	270.73

续表

地 区	2.机械脱出油料数量	(二)机械清选农产品数量	其中:1.机械清选蔬菜数量	2.机械清选水果数量	3.机械清选棉花数量
	万吨	万吨	万吨	万吨	万吨
合 计	2 556.79	45 515.81	9 810.40	4 776.33	566.34
北 京	0.64	107.36	24.04	2.69	0.00
天 津	0.41	141.70	6.69	1.72	0.00
河 北	105.74	1 392.31	133.21	37.76	2.38
山 西	8.33	900.24	149.32	142.77	0.03
内 蒙 古	175.19	2 120.66	271.17	78.19	0.00
辽 宁	45.00	907.83	47.59	39.57	0.00
吉 林	22.34	2 277.13	425.15	0.01	0.00
黑 龙 江	8.56	3 843.27	604.84	5.66	0.00
上 海	0.21	99.70	3.32	0.35	0.00
江 苏	75.99	4 081.16	1 215.49	161.25	0.64
浙 江	32.65	1 826.64	699.76	283.48	0.08
安 徽	165.83	1 569.656 2	124.41	55.18	2.91
福 建	15.77	832.21	226.71	281.43	0.00
江 西	69.09	1 202.91	256.41	266.00	0.75
山 东	228.93	4 460.97	577.28	262.63	8.48
河 南	506.08	5 021.30	1 193.67	272.74	0.17
湖 北	204.25	3 332.28	1 715.05	471.18	10.53
湖 南	196.46	1 629.67	501.45	215.44	4.66
广 东	75.10	1 889.66	275.93	1 125.19	0.00
广 西	56.17	867.68	58.71	156.54	0.01
海 南	2.73	156.57	9.21	3.94	0.00
重 庆	57.01	755.47	77.60	55.53	0.00
四 川	222.64	518.77	130.17	133.47	0.00
贵 州	30.18	208.11	33.25	12.18	0.00
云 南	63.89	1 174.53	451.53	108.40	0.00
西 藏	1.80	3.049	0.258 1	0.00	0.00
陕 西	40.90	729.35	180.17	257.15	0.04
甘 肃	49.30	838.41	63.84	73.14	1.64
青 海	21.91	41.41	0.00	0.00	0.00
宁 夏	5.62	212.68	65.55	1.95	0.00
新 疆	55.02	1 450.67	92.54	260.03	308.24
新疆兵团	13.04	922.45	196.10	10.79	225.78

续表

地 区	（三）机械保质农产品数量	其中：1.机械保质粮食数量	2.机械保质油料数量	3.机械保质蔬菜数量	4.机械保质水果数量
	万吨	万吨	万吨	万吨	万吨
合　　计	44 085.86	19 273.83	975.89	5 405.93	3 751.40
北　　京	123.56	2.93	0.40	41.52	5.51
天　　津	189.72	40.50	0.25	39.69	2.15
河　　北	1 069.31	378.72	14.02	52.04	70.44
山　　西	1 161.84	293.04	3.84	205.30	416.64
内　蒙　古	1 965.30	1 416.24	39.76	14.99	5.08
辽　　宁	942.75	607.70	7.04	42.87	44.24
吉　　林	1 771.12	1 492.36	9.73	16.86	1.19
黑　龙　江	3 422.71	2 312.63	6.54	31.18	0.10
上　　海	175.47	47.79	0.00	43.41	1.66
江　　苏	3 756.51	2 373.17	57.75	567.48	141.20
浙　　江	2 465.96	560.60	19.47	919.59	307.03
安　　徽	1 839.62	1 253.38	52.27	51.83	23.37
福　　建	816.62	136.92	8.44	170.51	183.12
江　　西	1 445.53	940.08	32.42	86.64	34.36
山　　东	4 626.24	2 189.86	122.94	775.00	428.69
河　　南	3 649.36	556.31	152.46	437.52	138.75
湖　　北	3 103.02	1 139.99	137.48	389.84	209.83
湖　　南	1 788.24	760.42	145.37	56.07	122.12
广　　东	1 391.50	382.05	46.56	152.67	601.06
广　　西	1 176.78	102.08	8.08	178.74	113.15
海　　南	6.87	2.59	0.23	0.02	0.01
重　　庆	844.36	217.27	5.26	41.59	32.45
四　　川	862.10	287.20	23.97	140.92	156.88
贵　　州	132.39	72.27	2.91	17.57	11.81
云　　南	1 090.60	97.55	14.13	146.92	66.65
西　　藏	11.93	0.021 4	0.17	0.01	0.00
陕　　西	893.21	221.59	13.59	109.79	299.78
甘　　肃	565.36	147.84	19.30	104.72	73.32
青　　海	10.99	7.45	2.50	1.02	0.00
宁　　夏	165.78	81.52	4.57	11.04	2.89
新　　疆	1 400.17	839.42	10.41	159.76	138.53
新疆兵团	1 220.94	312.36	14.04	398.82	119.39

续表

地 区	5.机械保质棉花数量	6.机械保质茶叶数量	五、畜牧养殖机械化作业情况 （一）机械收获饲草秸秆量	其中：机械收获牧草数量	（二）机械化饲草料加工数量
	万吨	万吨	万吨	万吨	万吨
合　计	483.32	149.45	30 645.86	8 188.99	31 781.07
北　京	0.00	0.00	104.99	7.54	125.76
天　津	0.31	0.00	202.85	6.82	197.43
河　北	0.75	0.00	1 268.91	262.00	1 604.57
山　西	0.04	0.00	595.59	197.45	1 068.89
内 蒙 古	0.00	0.00	5 262.54	1 721.15	4 600.86
辽　宁	0.00	0.00	704.07	233.10	917.93
吉　林	0.00	0.00	1 929.80	1 096.56	1 829.53
黑 龙 江	0.00	0.00	3 279.20	216.62	2 396.78
上　海	0.00	0.00	1.81	1.81	2.17
江　苏	0.01	0.89	397.09	89.46	944.86
浙　江	0.17	12.80	41.70	27.81	81.59
安　徽	0.99	8.49	1 335.61	26.19	1 086.80
福　建	0.00	31.21	47.95	4.01	477.24
江　西	0.58	1.88	205.09	42.70	3.22
山　东	11.79	0.80	3 245.26	39.13	2 737.25
河　南	0.27	1.95	1 784.87	110.64	1 457.67
湖　北	5.47	28.72	1 247.11	166.68	1 323.29
湖　南	7.10	3.80	212.92	77.70	578.87
广　东	0.00	6.96	259.23	27.41	451.29
广　西	0.01	6.18	101.61	1.83	120.99
海　南	0.00	0.00	0.58	0.10	2.50
重　庆	0.00	1.68	326.83	10.01	177.92
四　川	0.00	11.72	578.91	234.47	1 459.85
贵　州	0.00	10.42	111.52	14.73	148.09
云　南	0.00	16.36	461.61	107.04	1 300.37
西　藏	0.00	0.00	88.07	23.24	0.07
陕　西	0.00	5.57	568.39	50.59	773.02
甘　肃	0.26	0.01	1 740.76	640.81	1 612.67
青　海	0.00	0.00	50.23	31.13	120.49
宁　夏	0.00	0.00	671.15	375.46	682.55
新　疆	252.04	0.00	3 403.07	1 949.95	3 095.45
新疆兵团	203.53	0.00	416.52	394.85	401.11

续表

地区	（三）机械饲喂的畜禽数量（折算为羊单位）	（四）机械清粪的畜禽数量（折算为羊单位）	（五）机械环控的畜禽数量（折算为羊单位）	（六）机械挤奶的家畜数量（折算为羊单位）
	万个	万个	万个	万个
合　　计	71 068.50	63 615.33	53 173.83	4 263.11
北　　京	158.77	163.90	147.57	59.21
天　　津	567.81	468.57	554.34	44.84
河　　北	2 703.17	2 059.25	1 631.88	601.57
山　　西	639.96	841.05	549.84	82.42
内 蒙 古	3 288.05	2 454.43	440.59	504.76
辽　　宁	3 123.91	3 123.91	3 173.40	131.13
吉　　林	2 008.78	2 072.50	2 049.70	143.34
黑 龙 江	1 466.12	871.95	641.99	324.18
上　　海	148.48	127.60	136.88	28.50
江　　苏	5 841.24	5 076.66	6 242.43	73.14
浙　　江	1 527.47	1 383.61	1 429.36	19.47
安　　徽	4 195.18	3 349.32	2 138.03	36.83
福　　建	2 239.95	1 771.83	2 481.29	12.42
江　　西	931.98	2 488.09	4 939.25	16.95
山　　东	12 959.46	11 342.65	9 554.11	456.77
河　　南	4 967.60	3 565.77	3 840.01	186.41
湖　　北	4 680.04	4 210.61	3 892.63	7.55
湖　　南	1 467.61	1 282.67	757.33	2.94
广　　东	2 249.69	2 130.20	1 119.72	16.12
广　　西	2 224.38	2 462.50	94.83	0.00
海　　南	6.98	11.26	6.82	0.41
重　　庆	829.51	1 016.33	603.29	7.20
四　　川	3 964.21	3 802.57	3 164.14	45.86
贵　　州	378.41	210.25	25.71	3.81
云　　南	689.94	492.32	216.97	26.40
西　　藏	2.58	1.80	0.03	1.39
陕　　西	861.81	576.80	473.51	250.17
甘　　肃	1 542.67	1 152.85	545.69	144.19
青　　海	44.09	51.12	6.59	3.52
宁　　夏	449.29	205.27	203.94	173.97
新　　疆	4 232.76	4 167.49	1 757.23	742.28
新疆兵团	676.60	689.71	354.76	115.36

续表

地 区	（七）机械剪毛的畜禽数量（折算为羊单位）	（八）机械捡蛋的蛋禽数量（折算为羊单位）	六、水产养殖机械化作业情况 （一）池塘养殖 1.机械投饲池塘养殖产量	2.机械水质调控池塘养殖产量
	万个	万个	万吨	万吨
合　　计	4 744.13	4 380.43	1 311.78	1 217.39
北　　京	0.00	38.55	0.97	0.54
天　　津	28.31	30.22	22.91	21.82
河　　北	115.31	350.29	18.60	17.47
山　　西	398.00	69.38	0.52	0.62
内　蒙　古	1 119.37	58.30	2.60	1.38
辽　　宁	134.41	175.27	57.57	38.86
吉　　林	382.68	83.59	5.55	5.03
黑　龙　江	197.64	48.83	12.83	12.22
上　　海	0.00	12.54	6.99	11.23
江　　苏	24.57	466.05	235.22	220.62
浙　　江	61.27	95.22	54.02	99.53
安　　徽	8.78	424.48	79.21	69.48
福　　建	0.00	80.53	35.86	37.75
江　　西	0.00	81.63	58.28	34.02
山　　东	487.04	529.20	70.12	59.87
河　　南	4.35	447.62	21.14	17.71
湖　　北	0.22	372.41	177.10	149.36
湖　　南	0.52	311.45	81.63	62.69
广　　东	0.01	32.66	225.73	251.48
广　　西	0.00	10.89	6.09	7.08
海　　南	0.00	1.90	16.47	4.77
重　　庆	0.18	89.02	28.80	20.30
四　　川	36.40	241.12	52.16	44.27
贵　　州	0.03	4.23	0.53	0.33
云　　南	2.46	52.06	18.45	11.77
西　　藏	1.11	0.60	0.00	0.00
陕　　西	94.04	65.59	4.01	3.06
甘　　肃	620.66	50.53	0.46	0.37
青　　海	3.36	0.94	0.00	0.00
宁　　夏	35.42	5.08	12.62	8.54
新　　疆	891.76	123.61	5.31	5.20
新疆兵团	96.24	26.64	0.00	0.00

续表

地区	3.机械起捕池塘养殖产量	4.机械清淤池塘养殖产量	(二)网箱养殖 1.机械投饲网箱养殖产量	2.机械清洗网箱养殖产量	3.机械起捕网箱养殖产量
	万吨	万吨	万吨	万吨	万吨
合　　计	283.23	799.75	42.23	26.11	22.25
北　　京	0.02	0.23	0.00	0.00	0.00
天　　津	4.98	13.19	0.00	0.00	0.00
河　　北	1.46	12.42	0.17	0.07	0.07
山　　西	0.06	0.89	0.08	0.00	0.01
内　蒙　古	0.01	0.41	0.00	0.00	0.00
辽　　宁	12.57	21.82	2.79	0.10	0.49
吉　　林	1.02	1.14	0.14	0.10	0.08
黑　龙　江	1.23	1.19	0.13	0.00	0.04
上　　海	0.00	10.54	0.00	0.00	0.00
江　　苏	72.33	250.74	0.68	0.69	0.67
浙　　江	11.50	78.29	2.04	3.37	0.56
安　　徽	25.91	46.39	1.03	0.41	0.44
福　　建	10.89	35.81	10.22	9.52	6.81
江　　西	2.41	8.84	1.99	0.02	0.61
山　　东	28.17	42.84	2.78	0.59	4.43
河　　南	3.28	7.55	0.77	0.00	0.25
湖　　北	38.00	99.01	3.51	0.43	0.55
湖　　南	9.07	25.71	3.80	0.79	1.69
广　　东	37.75	98.92	4.57	8.90	3.33
广　　西	2.47	5.95	3.97	0.86	2.22
海　　南	0.19	19.53	1.15	0.17	0.00
重　　庆	8.99	4.03	0.00	0.00	0.00
四　　川	6.97	7.04	0.22	0.00	0.00
贵　　州	0.01	0.01	0.00	0.00	0.00
云　　南	1.43	2.60	0.55	0.04	0.01
西　　藏	0.00	0.00	0.00	0.00	0.00
陕　　西	0.05	0.34	0.17	0.00	0.00
甘　　肃	0.07	0.09	0.00	0.00	0.00
青　　海	0.00	0.00	1.46	0.05	0.00
宁　　夏	0.25	1.24	0.00	0.00	0.00
新　　疆	2.14	3.00	0.00	0.00	0.00
新疆兵团	0.00	0.00	0.00	0.00	0.00

续表

地 区	(三)工厂化养殖 1.机械投饲工厂化养殖产量	2.机械起捕工厂化养殖产量	(四)筏式吊笼及底播养殖 1.机械投苗养殖产量	2.机械采收养殖产量	七、设施农业(种植)机械化作业情况 (一)机械耕整地面积
	万吨	万吨	万吨	万吨	千公顷
合 计	32.59	19.59	386.78	492.86	1 587.90
北 京	0.01	0.00	0.00	0.00	12.19
天 津	0.07	0.01	0.00	0.00	15.23
河 北	0.12	0.10	8.91	7.02	127.44
山 西	0.01	0.00	0.00	0.00	45.85
内 蒙 古	0.00	0.00	0.00	0.00	72.14
辽 宁	1.22	1.49	52.83	77.29	154.49
吉 林	0.13	0.07	0.00	0.00	17.60
黑 龙 江	0.00	0.00	0.00	0.00	16.17
上 海	0.00	0.00	0.00	0.00	7.87
江 苏	2.53	1.95	21.73	23.13	142.08
浙 江	2.13	0.60	34.54	45.06	46.21
安 徽	1.55	0.62	0.00	0.00	54.33
福 建	8.63	3.13	56.94	58.15	8.65
江 西	1.04	0.24	0.00	0.00	15.94
山 东	10.77	9.07	195.93	261.71	346.98
河 南	0.02	0.00	0.00	0.00	68.62
湖 北	0.59	0.22	0.11	0.22	85.02
湖 南	0.90	0.21	0.31	0.33	6.88
广 东	1.66	1.42	10.10	15.45	12.35
广 西	0.00	0.00	5.29	4.08	0.24
海 南	0.00	0.00	0.00	0.41	2.00
重 庆	0.31	0.30	0.01	0.00	24.68
四 川	0.20	0.13	0.00	0.00	51.68
贵 州	0.02	0.00	0.00	0.00	1.28
云 南	0.49	0.02	0.06	0.00	26.38
西 藏	0.00	0.00	0.00	0.00	0.85
陕 西	0.03	0.00	0.01	0.00	102.87
甘 肃	0.09	0.00	0.00	0.00	70.86
青 海	0.00	0.00	0.00	0.00	4.00
宁 夏	0.07	0.01	0.00	0.00	20.43
新 疆	0.00	0.00	0.00	0.00	23.14
新疆兵团	0.00	0.00	0.00	0.00	3.47

续表

地 区	（二）种植机械化面积	（三）机械采运面积	（四）机械灌溉施肥面积	（五）机械调控环境面积	八、其他 保护性耕作面积
	千公顷	千公顷	千公顷	千公顷	千公顷
合　计	441.80	258.96	1 190.68	658.02	10 362.63
北　京	3.71	1.24	7.24	6.89	33.28
天　津	4.27	0.89	13.71	9.06	66.80
河　北	37.85	12.75	79.04	44.59	160.55
山　西	10.23	0.56	27.23	19.01	529.43
内 蒙 古	21.74	10.88	75.48	50.23	1 446.84
辽　宁	36.54	14.24	109.08	40.85	701.61
吉　林	5.73	1.14	14.54	10.32	2 362.74
黑 龙 江	6.52	2.94	15.53	10.26	1 836.44
上　海	1.34	0.95	6.77	1.26	0.00
江　苏	69.63	52.78	129.97	72.80	217.67
浙　江	9.07	14.47	40.33	24.31	274.83
安　徽	12.17	13.94	34.13	16.08	99.54
福　建	1.53	0.88	6.55	2.35	93.09
江　西	1.74	1.41	7.73	2.08	4.62
山　东	95.87	79.90	307.01	192.36	1 017.49
河　南	25.10	6.15	47.95	19.86	616.97
湖　北	18.26	7.96	46.58	18.44	156.85
湖　南	1.50	1.52	4.87	0.95	56.84
广　东	3.29	2.10	7.27	3.95	0.15
广　西	0.03	0.04	0.22	0.13	0.00
海　南	3.13	0.14	2.01	0.39	0.00
重　庆	2.59	1.25	13.73	5.98	1.50
四　川	14.20	9.73	30.81	4.88	20.96
贵　州	0.12	0.04	0.55	0.04	0.49
云　南	4.83	1.82	20.31	4.53	4.00
西　藏	0.42	0.30	0.25	1.07	0.00
陕　西	22.93	4.74	60.74	39.08	389.97
甘　肃	17.21	9.35	43.18	28.45	107.86
青　海	1.02	0.22	1.88	0.59	27.59
宁　夏	5.81	1.29	13.48	9.18	32.45
新　疆	3.22	3.34	17.79	14.69	76.47
新疆兵团	0.21	0.04	4.71	3.37	25.61

农机社团组织

中国农业机械化协会

【概况】 2022年，中国农业机械化协会在农业农村部农业机械化管理司和工委协会党建部的指导下，坚持"市场导向 服务当家"的办会方针，以"服务'三农'、服务行业、服务农机使用者"为抓手，紧密围绕部司中心工作，结合协会实际，谋发展、开新局，各项工作取得新成效、新亮点。

注重深耕基层
用心用情服务机手

【成立农机手分会】 2022年4月底，经中国农业机械化协会二届常务理事会第十三次会议审议通过，中国农业机械化协会农机手分会正式成立，确立分会的业务范围，明确由刘宪会长任主任委员。5月底，经会长办公会研究决定，成立农机手工作部，调整人员配置，加强农机手分会工作力量，并为农机手分会安排10万元专项启动资金，用于农机手分会工作开展。

【发布致农机手的信】 在农业农村部农业机械化管理司的指导下，农机手分会分别于"三夏""三秋"期间发布《致农机手的一封信》，向广大机手提出倡议，请农机手在跨区作业期间及时了解各地防疫要求，做好个人健康防护，掌握农机转运政策，安全规范开展农机作业，努力提高机收作业质量。同时安排专人值班，及时掌握机手动态，了解各地作业情况，为机手畅通解决问题提供渠道。

【组织参观培训】 7月21—23日，组织各省农机合作社负责人、农机修理工、农机手等近百人赴山东潍柴雷沃集团进行参观培训，同期开展机手交流活动。此次活动搭建农机使用者与农机生产企业之间的沟通桥梁，通过组织企业生产技术专家对农机手进行维保、操作培训，增加机手操作技能，提高作业质量，受到机手广泛好评。

【开展机手调研】 为识别当前主要从事种植业生产劳动力身份，明确"谁在种地"这一问题，组织实施"种植业劳动力结构调研"项目。7月，在陕西省西安市召开农机手联络工作研讨会，向湖南、湖北、河南、陕西等省有关单位传达分析和识别农机手现状相关工作要求，部署启动调研项目。9月、10月，调研组先后赴北京市平谷区、顺义区等多个村、镇开展调研，对当地基本情况、劳动力结构、农业机械化发展、农事服务组织以及当地农机化发展的困难和瓶颈进行深入的调研分析。

【免费发放爱心防疫包】 5月，中国农业机械化协会自筹资金，购买防疫爱心包，分别于6月7日、6月11日、6月21日在安徽蒙城、河南漯河、北京顺义免费向进行跨区作业的机手发放，让机手在忙碌之余做好个人卫生防护，健康作业，安全回家。

【持续推进节粮减损】 6月，机手分会发布《关于开展"三夏"期间机收减损技术讨论的倡议》，向机手会员征集节粮减损经验做法，促进减损深入开展。同时，在分会工作交流群内组织开展"机手小课堂"活动，发布节粮减损视频，受到机手欢迎。7月，召开节粮减损机手及相关标准制定研讨会，对相关标准进行研讨修改，推进小麦、玉米、水稻机械化收获减损技术规程制定。

聚焦短板弱项
合力助推乡村振兴

【开展丘陵山区适用农业机械遴选推荐活动】 为加快推进丘陵山区农机化发展，补齐"一大一小"中"一小"的短板弱项，中国农业机械化协会与农业农村部农业机械化总站联合组织开展丘陵山区适用农机遴选推荐活动。遴选活动得到了21个省（区、市）农机化中心、农机鉴定推广部门的大力支持。共收到来自136家企业的526个型号的产品。经初审、专家评审以及公示等程序，最终遴选出适用于丘陵山区农业生产，具有一定代表性、指导性、技术含量和推广价值的110家企业的308个型号的产品。为进一步巩固成果，更好的向全国农机化主管部门、农机用户、农业合作组织宣传和推荐丘陵山区适用农机产品，在遴选推荐结果的基础上，收集入选产品照片，整理产品参数信息，精心设计和制作《丘陵山区适用农业机械遴选推荐产品集》，并将企业提供的机具作业视频，加工完善后，通过微信公众号进行广泛宣传和推广。遴选推荐活动得到行业的高度认可，也反映了丘陵山区机械存在的短板弱项。此次的遴选推荐活动，聚焦丘陵山区农业机械化的发展，引导企业加大投入力度，加快推进丘陵山区适用的先进智能农机生产和研发。

【推进提升农机维修服务能力水平】 为总结推广农机维修服务经验与模式，中国农业机械化协会与农机维修分会开展农机维修服务优秀案例征集活动。经各地农机管理部门推荐、个人自愿申报，收到江苏、山西、江西、吉林、山东、陕西、广东、广西的22份申报材料。投稿作者包含农机管理部门、合作社、维修网点、企业以及个人，征集内容涵盖先进管理经验、成功经营服务模式、维修小窍门、特殊问题解决方案、特殊情况下生产保障事迹，以及在农忙作业现场机具维修中具有社会感染力的故事。专家组评审出《念好农机维修"三字诀" 构建农业生产"防护盾"》等10篇主题鲜明、特点纷呈，具有推广借鉴价值的优秀案例。农机维修服务是农业机械安全高效生产的重要保障，优秀案例的遴选和宣传有利于提高维修服务能力，促进农机维修行业优化结构，推进农机社会化服务。

深化品牌建设
各项工作取得实效

【主办全国"农机3·15"消费者权益日主会场活动】 联合农业农村部农业机械化总站、安徽省农业农村厅和芜湖市人民政府，在芜湖市共同主办全国"农机3·15"消费者权益日主会场活动。此次活动主会场将全国"农机3·15"与安徽省"两强一增"活动相融合，同期召开长三角农机发展一体化座谈会。

【组织《农业机械化研究文选》编撰出版工作】 历时半年，在数百篇文章中进行充分比较和筛选，最终确定《非凡十年——2013年以来我国农业机械化发展成就综述》等若干文章，全书近30万字，于12月正式出版。

【组织开展实验室间比对活动】 为促进农机鉴定检测机构能力建设，进一步提升农机试验鉴定的规范化水平，围绕业务主管部门中心工作，联合协会农机鉴定检测分会组织开展实验室间比对活动。活动针对大豆玉米带状复合种植的免耕播种机，比对的项目是播种机行距、地轮直径和动土率。来自全国13家农机检测机构、农机企业检测实验室的近40人参加。农业农村部农业机械化总站副站长徐振兴、山东省农业农村厅二级巡视员宋永泉、中国农业机械化协会副会长兼秘书长王天辰出席活动并讲话。在交流研讨环节，专家讲解《免耕播种机及大豆玉米复合种植播种机推广鉴定大纲》《免耕播种机及大豆玉米复合种植机械应用和发展情况》。参会代表就检测方法、检测技术、标准理解、设备操作等问题进行研讨。此次活动提高了检测人员在操作规范性上的认识，在鉴定检测方法上达成共识。

【组织编辑《2021中国农业机械化发展白皮书》】《中国农业机械化发展白皮书》是中国农业机械化协会年度智库产品，是服务行业和会员的传统产品。自2016年发布以来，受到行业关注和认可，从专业视角出发，汇聚各方面专业人士的观点和论述，对了解行业发展具有重要参考价值。《2021中国农业机械化发展白皮书》全文约3.7万字，在协会网站及微信公众号上进行连载和推送。

【举办2022新疆农业机械博览会】 2022新疆农机博览会规格高于往年，农业农村部总畜牧师兼农村合作经济指导司司长张天佐，自治区人民政府副秘书长郝勤芳，自治区政协副秘书长买合木提·吾斯曼，自治区农业农村厅党组副书记、厅长库尔班江·胡土勒克，中国工程院院士陈学庚教授，中国工程院院士邓铭江教授，中国科学院院士、中国科学院新疆分院院长肖文交，农业农村部农垦局局长左常升，农业农村部农业机械化总站副站长涂志强，中国农机流通协会会长范建华，中国农业机械化协会会长刘宪，中国农业机械工业协会监事长李有吉等出席开幕活动。本届新疆展参展企业约300家，展览面积近5万平方米，观众逾1万人次。

【举办2022中国甘蔗机械化博览会】 2022中国甘蔗机械化博览会于12月17—18日在南宁顺利举办。广西壮族自治区副主席方春明，缅甸联邦共和国驻南宁总领事馆总领事觉梭登，农业农村部农业机械化总站党委副书记、纪委书记李斯华，中国农业机械化协会副秘书长夏明，中国农业机械工业协会监事长李有吉，广西自治区党委农办主任、自治区农业农村厅党组书记、自治区乡村振兴局党组书记，广西国际博览事务局党组书记、局长韦朝晖，广西自治区农机中心党委书记、主任李凤云等领导嘉宾出席开幕式。中国工程院院士罗锡文以视频方式参加开幕式。本届甘蔗展以"搭建交流合作平台，推进农业生产全程机械化"为主题，设农业机械装备展览展示、甘蔗生产机械化作业现场演示、农业机械化发展论坛、技术交流和产品推介活动四大板块，展览规模超过3.5万平方米。

【标准工作稳中求进】 2022年度团体标准立项36项，公开征求意见21项，审查39项，在全国标准信息公共平台中发布并公示了29项团体标准。中国农业机械化协会累计公开发布团体标准86项。已立项标准167项，内容覆盖了信息化、畜禽养殖、设施装备、无人飞机等多个领域，有效填补急需标准的空白。2022年度申请行业标准1项，累计申请4个行业标准。

发挥协会作用
当好司站参谋助手

【农机化司帮扶湖南包谷村项目】 在会领导的支持下，成立项目组，聘请专业人员组成专家组，于8月初第一次赴包谷村进行实地考察。受疫情影响，原计划的进一步考察工作无法开展，最终方案的确认和验证工作及组织专家开展实地指导等工作暂时无法进行。待疫情缓解之后，将尽快组织落实，并上报项目成果。龙山县农机中心提出组织若干合作社人员参观国际农机展，经协会领导同意，给予部分差旅费支持。

【开展"三夏"督导】 6月6—16日，中国农业机械化协会派员陪同农业农村部农业机械化管理司和农业机械化总站领导检查督导山西省的小麦机收及"三夏"相关工作。督导组在山西省长治市、晋城市、运城市、临汾市、晋中市、吕梁市所辖区的各市（区）、县（乡、镇）、村的小麦田、大豆玉米带状种植田、农业试点示范田、农机合作社、农业合作社、高速路卡、中石化加油站、中石油加油站、农机市场、农机维修服务点等近70个地点进行走访，检查督导机械保障、供需对接、维修服务、油料供应及交通保障服务等工作。

【召开农机具跨区作业交通运输收费情况座谈会】 6月，协助农业农村部农业机械化管理司在机手分会工作群内对跨区作业农机具道路交通运输收费情况进行统计调查。11月，通过线上方式召开机收跨区道路交通运输收费情况座谈会，邀请跨区机手、合作社以及企业在线讨论农忙期间机具跨区运输途中因超高超限等问题遇到的收费情况，并请参会代表对目前存在的机具转运超限收费问题提出意见建议。

加强自身建设
提高工作质量和水平

【组织召开专题会议】 深入学习贯彻全国农机化工作会精神，学习张桃林副部长在会议上的重要讲话，紧紧围绕工作会提出的2022年度七项重点工作，探讨如何落实会议精神、谋划年度重点工作，进一步找准自身定位，积极发挥行业协会作用，整合优势资源，推动农机化工作新发展。

【组织召开协会二届理事会第七次会议，二届常务理事会第十二、十三、十四次会议】 审议农机安全委员会、大学生从业合作社理事长工作委员会变更名称事宜、协会负责人到龄离任、换届情况通报等，审议成立农机手分会及分支机构主任委员人选变更事宜。

【坚持做好疫情防控工作】 及时起草和发布《关于加强疫情防控期间居家办公有关工作的通知》，持续关注疫情防控最新政策，完成协会疫情防控信息报送工作。适时为干部职工购买口罩、消毒液等防疫物资。

【组织分支机构自查】 按照民政部《民政部关于开展全国性社会团体、国际性社会团体分支（代表）机构专项整治行动的通知》（民函〔2022〕19号），全面组织分支机构自查，对标对表，严格落实整治行动的要求，撰写专项整治行动工作报告。按时报送分支机构自查总结和自查表等相关材料。

中国农业机械学会

构筑学术交流新高地
持续提升学术引领力

【举办第四届中国乡村振兴战略推进大会】 中国乡村振兴战略推进大会是中国农业机械学会自2019年起创办的品牌会议，是学会服务乡村振兴战略的务实举措，被列入中国科协《重要学术会议指南（2022）》。第四届中国乡村振兴战略推进大会于2022年6月10日以线上线下相结合的方式召开，其中组织线上7个分会场，来自全国高等院校、科研院所、企事业单位的专家、代表3 000余人次线上线下参加会议。围绕"乡村振兴 装备先行"的主题，邀请中国工程院院士赵春江，俄罗斯工程院外籍院士、江苏大学党委书记袁寿其，上海交通大学教授刘成良，中国农机院副总经理方宪法，以及中国农业大学、西华大学、青岛农业大学、广东省现代农业装备研究所的专家学者做学术报告。大会内容在20多家行业媒体上进行宣传报道。

【举办中国农业机械学会2022学术年会】 2022年12月25日，以"绿色智能高质高效 护航国家粮食安全"为主题的中国农业机械学会2022学术年会在线上举办，来自全国农机领域高等院校、科研院所、企事业单位的专家代表近4 000人次线上参会。围绕会议主题，学会监事长方宪法研究员聚焦"智能化农业装备技术进展"、中国农业大学信电学院院长张漫教授聚焦"智能农业前沿与智能农机装备"、国家农业信息化工程技术研究中心孟志军研究员聚焦"玉米播种智能化技术研发初探"、江苏大学徐立章研究员聚焦"智能低损谷物联合收获关键技术与装备"、中国农机院机电所所长赵博研究员聚焦"收获机械智能作业技术"、吉林大学生物与农业工程学院副院长付君教授聚焦"农机装备对吉林省重大涉农工程的科技支撑"、石河子大学张若宇教授聚焦"棉花生产智慧农场关键技术装备研究与实践"、华南农业大学工程学院副院长齐龙研究员聚焦"智能除草技术与装备研究进展"等方面分别做学术报告。

2022年12月下旬至2023年1月初，作为中国农业机械学会2022学术年会的专题分会场，农副产品加工机械分会主办的2022年农产品绿色加工新技术发展论坛、收获加工机械分会主办的2022收获加工机械智能化技术与装备论坛、能源动力分会和河北省农业机械学会联合举办的"践行'双碳'目标，助力可再生能源技术发展"主题学术研讨会，以及学会基础技术分会、人工智能分会和青年工作委员会联合主办的"基础技术创新赋能智慧农业高效发展论坛"，分别以线上方式举办。4个专题分会场共邀请44位专家做学术报告，660多位科技工作者线上参加学术交流，1 700多人观看"基础技术创新赋能智慧农业高效发展论坛"直播。

【继续承办人社部高级研修项目】 7月29日—8月3日，中国农业机械学会在重庆承办人力资源和社会保障部高级研修项目"智能农业装备技术转移转化能力提升高级研修班"，来自全国农业机械和农业工程领域的科研院所、高等院校、省、地方农机管理部门及企业的从事农业机械技术管理、开发与应用的专业技术人员和管理人员90余人参加此次研修培训。这是学会连续第四年承办人力资源和社会保障部高级研修项目。聚焦农机装备技术转移转化能力提升，邀请来自相关领域的13名专家为学员授课，授课内容丰富，研修形式新颖多样，为提高农机领域技术人员、管理人员的综合素质，加快推动我国农机装备领域科技成果的转移转化奠定了一定的人才支撑和保障。

【打造科技服务品牌，持续提升科技支撑力】 围绕"科创中国"试点地区——山东、浙江、重庆等地现代农业与农机装备产业实际需求，（中国农业机械）学会在2022年重新扩建成立"科创中国"国家农机装备产业科技服务团。"农机服务团"充分发挥全国学会人才、成果集聚的科技资源优势，借助科协组织优势，已与浙江台州、宁波、山东青岛、重庆永川、内蒙古巴彦淖尔、广西柳州、新疆巴音郭楞等地"科创中国"试点城市的地方科协以及中国科协挂点工作组对接交流。学会组织"农机服务团"专家，赴"科创中国"试点城市——山东青岛、重庆永川、浙江台州及广西柳州等地开展服务，深入30余个农机装备制造和现代农业园区企业一线进行实地调研，挖掘企业技术需求。根据产业需求，服务团专家对54项技术需求进行解析形成技术研发指南，对33项技术需求匹配研发专家团队进行及时的跟进服务，切实推动企业技术进步；汇聚56项科技成果并提供产业化方案和进行成果评价，推动成果转化落地。服务团还开展成果宣传转化路演、举办专题论坛、召开专题研讨会议、开展团体标准制定等多种形式的高质量科技服务工作，体现联合服务协同创新、深入基层挖掘需求的工作特色。

【举办第六届中国农机青年科学家论坛】 8月18—19日，以"绿色智能农机装备 聚焦赋能乡村振兴"为主题的第六届中国农机青年科学家论坛在沈阳举办。来自全国20余家高等院校、科研院所与企业界百余名青年学者与特邀专家齐聚一堂，分享交流农机科技创新、制造创新与应用创新等方面的学术前沿成果与未来发展趋势。会议同时开设网上直播平台，最大直播观看人数达4 891人，浏览总量超1万次。围绕论坛主题由20余位专家学者分享学术研究及科研成果，全方位解读农机发展最前沿、最重要的学术成果，深入探讨我国农机未来发展趋势。

【举办"2022末耕国际会议"】 6月28—29日，由中国农业机械学会等5家单位主办，江苏大学等承办的2022末耕国际会议在江苏大学召开。江苏省农业农村厅领导、农机行业院士、国内外知名专家、企业家等200多人共谋新时期农业机械化、智能化高质量发展。同期举行2022智能农机装备与技术发展报告会和2022国际收获机械技术与发展论坛。

【继续主办国际大学生智能农业装备创新大赛】 6月4—5日，"沃得杯"第七届国际大学生智能农业装备创新大赛决赛在江苏大学举行。因疫情原因，决赛首次采取专家线下评审、选手线上比赛的形式进行。本届大赛共有59所国内高校提交作品506件：A、C、D类作品398件，经复赛评审203件作品入围决赛；B类作品108件。经过专家评审、线上答辩和线上竞技环节，本届大赛共评选出特等奖24项、一等奖50项、二等奖95项、优秀奖69项。

【紧跟学科发展，持续提升期刊行业影响力】 2022年《农业机械学报》编辑部圆满完成12期正刊，2期增刊的出版任务。全年共刊出论文650篇，其中正刊572篇，增刊78篇，刊出论文基金类论文达到100%，有国家级项目资助的占90%，其中，国家自然科学基金、国家重点研发计划资金资助达到80%，有效推动行业科技成果发布交流，引领原始创新。

中国科学技术信息研究所《2022年版中国科技期刊引证报告（核心版）》（CSTPCD）发布的数据，《农业机械学报》总被引频次和影响因子分别为10 161和2.691，影响因子学科排名第一。中国科学院文献情报中心《2021版中国科学引文数据库期刊引证报告》（CSCD）发布的数据，《农业机械学报》在2021年的分区中处于Q1区。在CSCD统计的数据中，《农业机械学报》总被引频次为8 256，影响因子为2.368，学科排名第一。据《中国学术期刊（光盘版）》电子杂志社有限公司《2022年版中国学术期刊影响因子年报》发布的数据，《农业机械学报》处于Q1区，复合总被引频次和复合影响因子分别为25 588和4.325，影响因子学科排名第一。

《农业机械学报》再次被中国学术期刊（光盘版）电子杂志社评为"2022中国国际影响力优秀期刊"，再次荣获"中国机械工业集团有限公司优秀科技期刊一等奖"，同时荣获"中国精品科技期刊"称号，42篇论文被列入"F5000顶尖论文"。

【积极推进《智能化农业装备关键技术研究丛书》的出版工作】 积极发挥学会在农机装备领域的专家智库优势和华中科技大学出版社在图书出版发行领域的优势，推动《智能化农业装备关键技术研究丛书》的出版工作，该丛书拟出版25册图书。邀请赵春江院士担任丛书的主编，30余位行业知名专家学者参与丛书的编写，目前第一批启动14册图书的编写工作正有序开展，7月协助华中科技大学出版社完成"十四五"重点出版物规划项目的申报。

【汇聚专业资源，分支机构开展各具特色交流活动】 中国农业机械学会各分支机构紧密围绕行业热点，开展多种交流活动，定位明确、各具特色、优势互补。1月9日，由中国农业机械学会农业机械化分会联合主办的第十届中国农业机械化展望大会在北京举行，1 000人线上线下参加会议，会议同期举办"轮胎上的农田生态与粮食安全"专题研讨会；6—8月，养猪工程分会相继在海南、安徽、山东等地举办"科创中国"生猪产业高质量发展系列大型路演活动；6月10日，拖拉机分会、农机维修分会、丘陵山区农林机械分会、设施园艺与果蔬机械分会、青年工作委员会分别设立第四届中国乡村振兴战略推进大会分会场；7月18—19日，标准化分会在重庆与总会共同组织召开中国农业机械学会标准化分会换届大会暨团体标准审查会；7月23—25日，农业航空分会协办的第十届国际精准农业航空会议在深圳举办；7月25—26日，丘陵山区农林机械分会联合云南省农业机械学会等在云南文山举办2022年云南丘陵山区宜机化发展论坛；9月3日，学会农业机械化分会等单位联合承办的"科创中国"丘陵山区智能农机装备高质量发展论坛系列活动在广西柳州举办；9月15日，排灌机械分会换届大会在江苏省镇江市召开，同期举办"面向新时期排灌机械的机遇"高峰论坛；9月16日，设施园艺与果蔬机械分会联合其他机构共同主办"2022中国蔬菜生产机械化发展论坛"；9月23—25日，粮油机械分会成立大会暨第一届粮油机械高端论坛在河南郑州线下召开；10月15日，材料与制造技术分会换届工作会议在北京以线上线下相结合的形式召开；10月29日，在江苏镇江召开排灌机械分会承办的第七届金山流体机械工程国际学术研讨会（ISFME2022）；12月15日，物理分会参与主办的"'双碳'背景下农机装备产业转型升级发展高端论坛"以线上线下相结合的方式在天津召开；12月24日、25日、31日及2023年1月8日，作为学会2022学术年会的专题分会场，农副产品加工机械分会、收获加工机械分会、能源动力分会联合河北省农业机械学会以及学会基础技术分会、人工智能分会联合青年工作委员会分别举办专业论坛和主题学术研讨会。

全面深化改革
努力建设中国特色一流学会

【如期顺利完成学会换届工作】 2022年是学会换届年，以换届为契机，学会进一步完善会员代表大会、理事会、监事会决策、执行、监督协调统一的组织机构和运行模式，保证学会规范运行。按照中国科协和民政部关于换届管理的相关规定和要求，分别组织召开了学会党委会、学会理事会、常务理事会、换届工作领导小组等一系列会议，组织开展了新一届理事会、常务理事会、监事会、学会党委会及学会负责人等酝酿推荐征选工作，组织起草了一系列换届工作文件，圆满完成了换届筹备工作。

12月25日，中国农机学会第十二次全国会员代表大会在北京以线上线下结合方式召开。来自全国各地的高校、科研院所、企业及行业组织等的246位会员代表参会。罗锡文名誉理事长致开幕词，刘小虎理事长作题为"全面推动学会改革，有力促进科技创新发展"的十一届理事会工作报告，方宪法监事长作第一届监事会工作报告。大会选举产生由于海业等149人组成的学会第十二届理事会，毛罕平等9人组成的学会第二届监事会。会议授予汪懋华、任露泉、罗锡文、陈学庚、闫楚良、康绍忠、赵春江、陈志、王博为名誉理事长。会议期间授予中国农业机械学会耕作机械分会等18个单位"中国农业机械学会先进集体"荣誉称号，授予马小斌等40位同志"中国农业机械学会先进工作者"荣誉称号。

经学会十二届一次理事会议选举，刘小虎为理事长，于海业、刘旭、刘继国、杜太生、应义斌、李红、杨洲、姜文娟、郭京华当选为副理事长，聘任赵凤敏为学会秘书长，于海业等49人为常务理事，经学会常务理事会党员会和监事会党员会选举产生新一届学会党委会。经学会二届一次监事会议选举，方宪法为监事长，袁寿其和韩鲁佳为副监事长。

【加强分支机构的规范管理运作】 不断强化分支机构管理，创新分会学术活动内容和形式，强化分支机构考核，引导分支机构规范、有序、健康发展，从而能够不断增强服务能力，提升分支机构的行业影响力。2022年学会批准成立粮油机械分会、工业设计分会，其中，粮油机械分会已于9月下旬召开成立大会；学会标准化分会、排灌机械分会、收获加工机械分会、农副产品加工机械分会及农业航空分会已在年底前分别召开会议完成了换届工作。为了促进分支机构的交流合作与管理，7月21—23日，学会在山东青岛召开学会2022年秘书长联席会暨"科创中国"工作研讨会，学会26个分支机构和7个省级农机学会的代表等42人出席会议。

【完善会员系统会员信息】 为贯彻落实中国科协《"智慧科协2.0"建设三年规划（2022—2024年）》目标任务，进一步全面整合和凝聚学会资源，更好地服务广大会员，2022年学会制定并发布《中国农业机械学会会员管理办法》，按照中国科协的要求，整合完善会员系统，建立会员信息库，提升会员管理的规范化和信息化水平，目前在册会员达13 000余人。

积极承接政府转移职能
开展高质量科技公共服务

【学会团体标准制定工作全面提升】 2022年学会围绕农业装备、拖拉机、排灌机械、植保机械和农业电子等方面，先后在北京、重庆、台州、柳州等地，召开4次技术标准研讨、审查会。2022年学会与中国农机工业协会继续联合开展农机装备团体标准制定工作，面向行业征集并联合发布团体标准计划4批共129项，批准发布农机装备团体标准67项，对46项团体标准组织征求意见等，编辑出版团体标准47项，另有118项团体标准在组织制定中。

【开展科技成果评价工作，提高学会公共服务能力】 5月13日，学会组织召开科技成果评价会，对西华大学、中国农业大学、江苏沃得农业机械股份有限公司、四川省农机化技术推广总站等单位完成的"川渝丘陵山地小麦、玉米机械化生产模式与推广应用"项目的相关科技成果进行了评价。专家组由7位专家组成，中国工程院罗锡文院士担任组长，中国农机化协会会长刘宪研究员担任副组长。科技成果评价工作的开展，进一步拓展学会承担政府转移职能的能力和服务范围。

【积极推进农业工程类工程教育认证工作】 本着"优势互补、公益推动、共促发展"的原则，联合中国农业工程学会、中国农业机械工业协会、教育部高等学校农业工程类专业教学指导委员会共同推动农业工程类工程教育认证工作的开展。在康绍忠院士的领导下，与中国工程教育认证协会秘书处进行充分沟通，完成申请材料的提交。

实施中国科学技术协会工作 有效提升学会地位

【积极参加中国科协相关联合体工作】学会作为"中国科协智能制造学会联合体"成员单位，组织参加"2022年世界智能制造十大科技进展，中国智能制造十大科技进展"的评选活动，共推荐3个项目参加评选。参加联合体主席团（扩大）会议；参加"科创中国"智能制造服务团走进佛山活动；参加联合体组织的"制约智能制造发展的重大问题研究"课题的相关问题的征集工作；参加"'科创中国'装备制造领域先导技术榜单""第二十五届中国科协求是杰出青年成果转化奖"等推荐与评选。

学会作为"'科创中国'联合体""智慧农业创新联合体""科创中国·乡村振兴学会联合体""科创中国·创新设计联合体"成员，也积极参与了相关活动。

【承办"2022年世界智能制造大会"分论坛"智能制造助力农业现代化发展论坛"】2022世界智能制造大会"智能制造助推农业现代化发展分论坛"于11月23日下午在南京国际博览会议中心胜利召开，来自高校、科研院所、企业的代表约100人线下参加论坛，3 000余人通过线上方式参加论坛。论坛以"数智赋能农机装备 护航国家粮食安全"为主题聚焦智能制造助推农业现代化技术发展方向，邀请国内外专家通过主题报告和圆桌对话的方式，聚焦前沿、面向未来，积极探索智能制造在促进农业现代化发展中的技术路径和重点发展方向，推动智能制造与农业产业的深度融合，会议取得圆满成功。

【有效承担科协项目，提升学会服务能力】2022年学会积极申请并承担完成"人社部2022年高级研修项目""2022年公共服务能力提升项目""'科创中国'科技服务团示范项目""学会学术服务工作类项目""学术会议数字资源采集项目""中国特色一流学会建设项目""党建强会项目""党建调研项目""国际组织会费项目"等，有效提升学会的服务能力。并积极参与编制《重要学术会议指南（2022）》《2022重大科学问题、工程技术难题和产业技术问题征集》，以及中国科协布置的相关政策文件、活动、倡议、表彰、奖励等的推荐、意见反馈及复函等各项工作。

【开放合作，提升学会国际影响力】2022年学会继续与国际农业与生物工程学会（CIGR）以及亚洲农业工程学会（AAAE）保持密切联系，负责CIGR主办期刊 CIGR Journal 的日常管理、编辑出版、期刊发展报告的撰写及年度优秀论文、优秀栏目主编的推荐评选等工作，2022年 CIGR Journal 完成4期，90篇论文的编辑出版工作。学会还参与联合组织"一带一路"中国农机企业家发展联盟并开展启动仪式活动，助推农机领域新技术的引进和国际市场的拓展，为国内农机企业的转型升级提供服务。

中国农业工程学会

【概述】2022年中国农业工程学会坚持以习近平新时代中国特色社会主义思想为指导，全面宣传贯彻落实党的十九大和十九届历次全会精神、党的二十大精神以及中央农村工作会议精神，增强"四个意识"、坚定"四个自信"、做到"两个维护"。学会党委高度重视，把学习宣传贯彻党的二十大精神摆上重要议程，充分发挥把方向作用，团结凝聚广大农业工程科技工作者把思想和行动统一到党的二十大确定的各项任务上来，把会议精神落实到各项工作中去，充分发挥学会组织优势，团结凝聚广大农业工程科技工作者坚定创新自信，勇攀科技高峰，为全面推进乡村振兴、加快建设农业强国贡献力量。

【办好品牌学术会议，强化学术引领】一是组织举办高质量学术会议10余个。学会与各分支机构互相支持，与各兄弟学会密切协作，克服疫情影响，以线上线下结合的形式组织举办了中国科协农业人工智能高层次专家研讨会、农业工程学科创新与发展研讨会暨汪懋华院士从事农业工程事业70年纪念学术活动、中国农业工程学会农业水土工程专业委员会第十二届学术研讨会、2022年全国农业信息与电气工程学术年会、中国农业工程学会土地利用工程专业委员会第三届学术年会暨生态文明与土地综合整治学术研讨会、空间信息技术赋能乡村振兴高端论坛、青年科研技能提升专题论坛、2022耒耜国际会议、2022大循环：农业农村碳中和—沼气工程的贡献国际研讨会、2022发展中国家可再生能源发展研讨会、中西部农产品加工高峰论坛暨河南省农产品加工与贮藏工程学会第八次学术年会、第3期科创中原论坛——中国（郑州）生物质氢烷联产与零碳利用技术国际高端论坛、2022年海南省智能农业装备学术交流会、中国北斗大会暨中国卫星导航与位置服务第十一届年会等层次高、内容丰富、学术氛围浓厚、交流效果显著的高质量学术会议10余个，拓宽了学术交流广度和深度，有效推动了农业工程科技创新。二是组织推荐2022年重要学术会议6个。优化学术生态，促进农业工程领域学术会议繁荣发展和规范管理，推动学术会议质量提升，学会组织开展了2022年重要学术会议遴选推荐工作，成功推荐6个重要学术会议并被中国科协收录于《重要学术会议指南（2022）》。

【持续举办大学生"双创"大赛，培养农业工程科技创新生力军】中国农业工程学会持续加强大赛集群建设，组织举办第七届国际大学生智能农业装备创新大赛、第三届华维杯全国大学生农业水利工程及相关专业创新设计大赛、第二届全国大学生土地整治与生态修复工程创新设计大赛、第二届中国农业机器人创新大赛等大学生"双创"大赛4个，线上线下参赛师生3 525人，线上观看4 000余人次，充分激发"双创"活力，为农业工程领域培养了一批科技创新生力军。

【不断提高期刊出版质量，加强学术期刊建设】 中国农业工程学会多措并举持续提高《农业工程学报》《国际农业与生物工程学报（IJABE）》《农业工程技术》3个品牌学术期刊出版质量，坚持内容为王，质量为本，三审三校，严格把关，加强学术期刊建设。

《农业工程学报》被EI收录，连续入选中国"百强报刊"、卓越期刊计划、最具传播力期刊、中国农林领域高质量科技期刊分级目录第一区（T1），在21种农业工程类期刊中综合评价总分、核心总被引频次、学科影响、学科扩散指标多项排名第1。全年出刊24期，增刊1期，刊载文章883篇，并在线上同步发布传播。

英文刊《国际农业与生物工程学报（IJABE）》影响因子达到1.885，居全球农业工程学科第6进Q2区，被SCI收录。全年出刊6期，刊载文章182篇。"IJABE"微信公众号发布文章235篇，加强与国内学者的学术交流。

《农业工程技术》作为大型科普类期刊，分为综合版、温室园艺和农业信息化三大板块。全年出刊36期，刊载文章1 392篇。"农业信息化"微信公众号发布原创文章650篇，加强宣传推广。

【持续开展学科发展研究，引领农业工程学科发展】 一是编制学科发展研究报告。积极组织申报2022年学科发展引领工程—学科工程学科发展研究项目，同期启动《学科发展研究报告（2016—2021年）》编制筹备工作，组织召开专题研讨会和工作推进会各1次，确定编写组，讨论通过编写提纲及工作安排，推动编写工作有序开展，引领学科发展。二是制作"院士说专业"宣传片。积极沟通组织与中国青年报社、中国工程教育认证协会、教育部教育质量评估中心、华南农业大学共同制作2022高招季"院士说专业"栏目系列宣传片——《农业工程专业如何走出科技范》《农业工程为现代农业发展插上科技的翅膀》，完成脚本撰写、视频拍摄、剪辑制作等工作，得到"学习强国"、中国青年报全媒体（微博、新浪网、视频号、抖音、快手、客户端、头条号等）、B站、工程教育认证、中国农业工程学会、农业工程学报、IJABE国际农业与生物工程学报微信公众号、阳光高考网等多家媒体平台的宣传播放，累计观看170余万人次，有效实现信息的全方位覆盖，形成了良好的舆论氛围，有效宣传农业工程学科，增强学科影响力。三是启动工程教育认证筹备工作。赴中国工程教育专业认证协会交流汇报获准在正式批准前启动相关工作，已完成补充标准、学科点统计、试点认证学校确认、认证专家管理办法宣贯、学科宣传等工作。四是完成设施园艺工程术语国家标准复审。

【提升科技成果评价服务，促进科技成果转移转化落地】 学会充分发挥优势，依托专家高端智库，以会议评价或通讯评价方式完成棉花长期膜下滴灌土壤生境要素变迁与调控机制、丘陵山地果园运输装备创制与产业化、制种产业发展规划目标指标体系研究、西北内陆干旱区主要作物水肥一体化关键技术创新与集成应用、农田精准平整技术与机具、农林废弃物载氧体气化制备合成气定向调控机制研究、"三全育人"格局下"以工强农、以融兴农"涉农专业人才培养体系构建与实践等7个科技成果评价，促进科技成果转移转化落地，助力高水平科技自立自强。

【持续开展人才举荐，激励科技创新和人才成长】 为树立科技创新典范，发挥示范引领作用，学会积极组织开展人才举荐与培养，完成推荐第十七届中国青年科技奖、第十八届中国青年女科学家奖、2021年度未来女科学家计划、第五届杰出工程师奖、中国科协科技人才奖项评审专家、"零碳中国"评价标准专家委员会委员、2022年中国科技期刊卓越行动计划（优秀主编、优秀编辑、优秀审稿人）、中国科协科技工作者之家"最美组织志愿者"等多种奖项候选人115人次，有效激励科技创新和促进优秀科技人才成长。

【全面开启职业技能教育培训，推进乡村振兴人才队伍建设】 为加强乡村振兴人才队伍建设，培养乡村规划设计建设管理人才，学会启动职业技能教育培训工作。7月25—30日，首届乡村规划师培训班在重庆成功举办，重庆市各区县农业农村部门50名乡村规划管理及从业人员参加了培训。此次培训活动是与农业农村部规划设计研究院、重庆市农业农村委员会和重庆市乡村振兴局共同主办，探索了学会与科研院所、地方政府部门合作开展培训的机制模式，学会将以此为新的起点，进一步总结经验、查找不足，密切合作，坚持不懈地搭建"三师"培训平台。8月17日，中国农业工程学会教育培训启动会在武汉召开，这标志着学会职业技能教育培训工作全面开启，也标志着学会六大功能任务的完善，学会将通过与政府、院校、机构、企业等单位合作，开展"新农人"专项技能培训、乡村"三师"培训、农业农村领导干部培训以及高校及职业技能院校培训，加强农业工程普及与推广，努力为全面推进乡村振兴、加快农业农村现代化贡献智慧和力量。

【发挥专家智库作用，助力湖南乡村产业振兴】 承担中国科协"科技创新推动湖南乡村产业振兴的对策研究"项目，该项目由张辉理事长、罗锡文院士、朱明常务副理事长领衔。张辉理事长亲自挂帅，秘书处协调配合，组织乡村规划与设计工程专委会实施，院规划所及各部门参与，与湖南团队及31家调研单位一道克服新冠疫情对实地调研的影响，组织了对10余个单位的书面调研，10余次线上研讨会，多次线下讨论会，研究课题提纲具体内容，分析湖南科技创新推动乡村产业发展形势、存在问题，研讨对策措施，并邀请印遇龙、刘仲华、柏连阳、邹学校4位湖南籍院士，邓庆海、梅旭荣、杨礼胜3位农业农村部、中国农业科学院司局领导专家指导咨询。高质量完成中国科协年会院士专家座谈会十大调研课题之一"科技创新推动湖南乡村产业振兴的对策研究"课题报告及现场宣传、现场汇报，项目成果获得中国科协万钢主席和湖南省毛伟明省长的高度赞赏。新闻联播、中国科协、湖南卫视、花垣县等中央及省市媒体报道10余次。

【组建"科创中国"农业工程科技服务团，助力产学研融合发展】 承担中国科协"科创中国"葡萄酒产业科技服务团和热带特色高效农业产业科技服务团项目，搭建科技成果转化对接平台，助力宁夏葡萄酒产业和海南热带特色高效农业产业高质量发展。

"科创中国"葡萄酒产业科技服务团重点服务宁夏银川市，聚焦宁夏葡萄酒产业和智慧农业需求，辐射山东潍坊，助力宁夏葡萄酒产业高质量发展。组织召开"科创中国"贺兰山东麓酿酒葡萄防灾减灾研讨会暨葡萄防灾减灾技术与人才培训会，助力宁夏贺兰山东麓乃至全国酿酒葡萄产业减损保产、提质增效，累计点击播放量2 100余人次；2次深入调研企业需求，专家现场把脉，发挥各自的专业优势和技术储备，为企业出谋划策，助力企业高质量发展；调研和在线征集54项科技成果，完成成果评价；线上开展科技成果推介与技术对接，达成成果转化对接合同5项，服务团作为第三方为促成甲乙双方合作发挥了桥梁纽带作用。农民日报、中国农网、CCTV-17农业农村频道、人民日报等中央媒体对"科创中国"葡萄酒产业科技服务团项目成果、典型案例等的宣传报道5项。

"科创中国"热带特色高效农业产业科技服务团，重点服务三亚崖州湾科技城，聚焦海南热带特色高效农业产业需求，辐射山东省潍坊市、宁夏银川市、云南省昆明市等试点城市（园区）相关产业需求，助力海南热带特色高效农业产业高质量发展。组织召开"科创中国"热带特色高效农业产业科技服务团启动会，获得了农民日报、海南三沙卫视等媒体的报道；与中国热带农业科学院联合举办"科创中国"热带特色高效农业产业科技服务团新型农业人才培训，深化了科教单位和生产经营主体及农户之间的合作交流，加快了新技术、新成果的应用推广效率，为地方产业高质量发展和促进农户增收提供了支撑；4次深入企业调研交流；发布"科创中国"科技成果征集通知，完成2个科技成果评价；线上举办"科创中国"成果推介与技术交流对接会2场，总浏览量达5 000人次，达成成果转化对接合同6项，技术需求研发合同3项，签约总额达人民币1 245万元促进产学研服用融合交流；人民政协网、人民资讯、新浪财经、农民日报、中国农科新闻网等多家媒体也对"科创中国"热带特色高效农业产业科技服务团启动会有关新闻进行了报道、转载。

【加大科普力度，促进全民科学素质提升】 一是加强科普宣传。线上，继续加强网站和新媒体建设，以官网、官微的科普专栏和"农业信息化"微信公众号为服务载体，大力宣传农业工程科学技术。线下，科普杂志《农业工程技术—农业信息化》出版12期，刊出科普文章600余篇。免费发放科普图书《农用无人机100问》，该图书荣获首届农业科技图书奖优秀奖。

二是建设科普示范基地。以中国科协"科创中国"农业工程科技服务团为依托，新建学会服务站1个。继续建设蛋鸡健康高效养殖科普基地（河北保定）、生态型沼气发酵气肥联产科普基地（河南西峡）、农用航空技术科普基地（江苏南京）等学会科普示范基地。

三是举办形式多样的科普活动。以网站科普专栏、科普期刊和科普示范基地为载体，以分支机构、地方学会和科普传播专家及其团队为抓手，在2022年"全国科技活动周"和第六个"全国科技工作者日"期间，以"创新争先、自立自强"为主题，组织开展了科技成果宣传推介活动、科技创造乡村未来高峰论坛以及院士说专业等形式多样的特色科普活动。

【加强国际交流，提升国际影响力】 一是拓展对外交流渠道。积极宣传第三个"世界工程日"活动。完成中国科协国际组织任职情况调研、国际组织任职平台数据维护。制定《中国农业工程学会关于吸收外籍科技人才入会的暂行管理办法》。二是继续办好品牌国际会议。6月28—29日，学会联合主办的2022未耜国际会议在江苏大学召开，200多名国内外专家学者以及企业负责人共谋新时期农业机械化、智能化高质量发展。学会支持举办了2022大循环：农业农村碳中和—沼气工程的贡献国际研讨会和2022发展中国家可再生能源发展研讨会，为早日实现碳达峰碳中和贡献专家智慧。

【加强一流学会建设】 以中国科协"中国特色一流学会（特色创新）建设"项目为抓手，加强顶层设计，将党的建设、学术交流、学术出版、科学普及、决策咨询、科技奖项、人才举荐、展览宣传、科创中国、学科竞赛等业务活动有机嵌入，构建学会服务在新发展格局下的信息化建设，探索实现科技工作者一站式连接，提升精准联系服务动员能力。

学会共有新媒体科学传播渠道10个，2022年新增"中国农业工程学会规划专业委员会"微信公众号1个，在第三方新媒体——今日头条和抖音分别开设"农业与生物系统工程"账号各1个。

加强官方网站平台建设与运维，重点新增"工程教育认证""研学平台""评价培训"等栏目，完成网站设计改版升级，开展了会员满意度调查。调查结果显示，会员对网站和微信（含学报、英文刊）信息实用性、及时性的整体满意度达到94%以上。

推动中国特色一流学会建设项目（特色创新）项目（2022年）实施，赴华中农业大学、中国农业科学院油料作物研究所、武汉大学等单位开展走访调研。

【加快推进会员入库，增强学会组织力、凝聚力】 全国学会会员入库是数字化转型的基础性工作，是中国科协的一把手工程，学会高度重视，积极行动，于10月31日前将原有会员系统中的会员数据完成入库；11月20日，学会召开常务理事会议，部署安排会员发展工作，动员党委委员、理事、监事、分支机构、地方学会和会员单位等大力发展本单位本领域科技工作者入会，同时发布《中国农业工程学会关于限时免费入会的通知》，号召广大农业工程科技工作者入会；12月27日，学会提前超额完成会员入库目标，切实增强了学会组织力和会员凝聚力，将学会建设成有温度、可信赖的网上科技工作者之家。

【加强业务工作能力，高质量完成中国科学技术协会综合专项调查统计20余个，荣获科协表彰】 年检、综合统计、年鉴、财务数据汇总统计、所属全国学会党委2021年度工作情况纪实调查问卷、中国科协党建引领学会事业发展问卷、中国科协"学术交流与学会服务工程"项目实施及绩效情况调研问卷、中国科协网络宣传平台调查问卷、国际组织任职情况调研问卷、中国科协学会党建研究会团体会员登记表、全国学会新媒体科学传播渠道统计表、科协系统网络平台建设备案登记表、2022年全国学会会员入库及更新工作调查问卷、全国学会收费行为和承担中国科协资助项目实施情况自查、全国性社会组织对外援助调查统计、全国学会财务管理问题表、学会不征税收入自查工作、非政府国际科技组织任职情况调查、女科技工作者组织建设状况调查、与上合组织及其成员国、东盟及其成员国交流合作项目报备表。学会荣获2022卷《中国科学技术协会年鉴》优秀组织单位表彰。

【加强秘书处队伍建设,参加中国科协、民政部及规划院培训、研讨活动10余次】 综合文稿起草专题培训、"2022年全国学会干部能力提升"网上专题培训、中国特色一流学会建设研讨交流活动、中国科协特色创新学会培训交流、2022年中国科协科普工作会议、社会组织助力乡村振兴工作推进会、2022年中国科协系统新媒体工作人员培训班、2022年学会科普人员专题研修班、2022年第七个全民国家安全教育日学习问答活动、全国学会办事机构人力资源管理百问研讨交流会、全国学会会员库建设交流研讨活动、从等级评估视角看内部治理工作专题活动等。

【加强分支机构管理】 修订《中国农业工程学会分支机构管理办法(试行)》;组织分支机构对照民政部通知确定的20项整治任务全面完成自查自纠;组织分支机构开展分支机构与企业开展合作活动自查自纠工作;组织开展新闻出版、广播电视领域规范使用汉字问题专项整治工作;成立乡村规划与设计工程专委会;学会十一届二次常务理事会会议审议通过了学术交流工作委员会主任委员变更为孟海波,农业航空分会主任委员变更为兰玉彬;7月28日,农业水土工程专委会完成换届;12月17日,农业系统工程专委会完成换届;接收分支机构申请6个,其中新增3个,更名1个;调查统计新设分支机构意见。

机构与负责人

农业农村部农业机械化主管部门

【农业农村部农业机械化管理司】

司长：冀名峰

一级巡视员：李安宁

副司长：王甲云　宋建武

二级巡视员：范学民

综合处

处长、一级调研员：李庆东

三级调研员：刘俊

四级调研员：孙超

政策规划处

处长：李琳

一级调研员：王国占

副处长：段冬冬

科技推广处

处长、一级调研员：刘小伟

二级调研员：丁仕华

三级调研员：林立

监督管理处

处长：刘晶

二级巡视员：范学民

二级调研员：吴迪

农业机械化业务部门

【农业农村部农业机械化总站】

站长、党委副书记：刘恒新

党委书记、副站长：刘旭

副站长：姚春生　徐振兴

党委副书记、纪委书记：李斯华

总工程师：金红伟

党委委员：仪坤秀

【农业农村部南京农业机械化研究所】

所长、党委副书记：周国民

副所长：曹光乔

党委副书记、纪委书记：肖体琼

协会

【中国农业机械化协会】

会长：刘宪

副会长、秘书长（兼）：王天辰

常务副秘书长：谢静

副秘书长：夏明　耿楷敏

　　　　　孙冬

地方农业机械化主管部门

【北京市农业农村局】

副局级领导：郑渝

农业机械化管理处

副处长：崔皓

【天津市农业农村委员会】

党委委员、副主任（副局长）：王志林

农业机械化管理处

处长、一级调研员：杨桂忠

副处长：鲁付常　沈孝均

【河北省农业农村厅】

副厅长：孙晨光

二级巡视员：李联习

农业机械化管理局

局长：金宇

【山西省农业农村厅】

副厅长：赵文志

农业机械化管理处

处长、二级巡视员：周进军

副处长：武国媛

【内蒙古自治区农牧厅】

一级巡视员：赵永华

农牧业机械化管理局

局长：徐大伟

副局长：白巨财

【辽宁省农业农村厅】

厅长：朱文波

副厅长：杨洪波

农机产业发展处

处长：王刚

副处长：马伟

农机生产管理处

处长：朱宝玉

副处长：高琼

【吉林省农业农村厅】

副厅长：马宏山

农业机械化管理处（局）

处（局）长：杨明

副处长：王雷

【黑龙江省农业农村厅】

副厅长：庞海涛

一级巡视员：孙化库

农业机械化管理处

处长：朱华生

副处长：邹林　于志刚　曹健　丁然

【上海市农业农村委员会】

副主任：叶军平

农业机械化管理处

处长：邢增涛

副处长：刘利光

【江苏省农业农村厅】

一级巡视员：沈毅

二级巡视员：孙俊华

农机行业发展处
　　副处长：赵红彬
　　　　　　茅迎春
　　　　　　吕瀚
农机装备处
　　处长：张耀春
农机监督管理处
　　处长：张瑞宏

【浙江省农业农村厅】
　　厅党组成员：陈良伟
农业机械化与数字化处
　　处长：孙奎法

【安徽省农业农村厅】
　　副厅长：潘鑫
农机管理处
　　处长：陈发明
农机装备处
　　处长：张道华

【福建省农业农村厅】
　　副厅长：梁全顺
农机化管理处
　　处长：杨斌

【江西省农业农村厅】
　　副厅长：邓贤贵
农业机械化管理处
　　处长：周欢胜
　　副处长：付志勇　彭俊华

【山东省农业农村厅】
　　副厅长：马常春
农机化管理处
　　处长：王乃生

【河南省农业农村厅】
　　一级巡视员：凌中南
农机管理处
　　处长：黄全意

【湖北省农业农村厅】
　　副厅长：项克强
农业机械化管理处
　　处长：陈汉秋

【湖南省农业农村厅】
　　副厅长：龚昕
农业机械化管理处
　　处长：张才道
　　副处长：谭华坤　赵峰

【广东省农业农村厅】
　　书记、厅长：刘棕会
　　二级巡视员：丘小华
农业机械化管理处
　　处长：于培松
　　副处长：邓玲玲
　　　　　　谭琼

【广西壮族自治区农业农村厅】
　　总农艺师：李如平
农业机械化管理处
　　副处长：伍勤忠

【海南省农业农村厅】
　　副厅长：杨建平
农业机械化管理处
　　处长：邬艳
　　副处长：王祥

【重庆市农业农村委员会】
　　副主任：詹仁明
农机化管理处
　　一级调研员（主持工作）：邱宁

【四川省农业农村厅】
　　副厅长：伍修强
农业机械化处
　　处长：杨建国

【贵州省农业农村厅】
　　副厅长：张元鑫
农业机械化管理处
　　处长：唐宇

【云南省农业农村厅】
　　副厅长：王平华
农业机械化管理处
　　处长：刘仕全
　　副处长：徐鸣

【西藏自治区农业农村厅】
　　党组成员：林木
农业机械化管理处
　　处长：杨建斌
　　副处长：徐子晟
　　　　　　格桑达娃

【陕西省农业农村厅】
　　副厅长：宁殿林
农业机械化管理处
　　处长：赵阳
　　副处长：高鹏

【甘肃省农业农村厅】
　　副厅长：常宏
　　二级巡视员：贾怀德
农业机械化管理处
　　处长：刘文武
　　副处长：邵博

【青海省农业农村厅】
　　副厅长：吴晓东
农业机械化管理处
　　处长：陕建忠
　　副处长：白延芳

【宁夏回族自治区农业农村厅】
　　总经济师：柴育东
农业机械化管理处
　　处长：闫向军
　　副处长：程晋辉

【新疆维吾尔自治区农业农村厅】
　　副厅长：李晶
农业机械化管理处
　　处长：吐尔洪·吐尔地
　　副处长：李广华　刘涛

【大连市农业农村局】
　　局长：邢芳
　　副局长：徐洪洲
农机管理处
　　处长：郭海辉
　　副处长：李冰

【宁波市农业农村局】
　　副局长：毛孟军
农机化管理处
　　处长：胡然挺

【青岛市农业农村局】
　　副局长：程兴谟
农业机械化管理处
　　处长：陈言智

【厦门市农业农村局】
　　局长：邱武伟
　　副局长：洪志伟
种植业处
　　处长：林永利

【新疆生产建设兵团农业农村局】
　　副局长：杨勇
农田建设管理处（农业机械化管理处）
　　处长：闫向辉

大 事 记

中 央 篇

2022年1月4日

农业农村部农业机械化总站印发《国家支持的农业机械推广鉴定证书及产品信息变更程序》(GTJ02—2021)、《国家支持的农业机械推广鉴定信息公开程序》(GTJ11—2021)两个国推鉴定管理制度。

1月6日

农业农村部农业机械化总站发布《2021年国家支持的农业机械推广鉴定任务完成情况的通报》(农机化总站〔2022〕2号)。

1月7日

农业农村部农业机械化总站向农业机械化管理司提交《2021年1—12月份事故统计报告》,获冀名峰司长、宋建武副司长肯定性批示。

1月13日

农业农村部农业机械化总站配合农业机械化管理司印发《大豆玉米带状复合种植配套机具应用指引》,指导各地规范操作技术,促进培训指导。

1月

农业农村部农业机械化总站开展大豆玉米带状复合种植专用机具研发生产情况调研,起草《大豆玉米带状复合种植专用机具研发生产调研报告》获部领导肯定性批示。

农业农村部农业机械化总站承担的精准农业应用项目完成北斗基准站子系统承建单位自验收,承建单位自然资源部第二大地测量队、新疆维吾尔自治区农牧业机械推广总站分别提出验收申请。

2月16—25日

农业农村部农业机械化总站副站长姚春生等人赴重庆参加国务院安委会春节冬奥期间安全生产督导检查。

2月22日

农业农村部公告第530号批准发布31项农机推广鉴定大纲,其中修订19项,制定12项,自2022年2月22日起实施。截至2022年底,现行有效农业机械试验鉴定通则达到6项,农机推广鉴定大纲达到278项。

2—11月

农业农村部农业机械化总站和中国农业机械化协会联合组织开展丘陵山区适用农业机械遴选推荐活动。经初审、专家评审以及公示等遴选程序,公布110家企业的308个型号产品,涵盖粮食作物、油料作物、蔬菜生产的耕、种、管、收及初加工等环节的中小型农业机械产品。

2—12月

农业农村部农业机械化总站印发《关于开展全国农机普法作品征集活动的通知》(农机化总站〔2022〕13号),向全国征集优秀农机安全普法作品201个,经过初评、网络投票、专家评审等环节遴选出49个优秀作品,编印通报和作品集,并在中国农机化信息网选编部分作品进行展播。

3月8日和6月23日

农业农村部农业机械化总站两次发布《关于2022年国推鉴定证书到期换证申报的通知》,提醒获证企业对有效期至2022年12月31日的证书及时提交换证申请,避免证书失效。

3月15日

农业农村部农业机械化管理司印发《关于下达2022年农业机械推广鉴定大纲制修订计划的通知》(农机管〔2022〕7号),下达农机推广鉴定大纲制修订计划28项,其中制定14项,修订14项。

3月22—25日

农业农村部农业机械化总站组织专家组小麦专业组开展小麦机收减损技能网络培训,视频点击量超过4万次。

3月30日

农业农村部农业机械化总站联合农业农村部南京农业机械化研究所、农作物生产全程机械化专家指导组举办大豆玉米带状复合种植全程机械化技术网络培训,参加人数超过2.3万人,涉及731个县(市、区、旗)。

3月

农业农村部农业机械化总站委托中央国家机关政府采购中心完成精准农业应用项目社会化服务平台的招标工作,北京派得伟业科技发展有限公司中标。社会化服务平台提供农机试验鉴定、自愿性认证、农机质量管理等信息化服务，实现百万量级农机北斗终端传输数据管理。

4月11日

发布《2022年第一批国家支持的农机推广鉴定结果的通报》（农机化总站〔2022〕32号），公布67家企业生产的126种产品通过国家支持的推广鉴定，更换17家企业生产的90种产品的推广鉴定证书，对1家企业生产的2种产品撤销推广鉴定证书，对11家企业生产的35种产品注销推广鉴定证书，对1家企业生产的3种产品补发推广鉴定证书，对2家企业生产的3种产品调整所属品目。

4月12日

中国农业机械化信息网信息中心印发《中国农业机械化信息网2022年宣传工作重点》，引导全国农机化系统围绕行业中心工作强化信息宣传，助力农业机械化高质量发展。

4月13日

农业农村部农业机械化总站协助印发《"十四五"时期"平安农机"创建活动工作方案》（农机发〔2022〕1号），对新一轮"平安农机"创建活动的开展提出明确要求。

农业农村部农业机械化总站协助印发《农机安全生产大检查工作方案的函》（农机管〔2022〕13号），严格落实"管行业必须管安全、管业务必须管安全、管生产经营必须管安全"的要求，进一步压实责任、落细措施，抓好农机安全生产各项工作。

4月22日

全国农业机械标准化技术委员会农业机械化分会组织召开农业机械化领域推荐性国家标准复审会议，完成11项推荐性国家标准复审任务，其中复审结论为继续有效4项，修订7项。

4—9月

农业农村部农业机械化总站副站长姚春生等先后赴国家体育总局、重庆、西藏、人社部、全国妇联参加国务院2021年度省级政府安全生产和消防工作考核巡查及国务院安委会成员单位安全生产工作考核、全国安全生产大检查综合督导检查"回头看"。

5月12日

农业农村部农业机械化总站技术评价处和北京东方凯姆质量认证有限公司采取远程视频组织2022年春季检查员/审核员培训班，80多名相关人员参加培训，刘旭书记参会。

5月17日

中国农业机械化信息网信息中心印发《关于进一步做好"三夏"农机化生产信息报送工作的通知》，引导全国农机化系统落实全国"三夏"生产视频调度暨小麦机收工作部署会精神。

5月26日

农业农村部农业机械化总站以部省市县"四级联训"线上直播形式举办谷物机收减损机械化技术培训班，贯彻落实《农业农村部办公厅关于将机收减损作为粮食生产机械化主要工作常抓不懈的通知》（农办机〔2021〕10号）有关部署要求。全国水稻、小麦主产区有关省重点县的农机技术推广人员、农机手、种植大户共3.3万人次参加培训。

5月28日

农业农村部农业机械化总站与农业农村部农机作业监测与大数据应用重点实验室（中国农业大学）联合推出的基于北斗的农机作业大数据分析成果"麦收快讯"被农业农村部官网"三夏进行时"栏目整体采用，动态反映每日小麦机械化收获、优秀作业机手作业情况、作业量和作业效率。

6月4日

农业农村部农业机械化总站印发《关于做好柴油机排放标准升级农业机械试验鉴定获证产品信息变更等相关工作的通知》（农机化总站〔2022〕47号），明确农机鉴定获证产品排放标准升级信息变更工作的总体安排、措施流程和具体要求。

6月4日、6月12日和12月23日

农业农村部农业机械化总站发布《关于做好柴油机排放标准升级农业机械试验鉴定获证产品信息变更等相关工作的通知》（农机化总站〔2022〕47号），就《关于做好柴油机排放标准升级农业机械试验鉴定获证产品信息变更等相关工作的通知》答记者问和《关于柴油机排放标准升级农业机械试验鉴定获证产品信息变更的补充通知》（农机化总站〔2022〕185号），明确农业机械排放标准"国三"升级"国四"工作的总体安排、产品范围、工作程序和相关要求。

6月13日

"中国农机化"微信视频号开通，全年共发布农机化视频15条，为农业农村部农业机械化总站和有关省份播发全国农机化网络直播9场次。

6月16日

农业农村部农业机械化总站组织召开《大豆玉米带状复合种植播种机》《油菜移栽机》等两项农机推广鉴定大纲审定视频会议，两项大纲均通过审定。

6月18日

中央电视台晚间新闻以农业农村部农业机械化总站、农业农村部农机作业监测与大数据应用重点实验室（中国农业大学）联合推出的"麦收快讯"为主要内容，制作播出了8分钟的小麦机收专题新闻"卫星见证：奔跑的三夏"，用精准农业应用项目"麦收快讯"成果直观首次反映我国小麦机械化收获的动态。新闻短片上线后获得广泛关注，6月19日冲上百度热搜最高排名第三名，当日全网点击量超过480万次。

6月24日

农业农村部农业机械化总站发布《关于增补国家支持的农业机械推广鉴定发证评审专家的函》（农机化总站（鉴）函〔2022〕62号），聘任总站及其他14个农机试验鉴定机构推荐的53名同志为国推鉴定发证评审专家，加强国推鉴定评审专家队伍建设。

农业农村部农业机械化总站组织举办2022年东北黑土地保护性耕作技术线上培训活动，农业农村部东北黑土地保护性耕作专家指导组及四省（区）保护性耕作专家指导组成员，保护性耕作重点开展县的农机技术推广人员、高标准应用基地负责人以及项目实施主体等共计6 000余人参加活动。

农业农村部农业机械化总站协助制定《农机安全生产重大事故隐患判定标准（试行）》（农办机〔2022〕7号），研究提出相关管理措施，切实抓好农机重大安全风险防范化解工作。

6月

农业农村部农业机械化总站组织提出"东北黑土地高产增效保护性耕作"一项重大科技命题，以及"大中型玉米联合收获机秸秆处理与条带铺放通用装置的研制推广""谷物高质低损智能联合收获技术""多地域、全方位、高适应马铃薯全程机械化技术装备研发与推广体系构建"三项重大产业技术需求。

农业农村部农业机械化总站派出5人次分赴安徽、河北、甘肃、河南、山东五省开展"三夏"小麦机收专项指导工作。

中央电视台农业农村频道16次（日）以农业农村部农业机械化总站、

农业农村部农机作业监测与大数据应用重点实验室（中国农业大学）联合推出的"麦收快讯"为主要内容，播报全国小麦机械化收获动态。

农业农村部农业机械化总站以"云直播+线下"等方式，组织各地开展农机"安全生产月"活动。在中国农机化信息网和农业农村部农机推广与监理网开设宣传专题，全国3.55万人次参加同期开展的农机安全法规知识竞赛。活动期间，免费向农机手发放3.38万条反光标识和6 000套农机安全宣传挂图，落实为农民办实事工作。总站站长刘恒新出席活动并讲话。

7月5—7日

国家认证认可监督管理委员会（国家认监委）强制性认证检查组对北京东方凯姆质量认证有限公司进行3C认证专项监督现场检查，针对公司管理体系运行情况和认证业务开展情况提出有针对性的建议。刘旭书记要求全面梳理检查中发现的问题，制定行之有效的整改措施并积极落实。

7月6日

农业农村部农业机械化总站发布2022年第二批国家支持的农机推广鉴定结果的通报（农机化总站〔2022〕69号），公布85家企业生产的178种产品通过国家支持的推广鉴定，更换7家企业生产的32种产品的推广鉴定证书，对8家企业生产的37种产品注销推广鉴定证书，对1家企业生产的1种产品补发推广鉴定证书，对1家企业生产的1种产品调整所属品目。

7月11日

农业农村部农业机械化总站向农业机械化管理司提交的关于加强农机安全工作的报告，得到冀名峰司长和宋建武副司长肯定性批示。

7月14日

农业农村部农业机械化总站在浙江平湖举办全国绿色农机化新技术培训班暨"设施日"活动，活动主题聚焦设施蔬菜全程机械化解决方案，推进设施蔬菜全程机械化进程，采用理论教学与现场演示观摩、线上线下相结合的方式进行，近40台（套）设施蔬菜生产相关机具参与现场作业演示，涉及捡拾、整地、起垄、深耕、精量播种、移栽、植保、水肥一体、智能灌溉、叶菜收获与运输、废弃物处理、土壤消毒等生产环节。来自全国各省（区、市）农机推广工作负责同志、平湖市乡镇农机合作社理事长等近80人参加现场演示培训，10.3万多人观看线上直播。

7月19日—12月31日

农业农村部农业机械化总站采取"双随机、一公开"的方法，组织20家农业机械化试验鉴定机构开展推广鉴定证书监督检查工作。2022年证后监督证书总数为200张。12月30日，发布《关于2022年农业机械化推广鉴定证后监督结果的通报》，本次监督共有162张证书证后监督结论为"合格"；6张证书证后监督结论为"整改确认后合格"；32张证书证后监督结论为"不合格"。对不合格产品进行撤销证书的处理。

7月26日

农业农村部农业机械化总站在山东省肥城市举办大豆玉米带状复合种植全程机械化技术培训班，针对大豆、玉米除草剂不兼容、易产生药害等问题，开展大豆玉米带状复合种植双系统分带喷杆喷雾机作业演示和田间实训，展示演示复合种植适用机具80余台套，系统讲解生产问题及机械化应对措施，3万余名基层农机技术推广人员、农机手和种植大户通过线上线下相结合的方式参加培训。

7月27—30日

农业农村部农业机械化总站在湖南省对新研制的4种再生稻收获机按照性能测试、生产考核和专家评价的程序开展综合测评，罗锡文、陈温福、柏连阳、单杨4位院士及有关专家就再生稻收获机性能进行研讨评价，提出将综合测评作为生产急需农机产品纳入研发制造推广应用一体化试点的依据。

8月1日

农业农村部农业机械化总站印发《关于公布农机试验鉴定大纲专家库专家名单的通知》（农机化总站〔2022〕88号），决定聘请245位同志作为农机试验鉴定大纲专家库专家，聘期自2022年8月1日至2025年7月31日。

8月3—4日

农业农村部农业机械化总站在贵州省贵阳市举办2022年全国农机职业技能评价考评员培训班，来自全国各省（区、市）农机职业技能鉴定站、工作站、培训鉴定基地的管理人员和考评人员共100余人参加培训。

8月4—5日

农业农村部农业机械化总站在青海西宁举办农业机械推广鉴定规范实施培训班。来自全国20余家农业机械试验鉴定机构、80余家农机生产企业以及部分检测机构150余名代表参加培训。

8月10日

农业农村部农业机械化总站在江苏省盐城市举办农机推广鉴定大纲宣贯培训班，解读新发布的《投（饲）饵机》等8项推广鉴定大纲和《大豆玉米带状复合种植播种机》《油菜移栽机》两项推广鉴定大纲公示稿，全国8个省级农机试验鉴定机构的30余名农机鉴定员参加现场培训，北京、河北、湖南、甘肃、贵州等地农机鉴定机构组织参加线上学习。

8月11日

农业农村部农业机械化总站200马力拖拉机牵引试验负荷车升级改造顺利通过验收，标志着总站的拖拉机牵引试验能力再上新台阶，达到国内领先水平。

8月17日

农业农村部农业机械化总站在安徽省芜湖市组织召开农机购置补贴采信认证结果工作研讨会，总站党委书记刘旭、部农业机械化管理司李伟处长、总站相关处室、农机工业协会、农机流通协会、相关省农机主管部门、检验检测机构、认证机构及农机生产企业共40余名代表出席会议。刘旭书记指出当前认证工作面临的新发展机遇和新挑战，要以"量、质、效、能"四字为指引，为推进农机化转型升级提供技术支撑和服务保障。

8月18日

农业农村部农业机械化总站在河北省石家庄市举办全国农机安全监理岗位人员培训班。全国共60余人参加。培训班围绕典型经验交流等为重点，加强农机安全监理岗位人员业务知识更新，提升监理人员业务能力。总站党委副书记、纪委书记李斯华出席开班式并讲话。

8月18—19日

根据《关于农业农村部饲料质量监督检验测试中心（济南）等3家机构开展现场评审的通知》（农质测函〔2022〕92号文）要求，由4位评审专家组成的评审组对总站实验室进行为期两天的资质认定扩项评审。通过评审，认为总站实验室（中心）具备种植机械等3大类共4个产品检测的能力。针对现场评审提出的不符合项，总站及时完成整改并报送报告。

8月19日

农业农村部农业机械化总站配合农业机械化管理司完成再生稻收获机测评后续工作，起草《关于再生稻收获机综合测评有关情况的报告》，获得张桃林副部长肯定性批示。

8月24—25日

全国农业机械标准化技术委员会农机化分会在黑龙江省佳木斯市举办农业机械化标准编写与宣贯培训班，讲解国家和农业农村部有关标准化工作要求、农业机械化标准制修订工作程序和要求，解读《甘蔗全程机械化生产技术规范》等5项重点农业行业标准。相关代表50余人参加现场培训，河北、内蒙古、江西、湖北、湖南、四川、贵州、甘肃等地相关单位参加线上学习。

8月26日

农业农村部农业机械化总站协助部农业机械化管理司组织开展"三秋"农机安全生产重点工作部署视频会议。农业农村部办公厅、农业机械化管理司有关领导，农机化总站和各省（自治区、直辖市）农业农村厅和农机安全监理机构相关人员参加会议。农业农村部农机化管理司副司长宋建武出席并讲话。

8月29日—9月3日

农业农村部农业机械化总站派员赴湖北、广西开展农机安全生产督导调研，并提交调研报告，报告获得张桃林副部长肯定性批示。

8月31日—9月1日

农业农村部农业机械化总站在湖北省宜昌市举办全国农机社会化服务培训班，来自全国各省（区、市）农机合作社工作负责人、辅导员和带头人以及合作社代表共计80多人参加培训研讨。

9月2日

农业农村部农业机械化总站在山东省潍坊市召开动力机械试验鉴定和推广技术研讨会，总工程师仪坤秀出席并讲话，相关鉴定机构及拖拉机先进性评价专家组成员共20多名代表参加会议。

9月6—7日

农业农村部农业机械化总站在陕西省延安市举办农机推广鉴定大纲编写培训班，培训有关农机鉴定机构、推广机构、检测机构、科研院所、生产企业等相关人员80余人。

9月8日

农业农村部农业机械化总站联合农业农村部农作物生产全程机械化专家指导组、宁夏回族自治区农业农村厅在青铜峡市组织大豆玉米带状复合种植机械化收获技术培训，通过"中国农机化"视频号全程网络在线直播，采用线上线下相结合方式培训基层农机推广人员、农机手和种植大户2万余人。

经过1年试运行，农业农村部农业机械化总站承建的精准农业应用项目社会化服务平台机房与项目智慧演示中心在北京完成自验收。

9月14—15日

农业农村部农业机械化总站在湖南省长沙市组织召开农业机械推广鉴定大纲审定会，对《鲜食玉米收获机》等28项推广鉴定大纲进行审查，其中27项大纲通过审定。

9月19日

农业农村部农业机械化总站配合农业机械化管理司起草了《2022年"三秋"机械化作业服务价格和成本变化趋势调查报告》，由《农业机械化情况》第22期刊发，并获副部长张兴旺肯定性批示。

为贯彻落实《农业农村部办公厅关于做好"三秋"机械化生产工作的通知》精神，农业农村部农业机械化总站积极开展三秋机械化生产技术指导服务工作，起草《2022年三秋机械化生产技术指导意见》（农机科〔2022〕109号）由农业机械化管理司于9月19日印发。

全国首批200～220马力轮式拖拉机自愿性产品认证证书发放。首批6家企业包括山东五征、江苏常发、潍柴雷沃、常州东风、洛阳一拖、江苏沃得。

9月20日

农业农村部农业机械化总站在福建省莆田市举办农业机械安全技术标准及规范培训班，来自全国各级农机化主管部门、农机安全监理机构、农业综合行政执法机构及有关单位从事农机安全生产工作的相关人员百余人参加培训。总站副站长姚春生出席培训班并讲话。

9月21—22日

全国农业机械标准化技术委员会农机化分会在福建省宁德市组织召开五届四次会议暨标准审定会，审定通过《撒肥机 作业质量》等5项农业行业标准。

9月23日

农业农村部农业机械化总站通过线上视频方式举办全国粮食机收减损技能大比武培训班，来自全国各级农机化主管部门（中心）、农机（技）推广及鉴定部门负责机收减损人员、各级农机合作社辅导员、农机服务组织带头人，农机生产企业和其他相关企事业单位的工作人员共8 000余人参加线上培训。

9月26—27日

农业农村部农业机械化总站在河南洛阳举办2022年全国农业机械化信息宣传工作培训班。有关省份、计划单列市农机化主管部门、农机试验鉴定、技术推广、安全监理机构从事信息宣传工作的代表65人参加培训。总站副站长涂志强出席开班式并讲话。

挂靠农业农村部农业机械化总站的中国农业机械化协会农机鉴定检测分会在山东省济宁市兖州区举办免耕播种机部分参数实验室间比对活动，13家农机鉴定机构参加活动。比对项目为免耕播种机的行距、地轮直径和动土率。

9月27日

农业农村部副部长张兴旺到总站调研并检查安全生产工作，听取农机安全生产风险点和应对措施、农机安全文化宣传等情况的汇报。

9月29日

农业农村部农业机械化总站在江苏省常州市召开农业轮式拖拉机先进性评价评审会。总站总工程师仪坤秀出席并讲话，来自农机鉴定、推广和检测机构的20余名评审专家参加评审会。

10月14日

全国农业机械标准化技术委员会农机化分会印发《"十四五"农业机械化标准体系建设指南》。明确到2025年，制修订农业机械化领域相关标准100项，基本实现主要作物、重点机具、关键环节的农业机械化标准全覆盖，基本形成政府颁布标准与市场自主制定标准协同发展、协调配套、互为补充的工作局面，基本建成以国家标准为龙头、行业标准为主体、地方标准和团体标准为补充的支撑推动农业机械化全程全面和高质量发展的标准体系。

10月21日

农业农村部农业机械化总站印发《关于公开征集"十四五"农业机械推广鉴定大纲制修订项目建议的通知》（农机化总站〔2022〕143号），重点围绕粮食、油料生产所需机具、种业生产和保护性耕作机具、大型大马力高端智能农机装备和丘陵山区适用小型机械、畜牧养殖机械、水产养殖机械、设施农业机械、农产品初加工机械以及生产急需、高效节本、绿色环保、智能安全农机装备等方面，面向社会公开征集推广鉴定大纲制修订项目建议。

10月30日

农业农村部农业机械化总站配合农业机械化管理司起草发布《2023年东北黑土地保护性耕作行动计划技术指引》（农机科〔2022〕117号），指导四省区推进东北黑土地保护性耕作行动计划实施。

10月

农业农村部农业机械化总站作为第一完成单位的"基于自动导航的粮棉生产机械化技术研究与推广应用"获得2019—2021年度全国农牧渔业丰收奖农业技术推广成果奖二等奖。

11月2日

农业农村部农业机械化总站联合山东省农业农村厅、青岛市农业农村局、胶州市人民政府联合举办大豆玉米带状复合种植全程机械化收获技术培训，线上线下相结合方式培训基层技术人员和机手1万余人，大豆玉米双系统一体化专用收获机首次作业演示。

11月4—7日

农业农村部农业机械化总站组织召开新一轮"平安农机"创建活动评审工作会议。共有6组评审专家对27个省（区、市）组织申报的7个"平安农机"示范市，97个"平安农机"示范县进行评审，形成初审报告。

11月8日

农业农村部农业机械化总站发布《2022年第四批国家支持的农机推广鉴定结果的通报》（农机化总站〔2022〕150号），公布156家企业生产的314种产品通过国家支持的推广鉴定，更换7家企业生产的297种产品的推广鉴定证书，对1家企业生产的1种产品注销推广鉴定证书，为1家企业的9种产品补发推广鉴定证书。

11月11日

农业农村部公告第618号批准发布160项农业行业标准，自2023年3月1日起实施。其中包括《丘陵山区农田宜机化改造技术规范》等农业机械化领域农业行业标准12项。截至2022年底，现行农业机械化领域国家标准达到16项，农业行业标准达到380项。

11月25日

农业农村部农业机械化总站印发《关于调整农机专项鉴定大纲计划备案审核专家工作组的通知》（农机化总站〔2022〕168号），对农机专项鉴定大纲计划备案审核专家工作组成员进行调整，由原来的7位增加到21位。专家工作组全年共完成10批次80项农机专项鉴定大纲制修订计划备案评审，其中同意备案53项，不予备案27项。

11月28日

全国农业机械标准化技术委员会农机化分会印发《关于公开征集2023年农业机械化领域农业行业标准制修订项目建议的通知》，重点聚焦履行农业机械化管理职能、保障粮食和油料等重要农产品有效供给、促进补短板强弱项、改善农机作业条件、优化农机装备配置、加快智能农机装备推广应用、促进农业机械化安全发展和农业绿色发展等方面，面向社会公开征集农机化领域标准制修订项目建议。

11月29—30日

农业农村部农业机械化总站和北京东方凯姆质量认证有限公司采用线上线下结合的方式联合举办农机产品认证人员培训班，专兼职检查员及岗位人员共70余人参加培训。总站党委书记刘旭出席并讲话。

11月30日

农业农村部农业机械化总站发布《2022年第五批国家支持的农机推广鉴定结果的通报》（农机化总站〔2022〕175号），公布33家企业生产的59种产品通过国家支持的推广鉴定，更换3家企业生产的14种产品的推广鉴定证书，对4家企业生产的8种产品注销推广鉴定证书。

12月8日

农业农村部农业机械化总站以网络视频形式在广西壮族自治区北海市举办动力机械试验鉴定和技术推广培训班，总站总工程师仪坤秀出席开班式并讲话，来自各省（市、区）农机鉴定、检测机构，拖拉机、柴油机生产企业负责技术开发、质量管理、检测的相关人员100余人参加培训。

农业农村部农业机械化总站以线上线下相结合的方式在广西壮族自治区北海市举办丘陵山区和水田特色动力机械现场演示活动，中国工程院院士罗锡文、总站站长刘恒新、总工程师仪坤秀出席演示活动。

12月9日

农业农村部农业机械化总站通过线上方式举办丘陵山区农田农机作业通行条件建设技术培训班。来自全国各省、自治区、直辖市农机化主管部门、农机推广机构从事农田农机作业通行条件建设的工作人员99人参加培训。农业机械化管理司政策规划处一级调研员王国占、总站副站长姚春生出席培训班并讲话。

12月13—14日

农业农村部农业机械化总站通过线上方式举办农机购置补贴政策采信认证结果培训班，有关农机主管部门、鉴定机构、检验检测机构、认证机构、生产企业等190余名代表参加。总站党委书记刘旭出席并讲话。

12月14日

农业农村部农业机械化总站印发《农业轮式拖拉机先进性评价结果（第一批）公告》，发布19个产品达到国内领先（含）以上技术水平。

12月15日

农业农村部农业机械化总站举办农作物生产全程机械化现状与趋势网络在线技术讲座，粮棉油糖、果菜茶、中药材等13个专业组组长或秘书长开展研讨交流，刘恒新站长、罗锡文院士、王甲云副司长分别讲话，近1万名系统技术人员线上学习。

12月16日

农业农村部农业机械化总站举办粮油扩种增产减损全程机械化技术报告会，罗锡文院士、王汉中院士分别做专题报告，仪坤秀总工程师发布拖拉机先进性评价结果，徐振兴副站长讲解粮油菜机械化扩种增产减损技术与措施，近1万名系统技术人员线上学习。

12月27日

农业农村部农业机械化总站召开农机安全监理规范化建设工作推进会。全国各省（区、市）和新疆生产建设兵团农业农村部门的有关处室、农机安全监理机构相关同志百余人参加会议。总站副站长姚春生出席会议并讲话。

12月28日

农业农村部农业机械化总站配合农业机械化管理司组织完成主要农作物生产全程机械化示范县公示公告和通知

发布工作，北京市延庆区等114个县（市、区）为全国第七批率先基本实现主要农作物生产全程机械化示范县（市、区），辽宁省锦州市等14个设区市已于2022年整建制率先基本实现主要农作物生产全程机械化。

12月30日

农业农村部农业机械化总站发布《2022年第六批国家支持的农机推广鉴定结果的通报》（农机化总站〔2022〕190号），公布115家企业生产的284种产品通过国家支持的推广鉴定，更换6家企业生产的30种产品的推广鉴定证书，对1家企业生产的3种产品撤销推广鉴定证书。

12月

农业农村部农业机械化总站承担的精准农业应用项目完成了综合数据管理系统承建单位自验收，承建单位中国农业大学向总站提出验收申请。

农业农村部农业机械化总站承担的精准农业应用项目累计补助推广农机远程运维终端53.11万台，前装农机自动驾驶系统4 385套，全面完成项目建设任务。

中国农业机械化信息网全年发布农业机械化信息5.5万条，点击量居农机行业网站首位。

2022年

农业农村部农业机械化总站共接收推广鉴定申请1 734项，受理鉴定任务1 349个，接收证书及产品信息变更申请713项。

农业农村部农业机械化总站共发布六批推广鉴定结果通报，发放鉴定证书1 185张，对513张证书换发新证书，对37个产品撤销证书，对94个产品注销证书，对13个产品补发推广鉴定证书。

地 方 篇

北 京 市

2022年6月1日

北京市农业农村局、中国石化销售股份有限公司北京分公司、中国石油天然气股份有限公司北京分公司联合印发《北京市优先优惠保障农机作业用油工作方案》，在全市544个加油站开辟农机加油绿色通道，优先保证农机作业用油，同时享受不低于当地零售到位价3%的优惠。

11月8日

北京市农业农村局副局级郑渝、农业农村部农业机械化总站安全指导处处长李吉、副处长花登峰、北京市农业综合执法总队总队长李全录在北京市延庆区大榆树镇下辛庄村开展2022年北京市农机事故处置应急演练，活动主要内容是模拟演练一辆青饲料玉米收获机在作业过程中造成1死1伤事故的应急处置。主要演练4个科目：一是事故报案及受理；二是启动预案、应急抢救；三是现场勘察、制作文书；四是事故报告、结束应急。

11月10日

北京市农业农村局、北京市财政局、北京市商务局联合印发《北京市农业机械报废更新补贴实施方案》，方案严格按照《农业农村部办公厅 财政部办公厅 商务部办公厅关于印发〈农业机械报废更新补贴实施指导意见〉的通知》，明确北京市农机报废更新补贴范围、补贴对象、补贴标准、操作程序、报废条件。

12月5日

北京市农业农村局联合规划和自然资源委员会、财政局、经济和信息化局、园林绿化局5家单位联合印发《北京市农业机械化提升行动实施方案（2023—2025年）》，明确未来三年全市农机现代化发展目标任务政策和具体保障措施。围绕种植、养殖、农产品加工三大领域，深入实施重点产业机械化提升、绿色智能装备升级、重大科技联合攻关、农机社会化服务能力提升、农机监管和服务水平提升五大行动。

天 津 市

2022年1月31日

天津市委、市人民政府发布2022年20项民心工程项目，民心工程第十项中提到：开展农业机械化生产托管服务、补贴机具2 500台。为落实好20项民心工程，确保补贴机具2 500台顺利完成，2022年以来，天津市农业农村委员会积极推动农机购置补贴工作，截至12月底，全市已兑付补贴资金8 458万元，补贴机具9 531台，受益农户3 580余户，超额完成全年指标任务。

4月18日

由中国农业机械流通协会联合天津市农业机械与农业工程学会、青岛市农业技术推广中心组织召开的全国首次云上农机地头展天津市（山东省）大葱全程机械化技术现场培训在天津宝坻和山东平度两地同时开播，全国各地蔬菜种植大户、农机合作社等1.42万人在线观摩农机装备的现场作业。

5月17日

天津市农业农村委员会、市应急管理局印发《天津市"十四五"时期平安农机创建活动工作方案》，方案明确指导思想，确定目标任务，规范创建程序，强化组织领导和工作措施。

5月30日

天津市农业农村委员会、中国石化销售股份有限公司天津石油分公司、中国石油天然气股份有限公司天津销售分公司印发《关于做好"十四五"农机作业用油保障工作的通知》，并于6月14日与中国石化销售股份有限公司天津石油分公司签署合作框架协议，采取优先、优惠、优质供油等服务措施，确保重要农时农业生产顺畅进行，为保障粮食等重要农产品有效供给、巩固拓展脱贫攻坚成果、全面推进乡村振兴、加快农业农村现代化提供有力支撑。

7月29日

农业农村部择优遴选确定新一批60个全国农业社会化服务典型，宁河区农鑫达农机技术服务专业合作社因推广水稻全程机械化，实施生产托管一条龙服务，入选全国农业社会化服务模式类名单。

10月10日

天津市副市长李树起带领农业领域安全生产专家和执法人员，采取四不两直方式，深入宁河区农鑫达农机技术服务专业合作社开展安全生产检查督导。现场听取汇报、查看台账、询问了解、实地检查、提出要求。天津市人民政府副秘书长王智毅、市农业农村委员会主要负责同志和分管同志陪同检查。

11月2日

天津市农业农村委员会、市工业和信息化局联合印发《天津市农机装备补短板行动方案（2022—2025年）》，方案围绕天津现代化农业发展要求，以服务乡村振兴战略、满足农民对机械化生产的需要为目标，着眼于2025年农业机械化进入全程全面、高质高效发展时期，主要农机企业科学研究与试验发展（R&D）投入占比达到2%以上，梳理10个产业领域50项机具类型的短板弱项需求清单，部署农机装备补短板7项重点任务。

11月24日

由中国农机安全报社、中国农业机械化协会组织开展的2022年最美农机合作社理事长事迹宣传活动中，天津滨海新区旺达农机服务专业合作社刘占海同志荣膺"全国20佳最美农机合作社理事长"称号。旺达农机服务专业合作社目前社员达到195人，拥有各类农机具230余(台)套，作业区域辐射津、冀、鲁等地区，为周边8 700多农户提供玉米、小麦全程机械化服务，年作业服务面积20千公顷以上。

11月25日

为响应人民政府对于疫情防控工作的总体部署，切实保障参展企业的展示效果及参展、参观人员的安全健康，经过两次延期之后，中国农业机械流通协会、中国农业机械化协会、中国农业机械工业协会经慎重评估决定，原定于在国家会展中心（天津）举办的2022中国国际农业机械展览会停办。

12月7日

由天津市农业农村委员会、市人力资源和社会保障局主办，市农业发展服务中心承办的第三届海河工匠杯技能大赛暨第五届全国农业行业职业技能大赛天津选拔赛农机修理工项目在市优质农产品开发示范中心举办，全市20余家农机合作社代表在线上进行观摩。来自本市8个涉农区的27名选手参加比赛，经过激烈角逐，最终来自市优质农产品开发示范中心的韩金明获得第一名，宁河区的王海峰和武清区的唐国相分获第二名、第三名。

12月15日

天津市农业机械与农业工程学会组织召开双碳背景下农业装备转型升级发展高端论坛。此次论坛由天津市农业机械与农业工程学会、中国农业机械流通协会、中国农业机械学会现代物理农业分会采用线上形式联合举办。论坛邀请3名全国知名专家作专题报告，2家智能农业装备企业进行应用交流，利用中国农业机械流通协会视频号进行全国现场直播，在线参与人数达到1 700余人。

12月16日

由农业农村部农业机械化总站、中国农业机械流通协会主办的2022年全国农业机械化主推技术现场演示活动暨培训班在津举办，来自全国20多家农机企业的50多台套机具进行作业演示。农业农村部农业机械化总站、中国农业机械流通协会有关领导、院士、专家在线上进行指导、培训，全国各级农机部门技术人员、农业农村部农作物生产全程机械化专家组成员、中国农业机械流通协会代表9 700多人在线参加培训和观摩。

12月28日

中国农业机械流通协会与天津市农业农村委员会联合举办2022农机新闻（天津农机平台项目）发布会，全国首家二手农机交易平台在天津正式上线，平台分为管理、竞价、金融配套三大模块，由天津农村产权交易所牵头搭建，旨在推动引导二手农机交易主体参与平台交易，规范产品标准，明确交易流程，盘活存量闲置二手农机资源，并为交易主体提供二手农机销售认证、检验检测、价值评估、竞价交易、金融服务务、政策咨询为一体的综合服务。

中国农业机械流通协会与天津市农业农村委员会联合举办2022农机新闻（天津农机平台项目）发布会，天津现代职业技术学院开展巴基斯坦鲁班工坊现场招募活动，充分发挥鲁班工坊学历教育＋职业培训职能作用，着力打造一省两坊双职能创新建设发展模式，助力我国农业国际产能合作和中国农机企业走出去，培养当地熟悉中国农机技术、中国农机产品和中国农机品牌的技术技能型人才。

农业农村部办公厅公布全国第七批率先基本实现主要农作物生产全程机械化示范县（市、区）名单，天津市东丽区入选。至此，天津市率先实现全国主要农作物生产全程机械化示范县全覆盖，提前完成"十四五"期间创建目标任务，有力支撑天津粮食生产实现连年丰收。

河北省

2022年2月28日

河北省农业农村厅印发《河北省粮食生产农机作业应急处置预案》，为深入贯彻落实2022年中央一号文件精神和农业农村部、省委省人民政府关于抓好粮食生产的决策部署，高质高效组织完成2022年粮食生产农机作业任务，将可能出现的气象灾害、机具短缺等突发事件影响减到最小，损失程度降到最低，为夺取粮食丰收提供坚实的机械化支撑。

3月9日

河北省春季麦田机械化镇压现场演示会在石家庄市藁城区举办。会议进行小麦机械化镇压作业演示，培训机械化镇压等麦田管理技术措施，提出河北省春季麦田管理指导意见，专家讲解机械化镇压作业的必要性和注意事项。河北省农业农村厅二级巡视员郑红维，河北省小麦创新团队顾问研究员郭进考出席本次会议。

3月15日

按照部总站要求和疫情防控实际，开展以提质增效、减损护农为主题线上"农机3·15"消费者权益日活动。通知各市县农机部门、生产企业、农机用户等在线收看2022年全国暨安徽省"农机3·15"消费者权益日活动启动仪式。依托中国农业机械化信息网、河北省农业机械化信息网河北农机投诉专栏等平台发布全省"农机3·15"活动情况新闻报道、机具操作规范视频资料，营造"农机3·15"宣传良好氛围。

4月22日

河北省农业农村厅、工业和信息化厅联合召开2022年全省农业机械化暨农机装备补短板工作推进会议。紧紧围绕推进农业机械化、补齐农机装备研发制造和推广应用短板弱项，总结交流经验，研究分析问题，动员农业农村、工业和信息化系统以及各方力量，稳步推进农业全程全面机械化，科学梳理分区域、分产业、分品种、分环节农机装备短板弱项，为保障国家粮食安全、加快农业农村现代化提供有力装备支撑。

5月27日

河北省农业农村厅、中国石油天然气股份有限公司河北销售分公司和中国石化销售股份有限公司河北石油分公司印发《关于做好"十四五"农机作业用油保障工作的通知》，加强河北省农业农村部门和石油、石化系统的合作，在重要农时季节及时有效保障农机作业用油需求，提高农机使用效益，发挥农机主力军作用、采取优先、优惠、优质供油等服务措施，有力支持农业生产，推进农业机械化。

6月2日

河北省人民政府办公厅印发《关于成立"三夏"生产工作指挥部的通知》，成立由时清霜副省长任指挥长，省农业农村厅、省交通运输厅、省卫生健康委、省公安厅、省供销社、省气象局组成的"三夏"生产工作指挥部，职责为统筹推进疫情防控和"三夏"生产工作，组织开展全省"三夏"生产形势会商，综合研判部署打通堵点、保障供应、疫情防控、应急处置、舆情处置以及安全生产等工作，确保"三夏"生产任务顺利完成。

6月6日

河北智能农机与机收减损推广田间日活动在邯郸市成安县举办，活动主题为智能农机引领现代农业、机收减损保障粮食安全，活动采取线上（网络直播）和线下（现场演示）相结合的方式进行。厅领导宣布全省小麦机收作业启动，活动现场演示智能农机和大豆玉米带状复合种植作业演并开展小麦机收减损大比武和专题技术培训。

6月16日

2022年河北省农机安全宣传咨询日活动在唐山市滦州市举办。由河北省农业机械化管理局、河北省农业机械鉴定总站、唐山市农业农村局联合举办。

8月18日

农业农村部农业机械化总站在石家庄市举办全国农机安全监理岗位人员培训班，农业农村部农业机械化总站党委副书记、纪委书记李斯华及河北省农业农村厅二级巡视员总农艺师郑红维出席会议并讲话。河北省在培训班上作了典型发言。

9月8日

河北省农业机械化管理局印发《关于做好中秋"三秋"及国庆节期间农机安全生产工作的通知》，要求切实加强"三秋"中秋及国庆节期间农机安全生产监督管理工作，减少事故隐患，确保农机安全生产形势稳定。

9月21日

河北省农业农村厅印发《河北省常态化农机应急作业服务队建设方案》，深入贯彻落实农业农村部、河北省委省人民政府关于粮食生产和防灾减灾工作的决策部署，按照"建在平时、用在战时""平战结合"的要求，以农机合作社等农机作业服务组织为主体，组建常态化农机应急作业服务队，提升农机手应急作业技能水平和农机装备水平，切实发挥农业机械在防灾减灾中的主力军作用，建立有力有效的应急作业服务机制。

9月30日

为贯彻落实全国农机报废补贴政策解读培训班（湖南长沙）会议精神，河北省农机局下发《关于落实全国农机报废补贴政策解读培训班会议精神的通知》（冀农机管发〔2022〕28号），继续把实施农机报废更新补贴工作作为惠农利民的一项重要任务抓紧抓好，加强组织领导，强化统筹协调，认真安排部署，多措并举深入推进。

山西省

2022年1月17日

侯振全同志为山西省农业农村厅农业机械化管理处一级调研员，任职时间从2021年12月15日起算；免去其省农业机械发展中心副主任职务。

1月19日

山西省农业机械发展中心召开党史学习教育总结大会。省委党史学习教育第十巡回指导组王纪山副组长一行三人莅临会议指导。中心党委书记、主任冯京民作总结讲话。

1月29日

大豆玉米带状复合种植新型播种机试验验证观摩活动在太原市清徐县举办，对本省自主研制的两种型号大豆玉米带状复合播种机进行试验验证。

2月10日

山西省大豆玉米一体化播种机械新产品评审会在太原召开，7个企业申报的22个产品参加评审。

2月28日

全省农业机械化工作会议在太原召开。山西省纪委监委驻省农业农村厅纪检监察组组长郭惠勇出席会议，山西省农业农村厅副厅长赵文志讲话，山西省农业机械发展中心主任冯京民作会议工作报告。会议以视频形式开到县一级。

3月3日

农业农村部党组成员、副部长马有祥带队，深入晋城市泽州县调研指导小麦春管和春耕备耕工作，山西省副省长贺天才一同调研，晋城市委书记王震、市长薛明耀、市委秘书长田志军、副市长邓志蓉陪同调研。

3月7—10日

农业农村部农业机械化管理司副司长王甲云和中国农业科学院机关党委副书记韩进一行11人，深入临汾市曲沃县、襄汾县、洪洞县开展调研指导服务。山西省农业农村厅副厅长赵文志、省农机发展中心主任冯京民、农业农村厅农业机械化管理处处长周进军参加调研指导服务。

3月15日

以稳粮保供，提质护农为主题的"农机3·15"消费者权益日活动在太原举办。全省各级农机部门开展农机质量安全知识宣传，累计覆盖人群11 500余人，为5 900余人提供咨询服务。

4月21日

山西省农业机械发展中心召开全省大豆玉米带状复合种植机械化技术视频培训会。各市及任务县农机部门负责人、复合种植农机装备保障工作组成员、装备保障工作联系人、农业机械化技术推广人员、各任务承担主体和有关农机服务组织、农机手参加培训。

5月9日

山西省农业机械发展中心召开全省农业机械化新型经营主体提档升级项目推进会。各市农机部门负责人、项目科长，任务县农机部门负责人，各任务主体参加会议。

5月16日

全省"三夏"生产暨小麦机收工作部署视频会议召开，山西省委农村工作领导小组办公室主任、省农业农村厅党组书记、厅长刘志杰出席会议并讲话。

5月27日

山西省人民代表大会常务委员会关于修改《山西省安全技术防范条例》

等5部地方性法规的决定,对《山西省农业机械化条例》作出修改。

5月28日

山西省农业农村厅党组任命侯振全、周进军为厅二级巡视员,免去侯振全、周进军厅农业机械化管理处一级调研员职级。

6月6日

农业农村部党组成员、副部长马有祥视频调研指导山西省"三夏"小麦机收工作,山西省农业农村厅党组书记、厅长刘志杰作专题汇报。

6月7—16日

由农业农村部农业机械化管理司二级巡视员范学民带队的专项指导组,在长治、晋城、运城、临汾、吕梁等地就"三夏"农业机械化生产工作开展调研督导。山西省农业农村厅副厅长赵文志一同调研。

6月10日

农业农村部农业机械化管理司司长冀名峰一行在临汾市尧都区、襄汾县、曲沃县调研指导"三夏"小麦机收工作。山西省农业机械发展中心主任冯京民、省农业农村厅二级巡视员兼农业机械化管理处处长周进军、临汾市副市长张潞萍等参加调研。

6月11日

山西省小麦机收减损技能大比武首场活动在运城市芮城县东垆乡远鹏智慧农场举行。农业农村部农业机械化管理司司长冀名峰、二级巡视员范学民,山西省农业农村厅副厅长姚继广,省农业机械发展中心主任冯京民,以及运城市、芮城县相关负责人现场观摩大比武活动。

6月12日

山西省小麦机收减损技能大比武活动在临汾市洪洞县举办。农业农村部农业机械化管理司二级巡视员范学民,省农业机械发展中心主任冯京民,洪洞县县长李俊平,山西省农林水工会主席马孝等出席活动。

6月16日

2022年农机安全宣传咨询日活动在全省启动,各级农机部门共计组织开展66场宣传咨询活动,发放宣传资料9万余份,现场咨询5 000余人次。

6月29日

山西省农业机械发展中心在全省组织开展农业机械化摄影大赛,共征集参赛作品300幅,组织评审出获奖作品25幅。

7月11日

全省农业机械化新型经营主体提档升级培训班暨数字农业装备现场演示会在繁峙县召开。忻州市副市长崔峥岭出席演示会,山西省农业机械发展中心主任冯京民讲话。

7月28日

山西省纪委监委驻省农业农村厅纪检监察组组长吴刚一行深入省农业机械发展中心调研督导。山西省农业机械发展中心党委书记、主任冯京民,班子成员及各部门、直属单位主要负责人参加调研座谈。

山西省农业农村厅党组成员、副厅长赵文志赴忻州市调研农机购置与应用补贴政策落实工作。山西省农业机械发展中心副主任张建中、忻州市农业农村局局长岳利文参加调研。

8月9日

山西省第七届农机操作手暨第三届无人植保机培训技能大赛在晋中市祁县举办。山西省人大常委会农村工作委员会副主任程银锁、省农业机械发展中心主任冯京民、省农林水工会委员会主席马孝,晋中市、祁县有关领导出席大赛开幕式。

9月14日

农业农村部农业机械化总站副站长徐振兴、质量监测处处长李宏一行调研山西省农机鉴定、农机质量调查和农机报废更新补贴实施等工作。

11月1日

山西省农业机械发展中心与省检验检测中心(山西省标准计量技术研究院)联合举办业务交流座谈会暨合作签约仪式。山西省农业机械发展中心主任冯京民、省检验检测中心副主任冯俊吾,出席座谈会及签约仪式。

11月16日

山西省农业农村厅、省科学技术厅联合发布《关于发布山西省农业农村产业发展重大技术需求的公告》,大豆玉米带状复合种植智能精密播种机械、中小型马铃薯智能低损收获捡拾机械等7项智能装备需求列入其中。

内蒙古自治区

2022年1月14日

内蒙古自治区党委农村牧区工作领导小组办公室、农牧厅、财政厅联合印发《关于全区农机专项补贴资金兑付进度情况的通报》(内党农牧办发〔2022〕3号),对2021年黑土地保护性耕作、农机购置与应用补贴和耕地深松等农机专项资金兑付进度进行通报,并抄送各盟行政公署、市人民政府。

1月20日

内蒙古自治区农牧厅印发《关于建立大豆油料扩种机具装备评估评价工作组暨保障专班的通知》(内农牧机发〔2022〕28号),自治区成立5个工作组包联全区10个盟市,指导各地全力做好大豆玉米带状复合种植机具保障工作。

1月28日

内蒙古自治区农牧厅、财政厅联合印发《关于做好2022年农机购置与应用补贴政策落实有关工作的通知》(内农牧机发〔2022〕34号),围绕确定补贴重点及优先补贴机具、加快报废更新补贴实施进度、强化政策宣传、严查违规行为提出明确要求。

4月6日

经中共内蒙古自治区农牧厅党组2022年第5次会议研究决定:徐大伟同志任自治区农牧厅农牧业机械化管理局局长。

4月7日

内蒙古自治区农牧厅召开全区大豆玉米带状种植播种机具保障暨黑土地保护性耕作推进会议,内蒙古自治区农牧厅副厅长赵永华出席会议并安排部署工作。

4月12日

内蒙古自治区农牧厅印发《2022年全区农机化工作要点》(内农牧机发〔2022〕184号),明确2022年农业机械化工作重点任务。

5月5日

内蒙古自治区农牧厅印发《关于做好2022年〈联合收割机插秧机跨区作业证〉发放管理工作的通知》,指导各地规范发放作业证。

5月13日

内蒙古自治区农牧厅印发《全区农机安全生产大检查工作方案》,指导全区开展农机安全生产大检查。

5月25日

内蒙古自治区农牧厅、财政厅联合印发《内蒙古自治区2022年黑土地保护性耕作推进行动实施方案》(内农牧机发〔2022〕280号),明确目标任务工作重点,指导各地开展工作。

5月26日

内蒙古自治区农牧厅会同中国石油天然气股份有限公司内蒙古销售分公司、中国石化销售股份有限公司内蒙古石油分公司印发《内蒙古自治区2022年农机作业用油保障工作方案》，组织各地做好农机优先优惠用油保障工作。

6月17日

内蒙古自治区农牧厅、财政厅联合印发《关于全区农机专项补贴资金兑付进度情况的通报》（内农牧通报〔2022〕31号），对黑土地保护性耕作、农机购置与应用补贴、耕地深松和农业机械化专项资金兑付进度进行通报，并抄送各盟行政公署、市人民政府。

6月28日

内蒙古自治区农牧厅印发《内蒙古自治区2022年中央财政耕地深松项目实施方案》，指导各地做好年度耕地深松工作。

6月30日

内蒙古自治区农牧厅印发《关于加快农机购置与应用补贴政策实施进度的通知》（内农牧机发〔2022〕356号），指导各地加快补贴申请受理、资格审核、机具核验及补贴资金兑付进度，确保政策规范高效落实。

7月6日

内蒙古自治区农牧厅、林业和草原局联合印发《关于开展柠条平茬收获机械有关情况专题调研的通知》（内农牧机发〔2022〕367号），派出3个调研组赴5个重点盟市开展柠条平茬收获机械有关情况专题调研。

7月15日

内蒙古自治区农牧厅印发《内蒙古自治区2022年主要粮食和油料作物机收减损工作方案》，指导各地开展小麦、水稻、玉米、大豆、油菜机收减损工作。

7月24—25日

内蒙古自治区副主席李秉荣、农牧厅厅长牧远赴包头市、呼和浩特市调研柠条平茬收获专用机械及刀片研发制造情况。

8月30日

内蒙古自治区农牧厅、林业和草原局、科技厅在包头市固阳县组织举办全区柠条平茬机械化收获暨农机推广田间日活动，内蒙古自治区副主席李秉荣出席活动。

9月1—2日

农业农村部农业机械化管理司、计划财务司，财政部农业农村司专题调研组赴通辽市开鲁县就农机购置与应用补贴资金兑付情况开展专题调研。内蒙古自治区农牧厅二级巡视员陈春雷，农牧厅农牧业机械化管理局、财政厅农牧处主要负责人陪同调研。

9月7日

内蒙古自治区农牧厅召开全区农业机械化重点工作视频部署会，就农机购置与应用补贴、"三秋"机械化生产、粮食机收减损、耕地深松、农机安全生产等工作进行安排部署。

9月13—14日

内蒙古自治区农牧厅工作组赴兴安盟调研指导农机安全生产、黑土地保护性耕作、农机购置与应用补贴、大豆玉米带状复合种植机具保障、"三秋"机械化生产准备、机械化防灾减灾能力建设等工作落实情况。

9月16日

内蒙古自治区农牧厅举办2022年主要农作物机收减损大比武活动技能竞赛暨大豆玉米带状复合种植收获机械演示活动，内蒙古自治区农牧厅农牧业机械化管理局主要负责人参加演示活动。

9月30日

内蒙古自治区农牧厅召开全区"三秋"农机安全生产培训视频会，安排部署农机安全生产重点工作，内蒙古自治区农牧厅副厅长赵永华出席会议并讲话。

内蒙古自治区农牧厅印发《关于内蒙古自治区2021—2023年农机购置与应用补贴机具种类范围及补贴额一览表（2022年第二次修订）的公示》（公告〔2022〕85号）》，将36.77千瓦（不含）以下轮式拖拉机档次退出全区农机购置与应用补贴范围。

10月15日

内蒙古自治区农牧厅印发《关于建立全区农机应急作业服务队白名单制度的通知》，依托农机合作社等各类农机作业服务组织，建立农机应急作业服务队，应对新冠疫情影响制定白名单制度，发布白名单队伍298个，根据疫情采取管控措施地区的秋收作业需要，在县域内开展点对点应急收获作业，全力保障秋粮应收尽收。

11月14日

内蒙古自治区农牧厅印发《关于农机购置与应用补贴农业机械执行国四排放标准的公告》（公告〔2022〕91号），加快推动农业机械向绿色、高端的转型发展。

12月7日

内蒙古自治区农牧厅印发《内蒙古自治区"十四五"农牧业机械化发展规划》（内农牧机发〔2022〕577号），明确"十四五"期间全区农业机械化工作目标和重点任务。

12月13日

内蒙古自治区农牧厅、财政厅联合印发《内蒙古自治区柠条收获机农机新产品购置与应用补贴试点实施方案》，为柠条收获机纳入内蒙古自治区农机新产品购置与应用补贴试点提供政策支撑。

12月21日

内蒙古自治区农牧厅印发《全区岁末年初农机安全生产大检查回头看工作方案》（内农牧机发〔2022〕609号），指导各地进一步做好农机安全生产各项工作。

12月28日

农业农村部办公厅公布全国第七批率先基本实现主要农作物生产全程机械化示范县（市、区）名单，内蒙古自治区赤峰市敖汉旗、鄂尔多斯市准格尔旗、包头市九原区入围。

12月29日

农业农村部农业机械化管理司召开农业机械化发展情况视频交流会，内蒙古自治区农牧厅农牧业机械化管理局主要负责人代表内蒙古自治区作典型交流发言。

辽宁省

2022年1月16日

中共辽宁省委印发《关于杨洪波同志职务任免的通知》（辽委干发〔2022〕29号），省委决定：杨洪波同志任辽宁省农业农村厅党组成员、副厅长。

1月27日

按照《农业农村部办公厅 财政部公办厅关于印发〈2021—2023年农机购置补贴实施指导意见〉的通知》（农办计财〔2021〕8号）要求，辽宁省农业农村厅会同省财政厅联合印发《关于2021年中央财政农机购置补贴政策实施情况的报告》（辽农机〔2022〕10号），并报农业农村部、财政部。

2月14日

按照《农业农村部农业机械化管理司关于做好〈农业机械分类〉标准宣

传贯彻实施工作的函》（农机管〔2021〕27号）和《农业农村部农业机械化总站〈关于修订2021—2023年全国农机购置补贴机具种类范围的通知〉》（农机化总站〔2022〕4号）有关部署，依据《农业机械分类》（NY/T 1640—2021）标准，遵循衔接一致原则，辽宁省农业农村厅对2021—2023年辽宁省农机购置补贴机具种类范围中类别和品目进行梳理更新，印发《关于修订2021—2023年辽宁省农机购置补贴机具种类范围及补贴额一览表的通知》（辽农办机发〔2022〕39号）机具种类范围由11大类26小类84个品目修订为16大类33个小类77个品目，同时，补贴额一览表由11大类26小类74个品目386个档次修订为15大类30个小类66个品目381个档次。

3月1日

按照《农业农村部农业机械化管理司 计划财务司 财政部农业农村司关于开展近三年农机购置补贴政策实施情况自查工作的通知》（农机政〔2022〕11号）要求，辽宁省农业农村厅会同辽宁省财政厅对2019—2021年农机购置补贴政策实施情况进行全面自查，印发《辽宁省农业农村厅 辽宁省财政厅关于2021年中央财政农机购置补贴政策实施情况的报告》（辽农函〔2022〕39号），并报农业农村部、财政部。

4月19日

为确保《2018—2020年农机购置和农机深松整地补贴未发放到位问题整改方案》中"2020年拖欠的补贴资金预算指标限额外超录申请部分应于2022年6月30日前发放完毕"要求，确保按时完成整改工作任务，辽宁省农业农村厅会同辽宁省财政厅印发《关于继续做好农机购置补贴未发放到位问题整改工作的通知》（辽农机〔2022〕50号），就进一步加快补贴资金兑付进度提出具体要求。

4月21日

辽宁省农业农村厅办公室印发《关于做好2022年联合收割机插秧机跨区作业证发放工作的通知》，做好2022年跨区作业证发放工作。

4月22日

按照《农业农村部办公厅关于抓好当前农机安全生产工作的通知》（农明字〔2022〕23号）要求，辽宁省农业农村厅办公室印发《关于抓好当前农机安全生产工作的通知》，进一步压实责任落细措施，抓好全省当前农机安全生产各项工作。

4月27—28日

中共中央政治局委员、国务院副总理胡春华在辽宁省朝阳市和阜新市实地督导玉米生产等春耕备耕工作，强调各地要做好农资供应保障和农机调配，强化农业生产技术指导和社会化服务，保质保量完成春播任务；同时副总理胡春华深入实地考察保护性耕作，强调各地要积极推动保护性耕作高质量发展，助力粮食稳产增产。

5月25日

按照《农业农村部 中国石油天然气集团有限公司 中国石油化工集团有限公司关于做好"十四五"农机作业用油保障工作的通知》（农机发〔2022〕2号）要求，为切实做好辽宁省"十四五"期间农忙季节农机作业用油供给，确保农业生产顺利进行，助力乡村振兴和农业农村高质量发展，辽宁省农业农村厅会同中国石油天然气股份有限公司辽宁销售分公司、中国石化销售股份有限公司辽宁石油分公司，联合印发《关于做好"十四五"农机作业用油保障和优惠工作的通知》（辽农机〔2022〕79号），针对春耕、秋收等重要农时，在全省范围内开展农机作业用油优先优惠活动。

6月10日

辽宁省农业农村厅、辽宁省应急管理厅印发《辽宁省"十四五"时期"平安农机"创建活动工作方案》，组织各地开展"平安农机"创建活动。

6月15日—7月15日

为全面贯彻落实中央一号文件和农业农村部、工信部农机装备补短板工作推进会议精神，进一步摸清全省农机装备产业现状，找准当前影响农业生产的农机装备短板和薄弱环节，深入研究加快农机装备短板弱项的思路举措，研究制定符合实际的补短板政策措施，推进农业机械化转型升级，提高农机装备水平。辽宁省农业农村厅组织开展全省农机装备补短板工作专题调研。

6月21日

为贯彻落实《"十四五"全国农业机械化发展规划》《辽宁省国民经济和社会发展第十四个五年规划和2035年远景目标纲要》《辽宁省"十四五"农业农村现代化规划》《辽宁省人民政府关于加快推进农业机械化和农机装备产业转型升级的实施意见》的有关部署，辽宁省农业农村厅编制《辽宁省"十四五"农业机械化发展规划》，并印发全省。

6月30日

为切实完成国务院督查组提出的2018—2020年农机购置和农机深松整地补贴未发放到位问题整改工作，按照整改方案要求，辽宁省农业农村厅、省财政厅决定对农机购置补贴资金发放缓慢的县（市、区）人民政府主要负责同志集中约谈。

7月22日

转发农业农村部办公厅关于印发《农机安全生产重大事故隐患判断标准（试行）的通知》，要求各地按照标准和《辽宁省农业农村厅关于印发全省农业安全生产大检查实施方案的通知》工作部署，结合实际统筹制定工作方案，全面开展农机安全生产大检查，扎实抓好农机重大安全风险防范化解工作。

7月28日

为进一步加快农机购置补贴资金发放速度，按照《农业农村部办公厅 财政部办公厅关于印发〈2021—2023年农机购置补贴实施指导意见〉的通知》（农办计财〔2021〕8号）文件精神，辽宁省农业农村厅联合省财政厅出台《关于进一步优化农机购置补贴工作流程缩短办理时限有关工作的通知》（辽农机〔2022〕142号），确定"简化资金审批程序、推行乡镇办理、优化补贴流程、缩短办理时限、推广信息化申办方式、加强调度督导、加大抽查力度"7项具体工作举措。

8月5日

根据农机购置补贴政策有关要求，结合辽宁省实际，经广泛征求意见、专家测算论证、公示征求意见、集体审议，辽宁省农业农村厅会同省财政厅联合印发《关于辽宁省农机购置补贴机具种类范围调整及补贴额一览表（2022年调整部分）的通告》（辽农机〔2022〕154号），并将花生秧除膜揉切机专项鉴定产品列入辽宁省补贴机具种类范围。

8月

为推进全省分区域、分产业、分作物、分环节（以下简称"四分"）农业机械化发展目标任务研究工作全面落实，对主要农作物、畜牧业、渔业、林果业、设施农业、农产品初加工和农业机械化指标评价体系等7个"四分"工作研究组研究成果进行全面梳理，形成辽宁省"十四五"和2035年农业机械化发展的目标任务及实现路径研究成果，编印《辽宁省"十四五"和2035年"四分"农业机械化发展目标任务研究报告汇编》，供全省在推进农业机械化工作中参考使用。

9月26日

辽宁省农业农村厅办公室印发《关于切实抓好秋季农机安全生产工作的通知》，要求各地把防范化解重大安全风险作为重大政治任务，压实行业监管责任，严格落实属地主体责任，针对性采取有力措施，坚决守住农机安全生产底线，确保秋季农业机械化生产高效、安全、有序进行。

10月12日

辽宁省农业农村厅会同省应急管理厅印发《关于推荐申报全国"平安农机"示范县的报告》，推荐大石桥市参与全国"平安农机"创建评选活动。

辽宁省农业机械发展中心印发《关于做好2022年"三秋"农机质量投诉宣传服务和受理处理工作的通知》，要求各地充分发挥农机质量投诉监督工作在"三秋"农业机械化生产中的服务和保障作用，依法做好农机质量投诉宣传服务和质量投诉受理处理工作，助力粮食稳产增产、农民稳步增收，确保"三秋"农业机械化生产安全平稳、高质高效进行。

12月28日

辽宁省积极组织申报示范县，印发《关于组织开展2022年主要农作物生产全程机械化示范县推荐申报工作的通知》，组织各地按照《主要农作物生产全程机械化示范县评价指标体系》评价范围和要求进行自愿申报。辽阳县、大石桥市和兴城市入选农业农村部组织开展的第七批主要农作物全程机械化示范县，锦州市入选全国主要农作物全程机械化示范市。

吉 林 省

2022年1月8日—12月24日

为最大限度降低粮食作物生产损失，进一步加强主粮作物损失监测调查，吉林省农业农村厅联合省发展和改革委员会制定调查方案，对全省机损监测调查工作进行统一安排部署。

1月12日—12月16日

吉林省围绕30个产粮大县集中开展全程机械化新型农业经营主体装备建设，农业经营主体农机装备水平得到有效提升，全省已建设全程农业机械化农业新型经营主体近800个。

1月12日—12月28日

根据农财两部《关于贯彻落实中央一号文件要求开展农机购置与应用补贴试点的通知》有关要求，吉林省农业农村厅积极组织开展农机研发制造推广应用一体化试点。

3月12日—11月19日

吉林省农业农村厅开展农机安全生产常态化管理，联合公安等部门严厉打击农机安全生产违法作业行为，全年未发生较大农机安全生产事故。

8月30—31日

吉林省农业机械化管理中心在松原市举办全省农机合作社服务能力提升培训班，全省各市、县农机管理部门的负责同志和农机合作社负责人代表150余人参加培训。

9月14日

吉林省农业机械化管理中心邹世丽、延边朝鲜族自治州农业机械推广站杨占锋、蛟河市农业机械管理总站周佰荷、梅河口市中和镇综合服务中心刘子军，获选农业农村部农业机械化总站首届最美农机推广员。

9月28日

吉林省农业机械化管理中心在长春市举办2022年全省农机质量投诉监督工作暨农业机械试验鉴定工作培训班，全省各级农机质量投诉监督机构、有关农机生产企业100余人参加培训。

黑龙江省

2022年1月10日—3月31日

黑龙江省农业农村厅组织开展全省农机冬检冬训活动。活动期间，完成检修大中型拖拉机及配套农具、收获机和水稻插秧机为主的各类农机具281.61万台（套）；培训农机管理和农机驾驶操作等农机使用和技术人员10万人次。

1月20日

根据黑农厅党组〔2022〕2号文件，聘任董辉为黑龙江省农业机械试验鉴定站副站长（副处级）。

2月7日

根据黑农厅党组〔2022〕23号文件，聘任孙德超为黑龙江省农业机械试验鉴定站副站长（副处级）。

3月15日

由农业农村部农业机械化总站、中国农业机械化协会、黑龙江省农业农村厅主办，黑龙江省农业机械试验鉴定站承办的稳粮保供，提质护农全省"农机3·15"消费者权益日宣传活动开展，活动延伸到13个市（地）和81个县（市、区），共发放宣传资料82 992份，提供投诉等各种咨询服务4 963人次，响应此次活动倡议承诺的生产经销企业共计622家。

3月23日

黑龙江省农业农村厅召开全省农业机械化工作会议，研究部署2022年农业机械化重点工作，各市（地）农机处（科）全体人员，县（市、区）农业农村局分管农机领导、农机总站（中心）负责人和业务负责同志参加会议，黑龙江省农业农村厅一级巡视员李连瑞出席会议并讲话。

4月12日

黑龙江省农业农村厅、黑龙江省财政厅联合印发《黑龙江省2022年黑土地保护性耕作实施方案》（黑农厅联发〔2022〕91号），加快保护性耕作技术推广应用，恢复提升地力，保障国家粮食安全。

4月23日

黑龙江省农业农村厅印发《关于对2022年黑土地保护性耕作实施效果开展监测工作的通知》（黑农厅函〔2022〕624号），指导各地统一保护性耕作监测标准和方法，通过数据对比分析实施效果及问题原因，为保护性耕作技术推广提供支撑。

黑龙江省农业农村厅印发《黑龙江省粮食机械化生产提质增产减损行动方案》（黑农厅函〔2022〕626号），开展粮食生产提质增产减损七大行动，建立完善粮食生产提质增产减损五大体系，切实推进粮食机收提质增产减损工作，为保障粮食安全提供有力的机械化支撑。

6月8—10日

黑龙江省农业机械化技术推广总站围绕黑龙江省农业机械化政策和粮食生产增产减损技术模式，在哈尔滨市举办全省基层农机推广技术骨干培训班，黑龙江省农业农村厅一级巡视员李连瑞出席开班仪式并讲话，黑龙江省农业农村厅总工程师杨淑波、相关处室同志出席会议，全省各级农机推广站负责人及技术骨干近百人参加培训。

7月1日—12月31日

按照黑龙江省农业农村厅部署，黑

龙江省农业机械试验鉴定站对享受黑龙江省2020年和2021年农机购置补贴的轮式拖拉机、免耕播种机、遥控飞行喷雾机的安全性、可靠性、适用性、售后服务及生产企业基本情况开展调查，切实维护农机使用者、生产者和销售者的合法权益。

8月3—9日

国务院副总理胡春华到黑龙江省佳木斯市、鸡西市、双鸭山市、七台河市调研农业和水利领域有关工作，胡春华指出，黑龙江要继续发展壮大农机装备制造业，大力培育壮大农机经济组织和经纪人队伍，扩大跨区作业主体规模，提升跨区作业服务水平，推动农机跨区作业提质增效；要科学谋划、积极争取全国高端智能农机装备推广应用先导区建设项目，推动农机装备全产业链发展，加快推进农业现代化进程，为全国作出示范。

8月9日

黑龙江省农业机械试验鉴定站举办2022年全省农机质量投诉监督工作培训班，来自全省各市（地）、县（市、区）负责投诉监督工作的分管负责同志和业务负责同志共计130余人参加培训。

8月15—19日

黑龙江省农业机械化技术推广总站在齐齐哈尔市拜泉县举办全省大豆生产机械化技术暨全省基层农机推广技术骨干培训班，集中展示大豆免耕播种、大垄精密播种、水肥一体化、大豆病虫害防治等技术模式，推动大豆全程机械化农机装备和关键技术转型升级，为全省实施大豆机械化种植提供装备支撑和技术支持，来自全省的80余名基层农机推广技术骨干参加培训。

8月24日

黑龙江省农业农村厅印发《关于推进农机应急作业服务队建设的实施意见》（黑农厅函〔2022〕1259号），指导各地构建农业防灾减灾队伍体系，形成农业防灾减灾长效机制，增强农业生产防灾减灾能力。

8月26日

黑龙江省农业机械试验鉴定站在哈尔滨举办2022年农业机械试验鉴定工作培训班，来自全省50家农机企业的101名代表参加培训。培训班上讲解《推广鉴定制度和程序新要求》《农机购置补贴与应用政策实施要求》《申报农机鉴定注意事项》等内容。

8—11月

黑龙江省农业机械化技术推广总站组织开展农机购置补贴机具现场验证工作，组织专家核验拖拉机和免耕播种机的安全性、可靠性、适用性等主要参数与鉴定报告和检验报告的一致性，并对免耕播种机和147.1千瓦以上拖拉机在特定的生产条件下现场演示作业情况做出客观评价，共验证机具248台。

9月5日

农业农村部农业机械化总站发布《关于2021—2022年度中国农业机械化信息网信息报送工作情况的通报》，黑龙江省农业农村厅获得信息宣传工作先进单位、黑龙江省农业机械试验鉴定站范围山获得优秀信息员称号。

9月9日

黑龙江省农业农村厅、黑龙江省财政厅联合印发《2022年黑龙江省深松整地补助实施方案》（黑农厅联发〔2022〕335号），下达2022年深松整地计划补助面积，明确补助程序与补助标准。

9月13日

农业农村部农业机械化总站发布《关于首届寻找最美农机推广员结果的通报》《关于首届寻找最美农机鉴定员结果的通报》。黑龙江省农业机械化技术推广总站孙征权，海林市农机推广站迟玉杰、李辉、温璞、范宝红等5位同志获得最美农机推广员称号；黑龙江省农业机械试验鉴定站张本领同志获得最美农机鉴定员称号。

9月14日

黑龙江省公安厅、黑龙江省农业农村厅联合印发《关于进一步规范联合执法常态化制度化工作的通知》（黑公交〔2022〕161号），在全省范围内开展联合执法常态化制度化建设工作。

9月17日

黑龙江省农业农村厅、黑龙江省财政厅、黑龙江省商务厅联合印发《黑龙江省农业机械报废更新补贴实施方案》（黑农厅联发〔2022〕353号），增加报废更新资金使用的限制、完善回收企业的确定程序、细化完善报废更新流程。

9月20日

农业农村部通报2019—2021年度全国农牧渔业丰收奖获奖情况，黑龙江省农业机械化技术推广总站参与的"东北黑土地保护性耕作机械化技术集成与推广"荣获一等奖，"玉米秸秆全量还田一翻两免耕作栽培技术集成与推广""基于自动导航的粮棉生产机械化技术研究与推广应用""水稻绿色优质高产高效栽培技术集成推广"荣获二等奖，"寒地黑土保护性耕作机械化技术集成与应用"荣获三等奖，陈实同志荣获推广贡献奖。

9月20—21日

由黑龙江省农业农村厅、省人力资源和社会保障厅、省总工会三部门联合主办的第五届黑龙江省农业行业职业技能大赛农机修理工技能竞赛在黑龙江农业工程职业学院现代农业高新技术示范园举行，来自全省8个市（地）的16名参赛选手参加本次竞赛，来自七台河市的程绪银、伊春市的王功深、七台河市的宫海军荣获竞赛前三名。

9月22日

黑龙江省农业农村厅召开全省秋季农业机械化生产工作视频会议，深入贯彻《农业农村部办公厅关于做好"三秋"机械化生产工作的通知》精神，落实黑龙江省委、省人民政府对2022年秋收及秋季农业生产工作要求，部署2022年秋季农业机械化生产重点工作。黑龙江省农业农村厅一级巡视员李连瑞出席会议并讲话。

10月15日

黑龙江省农业农村厅农业机械化管理处在五常市举办黑龙江省2022年黑土地保护性耕作田间博览线上培训活动，活动围绕黑龙江省玉米保护性耕作主推技术模式进行现场演示，并通过厅官方抖音、视频账号进行全程同步直播；黑龙江省农业农村厅李连瑞一级巡视员、农业农村部农业机械化管理司科技推广处副处长林立线上参加活动并讲话。

10月18—20日

黑龙江省农业农村厅农业机械化管理处、黑龙江省农业机械化技术推广总站在哈尔滨市阿城区共同举办全省玉米、水稻机收减损技术培训及现场测试活动，黑龙江省农业农村厅一级巡视员李连瑞、农业农村部农业机械化总站副站长徐振兴以及相关业务处室负责同志出席活动，累计超过4 000人参与线上培训，点赞数量达到5万个以上。

11月3日

经黑龙江省人民政府同意，黑龙江省农业农村厅印发《关于开展农机跨区作业的指导意见》(黑农厅函〔2022〕1656号),进一步实现农业机械的共同利用和农机资源的有效配置,促进农业丰产、农民增收,为全面推进乡村振兴、加快农业农村现代化提供有力支撑。

11月10—11日

黑龙江省农业机械试验鉴定站采取视频方式召开黑龙江省农业机械专项鉴定大纲审定会,邀请农业农村部农业机械化总站及江苏、广东、黑龙江农机专家对《农机田间作业监测终端》《农用橡胶半履带》2项专项鉴定大纲进行审定。

12月28日

黑龙江省集贤县、友谊县、大箐山县、丰林县、汤旺县5个县被评选为全国第七批率先基本实现主要农作物生产全程机械化示范县(市、区)。

上 海 市

2022年8月5日

上海市举行2022年农业机械推广鉴定证后监督启动会暨双随机抽取仪式,对做好本市2022年证后监督工作提出依法依规、公平公正、规范操作、严格要求、认真负责、守纪守规、廉洁自律等要求,并进行工作任务分配。

8月9日

上海市举办叶菜机械化收获技术现场培训会,会上介绍并演示由上海世达尔现代农机有限公司研制的新型智能叶菜收获机,各区农机部门相关人员、合作社负责人以及机手共60余人参会。

8月26日

上海市农业农村委员会印发《关于印发上海市农业农村委员会党政领导工作分工的通知》(沪农业农村委党组〔2022〕25号),明确由上海市农业农村委员会党组成员、副主任叶军平分管农业机械化管理处,联系市农业机械研究所、市农业机械鉴定推广站。

上海市农业农村委员会、市应急管理局联合印发《上海市"十四五"时期平安农机创建活动工作方案》(沪农委〔2022〕192号),在"十四五"期间继续深入开展平安农机创建活动,进一步加强农机安全生产监管,推进本市农机安全生产形势持续向好。

8月30日

上海市农业农村委员会主任冯志勇在上海市农业机械研究所开展调研,要求市农业机械研究所要找准农机所定位,谋划好科技研发工作,明确当前的目标任务以及现在急需解决的问题,持续抓好农机科研事业各项工作。

9月19日

上海市农业农村委员会印发《上海市粮食生产无人农场建设奖补实施办法(试行)》(沪农委〔2022〕222号),对嘉定区、松江区成功创建粮食生产无人农场的主体,市级财政给予每公顷10 500元的奖补,鼓励区级财政加大奖补力度,加快推进本市粮食无人农场建设。

9月20—22日

上海市举办2022年农业行业职业技能竞赛暨第五届全国农业行业职业技能大赛选拔赛(农机修理工决赛),上海市农业农村委员会党组成员、副主任叶军平出席竞赛开幕式并致辞。

9月27—28日

上海市农机事故应急处置演练活动在嘉定举行,经多部门协作、多部门配合、多场景模拟,有效促进和推动各级农机安全执法监管机构的事故应急能力、快速反应能力和部门协调配合能力,进一步完善农机事故应急救援体系。

9月30日

上海市农业农村委员会主任冯志勇在上海市农业机械鉴定推广站开展调研,要求推广站要多了解新技术装备,在机械化的基础上推动农业智能化发展,系统化推进蔬菜机器换人,做好农机农艺融合,探索并提高畜牧、水产机械化水平,加大绿色低碳装备和技术推广力度,提高农业机械化鉴定和推广能力,凸显推广站的社会效应与价值。

10月12—13日

上海市举办2022年"三秋"水稻机收减损技术专题培训会。会上首先布置全市机收减损和减损监测工作任务,再通过理论结合现场实操向区、镇农机推广人员、种植户、农机手讲解水稻机收作业规范、联合收割机保养和故障排除、粮食烘干减损和安全操作、机收损失率测定方法等技术知识。

10月20日

上海市农业农村委员会副主任叶军平在上海联适导航技术股份有限公司开展调研,并就上海无人农场建设、智能农机装备发展等进行座谈,鼓励联适导航继续为上海智能农机应用集中展示、全程全面高质量发展添砖加瓦。

上海市农业农村委员会副主任叶军平在上海市农业机械研究所开展调研,要求市农业机械研究所务必继续做好科技研发,精准服务都市现代农业;务必抓好团队建设,进一步提升科研实战能力;务必抓好党建工作,持续提升规范发展能力。

10月31日

上海市农业农村委员会印发《上海市农业绿色生产补贴管理细则》(沪农委规〔2022〕6号),对农机等条线补贴对象、资金分配测算方式、有关补贴标准、工作考核办法等予以细化明确。

11月4日

上海市农业农村委员会副主任叶军平在上海市农业农村委召开专题会议,对粮食生产无人农场验收办法进行讨论研究。

11月7日

上海市嘉定区发布全国首个无人农场区级标准化指导性技术文件《水稻生产无人农场建设技术规范》。该标准规定水稻生产无人农场建设的总体要求以及场地建设、农机配置、水稻生产、智慧管理平台和工作人员等技术要求,为无人农场未来规模化推广应用提供技术支撑。

11月9日

上海市农业农村委员会主任冯志勇在兰桂骐天空地一体化无人农场、上海沧海桑田生态农业发展有限公司开展调研,了解浦东新区无人农场建设与秋粮机收进度、农机配备等情况,并建议浦东新区在无人农场建设过程中,多尝试跨界合作,探索并建设具有区域特色的无人农场。

12月1日

上海市农业农村委员会印发《关于刘映芳等同志正式任职的通知》(沪农业农村委党组〔2022〕37号),正式任命邢增涛同志任上海市农业农村委员会农业机械化管理处处长。

12月15—30日

上海市农业农村委员会农业机械化管理处组织农机农艺部门开展2022年度上海市蔬菜生产机器换人示范基地建设考核,对申报创建的9家基地开展现场评议。具体评议内容包括听取建设情况汇报、神农口袋系统档案查阅、在田菜品作业情况实地抽查。

12月29日

中共上海市农业农村委员会党组印发《关于黄士新等同志职务任免的通知》(沪农业农村委党组〔2022〕40号),

任命陈杰同志任中共上海市农业机械研究所党支部委员会书记。

上海市农业农村委员会印发《关于胡栋梁等同志职务职级任免的通知》（沪农委〔2022〕369号），任命陈杰同志为上海市农业机械研究所所长。

江 苏 省

2022年1月30—31日

江苏省农机具开发应用中心在响水县南河镇组织开展西蓝花全自动移栽机械化生产试验，采用洋马PF2R乘坐式全自动蔬菜移栽机和亚美柯VP245P手扶式全自动蔬菜移栽机进行西蓝花穴盘苗移栽生产试验，移栽西蓝花6.67公顷，并对田间作业条件、机具移栽作业质量指标（合格率、空穴率等）、作业效率进行实地检测，为江苏省西蓝花全程机械化生产提供技术支撑。

2月13日

江苏省农业农村厅印发《关于修订2021—2023年江苏省农机购置补贴机具种类范围的通知》（苏农机〔2022〕2号），对《2021—2023年江苏省农机购置补贴机具种类范围》进行梳理调整。

2月28日

江苏省农业农村厅印发《关于加快推进农机购置补贴三合一办理方式的通知》（苏农办机〔2022〕2号），将轮式拖拉机、履带式拖拉机、谷物联合收割机、玉米收获机、油菜籽收获机、青（黄）饲料收获机、四轮乘坐式插秧机、喷杆喷雾机、履带自走式旋耕机等品目或档次的机具，列入江苏省农机购置补贴三合一办理范围。

江苏省农业农村厅召开江苏省大豆玉米带状复合种植配套农机装备保障工作专题会议，江苏省农业农村厅一级巡视员沈毅出席会议并讲话，全省大豆油料扩种机具装备评估评价工作组和大豆玉米复合种植配套农机装备保障工作专班成员参加会议。

2—11月

江苏省农业机械试验鉴定站组织制修订《鲜花打包机》等7项江苏省农业机械专项鉴定大纲，8月22日通过专家评审，10月18日公告发布。修订《空气源热泵机组》江苏省农业机械专项大纲，11月23日通过专家评审。

3月22日

江苏省农业农村厅在南京召开全省农业机械化工作会议，总结2021年全省农业机械化工作，研究部署2022年重点任务。江苏省农业农村厅一级巡视员沈毅出席会议并讲话。

3月31日

江苏省农业农村厅以视频会议形式召开全省农机安全生产工作会议暨平安农机建设推进会议，深入贯彻习近平总书记关于安全生产的重要论述，全面落实江苏省委省人民政府、农业农村部有关安全生产部署要求，总结2021年全省农机安全生产工作，部署深化提升农机安全生产专项整治三年行动，推进平安农机建设。江苏省农业农村厅一级巡视员沈毅出席会议并讲话。

4月22

江苏省农业机械技术推广站在全国农业机械化教育培训中心网络直播平台上召开全省大豆玉米带状复合种植配套农机装备与技术培训会议。全省各地农机推广机构负责人、技术骨干和相关农户、农业农机生产经营主体参加培训。

5月17日

江苏农业农村厅、江苏省财政厅印发《关于做好2022年大豆玉米带状复合种植专用机具购置省级专项补贴工作的通知》（苏农机〔2022〕7号）。为保障江苏省完成国家2022年下达的40千公顷大豆玉米带状复合种植推广任务，江苏省财政在中央农机购置与应用补贴政策外，2022年对大豆玉米带状复合种植专用机具购置实行专项定额补贴。

5月31日

江苏省农业农村厅、连云港市农业农村局、海州区人民政府联合举办2022年江苏省暨连云港市农机安全生产月活动启动仪式。江苏省农业农村厅一级巡视员沈毅、江苏省应急管理厅二级巡视员徐海云、连云港市副市长宋波等领导出席活动。启动仪式采取主会场+分会场线上直播形式，全省近3 000人在线观看活动直播。

5—9月

江苏省农业机械试验鉴定站完成小麦联合收割机4家企业7种型号120台质量调查和3种型号10台收获损失率调查任务；完成省级稻麦（谷物）联合收割机4家企业10种型号共计315个用户的质量调查工作。

5—11月

江苏省农业机械试验鉴定站牵头修订《水稻侧深施肥装置》农业机械鉴定大纲，11月通过专家评审。

6月9日

江苏省农业机械技术推广站承办江苏省农业农村厅在徐州铜山召开的全省大豆玉米带状复合种植配套农机装备现场观摩会，现场演示大豆玉米复合种植一体化播种机、定向分带植保机、收获机等20台机械。

7月6日

江苏省农业农村厅一级巡视员沈毅带领农业农村厅农机装备处一行赴丰疆智能软件科技（南京）有限公司、南京南机智农农机科技研究院调研智能农机装备与技术研发生产情况。调研中，相关企业介绍智能农机产品研发生产、市场销售和信息化管理平台开发情况，并就智能农机装备与技术推广应用状况进行座谈交流。

7月13日

江苏省农机具开发应用中心联合农业农村部南京农业机械化研究所、南京市栖霞区农业技术推广站、兴化市农业农村局等相关单位领导和技术人员，在兴化市垛田街道顶能食品公司生产基地，利用国产8行蔬菜移栽机开展芦蒿机械化移栽试验取得成功，解决芦蒿移栽瓶颈问题，现场为种植户答疑解惑。

7月28日

江苏省农业机械技术推广站在南京组织召开2022年度全省农机推广工作座谈会，全省13个设区市农机推广站（中心）站长参加会议，江苏省农业农村厅一级巡视员沈毅到会并讲话。

8月16日

江苏省农业农村厅一级巡视员沈毅组织召开农业农村厅农机数字化建设工作专班会议，研究讨论《江苏省农机数字化建设方案》，江苏省农业农村厅农机条线相关处室主要负责人和工作人员参会。

8月19日

江苏省农机安全源头管理工作推进会在连云港市召开。江苏省农业农村厅二级巡视员周宝银出席会议并讲话。会议组织观摩连云港市农业综合执法指挥中心，现场演示网上执法办案、大数据分析和线上指挥调度等功能。连云港、徐州、南通、盐城等6个地区进行典型经验交流发言。

8月24—25日

为贯彻落实习近平总书记对技能人才工作的重要指示精神，推动农机行业高技能人才队伍建设，江苏成功举办2022年全国农业行业职业技能大赛农机修理工江苏省选拔赛暨第八届全省农机职业技能竞赛。江苏省农业农村厅一级巡视员沈毅出席开幕式并讲话，江苏省农业农村厅二级巡视员周宝银出席闭幕式并讲话。农业农村部人力资源中心、农业农村部农业机械化总站相关处室负责人参加竞赛活动。

8月26日

江苏省农业机械技术推广站联合农业农村部南京农业机械化研究所、江苏省农机具开发应用中心等单位在响水联合举办全省蔬菜生产全程机械化推进观摩培训会。来自省内外蔬菜领域专家、全省市县区农机推广站技术负责人、蔬菜种植户、蔬菜机械生产企业等方面代表120余人参加会议。活动采用线下+线上，田头+网媒的方式，现场演示来自国内21家研发生产单位，52台（套）蔬菜生产全程机械化装备。

9月9日

江苏省农机具开发应用中心联合镇江市农业机械技术推广站、江苏大学在句容市白兔镇笪小华家庭农场草莓生产基地举办草莓种植机械化作业现场观摩暨全程机械化生产模式研讨会，现场观摩草莓起垄机、移栽机和节水灌溉设备田间作业，初步形成设施草莓种植育苗开沟作畦、撒肥、起垄、移栽、节水灌溉、植保、采收搬运等环节机械化作业装备配置和技术要求。

9月15日

江苏省耕整作业装备创新中心成立大会在建湖县举行。江苏省农业农村厅一级巡视员沈毅、盐城市人大常委会副主任顾云岭、农业农村部南京农业机械化研究所副书记肖体琼等领导出席会议，江苏省部分设区市、县（市、区）农业农村局代表、江苏省秸秆机械化还田技术专家组成员、部分企业和创新中心合作单位代表等100多人参加会议。会议期间与会同志还参观耕整作业新装备现场作业演示。

9月15—16日

江苏省农业农村厅一级巡视员沈毅带领农业农村厅农机装备处负责人到盐城建湖县、东台市调研农业机械化工作。

9月17—18日

江苏省农机具开发应用中心联合江苏省农业技术推广总站及江苏省农业科学院等单位，开展秋茬设施甘蓝机械化移栽田间作业试验及应用效果测试。测评组制定评测试验方案，实地检测土壤参数、环境因子、穴盘钵苗参数以及机具作业后垄型规格参数、移栽合格率、移栽深度合格率、行株距变异系数等作业质量指标和机具作业效率，并对机具稳定性、可靠性、经济性等方面进行综合评测。

9月20日

江苏省农机具开发应用中心池塘高效生态养殖装备技术集成与应用成果荣获2019—2021年度全国农牧渔业丰收奖一等奖；华东地区设施大棚韭菜全程机械化生产模式入选农业农村部农业机械化总站2022年设施蔬菜机械化生产先进模式在全国推介；蔬菜机械化智能化高效生产技术入选江苏省农业农村厅蔬菜全产业链四减四增提质增效主导生产技术体系（2022年入选）。

9月20日—11月20日

江苏省农业机械试验鉴定站根据农业农村部农业机械化总站工作安排，组织实施农机获证产品证后监督检查工作，按照双随机、一公开原则，抽取20位技术人员对获证企业的相关产品进行监督检查。国推证后监督检查结果于10月份上报农业农村部农业机械化总站；省级证后监督检查任务结果于11月份上报江苏省农业农村厅。

9月28日

江苏省农机具开发应用中心在扬州仪征通过线下+线上同步直播的方式，组织设施农业、黑莓生产、水产养殖3个场景机具展演示，现场展示新装备新技术近50台套。江苏省农业农村厅一级巡视员沈毅、扬州市人民政府副市长余珽、江苏省农业农村厅二级巡视员周宝银、仪征市委副书记许超仪、市委常委宣传部部长杨昕等领导出席。

江苏省农业农村厅在仪征市举行江苏省农机应急作业服务队授旗仪式，在全国率先构建省总队+设区市支队+县（市、区）大队+若干一线队四级农机应急作业服务体系，标志着江苏省农业机械化应急作业服务进入组织化、专业化、高效化发展的新阶段。江苏省农业农村厅一级巡视员沈毅、扬州市副市长余珽、江苏省农业农村厅二级巡视员周宝银等领导出席仪式，一级巡视员沈毅在授旗仪式上讲话。

江苏省农业农村厅在扬州仪征市召开全省推进实施农业机械化两大行动暨农业生产全程全面机械化示范县建设现场观摩会。会议采取线下+线上同步全程直播的方式召开，江苏省农业农村厅一级巡视员沈毅、扬州市人民政府副市长余珽、江苏省农业农村厅二级巡视员周宝银、仪征市委副书记许超仪、市委常委宣传部部长杨昕等领导出席会议，扬州市副市长余珽致辞，一级巡视员沈毅做总结讲话。

9月29日

江苏省农业机械技术推广站在连云港市灌云县举办全省大豆玉米带状复合种植机械化生产观摩会，全省各设区市农机推广站、相关县（市、区）农业农村局农机科长、农机推广站站长及种植大户50余人参加观摩会。

江苏省农机具开发应用中心在苏州常熟组织河蟹全程机械化作业展演示活动，现场演示无人机和无人船投喂饲料、智能增氧、河蟹养殖智慧渔业管理平台、激光机、河蟹捆扎机、捆扎河蟹自动分级机、自动包装机等，同时展示割草机、梳草机、水草输送机、清淤机等河蟹养殖机械。

9月

江苏省农机推广机构王和平、吴建浩、高劲松、王凯4位同志获农业农村部农业机械化总站首届"寻找最美农机推广员"荣誉称号。

为提升农业机械化防灾减灾能力，加强常态化农机应急作业服务队建设，江苏省农业农村厅发布《关于加快推进常态化农机应急作业服务队建设工作的通知》，构建江苏省农机应急作业服务机制。江苏省农机应急作业服务队设总队、支队、大队，其中总队设在省农业机械技术推广站，江苏省农业机械技术推广站发挥农机科技志愿服务队的组织优势和农机推广的体系优势，在支队、大队组建过程中提供技术保障和支持。

10月10日

江苏省农业农村厅、江苏省财政厅印发《关于进一步便利购机者提交补贴申请的通知》（苏农机〔2022〕19号）。明确各地不再执行关于县级的中央和省级财政农机购置补贴资金申请数量分别达到当年可用资金（含结转资金和调剂资金）总量110%的，办理服务系统将自动停止申请录入功能，相关县农业农村、财政部门应及时发布公告，停止受理相关补贴申请的规定，进一步便利购机者提交补贴申请。

10月23日—11月28日

江苏省农业机械试验鉴定站CMA资质认定复评审，经专家组和江苏省市场监督管理局检查确认，于11月28日通过本次复评审。

10月24日

江苏省农业农村厅一级巡视员沈毅带领农机装备处负责人到兴化市调研指导"三秋"机械化生产和农机安全工作。在兴化现代农业产业园，观摩水稻绿色生态新品种新技术和智能收获技术，了解水稻相关新品种及产量、水稻智能收获机具作业性能、效率等；在兴化钓鱼镇银桂水产品养殖专业合作社了解微孔管道增氧、无人机投饲、5G＋在线水质智能化监控等情况。

10月25日

江苏省农业机械技术推广站协助江苏省农业农村厅举办全省油菜生产全程机械化暨油菜扩种技术推广云上田间日活动，主要展演示油菜耕整地、直播、移栽、收获环节机械装备15台套，农机TV网络平台观看量超13万人次。

江苏省农业农村厅举行全省油菜生产全程机械化暨油菜扩种技术推广云上田间日活动，为克服新冠疫情不利影响，活动采取线上＋线下视频＋录播方式举行，尽可能再现田间日现场展演示效果。江苏省农业农村厅一级巡视员沈毅出席活动并作讲话，代表们线上观摩南京市高淳区油菜育苗、播种、移栽、收获、烘干、菜籽油加工等18台（套）全程机械化装备技术展演示。

11月3日

江苏省农业农村厅农机购置补贴政策实施，在农业农村部农业机械化管理司组织的对38个省级农业农村部门2021年度农机购置补贴政策落实绩效管理工作考核评估中，全国排名第1，获优秀表彰。

11月4日

江苏省农业农村厅、江苏省科技厅联合举办首届江苏省水稻机收无人化作业比武竞赛，竞赛活动在无锡市锡山区开幕。江苏省农业农村厅一级巡视员沈毅、江苏省科技厅副厅长赵建国、无锡市委副书记、政法委书记朱爱勋出席开幕式。罗锡文院士、赵春江院士、陈学庚院士发来视频表示祝贺。本次竞赛活动是省级层面开展的一次大规模的无人化作业比武竞赛，有来自全省13个市及省农垦共20支队伍参加。

11月8—11日

江苏省首届农机安全行政执法大比武活动在句容市成功举办。江苏省农业农村厅一级巡视员沈毅、二级巡视员周宝银，江苏省应急管理厅二级巡视员乔勇和省司法厅、江苏农林职业技术学院等有关部门领导观摩活动。活动共分执法队伍会操展示、法律专业知识比赛、执法办案技能比赛、现场竞答4个环节，共产生一等奖1个、二等奖2个、三等奖3个、组织奖8个。

11月9日

江苏省农机装备产业链党建联盟成立大会暨产业链协同发展对接活动在江苏大学举行。江苏省工业和信息化厅副厅长徐军，江苏大学书记袁寿其、校长颜晓红等出席活动，江苏省农业农村厅二级巡视员周宝银出席活动并讲话。

11月25日

江苏省农业农村厅农机装备处、省农业机械技术推广站联合召开全省大豆玉米带状复合种植配套农机装备保障工作座谈会。2022年承担复式种植任务的设区市农业农村局农业机械化管理处和农机推广站负责人、江苏省农垦集团和江苏省沿海集团相关负责人以及江苏省大豆玉米复合种植配套农机装备保障工作专班成员参加会议。

11月29日

江苏省农机具开发应用中心组织省特色农业机械化专家组和江苏省智能农机装备产业联盟专家率先在国内制定智能化连栋温室建设指引、信息化果园建设指引、数字化池塘河蟹养殖场建设指引、数字化池塘工程循环水养殖建设指引，并由江苏省农业农村厅在全省发布实施。

11月

江苏省农机具开发应用中心被全国科普工作联席会议、科技部人才与科学普及司授予全国科技活动周及重大示范活动优异荣誉证书。

12月8—9日

江苏省农机具开发应用中心联合农业农村部南京农业机械化研究所、江苏省农业科学院、兴化市第十五批科技镇长团、兴化市农业农村局、兴化市大营镇人民政府在兴化大营镇共同举办香葱、洋葱生产机械化现场演示活动，兴化市副市长王晓秋、科技镇长团团长朱虹副市长参加演示活动。

12月12日

为贯彻落实党的二十大精神，推动数字技术与农机装备深度融合，实现数字化赋能农业机械化，农业机械化率先数字化，江苏省农业农村厅建设开发机慧来农业机械应用与管理平台，打造第一个省级农机数字化大脑。江苏省农业农村厅举行机慧来农业机械应用与管理平台上线仪式，标志着江苏农机数字化进入实质性应用阶段。

江苏省农业农村厅召开第十二届江苏国际农业机械展览会新闻发布会，宣布由江苏省农业农村厅与中国国际贸易促进委员会江苏省分会共同主办的第十二届江苏国际农业机械展览会定于2023年4月12—14日在南京国际博览中心举行。

2022年

江苏省受理农机质量投诉28起，江苏省农业机械试验鉴定站协助有关市县处理投诉4起，为农民直接和间接挽回经济损失达84.32万元。

江苏省农业农村厅根据农业农村部、财政部要求，争取省级财政落实安排省级农机购置补贴资金4.06亿元，取消110％停止受理补贴申请规定，进一步便利购机者提交补贴申请。全年共登记使用农机购置与应用补贴资金21.81亿元，补贴机具15.42万台（套），受益对象7.61万个，拉动购机投入74.28亿元。

江苏省农业农村厅根据新版《农业机械分类》，及时修订2021—2023年江苏省农机购置补贴机具种类范围。按要求对降低轮式拖拉机补贴额，增加自走式镇压机专项鉴定产品、花生联合收获机档次及补贴额，以及对有关档次优化进行测算调整。

江苏省农业农村厅会同江苏省财政组织全省开展近三年农机购置补贴政策实施情况自查，汇总向农财两部报送江苏省自查报告。认真做好2021年江苏省农机购置补贴政策的总结、绩效自评等工作。会同江苏省财政厅向江苏省人民政府督查室报送《关于我省农机购置补贴有关工作情况的汇报》。根据国务院督查组要求，及时报送江苏省农机购置补贴有关情况资料，主动加强汇报。

浙江省

2022年1月13日

浙江省农业农村厅党组成员、省畜牧农机发展中心主任陈良伟赴长兴、德清开展农机安全检查工作。

1月18日

浙江省召开年度安全形势分析会，分析全省农机安全生产形势，交流各地2021年度农机安全生产管理工作及2022年工作打算，部署岁末年初及春运期间农机安全等工作。

2月28日

农业农村部农业机械化管理司印发《关于加快推进丘陵山区农机装备补短板工作的函》，转发《浙江省政府办公厅关于先进适用农机具研制推广行动计划》《浙江省农业农村厅关于深化机械强农行动推进农业机器换人高质量发展的实施方案》两个文件，要求各地学习借鉴。

3月4日

浙江省农业农村厅废止《玻璃温室》《连栋钢架大棚》《食用菌培养料混合搅拌机》《食用菌料棒自动加工设备》《自动施肥营养液调配装置》5项农机专项鉴定大纲。

3月6日

浙江省农业农村厅推介发布2022年粮油、蔬菜、水果、茶叶、养殖等农业产业适用的8大类32项农业机械化主推技术，指导各地开展农业机械化技术推广工作。

3月7日

浙江省农业农村厅发布按照《农业机械分类》（NY/T 1640—2021）调整后的补贴机具种类范围，由14大类40个小类142个品目调整为21大类45个小类123个品目。

3月17日

全国农业机械化工作会议以视频形式召开。浙江省农业农村厅党组成员、省畜牧农机发展中心主任陈良伟在会上作题为"深入实施机械强农行动　全力建设丘陵山区农业机械化发展先导区"的交流发言。

4月3日

浙江省农业农村厅、公安厅联合印发2022年浙江省上道路行驶拖拉机专项治理行动方案，开展为期5个月的上道路行驶拖拉机专项治理。

4月18日

浙江省农业农村厅印发水稻机械化种植方案，明确通过积极的水稻机械化扶持政策、建设一批高标准育供秧中心、完善水稻机种社会化服务体系等措施加快补齐浙江省水稻机械化种植短板，切实增强水稻生产能力。

4月21日

浙江省农业农村厅、中国石化销售股份有限公司浙江石油分公司联合出台2022年农机作业用油"三优一免"政策。

4月27日

浙江省将乘坐式高速插秧机、履带式耕作机械等相关分档中央补贴额测算比例提高至35%。

5月19日

浙江省农业机械化工作座谈会在杭州召开，浙江省农业农村厅党组成员、省畜牧农机发展中心主任陈良伟参会。

6月1日

浙江省农业农村厅、财政厅印发《农业双强项目管理细则（试行）》的通知，明确丘陵山地宜机化改造和农艺农机融合示范试验基地建设项目、农事服务中心建设项目、重点突破试点项目等项目绩效目标与建设内容。

6月13日

浙江省农业农村厅、财政厅联合印发浙江省农业机械报废更新管理办法。办法对农机报废更新品目范围、更新原则、报废使用年限规定、部门职责、补贴政策等内容予以规定。

6月21—22日

浙江省水稻田间管理机械化技术培训班在温岭举办，全省农机管理、推广人员和水稻种植大户共140余人参加培训，2.6万余人在线观看现场直播。

6月23日

浙江省农机安全事故应急演练在衢州柯城召开，浙江省农业农村厅党组成员、省畜牧农机发展中心主任陈良伟出席活动。

6月27日—7月15日

在温州、杭州、湖州集中开展农业机械化技术系列培训活动。举办全省农用无人机、水产养殖机械、畜牧养殖机械、拖拉机和收割机等4期操作（维修）培训班，累计培训233人。

7月13—15日

全国绿色农业机械化新技术培训班暨设施日活动在平湖市举办。农业农村部农业机械化总站党委委员、总工程师仪坤秀作"推进设施农业机械化、绿色化发展"主题报告。云上智农网上直播，10.35万人次收看。

7月27—28日

全省农机安全监理员培训班在桐乡举办。重点就解读浙江省农机报废更新管理办法、浙江省高耗能农机报废补偿实施细则、无人植保机安全操作规程；拖拉机检验、驾驶考试装备现场教学演示等开展培训，100余人参加。

8月5日

浙江省农业农村厅、财政厅联合印发浙江省高耗能农业机械报废补偿实施细则，确定省级高耗能农业机械报废补偿种类为粮食烘干机、热风炉、履带自走式旋耕机。

8月24日

浙江农业行业职业技能竞赛农机修理工赛在湖州举办，浙江省农业农村厅党组成员、省畜牧农机发展中心主任陈良伟出席开幕式。金华的周春标荣获一等奖，湖州的沈斯浩、俞士成分别荣获二等奖，湖州的朱凡、金华的张利华、衢州的徐卫民分别获得三等奖，另有10位选手获得优胜奖。

8月31日

浙江省农业农村厅、应急管理厅联合印发浙江省进一步深化平安农机创建活动工作方案，工作方案就创建目标、创建程序及工作措施予以明确。

9月12—30日

在丽水、金华两地集中开展食用菌、茶叶机械化技术应用及农机合作社理事长培训累计培训学员150人。

9月28—30日

农业机械化"四分"研究暨2022年农业机械化发展与服务项目通过专家组验收。对全省不同区域、不同产业、不同品种、不同环节的机械化发展现状开展调查分析，整理问题清单、推广清单、研发清单3张清单，共计完成11个研究报告。

9月30日

浙江省农业农村厅印发关于建立常态化农机应急作业服务队的通知，全省已建立应急服务队243支。

浙江省农业农村厅印发关于做好秋收冬种机械化生产工作的通知，强化农机装备支撑和保障作用，确保秋粮颗粒归仓和冬种生产有序。

10月25日

浙江省农业农村厅、应急管理厅联合推荐湖州市为2022年全国平安农机示范市，宁波市北仑区、仙居县为2022年全国平安农机示范县。

10月25—26日

全省水稻机收减损技能培训班在湖州市南浔区举办。丽水的蓝云鹏、湖州的张洪安、台州的蔡斌斌分获比赛前3名。

11月1—3日

贵州省农业农村厅副厅长张元鑫一行来浙江省调研考察丘陵山区农业机械化发展工作。浙江省农业农村厅党组成员、省畜牧农机发展中心主任陈良伟参加座谈。

11月3—4日

全省首次果园机械化生产技术培训班在浦江县举办，来自全省各地负责农机推广的同志和部分水果种植主体、农机企业代表140人参加。培训班现场演示展示果园全程机械化作业，观摩学习丘陵果园宜机化改造和数字果园技术。浦江、常山、临海、奉化作交流发言，农机企业推介新型水果生产机械，专家专题讲授水果全程机械化技术应用。

11月11—13日

首届中国茶叶智能机械装备博览会在浙江德清国际展览中心举办。展会吸引来自浙江、广西、云南、贵州、四川、江西、安徽、江苏、山东、上海、广东、福建等地专业观众2 000多人，现场成交或达成意向交易额3 000多万元。

11月15—16日

全省水产养殖机械化现场会在湖州市南浔区召开，各市、县（市、区）农机、渔业推广部门负责人、渔业主体代表等160人参会。现场会总结全省水产养殖机械化工作成效，提出未来一段时间工作方向，展示国内外先进的淡水养殖模式及新型水产机械设施设备。

11月18日

农业农村部农业机械化总站召开全国农机试验鉴定和技术推广工作视频会议。浙江省作题为"聚焦重点 协同协力 用农业机械化武装现代农业"的典型发言。

11月23日

浙江省龙游红专种粮专业合作社董红专获全国20佳最美农机合作社理事长称号。

11月29日

浙江省农业农村厅、财政厅联合印发《浙江省农机研发制造推广应用一体化试点实施方案》，安排1.5亿元用于农机研发制造推广应用一体化试点。

11月29—30日

全省丘陵山区农业机械化现场推进会在临海市召开，浙江省农业农村厅党组书记、厅长王通林出席并讲话。

12月2日

浙江省农业农村厅印发《浙江省农机抗灾救灾应急作业预案》，对适用范围、工作原则、应急指挥组织及职责、预防、响应与处置及应急保障等予以明确。

12月22日

农业农村部农业机械化管理司发文推介全国第二批特色经济作物适宜品种全程机械化生产模式与典型案例。浙江省浙北缓坡茶园（杭州骆驼九字）、浙西北低山丘陵白化茶（安吉龙王）、浙北缓坡白化茶（安吉雅思清和）、浙北陡坡茶园（长兴水口瑞专）、浙江平地茶园（金华白龙山）、浙江智慧茶园（金华更香有机茶）、浙江平地茶园（松阳绿茗峰）、浙江陡坡茶园（绍兴日铸茶）、浙江陡坡茶园（温州文成九龙山）9个案例入选。

12月23日

浙江省农业农村厅公布第二批农业机器换人高质量发展先行县等建设单位名单，确定综合性农业机器换人高质量发展先行县10个，特色产业农业机器换人高质量发展先行县26个，农机服务中心150个，全程机械化应用基地263个，农机创新试验基地61个。

12月26日

浙江省农业农村厅对岁末年初农机安全生产工作进行部署，要求进一步压实安全生产责任、抓好风险隐患排查整治及源头管理、加强农机安全宣传和农机服务并强化应急值守。

12月28日

全国第七批率先基本实现主要农作物生产全程机械化示范县（市、区）名单公布，浙江省湖州市南浔区、天台县在列。

安徽省

2022年1月25日

《中共安徽省委安徽省人民政府关于印发〈科技强农机械强农促进农民增收行动方案（2022—2025年）〉的通知》（皖发〔2022〕5号）出台，全省开始实施两强一增行动。其中机械强农包括优势产业集群壮大行动、特色农机研制补短板行动、全程机械化推进行动、农机社会化服务提升行动、农业标准地改革行动、农产品仓储冷链设施建设行动。

安徽省人民政府发布《关于2022年重点工作及责任分解的通知》，将强化农机研制补短板，编制装备需求和研制清单列入2022年人民政府重点工作。

2月28日

安徽省农业农村厅起草《安徽省人民政府 中国机械工业集团有限公司推进两强一增行动合作协议（代拟稿）》，提请安徽省人民政府审定。

3月13日

安徽省农业农村厅印发《关于印发全程机械化综合农事服务中心等建设指导意见的通知》（皖农办机函〔2021〕36号）。对全程机械化综合农事服务中心、水稻育插秧中心、粮食烘干中心、主要作物生产高标准全程机械化综合示范基地、农机农艺融合示范基地建设提出指导意见。

3月15日

2022年全国暨安徽省"农机3·15"消费者权益日活动启动仪式在安徽省芜湖市举办。安徽省副省长张曙光率省直有关单位和各市人民政府负责同志莅临主会场巡展，省内外22家企业、84个产品参加现场展示演示。

5月5日

安徽省农业农村厅印发《安徽省"十四五"农业机械化发展规划》，明确"十四五"安徽省农业机械化发展的总体思路、目标任务和政策举措。

5月16日

农业农村部召开全国"三夏"生产视频调度暨小麦机收工作部署会。安徽省农业农村厅党组书记、厅长卢仕仁代表安徽省发言。

5月20日

全省机械强农工作调度会在合肥召开。会议了解各地机械强农工作进展，明确下一步推进措施，同时安排部署全省小麦抢收工作。安徽省农业农村厅党组成员胡刚出席会议并讲话。

5月24日

安徽省农业农村厅、中国石化销售股份有限公司安徽石油分公司、中国石油天然气股份有限公司安徽销售分公司联合印发《关于做好"十四五"农机作业用油保障工作的通知》，加强农业农村部门和石油、石化系统的合作，切实做好"十四五"农机作业用油保障工作。

5月27日

全省"三夏"农业机械化技术培训暨小麦机收减损大比武活动在亳州市谯城区举办。安徽省农业农村厅党组成员胡刚出席活动并讲话。

5月30日—6月1日

农业农村部副部长张桃林来皖调

研指导"三夏"农业生产工作。安徽省副省长张曙光陪同。张桃林副部长对安徽省"三夏"工作给予充分肯定，认为安徽省小麦面积、单产、总产三增长，形势喜人，为全国粮食增产奠定基础。

6月1日

安徽省农业机械技术推广总站牵头建立全程机械化和茶叶技术推广应用样本点。

6月14日

安徽省委书记郑栅洁赴安徽省农业科学院调研两强一增行动方案落实工作，现场观看安徽省农业农村厅组织的各地农机装备生产企业补短板成果展览。

6月27—30日

农业农村部农作物生产全程机械化专家指导组水稻专业组一行6位专家，赴安徽省芜湖市开展水稻生产机械化专题调研和技术指导活动。

8月19—20日

安徽省农机补短板暨专精特新产品展览在合肥举办。安徽省委副书记、省长王清宪现场巡展。农业农村部农业机械化总站党委副书记李斯华参加相关活动。在安徽省农业农村厅的部署领导下，安徽省农机试验鉴定站具体组织86家省内外农机制造企业191项农机产品参展，集中展现近年来安徽农机产业补短板强弱项、扬优势创一流成果。

8月24—26日

安徽省农业机械技术推广总站联合安徽省农机装备应用产业技术体系在休宁县举办全省山特产品生产与加工机械化技术推广活动。

9月13日

安徽省农业农村厅印发《关于新型农机装备推广应用项目的批复》，下达44项新型农机装备推广应用项目到各市农业农村局。

9月15日

全省全程机械化综合农事服务中心高质量发展培训班在池州举办。全省54家全程机械化综合农事服务中心理事长及16个市农业农村局分管此项工作的负责同志参加培训。种粮大户徐淙祥、徐海波等到会交流发展经验。

9月29日

全省秋粮机收减损大比武暨"三秋"农业机械化技术推广田间日活动（北方片）在宿州市埇桥区举办。

10月31日

安徽省农业机械技术推广总站牵头实施的全省农机农艺融合示范基地建设中，共建设示范基地20个，顺利完成年度任务目标。

11月3日

在农业农村部农业机械化管理司组织的2021年度省级农机购置补贴政策落实绩效管理评估中，安徽省再获优秀等次。

11月17—18日

全省丘陵山区特色农业机械集中鉴定和现场演示评价活动在宣城市宣州区举办。安徽省农业农村厅党组成员胡刚出席活动开幕式并讲话。

11月18日

2022年安徽省暨芜湖市农机事故应急处置桌面推演活动在芜湖市南陵县举办。

12月28日

农业农村部办公厅公布全国第七批率先基本实现主要农作物生产全程机械化示范县（市、区）名单。安徽省颍上县、六安市裕安区、含山县、芜湖市繁昌区4个县（区）被认定为全国示范县，滁州市被认定为已整建制率先基本实现主要农作物生产全程机械化市。

2022年

安徽省新增全程机械化综合农事服务中心135个、育秧中心145个、烘干中心158个，均超额完成两强一增行动年度任务。

安徽省变拖存量持续下降，截至2022年12月31日，全省依法公告注销及作废变拖牌证16 096台，目前全省在管变拖数量为15 092台，比2021年同期下降41.5%，2022年有9个县（市、区）实现全面清零，目前，全省变拖清零的县（市、区）共有17个。

安徽省农业农村厅组织全省农业农村部门和农机生产企业完成农机装备补短板研发任务40项，超额完成安徽省人民政府下达的20项任务。

福 建 省

2022年2月16日

福建省农业农村厅在福建省福州市举办全省农业机械化工作视频培训班，总结2021年农机工作成效，部署安排2022年重点工作，福建省农业农村厅党组成员、副厅长梁全顺出席会议并讲话。

2月28日

福建省农业农村厅下发《2022年农机化工作要点》，工作要点明确2022年农业机械化工作目标：全省主要农作物耕种收综合机械化率达到73%，实现中央和省级农机购置补贴资金零结余，不发生较大以上农机事故，为粮食生产、产业发展、乡村建设、农民增收提供有力支撑。

5月5日

福建省道路交通安全综合整治领导小组办公室印发《关于开展挂外省拖拉机号牌车辆摸底排查工作的通知》（闽道安办〔2022〕21号）。

5月13日

福建省农业农村厅在南平市举办全省丘陵山区农业机械化补短板现场培训班，贯彻落实全国农机装备补短板工作会议精神，分析本省农机装备短板弱项，研究安排下阶段重点工作。福建省农业农村厅副厅长梁全顺出席并讲话，南平市副市长余文权致辞。

5月24日

福建省公安厅　福建省农业农村厅联合印发《关于加强上道路行驶拖拉机交通安全治理工作的通知》（闽公综〔2022〕147号）。

6月16日

福建省农业农村厅　福建省应急管理厅关于印发《福建省"十四五"时期平安农机创建活动实施方案》的通知（闽农综〔2022〕57号）。

7月5日

在2022年全国农机安全法规知识竞赛中，福建省荣获团体奖二等奖，27名农机手荣获个人奖。

8月7日

福建省人民政府安全生产委员会办公室印发《关于切实加强农村道路交通安全工作的通知》（闽农委办函〔2022〕72号），通知要求：要突出强化农机安全，确保2025年底全省多功能拖拉机全部清零；深入推进新一轮平安农机创建活动。

8月16日

由福建省农业农村厅主办，南平市农业机械化发展中心、浦城县农业机械化发展中心承办的2022年福建省再生稻种植农机农艺融合技术培训班在浦城县临江镇水西村举办，现场展示适宜再生稻等水稻生产的中小型作业机具，演示再生稻回形收割、单道进出新型收割方式的作业过程，并举办再生稻农机农艺融合生产讲座。

9月20日

农业农村部农业机械化总站副站长姚春生一行来福建省莆田市调研丘陵山区农业机械化发展现状。

9月23—25日

2022年第五届全国农业行业职业技能大赛农机修理工竞赛福建省选拔赛在福建省三明市农业学校举办，来自三明市的李飞华获得金奖，福州市的周冰获得银奖，龙岩市的乐万灵获得铜奖。

江 西 省

2022年2月11日

江西省农业农村厅、江西省财政厅印发《2021—2023年全省农机专项鉴定产品购置补贴实施方案》《2021—2023年全省农机新产品购置补贴试点实施方案》。

2月16—23日

春耕生产期间，江西省农业农村厅共派出6个指导组赴各地开展农机春耕备耕指导工作。

2月25—27日

2022年全省农业机械化推广应用培训班在南昌市召开，培训采用现场教学和网络直播方式，线上线下共培训人员5 000人次。

2月26—28日

第二届中部（江西）农业机械及零部件展览在南昌市召开，江西省委常委、南昌市委书记李红军，江西省原副省长胡强莅临巡馆。展会共吸引省内外100余家农机厂商参展，超过1.5万人次现场观展，共签约成交各类大中小型农机具3 000多台（套、件），总成交额约2.7亿元，为江西省农机装备产业发展营造良好氛围。

5月20日

江西省农业机械化工作会议在南昌召开，落实全国农业机械化工作会议要求，研究部署2022年农业机械化重点工作。江西省农业农村厅一级巡视员赖金生出席会议并讲话。

5月30日

江西省农业农村厅印发《关于做好全省"十四五"农机用油保障工作的通知》，与中石油中石化江西分公司合作推动农机用油"三优一免"（优先加油、优惠供应、优质服务和免费办理）政策落实，汽油每升最高折扣为95折，柴油最高每升可优惠1元，切实降低农机作业成本，减轻农民负担。

5月31日

江西省农业农村厅在南昌市启动2022年全省农机安全生产月活动。通过设置展台、发放农机安全生产资料、举办农机安全展等方式，开展农机安全生产知识宣传和现场解答，共发放农机安全生产资料8 300余份，全面提高农机驾驶员安全意识、法律意识和操作水平。

6月22日

江西省农业农村厅印发《关于印发农机购置与应用补贴政策四个工作制度的通知》（赣农规计字〔2022〕39号）。四个工作制度分别为《江西省农机购置与应用补贴机具投档工作办法》《江西省农机购置与应用补贴政策实施异常情形报告制度（试行）》《江西省农机购置与应用补贴机具核验工作指引》《江西省农机购置与应用补贴三合一办理操作指引》，进一步完善内控措施，规范农机购置补贴政策实施。

7月14日

江西省农业农村厅、江西省财政厅印发《江西省2021—2023年农机购置与应用补贴机具种类范围和补贴额一览表》（赣农规计字〔2022〕15号），对部分农机购置与应用补贴机具种类范围和补贴额进行调整。

7月16日

江西省水稻机收减损技能大比武活动在上饶市余干县举办，江西省省长叶建春亲临活动现场并强调，多一份操作技能，粮食安全就多一份保障，希望大家再接再厉，提高操作技能、熟悉操作技术，提升机收减损水平，为江西粮食安全多作贡献。江西省委农业和农村委员会主任，省农业农村厅党组书记、厅长江枝英，厅一级巡视员赖金生出席活动。

7月20—22日

农业农村部农业机械化管理司司长冀名峰一行来赣指导水稻双抢机械化工作。调研江西省内早稻种植、机收减损、双抢期间用油保障、零配件供应、农机购置与应用补贴政策落实、农机新技术推广等有关情况。江西省委农业和农村委员会主任，省农业农村厅党组书记、厅长江枝英与冀名峰司长进行深入交流。

8月2日

江西省农业农村厅办公室印发《江西省"四有三能"农机维修网点认定工作实施方案的通知》（赣农厅办字〔2022〕19号），持续打造一批"四有三能"（即有资质条件、有形象标识、有技术能力、有经营水平，能服务、能发展、能共享）的农机维修网点。

8月6日

江西省人民政府印发《江西省农业七大产业高质量发展三年行动方案（2023—2025年）》（赣府字〔2022〕45号）。文件要求到2025年，涉农县域实现全程机械化综合农事服务中心全覆盖，产粮大县、重点乡镇实现机械化育秧中心全覆盖，主要农作物耕种收综合机械化率达到80%，水稻机械化种植率达到56.48%。

8月11日

江西省农业农村厅、江西省应急管理厅印发《江西省"十四五"时期平安农机创建活动工作方案》（赣农字〔2022〕46号）。力争"十四五"期间，全省每年创建1～2个平安农机示范市、6～10个平安农机示范县和20名农机安全监理岗位标兵。

8月22日

江西省农业农村厅办公室印发《关于公布省级农机使用一线土专家（水稻机械化育秧专家）名单的通知》，全省共遴选出99名省级农机使用一线土专家（水稻机械化育秧专家）。

9月8日

江西省农业农村厅与中国农业大学签订《联合申报建设江西省南方丘陵山区智能农机装备研究院协议》，组织力量，围绕南方丘陵山区粮油作物、经济作物全程机械化发展短板机具和智慧农业技术与装备进行技术攻关、产品研发和推广应用。

9月26日

联合农业农村部农业机械化总站，在上饶市婺源县举办油菜移栽机作业效果综合测评工作。农业农村部农业机械化总站副站长徐振兴、全国油菜生产全程机械化专班成员及南方10省（直辖市）农业农村厅（委）农业机械化管理部门相关负责同志参加现场测评。

9月28—30日

由江西省农业农村厅、省人力资源和社会保障厅、省国有资产监督管理委员会、省总工会、共青团江西省委、省妇联主办的2022年江西省振兴杯农业行业职业技能大赛农机修理工技能竞赛在永修县鸣锣开赛。各地选拔8支代表队参与竞赛，江西省农业农村厅机关相关处室负责人、各设区市农业机械化管理或农机推广负责同志现场观摩。江西省农业农村厅一级巡视员赖金生出席竞赛开幕式。

10月14日

2022年全省稻油轮作生产全程机械化现场演示展示活动在萍乡市莲花县举办。活动现场演示油菜水稻秧盘精播、油菜机械移栽、无人机飞播油菜籽和油菜育秧播种流水线等适合机械化作业演示。江西省农业农村厅机关相关处室负责人、各设区市农业机械化管理或农机推广负责同志共计200余人参加活动，江西省农业农村厅一级巡视员赖金生出席活动并讲话。

11月15日

江西省省长叶建春在全省农业发展大会上强调，深入推进科技强农、机械强农，加快重塑现代农业产业体系、生产体系、经营体系，加快推进农业科技化、机械化、绿色化、融合化、品牌化，加快补齐农机装备补短板。

12月15日

江西会同湖北、湖南、广东、广西等省区共同编制《双季稻区农机购置与应用补贴稻谷烘干中心成套设施装备建设规范（试行）》，为各地出台双季稻区烘干成套设施装备列补提供技术支撑，加快提升双季稻产区稻谷产后干燥机械化水平、助力稻谷产区粮食减损保质增收。

12月27日

江西省农业农村厅办公室印发《关于建立江西省农机应急保障体系的通知》，明确要求省、市、县三级农业农村部门均应建立农机应急保障机制，成立农机应急保障办公室，县级农业农村部门还应建立常态化农机应急作业服务队。

12月30日

江西省农业农村厅办公室印发《关于公布2022年第二批省级全程机械化综合农事服务中心名单的通知》，共认定省级全程机械化综合农事服务中心89家。

山 东 省

2022年2月12日

山东省农业农村厅在全国春季农业生产现场会上组织农机装备展，重点展示大豆玉米带状复合种植全程机械化技术，为复合种植提供装备支撑，受到参会领导的高度评价。

2月14日

山东省农业机械技术推广站在德州禹城市参加农业农村部农业科技下乡现场演示活动，组织大豆玉米带状复合种植机具展示演示活动，介绍机具性能特点和适用条件，受到与会领导和代表的肯定。

2月

山东省农业机械技术推广站承担山东省科学技术厅2022年山东省重点研发计划特色蔬菜高效生产装备研发项目，经费预算140万元，计划实施期限2022年2月至2025年2月。目前项目进展顺利，获得国家发明专利授权1项，第一代样机已研制成功，并进行田间试验。

3月11日、12月22日

山东省农业机械技术推广站总结提炼的山东大蒜、章丘大葱、莱芜生姜等入选全国蔬菜适宜品种全程机械化生产模式与典型案例。

3月15日

山东省农业农村厅在临沂郯城县采取线上+线下结合方式，组织开展以稳粮保供，提质护农为主题的"农机3·15"消费者权益日活动，提高农机用户依法维权意识和能力，增强农机制造、销售、维修和服务企业的社会责任感和诚信经营意识。

3月22日

山东省农业农村厅举办全省大豆玉米带状复合种植技术网络培训班，推广普及大豆玉米带状复合种植关键技术，承担复合种植项目的市县和新型农业经营主体负责人等参加培训。

4月20—21日

山东省副省长、省农机装备产业链链长李猛到潍坊、日照市调研农机装备产业链发展情况。李猛一行先后实地走访潍坊鲁中拖拉机、悍沃农业装备、潍柴雷沃重工、北京大学现代农业研究院、五征集团等，强调要深入学习贯彻习近平总书记重要指示批示精神，按照省委、省人民政府部署要求，加快推进农机装备补短板行动。

4月27日

山东省农业农村厅印发《全省农机安全生产大检查工作方案》，在全省范围深入开展农机安全生产大检查，抓好重大隐患的防范治理，加大隐患排查治理力度，防范化解农机安全生产事故风险。全省各级共开展安全生产检查4 100余次，出动人员1.2万余人次，排查隐患3 500余处，均整改完毕。

4月28日

山东省农业农村厅印发《山东省农机专业合作社（农机维修网点、拖拉机驾驶培训机构）全员安全责任清单》，指导农机专业合作社等建立健全全员安全生产责任制，落实安全生产主体责任。

4月

山东省农业农村厅牵头黄淮海流域多个省份，组织开展黄淮海地区大豆玉米带状复合种植专用播种机现场演示验证活动，为大豆玉米带状复合种植提供机具保障。

5月6日

山东省农业农村厅、省应急管理厅联合印发《山东省"十四五"时期平安农机创建活动工作方案》，在全省范围内开展新一轮平安农机创建活动，加强农机安全生产和农业农村现代化建设，推进农机安全生产形势持续向好。

5月10日

山东省农业农村厅召开全省农业机械化工作会议，山东省农业农村厅党组成员、副厅长马常春出席会议并讲话，充分肯定2021年农业机械化工作取得的突出成效，科学分析存在的困难和问题，全面部署2022年重点工作。

5月23日

山东省组建"三夏"小麦机收工作专班，印发《统筹新冠肺炎疫情防控和"三夏"小麦机收工作导则》，及早做好"三夏"小麦机收准备工作，适时启动"三夏"小麦机收应急响应，切实做好常态化疫情防控下的小麦机收工作。

5月27日

山东省农业农村厅在济南长清区举办"三夏"农机质量投诉宣传现场咨询服务和受理处理活动，宣传政策法规、受理调解农机质量投诉。

5月31日

山东省农业农村厅在临沂沂南县开展助力乡村振兴 公益爱心助学捐赠活动。山东省农业农村厅党组成员、副厅长马常春出席捐赠仪式并讲话。活动共计捐赠书包文具150余套，总价值3万余元。

山东省农业机械技术推广站在潍坊召开全省农机质量投诉监督管理工作会议，山东省农业农村厅党组成员、副厅长马常春出席会议并讲话。总结交流

2021年工作成效经验，分析研究面临的新形势、新任务，安排部署2022年农机质量投诉监督工作任务。

5—6月

山东省各级农业农村部门按照党中央、国务院决策部署，落实省委省人民政府有关要求，组织19万台麦稻联合收割机上阵，28万名农机技术人员和农机手参与"三夏"会战，周密部署，精心组织，确保全省4 002千公顷小麦适时收获、颗粒归仓。

6月1日

全省小麦机收减损技术培训班在临沂郯城县举办，推动全省小麦机收减损工作顺利开展，部署"三夏"小麦机收工作。山东省农业农村厅党组成员、副厅长马常春出席开班式并讲话。

山东省农业机械技术推广站在潍坊市举办2022年在用农业机械质量调查工作培训班，山东省农业农村厅党组成员、副厅长马常春出席开班式并讲话，提高质量调查人员的理论水平和实际操作能力。

6月2日

全省"三夏"机械化生产现场推进会在临沂郯城县举行，山东省农业农村厅党组成员、副厅长马常春参加并讲话。

6月7日

农业农村部农业机械化管理司一级巡视员李安宁带领调研组到济宁兖州区调研小麦机收等情况。山东省农业农村厅党组成员、副厅长、一级巡视员褚瑞云等陪同调研。调研组对"三夏"生产、机收减损等工作给予充分肯定。

6月22日

山东省农业农村厅印发《关于做好2022年农机农艺融合应用试点项目的通知》，安排专项资金，建设23个农机农艺融合应用试点，强化薄弱环节农机装备与技术的试验示范和推广应用，形成农机农艺融合的全程机械化生产模式。

6月

山东省农业机械安全监理站组织开展农机安全生产月活动。6月16日在枣庄、临沂、聊城三市设置咨询点开展"6·16"农机安全咨询日活动，以点带面掀起全省农机安全生产月活动高潮。

6—8月

山东省农业机械技术推广站承担并实施全国部省联动小麦联合收割机质量调查和收获损失率调查工作，开展7家企业生产的9种规格型号产品120个用户在用的120台样机入户调查，以及3家企业生产的3种规格型号10台在用产品的田间调查。

7月5日

山东省获得农业农村部农业机械化总站组织的2022年全国农机安全法规知识竞赛团体奖三等奖，全省63人荣获2022年全国农机安全法规知识竞赛个人奖项，获奖人数占全国获奖总人数的1/5。

7月5—6日

山东省农业农村厅在临沂沂南县举办全省平安农机创建现场观摩暨业务培训班，交流平安农机创建工作经验，观摩沂南县平安农机创建工作现场，部署"十四五"创建工作等。山东省农业农村厅二级巡视员王刚出席培训班开班式并讲话。

7月11日

山东省获得农业农村部农业机械化总站组织的全国农机普法作品征集活动组织奖三等奖，其中报送的《泰安市平安农机宣传画卷》《农机使用安全常识挂图》分获三等奖和优秀奖。

7月20—22日

山东省设施生产机械化技术培训班在青州市举办。山东省农业农村厅党组成员、副厅长马常春出席开班式并讲话。

7月26日

全国大豆玉米带状复合种植全程机械化技术培训班在肥城市举办，以线下观摩培训+线上全程直播方式，展示演示带状复合种植适用设备，加快大豆玉米带状复合种植全程机械化技术加快推广应用。山东省农业农村厅党组成员、副厅长马常春出席开班仪式。

8月11日

山东省农业农村厅联合省商务厅等部门单位印发《关于开展2022—2025年农业用油惠农保供活动的通知》，增强农机作业用油保障和服务能力。

8月18—19日

全省新增农机事故处理员培训班在德州平原县举办。山东省农业农村厅二级巡视员王刚出席培训班开班式并讲话，培训班邀请安全生产和事故处理有关专家授课，并进行农机安全法规和事故处理知识网上考试和现场实践考试。

8月20日

山东省农业机械技术推广站联合中国农业机械流通协会、青岛市农业农村局，在平度市共同主办云上农机地头展全国经济作物生产机械专题演示展示会。来自全国18个省市、61家经济作物农业机械生产企业的154种、228台（套）农机参加展示演示。农业农村部农业机械化总站副站长徐振兴等领导出席活动。现场观众1 100余人，在线观众达1.2万人，现场达成交易100余万元。

8月31日—9月1日

2022年山东省技能兴鲁职业技能大赛山东省第二届高素质农民（农机修理工）职业技能竞赛在潍坊市举办。农业农村部农业机械化总站党委委员、总工程师仪坤秀出席开幕式，山东省农业农村厅二级巡视员姜卫良出席开幕式并讲话。来自16个市的50名选手参加比赛。

9月1日

全国首支农机防灾救灾应急作业服务队授旗揭牌仪式在德州齐河县举行。农业农村部农业机械化管理司司长冀名峰，山东省农业技术推广中心党委书记、主任杨武杰出席仪式。

9月2日

农业农村部农业机械化管理司司长冀名峰一行到青岛调研农机装备研发制造和农业机械化工作，青岛市农业农村局党组书记、局长袁瑞先等陪同调研。

9月3日

全省农业机械化管理干部培训班在青岛市举办，进一步加强干部队伍能力素质和作风建设，推动山东省农业机械化高质量发展，山东省农业技术推广中心主任杨武杰出席培训班开班式并讲话。

9月6日

农业农村部农业机械化总站通报2021—2022年度中国农业机械化信息网信息报送工作，山东省农业农村厅、山东省农机安全监理站被评为信息宣传工作先进单位，山东省农机技术推广站董立柱、省农机安全监理站吴康秋等被评为优秀信息员。

9月19日

山东省农业农村厅在滨州邹平市举办农业机械质量调查有关事项整改工作培训班，组织4家生产企业针对2021年玉米籽粒收获机收获损失率调查结果，查找分析原因，采取有效改进措施，提升机收减损技术水平。山东省农业农村厅农业机械化管理处处长王乃生出席开班式并讲话。

9月20日

由山东省农业农村厅主办，滨州市人民政府协办的2022年山东省"三秋"

农机质量宣传咨询服务活动启动仪式及农业机械化技术大推广大服务系列活动在滨州邹平市举行。山东省农业农村厅二级巡视员宋永泉出席并讲话。

9月21日

全省玉米机收减损技术培训班暨玉米机收减损技能大比武启动仪式在聊城冠县举办,扎实抓好"三秋"农业机械化生产服务,推动玉米机收减损工作顺利开展。山东省农业农村厅二级巡视员宋永泉出席活动并讲话。

9月

山东省农业农村厅牵头黄淮海流域多个省份,组织开展大豆玉米复合种植大豆收获机现场演示验证活动,为全省110千公顷大豆玉米带状复合种植任务提供机械支撑保障。

10月28日

山东省农机技术推广站获得山东省市场监管局检验检测资质认定准予许可223项。其中全项认证196项(含推广鉴定大纲122项),参数认证27项(含推广鉴定大纲2项)。

10月31日—11月1日

全省畜牧养殖与畜禽粪污处理机械化技术培训班在潍坊高密市举办。山东省农业农村厅二级巡视员宋永泉出席开班式并讲话。

11月2日

全国大豆玉米带状复合种植全程机械化现场演示在青岛胶州市举行。农业农村部农业机械化总站副站长徐振兴,山东省农业农村厅党组成员、副厅长马常春线上出席启动仪式并致辞。以现场直播形式,同步连线16个大豆玉米带状复合种植相关省份负责同志,3万余人参加线上培训。

11月3日

农业农村部农业机械化管理司反馈2021年度省级农机购置补贴政策落实绩效管理评估结果,山东省农业农村厅被评为优秀等次。

11月8日

山东省农业农村厅、省应急管理厅公布2022年度全省平安农机示范单位,公布平安农机示范市2个,省级示范县(区、市)10个,省级示范乡(镇、街道)88个,省级示范农机服务组织78个。

11月17日

山东省农业农村厅在潍坊举办全省农机购置补贴政策实施培训班,总结农机购置补贴政策实施工作经验,研究下一步工作措施,讲解农机购置补贴政策有关要求,山东省农业农村厅党组成员、副厅长马常春出席并讲话。

11月29日

山东省农业农村厅印发《关于做好农机购置与应用补贴产品排放标准升级有关工作的通知》,规定2022年12月1日(含)后购置的柴油农业机械(以发票日期为准),应符合国四排放标准,否则不能享受农机购置与应用补贴。

12月7日

山东省农机安全生产形势分析视频会议召开。总结交流2022年全省农机安全监管工作,统筹谋划2023年农机安全生产重点工作。山东省农业农村厅党组成员、副厅长马常春出席会议并讲话。

12月8日

山东省农机推广促进机艺融合工作视频会议召开。全面总结促进机艺融合工作经验,深入分析面临的新形势新任务,科学谋划近期农机技术推广工作重点,山东省农业农村厅党组成员、副厅长马常春出席会议并讲话。

12月12日

山东省农业农村厅印发《山东省粮食烘干中心成套设备补贴试点工作实施方案》,确定对粮食烘干中心成套设备等进行补贴试点,全面保障粮食生产安全,提高粮食烘干机械化水平,补齐农业机械化发展短板。

山东省农业农村厅举办农业机械化统计工作培训班,部署2022年度农业机械化统计年报工作,宣贯新修订的农业机械化统计调查制度和审核要点。山东省农业农村厅党组成员、副厅长马常春出席并讲话。

12月15日

山东省人民政府办公厅印发《山东省农机装备补短板行动实施方案》,部署农机装备科技创新行动、农机装备产业提升行动、农机应用场景建设行动3项重点任务。

12月22日

山东省农业农村厅公布2022年度两全两高农业机械化示范县(示范市)名单,确定济南市济阳区、商河县、烟台市蓬莱区、龙口市、潍坊市寒亭区、潍坊市坊子区、郓城县、宁阳县、兰陵县、沂南县、禹城市、阳谷县、冠县为2022年度两全两高农业机械化示范县(市、区),青岛市、东营市、泰安市、威海市为2022年度两全两高农业机械化示范市。

12月28日

农业农村部办公厅公布全国第七批率先基本实现主要农作物生产全程机械化示范县(市、区)名单,认定济南市钢城区、枣庄市薛城区、日照市岚山区、五莲县、淄博市周村区、淄博市淄川区、德州市德城区、潍坊市潍城区、临朐县为全国第七批率先基本实现主要农作物生产全程机械化示范县,认定济南市、淄博市、枣庄市、临沂市、聊城市已整建制率先基本实现主要农作物生产全程机械化。

12月29日

山东省农机质量投诉监督工作技术能力提升线上培训班举办。山东省农业农村厅党组成员、副厅长马常春出席并讲话。

河南省

2022年1月4日

农业农村部办公厅印发《农业农村部办公厅公布全国星级基层农机推广机构和星级农业科技社会化服务组织名单的通知》,将黄泛区农场入选全国星级基层农机推广机构。

1月15日

中共河南省委党史学习教育领导小组公布《关于表彰河南省我为群众办实事实践活动3个100先进典型的通报》。河南省农机中心在河南省我为群众办实事实践活动3个100评选中荣获先进服务单位(团队)表彰。

1月18日

河南省根据《农业农村部农业机械化管理司关于做好〈农业机械分类〉标准宣传贯彻实施工作的函》(农机管〔2021〕27号)要求,对与现行标准不一致的277张有效农机试验鉴定结果通报产品的所属品目归属予以调整。

2月14日

河南省农业农村厅发布第109号公告,正式发布《猪舍饮用水路加药机农业机械专项鉴定大纲》《履带式猪舍板下清粪机农业机械专项鉴定大纲》,自发布之日起实施。

2月22日

河南省农业农村厅在新郑市瑞博农机专业合作社召开大豆玉米带状复合种植机具现场演示和座谈会。河南省农业农村厅粮食作物处、农业机械化管理处、省农机农垦发展中心、省农业技术推广总站、郑州市农业农村工作委员会、新郑市人民政府有关负责同志、河南农业大学机电学院李赫教授、部分农机合作社、种粮大户到会。

2月28日

河南省依据《农业机械试验鉴定办法》（农业农村部令2018年第3号）、《农业机械试验鉴定工作规范》（农机发〔2019〕3号）有关规定，围绕河南省农业生产和农机发展的中心任务，发布《2022年河南省农业机械试验鉴定产品种类指南》。

3月14日

根据农业农村部农业机械化总站《关于修订〈2021—2023年全国农机购置补贴机具种类范围〉的通知》（农机化总站〔2022〕4号）要求，河南省对《2021—2023年河南省农机购置补贴机具种类范围》《河南省2021—2023年农机购置补贴机具补贴额一览表（第一批、第二批）》进行修订，并公告发布。

3月31日

2022年联合收割机插秧机跨区作业证在河南省各地陆续开始发放。联合收割机插秧机跨区作业证必须由省农机、交通运输部门和县级农机管理部门加盖公章方为有效，一车一证。联合收割机插秧机跨区作业证是跨区作业免交车辆通行费的凭证和依据。

4月24日

根据《中共河南省委机构编制委员会办公室关于河南省农业农村厅所属事业单位重塑性改革有关机构编制事项的通知》（豫编办〔2022〕226号），河南省农业机械技术中心和河南省农垦发展服务中心整合，组建河南省农机农垦发展中心。

5月16日

根据《农业农村部 应急管理部关于印发"十四五"时期平安农机创建活动工作方案》的通知》（农机发〔2022〕1号），河南省农业农村厅、省应急管理厅联合印发《河南省"十四五"时期平安农机创建活动工作方案》，在全省范围内开展平安农机示范创建活动。

5月25日

河南省农业农村厅和河南省财政厅联合印发《河南省2022年农业机械购置累加补贴方案的通知》（豫农文〔2022〕189号）。为推动河南省农业生产关键、薄弱环节机械化发展，推动农业机械化向全程全面高质高效转型升级，2022年河南省对深松机、插秧机、打（压）捆机等实行省级财政累加补贴政策。

河南省农业机械技术中心与《河南日报（农村版）》联合举办粮食机收减损知识有奖竞答活动，从60余万名参与者中，抽取优秀奖、参与奖各150名。

5月26日

根据《中共河南省委机构编制委员会〈河南省农机农垦发展中心职能配置、内设机构和人员编制规定〉的通知》（豫编〔2022〕28号），明确农机农垦中心的机构主要职责、机构设置、人员编制等。

河南省小麦机收减损技能大比武在南阳唐河县举办。根据河南省农业农村厅《关于开展小麦机收减损技能大比武活动的通知》要求，经河南省粮食机收减损大比武活动组委会研究，2022年确定鹤壁市淇县、漯河市召陵区、南阳市唐河县、商丘市睢县、周口市太康县为河南省小麦机收减损技能大比武活动省级活动点。

5月27日

河南省新组建的河南省农机农垦发展中心等10家事业单位和3家企业集中揭牌仪式在郑州举行，标志着省直事业单位重塑性改革基本收官。河南省委书记楼阳生出席并讲话，省长王凯出席。

5月27—28日

中共中央政治局委员、国务院副总理胡春华在河南省实地督导小麦夏收等"三夏"生产工作。胡春华先后来到驻马店市遂平县、西平县，深入小麦机收和玉米大豆种植现场、机收跨区作业服务站、农业服务中心、农业产业化企业，详细了解夏收夏种、农资供应、粮食收储加工以及气象为农服务等情况。

5月31日

根据农业农村部农业机械化总站《关于开展2022年全国农机安全生产月活动的通知》，河南省农机技术中心印发《河南省农业机械技术中心关于开展2022年农机安全生产月的通知》（豫农机文〔2022〕29号）。

农业农村部农业机械化管理司司长冀名峰、种植业管理司一级巡视员陈友权等一行8人到漯河市调研指导该市"三夏"生产工作。河南省农业农村厅党组成员、副厅长赵耕，河南省农业农村厅党组成员、农业机械中心主任凌中南，漯河市委常委乔彦强，市农业机械技术中心书记孟新建、主任史有来，召陵区区长史耀星陪同。

6月3日

为推进河南省农业机械化信息化融合发展，加快智能农机装备的推广应用，河南省智能农机现场演示（直播）会在漯河市临颍县召开，河南省农业农村厅、河南省农业机械技术中心、漯河市人民政府有关领导出席活动。演示会上，漯河市农业机械技术中心介绍漯河市在推进农机智能化、信息化方面开展的工作、取得的成效，国家农机装备创新中心介绍河南农机云平台建设情况。

6月16日

河南省农机安全生产月安全宣传咨询日活动在平顶山市汝州市举行。活动的主题是遵守安全生产法，当好第一责任人，目的是增强遵法守法意识、落实农机安全生产主体责任，促进全省农机安全生产水平提升和安全生产形势持续稳定好转。河南省农业农村厅党组成员、原省农业机械技术中心主任凌中南出席开幕式并致辞，省农业农村厅、应急管理厅、省农机技术中心有关领导，有关领导参加活动。

6月19日

《高管信息·河南》（2022年第22期）刊发新华社报道《河南：网约农机开进田间地头》：农户填报需求信息下单、机手报价接单，App上还可以实地作业现场实况直播、作业轨迹实时查看，便于作业完成后农户远程验收付款，给机手评价打分……正值"三夏"时节，河南农机云平台近日上线并率先在漯河试点，成为田间新潮流。

6月20日

河南省黄泛区实业集团有限公司股权划转至河南省农业综合开发有限公司。按照国有资产集中统一监管要求进行公司制改革后的河南省黄泛区农场和河南省正阳种猪场股权划转至河南省农业综合开发有限公司。

湖 北 省

2022年1月6日

湖北省农业农村厅党组成员、副厅长、省农业事业发展中心党组书记、主任黄国雄在省农业事业发展中心召开专题会议，会议主要内容是农机安全生产工作。安全生产只有进行时，安全生产永远在路上，要时刻保持警醒的头脑，按照省委部署要求，围绕降伤亡率、降经济损失、提升农机手操作技能的总体目标，扛稳安全责任，全面完成工作任务。

1月24日

湖北省农业农村厅、省财政厅、省自然资源厅、省粮食局、省农业事业发展中心印发《全省粮食烘干能力提升行动方案的通知》(鄂农发发〔2022〕2号)，规划全省粮食烘干中心（点）建设，计划到2025年，基本满足烘干需求。

1月26日

湖北省副省长张文兵在省人民政府召开农机装备补短板专题会议，湖北省农业农村厅厅长吴祖云汇报，省科学技术厅、经济和信息化厅、财政厅、发展和改革委员会、省农业事业发展中心负责人参加并汇报相关情况。

1月30日

湖北省委农村工作领导小组办公室主任，省农业农村厅党组书记、厅长，省乡村振兴局党组书记吴祖云在湖北省农机安全监理总站检查指导农机安全生产工作，他强调，农业机械化是篇大文章，还有很大空间和发展潜力，要向先进地区学习，补短板、强弱项，遵循市场规律，发展农业机械化、智能化，为发展农业现代化和全面推进乡村振兴提供有力支撑。

2月21日

湖北省农业农村厅党组成员、副厅长、省农业事业发展中心党组书记黄国雄在湖北省农业农村厅召开全省农机春耕备耕动员部署视频会议，会议主要内容是春耕生产和推动粮食烘干能力建设。

3月11日

为及时有效应对春耕备耕期间可能发生的小麦局部突发病害，湖北省农业事业发展中心建立小麦和油菜机械植保作业应急机制，制定《植保无人机防治小麦病害应急预案》《小麦机防暨春耕农机化生产技术服务方案》，央视《新闻联播》作了报道，时任省委常委、副省长张文兵对此项工作作肯定性批示。

3月17日

湖北省农业农村厅党组成员、副厅长、省农业事业发展中心党组书记黄国雄在湖北省农业农村厅农业机械化管理处召开专题会议，听取2021年湖北省农机购置补贴工作实施情况的汇报，对2022年农机购置补贴工作进行专题部署。

3月21日

湖北省农业农村厅农业机械化管理处向各市、州、县（区）农业农村局发出关于做好2022年《联合收割机插秧机跨区作业证》发放的工作提示。

湖北省农业农村厅农业机械化管理处公布《2022年湖北省农业机械化工作要点》。

湖北省农业农村厅农业机械化管理处印发《关于增补连栋温室和水稻育秧中心成套设施装备补贴试点县的提示》。

3月29日

湖北省农业农村厅党组成员、副厅长、省农业事业发展中心党组书记黄国雄在随州市曾都区和安陆市调研指导小麦油菜机械植保作业和春耕生产，要求各地充分发挥农机专业合作社在春耕生产中的主力军作用，切实抓好各品种和环节农机作业服务。

4月11日

湖北省农业农村厅党组成员、副厅长、省农业事业发展中心党组书记黄国雄带领厅第二工作组赴咸宁市开展分区包片督导指导农业生产工作。

4月18日

湖北省农业农村厅党组成员、副厅长、省农业事业发展中心党组书记黄国雄赴湖北省机电研究设计院股份有限公司江夏基地调研，他指出，要找准切入点，走好专精特新之路，把着力点转到农机科研上，围绕湖北特色产业的发展需要，在农机装备补短板方面一显身手。

4月21日

湖北省农业农村厅印发《关于持续开展农机安全生产大检查的通知》，要求各地坚决扛起"保安全维稳定"的政治责任，坚持"三管三必须"和属地管理的工作要求，全面压紧压实农机安全生产部门监管责任和生产经营单位主体责任。

4月27日

湖北省农业农村厅党组成员、副厅长、省农业事业发展中心党组书记黄国雄在省农业事业发展中心召开全省农机安全生产工作专题会议。全省农业农村（农机）部门一定要树立农机必须安全，安全为了作业的管理理念，确保不发生恶性农机安全事故。

4月28—29日

湖北省农业事业发展中心农机发展处、省财政厅农业处赴荆州市松滋市、荆州区、天门市调研粮食烘干能力建设。

5月5日

湖北省农业农村厅党组成员、副厅长黄国雄同志召集省交通运输厅、省卫生健康委员会、省应急管理厅、省气象局、中国石油化工股份有限公司湖北石油分公司、中国石化销售股份有限公司湖北石油分公司、省农业机械总公司、潍柴雷沃、江苏沃得、久保田等部门和企业有关负责同志，专题会商2022年全省"三夏"小麦机收形势。各部门企业围绕各自职能，分析研判2022年"三夏"所面临的形势，对疫情防控、气象服务、供油保障、公路运输、机具调度、配件储备、服务应急等工作进行初步安排。

湖北省农业农村厅组织召开全省"三夏"农业机械化生产视频会，湖北省农业农村厅党组成员、副厅长黄国雄出席并讲话。会议传达国务院、农业农村部、省人民政府关于"三夏"机收的相关文件精神，要求各地成立"三夏"专班，制定应急预案，坚决打赢2022年全省"三夏"机收这场硬仗。湖北省农业事业发展中心与省农业农村厅联合成立4个技术服务小分队，组织专家开展27批次现场服务，开展技术服务200余次。

5月9日

湖北省农业农村厅办公室印发《关于开展2022年农业机械质量调查的通知》，安排湖北省农业机械鉴定站重点调查5个地区收割小麦的谷物联合收割机。

5月12日

湖北省农业农村厅党组成员、副厅长、省农业事业发展中心党组书记黄国雄赴鄂州调研农机安全生产和"三夏"农业机械化生产等工作。他要求：一要加大对农机科技的投入，加强隐患排查，牢守安全生产底线；二要落实稳政策、稳面积、稳产量的指示精神，全力改善耕地撂荒现状；三要合理建设粮油烘干设备，避免资源浪费。

5月17日

湖北省农业机械化技术推广总站在武汉市汉南区举办全省油菜机收减损大比武活动。参赛的8名农机手按照油菜机收操作规范要求进行比武作业。经过裁判专家组测评，机收损失率为6.8%～10.2%。

5月19日

由农业农村部农业机械化总站主办，湖北省农业机械化技术推广总站、武汉市农业机械化技术推广指导中心承办的全国油菜蔬菜生产全程机械化技术培训班现场活动，在恒大武汉（汉南）智慧农业产业园举办。活动现场直播湖北省油菜机收减损大比武系列活动。

5月23—27日

湖北省农业农村厅农业机械化管理处分别赴孝感市大悟县、十堰市房县、襄阳市老河口、襄州区、南漳县、宜城市、枣阳市、荆门市屈家岭、随州市随县、曾都区等地调研水稻育插秧、侧深施肥、再生稻机械化栽植、安全生产、机收减损、粮食烘干、高效植保、机播、信息化服务平台、跨区作业等工作，重点督导各地做好跨区作业接待服务工作。

5月24日

湖北省农业农村厅党组成员、副厅长、省农业事业发展中心党组书记黄国雄一行赴孝感市汉川市调研农机工作。重要农时，各级农机部门要成立联系组织，组织好跨区作业，增加合作组织收益。

5月25日

第七届农机职业技能大赛在钟祥市开幕。据统计，通过央视频、长江云、今日头条、抖音、视频号等平台同步观看人数达104.7万人次，在全社会掀起比技能、比插秧质量的良好氛围。

5月30日

湖北省农业农村厅、中国石化销售股份有限公司湖北石油分公司印发《关于做好农机作业用油供应服务农业生产的通知》，2022年5月24日至2023年5月23日期间，中石化湖北石油各分公司分区制定农业用油不低于3%、最高可达7%的专属加油优惠方案和易捷优惠券方案。

6月7日

湖北省农业农村厅党组成员、副厅长、省农业事业发展中心党组书记黄国雄在湖北工业大学开展调研，对鉴定站前期鉴定工作和服务农机企业情况予以肯定，并充分肯定研发方向和思路。

6月8日

湖北省农业事业发展中心联系黄石三丰智能有限公司与中国农业科学院油料作物研究所合作7D油料加工设备量产项目。

6月9日

湖北省委组织部副部长雷文洁听取省级19项重点实事进展情况汇报，湖北省农业事业发展中心副主任郑国蓉汇报全省粮食烘干能力建设情况。

6月13日

湖北省农业农村厅农业机械化管理处负责人及省农业机械工程研究设计院研究员分别赴黄冈市团风县、黄州区调研育秧中心建设、机插秧、植保、安全生产等工作。

6月14日

《湖北日报》以题为提升粮食烘干能力 严防"仓门灾"，湖北三年内粮食烘干中心（点）将达2 100个左右，解读《全省粮食烘干能力提升行动方案》，湖北省人民政府网站、农业农村部网站、国家粮油信息中心等官媒分别转发。

6月15日

湖北省农业农村厅党组成员、副厅长、省农业事业发展中心党组书记黄国雄同志召集相关处室，专题研究加快推进粮食烘干中心能力建设工作。要求加快编制《全省粮食烘干能力提升行动专项建设规划》（2022—2025年）。

7月4—5日

湖北省农业农村厅农业机械化管理处负责人组队赴荆门市京山市调研畜禽养殖机械化技术。

7月11—15日

湖北省农业农村厅农业机械化管理处、省农机安全监理总站派员赴咸宁市实地察看耕地撂荒整治等情况。

7月20日

湖北省农业农村厅党组成员、副厅长、省农业事业发展中心党组书记黄国雄在武穴市调研指导水稻双抢机械化生产，要求继续利用晴好天气抢收早稻，及时开展机械耕整地和抢插晚稻等农机作业。

8月5日

湖北省农业农村厅农业机械化管理处发出关于做好机械化防灾减灾抓好秋粮生产的提示，要求各地全力以赴抓好湖北省秋粮生产和防灾减灾各项工作。

8月10日

湖北省农业事业发展中心召开全省农机装备补短板座谈会，湖北省农村厅党组成员、副厅长、省农业事业发展中心党组书记黄国雄出席会议并强调，要从湖北急需、产业急用、农民急盼3个维度思考加快湖北省农机装备补短板工作，形成工作清单，推动落地。

8月22—24日

湖北省农业农村厅农业机械化管理处、省农机安全监理总站负责同志赴鄂州市、咸宁市调研抗旱减灾工作，实地察看旱情，了解各地采取的抗旱措施，掌握水稻等粮食作物生长情况，受灾情况。

8月24日

湖北省农业农村厅农业机械化管理处发出关于做好机械化抗高温干旱夺秋粮丰收工作的提示，要求各地切实提高思想认识和政治站位，把应对高温干旱、夺取秋粮丰收作为当前首要任务，各地要密切联系当地水利、应急管理等有关部门，努力减少因灾损失。

8月26日

湖北省农业机械化技术推广总站印发《湖北省后装农机远程运维终端补助项目实施方案（2021—2022年）》的通知，以拓展湖北省北斗农业应用范围和规模。

8月31日—9月2日

农业农村部农业机械化管理司二级巡视员范学民一行来鄂深入荆门、黄冈，督导农机安全生产工作。湖北省农业农村厅二级巡视员程正志陪同调研。要求湖北守牢安全底线，谋实策，举实策，加大农机安全培训力度、全面摸排整治风险隐患，联合公安交管等部门加大执法频次和力度，确保"三秋"农业机械化生产高效安全有序进行。

9月5日

湖北省公布2022年"三秋"机收保障热线电话及联系人。

9月9日

湖北省农业农村厅以视频形式组织开展全省"三秋"农机安全视频会商活动，各市、州、县农业农村（农机）局（中心）分管农机负责同志及相关同志在分会场参加会议。会议通报分析全省上半年农机安全工作相关情况，并就全省"三秋"农业机械化生产、安全工作进行具体部署。

为规范农机作业技术服务，保障重要农时农机作业及时安全有序开展，湖北省农业事业发展中心制定《农机作业技术服务办法（试行）》。

9月22日

湖北工匠杯技能大赛第七届全省农机职业技能大赛田间选拔赛在钟祥举办。通过以赛促训，以赛提能，农机手对提高水稻机插质量、减少水稻机收损失的认识进一步增强，农机操作技能得到进一步提升。

10月14日

湖北省农业农村厅农业机械化管理处负责人赴黄石市阳新县调研油菜机械化移栽工作。

10月31日—11月2日

湖北省农业农村厅党组成员、副厅长、省农业事业发展中心党组书记项克强赴咸宁市赤壁市、嘉鱼县、通城县开展秋粮生产情况调研，实地了解秋粮收割进度、烘干情况以及油菜、小麦等作物种植情况。

11月8—9日

湖北省农业农村厅农业机械化管理处负责人赴鄂州市、黄石市调研秋粮收获、油菜和小麦播种情况。

11月9日

湖北省农业农村厅、湖北省财政厅印发《关于落实2022—2023年农机购置与应用补贴政策的通知》，发布《湖北省2022—2023年农机专项鉴定产品购置补贴实施方案》《湖北省2022—2023年农机新产品购置补贴试点实施方案》。

湖北省农业农村厅、湖北省财政厅印发《2022年湖北省省级农机购置与应用补贴实施方案》，加快补齐湖北省农业机械装备及应用短板弱项，促进湖北省农业机械向智能化、绿色化转型升级，加快推进农业机械化高质量发展，夯实乡村振兴和农业农村现代化基础。

11月15—18日

湖北省农业农村厅农业机械化管理处负责人带队，华中农业大学工学院副教授鲍秀兰、马丽娜等参与，针对湖北省丘陵山区农业机械化发展现状及存在问题对鄂西部十堰、恩施和宜昌三地开展为期4天的调研工作。

11月23—24日

湖北省农业事业发展中心副主任姜卫东赴房县调研乡村振兴和农业机械化工作。

11月25日

湖北省已建成粮食烘干中心1 791个，新建301个；烘干机保有量为9 359台，新增1 029台；粮食烘干批处理能力达到19.74万吨，新增31 330吨。2022年，湖北省共烘干粮食117.3亿千克，比2021年增加9.5亿千克。

11月30日

湖北省政协农业和农村委员会向省农业事业发展中心发来感谢信，湖北省农业事业发展中心报送的《大力推进湖北农机制造业发展》的调研报告，湖北省政协副主席王红玲同志予以充分肯定。

12月29日

湖北省农业农村厅发布《关于湖北省层叠式蛋鸡养殖等成套设备补贴额一览表及建设规范的公示》，公示《湖北省层叠式蛋鸡养殖成套设备技术规范（试行）》《湖北省装配式水产圈养成套设备技术规范（试行）》以及成套设备补贴额一览表。

12月31日

湖北省农业农村厅党组成员、副厅长、省农业事业发展中心党组书记项克强赴黄石市调研农村疫情防控工作，实地调研乡镇卫生院、村卫生所疫情诊治、药品储备以及农业生产工作。

湖南省

2022年1月20日

全省养殖业机械化发展研讨会在长沙召开，湖南省农机事务中心党委书记、主任龚昕出席会议并讲话。会议就如何推进养殖业机械化发展、加强关键环节机械化技术推广应用进行充分研讨。

湖南省农业机械标准化技术委员会2021年工作暨标准审查会在长沙召开，增补谭湘晖同志为副主任委员、李柏槐同志为委员，审议通过《黄茶机械化闷黄技术规程》《茶园机械化建设技术规程》2个标准。

1月21—24日

为期4天的2022年首期农业机械化技术推广培训班在湘潭九华举行，来自全省各地50多名农机技术人员参加培训并顺利结业。

2月22日

2022年第一期水稻机插机抛育秧技术培训班在长沙市望城区开班，主要培训内容为机插硬盘育秧、精量无盘育秧、大钵体毯状苗育秧和有序机抛育秧4种育秧技术，来自长沙、株洲、湘潭、益阳、岳阳和常德的农机技术人员、合作社育秧骨干共110多人参训。

2月24日

湖南省农机事务中心在长沙市望城区召开全省水稻机插机抛育秧技术专家组成员座谈会，来自湖南农业大学、部分市县的育秧技术专家以及望城区农机合作社代表参加座谈。会议就完善湖南省水稻机插抛育秧技术规范和育秧技术要点提出具体修改意见，并深入研讨水稻、油菜机械化高产稳产技术集成模式和一季稻机械有序穴播技术要点。

2月28日—3月3日

湖南省农机事务中心组织青年干部开展为期3天的农机驾驶技能培训。通过培训，进一步提升干部职工业务水平，增强服务"三农"工作本领。

3月8日

由湖南省农机事务中心指导湖南农业大学、长沙桑铼特农业设备有限公司联合研制的首台适宜南方黏性土壤特性的大豆玉米复合种植播种机，参加农业农村部农业机械化管理司在云南省宣威市组织的大豆玉米带状复合种植专用播种机现场演示验证活动，并顺利通过西南片区专用播种机具先进性、安全性、适用性验证。

3月15日

以"稳粮保供、提质护农"为主题的"农机3·15"消费者权益日活动在娄底市双峰县举办。

3月21日

全省大豆玉米带状复合种植现场演示会在张家界市慈利县召开。会议现场演示展示石灰精量撒施机、液压施肥机、专用联合播种机、清茬免耕施肥播种机、高地隙履带拖拉机、中耕追肥机、双系统分带喷杆喷雾机、智能无人植保机、全喂入大豆联合收获机、全喂入玉米联合收获机、两行玉米果穗收获机等涵盖耕、种、管、收各环节的通用和专用作业机具。

4月27日

农业农村部农业机械化总站部署开展全国首届"寻找最美农机推广员"活动。湖南省农机事务中心积极响应，组织指导县级农机推广机构广泛开展推荐和初选工作，最终遴选何胜兵、吴华兰、周圣初、龚厚贤4名同志作为全国首届"最美农机推广员"推荐人选。9月13日，农业农村部农业机械化总站发布活动结果通报，湖南省4人全部入选，全国仅99人。

4月28日

中共湖南省委农村工作领导小组印发《全省农业农村工作重点突破四年行动总体方案（2022—2025年）》，明确到2025年全省农业机械化发展目标，《补齐农机装备短板、打造智慧智能农机产业链发展高地实施方案（2022—2025年）》作为子方案随文一并印发。

4—12月

根据湖南省农业农村厅《关于下达水稻高速插秧机产品质量调查计划的通知》要求，湖南省农机事务中心在全省范围内开展水稻高速插秧机质量调查。此次质量调查涉及10家企业13个型号的水稻高速插秧机产品，实地走访常德、娄底、郴州、衡阳4市用户100户，最后编制完成《2022年湖南省水稻高速插秧机产品质量调查报告》。

5月6日

全省大豆玉米带状复合种植现场工作视频会召开。慈利县介绍大豆玉米带状复合种植工作经验，各有关负责同志、基层农技人员等2 700余人参加会议。

5月11—13日

全省油菜机收减损技能大比武活动在益阳沅江市举办。湖南省委农村工作领导小组办公室专职副主任、省农业农村厅党组副书记贺丽君，湖南省农机事务中心党委书记、主任龚昕，益阳市人民政府副市长何军田等领导出席活动。来自全省14个市州代表队的操作手驾驶联合收割机，在作业条件基本一致的田块进行收割作业，由相关专家对其损失率、漏收情况、生产率、割茬高度及现场作业情况进行考核。

5月26日—6月1日

在怀化、郴州两地分批举办全省植保无人机操控培训班，来自14个市州共计130余名学员参加培训。

5月31日

由湖南省农业机械与工程学会、省农业机械标准化技术委员会、省科学技术咨询中心3家联合举办的湖南省农机系统创新方法培训在长沙举办。培训以创新方法和TRIZ理论为核心，将创新方法与工况实践相结合，引导学员了解并运用创新方法分析和解决实际问题。

6月2日

湖南省农机事务中心组织有关专家对中国林业产业联合会油茶分会承担的《湖南油茶生产机械化现状与发展趋势研究》课题研究报告作结题审定。专家组一致认为该课题研究报告验收资料齐全规范、数据翔实，符合相关要求；课题研究成果国内领先，同意通过验收。

中国林业产业联合会副会长邓三龙、湖南省农机事务中心主任龚昕参加会议。

6月15日

科技创新推动湖南乡村产业振兴对策研究课题调研座谈会在长沙召开。中国工程院院士罗锡文、印遇龙、刘仲华、柏连阳等出席座谈会。农业农村部规划设计研究院首席科学家肖运来研究员汇报课题研究的开展情况及主要成果，初步分析湖南农业科技创新形势，提出科技创新推动湖南乡村产业振兴的路径和政策建议。各位院士及与会领导、专家就报告整体框架和湖南生猪、油料、种业、茶叶等特色优势产业和农业机械化提出建设性意见。

6月16日

2022年全国农机"安全宣传咨询日"活动湖南分会场启动仪式在浏阳市举办。湖南省委农村工作领导小组办公室专职副主任、湖南省农业农村厅党组副书记、一级巡视员贺丽君出席活动。活动邀请湖南省应急管理厅、各市州及部分县市区农业农村部门有关同志参加。

6月26—29日

全省农机安全监理人员培训班（第一期）在长沙举办，6个市州70名农机监理人员参加培训。湖南省农机事务中心党委委员、副主任黄育忠，湖南省农业农村厅农业机械化管理处副处长赵峰出席开班仪式。

6月27日

全省农机事务系统综合部门负责人培训班在长沙举办。湖南省农机事务中心特邀省委政研室室务会成员、一级巡视员罗云寿，湖南省人民政府督查室副主任陈杰，《湖南日报》经济频道副总监张尚武，湖南农业大学马克思主义学院原院长刘新春教授，分别就公文写作、政府督查、新闻写作、党的领导进行专题授课。全省各市县农机事务系统综合部门负责人、2021年农机新闻稿件及调研报告获奖作者参加培训。

6月30日

2022年第一期全省现代农机合作社农机专业能手暨水稻机收减损技术培训班在长沙开班，来自长沙、株洲、湘潭、岳阳、益阳、常德6个市80余名现代农机合作社的农机专业能手参加。

7月11日

农业农村部农业机械化总站发文通报表彰，在全国农机普法作品征集活动中，湖南省获组织奖二等奖，其中6

个作品获奖。

7月20—21日

中国工程院院士、石河子大学教授陈学庚带领农业农村部农作物生产全程机械化专家指导组棉花专业组全体成员、国家棉花产业技术体系岗位专家，来湘调研国产采棉机研发情况并指导长江流域棉花机械化生产。

7月22日

全省2022年农机推广"田间日"活动在澧县举办。活动演示耕整地、育插（抛）秧、收获、秸秆处理、植保、烘干等机械化作业全过程，以及水稻机械化生产重要环节无人驾驶作业。参演机具均安装北斗作业监控系统，直观体现出机械化作业的精细精准、智慧智能。

7月28日

2022年全省设施农业示范基地建设工作推进会议在长沙召开，各市州农业农村局分管负责人、农业机械化管理科科长，浏阳市等25个设施农业示范基地建设项目县农业农村局或农机事务中心具体负责人参加会议。湖南农业大学吴明亮、黄科、王军伟3位专家到会指导，湖南省农机事务中心党委书记、主任龚昕出席会议并讲话。会议强调，要认真抓好设施农业示范基地建设，对标服务农业现代化，推进全省设施农业高标准高质量发展。

7月29日

农业农村部办公厅发布《关于推介2022年全国农业社会化服务典型的通知》（农办经〔2022〕6号），益阳市资阳区十代全程水稻专业合作社联合社的"十代"服务模式入选农业社会化服务典型，全国仅60个。

7—9月

按照农业农村部农业机械化总站《2022年农业机械推广鉴定证后监督工作方案》要求，对常力工贸有限公司等10家企业的12种产品开展证后监督。

7—11月

湖南省出现特大旱情，各级农机部门积极进行抗旱救灾。据不完全统计，全省累计动员组织农机作业服务组织4 895个、农机手52万人次，补贴水泵13 191台，投入各类抗旱救灾农机达到124万台（套），完成抗旱浇灌面积1 661千公顷，有效缓解极端天气对粮食生产的影响，为实现大旱之年无大灾提供坚实支撑。

8月12日

《人民日报》第15版以《小农机开进丘陵山地》为题，整版报道双峰县小农机破解耕地"碎片化"难题，让粮食颗粒归仓。双峰县小农机破解丘陵山区田块"碎片化"典型经验得到国务院副总理胡春华肯定和批示。

8月16日

农业农村部农业机械化管理司在《农业机械化情况》（2022年第14期）中刊发湖南省经验交流材料《立足区域特色，提升农机装备补短板质量》。

8月29日—9月1日

湖南省农机职业技能培训班在河南洛阳开班，来自14个市州的38名农机维修技术服务人员参加培训。本次培训为期4天，课程主要针对东方红全系列拖拉机/国四柴油机维修使用保养及安全操作，结合大、中拖传动系、变速箱剖解教具等实物进行深入讲解。

8月29日—9月8日

湖南省农机事务中心先后举办第二、三期全省农机安全监理人员培训班，共计180余名农机监理员参加培训。

8—12月

根据"双随机、一公开"工作计划，对湖南赢海科农机械设备有限公司等16家企业37种产品开展日常证后监督，对长沙兴牧机械有限公司等3家企业10种产品进行专项证后监督。

9月6日

湖南省农业农村厅联合省财政厅印发《湖南省农机购置与应用补贴试点方案》，浏阳市、衡阳县、鼎城区、安仁县、零陵区5个县市区入选试点县，每县获得试点资金2 000万元。这标志着湖南省探索农机购置与应用补贴分步兑付、农机具有进有出、优机优补迈出关键一步。

9月13—16日

由农业农村部农业机械化总站组织、湖南省农机事务中心承办的农机推广鉴定大纲审定会在长沙召开。

9月15日

农业农村部农业机械化总站对湖南省农机事务中心国推鉴定工作开展监督检查，农业农村部农业机械化总站党委书记刘旭担任监督检查组组长，湖南省农机事务中心党委书记、主任龚昕，湖南省农业农村厅农业机械化管理处长张才道，湖南省农机事务中心纪委书记王洪明等参加。

"送训下基层"培训活动在湘西州永顺县举办，来自湘西、怀化、张家界和常德石门县的近百名农机技术人员参加培训。本次培训课程结合大湘西地区主要农作物机械化生产的技术短板设计，内容包括果园机械化生产现状与发展、水肥一体化、无人植保机、单轨运输演示教学等。

9月15—16日

湖南省农机事务中心联合农机安责险主承保单位人保财险湖南省分公司，在湖南文理学院举办全省农机安全与事故预防培训班。各市州、县市区承担农机安全监理机构负责人和人保财险市州分公司负责人共150人参训。

9月16日

湖南省农机事务中心在长沙组织召开2022年湖南省农业机械专项鉴定大纲（第一批）专家审定会，邀请农业农村部农业机械化总站、江苏省农业机械试验鉴定站、安徽省农业机械试验鉴定站、山东省农业机械技术推广站和广东省农业技术推广中心等单位的8位专家对中心制修订的《油茶果采收机》等8个专项鉴定大纲进行审定。

9月21日

全省农机保障油菜扩种与油菜机械栽植技术培训班在长沙举办，来自14个市州、油菜播种面积超6.67千公顷县和拟承担油菜机械化移栽试点县的90余名负责同志和技术骨干参加培训。湖南省农机事务中心党委书记、主任龚昕现场指导油菜移栽、播种实操。

9月23—25日

根据农业农村部、湖南省农业农村厅及有关部门要求，在湘潭举办为期3天的2022年湖南省农业行业职业技能竞赛暨第五届全国农业行业职业技能大赛湖南省选拔赛农机修理工技能竞赛。来自长沙市的蒋可超获得竞赛第1名，并获"湖南省五一劳动奖章"荣誉称号。竞赛选出3名选手代表湖南省参加全国农业行业职业技能大赛。

9月27日—10月14日

按照湖南省整治办党的二十大道路交通安全包保督导要求，湖南省农机事务中心组织对怀化市所有县市区开展督导工作。

10月20日

湖南省农业农村厅农业机械化管理处会同省农机事务中心在长沙组织召开农业机械化评价指标研究工作协调会，湖南省农机事务中心主任龚昕出席会议并讲话。

10月24—26日

湖南省农业农村厅农业机械化管理处牵头组织对2022年申报全国平安农机示范县创建的5个县区进行验收。

10月28日—11月1日

湖南省农机事务中心成功举办第二十三届中国中部（湖南）农业博览会现代农业装备展。31家企业、科研院所参展，参展机具以创新研发农机和智慧智能农机为主，现场发布中联农机、铁建重工、湖南省农业科学院、湖南农业大学等9家企业和科研院所的最新款产品或技术及湖南望城无人农场新模式，多家企业签订农机设备采购合同。

10月29日

2022年湖南省农业行业职业技能竞赛暨第五届全国农业行业职业技能大赛选拔赛农机修理工技能竞赛颁奖仪式及第二十三届中国中部（湖南）农业博览会农机产销企业采购合同签约仪式暨农机新产品、新技术、新模式推介活动在长沙国际会展中心举行。

10月31日

湖南省农机事务中心组织湖南农业大学、隆平高科、国家统计局汨罗调查队的专家，对汨罗市罗江镇双季稻机械化生产高产高效技术集成模式试验示范区晚稻进行现场测产。示范测产产量为折合标准干谷平均每公顷8 089.5千克，比当地往年传统机械化生产模式平均每公顷增产1 335千克，试验示范取得初步成效。

11月9日

全省水稻机插机抛秧工作部署视频会议在长沙召开。湖南省农业农村厅、省农机事务中心相关负责同志，部分插秧机、抛秧机生产企业代表参加会议。会议由湖南省农机事务中心党委书记、主任龚昕主持，湖南省委农村工作领导小组办公室专职副主任，湖南省农业农村厅党组副书记、一级巡视员贺丽君出席会议并讲话。

召开第三届湖南省农业机械标准化技术委员会成立大会，并集中复审农业机械地方标准。湖南省农机事务中心总工程师、湖南省农业机械标准化技术委员会副主任委员谭湘晖主持会议，省市场监督管理局标准化处王斌、李政早出席会议并致辞,湖南省农机事务中心党委书记、主任,湖南省农业机械标准化技术委员会主任委员龚昕到会讲话。

11月9—16日

根据"双随机、一公开"行政检查安排,湖南省农机事务中心、省农业农村厅农业机械化管理处联合对10个县市区的拖拉机和联合收割机牌证业务开展"双随机、一公开"抽查。

11月17日

湖南省农机事务中心组织有关专家对湖南无人农场(望城)建设技术服务项目进行验收。通过察看现场、听取汇报、质询答疑,专家一致同意通过验收。

11月26日

由湖南省农业机械与工程学会、省农业机械化协会和省农业机械安全协会联合举办的"科技引领,推动湖南农机装备产业高质量发展论坛"在长沙举办。山河智能董事长、首席专家何清华,中国工程院院士罗锡文,三一集团泵路事业部智能制造所所长文蔚等领导专家,就智能制造推动机械装备产业高质量发展、加强体系建设打造制造高地、强化创新研发适应农业机械化发展新形势、科技赋能打造专精特新企业、推动湖南农机装备产业转型升级等方面发表主旨演讲。

12月19日

湖南智能农机创新研发中心发展工作座谈会在长沙召开,农机行业主管单位负责同志、农机企业负责人、科研院所农机专家参加会议,共商湖南智能农机创新研发中心发展大计,加快推进湖南农机装备转型升级,助力打造智慧智能农机产业链发展高地和推进乡村全面振兴。湖南省农业科学院党委委员、副院长许靖波,湖南省农业农村厅党组成员、副厅长龚昕出席会议并讲话。

12月23日

农业农村部农业机械化总站通报表扬湖南2021年农机质量投诉信息报送工作,全国15省市获此殊荣。

12月30日

湖南省精神文明建设指导委员会办公室对2022届湖南省文明城市、文明村镇、文明行业、文明单位、文明标兵单位、文明家庭、文明校园、文明标兵校园名单进行公示,湖南省农机事务中心被评为2022届省文明单位。

广东省

2022年1月4日

广东省农业农村厅下发《关于加强拖拉机和联合收割机牌证制发工作的通知》,进一步规范农机牌证制发管理。

1月17日

广东省人力资源和社会保障厅印发《关于授予2021年职业技能竞赛优胜选手广东省技术能手称号的通知》(粤人社函〔2022〕15号),袁国平、徐金玉、杨寿锦、吴华旺4位农机驾驶员被授予广东省技术能手称号。

1月20—21日

广东省农业农村厅农业机械化管理处处长陈楚楷一行,到肇庆、云浮和清远开展岁末年初农机安全生产检查。

2月16日

广东省农业农村厅在惠州市惠城区举办全省春季农业生产暨农机闹春耕现场会,现场会设"良机良种出好苗区""良机耕良田区""良技养良机区""农技轻骑兵服务区""农机作战军团区"。原广东省委常委叶贞琴、广东省人民政府副秘书长郑伟仪等出席现场会。

广东省"农机3·15"消费者权益日活动在全省春季农业生产暨农机闹春耕现场会同步启动。至3月31日期间,采取线上+线下相结合方式,省、市、县同步开展"农机3·15"消费者权益日活动,向相关农机企业发出稳粮保供、提质护农倡议书,倡议农机企业强化质量意识、诚信经营、优质服务。

3月1日

广东省现代农业装备研究所绿色高效温室装备与环境智慧管控技术项目获得2021年(第十二届)大北农科技奖一等奖。

3月3—5日

广东省农业农村厅农业机械化管理处处长陈楚楷一行,到揭阳、潮州进行年初农机安全生产检查。

3月7日

广东省农业农村厅在江门市启动首场以稳粮保供,提质护农为主题的省市联动"农机3·15"消费者权益日活动。

广东省农业农村厅印发《关于加快推动水稻机种水平提升的通知》,要求各地要紧紧抓住有利农时,采取切实有效措施,加快补齐广东省水稻机种的短板。

3月9日

广东省农业农村厅印发《关于加强补贴机具核实工作的通知》,要求各地严格纪律要求,推动农机购置补贴政策规范有序落实。

3月10日

广东省农业农村厅印发《2022年广东省水稻机种推进行动系列活动方案的通知》。

3月11日

广东省农业农村厅印发《广东省2022年农业机械化工作要点》,部署推进全年农业机械化重点工作。

3月15日

广东省农业农村厅在清远英德市举办省市(县)联动"农机3·15"消费者权益日活动。

3月21日

广东省农业技术推广中心广东省农业机械试验鉴定站通过广东省市场监督管理局检验检测机构资质认定评审,获得检验检测机构资质认定证书,具备开展69类农机产品、2 425个参数的试验鉴定能力,并率先完成植保无人机试验鉴定的建设项目,成为全国首批取得植保无人机(DG/T 247—2021《植保无人驾驶航空器》)试验鉴定资质能力的农机鉴定机构。

3月22日

广东省农业农村厅会同省交通运输厅及时向省内各地下发《联合收割机插秧机跨区作业证》近1 300张,指导各地做好《联合收割机插秧机跨区作业证》管理工作。

广东省农业农村厅印发《广东省农业机械化"十四五"发展规划(2021—2025年)》,提出"十四五"期间广东省农业机械化发展的目标任务、主要工程和保障措施。

3月23日

原广东省委常委叶贞琴和广东省农业农村厅、省财政厅、省工业和信息化厅、黄埔区人民政府等主要领导调研考察广东省现代农业装备产业园建设情况,召开全省农机装备补短板工作现场会。

3月28日

广东省现代农业装备研究所牵头承担国家重点研发计划"工厂化农业关键技术与智能农机装备"重点专项2021年度"揭榜挂帅"项目植物工厂叶菜种苗生产智能化作业装备系统研发课题。

3月30日

广东省农业农村厅印发《关于公布2021年水稻联合收割机质量调查情况的通知》。

3—11月

按农业农村部农业机械化管理司的要求,广东省农业农村厅积极组织各科研单位、企业申报短板机具项目化实施方案编制工作。

4月12日

广东省农业农村厅党组研究决定(粤农农党〔2022〕51号):于培松同志任厅农业机械化管理处处长、一级调研员,原任职务职级自然免除。

4月24日

广东省农业农村厅印发《广东省农机安全生产大检查工作实施方案》。

4月27日

广东省农业农村厅印发《广东省"十四五"时期创建平安农机活动工作方案》。

5月18—19日

广东省农业农村厅农业机械化管理处处长于培松一行到江门市就推动农业机械产业发展、农机安全生产、农机防灾减灾应急工作以及农业机械驾驶员培训等方面工作开展调研。

5月26日

广东省农业农村厅、中国石化销售股份有限公司广东石油分公司、中国石油天然气股份有限公司广东销售分公司联合印发《广东省"十四五"农机作业用油保障活动方案》,在全省开展拖拉机、联合收割机等农机优先、优惠用油和优质服务活动。

5月29—30日

广东省农业农村厅农业机械化管理处处长于培松一行到茂名市就丘陵山区农业机械化发展、农机社会化服务、农业机械化人才培养、农机安全生产等方面工作开展调研。

5月30日

广东省现代农业装备研究所牵头承担的"十三五"国家重点研发计划智能农机装备重点专项水产品自动剥制及分级技术装备研发与示范项目通过中国农村技术开发中心组织的项目验收。

5—10月

广东省农业农村厅组织开展两批次农机购置补贴产品企业自主投档工作,发布新增的2022年度广东省农机购置补贴资格的产品近3 000个。

6月2日

广东省农业农村厅召开全省"十四五"农机作业用油保障活动部署视频会,广东省农业农村厅一级巡视员牛宝俊出席会议并讲话。

6月10日

广东省农业农村厅公布《省级农机使用一线土专家名录(第三批)》,至此,全省省级农机使用一线土专家达194名。

6月15日

广东省农业农村厅一级巡视员牛宝俊一行到云浮市就农机装备补短板、农机社会化服务、农机安全生产等方面工作开展调研。

6月16日

广东省农业农村厅、云浮市农业农村局和郁南县人民政府在郁南县联合举办以"遵守安全生产法,当好第一责任人"为主题的2022年广东省农机安全生产宣传咨询日暨广东省"十四五"农机作业用油保障活动启动仪式。全省各地级以上市农业农村局分管农业机械化工作负责同志及云浮市郁南县农机服务组织、农机户等1 000多人参加活动。广东省农业农村厅一级巡视员牛宝俊出席活动并讲话。

6月26日

广东省农业农村厅在江门台山市举办2022年广东省水稻机收减损激励机制试点暨大比武活动。活动以"机收比武,减损增效"为主题,开展机收减损技能大比武。活动现场还发布《广东水稻机收减损技术指引(2022年修订)》《广东水稻机收减损激励机制试点工作方案(试行)》。广东省委常委王瑞军、省人民政府副秘书长郑伟仪出席大比武活动。

6月27日—7月1日

广东省农业农村厅在广州市从化区举办2022年全省水稻联合收割机质量调查培训班,培训市、县农机管理部门农机质量调查人员共90人。

7月1日

广东省农业农村厅印发《关于做好农机购置补贴办理服务系统中轮式拖拉机补贴额调整衔接工作的通知》,对农机购置补贴办理服务系统进行个性化升级,稳定已购机农户预期。

7月7日

广东省农业农村厅印发《关于2022年第一批农机购置补贴产品企业自主投档违规行为处理情况的通报》,对19家企业的40个产品进行处理,其中3家企业的5个产品被取消农机购置补贴资格。

7月7—8日

广东省农业农村厅在江门开平市举办以"助力救灾复产 防灾减灾"为主题的全省农机维修及机收减损工作培训班。培训班采取线上直播+线下实训方式同步开展,理论与实操培训相结合。全省农机使用一线土专家,省级全程机械化+综合农事服务联合体等农机服务主体和农机维修点的技术骨干人员等超3 000人参加培训。

7月11日

广东省农业农村厅印发《广东省农机安全生产重大事故隐患整治实施方案》,要求全省各地农业农村部门要按照方案要求,结合本地农机安全生产大检查,制定具体实施方案,从7月底至10月底在全省排查治理农机安全生产重大事故隐患,确保农机安全生产形势稳定向好,以实际行动迎接党的二十大胜利召开。

7月15日

广东省农业农村厅在厅官方网站公布135个市、县早稻机收保障热线电话,方便机手和农民反映相关情况,及时解决困难问题。

7月17—18日

农业农村部农业机械化管理司副司长王甲云一行到湛江市开展农业机械化工作调研。王甲云指出要加大对水稻烘干环节的扶持力度,建立健全应对极端天气等自然灾害的应急机制。广东省农业农村厅二级巡视员王绍瑾,湛江市委常委、统战部部长程凤英等参加调研。

8月4日

广东省农业农村厅印发《2022年粮食烘干设施建设项目申报指南》,加快补齐水稻机械化烘干短板。

8月5日

广东省农业农村厅一级巡视员牛宝俊一行到广州市番禺区开展农机安全督导检查。

8月16日

广东省农业农村厅农业机械化管理处组织农机行业专家代表就省农业技术推广中心制定的《母猪发情监测设备》《禽蛋包装机》《可变轨距履带式田园运输机》《手扶履带式碎草机》《手扶履带式枝条粉碎机》5项广东省农业机械专

项鉴定大纲进行审定。

8月24—26日

广东省农业农村厅在湛江市举办首期全省农机使用一线技能人才培训班，粤西地区100多名学员参加培训。

8月26日

贵州省委书记、省人大常委会主任谌贻琴，省委副书记、省长李炳军率贵州省党政代表团到广东省现代农业装备研究所考察丘陵山区小型果蔬茶机械，并现场见证贵州省农业农村厅、广东省农业农村厅签署《丘陵山区农业机械化发展战略合作框架协议》。

8月31日—9月10日

广东省农业农村厅在广州市举办三期全省农机使用一线技能人才能力提升培训班，培训各地市基层农机使用一线骨干技术人员300多名。

9月2日

广东省农业农村厅发出《广东省水稻机收减损激励机制试点工作方案的通知》。

9月13日

广东省农业技术推广中心林羽同志荣获农业农村部农业机械化总站评选的"首届最美农机鉴定员"称号。

9月14日

广东省农业农村厅印发《关于2022年百万农机保粮安 农机人庆丰收系列认定活动结果的通报》，认定10名全省十大最美农机合作社理事长、10名全省十大最美基层农机使用一线专家和10家全省十佳农机社会化服务组织。

9月21日

广东省农业农村厅公告发布新制定的《母猪发情监测设备》《禽蛋包装机》《可变轨距履带式田园运输机》《手扶履带式碎草机》《手扶履带式枝条粉碎机》5个农机专项鉴定大纲。

9月23日

广东省农业农村厅在珠海市举办广东省庆祝2022年中国农民丰收节活动，活动现场为2022年全省十佳农机社会化服务组织、全省十大最美农机合作社理事长、全省十大最美基层农机使用一线专家部分代表等进行表彰。

9月26日

广东省农业农村厅认定肇庆市、江门恩平市和云浮市新兴县为广东省2022年省级平安农机示范市、县，并向农业农村部、应急管理部推荐为2022年全国平安农机示范市、县。

9月26—29日

按照《关于组织开展全省农业领域安全生产大检查的通知》安排，由广东省农业农村厅主要领导任督导组组长，分5个实地督查组，由分管厅领导、主管处室领导带队对全省21个地市进行安全生产大检查。

10月3日

广东省农业农村厅在厅官方网站公布全省各市、县（市、区）"三秋"农机保障热线电话。

10月10日

广东省农业农村厅印发《关于下达2022年省级涉农统筹整合转移支付资金（第二批粮食生产水稻机收减损）任务清单的通知》，在全省开展水稻机收减损激励试点工作，每公顷补助225元，试点面积13.33千公顷。

10月13日

广东省农业农村厅印发《广东省农机作业防灾救灾应急工作预案》，推动建立常态化农机作业防灾救灾应急机制。

10月20日

广东省农业农村厅印发《关于下达2022年省级涉农统筹整合转移支付资金（第二批粮食生产粮食烘干设施建设项目）任务清单的通知》，在全省投入3亿元，建设251个烘干中心。

10月20—21日

广东省农业农村厅、广东省人力资源社会保障厅、广东省总工会在广州市联合举办2022年第五届全国农业行业职业技能大赛广东省农机修理工选拔赛，来自省内15个地市的39名选手角逐出一等奖2名、二等奖5名、三等奖8名、优秀奖5名、优秀团体5个。广东省农业农村厅一级巡视员牛宝俊、广东省总工会二级巡视员张东升和广东省人力资源社会保障厅（省职业技能服务指导中心）副主任杨帆出席活动。

11月29日

广东省农业技术推广中心联合江门市农业农村局在江门新会区双水镇举办2022年广东省市联动（江门）水稻机收减损大比武活动。

12月1日

广东省农业农村厅印发《关于做好农机购置与应用补贴产品排放标准"国三"升"国四"有关工作的通知》，对相关工作进行全面部署。

12月12日

广东省农业农村厅举办第二十一届广东种业大会、2022世界数字农业大会农机装备展示演示活动。组织38家农机生产/经销企业200多台（套）农业机械设备现场展示演示。

12月15日

广东省农业农村厅印发《关于开展我省2020以来的增氧机补贴情况核查的通知》，要求各地全面核查2020年以来的增氧机补贴情况。

广东省现代农业装备研究所"广东特色茶连续化加工技术装备推广应用项目"获得广东省农业技术推广奖一等奖，"高床养殖废弃物资源化利用关键装备的研制及应用推广项目"获得广东省农业技术推广奖二等奖。

12月16日

华南农业大学研制的3ZSC-190W型无人驾驶水稻中耕除草机入选2022中国农业农村重大新技术新产品新装备目录。

12月21日

广东省农业农村厅印发《关于下达2023年中央财政农业生产发展资金（农机购置与应用补贴）任务清单的通知》，将目标任务分解下达到各地。

广西壮族自治区

2022年1—12月

广西农业机械化工作获广西壮族自治区级以上新闻媒体报道达212次（篇）。其中，中央电视台14次（新闻联播1次），新华社1篇，人民日报等中央级报刊22篇，新华网等中央级媒体网站90次。

6月20日

广西壮族自治区农业机械化服务中心召开干部会议，会上宣布自治区人民政府决定：李凤云同志任广西壮族自治区农业机械化服务中心党委书记、主任，韦周凡同志不再担任广西壮族自治区农业机械化服务中心党委书记、主任职务。

海 南 省

2022年1月17日

海南省农业农村厅副厅长杨建平在海南省预警中心主持召开2022年农业机械化工作交流座谈会。会议围绕海南农业机械化发展、存在短板以及如何破解等焦点问题展开讨论。杨建平副厅长指出，农机系统工作人员要勇于克服困难，不断提高创新意识，以工作效率提升解决人手不足问题，虚心学习好想法和好经验，下大决心改善农业机械化工作面貌。

1月25日

中国热带农业科学院热带生物技术研究所会同海南省农业机械鉴定推广站、海南省甘蔗学会、海南省糖业协会和中国热带作物学会遗传育种专业委员会在临高县皇桐镇中国热带农业科学院甘蔗试验基地举办"甘蔗脱毒种苗与农机农艺融合技术现场观摩会"。甘蔗脱毒种苗与农机农艺融合技术现场观摩会，使大家认识到脱毒种苗和机械化生产是实现甘蔗生产降本增效的有效途径，有利于提升海南甘蔗生产栽培管理水平，推进海南甘蔗生产高质量发展。

3月15日

海南省"农机3·15"消费者权益日活动在著名的滨海航天名镇文昌市龙楼镇正式启动。此次活动以"稳粮保供，提质护农"为主题，旨在深入贯彻2022年中央一号文件精神，动员各方力量，加强政策宣传，深入推进农机装备补短板强弱项，保障"春耕"生产，助力粮食增产增收，维护农机所有者、使用者和生产者的合法权益，助力实现稳粮保供。

海南省农业机械化发展现状调研工作讨论会议在海南省农业农村厅召开。海南省农业农村厅副厅长赵英杰主持会议，省农业农村厅农业机械化管理处、种植业管理处等6个科室，省农机安全监理所、省农业机械鉴定推广站及海南大学等单位人员参加会议。会议对调研方案进行研讨及优化，确定此次调研开展的主要内容，计划分6个调研组分赴海南省18个市县开展调研工作，并于调研结束第二日就海南省农业机械化发展现状的摸底情况形成调研报告。

3—4月

海南省农业农村厅成立调研小组开展全省农业机械化发展现状调研工作，形成《海南省农业机械化发展情况调研的报告》，海南省省长冯飞对调研报告质量给予肯定，并做出重要批示。

海南省农业农村厅副厅长杨建平主持召开全省农业机械化发展现状调研报告（送审稿）研讨会议。参会的有农业机械化管理处、畜牧处、养殖处、法规处、农机安全监督管理所、农业机械鉴定推广站、农业机械协会、海南大学、广源隆、宝秀节水公司、金鹿公司等单位人员。

海南省农业机械鉴定推广站在海口市举办全省农机购置及报废补贴业务培训班。培训班重点讲解农机购置及报废更新补贴政策、农机报废补贴业务操作演示等内容。通过培训，使全省一线农机工作人员对新一轮农机购置、农机报废补贴政策有深刻的认识，加快推进海南省农机报废更新补贴工作的实施。

5月30日

海南省农业农村厅农业机械化管理处处长吴琼泽召开集体廉政谈话会，农业机械化管理处全体人员、省农机安全监督管理所、省农业机械鉴定推广站全体干部参加。

6月16日

海南省农业工程学会第一次会员代表大会暨一届一次理事会在海口市召开。海南省农业工程学会的成立，为海南省农业工程科技工作者搭建技术交流平台，有利于推进海南省农业工程学科建设、农业现代化研究人才培养，推动农业工程技术与海南省自贸区经济的结合，助力海南省乡村振兴战略的发展。

海南省农业机械鉴定推广站在海口组织召开电动割胶装备专项鉴定大纲审定会。专家组通过听取汇报、逐条讨论等形式对《电动割胶装备》（DG46/Z004—2022）专项鉴定大纲（征求意见稿）进行评审。评审过程中根据专家的意见对大纲中的续航能力、耗皮厚度等指标进行修改，最后形成《电动割胶装备》（DG46/Z004—2022）专项鉴定大纲（公示稿）。

海南省委农业农村工作领导小组办公室主任、农业农村厅厅长、乡村振兴局局长何琼妹一行来到海南大学机电工程学院智能装备研究所参加农业农村部热带高效农业智能装备重点实验室（省部共建）揭牌仪式。该实验室设立加工部、测试部、水肥智能控制技术联合研发中心和现代农村发展研究部。

12月9日

海南省农业机械鉴定推广站在海口市召开全省农业机械化技术推广工作会议。全面了解海南省农业机械化发展及相关工作开展情况，探讨农机推广方式方法，剖析农业机械化技术推广方面存在的问题，宣扬工作中的亮点和经验做法，并要求提前谋划好2023年的工作，高度重视农业机械化工作的发展。

海南省农机产业发展研讨会在海南大学召开。会议邀请罗锡文、陈学庚、赵春江、朱明等院士，中国农业机械工业协会陈志会长、国际田间试验机械化协会主席尚书旗教授等领导及专家学者。农业农村部农业机械化管理司副司长王甲云出席会议并讲话。海南省农业农村厅厅长何琼妹出席会议，副厅长杨建平致辞。海南大学副校长曹兵主持会议。会议研讨海南省农业机械化发展中存在的短板、下一步发展思路、任务目标、保障措施等内容。

重庆市

2022年2月11日

重庆市农业农村委员会、重庆市财政局联合印发《关于进一步加强农业机械购置补贴产品违规经营行为查处工作的通知》（渝农规〔2022〕1号），进一步明确产销企业的责任义务、规范违规经营行为分类处罚以及违规行为查处程序。

5月20日

重庆市政协副主席谭家玲、王新强在重庆市梁平区开展重庆市农业机械化发展专题视察活动。

5月27日

重庆市农业农村委员会印发《关于进一步做好农田宜机化改造工作的通知》，明确农田宜机化改造的重要意义、基本原则、适用对象和建设规模，并对改造目标、技术标准和补助标准、市级项目管理流程做出要求和说明。

8月5日

重庆市政协副主席陈贵云出席在重庆市云阳县召开的全市2022年乡村特色产业发展暨农业全程机械化培训会议并讲话。

9月27—28日

重庆市农业农村委员会、重庆市人力社保局、重庆市总工会主办，重庆三峡职业学院承办的巴渝工匠杯2022年重庆市农机职业技能竞赛暨全国农业行业职业技能大赛农机赛项重庆选拔赛在重庆三峡职业学院举行。

11月8日

2022中国农业机械与零部件行业峰会在重庆市举办，来自全国各地的农机管理部门、行业协会、农机企业、科研院所及相关媒体等代表180余人到场参会。会上同期举办重庆市农机装备产业技术创新联盟启动仪式。

四川省

2022 年 1—12 月

"五良融合 宜机改造"示范县建设项目在 31 个县市区实施,省级财政资金投入 1.1 亿元,建设 13.33 公顷以上集中连片的农业机械化先导区 50 个以上。

2 月 10 日

四川省农业机械化技术推广总站印发《四川水稻机械化育秧技术规程》《马铃薯生产全程机械化作业技术规程》。

3 月 15 日

四川省农业机械鉴定站开展全省 2022 年稳粮保供、提质护农"农机 3·15"活动,对眉山、成都和泸州现场活动进行重点指导。

3 月 23 日

四川省农业农村厅印发《关于下达 2022 年农机化生产任务的通知》,向各市(州)分解下达 2022 年农作物、小麦、水稻、玉米、油菜、大豆、马铃薯的机械化生产任务。

3 月 30 日

四川省农业机械鉴定站召开四川省 2021 年收割机质量调查总结分析会、农机购置补贴投档制度研讨会。

3—10 月

四川省农业机械化发展推广中心参与四川省大豆油料扩种机具装备评估评价指导组工作,制定《四川省大豆玉米带状复合种植机械化技术指南》。

4 月 1—30 日

四川省农业机械化技术推广总站联合崇州市、夹江县水稻种植新型经营主体,建立 2 个水稻产业重大技术协同推广站。

4 月 7 日

四川省农业农村厅印发《四川省"十四五"现代农业装备推进方案(2021—2025 年)》。

4 月 20 日

四川省农业农村厅印发《四川省 2022 年油菜(小麦)机收减损工作方案》。

4—5 月

四川省农业机械鉴定站开展机收减损提质行动,确保颗粒归仓。

5 月 10 日

四川省农业农村厅在广汉市开展四川省油菜(小麦)机收减损大比武暨技术培训活动,四川省农业机械鉴定站、四川省农业机械化技术推广总站、中石油四川分公司、中石化四川分公司等有关单位参加活动。

5 月 11—13 日

四川省新任农机安全监理员培训暨平安农机创建培训班在广元剑阁县举办。

5—11 月

四川省农业机械鉴定站印发《2022 年四川省农业机械试验鉴定产品种类指南》共 3 批。

6 月 13 日

四川省农业农村厅印发《四川省农机作业防灾救灾应急工作预案》。

6 月 14—15 日

四川省农业机械鉴定站联合重庆市农业机械鉴定站在成都召开川渝农业机械试验鉴定交流座谈会。

6 月 26 日

四川省农业农村厅、省发展和改革委员会印发《四川省 2022 年主要粮食作物机收损失监测调查实施方案》。

7 月

四川省投入农村提灌设施 42 万余台(套),投入运行提灌站 3.2 万座,提水 13 亿立方米,保栽水稻面积超 733.33 千公顷,抗旱保灌面积超 1 133.33 千公顷。

7 月 5 日

四川省获得 2022 年全国农机安全法规知识竞赛活动团体奖三等奖。

7 月 8 日

四川省农业农村厅副厅长伍修强带领厅农业机械化处、农业机械化技术推广总站主要负责同志到四川省农业机械鉴定站开展调研指导。

7 月 11 日

四川省农机监理总站 3 个农机普法宣传作品获得全国农机普法宣传作品优秀作品奖。

8 月

四川省成功创建水稻、油菜、大豆玉米复合种植、叶类蔬菜、马铃薯、茶叶、中药材、花生 8 个农业农村部丘陵山区农机装备熟化应用基地。

四川省农业机械化技术推广总站和四川省机电排灌管理总站整合成立的四川省农业机械化发展推广中心(四川省机电排灌推广总站)挂牌运行。

8 月 24—26 日

2022 年四川省级财政现代农业发展工程提灌站建设项目实施方案评审会在成都召开,组织专家对四川省 2022 年度省级财政提灌站项目实施方案进行打表评审。

8 月 26 日

农业农村部、工业和信息化部以视频方式召开四川省农机装备补短板专题调研工作座谈会,四川省农业农村厅副厅长伍修强出席会议并做讲话,厅农业机械化处处长杨建国向农业农村部汇报四川省开展补短板工作情况,农业农村部以简报形式印发全国推广四川补短做法。

9 月 13 日

5 名基层农机推广人员获得农业农村部农业机械化总站举办的首届最美农机推广员称号。

9 月 21 日

四川省农业农村厅召开《四川省农业机械化促进条例》立法启动会,厅党组成员、副厅长伍修强,厅二级巡视员王植力出席会议并讲话,厅农业机械化处处长杨建国主持会议。

10 月

四川省农业机械化发展推广中心参与编制《2022 年四川省油菜机械化移栽示范项目实施方案》,在成都市新都区,德阳市广汉市、中江县,绵阳市安州区、三台县 5 个产油大县开展油菜机械化移栽示范,共建立 10 个示范点,示范面积 133.33 公顷。

10 月 20 日

2022 年四川省农业机械试验鉴定业务培训在成都郫都区举办。

10 月 20—21 日

四川省政协副主席李昌平带队到资阳市专门开展农业机械化促进条例立法调研工作,亲自推动四川省地方立法工作。

11 月 4 日

四川省 2022 年东南片区农机事故应急处置演练在泸县举办。

12 月 15—16 日

四川省农业农村厅和自贡市人民政府共建的四川省农业机械无人机鉴定中心在自贡市航空产业园挂牌成立,四川省农业农村厅副厅长伍修强参加活动,现场举办植保无人驾驶航空器产品现场演示评价活动,组织评审专家进行现场演示测评。

12 月 28 日

农业农村部办公厅印发《关于公布全国第七批率先基本实现主要农作物生产全程机械化示范县(市、区)名单的通知》,成都市青白江区、成都市新津区、射洪市、眉山市东坡区成功入选。

12月30日

四川省农业机械鉴定站承担的"2022年省级财政现代农业发展工程共同财政事权转移支付项目：现代农业装备试验鉴定薄弱环节供给能力提升研究"圆满完成。

贵州省

2022年1—12月

贵州省农业机械化工作得到农业农村部、省领导充分肯定，农业农村部明确将贵州省纳入丘陵山区适用小型机械推广应用先导区建设省份，各级新闻媒体报道200余次，其中新华社、央视报道21次，7月9日，央视《新闻调查》栏目，首次用整期45分钟播出贵州省《农机上山路》专题节目，得到社会的广泛关注。

贵州省大力推广机械化播种＋无纺布育秧、机插秧密植等水稻种植集成技术，全省13.33千公顷水稻全程机械化示范区平均产量8 835千克/公顷，与同期人工生产相比，平均产量提高11.1%。兴义市高产示范田采用无纺布钵苗育秧、无人机精准飞防等农机技术，实现最高产量17 320.2千克/公顷，打破贵州水稻单产历史纪录。

全省持续深入推进变型拖拉机清零工作，贵州省农业农村厅、省公安厅、省应急管理厅、省工业和信息化厅、省市场监管局等五厅局联合印发《贵州省变型拖拉机清零专项行动方案》，计划3年完成全省变型拖拉机清零工作。截至12月27日，贵州省已有贵阳市、安顺市2个市，赤水市、关岭县等27个县（区、市）完成存量变型拖拉机清零。

实行高标准农田建设、宜机化改造双同步，推动新建173.33千公顷高标准农田地平整、路相通、旱能灌、涝能排、宜机化、高效益，全力打通农机上山下田的最后一米，制定发布贵州地方标准DB52/T 1675—2022《丘陵山区土地宜机化整治技术规范》，鼓励引导各地整合涉农资金41.8亿元，撬动金融和社会资本54.8亿元投入高标准农田建设，切实保障宜机化改造、灌排设施提升等投入。

大力发展培育农机服务组织，全省农机服务组织达到640家，从业人员6 586人，同比分别增加14.90%、16.18%，完成农机作业2 733.33千公顷次，同比增加14.32%，推动贵阳市、铜仁市涉农乡镇基本实现农机服务组织全覆盖。

2月8日

贵州省农业农村厅印发《关于杨义军等同志任免职的通知》（黔农干任〔2022〕8号），杨义军同志任省农业农村厅种植业管理处（农药管理处）一级调研员，不再担任省农业农村厅农业机械化管理处处长职务、一级调研员；唐隆强同志兼任省农业农村厅农业机械化管理处处长。

2月

聘用华南农业大学罗锡文院士、中国农业大学宋建农教授等为贵州机械化技术服务组专家。

6月21日

贵州省农机安全监理暨安全生产工作会议在贵阳举行，会议分析全省农机安全生产工作形势和近期农机安全风险点，对农机业务办理有关事项进行培训并安排部署农机安全生产重点工作。贵州省农业农村厅分管领导、各市州农业农村局、安顺市农机中心、农业机械化管理处、省农机安全监理总站、省农业机械化推广总站和省山地农业机械研究所相关负责人30余人参加会议。

6—11月

贵州省人民政府副省长郭瑞民组织召开专题会议，听取全省变型拖拉机专项整治工作并作出安排部署，要求道路交通联席会议成员单位要相互联动，推动变型拖拉机清零工作。

7月12日

《贵州省农业农村厅 贵州省应急管理厅关于印发贵州省"十四五"时期平安农机创建工作方案的通知》（黔农发〔2022〕40号），启动"十四五"时期平安农机示范创建工作。

8月10日

贵州省农业农村厅、省政务服务中心印发《关于优化拖拉机和联合收割机驾驶证办理工作的通知》，自助体检机在贵州省投入使用，拖拉机和联合收割机驾驶人用于申请和换发驾驶证业务的身体条件证明可以由自助体检机出具。目前，全省已有50个县（区、市）实现此项功能，进一步深化"放管服"改革。

8月25日

贵州省农业农村厅印发《关于吴静、杨绪海同志工作调动的批复》（黔组干〔2022〕83号）《中共农业农村厅党组关于吴静等同志任免的通知》（黔农干任〔2022〕18号），吴静同志担任省农业农村厅发展规划处处长，不再担任贵州省农机安全监理总站站长职务。任职时间从5月17日起算。

8月26日

粤黔两省签署《丘陵山区农业机械化发展战略合作框架协议》。

9月30日

贵州省农业农村厅印发《省农业农村厅办公室关于加强农机安全生产网格化管理的通知》，启动县、乡、村农机安全网格化建设工作，全力构建区域定格、网格定人、人员定责的监管体系，将包保责任落实到每一台农机、每一个机手，全面落实网格包保责任人。

10月9日

贵州省农业农村厅印发《中共贵州省农业农村厅党组关于冯劲锋同志任免的通知》（黔农干任〔2022〕33号），杨博同志任省农机安全监理总站站长（试用期一年），不再担任省农机安全监理总站总工程师职务。

11月25日

根据《中共贵州省农业农村厅党组关于唐宇等同志任免职的通知》（黔农干任〔2022〕39号），唐宇同志任省农业农村厅农业机械化管理处处长，不再担任省农业农村厅兽医管理处处长职务；唐隆强同志不再兼任省农业农村厅农业机械化管理处处长职务。

12月14日

贵州省农业农村厅召开全省农机安全生产工作视频会，深入学习贯彻党的二十大精神和习近平总书记关于安全生产重要指示精神，传达农业农村部推进基层农机安全生产网格化管理工作视频会精神，分析农机安全生产形势，安排部署岁末年初农机安全工作。贵州省农业农村厅分管厅领导主持会议并讲话。会议以视频形式开到市（州）、县（市、区、特区）。省、市、县农业农村部门相关负责人参加会议。

云南省

2022年1月5日

云南省农业机械推广站组织完成农机购置与应用补贴申请办理服务系统和农机报废补贴辅助管理系统由2021年切换至2022年，实现系统年度间的无缝对接，及时导入6 000余个投档合格产品。全年系统运行正常，保证购机者可随时随地通过手机 App 或到管理部门办理补贴申请。

3月6—8日

云南省农业机械推广站在曲靖市宣威市举办大豆玉米带状复合种植播种机械化技术培训班，开展大豆玉米带状复合种植播种机具及相关技术培训，云南省农业农村厅农业机械化管理处处长刘仕全出席会议并讲话，农业农村部农业机械化总站研究员赵莹授课。

3—4月

云南省农业机械推广站按照分批办理、先易后难、尽早启动的原则，分4批次完成全省农机购置补贴机具种类范围内的126个品目和新产品试点补贴种类范围的7个品目一览表的制修订，涉及542个档次名称。

5月2—30日

云南省农业机械推广站组织开展农机购置与应用补贴申请办理服务系统和农机购置补贴信息公开专栏网络信息安全等级保护测评工作，完成相关定级备案工作。

5月18—20日

云南省农业机械推广站在红河州蒙自市举办全省水稻及大豆玉米带状复合种植机械化技术培训班，重点围绕水稻机械化育秧、大豆玉米带状复合种植机械化技术开展现场演示和交流研讨。全省16个州市及牟定县、双江县、易门县、弥勒市、会泽县5个2022年省级主要农作物全程机械化示范点的农机推广站负责人及技术人员50余人参加培训。云南省农业机械推广站站长邓庆出席会议并讲话。

6月22—25日

云南省农业机械推广站在昆明市举办云南省机收减损暨农机推广信息技术培训班，对云南省16个州（市）农机推广部门负责人及技术人员共51人进行培训。邀请有关专家就水稻玉米机收减损技术要点、农业机械化与农业产业化发展趋势、大豆玉米复合种植机械化收获以及水稻工厂化育秧装备进行系统讲解介绍；云南省农业机械推广站站长邓庆就农机信息写作技能开展培训，云南省农业农村厅副厅长王平华、云南省农业农村厅农业机械化管理处处长刘仕全出席会议并讲话。

7月27—31日

农业农村部农作物生产全程机械化专家组甘蔗专业组组长区颖刚等一行11人到云南德宏州陇川县等地开展甘蔗机收工作专题调研。调研组走访相关农业农村部门、甘蔗研究所、制糖企业、农机服务组织、甘蔗种植大户等，并开展座谈交流。

9月2—30日

云南省农业机械推广站完成全省农机购置与应用补贴申请记录基本信息专项抽查，按照省级牵头＋专家支撑的方式，对16州（市）130县（市、区）随机抽取的4 130条申请记录进行核对，发现信息记录错误1 010条。组织开展全省农机购置补贴信息公开专栏和政策咨询投诉电话抽查2次，抽查公开专栏指标1 200项，合格率100%；拨打咨询投诉举报电话500个，正确率70%。

9月13日

农业农村部农业机械化总站通报"首届寻找最美农机推广员"评选结果，云南省4名农机推广科技人员荣获"最美农机推广员"荣誉称号。

9月14—16日

云南省农业机械推广站与临沧市农机推广站在临沧市凤庆县举办全省核桃、澳洲坚果加工机械化技术培训班，对16个州市及临沧市相关县（市、区）农机推广部门负责人、技术人员共80人进行培训。

9月21日

农业农村部农业机械化管理司发布关于推介2022年蔬菜初加工机械化典型案例的通知，云南省组织推荐的保山澳鑫电子商务有限公司入选全国2022年蔬菜初加工机械化社会化服务典型案例。

10月25—27日

云南省农业机械推广站与红河州弥勒市农机推广站联合在弥勒市举办2022年云南省粮食机收减损技术培训班，对云南省15个州（市）及红河州相关县（市）、弥勒市各乡镇的农机管理人员、科技人员共120余人进行培训，云南省农业机械推广站站长邓庆出席会议并讲话。

西藏自治区

2022年6月16日

西藏自治区农业农村厅及时向拉萨、日喀则等5市下发《西藏自治区农业农村厅关于做好2022年农机深松整地工作的通知》，加大实施农机深松整地作业补助政策，为提升耕地质量、提高粮食综合生产能力、推动农业提质增效和可持续发展打下坚实基础。

6月28日

西藏自治区党委副书记、自治区人民政府主席严金海莅临西藏自治区农业农村厅调研指导工作，走进厅农业机械化管理处，严金海详细询问全区农业机械化发展情况，并作出加强中小型农业机械推广应用和农机适应性改进的重要指示。

6月

西藏自治区财政下达160万元植保无人驾驶航空器作业补助资金，在拉萨、日喀则、山南、林芝、昌都5市13个县（区），实施农作物病虫草害防控机械化作业。

7月14—15日

西藏自治区农业农村厅在拉萨市举办2022年农机购置与应用补贴申请办理服务系统和农机统计直报系统培训班，西藏自治区农业农村厅党组成员、副厅长林木同志出席开班仪式并讲话。

7月24日

发挥青稞机械化低损收获装备研发与改进项目试验示范作用，多功能微耕机、青稞割捆机等机具已相继试制成功，正在开展田间性能测试工作。

8月5日

为充分发挥先进适用、绿色高效农机装备示范引领带动作用，林芝市在巴宜区百巴镇章巴村举办2022年青稞全程机械化示范展示活动。

9月29日

西藏自治区农业农村厅农业机械化管理处援藏干部徐子晟荣获2019—2021年度全国农牧渔业丰收奖。

11月20日

高原农作物生产全程机械化科研基地建设项目已获国家发改委批复，初设和概算待专家终审通过后组织实施。

12月28日

西藏自治区萨迦县、边坝县、巴宜区成功入选全国第七批率先基本实现主要农作物生产全程机械化示范县。

陕 西 省

2022年1月26日

陕西省农业农村厅组织召开大豆玉米带状复合种植研讨会，陕西省农业农村厅党组成员、副厅长宁殿林主持会议，会议围绕推广大豆玉米带状复合种植技术存在的主要问题、农机配套应用情况、主推技术模式等方面展开交流研讨。陕西省农业农村厅机关有关处室、厅属有关单位负责同志参加会议，部分农机企业负责人应邀参会。

2月21日

中共陕西省委、陕西省人民政府印发《关于做好2022年全面推进乡村振兴重点工作的实施意见》，明确提出强化现代农业基础支撑，提升农机装备水平。

陕西省农业机械化发展中心在渭南市临渭区碧野秸秆综合利用农机专业合作社举办农机亮尾工程启动仪式，各级农机安全监理人员，有关合作社成员和农机手代表参加活动。

2月24日

陕西省小麦抗灾强管百日行动现场推进会在渭南召开。陕西省副省长蒿慧杰出席会议并讲话。陕西省人民政府副秘书长王建平传达全国春季农业生产暨加强冬小麦田间管理工作会议的精神。陕西省委农业农村工作领导小组办公室主任、省农业农村厅厅长孙矿玲主持会议。陕西省农业农村厅副厅长宁殿林参加会议。蒿慧杰指出，要强化保障，用足用好支持政策，科学调度农业机械，统筹做好农业防灾减灾和应急处置工作，为粮食安全提供有力支撑。

3月3日

由中国农业机械化协会、陕西省农机安全协会等联合举办的2021年农机手安全作业劳动竞赛陕西赛区表彰会在西安召开。陕西省选手李军顺等5名机手荣获王牌机手荣誉称号，李卫卫等21名选手荣获明星机手荣誉称号，分别受到表彰奖励。咸阳市农机中心、临渭区农机安全工作站等单位荣获优秀组织奖。

3月15日

陕西省农业机械鉴定推广总站组织开展以稳粮保供，提质护农为主题的2022年陕西"农机3·15"活动。活动为期6天，以线上线下相结合的方式开展，广泛宣传农机有关政策法规、维权知识、产品辨假等知识，全省各农机质量投诉监督站联动，现场向农机相关群体推送农机相关知识处理投诉等。

4月1—2日

陕西省春季农业生产工作现场会在咸阳市召开，会议传达学习陕西省委书记刘国中、省长赵一德对粮食安全和春季农业生产的指示要求，安排部署春耕备耕、农业生产等工作，陕西省副省长蒿慧杰出席并讲话。蒿慧杰指出，要加快提升农机装备水平，稳步提高农业综合生产能力，牢牢守住粮食安全底线。

4月13—15日

陕西省委农业农村工作领导小组办公室主任、省农业农村厅厅长孙矿玲一行赴西安市蓝田县、周至县、鄠邑区调研农业农村工作。西安市副市长仵江参加有关调研。孙矿玲强调，要攻坚克难抓好玉米生产和大豆扩种，加大农机、种子、化肥调度，克服疫情对农资运输和农机作业影响，确保应种尽种、能种尽种，切实打牢全年粮食丰收基础。

4月15日

在第七个全民国家安全教育日当天，陕西省农业农村厅组织召开全省农业安全生产工作视频会议，深入学习贯彻中央领导同志近期对安全生产的重要指示批示，传达全国安全生产电视电话会议、全国农业安全生产工作视频会议和全省安全生产视频会议精神，对全省农业安全生产工作进行再强调、再部署、再落实。陕西省农业农村厅党组成员、副厅长王韬参加会议并讲话，陕西省农业农村厅二级巡视员王宏岩主持会议。

5月11日

陕西省委书记刘国中到咸阳市调研夏粮生产和旱作节水农业发展等工作。他强调，要深入学习贯彻习近平总书记关于"三农"工作的重要论述和来陕考察重要讲话重要指示，从保障粮食安全的高度，持续抓好夏粮生产，切实搞好后期田间管理和收割，切实做到颗粒归仓，努力实现夏粮丰收。

5月18—19日

陕西省"三夏"农业机械化生产示范观摩会在关中地区举行。陕西省农业农村厅党组成员、副厅长宁殿林参加观摩并做指导。与会人员赴大荔、临渭等六个县区，实地观摩设施农业全程机械化、农机手实训基地、小麦宽幅沟播、粮食全程机械化服务等典型生产作业和服务模式。厅机关有关处室、厅属有关单位负责同志，西安、咸阳、宝鸡、渭南市农业农村局分管领导、相关技术干部，受邀媒体等共30余人参加观摩活动。

5月19日

陕西省"三夏"农业机械化生产安排部署会在宝鸡召开。陕西省农业农村厅党组成员、副厅长宁殿林出席会议并讲话。市县两级农业农村部门分管领导和农业机械化工作主管单位负责同志，西北农林科技大学、省农机研究所相关专家教授，荣获2021年国家和省级各类农业机械化工作表彰的代表，部分农机生产企业负责人参加会议。

5月底

陕西农机监理App在全省范围内推广应用。该App可以实现车辆查询、驾驶人查询、车辆统计、驾驶人统计、年检和行政执法等功能。各级农机安全监管部门包括农业综合执法承担农机执法职责的工作人员、农机安全监理机构工作人员和承担农机牌证业务的行政许可机构工作人员，均可使用本级农机监理账号进行登录，从而进行相应业务查询或办理。

6月2日

陕西省农业机械鉴定推广总站在西安市长安区神禾塬开展西安市小麦机收减损技能大比武活动，通过制定《陕西省小麦机收减损大比武规则》，明确比武活动的纪律、评分标准、排名等各项要求，使机收减损大比武活动统一规范、统一标准、统一判定，提升机收比武活动的公平公正，还对省、市相关专业技术人员进行现场培训。

6月5—13日

由中央农业农村工作领导小组办公室专职副主任、农业农村部党组成员吴宏耀带队的农业农村部督导组在陕西省开展"三夏"小麦机收专项督导工作，对陕西省"三夏"小麦机收工作给予充分肯定，认为陕西省委省人民政府高度重视"三夏"小麦机收工作，陕西省农业农村厅部署周密、指挥有方、措施得力、反应迅速，及时启动抢收指挥系统，全省上下精诚团结，有力、有序、有效打了一场漂亮的抢收大会战，避免小麦出芽风险，做到颗粒归仓。

7月15—22日

陕西省农业农村厅组织有关专家，分赴西安、咸阳、渭南、宝鸡、延安5市12个县（区），实地查验2022年省级主要农作物生产全程机械化示范县创建情况。

8月29—31日

全省"三秋"农业机械化生产工作观摩会在咸阳、西安、宝鸡3市5个县区召开，陕西省农业农村厅一级巡视员宁殿林全程参加观摩，各市农机管理服务机构负责人，陕西省农机中心、省农机鉴定推广总站等单位共32人参加。

8月31日至9月2日

陕西省农业机械化生产示范观摩培训会在关中地区举行。培训会采取观摩与讲座相结合的方式，邀请中国农业大学杨敏丽教授就智能化与数字化促进农业机械高质量发展进行专题讲座。陕西省农业农村厅一级巡视员宁殿林参加观摩培训并进行指导。陕西省农业农村厅属有关单位负责同志，各市农业农村局分管领导、相关技术干部，西北农林科技大学专家教授以及部分农机手代表等50余人参加观摩培训。

9月6日

农业农村部农业机械化总站在延安市举办全国农业机械推广鉴定大纲编写培训班。农业农村部农业机械化总站党委书记刘旭、陕西省农业农村厅一级巡视员宁殿林、延安市人民政府副市长魏延安出席开班式。全国农机推广鉴定大纲制修订项目的起草人员，各级农业机械化管理部门相关人员，各农机鉴定机构、推广机构、生产企业、科研院所、大专院校等单位人员参加培训会。

9月20日

农业农村部农业机械化总站粮作处研究员张树阁赴西安市、渭南市、咸阳市调研陕西省冬小麦保护性耕作实施情况，实地了解实施地块技术模式、机具质量、作业效果等情况，听取保护性耕作存在的问题，就相关疑难问题进行解答，并对当地冬小麦保护性耕作工作提出意见和建议。

9月28日

2022年陕西省农机质量投诉监督员与质量调查员培训班在韩城举办，各市、县（区）负责农机质量投诉监督和质量调查的工作人员50余人参加培训。

9月29日

陕西省委农业农村工作领导小组办公室主任、省农业农村厅厅长孙矿玲赴西安市临潼区调研玉米高产示范田和绿色高质高效技术集成实验示范基地建设情况，观摩玉米机收，指导基层抓好秋收秋播工作。陕西省农业农村厅一级巡视员宁殿林一同调研，西安市和临潼区有关负责同志、陕西省农业农村厅有关处室主要负责同志陪同。

10月13日

陕西省农机安全生产工作视频会议召开。会议传达学习习近平总书记关于安全生产工作的重要论述，陕西省主要领导同志关于道路安全的批示精神和省农业农村厅党组关于扎实做好农业农村领域安全生产的工作要求。陕西省农业机械化中心主任范海龙对当前全省农机安全生产工作进行再强调、再安排。西安市、咸阳市、延安市分别作交流发言。省农业农村厅厅机关有关处，厅属有关单位负责同志在主会场参会，各市（区）、县农业农村局有关负责同志在分会场参会。

10月18日

陕西省委农业农村工作领导小组办公室主任、省农业农村厅厅长孙矿玲赴礼泉县调研秋收秋播工作。陕西省农业农村厅一级巡视员宁殿林一调研。孙矿玲要求，要抢抓近期晴好天气，千方百计加快秋收秋播进度，加强农机统筹调配，确保秋粮应收尽收、秋播应种尽种，努力夺取2022年粮食丰收，夯实2023年夏粮丰收基础。咸阳市、礼泉县党委和人民政府有关负责同志，省委农业农村工作领导小组办公室、省农业农村厅有关处站主要负责同志陪同调研。

12月28日

农业农村部办公厅公布全国第七批率先基本实现主要农作物生产全程机械化示范县（市、区）名单，西安市临潼区、合阳县、蒲城县、富平县、白水县、三原县、泾阳县、礼泉县、彬州市、千阳县、宝鸡市金台区、黄陵县共12个县（区、市）成功入选，陕西省主要农作物全程机械化示范县总量达到23个，位居西部省份前列。

甘肃省

2022年1—12月

甘肃省农业机械化技术推广总站以部省联动方式，在庆阳、定西、酒泉等6市州15个粮食主产县，集中开展小麦联合收割机质量调查和小麦联合收割机收获损失率田间调查。

甘肃省道路交通委员会将农机牌证双百制管理、农机检审验、拖拉机亮尾工程、农机道路交通事故4项内容纳入政府部门协同共治目标任务考核。

1月15日

甘肃省农业农村厅印发《关于2022年玉米大豆带状复合种植机具保障实施方案的通知》（甘农机管发〔2022〕1号），对全省玉米大豆带状复合种植机具保障进行安排部署。

1月21日

在甘肃农业大学召开农机装备补短板座谈会暨农业机械化专家启动会，甘肃省内涉农高校、农机生产企业专家代表参加，甘肃省农业农村厅农业机械化管理处刘文武处长出席座谈会并讲话。

2月24日

甘肃省农业农村厅在酒泉奥凯种子机械股份有限公司举行甘肃省农作物种业装备研发中心挂牌仪式，中国工程院院士陈学庚、甘肃省农业农村厅副厅长常宏、二级巡视员贾怀德出席并讲话。

3月15日

甘肃省农业机械化技术推广总站以线上线下结合方式指导市县农机部门开展以稳粮保供，提质护农为主题的2022年甘肃省"农机3·15"消费者权益日活动。

3月28日

甘肃省农业农村厅印发《关于落实好2022年全省农机化重点工作任务的通知》（甘农机管发〔2022〕3号），从狠抓粮食生产机械化、推进特色产业机械化、实施农机装备补短板行动等7个方面安排2022年主抓的31项重点工作。

3月31日

甘肃省农业农村厅印发《关于下达2022年省级农机购置补贴资金计划及项目实施方案的通知》（甘农财发〔2022〕12号），安排省级财政农机购置补贴资金5 500万元，紧紧围绕全省粮食生产，抓重点、补短板、强弱项，加大薄弱环节重要装备研发，推进丘陵山区实用高效作业装备引进试验示范，提升各类农机服务主体装备实力和服务能力，促进小农户和现代农业发展有机衔接，为全省粮食生产和特色产业发展提供装备支撑。

3—8月

甘肃省农业农村厅、省农机监理总站派出督导调研组对14个市州和兰州新区的农机安全生产、农机监理业务开展、农机牌证管理、农机隐患排查闭环管理、全省省补资金落实使用情况、农机报废更新补贴政策实施等情况进行综合调研，对调研期间发现的问题及时向各市（州）农业农村部门及农机监理机构进行书面反馈，并提出工作要求。

5月9日

甘肃省农业机械化技术推广总站组织编写的《根茎类中药材烘干机作业质量》等5项地方标准，经甘肃省市场监督管理局发布实施。

5月12日

甘肃省农业农村厅印发《关于做好2022年"三夏"小麦机收工作的通知》（甘农机管发〔2022〕5号），从做好小麦机收组织协调、小麦机收作业供需对接等五个方面对全省"三夏"小麦机收工作进行安排部署。

5月13—14日

甘肃省高标准农田建设撂荒地整治暨粮食高产创建示范基地建设现场推进会在会宁召开，甘肃省农业机械化技术推广总站在安定区西巩驿镇、会宁县河畔镇分别组织马铃薯生产全程机械化、大豆玉米带状复合种植播种机械现场机具演示，全省市县人民政府分管领导、农业农村局长等200多人现场观摩。

5月24日

甘肃省农业农村厅印发《关于下达2022年中央财政第二批农业生产发展资金计划的通知》（甘农财发〔2022〕24号），下达第二批中央农机购置补贴资金9 017万元。

甘肃省农业机械化技术推广总站起草的《温室大棚电动轨道运输机》等3项专项鉴定大纲，经省农业农村厅发布实施。

5月30日

甘肃省农业农村厅印发《关于下达2022年耕地深松整地计划任务清单及实施方案的通知》（甘农财发〔2022〕30号），分解下达9 780万元作业补助资金，用于支持全省13个市州47个县（市、区）和4个省农垦农场在适宜地区开展深松整地作业任务362.22千公顷，每公顷作业补助270元。

5月31日

甘肃省农业农村厅、中国石油天然气股份有限公司甘肃销售公司、中国石化销售股份有限公司甘肃石油分公司共同印发《关于做好"十四五"农机作业用油保障工作的通知》（甘农机管发〔2022〕6号），对落实三优一免用油保障进行安排部署。

6月8日

甘肃省农业农村厅印发《全省小麦机收减损大宣传大培训大比武活动实施方案的通知》（甘农机管发〔2022〕7号），决定在全省开展小麦机收减损大宣传大培训大比武活动，引导机手和农户增强粮食机收减损意识，提高粮食机收作业水平。

6月10日

2022年甘肃省暨酒泉市农机事故应急演练活动在敦煌市举办，以农机事故应急演练为依托，同时开展特色农机作业演示、新型农业机械展示，观摩农机安全监理业务、平安农机示范创建成效等现场活动，彰显农业机械化管理、农机监理、农机推广相融合的大农机工作思路，增强农机安全的社会影响力和参与度。达到检验预案、凝聚队伍、协同作战、提升能力、展示风貌、教育群众的良好效果。

6月14—17日

农业农村部国家首席兽医师李金祥一行来甘检查工作，工作组对甘肃省委省人民政府高度重视粮食生产给予高度评价，对市县党委人民政府落实粮食安全党政同责充分肯定，对各级农业农村部门认真落实各项稳粮增产技术措施和扎实准备"三夏"工作提出表扬，认为甘肃粮食生产抓得紧、落得实。

6月16日

甘肃省各级农机监管部门在线下集中开展大规模的现场安全宣传咨询，宣传安全生产政策法规，普及农机安全操作常识、应急避险和自救互救方法；同时开展公众开放日、主播走一线等专题专访报道，认真组织实施网上农机安全宣传咨询日系列活动，开展网上农机安全生产、农机购置补贴、农机报废更新知识问答等，促进农机安全生产知识的普及，增进社会公众对农机安全生产的认识和理解。

6月25日

2022年甘肃省小麦机收开镰暨机收减损大宣传大培训大比武活动启动仪式在平凉市灵台县举行。甘肃省农业农村厅党组成员、副厅长常宏出席仪式并讲话，平凉市人民政府副市长王锦出席仪式并致辞。活动在灵台县什字镇举行全省重要农时农机作业用油三优一免活动启动仪式，在上良镇举行全省小麦机收减损大宣传大培训大比武活动启动仪式，举办机收减损大比武活动。

6月27日

农业农村部农业机械化总站联合甘肃省农业农村厅，2022年中国农机推广田间日暨新技术培训班在庆阳市宁县中村镇举办。现场演示展示甘肃省内外20多家企业的90多台（套）农机具。农业农村部农业机械化总站副站长徐振兴出席活动并讲话，中国工程院院士、华南农业大学教授罗锡文应邀作主旨报告，甘肃省农业农村厅副厅长常宏、庆阳市委常委徐刚出席活动并讲话。

7月2日

甘肃省农业农村厅在甘农业大学举行甘肃省农业装备协同创新研发中心挂牌仪式，甘肃省委农业农村工作领导小组办公室主任，省农业农村厅党组书记、厅长李旺泽出席仪式并讲话。

7月26日

甘肃省农业农村厅印发《关于甘肃省2021—2023年农机购置补贴机具补贴额一览表（2022年修订）的公告》。

8月16日

甘肃省农业农村厅印发《关于加快推进农机购置补贴三合一办理方式的通知》（甘农机管发〔2022〕9号），对甘肃省部分机具购置补贴实行手机App申办补贴、补贴机具二维码识别、作业物联网监管三合一办理方式进行安排要求。

9月6日

甘肃省农机监理总站被农业农村部农业机械化总站评为中国农业机械化信息网信息宣传工作先进单位，杨春梅、王海龙、王慧平3名同志被评为优秀信息员。

9月12日

甘肃农业大学联合山东巨明机械有限公司、山东金大丰机械有限公司合作，研制出4YZS-4A制种玉米收获机和4YZSJ-4A穗茎兼收制种玉米收获机。

9月13日

农业农村部农业机械化总站公布首届寻找最美农机推广员评选结果，甘肃省农机系统王玲琴、王海、徐奎山、韩建军4名同志入选首届全国百名最美农机推广员。

9月18日

甘肃省中药材关键薄弱环节装备研发样机中试培训活动在定西三牛农机制造有限公司举办，甘肃省农业农村厅农业机械化管理处、甘肃省中药材机械化专家团队成员和承担2022年机具中试工作的农机中心负责人、合作社理事长参加。与会人员观摩研发样机演示，讲解研发样机调整使用要点，就机具改进完善工作进行互动交流。2022年投放黄芪、党参、当归中试机具21台。

9月20日

甘肃农业大学联合张掖市和甘州区农业机械化技术推广站在张掖市甘州区党寨村举办2022年制种玉米机械化

收获现场演示会，演示会上来自甘肃农业大学研制的 4YZS-4A 型制种玉米收获机、4YZSJ-4A 型穗茎兼收制种玉米收获机 2 款新机型和石家庄天人 4YZ-6F2、新疆牧神 4YZB-8B、雷沃谷神 4YZB-4B、河北英虎 4YZB-4F 型、日本久保田 4YZB-4 等型号 5 款品牌玉米收获机同台竞技。

甘肃省委省人民政府在武威市凉州区举办全省乡村振兴产业推进会议，甘肃省农业农村厅农业机械化管理处、省农业机械化技术推广总站准备现代农机装备演示展示活动，代表们观摩凉州区武南镇下中畦村大豆玉米带状复合种植机械化收获作业和机具演示，张恩贵站长作现场讲解。

甘肃省农业机械化技术推广总站联合定西市农业机械化服务中心、安定区农业机械化服务中心在定西举办全省马铃薯联合收获现场推进演示活动，现场演示马铃薯耕、覆膜、种、收、植保等全程机械近 40 台套。对近几年引进研发的马铃薯收后捡拾、自动装箱（装框）、分级装袋和吨包等 10 多种联合收获新机型进行试验验证。省内外 8 家农机企业和合作社代表参加观摩演示。

农业农村部发布《关于 2019—2021 年度全国农牧渔业丰收奖获奖情况的通报》，省农业机械化技术推广总站张恩贵同志荣获 2019—2021 年度全国农牧渔业丰收奖农业技术推广贡献奖。

9 月 23 日

甘肃省第十三届人民代表大会常务委员会第三十三次会议修订通过《甘肃省农业机械管理条例》，自 2022 年 12 月 1 日起施行。

9 月 29 日

甘肃省农业机械化技术推广总站组织编写的会宁文兵合作社和凉州双学合作社大豆玉米带状复合种植机收作业模式，入选农业农村部农业机械化总站典型案例。

10 月 12 日

农业农村部农业机械化管理司、农业农村部科技教育司与甘肃省农业农村厅启动实施部省共建党参、黄芪长根茎类轻量化自走式收获机研发任务，实施期限 5 年，由甘肃农业大学牵头，农业农村部南京农业机械化研究所、定西三牛农机制造有限公司参与实施，2022 年度支持额度为 107.5 万元。

11 月 3 日

甘肃省农业农村厅印发《关于农业农村部饲草全程机械化科研试验基地项目可行性研究报告的批复》（甘农机管函〔2022〕17 号）。

甘肃省农业农村厅印发《关于农业农村部特色油料作物（胡麻）全程机械化科研实验基地项目可行性研究报告的批复》（甘农机管函〔2022〕18 号）。

11 月 11 日

甘肃省农业农村厅印发《甘肃省"十四五"农业机械化发展规划的通知》（甘农发〔2022〕11 号）。

11 月 12 日

甘肃省农业农村厅印发《关于对联农带农"百强"合作社予以奖励的通知》（甘农财发〔2022〕26 号），全省 12 家农机合作社上榜全省百强合作社。

12 月 13 日

甘肃省农业农村厅、省应急管理厅授牌表彰省级平安农机县区 2 个（天水市麦积区、张掖市甘州区）、省级平安农机合作社 39 个，推荐国家级平安农机县（区）1 个（兰州市西固区）。

12 月 19—20 日

甘肃省农业机械化推广总站联合甘肃农业大学机电工程学院通过甘肃农机大讲堂以线上线下相结合的方式成功举办 2022 年全省农业机械化新技术培训研讨会。全省农机推广系统、农业机械化工作部门、农机合作社及相关单位代表参加培训研讨活动。

12 月 23 日

农业农村部农业机械化管理司发布推介第二批特色经济作物适宜品种全程机械化生产模式与典型案例，甘肃省"陇西县藏柴胡全程机械化生产模式及典型案例"入选。

12 月 28 日

农业农村部印发《关于公布全国第七批率先基本实现主要农作物生产全程机械化示范县（市、区）名单的通知》（农办机〔2022〕15 号），甘肃省金川区、天祝县、瓜州县、合水县被列入全国第七批率先基本实现主要农作物生产全程机械化示范县。

12 月 30 日

甘肃省农业农村厅印发《关于提前下达 2023 年省级农机购置与应用补贴资金计划的通知》（甘农财发〔2022〕92 号），下达 2023 年省级农机购置与应用补贴资金 4 500 万元，重点实施粮食生产关键农机装备累加补贴与现代农机装备技术集成示范项目和省级农机装备补短板行动。

青海省

2022 年 2 月 14 日

青海省农业农村厅农业机械化管理处和青海省农牧机械推广总站召开工作对接推进会。

3 月 21 日

青海省农业农村厅印发《关于进一步加强拖拉机和联合收割机驾驶培训事中事后监管工作的通知》（青农机〔2022〕60 号）。

3 月 24 日

青海省蚕豆全程机械化耕种技术现场实训会在湟中区举办。青海省农业农村厅党组成员、副厅长徐宏伟出席实训会。

5 月 30 日

青海省农业农村厅、中国石油天然气股份有限公司青海销售分公司和中国石化销售股份有限公司青海石油分公司联合印发《关于做好农机作业用油保障工作的通知》（青农机〔2022〕128 号），保障全省农忙时节农机作业用油需求。

6 月 2 日

青海省农业农村厅印发《关于开展 2022 年农机安全生产月活动的通知》（青农机〔2022〕131 号），开展农机安全生产月活动。

6 月 15 日

青海省大葱生产全程机械化耕作技术现场实训会在湟中区举办。青海省农业农村厅党组成员、副厅长徐宏伟出席实训会。

6 月 22—24 日

青海省四分农业机械化目标任务研究培训班在湟源县举办。

6 月 27—28 日

青海省农牧机械推广总站在兴海县开展 2022 年植保无人驾驶航空器高原性能测试。

7 月 5 日

青海省蚕豆生产全程机械化田间观摩暨技术交流实训会在互助县举办。

7 月 8 日

青海省农业农村厅印发《关于印发"三夏"秋收农机安全生产工作方案的通知》（青农机〔2022〕165 号）。

7月12日

青海省农业农村厅、财政厅印发《关于印发青海省2022年耕地深松项目实施方案的通知》(青农机〔2022〕171号),安排中央农业资源与生态保护耕地深松专项补贴资金1 885万元,全年计划实施耕地深松作业补贴面积52.4千公顷。

7月28—29日

青海省第六届农机操作能力竞赛(复赛)在互助县举办。青海省农业农村厅党组成员、副厅长徐宏伟出席开幕式并讲话。

9月13日

农业农村部农业机械化总站印发《关于首届寻找最美农机推广员结果的通报》(农机化总站〔2022〕124号),青海省西宁市湟中区农机推广站马森同志入选首届最美农机推广员名单。

9月15日

丘陵山区手扶拖拉机配套机具现场实训会在循化县举办。

9月20日

青海省农牧机械推广总站实验室获得省市场监督管理局复评审资质授权,涵盖农牧机械产品34个类别633个参数检验检测能力,通过检验检测机构资质认定复评审。

9月21日

青海省农业农村厅印发《关于切实加强秋收秋耕秋种期间农机安全生产工作的紧急通知》,对秋收秋耕秋种期间农机安全生产进行安排部署。

9月24日

青海省蚕豆生产全程机械化联合收获现场实训会在湟源县举办。

9月30日

青海省农业农村厅、财政厅印发《关于印发〈青海省轮式拖拉机省级累加补贴方案〉的通知》(青农机〔2022〕251号),对通过工厂条件审核的农机生产企业生产的且达到投档现场演示验证要求的36.75千瓦及以上轮式拖拉机进行省级累加补贴。

9月

青海省农牧机械推广总站与中联重机浙江有限公司联合研发的蚕豆无人驾驶联合收获机及收获打捆一体机试验成功。

青海省农牧机械推广总站许振林创新工作室与山东思代尔农业装备有限公司联合研发的适合青海省农牧机械推广总站省需求特点的小型自走式马铃薯联合收获机进入田间试验阶段。

12月5日

青海省农牧机械推广总站编制的《农田残膜回收机械化技术作业质量》《植保无人机安全操作技术规范》2项农机地方标准通过专家组审查。

12月8日

青海省农业农村厅印发《关于开展2022年度农机购置补贴政策落实延伸绩效管理工作的通知》(青农机〔2022〕286号),对全省2022年度农机购置补贴开展绩效考评。

宁夏回族自治区

2022年2月10—11日

宁夏回族自治区农业农村厅副厅长赖伟利在吴忠市、固原市导春播生产和春小麦扩种工作。

2月17日、21日

宁夏回族自治区大豆玉米复合种植机具保障现场观摩会分别在吴忠市利通区、固原市原州区举办,集中展示大豆玉米同播一体机等先进适用机具32台(套)。宁夏回族自治区农业农村厅副厅长赖伟利、农业机械化管理处处长闫向军、宁夏回族自治区农机安全监理总站站长张华峰、宁夏回族自治区农业机械化技术推广站党支部书记王紫瑜、站长杨兴勇等参加现场观摩活动。

2月22—25日

宁夏回族自治区农机安全监理总站、宁夏回族自治区农业机械化技术推广站与中国联通宁夏分公司组成专题调研组,分别赴上海市、江西省、北京中智能公司调研考察农机信息化建设工作。

2月23—27日

宁夏回族自治区农业农村厅农业机械化管理处、宁夏回族自治区农业机械化技术推广站、宁夏回族自治区农业技术推广总站、宁夏回族自治区畜牧工作站及有关县区组成专题调研组,赴浙江星光农机集团调研考察畜禽粪污处理设施设备应用情况。

2月24日

银川市春播生产现场会在贺兰县举办。宁夏回族自治区农业农村厅副厅长赖伟利参加现场活动。

3月2日

以宁夏回族自治区农业农村专报〔2022〕12号、宁农(机)发〔2022〕1号等文件分别向宁夏回族自治区党委副书记陈雍、宁夏回族自治区人民政府上报大豆玉米带状复合种植机具保障情况的报告。

3月9日

宁夏回族自治区农业农村厅、财政厅修订印发《宁夏农机购置补贴政策实施管理内部控制制度(试行)》《宁夏农机购置补贴机具投档工作方案(试行)》《宁夏农机购置补贴机具核验工作要点(试行)》(宁农(机)发〔2022〕2号)、《宁夏回族自治区农业机械购置补贴产品违规经营行为处理细则(试行)》(宁农(机)发〔2022〕3号)等有关异常情形报告、内部控制、违规处理和补贴机具核验方面的制度。

3月7—10日

宁夏回族自治区农业农村厅副厅长赖伟利督导固原市大豆玉米带状复合种植任务落实情况,宁夏回族自治区农业农村厅农业机械化管理处处长闫向军、宁夏回族自治区农业机械化技术推广站站长杨兴勇陪同,并深入泾源县、西吉县调研畜禽粪污处理设施应用情况。

3月13日

宁夏回族自治区科技厅召开全区大豆玉米带状复合高效种植模式技术试验示范研究课题立项会议。研究确定"5＋N"研究课题专项,分别由产业部门和科研部门共同组成课题组开展(品种、农艺、植保、土肥机械、机理等)专项研究,为大面积推广提供科技数据支撑。宁夏回族自治区农业农村厅副厅长赖伟利及科技厅、农业农村厅、农业科学院等有关处室所站负责人参加会议。

3月14日

灌区玉米大豆带状复合种植技术专项培训班在石嘴山市大武口区龙泉美丽家园田间学校举办。宁夏回族自治区农业农村厅副厅长赖伟利参加并就粮食安全和2022年农业生产任务作开班第一堂课讲座。宁夏回族自治区农业农村厅农业机械化管理处处长闫向军、科教处处长杨发、宁夏回族自治区农技推广总站站长吕鸿钧参加开班仪式。灌区县50多名学员参加培训。

宁夏回族自治区农业农村厅副厅长赖伟利召集种植业处、农业机械化管理处、农业技术推广总站、农业机械化技术推广站、种子站等单位负责人和技术人员研讨审定2022年宁夏玉米大豆带状复合种植技术指导方案。

3月15日

宁夏回族自治区"农机3·15"消费者权益保护日活动在银川市西北农资城举办。活动主题是稳粮保供提质护农。宁夏回族自治区农业农村厅农业机械化管理处处长闫向军、农产品质量监管处处长朱学峰、宁夏回族自治区农业机械化推广站站长杨兴勇、宁夏回族自治区农机安全监理总站站长张华峰以及银川市三区两县和农业机械化技术推广站、监理站等单位参加。现场开展宣传咨询和宣传物品发放工作。

3月17日

农业农村部召开全国农业机械化工作视频会议，农业农村部副部长张桃林讲话，宁夏回族自治区农业农村厅设宁夏分会场。宁夏回族自治区农业农村厅副厅长赖伟利、宁夏回族自治区发展和改革委员会、财政厅、工业和信息化厅、科技厅、农垦集团、宁夏农机流通协会以及农业农村厅农业机械化管理处、规财处、产业处、种植业处、畜牧兽医局、渔业局等有关处室负责人、宁夏回族自治区农机安全监理总站、农业机械化技术推广站副科级以上干部参加会议。

3月22日

以宁夏回族自治区农业农村专报〔2022〕20号、宁农（机）发〔2022〕5号等文件分别向宁夏回族自治区党委副书记陈雍、宁夏回族自治区人民政府上报全国农业机械化工作会议情况的报告。

3月23日

宁夏回族自治区农业农村厅农业机械化管理处组织召开宁夏智慧农机综合服务平台建设论证会。宁夏回族自治区农业农村厅副厅长赖伟利及中国联通宁夏分公司副总经理姚华、农业机械化管理处处长闫向军、农业机械化技术推广站站长杨兴勇、农机监理总站站长张华峰及厅市场处、贺兰县、永宁县等单位负责人参加。

3月25日

宁夏回族自治区农业农村厅赖伟利副厅长带领农业机械化管理处处长闫向军、种植业处处长亢建斌、宁夏回族自治区农业机械化技术推广站站长杨兴勇、农业技术推广总站站长吕鸿钧、种子工作站站长李培贵等单位负责同志，调研督导平罗县、惠农区玉米大豆带状复合种植田块、种子、机具等保障落实情况。

3月31日

农业农村部农业机械化管理司召开四分农业机械化发展目标任务研究工作推进会。宁夏回族自治区农业农村厅农业机械化管理处处长闫向军代表宁夏作了题为以四分研究为抓手，推进农业机械化全程全面发展交流发言。宁夏回族自治区农业机械化技术推广站站长杨兴勇、农机安全监理总站站长张华峰以及厅科教处、种植业处、畜牧兽医局、渔业局以及相关事业单位参加会议。

4月6日

灌区玉米大豆带状复合种植现场会在灵武市崇兴镇新架桥村举办。现场演示"4+4""4+2""2+3"不同种植模式。宁夏回族自治区农业农村厅副厅长赖伟利、农业机械化管理处处长闫向军、宁夏回族自治区农机安全监理总站张华峰、农业机械化技术推广站站长杨兴勇参加。

4月10日

宁夏回族自治区党委书记梁言顺同志在灵武市调研春小麦生产和玉米大豆带状复合种植工作。宁夏回族自治区领导陈雍、张雨浦、雷东生、王和山参加调研。宁夏回族自治区农业农村厅厅长滑志敏陪同调研。

4月12日

宁夏回族自治区农业农村厅农业机械化管理处处长闫向军、宁夏回族自治区农业机械化技术推广站站长杨兴勇陪同宁夏回族自治区农业农村厅副厅长赖伟利督查中宁县、海原县玉米大豆带状复合种植工作落实情况。

4月14日

山区玉米大豆带状复合种植现场培训会在彭阳县城阳村举办。宁夏回族自治区农业农村厅副厅长赖伟利、彭阳县委书记张永强、厅种植业处长亢建斌、农业机械化管理处处长闫向军、宁夏回族自治区农业机械化技术推广站站长杨兴勇参加。

4月20—21日

宁夏回族自治区农业农村厅农业机械化管理处处长闫向军、宁夏回族自治区农业机械化技术推广站站长杨兴勇督导调研利通区、灵武市、惠农区、平罗县玉米大豆带状复合种植任务落实情况，并就试验基地种植模式布局、机具配型试验等进行安排部署。

4月24日

宁夏回族自治区农业农村厅第12次党组会议研究决定，厅党组成员、总经济师柴育东同志分管农业机械化工作。

4月28日

宁夏回族自治区农业农村厅党组成员、总经济师柴育东、宁夏回族自治区农业机械化管理处处长闫向军、宁夏回族自治区农机安全监理总站站长张华峰，调研灵武市、利通区、青铜峡市农机安全生产工作，深入绿先锋农机作业公司、智源农机、新大众农机公司、金土地农机作业公司等现场调研了解农机作业公司生产经营、农机制造、农机安全等工作。

5月11日

宁夏回族自治区农业农村厅农业机械化管理处处长闫向军、宁夏回族自治区农业机械化技术推广站站长杨兴勇到盐池县落实柠条饲料收获开工现场会观摩会场地，并调研王乐井乡王吾叉村五丰农业科技公司粪污处理设施应用情况。

5月19日

灵武市第二届乡村文化旅游暨尚品上滩韭菜节开幕，宁夏回族自治区农业农村厅农业机械化管理处处长闫向军应邀参加开幕式，并调研韭菜收获机械使用情况。

5月20日

宁夏回族自治区农业农村厅农业机械化管理处处长闫向军、宁夏回族自治区农业机械化技术推广站站长杨兴勇到盐池县调研融禾牧业公司、王乐井乡牛记圈村落实畜禽粪污处理示范点情况。

5月24—27日

宁夏回族自治区农业农村厅农业机械化管理处处长闫向军带队到灵武市、利通区、青铜峡市、原州区、西吉县、海原县调研提高农机使用效率提升农机社会化服务水平工作。

5月31日—6月2日

宁夏回族自治区农机事故处理员培训班在中宁县举办，宁夏回族自治区农业农村厅农业机械化管理处处长闫向军、法规处处长牛彦文、宁夏回族自治区农机安全监理总站站长张华峰参加开班仪式。全区70名农机事故处理员参加培训，并通过考试取得上岗资质证书。

6月1日

宁夏回族自治区农机事故应急演练暨安全生产宣传月活动启动仪式在中宁县举行。宁夏回族自治区农业农村厅党组成员、总经济师柴育东、宁夏回族自治区农业农村厅农业机械化管理处长闫向军、宁夏回族自治区农机监理总站站长张华峰、宁夏回族自治区农业机械化技术推广站站长杨兴勇参加启动仪式。

6月6日

宁夏回族自治区农业农村厅与中国联通宁夏分公司签订宁夏智慧农机服务平台合作协议，建设全区统一农机大数据中心。宁夏回族自治区农业农村厅厅长滑志敏、副厅长杨明红。中国联通宁夏分公司总经理李晓龙、副总经理姚华，以及农业农村厅、联通公司相关处室负责人参加签约仪式。

6月6—8日

宁夏回族自治区农业农村厅总经济师柴育东、农业机械化管理处处长闫向军、宁夏回族自治区农业机械化技术推广站站长杨兴勇调研泾源县小型牧场畜禽粪污处理现场会落实情况。

6月9日

宁夏回族自治区引黄灌区玉米大豆带状复合种植植保机具演示农机推广田间日活动在平罗县举办。宁夏回族自治区农业农村厅农业机械化管理处处长闫向军，宁夏回族自治区农业机械化技术推广站站长杨兴勇、农机安全监理总站站长张华峰参加活动。

6月17日

宁夏回族自治区农机购置补贴政策培训暨廉政警示教育会议在银川召开。宁夏回族自治区农业农村厅党组成员、总经济师柴育东、派驻农业农村厅纪检监察组副组长柴向东参加会议并讲话。各市、县（区）农业农村局负责同志、补贴办理人员、重点产销企业负责人参加会议。

6月28日

宁夏回族自治区柠条机械化收获暨饲草料加工农机推广田间日活动在盐池县举办。宁夏回族自治区党委副书记陈雍、宁夏回族自治区人民政府副主席王和山出席活动。副书记陈雍宣布活动启动，副主席王和山讲话。盐池县、原州区、海原县作表态发言。五大市及有关厅局及22个县区人民政府分管负责同志参加活动。展示牧草全程机械化装备32台（套）。演示柠条机械化收获等机械装备7台套。参观盐池县滩羊集团牧草加工企业。

6月30日

宁夏回族自治区农业农村厅农业机械化管理处处长闫向军、宁夏回族自治区农机安全监理总站站长张华峰参加平罗县"三夏"农机安全生产暨农机购置补贴廉政警示教育大会。

7月6日

2022年宁夏回族自治区石化杯机收减损大比武及麦后复种机械化技术培训现场会在贺兰县举办。宁夏回族自治区农业农村厅党组成员、总经济师柴育东、贺兰县人民政府副县长王继斌以及宁夏回族自治区财政厅、气象局、中石化、农业农村厅有关处室单位、全区各市、县（区）农业农村局、农机中心、作业公司等150多人参加活动。

7月9—11日

宁夏回族自治区农业农村厅党组成员、总经济师柴育东、宁夏回族自治区农业农村厅农业机械化管理处处长闫向军、宁夏回族自治区农机安全监理总站站长张华峰督导中宁、沙坡头区、青铜峡、平罗等县区麦收及农机安全生产工作。

7月16—20日

宁夏回族自治区农业农村厅党组成员、总经济师柴育东带领农业农村厅农业机械化管理处处长闫向军、宁夏回族自治区农机安全监理总站站长张华峰、农业机械化技术推广站站长杨兴勇等负责同志到农业农村部农业机械化管理司、农业机械化总站汇报对接工作。农业农村部农业机械化管理司司长冀名峰及农业机械化总站站长刘恒新及总站领导班子成员参加座谈交流。

7月22日

经宁夏回族自治区农业农村厅党组研究决定，周建东同志任宁夏回族自治区农业机械化技术推广站站长，陈磊同志任宁夏回族自治区农机安全监理总站副站长。杨兴勇同志交流任职宁夏回族自治区农村经济经营管理站站长。

8月24日

宁夏回族自治区"三秋"农机安全生产工作会议在银川召开。宁夏回族自治区农业农村厅党组成员、总经济师柴育东就做好"三秋"农机安全生产进行安排部署。宁夏回族自治区农业农村厅法规处、种植业处以及各市、县（区）农业农村局分管负责同志、农机监理、农业综合执法、有关玉米收获机经销企业等100多人参加会议。

8月25日

宁夏回族自治区农业农村厅农业机械化管理处处长闫向军、宁夏回族自治区农机安全监理总站站长张华峰、动物卫生监督所所长罗锐等督查石嘴山市农业农村领域安全生产及生态环境保护工作。深入饲料加工厂、屠宰场、养殖场、青贮收获现场等地，实地察看安全隐患和污水处理排放情况，并在石嘴山市农业农村局召开座谈会反馈问题。

9月1—2日

宁夏回族自治区大豆玉米复合种植观摩座谈会在青铜峡市举办。宁夏回族自治区农业农村厅副厅长赖伟利、总经济师柴育东及厅种植业处、农业机械化管理处、科教处及厅直属农技、农机、种子等事业单位负责人、宁夏回族自治区大豆玉米首席专家、各市、县（区）农技（机）中心负责人共100多人参加会议。会议观摩研讨大豆玉米复合种植基地、总结分析研判存在问题提出下一年度改进计划。

9月4—6日

全国农机报废更新补贴培训会（第一期）在长沙召开，湖南、宁夏、青岛等省（区）做典型经验交流发言。

9月7—8日

全国（西北片区）大豆玉米复合种植机收现场会在青铜峡市举办。农业农村部农业机械化总站副站长徐振兴、宁夏回族自治区农业农村厅党组成员、总经济师柴育东以及全国大豆玉米专家组成员、西北有关省区及有关厅局、各市、县（区）农业农村局、农机中心负责人100多人参加会议。现场演示不同种植模式收获机械及打捆、耕地深松作业等。

9月10日

宁夏回族自治区农业农村厅党组成员、总经济师柴育东带领厅农业机械化管理处处长闫向军、宁夏回族自治区农机安全监理总站站长张华峰等同志，深入石嘴山市辖区平罗县、惠农区督导检查"三秋"农机安全生产工作，压实属地安全生产责任，强化安全隐患排查，确保农机作业安全。

10月3—8日

宁夏回族自治区党委书记梁言顺、宁夏回族自治区人民政府副主席赵永清，分别就宁夏回族自治区农业农村厅组织赴中宁疫情中高风险区开展应急抢收工作，作出批示并给予充分肯定。

10月3—12日

"9·20"中宁县疫情发生后，正值秋粮作物收获的关键时期，宁夏回族自治区成立"战疫情 保丰收 促稳定"

农机作业应急服务队，由宁夏回族自治区农业农村厅农业机械化管理处处长闫向军、宁夏回族自治区农业机械化技术推广站办公室主任赵鑫带队赴中宁县高风险县区村组开展秋粮抢收作业，投入农机装备45台、作业人员60人，实现作业面积清零、作业人员零感染、作业农机零事故预定目标。

11月2日

农业农村部农业机械化管理司、农业机械化总站，组织召开第四片区四分农业机械化发展目标任务研究工作交流会，湖北、西藏、陕西、甘肃、青海、宁夏、新疆等7个省（自治区）及新疆兵团做交流发言。

11月3日

农业农村部农业机械化管理司《关于反馈2021年度省级农机购置补贴政策落实绩效管理评估结果的函》（农机政〔2022〕161号），依据评估得分，宁夏回族自治区农业农村厅评估结果为优秀等次，名列全国实施农机购置补贴38个省级单位第5名，取得历年来最好考核成绩。

11月16日

宁夏回族自治区农业农村厅党组成员、总经济师柴育东带领厅农业机械化管理处长闫向军、宁夏回族自治区农机安全监理总站站长张华峰、宁夏回族自治区农业机械化技术推广站站长周建东到石嘴山市调研听取基层2022年大豆玉米复合种植机具保障情况并到平罗县千叶青农机作业公司宣讲党的二十大精神。

12月8日

农业农村部农业机械化管理司关于公示全国第七批率先基本实现主要农作物生产全程机械化示范县（市、区）名单中，盐池县、西吉县成功创建全国主要农作物生产全程机械化示范县。宁夏率先基本实现主要农作物生产全程机械化示范县（市、区）达到13个。

12月12日

农业农村部召开全国推进基层农机安全生产网格化管理工作视频会，围绕推进基层农机安全网格化管理有关情况，宁夏回族自治区农业农村厅党组成员、总经济师柴育东代表宁夏做典型发言。宁夏回族自治区农业农村厅办公室、农村改革与经济指导处、农村社会事业促进处、种植业管理处负责人、厅农业机械化管理处全体人员、宁夏回族自治区农机安全监理总站、宁夏回族自治区农业机械化技术推广站领导班子成员及科级干部在宁夏分会场参加会议。

12月22日

农业农村部农业机械化管理司在《关于推介第二批特色经济作物适宜品种全程机械化生产模式与典型案例》（农机科〔2022〕132号）中，宁夏菜心机械化生产模式与典型案例和宁夏贺兰山东麓酿酒葡萄机械化生产模式与典型案例被农业农村部评为第二批特色经济作物适宜品种全程机械化生产模式与典型案例。

新疆维吾尔自治区

2022年3月1日

新疆维吾尔自治区科技厅《关于征集2022年揭榜挂帅项目需求的通知》，提出农田残膜高质高效机械化回收技术研发与装备应用公益性项目。该项目经科技厅两轮专家论证，被列入重大科技专项，计划投资500万元。

3月14日

新疆维吾尔自治区农业农村厅印发《关于修订发布新疆维吾尔自治区2021—2023年农机购置补贴机具种类范围和补贴额一览表的通知》（新农机〔2022〕46号），对《2021—2023年新疆维吾尔自治区农机购置补贴机具种类范围》《2021—2023年新疆维吾尔自治区农机购置补贴产品补贴额一览表》进行修订，确保与NY/T 1640—2021《农业机械分类》的标准相衔接。

3月16—17日

新疆维吾尔自治区农业机械化管理统计年报汇总培训班在乌鲁木齐举办，全区14个地州市农业机械化统计负责人、统计员共28人参加，新疆维吾尔自治区农业农村机械化发展中心主任木合塔尔·艾沙出席并讲话。培训班对各地州的《2021年农机化管理统计年报》相关数据进行审核确认，并对各地州农作物耕种收综合机械化水平、农林牧渔农产品初加工水平进行相对应的计算确认。

3月29日

新疆维吾尔自治区党委编委印发《新疆维吾尔自治区农业农村机械化发展中心智能配备、内设机构和人员编制规定》，按照方案，新疆维吾尔自治区农机发展中心农机管理处更名为农机装备处、市场监管处更名为农机社会化服务指导处、科教处更名为科技和标准化处。

4月2日

新疆维吾尔自治区农业机械化工作会议在乌鲁木齐召开。新疆维吾尔自治区党委副秘书长、新疆维吾尔自治区党委农业农村工作领导小组办公室主任、新疆维吾尔自治区农业农村厅党组书记、新疆维吾尔自治区乡村振兴局党组书记曹志文同志出席会议并讲话，会议要求，各级农机主管部门要压实工作责任、转变工作作风，主动担当作为，加强配合、形成合力，确保将会议部署的各项任务落到实处，推进新疆维吾尔自治区农业机械化事业高质量发展。

4月15日

新疆维吾尔自治区农业农村厅通过网络视频形式，举办农机购置与应用补贴信息化监管系统培训班，对全疆农业农村部门负责农机购置补贴工作的400余人，就农机购置与应用补贴信息化监管系统操作方法及注意事项；农机购置补贴申请办理系统预登记功能及操作；农机购置与应用补贴工作存在的问题及有关要求进行讲解培训。

4月18日

新疆维吾尔自治区农业农村厅印发《新疆维吾尔自治区农业农村机械化发展中心2022年工作要点》，明确着力推进农业生产全程全面机械化等9个方面25项重点工作。

4月20日

根据《新疆维吾尔自治区党委编委关于同意新疆维吾尔自治区农业农村机械化发展中心所属事业单位更名的批复》（新党编委〔2022〕18号）的要求，新疆维吾尔自治区农牧业机械管理局信息中心更名为新疆维吾尔自治区农业机械化信息中心、新疆维吾尔自治区农牧业机械管理局机关服务中心更名为新疆维吾尔自治区农业机械化后勤服务中心。

4月26—28日

新疆市场监督管理局和国家认证认可监督管理委员会组成专家组（领导）对新疆农机质监站和农业农村部棉花机械质量监督检验测试中心进行双认证现场评审工作。

5月1日

新疆维吾尔自治区农机购置与应用补贴信息化监管系统正式启用，对2022年5月1日及以后生产出厂并在全区申请农机购置补贴的轮式拖拉机、履带式拖拉机、谷物联合收割机、玉米收获机、棉花收获机等品目和各档次的机具实施补贴 App 申请、二维码识别、作业轨迹监测三合一办理，通过信息化手段进一步强化农机购置与应用补贴政策实施监管。

5月7日

《农田滴灌远程智能测控技术规范》《设施蔬菜生产园区农业机械配置通则》《核桃机械化采收作业质量》《棉秸秆发酵饲料加工机械化技术规范》4个农机标准列入 2022 年新疆维吾尔自治区地方标准制订计划。

5月19日

农业农村部财政部印发《关于贯彻落实中央一号文件要求开展农机购置与应用补贴试点的通知》（农机发〔2022〕3号），确定在疆维吾尔自治区分别开展农机购置与应用补贴试点和农机研发制造推广应用一体化试点。

5月26日

新疆维吾尔自治区农业农村厅印发《新疆维吾尔自治区农机领域贯彻落实国务院安委会进一步强化安全生产十五条硬措施实施方案》，明确新疆维吾尔自治区农机领域贯彻落实国务院安委会安全生产15条硬措施工作任务21项。

6月7日

新疆维吾尔自治区农业农村厅印发《新疆维吾尔自治区"十四五"时期平安农机创建活动工作方案》，完成 2022年度平安农机创建活动申报材料的初审和推荐工作，推荐阜康市、奇台县、策勒县、新源县、阿图什市5个县（市）参与2022年全国平安农机示范县的评选。

6月10日

新疆维吾尔自治区农业农村厅通过线上线下结合方式召开新疆维吾尔自治区地方农牧机械企业协会会员代表大会，会议同意将新疆维吾尔自治区地方农牧机械企业协会更名为新疆维吾尔自治区农机合作服务联合会；会议讨论通过《新疆维吾尔自治区农机合作服务联合会章程》；会议研究提名新疆维吾尔自治区农机合作服务联合会理事会理事名单。

6月14日

农业农村部棉花机械质量监督检验测试中心获得中国国家认证认可监督管理委员会资质认定，具备14类60个产品的检测能力，证书有效期为2022年6月14日至2028年6月13日。

6月17日

新疆农机质量监督管理站获得新疆市场监督管理局资质认定，具备19类102个产品的检测能力，证书有效期为2022年6月17日至2028年6月16日。

6月27日

新疆维吾尔自治区农业农村厅根据《农业农村部 财政部关于贯彻落实中央一号文件要求开展农机购置与应用补贴试点的通知》（农机发〔2022〕3号）开展农机研发制造推广应用一体化试点工作，印发《新疆农机研发制造推广应用一体化项目试点工作指导意见（试行）》（新农机〔2022〕117号）。经过项目征集、初评、专家论证等程序，最终确定24个试点项目签约实施。

6月30日

新疆维吾尔自治区农业农村厅印发《关于调整轮式拖拉机和辅助驾驶（系统）设备中央财政资金最高补贴额的通知》（新农办机〔2022〕41号），取消14.7千瓦以下四轮、两轮驱动轮式拖拉机2个档次补贴；调整降低其余的31个档次的轮式拖拉机和辅助驾驶（系统）补贴额。

7月3—5日

2022新疆农业机械博览会在乌鲁木齐市新疆国际会展中心成功举办。举办数字化智能农机装备创新与发展论坛、全国涉农高校工学院书记院长圆桌会议等高端会议与专题活动14场。博览会期间，举办新机具现场演示会，10余家企业20多种产品现场进行演示。

7月4日

新疆维吾尔自治区农业农村机械化发展中心、中国农业机械流通协会、中国农业机械化协会、中国农业机械工业协会、城投集团新疆国际会展有限公司和多家新疆维吾尔自治区委办厅局部分基层党组织在新疆联合开展"共建促发展 聚力谋振兴"新疆农业机械博览会联合主题党日活动。

7月5—7日

在伊犁州伊宁县举办新疆维吾尔自治区小麦机收减损技能大比武暨高素质农民小麦机收减损培训，农业农村部总畜牧师、农村合作经济指导司司长张天佐一行农业农村部"三夏"小麦机收专项指导组莅临伊犁州大比武现场指导，并对新疆小麦机收大比武活动及成效给予高度评价。

7月25日

新疆维吾尔自治区农业农村厅印发《新疆维吾尔自治区农机安全生产重大事故隐患防范化解工作方案》，明确无证驾驶操作拖拉机和联合收割机、拖拉机违法搭载人员、拼装改装农业机械等6类农机重大事故隐患判定标准，并制定农机重大安全风险防范化解工作措施。

7月27日

农业农村部农业机械化管理司、农业农村部计划财务司、财政部农业农村司对新疆维吾尔自治区上报备案的农机购置与应用补贴试点实施方案予以批复，新疆维吾尔自治区在巴楚县、沙雅县、轮台县、乌苏市、察布查尔县等5个县市开展农机购置与应用补贴试点工作，实行与农机作业量挂钩的分年度兑付补贴资金的操作方式。

8月8日

新疆维吾尔自治区财政厅、新疆维吾尔自治区发展和改革委员会联合发布《关于取消一批新疆维吾尔自治区设立的行政事业性收费项目有关事项的通知》（新财库〔2022〕56号），行政事业性收费目录中取消农机培训费。

9月20日

农业农村部公布2019—2021年度全国农牧渔业丰收奖获奖名单，新疆维吾尔自治区农业技术推广总站参与完成的"基于自动导航的粮棉生产机械化技术研究与推广应用"项目获农业技术推广成果奖二等奖。

10月28日

新疆维吾尔自治区农业农村厅通过网络视频形式举办第二期培训，对应用补贴试点、成套设备补贴试点以及相应的系统升级功能对各级补贴工作人员和农机产销企业有关人员300人进行政策解读和培训。

11月3日

农业农村部农业机械化管理司印发《2021年度省级农机购置补贴政策落实绩效管理评估结果》（农机政〔2022〕161号），新疆维吾尔自治区获得进步明显省份通报表扬。

12月8日

新疆维吾尔自治区农业农村厅印发《关于加快推进全程机械化＋综合农事服务中心建设的通知》（新农机函〔2022〕1523号），明确全区全程机械化＋综合农事服务中心发展思路，工作目标，建设重点及服务中心建设指引。

农业农村部农业机械化管理司关于全国第七批率先基本实现主要农作物生产全程机械化示范县名单的公示，新疆吉木萨尔县、库尔勒市、福海县、轮台县、木垒哈萨克自治县5个县市被评为全国主要农作物生产全程机械化示范县市。

12月15日

新疆维吾尔自治区农业农村厅印发《关于加快推进常态化农机应急作业服务体系建设的通知》，加快构建农机应急作业服务体系。全区已建立常态化农机应急作业服务队249个。

12月16日

新疆维吾尔自治区农业农村厅农业机械化管理处、新疆维吾尔自治区农业农村机械化发展中心，举办针对新修订的《全国农业机械化管理统计调查制度》宣贯培训班。来自各地州农业机械化管理统计工作负责同志及统计员和县市统计员106人参加此次培训。培训采取线上的方式系统介绍新修订全国农业机械化管理统计制度执行的工作要求、修订重点和注意事项等。

12月19日

新疆维吾尔自治区农业农村厅、财政厅印发《关于进一步便利购机者提交农机购置补贴申请的通知》（新农机〔2022〕214号），根据《农业农村部办公厅 财政部办公厅关于进一步便利购机者提交补贴申请的通知》（农办机〔2022〕10号）精神，取消因农机购置补贴资金申请数量达到当年可用资金总量110%而停止申请录入的限制，全面推行补贴政策跨年度连续实施。

新疆维吾尔自治区农业农村厅党组第一巡察组进驻新疆维吾尔自治区农业农村机械化发展中心，正式开展为期30天的政治巡察。

青岛市

2022年2月25日

青岛市农业机械化工作会议在青岛海滨花园大酒店召开，会议总结2021年全市农业机械化工作成绩，部署做好2022年工作，青岛市农业农村局副局长程兴谟参加会议并讲话。

3月3日

中央电视台走进青岛平度市，面向全国直播10千公顷马铃薯现场机械化种植。

3月15日

以"稳粮保供，提质护农"为主题的2022年山东省"农机3·15"消费者权益日活动在青岛平度市举行。

4月18日

中国农机流通协会、青岛市农业农村局在平度市举办"云上"农机地头展——2022年全国大葱全程机械化专题演示展示会。

4月26日

中国农机流通协会、青岛市农业农村局在平度市举办"云上"农机地头展——2022年全国花生种植机械化专题演示展示会。

5月18—19日

青岛市农业农村局、人力资源和社会保障局、总工会组织举办青岛市第二届无人驾驶航空植保技能大赛，大赛第一名的选手获青岛市"五一劳动奖章"，青岛市农业农村局副局长程兴谟，人力资源和社会保障局二级巡视员黄同华，总工会党组成员、经审委主任邹杰参加活动。

6月9日

青岛市"三夏"生产现场会暨小麦"机收减损"行动启动仪式在青岛西海岸新区举办，青岛市农业农村局二级巡视员史跃林、副局长程兴谟，西海岸新区管委副区级领导干部刘记军，中石油山东青岛销售分公司副总经理张峰，中石化山东青岛分公司副总经理张力参加活动。

6月11—12日

农业农村部农业机械化管理司一级巡视员李安宁到青岛督导"三夏"生产农业机械化保障工作，山东省农业农村厅二级巡视员宋永泉、青岛市农业农村局副局长程兴谟陪同督导。

6月12日

山东省小麦"机收减损"大比武青岛赛区比赛在平度市举办，农业农村部农业机械化管理司一级巡视员李安宁、山东省农业农村厅二级巡视员宋永泉、青岛市人民政府副市长赵燕、青岛市农业农村局局长袁瑞先、青岛市农业农村局副局长程兴谟出席活动。

6月23日

青岛市小麦机收工作全面结束，全市229.33千公顷小麦全部收获完毕，机收率达到100%。

7月14—15日

青岛市农业机械化管理干部培训班在平度市举办，青岛市农业农村局副局长程兴谟参加培训班并讲话。

8月20日

全国经济作物机械专题展示演示会在青岛平度市举办，农业农村部农业机械化总站副站长徐振兴、中国农机流通协会会长范建华、中国农机流通协会副会长兼秘书长陈涛、青岛市农业农村局副局长程兴谟参加活动。

9月1—4日

青岛市举办农机购置补贴实务培训班。

9月2—3日

农业农村部农业机械化管理司司长冀名峰到青岛调研农机装备补短板工作，山东省农业农村厅农业机械化管理处处长王乃生、青岛市副市长赵燕、青岛市农业农村局局长袁瑞先、青岛市农业农村局副局长程兴谟陪同调研。

9月2—4日

山东省农业机械化管理干部培训班在青岛市举办。

10月21日

山东省玉米"机收减损"大比武青岛赛区比赛暨青岛市"三秋"农业生产现场会在莱西市举办，山东省农业机械技术推广站副站长李易、青岛市农业农村局副局长程兴谟、莱西市人民政府三级调研员吴海波参加活动。

10月25日

联合国亚太地区秸秆综合利用试点项目成果分享国际会议在青岛莱西市召开，亚太地区30多个国家200多名农业专家学者通过线上方式参加会议，联合国可持续农业机械化中心主任李宇彤、农业农村部农业机械化管理司副处长林立、农业农村部保护性耕作研究中心主任何进、中国农业大学工学院教授李洪文、青岛市农业农村局副局长程兴谟、莱西市人民政府三级调研员吴海波参加会议并致辞。

11月2日

全国大豆玉米带状复合种植全程机械化现场会暨线上培训活动在青岛胶州市举办，农业农村部农业机械化总站副站长徐振兴、山东省农业农村厅副厅长马常春、青岛市农业农村局副局长程兴谟、胶州市副市长高燕参加活动。

11月4日

青岛市秋收秋种工作全面结束，共收获秋粮260.8千公顷，播种冬小麦232.47千公顷，玉米机收率、小麦机播率达到100%。

11月5日

由中国工程院院士陈学庚、中国农业科学院副院长刘现武、农业农村部农业机械化总站副站长徐振兴、农业农村部农业机械化管理司处长李伟、中国农业大学农业机械化发展研究中心主任杨敏丽等组成的专家评审组一致评审通过《青岛市智慧农机"九合一"数字化服务平台建设项目初步设计方案》。

11月8日

山东省农业农村厅和山东省应急管理厅联合发布山东省"平安农机"示范单位名单，青岛市成功创建"十四五"期间山东省首批"平安农机"示范市。

11月17日

由青岛市承担的"联合国亚太区域秸秆综合利用试点项目"入选联合国"南南合作"促进可持续发展全球最佳实践案例集，由青岛市承办的"联合国亚太区域秸秆综合利用试点项目成果分享国际会议"获联合国亚洲及太平洋经济社会委员会颁发的第二届创新比赛"最佳创新实践奖"。

12月21日

以"绿色循环数字农业"为主题的第409期泰山科技论坛——生态无人农场国际会议在青岛市举行，山东省科学技术协会学会部副部长闫冬，青岛市农业农村局副局长程兴谟，青岛市科学技术协会党组成员、副主席刘红英等领导到会致辞。欧洲科学、艺术与人文学院外籍院士，国家精准农业航空施药技术国际联合研究中心主任、首席科学家兰玉彬等专家作主旨演讲。

12月22日

山东省农业农村厅公布2022年度"两全两高"农业机械化示范县(示范市)名单，青岛市整建制成功创建省"两全两高"农业机械化示范市。

厦门市

2022年1月4日

厦门市农业农村局印发《关于2021年多功能拖拉机注销的通告》（厦农〔2022〕1号），对全市261台达到强制报废条件的多功能拖拉机进行强制报废注销。

1月12—19日

厦门市农业农村局联合厦门市财政局组成市级农机购置补贴调研核查小组，采取座谈交流、检查补贴申请材料及现场核查补贴机具等方式，调研各区2021年度农机购置补贴政策执行情况。

1月18日

厦门市农业农村局印发《关于公布2021—2023年厦门市农机购置补贴产品信息（第四批）的通知》，审核通过2767个产品信息，并导入农机购置补贴系统。

2月17—21日

厦门市农业农村局组织对各区开展2021年度农机购置补贴政策落实延伸绩效管理评估工作核验，对照《2021年度农机购置补贴政策落实延伸绩效管理指标体系》评估内容及评分标准，逐项逐条进行核验打分。

3月10日

厦门市财政局、厦门市农业农村局印发《关于下达2022年农业生产发展与保护资金（第二批）的通知》（厦财农指〔2022〕3号），将第二批农机购置补贴资金138万元指标分解下达各区。

3月14日

厦门市农业农村局、厦门市财政局印发《厦门市扶持粮食生产六条措施的通知》（厦农〔2022〕17号），种植水稻生产主体给予每季每公顷财政补助11 250元，并对购买水稻生产全程机械化社会服务的生产主体，分环节给予每公顷每季不超过6 750元的财政补助。

3月22日

厦门市农业农村局党组书记、局长邱武伟带队前往同安莲花镇调研疫情间粮食蔬菜稳产保供工作，实地察看同安顺仔农机合作社集中水稻育秧点机械化育秧情况。

3月31日

厦门市农业农村局印发《厦门市高标准农田建设专项规划(2021—2030年)的通知》（厦农〔2022〕26号），提出高标准农田建设的指导思想、基本原则、目标任务，明确厦门市各区建设重点片区、规划建设任务及建设标准、建设内容，并根据现有标准，对建设投资资金进行测算，为今后一段时期厦门市高标准农田建设提供重要的实施依据。

4月1—2日

厦门市农业综合执法支队副支队长王荣乐带队，前往同安、翔安区开展清明节前农机安全生产检查，重点检查3家农机专业合作社的农机安全生产工作情况。

4月7日

厦门市春季农业生产现场会在同安区汀溪镇召开。厦门市委副书记张毅恭出席会议并讲话。会前，与会同志实地察看汀溪镇褒美村水稻机械化插秧、大棚蔬菜种植情况。

4月11日

厦门市农业农村局、厦门市财政局印发《关于加快都市现代设施农业建设工作的通知》（厦农〔2022〕28号），进一步加快厦门市都市现代设施农业项目建设。

4月13日

厦门市农业农村局印发《关于公布2021—2023年厦门市农机购置补贴机具种类范围及补贴额一览表（2022年修订）的通知》（厦农〔2022〕30号），对《2021—2023年厦门市农机购置补贴机具种类范围及补贴额一览表（第一批）》组织修订，经公示、集体审议等程序后，在厦门"三农"网站上公布执行。

4月24日

厦门市农业农村局印发《2022年厦门市农机安全生产工作要点》，围绕6个方面内容，重点提出15条工作措施。

4月25日

厦门市农业农村局在同安区举办2022年厦门市农作物全程机械化推进行动水稻机械化插秧现场演示活动。

4月26日

厦门市农业农村局、厦门市财政局印发《关于调整都市现代设施农业建设补助标准的通知》（厦农〔2022〕36号），对5类设施农业补助标准进行调整优化。

4月28—29日

厦门农业综合执法支队副支队长王荣乐带队，联合各区农业综合执法大队，开展"五一"节前农机安全生产检查，重点检查轮式拖拉机及驾驶人员执证、车辆检验和农业机械安全装置与防护等情况。

5月26—27日

厦门市农业综合执法支队在同安区莲花镇组织联合收割机驾驶培训考试，全市21名联合收割机驾驶员和农机监理人员参加培训考试。

厦门市农业农村局印发《关于开展2022年农业安全生产月活动的通知》（厦农发明电〔2022〕28号），明确活动主题、时间和活动安排，在全市范围内部署开展农业安全生产月活动。

5月30日

厦门市农业农村局印发《厦门市种植水稻补助与水稻生产全程机械化社会服务补助实施流程的通知》（厦农〔2022〕47号），明确补贴对象、标准及实施流程。

6月1日

厦门市农业农村局印发《关于公布2021—2023年厦门市农机购置补贴产品信息（2022年第一批）的通知》，审核通过1 838个产品信息，并导入农机购置补贴系统。

厦门市农业综合执法支队下发《关于开展2022年农机安全生产月活动的通知》（厦农执法〔2022〕5号），部署开展2022年农机安全生产月活动。

6月7日

为配合开展2022年安全生产月八闽安全发展行等活动，厦门市农业综合执法支队制作农机安全宣传系列短视频《报废补贴篇》，在厦门三农公众号发布。

6月13日

厦门市财政局、厦门市农业农村局印发《关于下达2022年农业生产发展与保护资金（第三批）的通知》（厦财农指〔2022〕19号），将第三批农机购置补贴39万元指标分解下达各区。

厦门市农业综合执法支队紧贴第21个全国安全生产月主题，新制作《报废补贴篇》短视频，分别在厦门三农公众号和市安委会举办的全市安全宣传咨询日活动播放。

6月14日

厦门市农业农村局印发《简易大棚试点改造提升点题整治工作方案的通知》（厦农〔2022〕58号），对简易大棚改造提升给予财政补助12万元/公顷，进一步推动厦门市设施农业建设提质升级，促进设施农业生产效益有效提升。

6月24日

厦门市农业农村局联合各区农业农村局、拖拉机驾驶培训机构，在同安区五显镇西洋村举办2022年厦门市农机事故应急处置演练。着重演练农机一般事故报案受理程序、农机一般事故勘查处理、消防灭火3项内容。

7月5日

厦门市农业农村局印发《关于稳步实施农机购置与应用补贴三合一办理方式的通知》（厦农〔2022〕67号），从2022年12月份起实施农机购置与应用补贴三合一办理。

7月8日

厦门市农业农村局会同厦门市应急管理局印发《厦门市"十四五"时期平安农机创建活动实施方案的通知》（厦农〔2022〕66号），全面部署开展新一轮平安农机创建活动。

7月18日

厦门市公安局、厦门市农业农村局印发《关于加强上道路行驶拖拉机交通安全治理工作的通知》（厦公综〔2022〕160号），在全市组织开展上道路行驶拖拉机交通安全治理工作。

7月26日

厦门市农业综合执法支队下发《关于做好双抢期间农机服务保障和安全生产的通知》，明确全市双抢期间农机服务保障和安全生产有关工作。

厦门市公安交通管理局、厦门市农业农村局印发《关于在全市道路禁止多功能拖拉机通行的通告》（厦公交管通〔2022〕46号），7月31日起，全市禁止多功能拖拉机通行。

7月27日

厦门市农业农村局下发《关于加快核实处理挂外省拖拉机号牌车辆的通知》，督促集美区、同安区对摸排出来挂外省拖拉机号牌的车辆开展核查，对涉嫌使用假牌行为立案查处，办理并结案5起，罚款1 950元。

7月29日

厦门市农业农村局局长邱武伟带队，深入同安莲花镇、五显镇调研早稻收割、烘干及设施农业改造提升工作，与同安区农业农村部门、农业合作社、农户等进行现场交流指导。

8月12日

在同安区举办厦门市水稻机收现场演示暨机收减损竞赛和水稻烘干现场演示活动。市、区农机部门负责人、业务主办及农业合作社、农机合作社等负责人参加。厦门日报对演示活动进行现场采访、报道。

8月14日

《厦门日报》在A03版，刊登厦门市农业农村局举办水稻机收现场演示、机收减损竞赛暨机烘现场演示活动的详细信息，以《大地流金》为题，让读者深刻体会机械化作业让水稻收割又快又好，田间地头一派繁忙的丰收景象。

8月15日

厦门市农业农村局印发《2022年依法行政工作要点的通知》（厦农〔2022〕75号），严格落实法治人民政府建设工作要求，持续深化"放管服"改革，大力提升农业执法监管能力，全面增强农业农村普法实效。

8月18日

配合厦门市安全生产委员会办公室开展全市安全生产大检查专项督导服务工作。

8月31日

厦门市农业农村局下发《贯彻落实市安委办关于开展道路交通迎二十大保安全百日攻坚大会战的通知》工作办理单，要求各区加强上道路行驶拖拉机源头隐患治理，健全完善公安、农业农村部门联合执法、信息共享和会商研判机制，提升拖拉机安全治理成效，为党的二十大胜利召开营造安全稳定环境。

9月7日

厦门市农业农村局下发《关于认真开展农机违法行为查处工作的通知》，要求各区加大农机领域执法力度，依法开展农机违法行为查处工作。

9月20日

厦门市农业农村局下发《关于切实抓好国庆期间和"三秋"农机安全生产工作的通知》，部署开展农机安全生产各项工作。

9月27—29日

厦门农业综合执法支队副支队长王荣乐带队，联合各区农业综合执法大队，深入田间、场院开展国庆节前农机安全生产大检查。

厦门市农业农村局局长邱武伟带队到同安区督导检查农业安全生产工作，厦门市农业农村局副局长许心凌、厦门市农业综合执法支队长张新民参加督导。督导组一行先后到厦门市银祥肉业有限公司、同安顺仔农机专业服务合作社、鑫美园都市农庄，实地查看农业经营主体安全生产责任落实和隐患排查整治情况。

10月9日

印发《中共厦门市委机构编制委员会关于确定部分事业单位机构规格为副局级的通知》（厦委编〔2022〕36号），厦门市农业综合执法支队机构规格为副局级，领导职数1个正职（副局级）、4个副职（正处级）。

11月1日

厦门市农业综合执法支队下发《关于做好全市农机安全监理人员岗位培训和考试工作的通知》，明确岗位培训对象和培训内容，以及培训和考试方式。

11月3日

为方便购机者办理农机补贴事项，启用厦门农机补贴App线上服务。

11月10日

厦门市农业综合执法支队以"农忙时节 安全莫忘"为主题，制作时长113秒的农机安全宣传短视频，并参加福建省安委办组织开展的安全应急短视频征集活动。

11月10—11日、11月17—18日

配合厦门市大交通办组织开展全市道路交通安全综合治理督导检查帮扶工作。

11月11日

厦门市农业农村局在同安区莲花镇云埔村举办2022年全市水稻（晚稻）机收减损竞赛活动。活动旨在引导广大农机手、农民增强节粮减损使命感，树牢机收减损观念，进一步提升服务意识、提高作业效率，扎实推动机收减损工作，助力水稻颗粒归仓。

11月14日

厦门市农业综合执法支队组织全市农机购置补贴工作人员培训农机购置与应用补贴信息监管三合一系统，邀请金色大田科技有限公司技术人员通过线上形式进行讲解。

11月15日

厦门市农业农村局、厦门市财政局印发《关于进一步做好农机购置与应用补贴工作的通知》（厦农〔2022〕101号），对农机购置补贴申请和落实国四排放标准等作出相关规定，并要求各区做好相关工作的落实。

11月18日

为进一步推动厦门市智慧农业、数字农业发展，加快农业物联网应用推广，提升全市农业生产智能化水平，厦门市农业农村局印发《关于确定2022年度市级农业物联网应用基地的通知》（厦农〔2022〕103号），确定棠潮园艺科技（厦门）有限公司、厦门加晟生物科技有限公司、厦门鸿达农牧开发有限公司、厦门市隆悦食品有限公司4家企业为2022年度市级农业物联网应用基地。

11月25日

中共厦门市委机构编制委员会办公室《关于厦门市农业综合执法支队机构编制事项调整的批复》（厦委编办〔2022〕240号），确定厦门市农业综合执法支队内设机构规格为副处级，领导职数11个正职（副处）、5个副职（正科）。

12月5日

为落实生态环保要求，厦门市农业综合执法支队下发《关于开展非道路移动机械补贴编码登记工作的通知》，对拖拉机、联合收割机、微耕机等自走式农业机械开展编码登记。

12月9日

厦门市农业农村局下发《关于"国四"农机产品自主参与农机购置与应用补贴机具投档工作的通知》，要求农机生产企业做好国四农机产品自主参与补贴机具投档工作。

宁 波 市

2022年6月16日

宁波市人民政府办公厅印发《宁波市扎实推进科技强农机械强农实施方案（2022—2025）的通知》（甬政发〔2022〕26号），提出提升农业科技和机械化运用水平，全面提高农业生产效率和效益，促进农业高质量发展。

大 连 市

2022年3月18日

大连市农业农村局印发《2022年全市农机化工作要点的通知》，全市2022年农业机械化工作聚焦粮食等重要农产品和特色农产品机械化薄弱环节，抓好重要农时农机作业服务，精准实施农业机械化扶持政策，抓实抓细粮食生产全程机械化各项工作，有力支撑粮食稳产增产夺丰收。

3月26日

大连市农业农村局印发《大连市农业机械事故应急预案的通知》，为制定预案规范大连市农业机械事故应急管理和应急响应程序，提高农业机械事故应急处置能力，及时有效组织实施应急救援工作，最大限度减少人员伤亡和财产损失，保障人民群众生命和财产安全，维护社会稳定。

5月30日

大连市农业农村局印发《关于公布2022年度乡级高标准保护性耕作应用基地的通知》，为做好大连市乡级高标准保护性耕作应用基地建设工作，大连市开展2022年度乡级基地评审工作，确定20家实施主体为2022年全市乡级基地建设单位。

7月1日

大连市农业农村局、大连市应急管理局印发《大连市"十四五"时期"平安农机"创建活动工作方案的通知》，根据《辽宁省农业农村厅、辽宁省应急管理厅关于印发辽宁省"十四五"时期"平安农机"创建活动工作方案的通知》要求，制定《大连市"十四五"时期"平安农机"创建活动工作方案》，进一步做好大连市创建活动。

黑龙江省农垦总局

2022年1月11日

潍柴雷沃重工总经理王桂民、副总经理宋胜忠等一行9人到访北大荒集团，集团副总经理唐浩接待来访人员并在集团一楼小会堂召开座谈会，双方针对开展高端农机制造及农业服务合作进行洽谈。北大荒农服集团、集团发展战略部、农业发展部、佳木斯区域农服中心等相关负责同志参会。

1月18日

北大荒集团对集团2021—2023年农机购置补贴机具种类范围进行梳理调整，结合《关于修订〈2021—2023年全国农机购置补贴机具种类范围〉的通知》（农机化总站〔2022〕4号）文件内容，梳理后补贴机具种类范围由12大类26个小类81个品目调整为16大类31个小类69个品目。

1月27日

黑龙江省农业机械工程科学研究院党委书记、院长石铁等一行到访北大荒集团，集团副总经理唐浩接待并在五楼会议室召开座谈会。双方就高端智能农机研发与制造、国产化农机技术研发攻关、国产农机销售体系构建、智慧农业发展、集团与省农业科学院开展院企合作共建等方面工作进行深入探讨。集团农业发展部、科技信息产业部、农垦农机试验鉴定站、农垦科学院农业工程研究所等相关人员参会。

2月13—14日

北大荒集团副总经理唐浩与佳木斯市委书记王秋实、市委副书记刘立民等前往山东省潍坊市，对潍柴雷沃重工在黑龙江建厂的招商引资工作进行对接洽谈。潍柴集团党委书记、总经理胡海华、潍柴雷沃重工党委书记、董事长徐宏等接待。潍柴集团安排参观潍柴雷沃工厂和潍柴集团科技展馆，并组织召开座谈会。

2月24日

北大荒集团印发《北大荒农垦

集团有限公司农机高端智能化示范农（牧）场创建实施方案》（北大荒集办发〔2022〕4号），该方案的下发与实施将加快推进国家级高端智能农机装备制造与应用示范区建设，提升国产高端智能农机应用水平，持续降低对进口农机具的依赖程度，引领中国高端智能农机装备制造与应用转型升级。

3月1日

根据《关于高洪福等同志任免职的通知》，北大荒集团党委会会议决定：牛文祥同志任北大荒集团农业发展部高级经理、农业机械化管理处处长。

3月7日

北大荒集团召开保护性耕作专题推进会议，将具体任务分解到分公司及相关农（牧）场，同时确定齐齐哈尔分公司主要采取"一松一免"和"一松两免"技术模式，绥化、哈尔滨分公司主要采取全量覆盖和部分覆盖免少耕播种技术模式。

北大荒集团召开农业机械化工作视频会议，就2022年农机报废工作进行工作部署，研究成立垦区农机报废更新信息化平台，围绕垦区农户积极性展开调研，计划开展农机报废更新的机具种类和农（牧）场周边机动车回收拆解企业或具有相关资质的农机企业或农机合作社情况等。会议对2022年农机报废更新补贴试点工作的总体要求、补贴对象、机具种类、补贴标准、操作程序、工作要求等进行详细解读。

3月17日

北大荒集团农业发展部与农垦鉴定站联合组织召开以"稳粮保供，提质护农"为活动主题的"农机3·15"消费者权益日宣传视频会议。会上详细解读北大荒集团农业机械报废更新补贴政策和补贴办理流程，大力宣传农机报废更新的相关法律法规。并制定下发《北大荒集团农业机械申请报废补贴操作指南》，要求各分公司结合实际，抓好贯彻落实。

3月23日

根据《农业农村部办公厅、财政部办公厅关于印发〈2021—2023年农业机械购置补贴实施指导意见〉的通知》（农办计财〔2021〕8号）、《农业农村部办公厅关于进一步做好农机购置补贴机具投档与核验等工作的通知》（农办机〔2019〕7号）、《北大荒农垦集团有限公司2021—2023年农机购置补贴实施方案》（北大荒集办文〔2021〕112号）的要求，完成北大荒农垦集团2022年农机购置。

6月10日

中国铁建重工集团股份有限公司总经理袁伟等一行7人，来集团洽谈关于青贮收获机、牧草收获机及谷物收获等农机领域合作发展相关事项。

6月21日

按照《农业农村部办公厅财政部办公厅关于印发〈2021—2023年农机购置补贴实施指导意见〉的通知》（农办计财〔2021〕8号）要求，结合垦区实际，研究形成《北大荒农垦集团2021—2023年农机购置补贴机具补贴额一览表（第三批）》。

7月7日

中国一拖集团有限公司党委常委、第一拖拉机股份有限公司副总经理杨广军一行到访北大荒集团，集团党委委员、副总经理唐浩接待并在20楼会议室召开座谈会。双方在2021年签订的战略合作协议范围内，针对开展高端智能大马力拖拉机研发测试、农机销售体系构建、智慧农业发展及农业服务等后续合作进行深入洽谈。北大荒农服集团、农业发展部相关负责同志参会。

8月9日

新疆维吾尔自治区农业农村机械化发展中心、新疆维吾尔自治区财政厅一行五人就农机研发制造推广应用一体化试点工作开展情况赴北大荒集团进行考察交流。北大荒集团农业发展部总经理梁道满、北大荒农服集团副总经理沙录、农垦农机试验鉴定站副站长修德龙等相关领导陪同。

8月11—12日

农业农村部农业机械化管理司政策处一级调研员王国占一行三人就农机信息平台建设及进口农机信息安全管理等工作，到北大荒集团建三江分公司进行调研。北大荒集团农业发展部总经理梁道满，北大荒农服集团副总经理沙录及建三江分公司相关领导陪同。

11月16日

按照农业农村部农业机械化总站印发的《关于做好柴油机排放标准升级农业机械试验鉴定获证产品信息变更等相关工作的通知》（农机化总站〔2022〕47号），自2022年12月1日起，所有生产、进口和销售的560千瓦以下非道路移动机械及其装用的柴油机应符合中国第四阶段排放标准要求（以下简称国四），制定《北大荒农垦集团关于农机购置与应用补贴农业机械执行国四排放标准的公告》。

11月30日

根据《农业农村部办公厅、财政部办公厅关于印发〈2021—2023年农业机械购置补贴实施指导意见〉的通知》（农办计财〔2021〕8号）、《农业农村部办公厅关于进一步做好农机购置补贴机具投档与核验等工作的通知》（农办机〔2019〕7号）、《北大荒农垦集团有限公司2021—2023年农机购置补贴实施方案》（北大荒集办文〔2021〕112号）的要求，完成农机购置补贴产品分类产品第三批次归档。

12月5日

制定《北大荒农垦集团有限公司关于国四农机产品自主参与农机购置与应用补贴机具投档工作的通知》，落实《关于做好柴油机排放标准升级农业机械试验鉴定获证产品信息变更等相关工作的通知》（农机化总站〔2022〕47号）根据农机购置与应用补贴政策实施要求，做好国四农机产品自主参与农机购置与应用补贴机具投档工作。

实施农机购置与应用补贴三合一试点，根据《农业农村部办公厅 财政部办公厅关于印发〈2021—2023年农机购置补贴实施指导意见〉的通知》（农办计财〔2021〕8号）、《北大荒农垦集团有限公司2021—2023年农机购置补贴实施方案》文件要求，拟针对部分重点机具农机购置与应用补贴实行三合一办理方式（即手机App申办补贴＋补贴机具二维码识别＋作业物联网监管）。

12月23日

北大荒集团以视频形式召开北大荒集团农机购置与应用补贴工作暨国家级高端智能农机装备制造与应用示范区建设专项推进会议。会议分别听取集团农业发展部（农服办）、建三江分公司对集团2022年农机购置补贴工作开展与执行情况汇报。

12月26日

北大荒集团发布并实施北大荒集团《无人驾驶农业机械作业质量评价技术规范》等10项无人农机作业标准，该标准的发布将全程指导集团无人农机标准化作业，加快推进集团无人化智慧农场建设。

12月28日

农业农村部办公厅下发关于公布

全国第七批率先基本实现主要农作物生产全程机械化示范县（市、区）名单的通知，北大荒集团有3个农场被评为第七批率先基本实现主要农作物生产全程机械化示范县，分别是红星农场有限公司、二道河农场有限公司、山河农场有限公司。

新疆生产建设兵团

2022年2月22—25日

组织各师市开展提质增效，减损护农系列活动，现场参加活动9 861人，发放《农机用户维权手册》2 510本，解答咨询4 918人次，视频在线学习人数达1.1万余人次。

4月21—22日

配合中央广播电视总台农业农村节目中心开展大型纪录片《挑起我们的金扁担》采访工作，制定采访工作方案，顺利完成第一、八师农业机械化发展成就专访。

4月18—24日

按照兵团安委会《2022年度兵团安全生产巡查暗访工作实施方案》工作要求，兵团农业农村局组织2个巡查暗访组，对一师、六师春耕春播农机安全生产情况进行巡查暗访，对发现的安全生产隐患问题分别下达整改通知书。

5月16日

农业农村部、财政部印发《农业农村部 财政部关于贯彻落实中央一号文件要求开展农机购置与应用补贴试点的通知》，在兵团开展农机购置与应用补贴试点和农机研发制造推广应用一体化试点，试点资金分别为1亿元、0.5亿元。

5月19日

组织专家对各师市农业农村局、农机研发制造企业、农机生产推广应用单位、科研院所申报的农机研发制造推广应用一体化项目进行论证评审。

7月3—5日

组织20余家兵团农机制造企业参加新疆农机展，并组织农机专业技术人员、农机专业合作社、农机大户等500余人参会。

7月14日

新疆生产建设兵团农业农村局会同财政局共同制定《新疆生产建设兵团农机购置与应用补贴试点方案》，并上报农业农村部、财政部。

8月1—7日

在第一师阿拉尔市举办兵团高素质农工培育农机手职业能力提升专项培训班，100余名学员参训，开设采棉机、大马力拖拉机的安全操作、故障排除、调整保养等实训课程。

8月3日

新疆生产建设兵团农业农村局制定完成《新疆生产建设兵团农机研发制造推广应用一体化试点方案》，并上报农业农村部、财政部。

11月30日

新疆生产建设兵团农业农村局党组印发《关于麻平同志退休的通知》，免去麻平同志兵团农机技术推广总站站长职务，批准退休。

12月22日

新疆生产建设兵团农业农村局党组印发《关于林华、闫向辉同志任职的通知》，闫向辉同志被任命为兵团农业农村局农田建设管理处（农业机械化管理处）处长。

广东省农垦总局

2022年2月19日

广东省农垦集团领导冯彤、吴育生、钟劲东、黄文沐、吕林汉、莫仕文，省农垦集团公司（农垦总局）党委委员吕林汉在茂名召开广东农垦天然橡胶工作会暨南药产业发展推进会，总结橡胶和南药产业的发展情况和现状，提出加大推广农机使用，提高工作效率，提升现代化水平。

3月24日

广东省农垦集团公司（农垦总局）领导冯彤、吴育生、钟劲东、黄文沐、吕林汉、莫仕文在茂名召开广东农垦天然橡胶工作会暨南药产业发展推进会，全面总结垦区2021年天然橡胶产业发展工作，并对2022年天然橡胶产业和南药产业发展工作进行部署，并提出加大推广农机服务和使用力度，提高垦区耕植作业现代化。

4月7日

广东省农垦集团公司（省农垦总局）党委委员、董事、副总经理（副局长）吕林汉等在广垦研究院开展橡胶及南药种苗繁育等调研工作，了解广垦研究院橡胶及南药种苗繁育工作情况，强调橡胶及南药产业高质量发展为重点，利用现代化技术、农机服务等资及添置设置，加快发展。

5月23日

广东省农垦集团公司（省农垦总局）副总经理（副局长）吕林汉等在广垦橡胶集团云南公司开展调研活动，深入坝卡胶厂等地，了解安全生产、疫情防控、原料采购、工人生活等情况，听取云南公司工作汇报。加强与相关部门和单位联动协作，提升工厂自动化和智能化建设，提高产品质量和市场竞争力，推动公司高质量可持续发展。

8月20日

广东广垦畜牧集团广前种猪场、广垦三塘猪场获评2022年广东省现代化美丽牧场和畜禽养殖标准化示范场；广垦火炬种猪场、新时代猪场、华新猪场、茂垦猪苗场、葵潭猪场、鸡山猪场和康态牧草猪场获评2022年广东省畜禽养殖标准化示范场。现代化大型养殖基地，应用现代化农机设置设备，助力高效管理和运营大型牧场。

10月12日

广东省农垦集团公司党委委员、副总经理黄文沐在茂名召开广东农垦农业生产工作暨南药产业发展推进会，围绕省农垦集团公司"1339"工作部署，积极采取早安排、早行动、强化管理、狠抓落实等系列措施，加快橡胶产业优化升级、推进南药产业落地等，特别指出现代农机在其中发挥的重要作用，使得大面积作业效率和质量明显提升。

10月27日

广东省农垦集团公司（省农垦总局）副总经理（副局长）欧阳帅，生产科技处、现代农业公司、雷州徐闻片各单位负责人在湛江农垦现代农业公司海鸥14队开展湛江农垦菠萝机械化种植现场观摩会，现场演示机械化种植菠萝种苗过程，试验数据显示，种植机满载苗数约2 200株，每天每台工作8～9小时可种植1～1.2公顷，机械化种植综合成本可节省100多元，占人工种植成本的一半。

10月28日

湛江垦区首台巴厘菠萝机械种植机样机在湛垦现代农业公司南茂队作业点田间试验成功。该机器由广垦农机丰收公司自主研发。播种出的种苗均匀规整，入土深而稳，漏播率低，有效降低种植成本，显著提高种植效率。

附 录

农业农村部部门规章及文件

农业农村部关于印发《"十四五"全国农业机械化发展规划》的通知

农机发〔2022〕2号

各省、自治区、直辖市及计划单列市农业农村（农牧）厅（局、委），新疆生产建设兵团农业农村局，北大荒农垦集团有限公司，广东省农垦总局：

为贯彻落实《中华人民共和国国民经济和社会发展第十四个五年规划和2035年远景目标纲要》《"十四五"推进农业农村现代化规划》的有关部署，我部编制了《"十四五"全国农业机械化发展规划》。现印发给你们，请结合实际贯彻执行。

附件："十四五"全国农业机械化发展规划（略）

农业农村部
二〇二一年十二月二十七日

中华人民共和国农业农村部公告

第530号

根据《农业机械试验鉴定办法》（农业农村部令2018年第3号）的规定，现将我部新修订的《插秧机》等19项农业机械推广鉴定大纲、新制定的《甘蔗切种机》等12项农业机械推广鉴定大纲予以发布，自发布之日起实施。

特此公告。

农业农村部
二〇二二年二月二十二日

新制定修订的农业机械推广鉴定大纲目录

序号	大纲编号	大纲名称	制定/修订	代替大纲编号
1	DG/T 008—2022	插秧机	修订	DG/T 008—2019
2	DG/T 016—2022	秸秆（根茬）粉碎还田机	修订	DG/T 016—2019
3	DG/T 025—2022	棉花收获机	修订	DG/T 025—2019
4	DG/T 048—2022	果品分级机	修订	DG/T 048—2019
5	DG/T 050—2022	挤奶机	修订	DG/T 050—2019
6	DG/T 059—2022	大型喷灌机	修订	DG/T 059—2019

续表

序号	大纲编号	大纲名称	制定/修订	代替大纲编号
7	DG/T 064—2022	投（饲）饵机	修订	DG/T 064—2019
8	DG/T 078—2022	薯类收获机	修订	DG/T 078—2019
9	DG/T 086—2022	病死畜禽处理设备	修订	DG/T 086—2019
10	DG/T 087—2022	铧式犁	修订	DG/T 087—2019
11	DG/T 089—2022	开沟机	修订	DG/T 089—2019
12	DG/T 128—2022	花生脱壳机	修订	DG/T 128—2019
13	DG/T 147—2022	畜禽粪便发酵处理机	修订	DG/T 147—2019
14	DG/T 148—2022	畜禽粪便翻堆机	修订	DG/T 148—2019
15	DG/T 154—2022	热风炉	修订	DG/T 154—2019
16	DG/T 210—2022	草捆捡拾收集机	修订	DG/T 210—2019
17	DG/T 211—2022	轨道运输机	修订	DG/T 211—2021
18	DG/T 217—2022	设施环境控制设备 温湿度控制器	修订	DG/T 217—2019
19	DG/T 231—2022	菌料装瓶（袋）机	修订	DG/T 231—2019
20	DG/T 271—2022	甘蔗切种机	制定	/
21	DG/T 272—2022	甘薯移栽机	制定	/
22	DG/T 273—2022	去雄机	制定	/
23	DG/T 274—2022	水肥一体化设备	制定	/
24	DG/T 275—2022	烟叶收获机	制定	/
25	DG/T 276—2022	药浴机	制定	/
26	DG/T 277—2022	牲畜分群设备	制定	/
27	DG/T 278—2022	修蹄机	制定	/
28	DG/T 279—2022	畜禽识别（定位）监控设备	制定	/
29	DG/T 280—2022	有机废弃物干式厌氧发酵装置	制定	/
30	DG/T 281—2022	病死畜禽贮藏设备	制定	/
31	DG/T 282—2022	水草清理（梳割）机	制定	/

农业农村部 应急管理部关于印发《"十四五"时期"平安农机"创建活动工作方案》的通知

农机发〔2022〕1号

各省、自治区、直辖市农业农村（农牧）厅（局、委）、应急管理厅（局），新疆生产建设兵团农业农村局、应急管理局：

为深入贯彻落实党中央、国务院关于安全生产工作的决策部署，进一步加强农机安全生产监管，推进农机安全生产形势持续向好，农业农村部和应急管理部决定"十四五"期间在全国范围内开展新一轮"平安农机"创建活动。现将《"十四五"时期"平安农机"创建活动工作方案》印发给你们，请按照要求，加强组织领导，制定实施方案，因地制宜采取有力举措，扎实推进"平安农机"创建活动深入开展，带动农机安全生产监管能力水平持续提升，为农业机械化全程全面和高质量发展提供有力保障。

农业农村部 应急管理部
二〇二二年四月十三日

"十四五"时期"平安农机"创建活动工作方案

"平安农机"创建活动是贯彻落实党中央、国务院关于加强安全生产工作决策部署、强化农机安全生产工作的重要抓手。为示范带动农机安全生产监管工作落细落小，坚决遏制重特大农机事故发生、有力压降较大及以下事故，保障农机安全生产形势持续向好，农业农村部和应急管理部决定"十四五"期间在全国范围内开展新一轮"平安农机"创建活动，制定本方案。

一、指导思想

以习近平新时代中国特色社会主义思想为指导，全面贯彻落实党的十九大和十九届历次全会精神，深入学习贯彻习近平总书记关于安全生产重要论述，牢固树立安全发展理念，坚持人民至上、生命至上，统筹发展和安全，以保障人民群众生命财产安全、服务乡村振兴为目标，以依法监管、规范执法、优化服务为路径，转变监管方式，创新监管手段，提升监管效果，巩固发展"政府负责、行业主抓、部门协作、群众参与"的农机安全生产长效机制，为农业机械化有力支撑农业农村现代化发展提供坚实保障。

二、目标任务

"十四五"期间，以"创建'平安农机'，提升发展质量"为主题，每年推出一批全国"平安农机"示范市（设区的市）和示范县（区、市）。通过典型示范，促进地方政府更加重视农机安全生产工作，部门间协调配合不断加强；推动监管力量向基层延伸下沉，监管网络更加健全；强化农机安全监管能力建设，监管工作规范化、专业化、信息化、便民化水平不断提高；提升农民群众安全生产意识和安全操作技能，农机安全生产氛围更加浓厚、农机安全意识深入人心。

三、创建程序

创建有效期为5年，已被命名为全国"平安农机"示范市、县的，满5年后如继续创建，应重新申报。

（一）市县申报。每年8月底之前，市、县级人民政府按照创建条件（见附件1）自愿申报全国"平安农机"示范市、县。申报材料需逐级审核。

（二）省级推荐。省级农业农村部门会同应急管理部门负责对逐级上报的申报材料采取专家审核和实地核验等方式进行初评。每年9月底前，提出本省（自治区、直辖市）的拟推荐名单，并以两个部门联合行文的方式将申报材料（一式两份）报送农业农村部和应急管理部。

（三）复核公示。农业农村部和应急管理部对各省（自治区、直辖市）推荐的示范单位材料组织审查，必要时进行现场核验，每年11月底前对拟入选的市县向社会进行公示，根据公示情况以及当年事故情况等，确认并公布最终获得全国"平安农机"示范市、县的名单并授予标牌。

（四）动态管理。农业农村部和应急管理部对"平安农机"示范市、县实行动态管理，对创建期间发生较大以上农机事故的示范市和发生农机死亡事故的示范县，当即撤销示范资格；对出现不符合创建条件的，经调查核实后，在公布下一批"平安农机"示范市、县名单时，同时予以撤销。

材料邮寄地址：北京市朝阳区东三环南路96号农业农村部农业机械化总站安全指导处，邮编：100122；电子文档发至邮箱：njjlzfc@126.com，联系电话：010-59199197。

四、工作措施

（一）统一思想，提高认识。各地要充分认识"平安农机"创建活动的重要意义，将创建活动作为推动农机安全生产监管责任落实的有效抓手，切实增强责任感和使命感，努力将创建工作提升到一个新的水平。

（二）加强领导，形成合力。农业农村部、应急管理部成立"平安农机"创建活动工作小组，负责全国"平安农机"创建活动的组织协调。各省（自治区、直辖市）应制定本辖区的创建工作方案，组织开展创建活动，坚持"优者上、劣者汰"原则，严格把关，公平公正推选候选对象。

（三）加大投入，强化保障。各地要把"平安农机"创建工作列入安全生产地方规划，与乡村振兴工作充分结合，积极争取财政资金投入，强化农机安全基础设备和信息化建设，确保创建活动深入开展。

（四）广泛宣传，示范引领。要加大"平安农机"创建活动的宣传力度，充分利用报纸、视频、网络、新媒体等方式，多渠道宣传创建活动的好做法、好经验、好典型，营造良好的创建氛围。

（五）加强监测，巩固成效。各地要加强对辖区内"平安农机"示范市、县创建工作的指导，确保创建活动取得实效。要全面加强辖区内"平安农机"示范市、县的日常监测，发现不符合创建条件的情形或有群众举报反映的，按程序进行调查核实并向上级农业农村和应急管理部门报告。

附件：1.全国"平安农机"示范市、县创建条件（略）
2.全国"平安农机"示范市、县创建申报表（略）

农业农村部 中国石油天然气集团有限公司 中国石油化工集团有限公司关于做好"十四五"农机作业用油保障工作的通知

农机发〔2022〕2号

各省、自治区、直辖市农业农村（农牧）厅（局、委），新疆生产建设兵团农业农村局，北大荒农垦集团有限公司，广东省农垦总局，中国石油天然气集团有限公司、中国石油化工集团有限公司各销售企业：

为学习贯彻习近平总书记关于"三农"工作的重要论述，认真落实李克强总理讲话要求，加强农业农村部门和石油、石化系统的合作，充分发挥中国石油天然气集团有限公司（以下简称"中国石油"）、中国石油化工集团有限公司（以下简称"中国石化"）品牌、资源、服务等优势，切实做好"十四五"农机作业用油保障工作，有力支持农业生产，推进农业机械化，助力乡村振兴和农业农村现代化，现就有关工作通知如下。

一、切实提高政治站位

当前，我国农业生产已从主要依靠人力畜力转向主要依靠机械动力，进入了机械化为主导的新阶段。及时有效保障"春耕""三夏""双抢""三秋"等重要农时农机作业用油需求，提高农机使用效率效益，是发挥农机主力军作用、支农业生产、保障粮食安全的重要举措。各地农业农村部门和中国石油、中国石化销售企业要充分认识做好农机作业用油保障工作的重要性和必要性，着眼大局，落实责任，密切协作，采取优先、优惠、优质供油等服务措施，确保各地重要农时农业生产顺畅进行，为保障粮食等重要农产品有效供给、巩固拓展脱贫攻坚成果、全面推进乡村振兴、加快农业农村现代化提供有力支撑。

二、保障农机优先用油

中国石油、中国石化各销售企业要做好用油供应储备工作，因地制宜制定重要农时用油保供方案和调配油品资源，一地一策优先保障农机作业用油供应，同时加强优质农机润滑油脂供应与应用指导。遇市场供应紧缺紧张时，要优先足量保障农机作业用油。各地农业农村部门要与中国石油、中国石化销售企业加强对接，提供农情、农机具投入及作业进度与用油需求等信息，配合做好保供工作。

三、全面实行优惠加油

中国石油、中国石化各销售企业在重要农时季节要对持有合法有效的拖拉机、联合收割机行驶证与驾驶证以及跨区作业证等凭证的机手加油给予优惠，结合当地资源和市场情况，一地一策制定重要农时农机作业用油专属优惠方案，鼓励有条件的地区加大优惠力度。各地农业农村部门要提供有关牌证信息及查询服务支持，协助中国石油、中国石化销售企业推广专属优惠的实体（电子）加油卡，机手免费办卡，并凭卡享受油品优惠、积分兑换抵扣券，以及在加油站便利店享受购物优惠。各地农业农村部门和中国石油、中国石化销售企业要通过联合举办机手职业技能培训、作业竞赛、现场推介活动及印发宣传资料、开展媒体宣传等手段，向广大农机手、农机大户、农机合作社和农机社会化服务组织等宣传优惠政策。

四、优质提供用油服务

中国石油、中国石化各销售企业于重要农时要在加油站内开辟农机作业用油绿色通道，提供优先加油服务；在农时紧张、用量集中的时段和区域，提供送油到田间地头服务，以及密切关注"小、散、偏"地块作业用油需求，加强供油服务。各地农业农村部门要及时向机手公布本地中国石油、中国石化加油站位置和服务信息，协调有关部门支持送油下乡，做好供需主体对接服务工作。中国石油、中国石化各销售企业要向社会公布农机作业用油服务监督电话，及时有效解决农机手反映的有关问题和困难。鼓励各地农业农村部门和中国石油、中国石化销售企业于重要农时在交通便利、跨区作业机具流量较大的加油站联合设立"农机驿站"式综合服务网点，为机手提供洗漱、洗衣、餐饮、休息、维修和区域农机作业供求信息对接等便民服务。

五、积极拓展服务领域

各地农业农村部门和中国石油、中国石化销售企业要围绕"安全、绿色用油"联合开展相关研究和培训宣传等，提高机手安全意识和操作水平，提升燃油使用效率；联合研究农业生产对油品、非油品、新能源等需求及与中国石油企业"油气氢电非"、中国石化企业"油气氢电服"综合供应服务精准对接举措，加强大数据建设应用，推动降低农用能源社会交易成本和加快农业生产能源结构绿色低碳转型。中国石油、中国石化各销售企业要拓展非油品业务，通过加油站商品物流配送体系，加强化肥、尿素、种子等农资供应保障，拓宽"互联网＋"农产品出村进城销售渠道，对接特色农产品优势区、"互联网＋"农产品出村进城试点县农产品，帮扶培育具有较强竞争力的农产品产业化运营主体，推动建立长期稳定的产销对接关系，促进脱贫地区品牌农产品销售，并依托加油站点积极吸收农民工就业，多方面支持巩固拓展脱贫攻坚成果。各地农业农村部门要支持中国石油、中国石化销售企业依法拓展业务，组织加强信息对接，助力精准帮扶。

六、密切配合协同管理

各地农业农村部门和中国石油、中国石化销售企业要高度重视，密切配合，结合实际落细落小农机用油保障等工作举措，出台具体实施工作方案，让各项政策措施尽早惠及农民和农业生产。要建立农机作业用油保障工作机制，共同开展形势会商，对重要农时用油供需情况进行研判分析，及时研究解决工作推进中的新情况新问题。要建立信息共享机制，加强用油储备及供需、机具作业轨迹、机具牌证等信息共享对接，持续提升各项服务工作的信息化水平。要加强对市场主体的监督，落实新冠肺炎疫情防控与保障措施，推进提升农机检验合格率，做好农机作业用油保障工作进展情况调度统计，积极宣传典型事例和先进经验，在重要农时农机作业基本结束后，认真总结工作做法成效，及时向农业农村部和中国石油、中国石化报送工作进度和总结材料。

农业农村部
中国石油天然气集团有限公司
中国石油化工集团有限公司
二〇二二年五月十日

农业农村部办公厅关于落实落细大豆玉米带状复合种植配套农机装备保障工作的通知

农办机〔2022〕1号

河北、山西、内蒙古、江苏、安徽、山东、河南、湖南、广西、重庆、四川、贵州、云南、陕西、甘肃、宁夏等省（自治区、直辖市）农业农村（农牧）厅（委），各有关单位：

在适宜地区大力推广大豆玉米带状复合种植（以下简称"复合种植"），实现玉米基本不减产、增收一季大豆，是推动大豆玉米兼容发展、协调发展乃至相向发展的主要途径，对提升国家粮油综合生产能力意义重大。大面积推广复合种植，要尽可能降低劳动强度和生产成本，实用高效种管收作业机具保障是关键。为贯彻落实中央农村工作会议、全国农业农村厅局长会议精神和《农业农村部关于做好2022年大豆油料扩种工作的指导意见》(农农发〔2022〕2号)有关部署要求，落实落细复合种植配套农机装备保障各项工作，提升关键环节机械化生产效率质量，现就有关事项通知如下。

一、总体要求

各级农业农村部门要高度重视复合种植配套农机装备保障工作，将之作为必须完成好的重大任务，加强组织领导，以超常规的工作力度抢前抓早、攻坚克难，系统谋划、落细落小工作措施，务必取得实效。按照"造改结合""长短结合"的原则，围绕满足不同区域复合种植主推技术模式的播种、植保、收获环节农机作业需要，形成政企研推用紧密联动工作机制。因地制宜科学制定技术方案和工作推进方案，尽早研究明确支持政策，紧抓现有机具适配改造应用，同步加快复合种植专用机械研制推广。广泛开展机具演示和技术培训，提前对接机具装备供给和作业服务供需，加强工作督促指导，确保种得好、管得住、收得上，为完成复合种植2022年目标任务和长远发展提供坚实有力的机械化支撑。

二、抓紧细化装备保障方案

相对玉米、大豆净作种植方式，复合种植有扩间增光、缩株保密等特殊农艺要求，多数地方存在现有在用种管收机械适应性不强、机手作业经验缺乏等困难，配套机具保障工作任务艰巨、时间紧迫。各地要抓紧组织栽培、植保、农机方面的专家和相关推广机构沟通会商，尽早确定复合种植具体技术模式、农艺参数、农机作业技术要求，分区域分模式制定全程机械化技术方案。做好摸底调查，按县域梳理在用播种机等关键机具情况，包括机具型号、性能参数、保有量等基础数据，并对照复合种植株行距、亩播量、播种深度等要求，分析理清各环节可用可改机具数量分布及存在的数量缺口、可能出现的作业质量问题等，研究提出解决路径。结合省域县域复合种植面积任务、实施地块主体落实情况，按照在用机具改造、常规兼用机具购置、复合种植专用机具购置三大类测算需求，提前与农机产销企业、修造网点对接做好整机及零配件备货供应准备，逐级形成复合种植配套农机装备保障方案。县级保障方案要细化到模式、地块、主体和时间节点，确保播种前1个月将机具来源、作业服务主体对接落实到位。

三、多措并施增加适用机具供给

各地要通过指导改造现有机具、支持引导新研新购机具等措施，尽快增加适用复合种植机具有效供给。研究提出现有主流机型适配改造操作指引，发布改造实例，提前组织各县摸清农机修造网点布局和能力，落实怎么改、谁来改、何时改，做好改造配件协调供应，确保在作业季前完成改造任务。及时筛选发布急需适用的2行播种机、2行玉米收获机，以及具备密植分控功能的一体化播种机械、定向除草功能的植保机械等农机产品信息，组织供需对接活动，为农民选机用机提供帮助。积极组织和支持科研单位、农机企业开展跨带收获机、双系统收获机等新型专用机具研发攻关，推动机具试制试验、改进熟化。及时研究制订复合种植专用机具标准和试验鉴定大纲，采取绿色通道等便捷方式优先安排相关农机产品检测鉴定。加大农机购置与应用补贴政策支持力度，对于补贴范围内复合种植急需的相关机械要优先补贴、应补尽补；对于暂时无法鉴定的复合种植一体化播种机等专用机具应采用新产品补贴试点方式予以支持并尽快启动，便于相关企业安排生产。鼓励采取财政支持统一购置或累加补贴方式，进一步调动农户购置使用复合种植专用机械的积极性。加强对财政补贴机具的监督管理。

四、深入开展培训指导

成立部省两级大豆油料扩种机具装备评估评价工作组，指导农机研发制造、试验鉴定、机具选型、购置补贴、推广应用等工作联动。各地要结合实际细化《大豆玉米带状复合种植配套机具应用指引》，明确不同区域不同模式配套机具如何选、怎样改、怎么用。要建立复合种植机械化技术指导骨干队伍，线上线下相结合，逐级开展种管收等关键环节机械化技术培训，展示观摩先进适用机具，宣传全程机械化解决方案。各县(市、区)应在大豆玉米播种期前，对复合种植农户和机手进行田间操作实训，引导实施主体统筹考虑全程机械化作业便利，提前做好作物种植布局、作业路线规划，确保各环节衔接配套。在关键农时，组织技术骨干和农机产销企业深入生产一线开展应用指导，手把手传授调试方法和操作技能，依托农机服务组织培养一批复合种植机械化作业能手，确保复合种植机具用得上、用得好。要精心组织农机社会化服务，有效对接作业服务供需，特别要针对当地复合种植专用播种机械、窄幅收获机械保有量缺口问题，加强省域县域间沟通协作，引导开展跨区作业服务。要对复合种植重点区域实行包片指导，督促落实机具保障工作措施，及时调度关键环节农机作业进度，协调解决困难问题，确保种得好、管得住、收得上，以机械化的有力支撑，增强各地发展复合种植的信心。

农业农村部办公厅
二〇二二年一月三十日

农业农村部办公厅关于扎实做好南方水稻机械化种植推进工作的通知

农办机〔2022〕2号

浙江、安徽、福建、江西、湖北、湖南、广东、广西、重庆、四川、贵州、云南省(自治区、直辖市)农业农村厅(委)：

目前我国三大主粮作物耕种收综合机械化率总体较高，但水稻种植环节机械化水平相对较低，尤其南方稻区水稻机械化种植仍是粮食生产全程机械化的短板，正处于攻坚克难的关键阶段。为深入贯彻2022年中央一号文件精神，落实落细中央农村工作会议、全国农业农村厅局长会议有关稳定粮食生产的部署要求，加快补齐水稻机械化种植（以下简称"水稻机种"）短板，进一步提升水稻全程机械化水平，我部决定组织开展南方稻区水稻机种推进行动，现将做好南方水稻机种推进工作有关事项通知如下。

一、聚焦农机化扶持政策，夯实育插秧设施装备基础

各地要充分发挥农机购置与应用补贴政策导向作用，鼓励对高性能水稻机械化移栽机具等开展档次优化，并可按程序将补贴额测算比例提高至35%，补贴额可高于相应档次中央财政资金最高补贴额。要组织制定育秧和烘干成套设施装备建设规范，尽快提出农机新产品补贴试点备案报告，加快列入补贴范围步伐。鼓励利用地方财政资金对水稻机种设施装备实施累加补贴，推行"三合一"补贴办理方式，抓细抓实风险防控，促进装备水平提升。要围绕发展机械化移栽，用好发展集中育秧相关项目资金，支持建设一批布局合理、规模适中的标准化育秧中心，既要发挥好现代化温室育秧中心抵御自然风险能力强、自动化水平高等优势，也要发挥好轻简化育秧生产成本低、带动能力强等特点，着力解决小农户育秧难、成本高的问题。要强化"为机育秧"的理念，探索通过政府购买服务等方式，鼓励各相关主体加强农机农艺融合，遴选当地宜机品种，合力培育适宜机插的壮秧，为补齐南方水稻机种短板夯实基础。

二、加大试验验证力度，明确主推技术模式

水稻机械化移栽属绿色稳产增产技术，具有灾害抵御能力强、除草剂使用少、增产潜力大等特点，对于缓解南方多熟制季节茬口矛盾、提高水稻复种指数具有重要意义。各地要因地制宜开展钵体毯状苗机插、常规毯状苗机插、有序抛秧和钵苗摆栽等水稻机种技术模式对比试验验证，把握不同技术特性和适用条件，综合分析结果，科学确定经济适用的水稻机种技术路线和选型配套机具。采用技术推广规划等方式，明晰主攻方向、目标任务，至少确定一项水稻机种主推技术模式，落实配套措施，长期坚持，稳扎稳打，久久为功，促进水稻绿色增产。要统筹考虑移栽作业环节之间衔接，引导农户尽量采用履带式机械进行水田耕整作业，避免破坏犁底层，减少后续插秧机械进地作业的困难。

三、培育服务组织，提高育插秧作业能力

各地要将农机合作社、家庭农场等新型农业经营主体作为水稻机械化育秧、供秧、插秧的主体力量，加大相关政策项目资金支持力度，改善育插秧基础设施条件、提升作业服务覆盖能力。要积极采用作业补贴、以奖代补等方式，充分调动有关主体应用机械化移栽技术、开展育插秧作业服务的积极性，争取在有条件的地方整村整乡推进实施。加大对农机社会化服务新主体、新模式、新业态的指导支持力度，探索符合本地实际的"全程机械化＋综合农事"服务等新方式，一站式解决小农户水稻生产难题。依托全国专业农机手培训行动，加强农机服务组织带头人及骨干机手育插秧实操培训，培养一批作业能手。要认真总结率先突破水稻机械化移栽瓶颈问题的农机社会化服务组织的好做法、好经验，推介一批育插秧技术娴熟、成本质量控制好、服务覆盖能力强的典型案例，树立可学可及样板，形成"头羊效应"。

四、组建专家队伍，包片开展技术指导

我部农作物生产全程机械化专家指导组将继续加强南方水稻生产全程机械化发展跟踪指导，分区域制定完善"双季稻""稻油""稻稻油"生产全程机械化技术模式和机具配套方案，为南方水稻机种示范推广提供技术指引。各省（自治区、直辖市）要推动组建省市县三级专家指导团队、示范推广骨干团队，强化技术支撑。省级农业农村部门要与部专家指导组、省级专家团队、农机产销企业加强对接，组织开展线上线下培训授课、交流咨询、巡回指导等技术服务。支持专家与各县"结对子"，建立长期指导联系，切实找准制约水稻种植机械化发展的症结所在，探索解决问题的可行方案。指导基层农业农村部门结合当地实际，以机械化移栽方式为重点，及时细化完善并发布"本土化"的技术要点，让更多水稻种植农户知晓掌握。组织地方农机推广技术骨干深入种植机械化薄弱乡镇，建立"分片包户"机制，对重点大户长期跟踪服务，提升机械化种植技术应用能力。

五、结合示范县创建，树立机械化典型样板

加强对水稻主产县机械化生产补短板工作指导，引导有条件的县开展全国农作物生产全程机械化示范县创建工作，对照评价指标要求，加大水稻机种等薄弱环节政策支持和工作力度，加快经济适用的机械化移栽技术推广应用，争取早日基本实现全程机械化。要集中力量聚焦重点区域、主推技术、新型主体，争取奖补政策支持，打造一批模式优、机制好、效果佳的水稻机种示范基地。采用现场观摩等形式，加强示范创建工作经验交流，发挥典型引路作用，由点及面，先易后难，梯度推进，带动周边地区水稻机种水平加快提升。

六、加强组织领导，制定机种工作推进方案

各级农业农村部门要立足实现农业农村现代化和确保国家粮食安全目标任务，增强提升水稻机种水平重要性、紧迫性的认识，主动向当地党委政府汇报水稻机种工作，争取将补齐水稻机种短板纳入地方政府有关粮食生产党政同责、乡村振兴等方面考核。要成立水稻机种补短板工作专班，精心组织动员，统筹抓好农机农艺品种融合、"为机育秧"、配套机具保障、推广应用、社会化服务组织等工作，多措并举加快水稻机种补短板步伐。要全面梳理本省（自治区、直辖市）水稻机种发展情况，深入分析机械化水平低的原因，坚持目标导向和问题导向，谋划制定工作推进方案，明确年度和中长期目标，抓紧落实落地工作措施，实行部门协作、区域联动，合力促进水稻机种水平持续快速提升，为水稻稳产增产提供机械化支撑。

请各省（自治区、直辖市）农业农村部门于4月15日前将工作推进方案、10月15日前将今年水稻机种工作总结，报送我部农业机械化管理司，联系电话及邮箱：010-59191605，njhsglc@agri.gov.cn。

农业农村部办公厅
二〇二二年三月十四日

农业农村部办公厅关于做好油菜机收减损有关工作的通知

农办机〔2022〕3号

安徽、江西、湖北、湖南、四川农业农村厅：

减少机收环节损耗是增加油料作物产量的重要举措。为贯彻落实党中央、国务院有关决策部署和扩种大豆油料工作推进电视电话会议精神，采取过硬措施提高油菜机械化水平，提升机收作业质量，努力减少收获损失，现将油菜机收减损有关工作通知如下。

一、提高政治站位，加强工作部署

扩种大豆油料事关国家粮食安全和群众营养健康。油菜主产省农业农村部门要深入学习贯彻习近平总书记关于提高大豆油料生产的重要指示精神，将油菜机收减损工作摆在农业机械化生产工作的突出位置来抓，坚持问题导向，压紧压实工作责任，落实落细农机管理服务措施，全面提升油菜机械化收获质量。当前距冬油菜收获还有1个月左右的时间，各地应提前做好动员部署，抓紧将适用油菜收获机具和零配件供给、减损收获技术指导、机收作业服务调度、收获损失跟踪监测、灾害性天气应对等各项具体工作措施落实到位，务求机收减损取得实效，为完成全年大豆油料扩种任务提供机械化支撑。

二、深入调查现状，加强问题研究

油菜主产省应立即开展油菜机收损失情况调查，通过组织问卷调查、召开座谈会等形式，听取有关专家和农机服务组织、农机手、油菜种植大户意见，进一步摸清本省本地油菜机收损失实际情况。组织农机企业专家、推广鉴定专家、农机使用一线"土专家"等各方面代表，研讨会商影响油菜机收损失的主客观因素，在客观分析常年油菜人工、机械收获损失情况基础上，研究切实管用的具体措施，长短结合，谋划本地油菜机收减损工作方案。

三、广泛宣传动员，加强指导培训

各地应充分借鉴去年粮食机收减损工作经验，广泛开展油菜机收减损大宣传、大培训、大比武活动。大力引导广大农机手和农户树立"减损就是增产"意识，通过短视频、明白纸、微信群等群众喜闻乐见的传播渠道，提升减损意识及减损技能宣传效果，力争实现对基层农业干部、农机服务组织、油菜种植大户等重点人群和主体全覆盖。加强油菜机收减损技术指导意见和油菜机收作业质量标准的宣贯，组织农机推广骨干和农机使用一线"土专家"开展技术巡回指导，帮助机手提前正确调整机具，引导农户因地制宜选好适收时机、选择分段或联合机收方式，选用作业质量好的适收机具，千方百计降低收获损失。油菜主产省今年应选取种植面积在30万亩以上的主产县率先开展油菜机收减损大比武活动，营造"比学赶超"良好氛围。大比武活动应在符合疫情防控要求和确保安全生产的前提下，按照自愿报名、就地就近、自备机具、自定地块的原则进行，不得干扰正常收获秩序、不得增加机手负担。

四、密切跟踪服务，加强效果评估

各地应组织专家和农机推广骨干提早下沉到生产一线，跟踪指导农机手因地制宜选择收获时机、专用配件和作业模式，及时帮助解决生产实际中出现的问题。各地应科学合理调度机具确保适时收获，紧抓油菜适收窗口时期，充分发挥农机合作社等农业社会化服务组织的示范带动作用，尽可能减少机收损失，多收一斤是一斤。要随油菜收获进展评估机收减损效果，组织开展第三方抽测监督，根据大比武地块损失率、随机及第三方抽测地块损失率等数据，客观评估全省油菜机收减损工作成果。

请各省在4月15日前将油菜机收损失座谈调研情况及今年机收减损工作方案报送我部农业机械化管理司。在大规模机收作业基本结束后，认真总结本省油菜机收减损工作做法成效，及时报送总结材料。联系电话及电子邮箱：010-59192817，njhsglc@agri.gov.cn。

农业农村部办公厅
二〇二二年三月二十九日

农业农村部办公厅 国家发展改革委办公厅关于印发《2022年主粮作物机收损失监测调查方案》的通知

农办机〔2022〕6号

各省、自治区、直辖市农业农村（农牧）厅（局、委）、发展改革委，新疆生产建设兵团农业农村局、发展改革委，北大荒农垦集团有限公司，各有关单位：

为贯彻党中央、国务院有关决策部署，深入实施《中华人民共和国反食品浪费法》，推动落实《粮食节约行动方案》部署工作任务，最大限度降低粮食作物生产损失，进一步加强水稻、玉米、小麦机收损失监测调查，农业农村部和国家发展改革委联合制定了《2022年主粮作物机收损失监测调查方案》，现予印发。请各级农业农村部门和发展改革部门按照监测调查方案要求，各司其职、密切配合，结合当地实际，根据机收进度，认真开展水稻、玉米、小麦机收损失监测调查，并按时报送相关情况。

农业农村部办公厅
国家发展改革委办公厅
二〇二二年五月二十七日

附件

2022年主粮作物机收损失监测调查方案

我国水稻、玉米、小麦等主粮作物收获已基本实现机械化，减少机收环节损耗是增加粮食产量的重要措施。为进一步加强水稻、玉米、小麦机收损失监测调查，特制定本方案。

一、总体要求

省级农业农村部门和发展改革部门要高度重视粮食作物机收损失监测调查工作，加强组织部署，明确专人负责，指导督促县级农业农村部门和发展改革部门密切配合，确保监测调查任务按时保质保量完成。省级农业农村部门要牵头做好损失监测调查工作培训指导，确保监测调查按统一方法规范开展。

县级农业农村部门会同发展改革部门成立监测调查工作队，确定监测调查工作人员名单，根据需要设立若干个监测调查工作小组。县级农业农村部门负责农业农村系统监测调查工作人员的遴选组织和监测调查实施具体工作，会同发展改革部门邀请当地人大代表、政协委员或者农业农村系统以外的行政事业单位人员等第三方参与监测调查工作。各地应对监测调查工作所需经费予以保障。

请省级农业农村部门和发展改革部门确定省级工作联系人，将联系人及联系方式于6月10日前报送至农业农村部农业机械化管理司、国家发展改革委资源节约和环境保护司。

二、监测调查内容与范围

县域内水稻、玉米、小麦单季种植面积在50万亩以上的县，应随机收进度开展水稻、玉米、小麦机收损失监测调查，鼓励其他农业县开展监测调查工作。监测调查点要求在县域内随机选取机收地块，需覆盖所有产粮乡镇。每个监测调查小组由2~3人组成，按照《主粮作物机收损失监测调查测定方法》（附件1）要求进行测量，填写《机收损失监测调查记录表》（附件2），监测调查小组每位成员在记录表签字确认。记录表等原始资料应妥善保存备查。

三、监测调查数据报送要求

请各县（市、区）分别在三大主粮作物收获基本结束7天内将县级机收损失监测调查汇总表（附件3），经当地农业农村部门和发展改革部门盖章后，由农业农村部门向省级农业农村部门报送，同时抄送省级发展改革部门。

省级农业农村部门、发展改革部门按期将省级机收损失监测调查汇总表（附件4）报送农业农村部农业机械化管理司、国家发展改革委资源节约和环境保护司，并对监测调查数据进行分析评估，及时发现存在问题并提出相关工作措施和意见，按时提交夏粮、早稻、秋粮以及年度主粮作物机收损失监测调查报告。

省级汇总材料上报时间分别为：6月30日前报送夏粮机收损失监测调查报告，7月30日前报送早稻机收损失监测调查报告，11月30日前报送秋粮机收损失监测调查报告、年度主粮作物机收损失监测调查报告（包括夏粮、早稻、秋粮等）。

四、技术支撑单位工作要求

农业农村部农业机械化总站、国家发展改革委价格成本调查中心、中国科学院地理科学与资源研究所作为技术支撑单位参与2022年主粮作物机收损失监测调查，分组赴粮食主产区实地开展机收损失调查工作，完成专项调研报告。协助梳理分析全国各地区粮食机收损失调查监测数据，为起草年度全国主粮作物机收损失情况调查报告提供专业指导和技术支撑。

五、联系方式

各地在监测调查工作中如有需要沟通的事宜，请与农业农村部农业机械化管理司、国家发展改革委资源节约和环境保护司联系。联系人及电话：农业农村部农业机械化管理司车宇，010-59192817；国家发展改革委资源节约和环境保护司张雨宇，010-68505547。电子邮箱：农业农村部农业机械化管理司，njhsglc@agri.gov.cn。

附件：1. 主粮作物机收损失监测调查测定方法（略）
2. 机收损失监测调查记录表（略）
3. _____县机收损失监测调查汇总表（略）
4. _____省机收损失监测调查汇总表（略）

农业农村部办公厅关于印发《农机安全生产重大事故隐患判定标准（试行）》的通知

农办机〔2022〕7号

为严密防范、坚决遏制农机安全生产领域发生重特大事故，按照《国务院安委会办公室关于切实加强重大安全风险防范化解工作的通知》（安委办〔2022〕4号）以及《农业农村部安委会办公室关于开展防范化解重大安全风险工作的通知》（农安办发〔2022〕4号）的要求，我部制定了《农机安全生产重大事故隐患判定标准（试行）》，并研究提出了相关管理措施。现印发给你们，请按照标准和农机安全生产大检查工作部署，结合实际统筹制定工作方案，扎实抓好农机重大安全风险防范化解工作。请分别于2022年7月20日和10月30日前报送工作方案和工作总结。

联系方式：010-59193363，邮箱：njhsajc@agri.gov.cn

农业农村部办公厅
二○二二年六月二十四日

附件

农机安全生产重大事故隐患判定标准（试行）

根据《中华人民共和国安全生产法》《中华人民共和国道路交通安全法》《农业机械安全监督管理条例》等有关法律法规和相关国家、行业标准，农机安全生产领域存在以下情形之一的，应当判定为重大事故隐患：

（一）无证驾驶操作拖拉机或联合收割机的，酒后、服用违禁药品等操作农业机械的；

（二）拖拉机违法搭载人员的；

（三）无号牌、未经检验或检验不合格的拖拉机和联合收割机投入使用的；

（四）存在超载、超限、超速等行为的；

（五）拼装、改装农业机械等导致不符合农业机械运行安全技术条件的；

（六）农业机械存在灯光不齐、安全防护装置与安全标志缺失，以及刹车与转向系统失灵等安全隐患的。

管理措施

（一）强化源头管理。严格做好拖拉机和联合收割机注册登记、驾驶人考试等管理工作，严禁给不符合安全标准的农业机械发放牌证，严禁给未经考试或考试不合格的人员核发驾驶证，严厉查处违规发放拖拉机和联合收割机牌证的行为。

（二）强化技术检验。严格按照《拖拉机和联合收割机安全技术检验规范》进行安全技术检验，强化运行安全技术要求及安全装置检查，对不符合条件以及未粘贴反光标识的拖拉机运输机组不予通过检验。

（三）强化宣传培训。运用多种形式重点宣传安全生产法律、法规和农机安全生产知识，提升农机安全生产意识。开展多种形式的农机安全培训，提高农机手安全驾驶和操作技能。

（四）强化执法检查。规范农机安全执法履职行为，明确职责，落实到岗。严查无证驾驶、无牌行驶、酒后驾驶、未年检、拼装改装、违法载人、超速超载、伪造变造证书和牌照等违法违规行为，形成严管高压态势。

农业农村部办公厅关于做好"三秋"机械化生产工作的通知

农办机〔2022〕11号

各省、自治区、直辖市及计划单列市农业农村（农牧）厅（局、委），新疆生产建设兵团农业农村局，北大荒农垦集团有限公司：

全国秋粮大规模收获将于9月下旬陆续展开，为贯彻落实党中央、国务院关于抓好粮食生产的决策部署，高质量高效率地组织做好今年秋收、秋种、秋整地（以下简称"三秋"）机械化生产工作，现将有关要求通知如下。

一、明确目标，加强组织领导

秋粮是全年粮食生产的大头，"三秋"机械化生产事关今年粮食丰收到手和明年粮油生产基础。"三秋"期间预计全国投入各类农业机械达到3 000万台（套），水稻、玉米、大豆机收率分别超过94%、80%、82%，小麦机播率超过93%，油菜种植及马铃薯、花生、棉花、甘蔗等主要农作物收获机械化水平也将进一步提高，机械化生产工作较为繁重。针对今年"三秋"期间新冠疫情形势、气象灾害等不确定因素可能给农业生产带来的不利影响，各级农业农村部门要切实提高政治站位，充分认识夺取今年粮食丰收的特殊重要性，以推进秋粮机收、冬小麦冬油菜机种、秋季农机整地为重点，加强组织领导，压实工作责任，抢前抓早制定工作方案和防灾减灾预案，落实落细工作措施，全力以赴组织好"三秋"机械化生产，为高质量高效率完成秋收秋种秋整地任务提供坚实机械化支撑。

二、提前谋划，做好各项准备

各地要借鉴推广今年"三夏"生产经验，提早做好"三秋"机械化生产前期准备工作，确保有足量的农机具以良好的技术状态投入作业。一要组织农机技术骨干进村入户，动员指导农机合作社和机手对投入作业的机具进行全面检修、调试和保养。二要督促农机生产、销售和维修企业提早备足机具和易损配件，积极开展送修送件到田服务，保证有效供应。三要及时发布机具供需、收种时间、作业进度、气象变化等信息，科学研判"三秋"期间机具本地跨出和引进数量，组织签订作业合同，促进供需平衡。四要做实做细农机作业服务供需对接，组织各粮食主产县提前制定工作预案，特别关注缺少机具、缺少劳动力、返乡困难的农户以及"小散偏"地块的作业需求，帮助对接农机服务组织，提前落实谁来作业、何时作业。

三、分类施策，做好抗灾救灾作业装备保障

密切关注秋收期间气象变化趋势，提早评估研判灾害天气对农机下田作业影响，提前制定应对措施、做好装备保障，最大限度减少因灾损失。一要组织各县分区域、分作物、分灾种、分程度确定所需作业机具种类清单和数量缺口，明确机具从哪调、谁作业和怎么改、谁来改。二要科学指导农机抗灾救灾作业，针对农田积水过湿收获、倒伏作物收获、过湿地块整地播种等灾害条件下农机作业情况，因地制宜制定技术措施和农机适配及改装方案，多渠道增加履带式、后驱动机具投入，以及半履带、宽轮胎、割台防倒伏装置、抗湿应变播种防堵部件供给，迅速组织动员保有适宜机具的作业服务主体和有改装能力的市场主体，挖潜扩能加快改装进度和作业进度，确保不误农时。三要加快推进常态化农机应急作业服务队建设，及早备案形成服务队名录，落实应急作业机具人员和支持措施，确保关键时候冲得上去、管得了用。黄淮海地区有关省份要落实好农机应急抢收抢种作业互助合作协议，共同应对区域性严重灾害等。

四、加强协作，做好农机保通保畅服务

要与交通运输、卫生健康等部门建立直接沟通协作机制，统筹做好新冠肺炎疫情防控和"三秋"机械化生产，坚决打通影响农机手作业服务、农机跨区转移、农机下田作业、农机及配件调运等的堵点卡点，确保不误农时。一要协调落实跨区作业农机车辆免费通行政策，配合交通运输部门做好超限车辆道路运输相关政策宣传解释工作，确保跨区农机道路转移高效顺畅。二要组织粮食主产县（市、区）开通并公布"三秋"农机保障热线电话，方便机手和农民群众反映相关情况，及时解决困难问题。三要关注因新冠疫情采取管控措施地区的生产需要，迅速组织作业队和志愿者为农民群众服务，做到不漏一块田、不落一农户。四要继续会同中石油、中石化等单位落实农机加油专享优惠，开通加油绿色通道，组织开展送油下乡服务，鼓励地方对农机加油流动服务车辆实行优惠通行措施，帮助农民和机手节本省时。

五、强化减损，力争秋粮颗粒归仓

要按照《农业农村部办公厅关于将机收减损作为粮食生产机械化主要工作常抓不懈的通知》（农办机〔2021〕10号）要求，以平均损失率控制在现行机收作业质量行业标准以内为目标，持续巩固已有机收减损工作成果，进一步挖掘减损潜力，能多挽回一斤是一斤。一要在符合疫情防控要求的前提下，组织开展秋粮机收减损大宣传、大培训、大比武活动，努力做到宣传活动对各类农业生产经营主体和服务主体全覆盖、培训和技能指导对所有持证机手全覆盖、大比武活动对所有秋粮主产县（市、区）全覆盖，确保机具和机手以最佳状态投入作业。二要按照《2022年主粮作物机收损失监测调查方案》要求，会同发展改革部门组织开展秋粮机收损失田间监测及数据汇总分析报送等工作，推动粮食机收作业质量进一步提高。三要加强粮食烘干能力建设和服务供给，改善粮食收获后晾晒和烘干条件，及时引导农民对含水量过高的粮食早烘、快烘，努力减少霉变损失。

六、精细指导，确保关键机械化生产任务落地

要围绕高质量完成粮油生产目标和扩种大豆油料生产任务，结合实际制定发布"三秋"机械化生产技术指导意见，"一县一策"推动农机化装备技术措施到位、工作任务落地。一要确保秋粮作物适期高效机收。抢茬口、防灾害抢收秋粮或适当晚收增产，都将使区域内收获期相对集中、机收作业时间缩短，各地要准确掌握不同时间段机收需求，科学调配作业机具，指导机手和农户精准对接作业任务，确保秋粮作物都收在适收期。二要切实做好大豆玉米带状复合种植机收工作。相关重点省份要组织各县针对不同种植模式及面积、先收作物带宽等实际，对窄幅宽的收获机械保障情况进行再摸底、再调度、再培训，有缺口的地区要抓紧动员购置和跨区调集适配机具，加强与农机制造企业和农机服务组织对接，积极开展机收社会化服务，确保大豆、玉米收得了、收得好。三要切实做好冬油菜机种工作。组建农机科技小分队等技术力量，下沉一线加强油菜机械化种植技术和装备应用指导，提高种植质量。种植茬口紧张的地区要积极扩大机移栽试验示范，加快完善生产模式、培养技术骨干，为更大范围扩种油菜打好基础。四要切实做好深松（深耕）整地工作。根据土壤压实不同实际情况和农业稳产丰产需要，因地制宜研究确定作业模式和周期，抓紧将年度任务逐一落实到具体地块和作业主体，在秋收后适时组织作业，强化补助作业任务实施的信息化监管和作业质量管控，加快任务核验及补助资金兑付，提高财政资金效应，有效促进土壤蓄水保墒和耕地质量改善，夯实农业生产基础。

农业农村部办公厅
二〇二二年九月十六日

农业农村部办公厅关于加强农业机械试验鉴定工作的通知

农办机〔2022〕12号

各省、自治区、直辖市农业农村（农牧）厅（局、委），新疆生产建设兵团农业农村局，北大荒农垦集团有限公司，各农业机械试验鉴定机构：

农业机械试验鉴定（以下简称"农机鉴定"）是推广应用农业机械化技术及装备的重要基础和关键环节，是农业机械化管理工作的重要组成部分，是农机鉴定机构依法履行的主要公益性职能。为贯彻落实党中央、国务院关于深化"放管服"改革精神，进一步提升农机鉴定能力和服务效能，有力支撑《"十四五"推进农业农村现代化规划》《"十四五"全国农业机械化发展规划》的实施，现将有关工作通知如下。

一、围绕"三农"工作重心，明确重点任务

近年来，各地、各农机鉴定机构认真贯彻落实《国务院关于加快推进农业机械化和农机装备产业转型升级的指导意见》（国发〔2018〕42号），严格执行《农业机械试验鉴定办法》（农业农村部令2018年第3号）等相关制度规定，不断提升农机鉴定服务能力，在支撑农机购置与应用补贴等强农惠农政策的实施，促进农业机械化新技术新装备研发推广应用等方面发挥了积极有效作用。但是，随着农业机械化广度深度不断拓展，一些地方农机鉴定基础条件不强、能力不够等矛盾不同程度显现，一些农机产品鉴定申请难、鉴定慢等问题有待解决。

"十四五"时期，"三农"工作重心已转向全面推进乡村振兴，农业农村现代化步伐加快，农机正由部分品种生产的局部需求转变为种养加全链条的需求，从非刚性需求转变为离不开还要好的刚性需求。农机鉴定工作要坚持以习近平新时代中国特色社会主义思想为指导，认真落实党中央、国务院关于"三农"工作的决策部署，按照保供固安全、振兴畅循环的工作定位，以服务农业机械化全程全面和高质量发展、

支撑粮食等重要农产品稳产保供为目标，以加快农机科技创新成果转化应用、推进农机装备补短板为导向，以加强能力建设、完善技术体系、创新工作机制、提升服务效能为着力点，坚持依法依规、公正公开、突出重点、务实高效，加快建立健全资源共享、优势互补、信息互通、协调发展、能力完备的全国"一盘棋"农机鉴定新格局。要紧盯大型大马力高端智能农机装备和丘陵山区适用小型机械的短板弱项，以及急需部署农业生产一线的重点机具，增强农机鉴定有效供给；紧盯有效保障农机购置与应用补贴等强农惠农政策实施，拓展农机鉴定实施范围；紧盯制约农机鉴定申请受理实施的堵点、痛点、难点，改革创新，充分释放农机鉴定的空间、潜力、活力，全面提升农机鉴定工作的规范性、供给的有效性、服务的便利性。

二、着力补齐短板，完善鉴定大纲体系

农机鉴定大纲是开展农机鉴定工作的前提和依据。要适应新阶段农业机械化发展的需求，对照《农业机械分类》（NY/T1640—2021），分区域、分产业、分品种、分环节梳理农机鉴定大纲的缺项、弱项，广泛调动各方面积极性，加强评价方法和手段的研究，加快制修订工作，补齐短板弱项。到2025年底，实现粮棉油糖等主要农作物生产所需机械的鉴定大纲全覆盖，畜牧业、渔业、设施农业、农产品初加工业等领域生产所需机械的鉴定大纲基本健全。省级农业农村部门要加强督促指导，支持推动农机鉴定机构加快区域特色和创新产品的技术评价手段和方法研究，科学制定专项鉴定大纲，积极推动省际互通互用，为农机创新产品鉴定推广提供技术依据。农业农村部农业机械化总站（以下简称"总站"）要加快推广鉴定大纲制修订步伐，加强专项鉴定大纲的备案指导和协调，及时将专项鉴定大纲转化为推广鉴定大纲。要坚持开门制修订大纲，支持鼓励生产企业、科研院所、大专院校、行业协会承接参与农机鉴定大纲制修订工作，凝聚各方力量，挖掘社会潜力。要提升农机鉴定大纲技术评价先进性要求，强化实际生产作业环境和实地应用场景下的考核和评价要求，推动农机装备提质提档。要落实责任，严格按照"谁组织谁负责、谁起草谁负责、谁评审谁负责"的原则，强化大纲制修订过程管理，切实提高制修订质量。

三、加强资源统筹，增强鉴定供给服务能力

要切实树立农机鉴定工作全国"一盘棋"意识，强化部省之间、省际之间、农机鉴定机构与社会检验检测机构之间的协同配合，推进国家农机鉴定中心、区域性和专业性农机鉴定站建设，多方面扩展鉴定资源，提升供给服务能力。总站要充分发挥国家支持的推广鉴定引导调配作用，支持有条件的省级鉴定机构承接鉴定任务。省级农业农村部门要加强对农机鉴定机构的建设和考核，推动农机鉴定机构根据本省农业生产需要，积极承担国家支持的推广鉴定以及外省企业的产品鉴定任务，对省内外企业提出的鉴定业务申请一视同仁，打破地方保护和人为分割；指导农机鉴定机构建立急需急用机具鉴定的工作机制，依法依规开辟绿色通道；鉴定能力薄弱的省份，要积极将具备条件的社会力量发展成为指定的鉴定机构。各农机鉴定机构要积极作为、挖潜扩能、合作提效，围绕农业生产和农业机械化发展需求，强化部省之间、省际之间农机鉴定机构协调配合，研究合作鉴定的措施和方式，积极开展合作互助，加快扩展提升农机鉴定服务能力，为各地农机企业申请鉴定提供有效服务；分区域、分产业、分品种、分环节梳理急需部署农业生产一线的机具鉴定需求，按照依法依规、特事特办、急用先行的原则，予以优先鉴定；充分发挥社会检验检测机构在农机鉴定工作中的作用，科学规范采信农机产品质量认证和第三方机构检测结果，有力有效扩充农机鉴定能力。

四、严格履职尽责，提升鉴定工作规范化水平

省级农业农村部门要指导农机鉴定机构落实好鉴定工作主体责任，推动完善工作全流程内控管理制度，强化管理要求，明确管理责任，狠抓过程监管和制度落实，对不依法履职及违纪违规违法的农机鉴定行为和人员要按规定予以严查。各农机鉴定机构要加强作风建设、完善管理制度，全面加强过程管理，严格大纲备案审核、严把申请受理环节、严控鉴定工作程序，坚决防止非农机类产品、简单拼凑等低水平产品通过鉴定，严格控制产能过剩、低水平重复产品申请鉴定；加大对采信社会检验检测机构的检验检测结果审查力度，制定具体管理办法，进一步严格采信工作程序，对工作不规范、出现问题较多的社会检验检测机构所出具的报告不予采信；建立农机鉴定异常情形发现、处理以及不通过产品通报机制，及时对问题报告进行全面评估，加强鉴定工作信息公开和社会监督；加大获证产品证后监督力度，严厉查处与证书信息不一致等违规行为，有效利用质量调查和投诉处理等管理手段，维护好农机鉴定工作的权威性。

五、加快信息化建设，提高鉴定工作效能

总站要不断优化完善全国农机鉴定信息服务平台功能，整合信息资源，建立大数据库，推动全国农机鉴定信息互联互通。各省农机鉴定机构要加强本省农机鉴定信息服务平台建设，确保农机鉴定申请、发证、监督、信息上传、问题处理等全流程有记录、能追溯，推动农机鉴定服务事项"应上尽上、全程在线、全面公开"，切实提高服务效能。各农机鉴定机构要加快推动农机鉴定信息服务平台与其他农业机械化管理服务平台信息的互联互通，加快实现农机鉴定与认证、购置与应用补贴、安全监理、统计等业务信息数据共享，加强信息公开，为农业机械化管理工作提供有力支持；积极推进物联网、移动通信、大数据等信息技术在农机鉴定工作中的应用，充分利用线上线下、远程测试等信息化手段，推动农机鉴定工作更加科学、便捷、高效。

六、加强组织领导，切实加大支持保障力度

省级农业农村部门要切实加强对农机鉴定工作的全面领导和业务指导，加大对农机鉴定机构基础条件建设和技术能力提升的支持，多渠道、多举措增加资金投入，解决好鉴定能力不足和工作经费短缺等重大问题，为农机鉴定工作顺利开展创造条件；加强人才引进和培养，完善激励机制，持续强化农机鉴定人员队伍建设；加强对农机鉴定工作的监督管理，用好农机购置与应用补贴绩效考核的指挥棒，引导推动农机鉴定工作提能力、优服务、保供给，有力支撑农业机械化全程全面和高质量发展。总站要进一步发挥技术龙头作用，加强对各省农机鉴定机构的业务指导、工作协调、技术培训、监督管理等工作，促进农机鉴定工作整体水平持续提升。

农业农村部办公厅

二〇二二年十月十一日

农业农村部办公厅关于公布全国第七批率先基本实现主要农作物生产全程机械化示范县（市、区）名单的通知

农办机〔2022〕15号

各省、自治区、直辖市及计划单列市农业农村（农牧）厅（局、委），新疆生产建设兵团农业农村局，北大荒农垦集团有限公司：

为贯彻落实《中华人民共和国国民经济和社会发展第十四个五年规划和2035年远景目标纲要》对农业机械化发展有关部署和《国务院关于加快推进农业机械化和农机装备产业转型升级的指导意见》（国发〔2018〕42号）有关要求，2022年我部组织开展了第七批主要农作物生产全程机械化示范县申报评价活动。在各地择优申报、省级初评推荐的基础上，经组织专家审核复বাব、现场抽查和网上公示，决定认定北京市延庆区等114个县（市、区）为全国第七批率先基本实现主要农作物生产全程机械化示范县（市、区），现予以公布。此外，辽宁省锦州市，江苏省南京市、南通市、淮安市，安徽省滁州市，山东省济南市、淄博市、枣庄市、临沂市、聊城市，河南省南阳市、濮阳市、周口市，广西壮族自治区贵港市等14个设区市已于2022年整建制率先基本实现主要农作物生产全程机械化。

各级农业农村部门要积极推进农业生产全程机械化发展，继续加大示范县（市、区）政策支持力度，及时总结宣传示范创建经验和典型案例，为全国农业机械化发展转型升级积累经验。各示范县（市、区）要再接再厉，持续有效地发挥标杆引领作用，率先向高质高效机械化升级，进一步推进规模养殖、设施种植全程机械化发展，为全面推进乡村振兴、加快农业农村现代化作出新的更大贡献。

附件：全国第七批率先基本实现主要农作物生产全程机械化示范县（市、区）名单（略）

农业农村部办公厅
二〇二二年十二月二十八日

农业农村部农业机械化管理司 农业农村部计划财务司 财政部农业农村司关于做好2022年东北黑土地保护性耕作行动计划实施工作的通知

农机科〔2022〕11号

内蒙古、辽宁、吉林、黑龙江省（自治区）农业农村（农牧）厅、财政厅，北大荒农垦集团有限公司：

为进一步推进《东北黑土地保护性耕作行动计划（2020—2025年）》（以下简称"行动计划"）有序有效实施，促进黑土地保护，现就2022年行动计划实施有关工作通知如下。

一、明确目标任务，稳步扩大年度实施面积

（一）稳步扩大实施面积。2022年，东北四省（区）保护性耕作任务面积为8 000万亩（其中内蒙古自治区1350万亩、辽宁省1 000万亩、吉林省3 050万亩、黑龙江省2 550万亩、北大荒集团50万亩），鼓励地方在任务面积基础上增加实施面积。四省（区）农业农村部门和北大荒集团要坚持"稳步扩面、质量为先"的原则，既推动实施面积平稳扩大，又突出高标准高质量实施，采取有力措施稳步提升符合兑付标准的实施面积数。要进一步明确保护性耕作适宜区域和重点实施区域范围，推动行动计划在适宜区域（见附件）更好聚焦用力。

（二）提前分解任务面积。立足早谋划、早准备、早启动，四省（区）农业农村部门要提前将年度任务面积分解到项目实施县，督促各地抓紧落实具体地块和实施主体，确保任务面积顺利落实到位。

（三）加大对整体推进县的支持。推动整体推进县成为率先探索构建保护性耕作技术装备体系和推广应用体系、加快扩大保护性耕作实施面积的重要区域，遴选新增一批整体推进县。各省（区）应加大整体推进县的支持力度，鼓励结合实际适当提高整体推进县范围内的保护性耕作作业补助标准，具体标准由各省（区）自行确定。为进一步强化示范带动效果，各省（区）可在应用基础好、条件成熟的地区设立整体推进乡和整体推进村，激励政策可参照整体推进县。

二、明确主推方向，分区定型适用技术模式

（四）优化定型技术模式。牢牢把握保护性耕作"多覆盖、少动土"的核心要求，在保障粮食稳产丰产的前提下，尽量增加秸秆覆盖，减少土壤扰动。要结合土壤、水分、积温、种植方式、经营规模等实际情况，因地制宜优选本区域技术模式，避免因为模式选择错误导致实施效果不如预期。对于干旱半干旱区，应在秸秆大量覆盖条件下进行免耕播种，必要时也可进行少耕播种；对于冬春季强风沙地区，应采取留高茬保留秸秆（秸秆可不粉碎）或秸秆整秆覆盖的方式；对于高纬度冷凉地区、黏重土区、低洼易涝区和丘陵半山区域，可因地制宜采取条带耕作、秸秆覆盖垄作等技术模式，尽可能提高秸秆覆盖量，并通过苗期深松、秸秆归行、浅耙等措

施提高地温；对于秸秆量过大的区域，可对秸秆实行部分离田处理或归行处理，风蚀较轻地区可对秸秆进行粉碎处理；对于秸秆饲用需求大的区域，应尽量采取留高茬并保留一定量秸秆覆盖地表的方式，以提升实施效果。

（五）强化技术培训指导。充分发挥科研院所、推广机构等技术单位作用，深入开展巡回指导，指导实施主体用科学的秸秆处理方式，实现高质量的免少耕播种出苗效果。积极推动"省市县三级、政企社三方"联动培训，用好高素质农民培训工程等项目，加大对农民群众、实施主体、基层干部的技术培训。行动计划实施县要组织对集中实施区域乡（镇）主管农业负责同志、村两委负责同志至少开展一次技术培训和政策宣讲，使之进一步了解保护性耕作作用和秸秆覆盖基本要求，督促做好农户宣讲引导工作，切实减少秸秆田间焚烧和过度离田现象。

三、坚持优机优补，着力强化机具有效供给

（六）及时掌握机具情况。各省（区）要加大对本地区保护性耕作机具尤其是免耕播种机数量、状态和作业能力情况的调度，摸清底数和缺口，统筹做好机具协调调配，切实提高机具使用率。

（七）增加高性能免耕播种机保有量。发挥农机购置与应用补贴政策导向作用，加强保护性耕作机具购置与应用。督促指导省级农机试验鉴定机构加快完成高性能免耕播种机相关指标参数的补充检测，优化免耕播种机分类分档，确保"优机优补"措施落实落地。

（八）加大适用机具研制推广。引导科研单位、农机企业开展保护性耕作机具性能优化升级，加快研制田间通过性强、播种质量高的免耕播种机、"窄浅型"少耕（条耕）机械以及秸秆整理、苗期深松施肥等配套机具，加强相关标准制修订和鉴定服务保障，切实增加适用机具的有效供给。加大保护性耕作机具示范推广，利用现场观摩会、机具展示会等形式，向农民群众推广优质高效作业机具。

（九）加快安装信息化作业监测终端。将监测终端作为作业补助面积核验判定的主要依据，采取有效措施加大安装力度，力争2022年各省（区）通过监测终端判定补助作业地块实施效果的面积占比超过70%。

四、明确资金支持，突出抓好高标准基地建设

（十）加大基地建设资金支持。高标准应用基地是规范应用并持续优化保护性耕作技术的重要阵地，是推进栽培、施肥、病虫草害防治技术与保护性耕作技术融合的重要载体，是开展培训宣传和数据监测的重要平台。高标准应用基地建设也是中央财政资金支持实施保护性耕作的重要内容。各省（区）要在确保资金安全及使用效益前提下，研究确定对高标准应用基地的资金支持方式，省、市、县或基地实施主体应按照《农业资源及生态保护补助资金管理办法》有关规定，合理使用补助资金，通过政府购买服务、以奖代补、签订合同等方式委托相关技术支撑单位在基地开展对比试验、数据监测、技术指导、培训示范、基础研究等工作。具体资金使用方式由各省（区）自行确定。

（十一）稳步扩大基地数量。2022年应新建一批高标准应用基地，确保四省（区）县乡级高标准应用基地数量不少于500个。鼓励各地根据工作需要建设一批村级高标准应用基地，单个基地面积原则上不少于50亩。丘陵山区实施区域可适当降低基地面积要求，面积数为正常标准的60%以上。

（十二）严格基地质量要求。高标准应用基地在秸秆覆盖上应做到高标准、严要求，原则上应以秸秆大量覆盖为主。鼓励采取免耕播种方式，免耕播种应不少于基地面积的30%，即县级基地不少于300亩，乡级基地不少于60亩，村级基地不少于15亩。加大对基地的技术指导，倡导实行基地"1＋1＋2"技术指导方式，即为每个基地配备1个技术支撑单位，1位技术指导专家，每位专家每年至少2次赴基地开展现场技术指导。四省（区）应依托基地各自建设不少于20个长期监测点，做好监测点的数据采集和土壤采样，用科学手段持续跟踪分析土壤肥力、作物长势、粮食产量、田间环境等变化情况，于11月中旬前报送本省（区）监测报告。

五、明确补助标准，扎实推进分档差异化补助

（十三）稳步实施差异化补助。推进"高质多补"，根据秸秆覆盖地表程度分档实施差异化补助。原则上可分为秸秆少量覆盖、部分覆盖、大量覆盖3个档次，具体补助标准由四省（区）综合考虑本地区秸秆覆盖免耕作业综合成本和技术应用基础等情况自行确定，与农业农村部、财政部沟通后再向社会公布。各省（区）也可根据实际情况划分不同档次和补助标准，落实地方财政支出责任。

（十四）因地制宜使用补助资金。对于大豆、杂粮等作物的保护性耕作作业补助，四省区可根据各地实际明确秸秆覆盖及免少耕动土量具体要求，选择实施统一标准补助或差异化补助。四省（区）要用足用好保护性耕作补助资金，加强资金统筹，确保专款专用，充分调动实施主体积极性，推动高质量完成本年度任务面积。

六、明确应兑尽兑，高度重视补助资金兑付

（十五）加快补助资金兑付。作业补助资金及时足额兑付关乎政策推进稳定性，关乎调动实施主体积极性，四省（区）农业农村部门要高度重视保护性耕作补助资金兑付工作，会同财政部门不定期通报项目实施县上一年度资金兑付情况，并将有关情况及时向政府分管领导同志汇报。应通过专题调研、督查抽查等形式，督促兑付进展缓慢的县（区）加快资金兑付，努力确保补助资金及时足额兑付发放到位。

（十六）严格补助资金管理。加强补助资金发放环节的监管，建立动态监测机制，不定期抽查项目实施县补助资金发放情况，严防虚报补助作业面积、降低作业标准、套取财政补助资金等违规行为发生。探索建立补助资金绩效分配机制，对于结转资金过大或兑付不及时的项目实施县，下一年度资金分配时应适当调减，同时增加兑付及时、实施质量高的项目实施县资金额度。

七、明确政策边界，努力推动政策协同用力

（十七）加大黑土地保护政策协同联动。加强与黑土地保护工程、秸秆综合利用、农机深松整地等有关政策的衔接配合，推动政策同向用力、整体联动，厘清不同政策实施边界和范围，适宜区域要严格按照行动计划明确的保护性耕作定义开展技术推广应用，持续发挥秸秆多覆盖、耕地少动土等技术措施对土壤的保护作用。推动保护性耕作任务面积、补助资金、基地建设安排向黑土地保护工程明确的典型黑土县倾斜，在优先足额保障典型黑土县需求基础上，将更多适宜保护性耕作区域纳入行动计划实施范围。各省（区）应将深松整地作业补助任务资金向保护性耕作实施区域倾斜，允许地方在

深松整地作业补助中加入苗期深松内容，合力巩固提高保护性耕作稳产丰产效果。

八、明确宣传导向，加快推动思想观念转变

（十八）开展针对性宣传引导。各省（区）要充分运用广播、电视、报刊、新媒体、现场讲座等线上线下手段，多渠道制作传播保护性耕作短视频、明白纸，持续深入开展科普宣传和政策宣讲，进一步凝聚社会共识，促进保护性耕作观念深入人心。面向不同主体明确宣传重点，针对农民群众重点化解出苗质量的担忧，宣讲保护性耕作"多覆盖、少动土"的重要性科学性，以及带来保水保墒保土、抗旱防风抗倒伏、节约农机作业成本、持续丰产增收的效果；针对作业机手重点宣讲稳步扩大实施面积后带来的作业市场规模扩大、作业成本降低、作业效率提高、服务收益增加的好处；针对基层干部重点宣讲行动计划是国家交给四省（区）各级政府的重要工作任务，保护性耕作有利于从根本上解决适宜区域秸秆禁烧难问题，真正实现黑土地利用与保护兼顾、经济效益与生态效益双赢。四省（区）要及时总结行动计划实施中的基层经验做法和典型案例，采取多种形式对保护性耕作成效明显的地方和推广应用先锋人物进行宣传表扬。

九、明确主体责任，切实狠抓实施过程管理

（十九）强化责任落实。行动计划明确省级和市县政府要成立负责同志牵头的推进行动领导小组，建立政府主导、上下联动、各相关部门齐抓共管的工作机制。四省（区）农业农村部门和北大荒集团作为各地保护性耕作行动计划实施的牵头组织单位，要强化责任担当，主动作为，及时印发公布省级年度实施方案并向社会发布，推动将行动计划纳入政府年度重点工作任务和督办事项，健全责任体系，确保按时保质完成任务。要真正发挥省级保护性耕作推进行动领导小组作用，加强与成员单位沟通对接，进一步争取各方支持配合。县级层面要推动政府负责同志每年春播前至少召开一次领导小组会议，动员各相关部门和乡村干部力量，务实解决秸秆留地难等保护性耕作提质扩面实施中遇到的重大问题，切实平衡好秸秆留地覆盖保土需要和秸秆饲用等需求矛盾。

（二十）加强调度督导。继续组织开展司处级干部挂县联系指导及第三方实施效果抽查评估工作，进一步完善指标体系推进绩效考核，并探索开展以实施效果为基础的资金分配测算方式。各省（区）要建立保护性耕作行动计划定期调度指导机制，强化全过程监管，抓住春播、秋收关键农时，召开专题工作会议或现场演示活动，派出工作组下沉县（区）现场指导，对进展缓慢、目标任务完成困难的县（区）要重点督促。春播期间实行周调度制度，每周向农业农村部报送作业进度信息，并按照时间节点及时报送有关总结材料。认真做好黑土地相关审计所提问题的整改，做到即知即改、立行立改，及时报送整改落实情况。督促指导各项目实施县做好补助对象、资金安排等信息公示公开，留存相关实施档案、文件资料、信息化平台数据，广泛接受社会监督。

附件：东北黑土地保护性耕作行动计划适宜实施县（市、区、旗）名单（略）

农业农村部农业机械化管理司
农业农村部计划财务司
财政部农业农村司
二〇二二年三月八日

农业农村部农业机械化管理司关于下达2022年农业机械推广鉴定大纲制修订计划的通知

农机管〔2022〕7号

农业农村部农业机械化总站，各有关单位：

根据《农业机械试验鉴定办法》（农业农村部令2018年第3号）和《农业机械试验鉴定工作规范》（农机发〔2019〕3号），现将《2022年农业机械推广鉴定大纲制修订计划》（见附件）下达给你们，请按要求抓紧开展工作。

一、大纲制修订工作要围绕中心、服务大局，紧盯部党组确定的发展大豆玉米带状复合种植、油料作物扩种、林下间作、现代设施种养、丘陵山区机械化等重点任务，加快工作进程，快办好办，引领和推动产品技术迭代成熟。

二、各牵头单位要根据产品种类，充分征求吸收科研机构、检测机构、农机企业和行业主管部门等方面意见建议，进一步增强大纲制修订的专业性、适用性、包容性；加强过程管理，严格落实谁起草、谁负责，切实提高大纲制修订质量。

三、严格按照《农业机械推广鉴定大纲编写规则》（TZ 1—2019），起草大纲草案。起草过程中，要加强关键技术指标的调查论证、比对分析和试验验证。大纲草案起草完成并经起草组协商一致后，于2022年7月底前将征求意见稿电子版报送我部农机化总站科技标准处，以便组织公开征求社会意见。

联系人：郝文录　宋仁龙；

联系电话：010-59199027　010-59199118；

电子邮箱：tc201sc2@126.com。

农业农村部农业机械化管理司
二〇二二年三月十五日

附件

2022年农业机械推广鉴定大纲制修订计划

序号	大纲名称	制订/修订	牵头单位
1	大豆玉米带状复合种植播种机	制订	农业农村部农业机械化总站
2	鲜食玉米收获机	制订	山东省农业机械技术推广站
3	油莎豆收获机	制订	内蒙古自治区农牧业技术推广中心
4	大豆收获专用割台	制订	黑龙江省农业机械试验鉴定站
5	干坚果采打机	制订	安徽省农业机械试验鉴定站
6	洋葱收获机	制订	山东省农业机械技术推广站
7	穴盘清洗机	制订	北京市农业机械试验鉴定推广站
8	设施轨道作业平台	制订	北京市农业机械试验鉴定推广站
9	食用菌接种设备	制订	福建省农业机械推广总站
10	病死猪捡运设备	制订	河南牧原智能科技有限公司
11	油茶果剥壳机	制订	湖南省农机事务中心
12	果蔬预冷设备	制订	河南省农业机械技术中心
13	茶叶发酵机	制订	陕西省农业机械鉴定推广总站
14	养殖场圈舍环境控制系统	制订	广州广兴牧业设备集团有限公司
15	孵化机（DG/T 060—2019）	修订	北京市农业机械试验鉴定推广站
16	自走履带旋耕机（DG/T 088—2019）	修订	湖南省农机事务中心
17	铺膜播种机（DG/T 100—2019）	修订	内蒙古自治区农牧业技术推广中心
18	油菜栽植机（DG/T 103—2021）	修订	农业农村部农业机械化总站
19	水稻侧深施肥装置（DG/T 105—2019）	修订	江苏省农业机械试验鉴定站
20	花生摘果机（DG/T 121—2019）	修订	河南省农业机械技术中心
21	激光平地机（DG/T 151—2019）	修订	黑龙江农垦农业机械试验鉴定站
22	农业用北斗终端（含渔船用）（DG/T 157—2019）	修订	黑龙江农垦农业机械试验鉴定站
23	割捆机（DG/T 179—2019）	修订	天津市农业生态环境监测与农产品质量检测中心
24	果实捡拾机（DG/T 188—2019）	修订	新疆维吾尔自治区农牧业机械产品质量监督管理站
25	粮食输送机（DG/T 192—2019）	修订	安徽省农业机械试验鉴定站
26	粮食色选机（DG/T 193—2019）	修订	安徽省农业机械试验鉴定站
27	果园作业平台（DG/T 212—2021）	修订	陕西省农业机械鉴定推广总站
28	猪栏（DG/T 220—2019）	修订	广东省农业技术推广中心

地方性法规、规章及文件

北京市农业农村局　北京市规划和自然资源委员会 北京市财政局　北京市经济和信息化局　北京市园林绿化局 关于印发《北京市农业机械化提升行动实施方案 （2023—2025年）》的通知

京政农发〔2022〕143号

各有关区农业农村局、区财政局、区经济和信息化局、区园林绿化局、规划和自然资源委各有关分局，各有关单位：

为加快推动本市农业机械化全程全面和高质量发展，按照《国务院关于加快推进农业机械化和农机装备产业转型升级的指导意见》（国发〔2018〕42号）和《农业农村部关于印发＜"十四五"全国农业机械化发展规划＞的通知》（农机发〔2021〕2号），我们研究制定了《北京市农业机械化提升行动实施方案（2023—2025年）》，现印发给你们，请遵照执行。

北京市农业农村局　北京市规划和自然资源委员会
北京市财政局　北京市经济和信息化局　北京市园林绿化局
二〇二二年十二月五日

北京市农业机械化提升行动实施方案（2023—2025年）

为深入贯彻习近平总书记关于"大力推进农业机械化、智能化，给农业现代化插上科技的翅膀"的指示精神，全面贯彻落实国务院《关于加快推进农业机械化和农机装备产业转型升级的指导意见》和农业农村部《"十四五"全国农业机械化发展规划》，全面提升本市农业机械化水平，制定本方案。

一、总体要求

（一）指导思想

以习近平新时代中国特色社会主义思想为指导，立足首都城市战略定位，坚持"大城市带动大京郊，大京郊服务大城市"以服务乡村振兴、满足农业农村现代化对农机装备的要求为导向，着力补短板、强弱项、促协调，加强科技联合攻关，提升农业名产业机械化、智能化水平，增强农机社会化综合服务能力，提升农机管理服务水平，保障首都重要农产品有效供给，促进都市型现代农业发展，为北京市率先实现农业农村现代化提供有力支撑。

（二）基本原则

坚持问题导向，提高农机管理推广水平。结合北京发展实际，健全市区两级农机管理机构，推动政策衔接配套，实现上下协同联动，细化分工责任落实，健全市、区、乡镇农机推广服务体系。

坚持聚焦重点，全面提升农业机械化率。聚焦本市农业重点产业，重点提升粮食生产、设施蔬菜、特色经济作物、畜牧水产、林果（蜂业）、农产品加工等重点产业中薄弱环节的机械化水平，以点带面提升各产业机械化水平。

坚持能力建设，提升农机综合服务能力。紧密围绕农机综合服务能力，改善农机库房和维修条件，升级更新装备，提升专业水平，加强农机化服务人才队伍建设，全面提升农机系统技术服务和支撑保障能力，全面开展好社会化服务。

坚持科技创新，加快推动农机智能化发展。坚持创新发展理念，立足北京"科技创新中心"的定位，瞄准北京农机"高精尖"发展目标，重点围绕智能农机装备技术创新及示范应用，创建示范园区，推动全市农业机械智能化水平提升。

（三）总体目标

到2025年，将全市农机总动力稳定在120万千瓦左右，农机装备品种丰富齐全，农机具配置结构基本合理，农机作业条件和作业质量显著改善，农业各产业机械化、智能化水平显著提高，形成覆盖农业产前、产中、产后的农机社会化服务能力，农机对农业绿色发展支撑作用明显增强，行政、执法、推广"三位一体"的农机化管理工作新格局初步形成，农业机械化进入全程全面、高质量发展阶段，力争创建全国综合机械化水平发展的先进区：智能化农机作业的示范区、农机绿色发展的先行区。

2025年各产业机械化目标：全市农作物耕种收综合机械化率达到75%以上，畜牧养殖机械化率达到85%以上，设施农业机械化率达到55%以上，水产养殖机械化率达到50%以上，农产品初加工机械化率达到50%以上，农作物秸秆基本实现全量化综合利用，无重大农机安全生产事故发生。

展望2035年，全市主要农作物生产实现全过程机械化，农业生产各领域基本实现机械化全覆盖。农业机械智能化、信息化水平在全国保持领先，智能化、信息化广泛应用于农业生产。全程全面和高质量农业机械化支撑农业农村现代化的发展格局基本形成。

二、重点任务

紧密围绕种植、养殖、农产品加工3大领域，深入实施重点产业机械化提升、绿色智能装备升级、重大科技联合攻关、农机社会化服务能力提升、农机监管和服务水平提升5大行动，组织实施15项重点工程39个主要项目，即北京农机化提升"3515"行动计划，加快提升本市农业机械化和智能化水平。

重点产业机械化提升行动

（1）种植业机械化水平提升。粮食生产机械化，重点支持小麦、玉米、薯类等主要粮食作物生产机械由数量增加向质量提升转变，开展精密播种、低损籽粒直收、高质量小麦整地—播种复式作业、薯类收获等农机装备推广应用，全面提升粮食生产机械化作业质量和水平，实现减损增效。经济作物机械化，开展鲜食玉米收获、甘薯移栽及收获、西甜瓜移栽、中药材种植及收获等技术装备示范推广。蔬菜生产机械化，开展番茄、甘蓝、大白菜、西兰花等主要蔬菜种类育苗移栽（播种）、施肥、采运等环节农机装备试验示范，推广应用水肥一体化灌溉施肥、环境精准调控、病虫害预警防控等环节先进装备。林果生产机械化，开展开沟施肥、除草打药、节水灌溉、修剪等机械化技术示范应用，示范推广适宜的山区林果采收机具育繁种机械化，以昌平、通州等区国家农作物品种展示评价基地为重点，加大小区精量播种、田间性状采集、收获、考种等环节农机装备的示范应用，支持种业企业、科研单位提高育种繁种机械化智能化水平。

围绕重点区域、优势作物，开展粮食、蔬菜、林果等全程（或关键环节）机械化技术集成试点建设。巩固顺义、昌平区全国主要农作物全程机械化示范区创建成果，推进延庆、大兴、密云、房山、通州等区的全国主要农作物全程机械化示范区创建工作。启动昌平、平谷、密云等区全国设施农业全程机械化先行先试示范区创建。（市农业农村局，市园林绿化局，各有关区农业农村局、区园林绿化局）

（2）养殖业机械化水平提升。畜牧养殖机械化，开展疫病防控和粪污收集处理与资源化利用等环节的技术装备推广应用，巩固提高饲料投喂、环境控制等环节机械化水平。对新建和改造的规模化奶（肉）牛养殖场（户），推广应用饲草料加工、饲喂、清粪、粪污处理与资源化利用、挤奶、圈舍环境调控、疫病防控机器人等农机装备。水产养殖机械化，开展水质监控、新型增氧、投饵等技术装备和尾水处理设施设备的推广应用。

支持养殖品种、工艺、设施与机械装备同设计、同建设，促进养殖业机械装备与养殖工艺融合，支持平谷区试点建设规模化养殖全程机械化示范区。（市农业农村局，各有关区农业农村局）

（3）农产品加工业机械化水平提升。粮食加工机械化，将烘干成套设施装备纳入农机新产品补贴试点范围，提升烘干能力，支持应用绿色环保烘干设施设备。鲜活农产品加工机械化，主要支持特色经济、蔬菜、食用菌、果品（蜂产品）等，推广应用预冷、保鲜、农残速测、清洗、分级、包装、烘干、速冻等加工技术与机械。在平谷、昌平、密云等区打造一批绿色高效农产品加工机械化典型案例。（市农业农村局，市园林绿化局，各有关区农业农村局、区园林绿化局）

（4）农业生产宜机化改造。结合全市高标准农田建设、设施农业绿色高效发展、标准化果园建设，建立农田宜机化、设施结构宜机化、标准化果园宜机化典型模式。在顺义、密云等区开展露地蔬菜作物地块卫星平地技术试验示范；在房山、大兴、顺义、通州、昌平、平谷等区开展日光温室、塑料大棚宜机化改造与宜机化栽培技术试验示范；在平谷、大兴、延庆等区开展标准化果园新建和老旧果园宜机化改造试验示范。

将宜机化内容列入高标准农田市级建设规范和各区设计方案中，严格执行农业用地政策，加大宜机化建设。因地制宜，改善农机通行与作业条件，促进机械化生产与农田建设相适应。（市农业农村局，市规划和自然资源委，市园林绿化局，各有关区农业农村局、区园林绿化局、规划和自然资源委各有关分局）

绿色智能装备升级行动

（5）农机节能减排迭代升级。支持淘汰耗能高、污染重、安全性低的老旧农机具，开展先进适用、节能固碳、安全可靠农业机械的推广应用。优化农机装备结构，促进"国四"排放标准柴油农业机械和其他节能农业机械推广应用。（市农业农村局，各有关区农业农村局）

（6）绿色农机化技术推广应用。继续开展农作物秸秆综合利用重点区创建，完善秸秆综合利用方式，力争全市秸秆综合利用率保持在99%以上。持续推广季节性裸露农田扬尘抑制保护性耕作技术，累计应用面积达80%以上在密云、昌平、大兴等区，开展农田水肥一体化、有机肥替代化肥、高效植保等绿色机械试验示范，在顺义、通州、延庆等区选型示范先进可行的种植、养殖及农业农村有机废弃物协同处置设备。（市农业农村局，各有关区农业农村局）

（7）农机装备智能化改造。开展自动驾驶、农田精细平整、精准播种、变量施肥、精准喷洒、设施智能监控和精准收获作业等智能装备推广应用。支持对动力机械自动驾驶、作业质量控制、电控提升、定位导航等智能化改造；对配套农机具和收获机自动身份识别、作业质量监控等智能化改造；对大型喷灌机水肥一体化、远程监控等智能化改造。

支持农户和农机社会化服务组织积极购置新型智能化农机装备，同时对具备改造条件的传统农机装备进行智能化升级。（市农业农村局，市经济和信息化局，各有关区农业农村局、区经济和信息化局）

（8）农业机械化综合管理系统。整合完善和建设集智能农机研发、试验鉴定、补贴管理、牌证管理、智慧农机应用、农机作业调度、统计分析、数据监测等为一体的全市统一的农业机械化综合管理系统，推动需求与研发互通、应用与生产互联、农机与农艺融合，各类资源互联互通，各类数据统一交互，为政府、企业、农户提供便捷的数字服务。积极推动农机化管理实现"服务6类用户、全市农机1张网"的目标，通过手机移动端App为农民和服务组织提供便捷服务。（市农业农村局）

重大科技联合攻关行动

（9）农机关键装备科技攻关和新技术推广应用。在通州区打造以新能源、智能化为核心的农业装备研发、展示中心，重点开展研发测试、示范展示、技术输出、合作交流等项目建设。在海淀、平谷、顺义、密云等区开展番茄采摘、生猪智能精准饲喂、大田遥感、果园采摘、设施巡检等关键环节机器人应用示范。在大兴、密云、顺义、平谷、海淀、朝阳、昌平等区,积极探索小麦、玉米和水稻无人农场、露地和设施蔬菜智慧农场、设施养殖智慧农场、垂直智慧农场等现代农业示范园区建设。探索对"3S"技术、物联网应用、农业机器人、智能化控制和导航、生产智能决策支持系统等智能农机装备技术的协同攻关结合"四分"农机化研究,按照薄弱环节机械化技术、关键环节提升性技术、重点环节引领性技术,制定农机装备补短板需求清单,探索开展农机装备补短板政策创设与项目化管理。鼓励在京优势农机装备科研院所、高等院校及生产企业,积极承接国家重点研发计划中关于农机装备及智能化科研的相关项目,组织承接好农业农村部农机装备关键核心技术攻关和短板机具研发等重点工作。(市农业农村局,市经济和信息化局,市园林绿化局,各有关区农业农村局、区经济和信息化局、区园林绿化局)

农机社会化服务能力提升行动

(10)农机服务组织装备能力提升。开展全市农机化作业防灾应急保障能力建设,支持顺义、大兴、房山、通州、密云、怀柔、平谷、延庆、昌平等区,每区建设1~2支常态化农机应急作业服务队,开展开沟、挖掘、排涝、履带式等机械配备,提升农机应急抢收抢种及排涝抗旱服务能力,通过农机购置与应用补贴、报废更新补贴、作业补贴等政策,加大资金投入力度,重点向新型优质机具倾斜,推动果蔬收获、精量播种、籽粒直收等机械的更新换代,提升农机社会化服务组织装备水平。(市农业农村局,各有关区农业农村局)

(11)农机服务组织基础设施配套提升。各部门在充分沟通、广泛调研的基础上,明确试点方向、路径、措施等基本框架,探索农机服务组织配套设施建设用地途径和方式,切实解决农机服务组织必要的农机配套建设用地困难的问题。在相关区组织开展农机服务组织机库棚、维修车间、粮食烘干和晾晒场等综合配套设施建设试点。(市规划和自然资源委,市农业农村局,市园林绿化局,规划和自然资源委各有关分局、各有关区农业农村局、区园林绿化局)

(12)农机服务组织规模经营能力提升。推动农机服务组织采取社会化服务、土地托管、土地流转等形式,开展适度规模种植。鼓励农机服务组织开展粮菜果关键环节机械化和农业废弃物收运储用等多元机械化作业服务,服务周边中小农户和家庭农场。支持农机服务组织参与高标准农田建设,组织平谷、大兴、顺义、昌平等条件适宜区创建全国"全程机械化+综合农事"服务中心。(市农业农村局,市园林绿化局,各有关区农业农村局、区园林绿化局)

农机监管和服务水平提升行动

(13)农机安全执法监管能力提升。深化"平安农机"创建活动,每年创建3个市级"平安农机"示范区,推荐1个国家级"平安农机"示范区。通过典型示范,促进各区政府更加重视农机安全生产工作。

规范落实各项执法制度,强化基层农机安全生产执法检查,全面、动态排查安全隐患,加强重要节假日、重要农时和重要活动等关键时点的安全生产督导检查,严查严处违法违规行为。推进农机安全生产网格化管理,采取区域定格、网格定人、人员定责的措施,构建层级清晰、全面覆盖、责任到人的管理机制,完善农机安全生产考核指标体系。压实生产经营主体责任,建立健全各项安全规章制度,推进农业机械安全规范化建设,保障农业机械操作使用安全。完善农机安全生产事故处理应急预案,常态化组织开展事故应急演练。(市农业农村局,各有关区农业农村局)

(14)农机鉴定检测能力提升。强化叶菜、薯类收获机械、设施环境监控设备、果园作业平台、孵化机等农机装备试验鉴定能力,逐步提升检验检测机构环境、人力资源、设施、设备、程序方法和质量管理体系。探索拓展自动驾驶、温室环境智能控制和设施水肥一体机等智能农机装备鉴定能力,研究检测方法,加快制定智能农机装备相关检测鉴定大纲,逐步完善相关检验检测条件,促进智能农机装备检测体系建设。(市农业农村局)

(15)农机技术服务能力提升。提升全市农机推广系统技术服务和支撑保障能力,加强人员技能培训,加大新技术新装备选型、试验、改进、示范的资金投入。以"农机3·15""农机质量投诉电话"建设为重点,加强全市农机质量监管服务。鼓励各区形成一批符合当地产业发展特点的区级主推机械化技术及模式,积极承接好全市农机推广"田间日"活动。(市农业农村局,各有关区农业农村局)

三、保障措施

加强组织领导

(1)成立市级方案落实协调小组。市农业农村局为组长单位,市园林绿化局为副组长单位,负责制定实施方案,牵头指导实施市财政局、市规划和自然资源委、市经济和信息化局为成员单位,依照相关法律法规和职责共同推进本市农业机械化提升行动。

(2)各区要成立相应的区级方案落实协调小组。由区农业农村局牵头,相关部门为成员单位,抓好区级实施方案的编制、重点工程落实、建设资金保障、项目实施和绩效考评等工作。将具体任务落实到相关实施主体。

加强政策保障

(3)用好用足现有政策。充分发挥现有农机化、种植业、养殖业、种业、农田建设、产业发展等农业政策作用,统筹利用金融贷款、税收优惠、基础设施投资、科技创新和"首台套"研发等政策,采取以奖代补、先建后补等方式,推动各项工作顺利进行。

(4)探索新政策。开展农机服务组织场库棚、烘干设施和维修车间等建设用地政策试点工作。积极争取国家级农机购置与应用综合补贴试点,探索创新补贴资金使用与管理方式,实施购置补贴与作业补助、贷款贴息、融资租赁承租补助等相结合的补贴方式。鼓励金融机构加大对新型农机服务经营主体的信贷投放,灵活开发各类信贷产品,提供融资租赁、信贷担保等个性化融资方案。盘活农村集体经济组织农机资产,推动村集体农机产权交易机制。鼓励发展农机保险,引导保险机构研究开发适合农机行业特点的保险产品。

(5)各区要强化行政、执法和农机化技术推广机构和人才队伍建设。鼓励专业技术人员扎根基层推广服务,建设一支懂技术、会操作、善管理的新型农机推广服务人才队伍。

加强监督落实

(6)完善考核制度。要明确任务目标,细化责任分工,做好方案中重点工程目标分解,狠抓考核落实,强化考核结果运用,做好与乡村振兴战略实绩、粮食安全区长责任制和平安农机建设等考核的衔接。

（7）建立项目验收制度。在工程实施过程中，要严格履行申报评审、验收等程序，项目建设需符合土地、规划和环保等政策要求，强化市区两级检查考核，实行清单化管理，保障年度任务落实。

（8）开展年度审计。市各成员单位要加强对区级年度项目执行的审计，做好风险防控，严肃工作纪律，强化廉政建设。对于审计中发现的问题，及时督促整改。

（9）三年一评估。实行"三年一评估、三年一调整、三年一滚动"，每三年对北京市农业机械化提升行动实施方案落实情况开展一次评估，依据评估结果动态调整，滚动实施。

加强宣传引导

加强政策宣贯，多渠道、多形式宣传农业机械化相关政策法规，充分调动社会各界支持农机化、关心农机化发展的积极性和主动性，搭建全社会广泛参与的平台。加强试点示范，针对全国性示范区、示范点、典型案例开展系列宣传报道，组织观摩学习活动，及时总结推广推动农业机械化转型升级的好经验、好做法，宣传推介农机"一线土专家""全国最美理事长"、全国星级基层农技推广机构等人物或机构，发挥好典型引领作用，讲好农机现代化故事。

天津市农业农村委 天津市工业和信息化局关于印发《天津市农机装备补短板行动方案（2022—2025年）》的通知

津农委〔2022〕30号

各涉农区农业农村委、工业和信息化主管部门，有关单位：

为加快补齐重要农机装备短板弱项，切实满足广大农民群众对机械化生产的需要，全面推进我市现代都市型农业发展，市农业农村委、市工业和信息化局联合制定了《天津市农机装备补短板行动方案（2022—2025年）》，现印发给你们，请参照执行。

天津市农业农村委 天津市工业和信息化局
二〇二二年十一月二日

天津市农机装备补短板行动方案（2022—2025年）

为加快补齐重要农机装备短板弱项，着力破解农机装备研发制造和推广应用难题，全产业链协同推动农业机械化高质量发展，切实满足广大农民群众对机械化生产的需要，全面推进现代都市型农业发展，结合我市实际，制定本方案。

一、总体要求

1. 指导思想

坚持以习近平新时代中国特色社会主义思想为指导，深入贯彻习近平总书记关于提高农机装备水平的重要指示精神，全面落实《国务院关于加快推进农业机械化和农机装备产业转型升级的指导意见》（国发〔2018〕42号）和《天津市人民政府办公厅关于加快推进农业机械化和农机装备产业转型升级的实施意见》（津政办函〔2019〕39号）的有关部署，聚焦农机领域"卡脖子"技术短板，以农机装备服务应用场景为抓手，着眼全产业链强化农机装备研发制造和推广应用，建立健全产业体系、贯通产业链、供应链，推动我市农机化工作高质量发展，助力我市乡村振兴战略高效实施。

2. 基本原则

坚持问题导向。围绕制约我市农业农村现代化发展的"卡脖子"和"掉链子"农机装备，找准关键核心问题，着力补齐短板弱项，全面提升农机装备水平。

坚持需求牵引。聚焦粮油作物、特经作物（蔬菜、林果）、畜牧养殖、水产养殖、农产品初加工、设施农业、智能装备、防灾减灾等产业领域，以农机农艺融合、农机化信息化融合、农机服务模式与农业适度规模经营相适应为路径，积极引导和鼓励使用先进适用型农机装备。

坚持政府引导。发挥政府统筹和政策引导作用，充分利用市场配置资源的良性竞争机制，合理调整农机购置补贴政策，突出科研院所和农机企业主体地位，调动创新积极性。

坚持创新驱动。提升集成创新、自主创新、原始创新能力，加强核心技术攻关，加速推动科技成果转化应用，持续提升农机企业核心竞争力。

3. 行动目标

到2025年末，农机装备结构进一步优化，农机具配置更加合理，农机生产条件显著改善，农机社会化服务体系进一步完善进入农业机械化全程全面、高质高效发展时期。全市农作物耕种收综合机械化率达到90.5%以上，小麦、水稻、玉米等粮食作物生产实现高质量全程机械化。主要农机企业科学研究与试验发展（R&D）投入占比达到2%以上，突破一批关键技术，农业相关领域生产企业智能化水平大幅提高。

二、重点任务

（一）进一步细化完善短板弱项需求清单。组织召开农机装备补短板专题会议，召集相关专家对照产业需求和企业技术难题进行充分论证，在现有短板弱项需求清单（见附件）基础上，进一步梳理完善，明确补短板方向、路径、目标、措施。聚焦薄环节机械化需求，实行重点需求农机装备定向研发、联合攻关揭榜挂帅等制度，引导农机企业、科研院所、推广机构聚焦短板机具攻关发力，突破农机装备关键环节"卡脖子"难题。

（二）加快推进农机农艺融合发展。大力推动农机化科技创新，在农作物品种培育、耕作制度变革、农田基本建设、设施农业建设等过程中,将"宜机化"作为重要要求。积极开展高标准农田建设,推进田间道路(机耕路)建设和土地平整,由"以机适地"转为"机地互适",明确田间道路及田块长度、宽度、平整度等"宜机化"要求,切实改善农机通行和作业条件。加快推进农艺栽培模式"宜机化",开展农机农艺关键技术集成、适用机具组装配套研究,制定完善不同种植模式的全程机械化技术路线、作业规范和机具配套方案,使农机农艺融合更加科学,提升粮食生产能力和防灾减灾能力。

(三)持续优化农机装备结构。发挥农机购置与应用补贴政策支持导向作用,在将补贴重点由种植业向畜牧业、渔业、设施农业、农产品初加工等领域延伸的同时,推动补贴资金继续向农机装备短板领域倾斜,将更多短板急需农机具纳入补贴范围。强化鉴定支撑保障,及时组织完成自主研发特色机具试验鉴定工作。

(四)推进农业机械化全程全面发展。加快推进农机化由耕种收环节向植保、烘干、秸秆处理等全过程发展,拓展机械化作业由种植业延伸至设施农业、林果业、畜牧业、渔业等农业各领域,推动农机化均衡发展。粮食产业要强化农机农艺融合,加强育种与栽培的有机结合。特色产业要着重补齐蔬菜生产机械化的短板,在重点地区和重点环节着力补齐辣椒、青萝卜等特经作物生产机械化的短板,推广应用发展特色蔬菜生产的机械化技术,积极引进或引导农机企业研发实用的蔬菜种子精播、收获机械化技术与装备,推进农业生产全程全面机械化。

(五)大力促进农机装备科技创新。瞄准产业发展机械化需求,抓住研发制造和推广应用两个关键链条,引导农机企业重点研发轻便化、智能化、高效化农机装备。聚焦我市农机装备产业链中重点龙头企业,依托天津农学院、天津智能农业研究院等高校、科研机构,打造"产学研用"优势资源集聚融合的平台载体,为农机装备创新发展提供技术支撑。鼓励科研院所和农机企业围绕农机装备短板弱项需求清单,开展关键核心技术攻关和技术创新。利用天津市智能制造和"首台(套)重大技术装备"等政策,积极引导农机企业聚焦农机"卡脖子"问题,形成一批新成果新产品新技术。

(六)进一步提升农机社会化服务能力。积极引导农机企业与新型农业经营主体对接,拓宽农机合作社经营领域,探索"企农共建""企业+合作社+基地"的农机生产、推广模式,实现农机合作社一二三产业有机融合。推动农机社会化服务向设施种植、畜牧养殖、水产养殖等领域扩展。鼓励农机合作社开展土地托管和代耕代种、联耕联种等作业服务,积极参与统一深松整地、集中育秧、统一播种、统一植保、统一收获、统一烘干等作业环节的农业生产托管服务。支持土地托管、跨区作业、订单作业等农机作业服务,促进小农户与现代农业发展有机衔接。

(七)推进农机化与信息化深度融合,推进天津智能农业研究院建设,积极开展智能农机化技术的引进示范与推广,推动信息技术与农机作业深度融合,实现农机作业智能化管理与服务,提高我市智慧农业发展水平。以振兴小站稻为契机,大力推广水稻侧深施肥和无人机植保技术,扩大卫星导航辅助驾驶技术、农用无人机技术以及卫星平地精量播种等精准作业机械化技术的应用范围,减少人工成本投入,降低劳动强度,节省种子、化肥农药等生产资料,提高作业效率和作业标准,助力农业精准低耗高效发展,实现农业增效、农民增收。

三、保障措施

(一)加强组织领导。在市农业农村委、市工业和信息化局牵头下,充分发挥市农业机械化发展协调推进小组作用,整合各部门配套政策资源,形成工作合力,统筹协调推进农机装备补短板工作。各涉农区农业农村委、工业和信息化主管部门要高度重视农机装备补短板工作,把推进农机装备补短板行动作为加快现代农业发展的一项重点工作来抓,充分发挥农技和农机推广机构、科研院校、农机企业、农机合作社的作用;要强化技术支撑,成立包含不同专业的专家指导组,积极开展技术指导和培训交流;要推进农机与农艺相结合,积极做好部门配合,协同完成补短板工作。

(二)加大政策扶持。鼓励和支持我市农业研究机构同农机企业开展联合创新,针对产业链发展的堵点和难点,积极引导农机企业围绕产业链布局创新链。开展一批重点产品和关键零部件研发及推广应用,实现农机装备发展新突破。加强政策扶持,将农机购置补贴、农业生产社会化服务、高素质农民培育等政策向承担推进农机装备补短板行动的主体倾斜。加强金融支持,鼓励引进社会资本以不同形式参与到农机装备补短板行动中。加强基础建设,提升农机技术推广、教育培训等公共服务能力,确保农机装备补短板行动顺利实施。

(三)积极宣传引导。加大示范力度,通过组织现场会、参与各类学习培训、开展农机科技下乡服务等多种形式,促进农机科技成果转化。加大宣传力度,充分利用各种媒体,开展主题突出、形式多样的宣传报道,营造良好的舆论环境和社会氛围。加大推介力度,及时总结工作进展及工作中的好做法、好经验,发布推介农机装备补短板行动的技术成果。

河北省农业农村厅关于印发《2022年河北省农机装备水平提升工作方案》的通知

冀农函〔2022〕38号

各市(含定州、辛集市)农业农村局,雄安新区公共服务局:

为贯彻落实省政府《关于加快推进农业机械化和农机装备产业转型升级的实施意见》和农业农村部农机装备补短板工作部署,加快提升农机装备水平,促进农业机械化全程全面、高质高效发展,省农业农村厅研究制定了《2022年河北省农机装备水平提升工作方案》,现印发你们,请认真贯彻落实。

河北省农业农村厅
二〇二二年二月十三日

2022 年河北省农机装备水平提升工作方案

为贯彻落实省政府《关于加快推进农业机械化和农机装备产业转型升级的实施意见》和农业农村部农机装备补短板工作部署，加快推进农机装备创新研发和推广应用，制定本方案。

一、发展目标

紧紧围绕农业农村现代化发展要求，以保障国家粮食安全和重要农产品有效供给为重点，稳步推进主要农作物特别是粮食作物全程机械化，聚焦本地优势特色产业，科学梳理分区域、分产业、分品种、分环节农机装备短板弱项，支持农机企业开展高端智能农机装备创新研发，加快新型农机装备推广应用。2022年，全省创建农业生产全程机械化示范县27个，打造无人农场2个，创建农机合作社智慧农牧场30个以上；研发新型农机装备15台套，全省主要农作物耕种收综合机械化率达到85%以上。

二、重点任务

（一）开展"四分"农机化发展研究。贯彻落实农业农村部农机化发展目标任务研究部署要求，分区域、分产业、分作物、分环节梳理本地农机装备短板，找准关键薄弱环节和重点急需技术，确定"十四五"和2035年"四分"农机化发展目标。围绕农田建设规模化、品种栽培宜机化、农机作业标准化、机具研发智能化要求，提出破解农机化发展瓶颈的思路措施，研究制定科学合理、操作性强的农机装备水平提升工作方案。

（二）创建农业生产全程机械化示范县。在献县、肥乡、平山等18个县开展粮食作物全程机械化关键环节示范推广，重点在小麦旋耕分层施肥播种、节水灌溉、玉米籽粒收获、粮食烘干等方面实现突破，力争全省玉米籽粒收获面积由上年85万亩增加到120万亩以上，烘干能力较上年增加100万吨以上。在卢龙、新乐、隆化、丰宁、威县、塞北管理区和芦台管理区等6县区，开展特色优势作物全程机械化试验示范，重点围绕播种、收获等关键环节，加快遴选和试验高效专用农机具及配套技术，力争马铃薯机械化收获面积新增25万亩以上，机采棉面积新增3 000亩以上，水稻机插秧面积新增10万亩以上。在行唐、滦南2县开展畜牧养殖全程机械化试验示范，在饲料生产加工、精准饲喂、消杀防疫、粪便收集处理等环节补齐短板，探索建立智能精准安全机械化生产体系。

（三）加快农机新机具新技术创新研发。持续开展农机新机具新技术项目研发。高端乳品产业，在青贮饲料收获、奶牛粪污综合处理等环节实现突破；优质苹果、沙地梨产业，在果园作业平台设备上实现突破；棉花产业，在残膜回收环节实现突破；道地中药材产业，在机械化收获环节实现突破；优质食用菌产业，在赤松茸生产机械化方面实现突破；精品蔬菜产业，在秧苗移栽、胡萝卜智能收获等环节实现突破；丘陵山区，在智能化遥控多功能履带式作业环节实现突破。到2022年底，全省生产农机样机15种，组织申报国家专利15项以上。同时，陆续启动新一轮为期两年的农机新机具新技术研发项目。组织省内农机企业加强科企合作，围绕粮食节能减损装置、智能化生猪养殖设备、浅埋滴灌全程机械化装备、智能电动淋灌设备、新型鸡舍自动集蛋设备、粮食作物智能收获和精准播种机械、智能温室测控装备、智能洋葱联合收获机械以及丘陵山区全程机械化小型农机装备等15种新机具开展研发，2022年底前完成中期评估。

（四）认真落实农机购置补贴政策。发挥农机购置补贴政策导向作用，将粮油、生猪生产急需的农机具全部纳入补贴范围，支持短板机具优先开展专项鉴定，推进优机优补，加大补贴力度。优化补贴资金兑付方式，稳步推进手机App、补贴机具二维码和物联网监控设备等农机购置补贴实施与监管信息化技术集成应用"三合一"试点，加快补贴全流程线上办理。到2022年底，各地资金登记率达到95%以上，全省受益农户达到3.2万户以上。加快推进农机报废更新补贴政策落实，完善细化管理措施，全面掌握报废需求，合理设立回收企业，采取"一站式"服务等便民措施，加快农机报废更新步伐，全省农机报废更新实施县占比达到80%以上。

（五）推动农机新装备新技术示范应用。以农机农艺融合、机械化信息化融合为重点，在磁县、安国、张北、丰宁等4县分别开展小麦智能农机与机收减损、中药材收获装备、马铃薯耕种管收装备和燕麦收获打捆等农机装备及配套技术示范与推广，每县召开一次农机推广"田间日"活动，展演农机新装备300台以上，形成特色农作物全程机械化解决方案4个，开展农机专题培训4次，培训基层技术人员和农机手1 000人以上，构建产学研推用合力攻关的推广新机制。

（六）加快发展智能农机。推动物联网、大数据、移动互联网、卫星定位等信息技术在农机装备和农机作业上的应用，加大智能监测终端推广力度，积极开展关键作业环节智能控制系统推广使用。建设精准变量施药、精准变量施肥、高速精量播种、水肥一体化灌溉、北斗定位、自动驾驶等技术集成的精准作业智慧农场28个，建设涵盖智能养殖、智能监测、智能环控的智慧牧场2个。在雄安新区、辛集市打造2个"无人农场"试点，开展耕种管收生产环节全覆盖、机库田间转移作业全自动、自动避障异况停车全安全、智能决策精准作业全无人作业技术先行先试，提出粮食生产"无人化"机械装备与技术解决方案。

三、进度安排

1月份，制发《"四分"农机化发展目标任务研究方案》，制定省级农业生产全程机械化示范县创建、农机新机具新技术创新研发、农机推广"田间日"活动等实施方案，指导各地制发具体落实方案。

2月份，敦促各市成立农机装备水平提升工作专班，建立与相关部门的沟通协调机制，明确责任分工。完成农机化发展目标任务研究小组组建，明确技术顾问、牵头负责人、主要成员以及联系人。

3月份，开展农机化发展目标任务理论研究和实地调研，提出农机关键薄弱环节和重点急需农机装备技术需求清单。组织召开农机装备"补短板"培训研讨会议。

4月份，组织开展全程机械化示范县机具选型。组织各地签订《新机具新技术研发任务书》。启动农机购置补贴"三合一"试点建设。

5月份，召开农机化发展目标任务理论研究调度会。完成全程机械化示范县夏季农机装备购置，组织开展智慧农场、无人农场智慧农机改造提升。

6月份，开展夏季农机化生产关键环节试验示范。在磁县召开智能农机与机收减损田间日活动。开展小麦生产"无人化"作业智能装备技术试验示范。

7月份，组织开展实地调研，完善破解农机化发展瓶颈的思路和措施。制定全省"十四五"和2035年"四分"农业机械化实现路径简表。

8月份，完成全程机械化示范县秋季农机装备购置。组织开展全国第七批全程机械化示范县、示范市申报评价。深入基层、生产企业组织实地调研，论证农机化发展目标任务研究成果。

9月份，开展农机购置补贴政策落实情况调研。在张北县召开马铃薯生产全程机械化田间日活动。召开研究成果专题研讨论证会，形成分区域、分产业、分作物、分环节推进农业机械化发展工作方案。

10月份，开展秋季农机化生产关键环节试验示范。在丰宁县召开燕麦生产全程机械化田间日活动。开展玉米生产"无人化"作业智能装备技术试验示范。

11月份，开展农机新机具新技术研发项目验收和中期评估。在安国市召开中药材生产全程机械化田间日活动。

12月份，组织开展全程机械化示范县创建和"无人农场"建设项目验收，总结提炼技术路线和全程机械化解决方案。完成农机购置补贴政策落实情况总结。

四、保障措施

（一）加强组织领导。各地要把提升农机装备创新研发和推广应用水平作为加快现代农业发展的一项重点工作来抓。各级农业农村部门要尽快成立工作专班，具体推动本地区农机装备水平提升相关工作，依托科研单位、农机企业和推广部门专家成立农机化发展目标任务理论研究小组，制定科学合理、操作性强的研究方案。各地工作方案要及时报送省厅。

（二）完善工作机制。各级农业农村部门要主动与工信、科技部门沟通对接，建立协作机制，做到定期会商、密切合作。支持引导农机科研单位和农机企业加强合作，定期开展调度，实时掌握各地农机装备研发和重点工作进展情况。

（三）强化政策创设。各地要将农机装备水平提升放在农业农村工作全局中统筹考虑，加强农业农村系统内部农田建设、种植、种子、科教、畜牧等各专业的沟通合作，在工作方向和重点举措上取得共识。敦促各地开展先行先试，大胆探索创新，主动推出市县层面的政策举措。

（四）搞好宣传引导。及时总结农机装备提升工作的好做法、好经验、好典型，通过组织现场观摩、开设宣传专栏等形式，集中发布技术成果，加强学习交流互动。充分发挥主流媒体、新媒体作用，开展主题突出、形式多样的宣传报道，为农机装备水平提升营造良好舆论氛围。

山西省农业农村厅关于印发《山西省"十四五"农业机械化发展规划》的通知

晋农机发〔2022〕5号

各市农业农村局：

为贯彻落实《"十四五"全国农业机械化发展规划》《山西省国民经济和社会发展第十四个五年规划和2035年远景目标纲要》《山西省"十四五"推进农业农村现代化规划》的有关部署，我厅编制了《山西省"十四五"农业机械化发展规划》。现印发给你们，请结合实际贯彻执行。

山西省农业农村厅
二〇二二年六月十六日

山西省"十四五"农业机械化发展规划

"十四五"时期，我省的农机化工作将根据国家和全省"十四五"经济和社会发展规划的总体要求，按照省委"全方位推动高质量发展"重大部署和要求，紧紧围绕全面推进乡村振兴，加快推进农业机械化全程全面和高质量发展，补短板、强弱项、促协调、提水平，形成适应全省农业现代化发展要求的农机法治化管理、社会化服务、产业化经营新格局。

第一章 发展背景

"十三五"期间，山西省农业机械化主动适应经济发展新常态、农业农村发展新要求，落实中央强农惠农政策，大力开展农机购置补贴、农机新型经营主体培育，加快发展机械化有机旱作农业等重点工程，推动形成了农机装备结构不断优化、服务能力不断提升、发展方式加快转变的良好态势，全省农业机械化快速向全程全面高质高效转型升级，农机化各项工作均取得了显著成效，充分发挥了机械化在现代农业发展进程中的引领、支撑和保障作用。

一、发展成效

（一）农机装备结构持续优化

截至2020年底，全省农机总动力达到1 595.26万千瓦，拖拉机拥有量达到39万台，配套机具达到56万部，特别是大中型拖拉机近年来快速发展，2020年拥有量达到113 170台，比2015年增长20%。与58.8千瓦及以上拖拉机配套的农具达到100 288台，大中型拖拉机配套比由2015年的1∶1.9提高到2020年的1∶2.6。粮食作物急需的机械化技术装备持续快速增加，自走式玉米收获机达到23 090

台，占玉米联合收获机总数的93%。畜牧、薯类、小杂粮、农产品初加工、设施农业等方面的装备数量明显增加，新型智能化、复式、绿色机具的实际需求逐年增加，其中农用航空器拥有量达到458架，较2016年增长6倍。

表1 农机化基本情况表

项目	指标	单位	数量
农业机械拥有量情况	总动力	万千瓦	1 595.26
	拖拉机	万台	39.19
	其中：大型及以上（80马力及以上）	万台	2.24
	谷物联合收割机	万台	3.49
农机作业情况	2020年机耕面积	千公顷	2 693.79
	2020年机播面积	千公顷	2 662.05
	2020年机收面积	千公顷	2 009.91
	2020年农作物耕种收综合机械化率	%	72.6
	2020年小麦综合机械化率	%	91.8
	2020年玉米综合机械化率	%	84.7
	2020年马铃薯综合机械化率	%	71.6
农机社会化服务情况	农机服务组织	个	4 490
	农机户	万个	50
	农机维修厂及维修点	个	5 137
	农机从业人员	万人	68.97
	农机专业合作社作业服务面积	千公顷	1 130.86
	农机生产托管作业面积	千公顷	116.84

（二）农机化作业水平稳步提高

2020年底全省农作物耕种收综合机械化率达到72.6%，比"十二五"末提高7.6个百分点。机耕、机播、机收率分别达到82.2%、75.5%、57.1%。其中玉米机收水平达到67.3%，小麦机收水平达到89.2%。机械化保护性耕作、机械化深松、机械化秸秆还田、机械化免少耕播种、精量播种面积都有了大幅增长。跨区作业近7万公顷。

（三）农机购置补贴政策精准实施

"十三五"期间，全省围绕主要农作物全程全面机械化、有机旱作农业、丘陵山区农业机械化等重点工作，精准实施补贴政策，将适合我省的机具种类品目纳入补贴范围，实现补贴范围内机具全部敞开补贴、应补尽补。"十三五"期间，全省累计落实农机购置补贴资金21.36亿元，补贴14.76万农户购买23.19万台（件）农机具。对于调动农民的购机积极性，提升农机装备水平和作业水平发挥了重要作用。

（四）农机社会化服务体系日趋完善

全省农机专业合作社、农机大户、农机专业协会、农机中介公司等不同形式的新型社会化服务组织快速发展，农机社会化服务体系呈现出了多样化的发展新格局。截至2020年底，全省注册登记的农机专业合作社数量达到2 575个、农机大户9 897个、农机维修网点5 137个、乡村农机从业人员68.97万人，全省初步形成了以开展农机作业服务为主要内容，以农机化技术推广、技能培训、机具维修、配件供应、信息服务等为支撑，形成土地流转、订单作业、托管半托管、承包服务和跨区作业等服务功能较为完善的农机社会化服务体系。

（五）农机化新技术得到快速发展

丘陵山区农业机械化技术、无人机植保飞防技术、粮食产地机械烘干技术、水肥一体化节本增效灌溉技术、农产品加工装备技术、果园机械化生产技术、饲草料机械化生产技术等方方面面的农机化新技术均得到了一定的推广应用。2020年全省丘陵山区县农作物综合机械化率达到62%，水肥一体化节本增效灌溉技术灌溉施肥面积达到7.67万亩，植保飞防作业面积累计达到313万亩、设施栽培总面积达到75.1万亩。

（六）农机化信息服务水平稳步提升

以"互联网+农机"为引领，山西农机化信息网加速整合，"山西省智慧农机信息服务管理平台"初步构建，远程作业监控智能设备逐渐广泛应用于农业生产各个环节，智慧农机应用受到了各级政府部门的重视。农机信息管理服务体系逐步建立和完善，进一步提升了信息化服务农民、农机手、农机服务组织、农机生产销售企业的能力，强化了各级农机管理部门和农机服务组织的信息共享，在推进机械化和信息化融合方面迈出重要步伐。

（七）农机安全生产成效显著

农机安全生产形势持续向好。全省共发生农机安全生产事故6起，较"十二五"期间，事故数下降了83%，死亡人数下降了78%，千台重伤率长期处于较低水平，未发生一次死亡6人以上的重特大农机安全生产事故。全省新注册登记拖拉机、联合收割机46 327台，检验168 698台次，新训新考驾驶员19 392人，换发驾驶证18 845个。拖拉机、收割机在册数和驾驶员持证数较"十二五"期间均增加了33%。安全监理免费政策全面落实，共计创建国家级"平安农机"示范县3个、省级"平安农机"示范县7个。

二、发展形势

（一）发展短板

当前农业生产各领域对农业机械化的需求结构发生了深刻的变化，农业机械化在区域、产业、品种、环节上发展不平衡、不充分的矛盾日益凸显。不平衡主要表现为"三高三低"：从区域上看，平川地区机械化水平较高，丘陵山区机械化水平较低，依旧面临"机""地"的双重制约；从产业上看，种植业机械化水平较高，畜牧业、林业、设施农业、农产品初加工的机械化水平较低；从作物上看，小麦玉米马铃薯三大农作物综合机械化水平较高，杂粮和特色农作物综合机械化水平较低，还存在"无机可用""无好机用"的问题；不充分主要表现为"三多三少"：从农机产品供给看，中低端、单一功能机具多，高品质、复合型机具少；从科技创新看，单项农机作业技术多，集成配套的农机作业技术少；从经营主体看，小规模自用型农机户多，大规模专业化农机服务组织少。农机农艺融合也不够深入，一些产业品种、栽培、装备不配套，种养方式、产后加工与机械化生产不协调。

（二）发展机遇

一是促进农业农村现代化和全面推进乡村振兴对全省农机化发展提出新要求。随着我省城镇化、现代化持续推进，农村人口加速向城镇流动，农村劳动力老龄化加剧，青壮年劳动力短缺，农业生产人力成本逐年攀升，农业机械化在保障国家粮食安全和重要农产品有效供给、提高农业质量效益和竞争力、促进小农户和现代农业发展有机衔接、拓宽农民就业空间等方面发挥着越来越重要的作用。新时期解决好"谁来种地、怎样种地"迫切需要加快推动农业机械化为农业产业安全和发展提供保障，为乡村全面振兴和农业农村现代化提供支撑。二是各级党委政府高度重视农机化工作为全省农机化发展创造了新契机。习近平总书记指出，要"大力推进农业机械化、智能化，给农业现代化插上科技的翅膀"。国家"十四五"规划纲要提出要"强化农业科技和装备支撑"，并将"农业机械装备"和"农业机械化"，分别列入"制造业核心竞争力提升"和"现代农业农村建设工程"重要内容。《山西省国民经济和社会发展第十四个五年规划和2035年远景目标纲要》《山西省"十四五"推进农业农村现代化规划》都对推进全省农业机械化发展提出了具体要求，我省的农业机械化面临着新的发展形势和重大机遇。这些指示和部署释放了全面推进农业机械化高质量发展的重大信号。三是国家及省级农机化新政策为全省农机化发展提供了新路径。国务院《关于加快推进农业机械化和农机装备产业转型升级的指导意见》，要求着力推进农机农艺融合、机械化信息化融合、农机服务模式与农业适度规模经营相适应、机械化生产与农田建设相适应，推动农业机械化转型升级，走出一条中国特色农业机械化发展道路。省政府《关于加快推进农业机械化和农机装备产业转型升级的实施意见》提出今后一个时期全省推进农业机械化和农机装备产业转型升级的指导思想、工作目标、重点任务和主要措施，为我省新时期农业机械化发展指明了路径、明确了抓手。

第二章 总体要求

一、指导思想

坚持以习近平新时代中国特色社会主义思想为指导，全面贯彻落实党的十九大、十九届历次全会和中央农村工作会议精神，立足新发展阶段、贯彻新发展理念、构建新发展格局、全方位推动高质量发展。全省农业机械化要以服务乡村振兴战略、农业现代化三大省级战略、有机旱作农业以及满足广大农民对机械化生产的需要为目标，以农机农艺融合、机械化信息化融合、农机服务模式与农业适度规模经营相适应、机械化生产与农田建设相适应为路径，以科技创新、机制创新、政策创新为动力，推动农业机械化和农机装备产业转型升级，走出一条具有山西特色的发展道路，为保障粮食等重要农产品有效供给、巩固拓展脱贫攻坚成果、全面推进乡村振兴、加快农业农村现代化提供有力支撑。

二、基本原则

1. 市场导向，供需协调。以市场需求为导向，引导资本、技术和人才等各类社会资源有效配置。突出政府的引导作用，通过政策促进、示范引导和效益推动，调动农机生产者、经营者、使用者的积极性。

2. 因地制宜，突出重点。立足于我省的实际情况，根据不同区域、不同产业、不同作物，针对发展短板、薄弱环节，制定行之有效的措施，加快推进丘陵山区农机化、特色农业农机化等的发展。

3. 机艺融合，转型升级。密切同广大农艺、农机工作者的沟通与协作，完善农机农艺融合的生产技术体系，创新农机农艺融合机制，促进"良田、良种、良机、良法"的配套，提高农业机械化生产水平，推动农业产业化发展。

4. 协同推进，创新发展。加强各部门之间的协调，持续推进农机研发制造与技术推广机制创新、服务组织形式与社会化服务机制创新，推动建立农业机械化主管部门、新型农业经营主体和广大农民群众共同发挥作用的有效机制和模式。

三、发展目标

到2025年，主要农作物生产实现全程机械化，设施农业、林果业、畜牧养殖和农产品初加工机械化取得明显进展，有条件的地区率先基本实现农业机械化。

农机装备水平全面提高。农机装备总量稳步增长，结构持续改善，区域发展更加协调。农机装备产业迈入高质量发展阶段，农机装备基本满足农业生产需求，全省农机总动力达到1 830万千瓦以上。

农机作业水平全面提升。全省农作物耕种收综合机械化率达到77%，丘陵山区农作物耕种收综合机械化率达到65%以上，设施种植、林果业、畜牧养殖和农产品初加工机械化率总体达到50%左右。

农机社会化服务提档升级。农机社会化服务体系基本覆盖农业生产的产前产中产后，在服务领域上向综合化发展。完善农机售后维修服务，助力农机社会化服务组织提档升级，创建一批管理现代化、生产智慧化、服务综合化的农机综合服务中心。

农机化新技术推广应用。加大丘陵山区农业机械化技术、水肥一体化节本增效灌溉技术、粮食产地机械烘干技术、农产品加工装备技术、畜牧业、林果业、设施农业、大田蔬菜、中药材生产机械化等新技术示范推广力度，推动农业机械化"全面、全程、高质、高效"发展。

农机安全生产平稳有序。拖拉机和联合收割机上牌率、检验率、驾驶操作人员持证率有所提高。农机事故发生率稳定在0.13‰以下。安全生产管理服务手段更趋现代化，农机安全生产形势保持平稳。

表2 "十四五"农业机械化主要指标

类别	指标	单位	2020年基期值	2025年预期值
重要农机装备保有量	总动力	万千瓦	1 595.26	1 830
	100马力以上拖拉机	万台	1.68	2
	谷物联合收割机	万台	3.49	4
	马铃薯收获机	万台	0.64	0.8
农作物耕种收综合机械化率	耕种收综合机械化率	%	72.6	77
	小麦综合机械化率	%	91.8	93
	玉米综合机械化率	%	84.7	88
	马铃薯综合机械化率	%	71.6	76
	丘陵山区综合机械化率	%	62	65

第三章 区域发展重点

围绕全省农业产业结构调整和布局的建设要求，结合农机化发展的特点，按照"因地制宜、分类指导、重点突出"的原则，规划建立六个各具特色的农机化发展区域。

机械化粮食生产实施区：区域范围包括全省11个市的56个县（市、区）。该区域以稳定粮食生产为重点，以农业机械化生产为抓手，以主要农作物机械化技术集成示范基地建设为着力点，稳面积、稳产量、稳政策，重点巩固提高小麦生产全程机械化质量效益，全面推进玉米和马铃薯生产全程机械化，扩大深松整地、保护性耕作、高效植保、中耕施肥、节水灌溉、玉米籽粒收获、秸秆还田收贮、粮食产地烘干等机械化技术的应用面积，加大抗旱节水机械设备推广应用力度。

机械化畜牧生产实施区：区域范围包括大同、朔州、忻州、吕梁、太原、阳泉6个市的40个县（市、区）。该区域以促进畜牧业机械化快速发展为目标，加强畜禽品种、养殖工艺、设施装备集成配套，着力改善中小规模养殖户条件，开展优质饲草青贮、农作物秸秆制备饲料、畜禽粪污处理及资源化利用等机械化技术推广应用。大力培育发展新型畜牧机械装备经营和服务组织，开展优质饲草料"种、收、贮、加、送"、粪污资源化利用、病死畜禽无害化处理、畜产品贮运、安全净化防疫等环节的社会化服务。

机械化林果（干鲜果）业生产实施区：区域范围包括吕梁、临汾、运城、晋中、长治、晋城、阳泉7个市的40个县（市、区）。重点发展临汾、运城等地区的鲜果优势产业和吕梁山、太行山集中连片区的名优干果特产。主要开展果树育苗、移栽、施肥、修剪、植保及果品采摘、分级、包装、贮运等关键环节机械化技术与装备的示范推广，加快灾害防控体系和水肥一体化系统建设，探索适合不同树种宜机化果园建设规范，引导果园生产模式转型升级。

机械化杂粮（丘陵山区）生产实施区：区域范围包括大同、朔州、忻州、吕梁、太原、阳泉、晋中、长治、晋城、运城10个市的39个县（市、区）。该区域以稳步提高马铃薯、高粱、谷子、莜麦、胡麻、荞麦机械化耕、种、收等关键环节机械化水平为主，重点突破精量播种、中耕植保和机械化收获薄弱环节，狠抓优势小杂粮生产、初加工机械化，加快构建全省杂粮作物全程机械化生产模式，引领带动杂粮产业振兴。

机械化蔬菜生产实施区：区域范围包括全省11个市的48个县（市、区）。重点集成示范育苗、精整、起垄、精量直播、移栽、水肥一体化、采摘运输、环境调控等机械化技术装备，加快绿色高效农机化新技术新装备推广应用，加快设施蔬菜和露地蔬菜栽培技术与机械化装备的融合配套，研究制订宜机化、标准化技术模式，构建蔬菜全程机械化技术体系。

机械化中药材生产实施区：区域范围包括大同、朔州、忻州、吕梁、太原、阳泉、晋中、长治、晋城、运城10个市的45个县（市、区）。在道地中药材生产优势区，加大育苗直播、药苗移栽、除草和收获（采收）等关键薄弱环节专用机具的选型试验，围绕中药材生产精整、精播、移栽、收获等关键环节，大力示范推广深翻、精细整地、播种（移栽）、植保、收获等机械化技术，逐步建立中药材全程机械化技术体系，创新发展我省中药材生产机械化技术栽培模式。

第四章 主要任务和重大行动

一、主要任务

（一）加快农机装备创新发展

坚持市场导向和政策扶持相结合，根据全省农业生产发展要求，聚焦农机新装备发展，着力补齐农机装备短板弱项。加快建立农机农艺科研单位协作攻关机制，完善农业机械化生产技术体系，研究制造适合省情、农民需要、先进适用的农业装备，全面提高农机产品供给体系的质量和效率。加强农机装备质量可靠性建设，调整完善农机购置补贴政策，发挥政策实施的导向作用，满足有机旱作农业、农业"特""优"战略和特色农业发展的装备需求。

（二）推进农业生产全程全面机械化

聚焦农业生产关键环节和机械化薄弱环节，大力推进农机农艺深度融合，加快高效植保、产地烘干、秸秆处理等环节与耕种收环节机械化集成配套，研究制定具有区域特色的主要农作物生产全程机械化解决方案。围绕农业产业结构调整，因地制宜推进农业机械化全面发展。在设施农业、畜牧养殖、林果业、中药材等方面完善协作合作机制，总结推出区域化、标准化的机械化生产技术模式，构建高效特色农业生产技术体系。

（三）推广先进适用农机装备与技术

加强绿色高效新机具新技术示范推广，推进精准施药、高效施肥、节水灌溉、秸秆综合利用、地膜覆盖、病死畜禽无害化处理、畜禽养殖粪污资源化利用等绿色高效机械装备和技术的示范推广。推进机械化有机旱作农业，普及高效适宜的有机旱作农业技术，促进农作物耕、种、管、收、防等有机旱作农业全程机械化。推动智慧农机示范应用，促进物联网、大数据、移动互联网、智能控制等信息技术在农机装备和农机作业上的应用。推进农产品初加工机械化，加快推广产地初加工关键技术，完善加工装备和设施建设。

（四）提高农机社会化服务水平

结合区域发展实际，分步、精准开展农机社会化服务组织建设。农机社会化服务组织分布散和数量少的地区，扶持农机社会化服务组织快速发展。农机社会化服务组织发展条件成熟的地区，鼓励提质增效，通过强强联合、多元化发展提升市场竞争力。鼓励农机社会化服务组织创新服务机制，加强多方合作，开展多种形式的适度规模经营，多元农机服务主体融合发展，不断促进小农户与现代农业发展有机衔接。

（五）促进农机化安全发展

以提高拖拉机和联合收割机上牌率、检验率和驾驶操作人员持证率为重点，以创建"平安农机"为载体，不断增强关键生产环节、重点机具和重要农时生产的安全监管能力，加强农业机械使用安全教育，增强广大农民群众安全意识和法治观念。加强农机安全监理队伍建设，满足农机安全执法服务工作需求。提升农机监理机构装备服务条件，提高农机安全生产公共服务质量。

二、重大行动

（一）农机装备优化推进行动

围绕发展优势和"卡脖子"环节，聚焦重点产品、重点需求、重点环节，推动农机新装备新产品研发制造，加快补齐农机装备短板。研发和推广适应多种形式适度规模经营的大中型、高性能、智能化、复式作业机具；适应丘陵山区作业的经济适用耕种收等小型农机；适应特色农业、畜禽养殖，发展杂粮、设施农业、中药材、饲草饲喂、畜禽粪污处理等高效专用农机；适应绿色农业，发展节能型粮食、果蔬烘干设备等新能源农机新产品。充分发挥农机化发展协调推进机制作用，多部门联动，鼓励扶持科研院所、生产企业加大电动农机研发力度。在农机装备总量持续增长的基础上，科学合理调整农机购置补贴产品种类和品目，做到有进有出、优机优补。开展在用的特定种类农机产品质量调查，依法加大对农机产品质量违法和假冒伪劣产品的打击惩处力度。

（二）粮食类生产全程机械化推进行动

构建高效粮食生产全程机械化体系，在小麦主产区，加快推进高效植保、产地烘干、秸秆处理等环节与耕种收环节机械化集成配套，组织好小麦机收和跨区作业，提高跨区作业组织化、市场化程度。在玉米主产区，以玉米机械化耕整地、精量播种、中耕除草、植保、联合收获、烘干与秸秆处理等机械化技术为推广重点，在高效植保、产地烘干等关键机具的推广应用上取得重大进展。在马铃薯主产区，开展马铃薯生产全程机械化示范区建设，完善示范区全程机械化装备，辐射带动区域内外的马铃薯生产机械化水平快速提升。在杂粮主产区，开展高粱、胡麻、莜麦、荞麦、谷子、豆类全程机械化示范推广，探索杂粮作物机械化生产新的模式和装备的集成配套，突破薄弱环节，完善技术路线。组织好重要农时的机械化生产，注重提高机具技术状态，推动粮食机械化生产关键环节减损提质。

（三）非粮类生产全程机械化推进行动

围绕我省农业"特""优"战略，聚焦五大平台建设，重点示范推广设施农业机械化、果园生产管护机械化、大田蔬菜生产机械化、牧草生产全程机械化、畜禽粪污处理机械化、中药材生产机械化6项技术，拓展食用菌机械化生产技术。创建50个特色作物生产机械化示范区，示范区综合机械化水平提高20%，达到70%以上。在蔬菜机械化生产实施区，集成示范大田蔬菜与设施蔬菜机械化耕整、播种（移栽）、灌溉施肥、植保、采摘、运输、环境调控等环节技术装备，促使良种、良法与良机配套。在机械化林果业生产实施区加强果园机械化管护技术集成示范，探索和完善标准化果园管护机械化解决方案。在机械化畜牧生产实施区巩固提高饲草料生产与加工、饲草投喂、环境控制等环节机械化水平，突出优质牧草全程机械化、精准饲喂、智能环控、畜禽废弃物处理和资源化利用等机械化技术应用。在机械化中药材（药茶）生产实施区，示范推广道地药材机艺一体化生产模式。在水产养殖方面，围绕池塘养殖标准化建设，鼓励引进推广自动饲喂、产品收集、疫病防治等设施装备，推动形成适合我省的机械化水产养殖方案。

（四）机械化有机旱作农业推进行动

坚持自主开发和引进、消化、再创新相结合，探索完善多方协作、共同发展的研发创新机制，逐步建立有机旱作农业机械化产、学、研、推相结合的研发创新体系。推进农机农艺配套融合，研发满足山西有机旱作农业和农艺要求的农机装备。普及高效适宜的秸秆还田离田、深松整地、探墒播种、坐水播种、地膜覆盖等有机旱作农业技术，促进农作物耕、种、管、收、防等有机旱作农业全程机械化。统筹协调推进农机深松整地、机械化生态保护、机械化免少耕播种、机械化秸秆综合利用等项目工程，加快机械化有机旱作农业发展。到2025年，全省机械化秸秆综合利用面积达到2 700万亩，机械化秸秆转化利用达到500万吨以上。全省机械化保护性耕作面积达1 770万亩。

（五）丘陵山区农田宜机化推进行动

将适应机械化生产作为农田基本建设的重要目标，进一步完善丘陵山区农田宜机化改造技术标准和评价规范，支持丘陵山区开展农田宜机化改造，通过对耕作田块开展以优化布局、消除死角、降坡整平、连通道路、地力保持等为主要内容的建设，持续改善农机作业基础条件，扩展大中型农机运用空间，加快补齐丘陵山区农业机械化基础条件薄弱的短板，推动丘陵山区农业高质高效发展。未来五年，在全省各丘陵山区，建立专门资金渠道或统筹中央和地方高标准农田建设、农田整治、乡村振兴等相关项目资金及社会资本，每年完成丘陵山区农田宜机化改造5万亩左右。

（六）智能化绿色化推进行动

围绕大田种植全产业链发展，加快大数据、智能控制、农业机器人、卫星遥感定位等信息技术在农机装备上的应用。推广应用手机App、人脸识别、补贴机具二维码管理和物联网等技术，加快农机购置补贴业务全流程线上高效安全办理。推动有关智慧农机信息资源、数据、系统应用等方面的标准制定，逐步形成较为完整的农机大数据标准体系。加快推进农机数字化建设，普及推广机具定位、作业监控等智能终端，促进智慧农机对大田作业全过程覆盖。加快绿色智能农机装备和节本增效农业机械化技术的推广应用，全面实施农机报废更新补贴政策，加快淘汰能耗高、安全性能低的老旧机具，推进农机节能减排，助力实施农业碳达峰、碳中和。到2025年，全省智慧农机大数据平台基本建成；完成2万台作业机具监测终端安装，农机深松作业信息化监测率达到90%以上；建成100个智慧农机合作社；农机报废更新补贴实施率达100%。

（七）农产品初加工升级行动

加强农机装备与农产品初加工工艺融合研究，总结推出一批农产品初加工机械化解决方案和示范应用场景。助力巩固拓展脱贫攻坚成果，在丘陵山区和革命老区，因地制宜扶持建设一批惠民磨坊、油坊、小作坊，引导小农户发展地方优势特色产业。在优势农产品产区，支持建立大宗农产品加工、烘干等初加工技术服务支撑体系。按照"标准化、规模化、机械化"的要求，在全省"一村一品""一乡一特""一县一业"示范地区支持建设一批农产品初加工规范化乡村工厂、生产车间，打造特色农产品加工优势基地，促进乡村振兴。

（八）农机服务提档升级推进行动

推动农机经营服务主体的管理现代化，支持农机服务主体与家庭农场、种植大户、普通农户、农业企业组建农机合作联合社，扶持发展一批"全程机械化+综合农事"服务中心，通过代耕代种、联耕联种、土地托管、订单作业等"一站式"综合服务，促进农机服务模式与农业适度规模经营相适应、小农户与现代农业发展有机衔接。深化金融战略合作，鼓励农机服务组织与金融机构在信贷投放、融资租赁、信贷担保等方面开展合作。依托农机生产企业和销售企业，鼓励联合建立区域农机维修救援中心，提供方便、快捷的售后维修救援服务。

（九）农机安全监管推进行动

全面贯彻落实《农业机械安全监督管理条例》，适应农业综合执法改革新形势，健全农业农村部门牵头，农机安全监理机构、农业综合执法机构和行政审批机构分工负责的农机安全生产监管责任制。深化"平安农机"创建，继续开展国家级"平安农机"示范市、县创建。持续推进变型拖拉机专项整治，加大牌证打假力度，严查违规登记上牌，指导各地积极落实变型拖拉机报废注销淘汰措施，确保2022年全省变型拖拉机清零。抓好农机监理人员培训和考核，加强乡镇农机监理员、村级农机安全协管员和农机合作社安全管理员等基层队伍建设，推动实现农机安全精细化管理。

第五章 保障措施

一、加强组织领导

各地农业农村及农机部门要高度重视规划实施，明确发展目标，保障工作经费，切实解决农机科研、生产、流通、推广应用、社会化服务等方面存在的突出问题，组织调动全系统力量，扎实推进本地区农业机械化健康发展。要加强与各有关部门的协调沟通，充分发挥农机化发展协调推进机制作用，为规划实施创造有利条件。

二、健全法律制度

认真贯彻落实《中华人民共和国农业机械化促进法》和《国务院关于加快推进农业机械化和农机装备产业转型升级的指导意见》《山西省人民政府关于加快推进农业机械化和农机装备产业转型升级的实施意见》，修订完善《山西省农业机械化条例》，建立健全农机法规体系和执法监督体系，加快农业机械有关配套法规和标准、规范的拟定步伐，完善农业机械化标准技术体系，为农机化发展营造良好的发展环境。

三、完善政策措施

不断优化农机购置补贴政策，强化农机报废更新补贴政策的落实。加强农机质量调查及投诉受理、农机安全生产监管能力及装备建设。创新试验鉴定方法，完善农机试验鉴定大纲，提升农机试验鉴定能力。推进机耕道、机具库棚等基础设施建设，对农业生产关键及薄弱环节进行补贴。探索开展购机贷款贴息等金融扶持政策，促进金融支农政策与农机购置补贴有机结合。开展"机、田、证"一体化建设，探索符合山西实际的现代农业融合发展示范基地模式，示范带动全省农业生产条件进一步改善。

四、强化体系队伍

强化高素质农民（农机操作手）教育培训，完善线上线下融合教育培训和技能评价持证机制，抓好培训机构、师资队伍和教材体系建设，推动"培训持证一体、产业就业整合、增效增收同步"。落实"三支队伍"改革指导意见，进一步规范基层职能配置和机构设置，持续开展技术推广、试验鉴定等专业技术人员的培训，壮大农业机械化公益服务人才队伍，构建完善的农机人才体系。

五、加强督促指导

组织各地开展好农机化发展目标任务研究，按照"四分"要求，明确农机化发展的短板弱项及相应举措。做好农机化统计，加强对规划主要指标进展情况的动态监测，通过多种方式对规划执行情况进行评估，及时发现解决规划实施过程中存在的问题，保障规划各项目标、任务的完成。

六、严格监督考核

指导各级农业农村及农机部门充分认识绩效考核评价对今后五年农机化发展的重要引导、激励与约束作用，坚持以目标为导向，因地制宜，细化、分解和量化目标任务，强化绩效监控的过程管理，全面评价农机化项目实施成效，突出绩效评价结果的应用。

内蒙古自治区农牧厅关于印发《内蒙古自治区"十四五"农牧业机械化发展规划》的通知

内农牧机发〔2022〕577号

各盟市农牧局，厅有关处室局：

为贯彻落实《内蒙古自治区"十四五"推进农牧业农村牧区现代化发展规划》《"十四五"全国农业机械化发展规划》的有关部署，我厅编制了《内蒙古自治区"十四五"农牧业机械化发展规划》。现印发给你们，请结合实际贯彻执行。

内蒙古自治区农牧厅
二〇二二年十二月七日

内蒙古自治区"十四五"农牧业机械化发展规划

引　言

农牧业机械化和农机装备是转变农牧业发展方式、提高农村牧区生产力的重要基础，是全面推进乡村振兴、加快农牧业农村牧区现代化的重要支撑。根据《内蒙古自治区国民经济和社会发展第十四个五年规划和2035年远景目标纲要》《内蒙古自治区"十四五"推进农牧业农村牧区现代化发展规划》和《"十四五"全国农业机械化发展规划》，编制本规划。

第一章　规划背景

一、发展成效

"十三五"期间，我区农牧业机械化迈入全程全面高质高效转型升级的新阶段，顺利完成"十三五"规划提出的目标任务，为保障粮食安全和重要农畜产品供给、打赢脱贫攻坚战、全面建成小康社会提供了坚实支撑。一是农机装备结构不断优化。全区农机总动力达到4 056.6万千瓦，较"十二五"期末增长6.6%；拖拉机拥有量达到122.5万台，其中30马力以上拖拉机达到39.1万台，80马力以上大型拖拉机达到3.4万台。谷物联合收割机保有量达到4.2万台，增长40%；植保无人机达到1 207台，畜牧养殖、设施农业等产业农机装备稳步发展。二是农机作业水平显著提升。全区农作物耕种收综合机械化率达到86.1%，较"十二五"期末提高4.7个百分点。小麦、水稻耕种收综合机械化率稳定在95%以上；玉米、马铃薯机收率分别达到87.7%和88.8%，较"十二五"期末分别提高28.2个和13.4个百分点。创建全国主要农作物生产全程机械化示范县（市、区）30个，呼伦贝尔市整建制基本实现主要农作物生产全程机械化。饲草料收获加工基本实现机械化，畜牧养殖机械化率达到40.1%。三是重大政策实施取得明显成效。"十三五"期间，我区积极实施农机购置补贴、农机深松整地作业补助、黑土地保护性耕作行动等重大政策，落实农机购置补贴资金62.8亿元，补贴各类农牧业机械36.9万台（套），受益农牧户31.6万户。落实农机深松整地作业补助资金8.29亿元，带动全区适宜区域完成深松整地面积7 606.9万亩，落实黑土地保护性耕作补助资金2.8亿元，带动东部四盟市3.2万户农户参与秸秆覆盖免少耕播种作业。依托重大政策实施，农机装备转型升级加快推进，农业提质增效及生态效益逐步显现。四是农机科技水平不断提高。"十三五"期间，我区大力推广绿色高效新机具新技术，聚焦机械化与信息化融合，推动物联网、大数据、北斗导航等新技术在农机作业上的应用。通过应用北斗终端等信息化技术，累计监测黑土地保护性耕作、深松整地作业面积分别为758.9万亩和1 629.5万亩。基于作业过程无人驾驶、植保无人机等智能农机技术应用得到推广。五是农机服务组织不断壮大。通过政策牵引、项目带动，扶持农机专业合作社等新型经营主体加快发展。"十三五"期末，全区农机专业合作社达到3 095个，固定资产20万元以上农机大户达到3.39万户，较"十二五"期末分别增长64.7%和68%。农机服务收入达到175亿元，其中农机作业服务收入138亿元，农机专业合作社作业服务面积3 691.5万亩，农机社会化服务比重逐年提高。六是农机安全形势稳定向好。扎实推进"放管服"改革，实施农机安全监理免费政策和便民举措。启动农机安全生产专项整治三年行动，狠抓源头管理，强化宣传教育，深入开展农机安全隐患风险排查整治，坚决守住农机安全生产底线。"十三五"期间，创建国家级"平安农机"示范县（市）4个，自治区级"平安农机"示范县（市）6个。

二、机遇挑战

（一）发展机遇

"十四五"时期是内蒙古自治区全面实施乡村振兴战略、实现农牧业农村牧区现代化的关键时期，农牧业机械化迎来了新的发展机遇。一是党和国家高度重视推进农牧业机械化发展。习近平总书记强调要大力推进农业机械化、智能化，给农业现代化插上科技的翅膀。我区认真贯彻落实党中央、国务院决策部署，出台了《内蒙古自治区人民政府关于加快推进农牧业机械化和农机装备产业转型升级的实施意见》，明确系列推进农牧业机械化的举措。二是保障粮食安全迫切需要农牧业机械化支撑。农牧业机械化程度和装备水平直接影响粮食生产安全，如何破解农牧业劳动力短缺和农牧业用工成本上升，解决"谁来种地、怎样种地"问题，农牧业机械化发展肩负了新的使命责任。三是推进转型升级有力激发农牧业机械化内需。近年来各项惠农政策极大调动了农牧民购机用机的积极性，农机新技术、新产品、新服务、新业态不断涌现，信息化、数字化、智能化技术加快普及应用，为推进农牧业机械化向全程全面和高质量发展，充分满足农牧业生产各领域对机械化的需求注入了内生动力。

（二）面临挑战

一是农牧业机械化全程全面发展不够充分。主要农作物生产机械化发展较快，但部分作物生产关键环节机械化存在短板，高端、复式、智能农机产品供给不足。经济、特色作物生产机械化水平不高。畜牧业机械化发展不平衡、不充分，畜牧饲养配套机械化体系还不完善。设施农业、农畜产品初加工、渔业等领域机械化水平较低。二是农机农艺融合和机械化信息化融合亟待加强。一些产业品种、农艺制度、种养方式及产后加工等与机械化生产不协调的问题较为明显，影响制约农机研发、推广应用效果及作业质量与效益。机械化信息化集成配套的生产体系尚未满足现代农牧业生产需要。三是农牧业机械化政策支持和管理服务有待提升。相对周边省份，我区在财政、金融等方面对农牧业机械化支持力度不足。农牧业机械化管理服务信息化水平亟待提升，农机安全监管能力需要进一步提高。机构改革后农牧业机械化管理人员调整较大，基层人才队伍出现断层，农机试验示范、推广、鉴定、监理、培训等不能充分满足现代农牧业发展需求。

第二章 总体要求

一、指导思想

以习近平新时代中国特色社会主义思想为指导，全面贯彻党的二十大精神，认真落实习近平总书记对内蒙古重要讲话重要指示批示精神，按照建设国家重要农畜产品生产基地要求，坚持生态优先、绿色发展，完整、准确、全面贯彻新发展理念，积极服务和融入新发展格局，牢固树立大食物观，强化装备支撑，以满足农牧业生产对机械化的需要为目标，着力补短板、强弱项、促协调，大力推动机械化与农艺制度、智能信息技术、农牧业经营方式、农田建设相融合相适应，引领推动农机装备创新发展，延伸强化农牧业机械化产业链，加快推进农牧业机械化向全程全面高质高效发展，助力农畜产品生产基地优质高效转型，为保障粮食等重要农畜产品有效供给、巩固拓展脱贫攻坚成果、全面推进乡村振兴、加快农牧业农村牧区现代化提供有力支撑。

二、基本原则

坚持围绕中心、服务大局。发挥机械化增产减损作用，为粮食安全和国家重要农畜产品生产基地建设提供有力支撑，推动提高农牧业质量效益和竞争力；发挥机械化引领作用，促进小农牧户和现代农牧业发展有机衔接；发挥机械化驱动作用，拓宽农牧民就业增收空间。

坚持政策扶持、市场主导。尊重农牧民主体地位和首创精神，充分发挥市场在资源配置中的决定性作用和更好发挥政府作用，科学制定和组织实施农牧业机械化扶持政策，增强公共服务供给，激发市场主体活力，开展高端先进机具推广应用，充分调动农牧民购机用机的积极性。

坚持创新驱动、协调发展。整合产学研推用各方优势资源，提升先进农机装备的有效供给，推动运用新型农机装备，提升农机研发制造水平和推广应用效率效益，加快补上农作物全程机械化薄弱环节和畜牧养殖机械化主要生产环节短板。

坚持系统谋划、协同推进。着眼于主要作物、重要养殖品种生产全程机械化，推进农机、农艺、农田、农牧业经营方式协同协调，因地制宜推动产前产中产后机具配套，技术、主体、规模、机制统筹，构建高质高效全程机械化技术体系，推动机械化、信息化、智能化融合发展。

三、发展目标

到2025年，全区农机总动力稳定在5 000万千瓦左右，农机具配置结构趋于合理。农机作业条件显著改善，覆盖农牧业产前产中产后的农机社会化服务体系基本建立，农机装备节能减排取得明显效果，农机对农牧业绿色发展支撑明显增强，机械化与信息化、智能化进一步融合，农牧业机械化防灾减灾能力显著增强，农机数据安全和农机安全生产进一步强化。具体指标为：全区农作物耕种收综合机械化率达到88%以上，主要农作物主产旗县（市、区）基本实现农业机械化，经济特色作物主要生产环节基本实现机械化，畜牧养殖机械化率达到50%左右，设施农业、水产养殖和农产品初加工机械化水平进一步提升。农牧业机械化产业链更加稳固，农机服务总收入持续增长，农牧业机械化进入全程全面和高质量发展时期。

展望2035年，全区农作物生产实现全过程机械化，畜禽养殖机械化水平大幅跃升，设施种植、水产养殖、农产品初加工机械化促进农畜产品增值能力显著增强，"机械化＋"信息化、智能化全面应用于农牧业机械化生产管理、作业监测与服务，农牧业生产基本实现机械化全覆盖，机械化全程全面和高质量支撑农牧业农村牧区现代化的格局基本形成。

专栏1　"十四五"农牧业机械化主要指标

序号	指标	单位	2020年基期值	2025年目标值	指标属性
1	农机总动力	万千瓦	4 056.6	5 000	预期性
2	农作物耕种收综合机械化率	%	86.1	88	预期性
3	畜牧养殖机械化率	%	40.1	50左右	预期性

第三章　加快实施全程全面机械化推进行动

一、着力补齐农作物生产全程机械化短板

围绕玉米籽粒直收、马铃薯联合收获和捡拾装袋、免耕播种、大豆玉米带状复合种植、水稻工厂化育秧和高速插秧等机械化生产薄弱环节，重点推广大型、高端、智能化作业机械，促进机械、栽培、品种、植保技术集成配套，推进主要农作物全程机械化。紧盯向日葵、甜菜、果蔬、中药材及杂粮杂豆机收短板，积极开展机械化技术与装备试验示范，提高机具适应性、可靠性，推进特色经济作物生产机械化。推广微耕微灌、增施气肥、智能温控、果实采收、冷藏运输等机械化技术，提高设施装备水平，稳步提升设施种植机械化水平。加强先进制种机械装备应用。加强中小型适用农机装备示范推广，加快发展丘陵山区机械化。

到2025年，玉米、马铃薯收获机械化率达到90%左右，玉米籽粒直收、马铃薯联合收获和机械捡拾、水稻工厂化育秧和高速插秧占比明显提高；保护性耕作技术进一步规范应用、作业质量显著提升；大豆玉米带状复合种植主要环节机械化配套支撑能力和应用水平不断拓展；主要特色经济作物生产机械化水平显著提高。

二、推进粮食机械化生产关键环节减损提质

牢固树立"减损就是增产"意识，切实将减少农作物机收损耗浪费工作常态化，加快构建标准化、区域化、规模化的全程机械化生产模式，以粮食作物为重点，制修订农作物机械精量播种、收获减损作业标准和操作规范，推动降低生产各环节损耗浪费。加强在用播种机、收获机质量调查，引领企业提升播种、收获机械产品作业性能。多形式开展机收操作技能培训、作业能手评选，提高机手规范化操作、标准化作业的意识、能力和水平。精心组织重要农时机械化生产，注重提高机具技术状态，促进农机有序高效低损作业。

三、构建粮食全程机械化高效生产体系

大力推广保护性耕作，促进农作物生产机械化与耕地保护有效统筹、耕地用养合理兼顾。加快选育宜机化粮食品种，提升育种机械化水平，推进良种良机协同。深入推进主要粮食作物生产全程机械化，探索适合不同作物、不同区域、不同规模的全程机械化生产模式，形成高效机械化技术路线和解决方案。加快种子处理、高效植保、产地烘干、秸秆综合利用等环节与耕种收环节机械化集成配套，推动建立健全区域化、标准化和高质量的机械化生产体系。

四、推进畜禽水产养殖全程机械化

完善主要畜种养殖机械化技术标准体系，制定奶牛、肉牛、肉羊等主要畜种规模化养殖设施装备配套技术规范。推动构建种养结合的生态循环模式，打造区域化、规模化、标准化、信息化的畜禽养殖全程机械化生产模式。重点推广高效饲草料生产与加工装备技术，巩固提高饲草料生产与加工等环节机械化水平。推进机械装备与养殖工艺融合，示范推广精准饲喂、智能环控、疫病防控、粪污资源化利用、病死畜禽无害化处理等专用技术装备，提升畜牧养殖主要品种、重点环节、规模养殖场（户）机械化水平。推广畜牧绿色智能养殖机械化新技术、新装备、新工艺、新模式，积极解决疫病防控、畜产品采集加工、粪污收集处理与利用等薄弱环节机械装备应用难题，推广先进适用畜禽养殖机械装备技术。稳步开展水产养殖工艺、设施与机械装备协同示范，探索绿色养殖全程机械化解决方案。到2025年，饲草料生产与加工基本实现机械化，畜牧养殖机械化率达到50%左右。

五、推广应用绿色高效农畜产品初加工机械装备

以玉米、小麦、马铃薯、大豆、水稻等作物和奶牛、肉牛、肉羊等主要畜种为主，兼顾向日葵、杂粮杂豆、蔬菜等经济特色作物的农产品初加工关键环节，推动快速预冷、节能干燥、绿色储藏、低温压榨、高效去皮脱壳、清洁分等分级及畜禽屠宰、冷链物流等关键技术与装备推广应用。探索发展"互联网＋初加工机械化"，推动农畜产品初加工重点环节机械化与信息化、智能化融合发展。加快制定健全农畜产品初加工机械化推广鉴定技术标准。推进主要粮食作物低损失的农产品初加工机械装备成套化，提升农畜产品初加工工程化水平。

专栏2　全程全面机械化重点工作和重要项目

1. 农作物生产全程机械化示范县创建：以粮食作物为重点，以补短板、强全程、提水平为核心，创建10个农作物生产全程机械化示范县。
2. 黑土地保护性耕作行动：在呼伦贝尔市、兴安盟、通辽市和赤峰市适宜区域全面推广保护性耕作，2025年实施面积达到2 950万亩。
3. 实施耕地深松：以打破犁底层，提高土壤蓄水保墒能力为目标，在适宜地区开展耕地深松作业，年均完成耕地深松作业不少于1 000万亩。
4. 经济、特色作物生产全程机械化典型案例遴选发布：以向日葵、甜菜及杂粮为重点，开展全程机械化技术试验示范，遴选适宜机具，总结技术路线，提炼生产模式，发布全程机械化典型案例3个。
5. 设施农业全程机械化示范县创建：以优势区域为重点，推动蔬菜、花卉、中药材、食用菌等设施种植品种全程机械化技术装备体系和社会化服务体系建设，创建设施农业全程机械化示范县2个。

6. 规模养殖全程机械化示范县创建：突破主要养殖品种重点环节的机械化生产，推进畜禽水产养殖机械装备与养殖工艺融合，创建3个规模养殖全程机械化示范县。

7. 主要畜禽规模化养殖装备技术推广应用：加快示范推广精准饲喂、智能环控、疫病防控、粪污资源化利用、病死畜禽无害化处理等专用技术装备，总结形成不同品种的畜禽规模化养殖关键环节的机械化解决方案。

第四章　加快推进农机智能化、绿色化发展

一、推动智能农机装备示范引领

加快提升农机装备"耕、种、管、收"全程作业质量与作业效率。大力推广基于北斗、5G的自动驾驶、远程监控、智能控制等技术在大型拖拉机、联合收割机、水稻插秧机等机具上的应用，引导高端智能农机装备加快发展。加大农田精细平整、精准播种、精准施药和自动驾驶等技术应用，提升精准作业技术水平。拓展智能农机精准作业应用场景，推动基于北斗的农机作业监测等技术装备推广应用，提高作业质量和监测效率，促进机械化信息化融合。加快规模化养殖数字化技术装备的应用进程，加大对智能养殖装备的示范推广，探索建设智慧农牧场。

二、推进机械化生产数字化管理

加快机械化生产物联网建设，推进内蒙古农机化信息管理服务平台建设，应用农机作业监测、远程调度等信息化技术，实现对重要农时机械化生产的信息化管理与调度。推广应用手机App、人脸识别、补贴机具二维码管理和物联网监控等技术，加快农机购置与应用补贴业务全流程线上高效安全办理。提升农机试验鉴定、安全监理等业务信息化管理水平，努力实现农机购置与应用补贴、试验鉴定、安全监理等数据信息互联互通，提升政策实施质量和效率。做好机械化生产数据安全管理。

三、推进农机节能减排

加快绿色智能农机装备和节本增效农业机械化技术推广应用。大力示范推广节种节水节能节肥节药农业机械化技术，加快侧深施肥、精准施药、节水灌溉、高性能免耕播种等机械装备推广应用，减少种子、化肥、农药、水资源用量。加大残膜捡拾回收等机械装备的研发推广力度，支撑循环利用农业废弃物。培育壮大新型农机服务组织，提供高效便捷农机作业服务，提升作业效率，降低能源消耗。实施农机报废更新补贴政策，加快淘汰能耗高、作业损失大、安全性能低的老旧农机，促进农机安全生产、节能减排和结构调整。

第五章　做大做强农牧业机械化服务产业链

一、壮大农机作业社会化服务

培育壮大农机作业服务公司、农机合作社、农机服务专业户等农机社会化服务主体，推进农机社会化服务向农业生产全过程、全产业延伸，支持农机化服务品牌打造与宣传。支持农机社会化服务区域中心建设，推广"全程机械化＋综合农事"服务模式，广泛开展农业生产托管。加强和扶持救灾防灾专用农机装备储备、能力建设，提升农机应急抢收抢种抢烘及排涝抗旱服务能力。鼓励大中专毕业生、退伍军人、科技人员等返乡下乡创办、领办或加入新型农机服务组织。

二、推进作业服务模式创新

积极发展"新型农业经营主体＋全程机械化＋综合农事服务中心""新型农业经营主体＋适度规模＋全程机械化""新型农业经营主体＋规模化＋特色优势产业＋全程机械化"等机械化生产、社会化服务多样化模式。支持农机服务组织开展粮食烘干、农畜产品加工等在内的多种形式适度规模经营，构建多元化农机社会化服务体系。依托农机企业、农机服务主体，探索开展农机互助、设备共享等有效方式，提高农机使用效率。

三、推进农机技能培训和专业农机手培育

支持优势农机企业与学校共建共享实训基地，注重培养农机高技能专业人才。充分发挥农机培训机构、生产企业、农机合作组织等社会力量的作用，加强农机实用技能，提高培训质量。依托高素质农牧民培育项目，大力开展专业农机手培训行动，加大对农机大户、农机合作社带头人的培训力度，提升农机专业服务能力。加强队伍建设，大力遴选和培养农机生产及使用一线"土专家"。

专栏3　农业机械化产业链重点工作和重要项目

1. 农机作业服务新模式新业态培育：大力发展"全程机械化＋综合农事服务中心"等农机服务新模式新业态。支持引导农机服务主体通过跨区作业订单作业农业生产托管、数字化应用等多种形式，开展高效便捷的农机作业服务。

2. 专业农机手培训行动：以粮食作物机收减损、水稻机械化移栽、黑土地保护性耕作、主要农作物全程机械化生产等内容为重点，大力开展基层一线专业农机手培训，加快农业机械化主推技术到位率，切实提升农机手关键环节操作水平和作业质量。

3. 机械化防灾减灾能力提升：加强农机服务组织防灾减灾能力建设指导，认真分析总结各地自然灾害发生规律和特点指导农机服务组织科学合理配置作业机具，加强农机手应急救灾防灾技能培训，促使农机保有量和类型结构满足救灾防灾需要，灾害发生时适用农机装备供得上用得好。

第六章　切实加强农机安全管理

一、严格落实安全监管责任

坚持管行业必须管安全、管业务必须管安全、管生产经营必须管安全，建立健全农牧部门牵头，农机安全监理机构、农牧业综合执法机构和行政审批机构分工负责的农机安全生产监管责任制。严格履行安全监管职责，依法核发拖拉机和联合收割机牌证，做好驾驶人培训和考试管理，严格农机安全技术检验。强化安全检查和隐患排查，加强重要节假日、重要农时和重要活动等关键时点的安全生产督导检查，严查严处违法违规行为。切实加强安全生产监管执法，有效遏制农机发生较大以上安全事故。

二、不断提升安全监管能力

积极开展"平安农机"创建活动，争创全国"平安农机"示范县。深入开展"安全生产月""安全宣传咨询日"和安全宣传"五进"活动，创新宣传形式、丰富宣传内容，提升安全宣传效果。常态化组织农机事故应急演练，做好农机安全突发事件应急处置，规范农机事故处理认定。加强农机安全监管和应急救援，更新升级基层农机安全监管装备，推进农机安全监管信息化，强化乡村农机安全监管力量建设，推进农机安全"网格化"管理。

三、推进驾驶培训制度改革

做好农机驾驶培训机构由"资格管理"向"监督管理"的转换。进一步拓宽培训渠道，鼓励农机教学、生产、推广、

社会化服务等机构发挥优势开展驾驶培训业务，解决农牧民学机难、学机不方便的问题。强化驾驶培训工作事中事后监管，提高培训质量，严把驾驶考试关口，确保农机手全面掌握安全生产知识和驾驶操作技能。

专栏4　农机安全生产重点工作

1. 开展"平安农机"示范创建：围绕"平安农机"示范创建活动，遴选推荐"平安农机"示范市和示范县，充分发挥典型引领作用。
2. 强化拖拉机"亮尾工程"：加强拖拉机注册登记、安全检验和安全检查工作，推进拖拉机运输机组灯光齐全并粘贴反光标识。鼓励其他上路行驶的农牧业机械粘贴或装备反光标识。
3. 加快老旧农机报废更新：全面落实农机报废更新补贴政策，引导老旧拖拉机、联合收割机、水稻插秧机、机动喷雾（粉）机、机动脱粒机、饲料（草）粉碎机、铡草机等农机淘汰更新，加快绿色、智能、复式、高效农牧业机械化技术装备普及应用。

第七章　强化支持发展政策举措

一、实施农机装备补短板行动计划

紧盯农牧业产业发展需求，分区域、分产业、分品种、分环节全面摸清农机短板，组织制定农机短板技术装备需求目录，引导科研院所和农机企业等向农机补短板聚焦用力，重点研发制造大豆玉米带状复合种植专用播种机、高速精量（免耕）播种机、柠条平茬收获专用机械、马铃薯捡拾装袋机、智能饲喂设备、中药材收获机等，联合有关部门、有关地区和优势企业，布局和建设全程机械化科研基地，为农机农艺融合研究创造条件。推动产学研深度融合，支持开展智能农机装备等重点项目研究，主动服务研发制造需求，拓展农机应用场景，培育壮大应用主体。依托重大科技专项、首台套保险等政策，引导我区重点农机企业参与全国农机补短板行动。推进柠条平茬收获专用机械熟化定型，引导柠条平茬机械刀片生产企业持续优化刀片性能。鼓励企业与新型经营主体对接，探索建立"企业＋合作社＋基地"的产品研发、生产、推广新模式。提升农机鉴定能力，健全完善农机试验鉴定大纲和农牧业机械化标准体系，促进科技成果转化应用。

二、强化政策支持投入

稳定实施农机购置与应用补贴政策，着力稳重点、扩范围、优服务、强监管、提效能，推进补贴机具有进有出、优机优补、补短强弱、奖优罚劣，加大对智能、高端安全农机装备支撑力度，持续提升政策实施精准化、规范化、便利化水平。开展农机购置综合补贴试点，选择部分有条件、有意愿的盟市探索创新补贴资金使用与管理方式，实施购置补贴与作业补助、贷款贴息、融资租赁承租补助等相结合的补贴方式。全面实施农机报废更新补贴政策，促进农机安全生产，节能减排和结构调整。落实好东北黑土地保护性耕作行动计划免（少）耕播种作业补助政策，牢牢把握"多覆盖、少动土"的核心技术要求，聚焦秸秆覆盖免少耕播种关键环节，增强机具有效供给，突出整体推进县和高标准应用基地示范引领，严格规范技术要求，实施差异化补助，推进高质多补，在东部四盟市适宜区域稳步扩大保护性耕作应用面积。开展农机作业用油保障工作，加强与中国石油天然气股份有限公司内蒙古销售分公司、中国石化销售股份有限公司内蒙古石油分公司沟通协调，推动供油企业提供优先、优惠、优质供油服务，确保重要农时农牧业生产顺畅进行。支持和鼓励农机服务组织开展高效便捷的农机作业服务和生产托管服务。鼓励集体经济组织、农机社会化服务组织等主体以各种形式开展机库棚、机耕道、烘干机塔等基础条件建设，加强农机抢种抢收抢烘服务能力建设。推动创新农机金融保险服务，探索将权属清晰的大型农机装备纳入农村资产抵押担保融资范围，鼓励开展农机保险。

三、加强人才队伍支撑

引导和推动高等院校、科研院所、优势企业以及行业协会、学会等各相关方发挥自身优势，全方位培养、发现、引进创新型、应用型、复合型及领军型农机科研人才。围绕提升公益服务能力，大力开展技术推广、试验鉴定专业技术人员的培训和再教育，努力建设保障有力的农牧业机械化公益服务人才队伍。围绕提升执法监管能力，加强农机安全监管执法人员教育培训，积极发展乡村安全监理管理员或协管员队伍，切实筑牢农机安全生产监管防线。

四、提升法治保障能力

深入学习贯彻习近平法治思想，积极学习宣传农牧业农村牧区和农牧业机械化法律法规，不断提高自觉运用法治思维、法治方式推动发展、化解矛盾、解决问题的能力。强化农牧业机械化法律法规普法宣传，创新宣传教育方式，推动法律法规进村进户，将普法融入日常管理服务工作中，切实提高农牧民机手、农牧机企业、农牧机服务组织自觉守法意识和依法维权能力，营造良好法治氛围。

第八章　强化规划实施保障

一、加强组织保障

各级农牧部门要把规划实施列入重要议事日程，做好当地农业机械化发展规划与本规划的衔接，制定具体措施，明确实施要求，组织调动全系统力量，确保规划任务落到实处。充分发挥农牧部门与工业和信息化部门牵头，有关部门参与的农牧业机械化发展协调推进机制的作用，统筹协调农牧业机械化和农机装备产业发展，合力推进"十四五"农牧业机械化发展。积极争取各级党委政府的重视支持，推动将农牧业机械化发展列入粮食安全党政同责考核、乡村振兴考核内容，加快农牧业机械化向全程全面和高质量发展升级。

二、加强监督指导

组织各地开展以基本实现农牧业现代化为目标的农牧业机械化发展目标任务研究，围绕规划重要目标、主要任务、行动计划的实施情况，加强调度和评估，推进规划落实落细。

三、动员社会参与

充分调动社会各界支持农牧业机械化、关心农牧业机械化发展的积极性和主动性，搭建社会广泛参与平台，构建政府、社会、市场协同推进的工作格局。因地制宜、分类指导，及时总结推广各地推动农牧业机械化转型升级的好经验、好做法，发挥好典型引领作用。主动加强与新闻媒体的沟通合作，多渠道、多形式开展宣传报道活动，讲好农牧业机械化故事，营造全社会广泛关注和支持的良好氛围。

吉林省农业农村厅　吉林省财政厅关于印发《吉林省 2022 年保护性耕作实施方案》的通知

吉农机发〔2022〕2 号

各市（州）农业农村局、财政局，长春新区农委、财政局，梅河口市农业农村局、财政局，各县（市、区）农业农村局、财政局：

现将《吉林省 2022 年保护性耕作实施方案》印发给你们，请结合实际，认真贯彻执行。

吉林省农业农村厅　吉林省财政厅
二〇二二年三月二十四日

吉林省 2022 年保护性耕作实施方案

为贯彻落实《东北黑土地保护性耕作行动计划（2020—2025 年）》，按照农财两部《关于做好 2022 年东北黑土地保护性耕作行动计划实施工作的通知》（农机科〔2022〕11 号）要求，结合我省实际制定实施方案如下。

一、总体要求

深入贯彻落实习近平总书记视察吉林时重要讲话重要指示精神，切实保护好黑土地这个耕地中的"大熊猫"，认真总结"梨树模式"，推动东北黑土地保护性耕作行动计划深入实施。坚持生态优先、用养结合、稳产丰产、节本增效导向，强化组织领导和政策引导，通过政府与市场两端发力，农机与农艺深度融合，科技支撑与产业培育并重，技术创新与机制创新并行，整体推进扩面与重点突破提质并举，加快在我省适宜区域全面推行保护性耕作，促进黑土地保护和农业可持续发展。

二、任务目标

按照"稳步扩面、质量为先"原则，2022 年全省保护性耕作任务面积 3 050 万亩。加大整体推进县的支持力度，稳步加大整县推进，鼓励基础条件好的县（市、区）结合实际实施整乡、整村推进，适当提高整体推进县、乡、村范围内的保护性耕作作业补助标准，努力扩大实施面积。稳步推进县乡村级高标准应用基地和实施效果监测点建设，不断提高作业标准和管理水平。

三、实施办法

（一）实施范围

全省适宜区域全面实施，以中西部粮食主产区为重点，优先保障典型黑土区需求，扩大适宜区域保护性耕作实施范围。以玉米作物为保护性耕作推广应用重点，推进探索大豆、杂粮等其他作物实施保护性耕作技术。

（二）技术模式

牢牢把握保护性耕作"多覆盖、少动土"的核心要求，在保障粮食稳产丰产的前提下，尽量增加秸秆覆盖，减少土壤扰动。各地可参照《2022 年东北黑土地保护性耕作行动计划技术指引》（农机科〔2021〕97 号）文件执行，也可结合土壤、水分、积温、种植方式、经营规模等实际情况，因地制宜优选本区域技术模式。

（三）补助方向

根据国家安排我省资金总量和各县（市、区）保护性耕作任务，向各地下达补助资金，由各县（市、区）统筹使用，资金重点用于以下几个方面：

1. 作业补助。稳步实施差异化补助，推进"高质多补"，根据玉米秸秆覆盖地表程度分档实施差异化补助。原则上可分为秸秆大量覆盖、部分覆盖、少量覆盖 3 个档次。

（1）玉米作物补助标准。秸秆大量覆盖（覆盖率在 60% 及以上），补助标准每亩不超过 100 元；秸秆部分覆盖（覆盖率在 30%～60% 之间），补助标准每亩不超过 80 元；秸秆少量覆盖（覆盖率在 30% 以下的），补助标准每亩不超过 40 元。各地应综合考虑本地秸秆覆盖免少耕作业综合成本和技术应用基础等情况，合理确定分档作业补助具体标准。

（2）大豆、杂粮等补助标准。实施免耕播种作业的地块实行一个档次进行补助，各地结合本地实际自行确定秸秆覆盖地表程度及具体补助标准，原则上补助标准每亩不超过 40 元。

2. 高标准应用基地补助。高标准应用基地应以秸秆大量覆盖为主。县级应用基地面积不少于 1 000 亩、乡镇级应用基地面积不少于 200 亩、村级应用基地面积不少于 50 亩，补助标准每亩 150 元。其中，县级应用基地要由技术支撑单位开展技术指导，指导费用由各地根据实际工作确定。

3. 实施效果监测点补助。全省保护性耕作建设 21 个监测点，每个监测点的监测补助资金数额由当地农业农村部门（农机主管部门）与第三方监测机构根据实际需要，按照双方签订的合同执行。

（四）补助对象

作业补助对象为实施保护性耕作的农业经营主体和作业服务主体。应用基地补助对象为承担建设任务的实施主体，县乡基地实施主体原则上为新型农业经营主体，村级基地实施主体原则上以家庭农场为主的新型农业经营主体，具体补助对象可由各地根据实际自行确定。监测点补助对象为承担监测任务的第三方实施主体。

（五）补助方式

保护性耕作作业补助采取"先作业后补助、先公示后兑现"的方式进行，即各地按照相关要求，对保护性耕作实施地块先进行查验核实，确定拟补助的面积、对象和金额，公示 7 天无异议后，确定最终补助面积、补助金额和补助对象。应用基地补助由县级农业农村部门（农机主管部门）审定后由财政部门直接拨付。监测点补助由县级农业农村部门（农机主管部门）与委托的第三方机构签订合同报县财政部门向第三方支付。

（六）查验核实

各地作业面积查验核实工作，在当地政府统一组织下，根据工作实际，主要依据信息化远程电子监测方式进行查验核实，必要时也可用人工现场测量方式核验。主要查验秸秆覆盖还田、机械免（少）耕播种作业等情况。

四、工作程序

（一）落实任务面积。各地按照省农业农村厅、省财政厅年度工作方案要求，立足早谋划、早准备、早启动，抓紧分解任务面积，将作业面积细化到乡、村、种植户、地块及作业者，确保任务面积顺利落实到位。

（二）组织查验核实。各地在春季播种作业结束后，即可组织开展面积查验、公示等工作。各市（州）农业农村局（农机主管部门）统筹工作调度，在4月20日至6月6日期间以周报形式向省农业农村厅报送保护性耕作实施进度。各市县农业农村部门（农机主管部门）于8月30日前完成保护性耕作实施面积的查验核实工作。

（三）补助资金结算。对保护性耕作作业情况核验结束后，县级农业农村部门（农机主管部门）根据核验结果向本级财政部门提报资金兑付申请，财政部门及时向补助对象兑付补助资金。应用基地建设和监测点补助资金也要及时兑付到位。

（四）工作情况总结。各地于11月30日前将保护性耕作实施情况工作总结、实施面积及补助资金情况汇总表、绩效自评报告报送省农业农村厅、省财政厅。对未完成和超额完成任务的市县，省里将根据实际情况调整资金。

五、保障措施

（一）加强组织领导。各市（州）、县（市、区）政府要成立由负责同志牵头的保护性耕作推进行动领导小组，及时召开领导小组会议，建立起政府领导、上下联动、各相关部门齐抓共管的工作机制，组织协调各方力量，配套工作经费，加大资金扶持力度。农业农村部门（农机主管部门）要成立由主要负责同志牵头的实施领导小组，统筹内部人员配备，强化推进措施。各实施县要结合实际制定本地的保护性耕作实施方案，作业面积细化落实到乡、村、地块及作业者。各市（州）负责对县级工作的组织协调、督导检查和指导服务。

（二）加强基地建设。各地要加强对高标准应用基地建设管理，落实"1+1+2"技术指导方式，组织做好与专家指导单位对接，为技术指导提供现场工作条件。县级应用基地鼓励采取免耕播种方式，免耕播种应不少于基地面积的30%，至少安排2种适合本地的主推技术模式，在相邻地块设置传统耕作方式对照田，进行试验对比验证。每个基地承担现场演示等活动每年不少于2次，充分发挥基地展示、验证和示范作用。基地要实行动态管理，作用发挥不明显的要及时调整，做到优中选优。

（三）加强效果监测。保护性耕作效果监测工作委托第三方（具备条件的科研院所）进行，在基地开展对比试验、数据监测、技术指导、培训示范、基础研究等工作。各县（市、区）农业农村部门（农机主管部门）要高度重视监测点建设工作，积极协助第三方做好监测工作，签订监测合同，跟踪督导监测工作开展，协调推进工作落实和资金兑付工作。加强监测数据管理，对秸秆覆盖、土壤肥力、作物长势、粮食产量、田间环境和病虫草害变化等关键数据要与监测单位及时沟通，根据农时季节变化，加强数据调度，掌握工作进展，确保监测工作做实做细。11月前报送监测报告。

（四）加大政策联动。加强与黑土地保护工程、秸秆综合利用、农机深松整地等有关政策的衔接配合，推动政策同向用力，推动保护性耕作向典型黑土区倾斜的基础上，将更多适宜保护性耕作区域纳入实施范围。鼓励深松整地作业进行苗期深松，合力巩固提高保护性耕作稳产丰产效果。

（五）加强宣传培训。各地要充分利用手机、网络、电视、报刊、新媒体等各种媒介，针对"疫情"采取有效措施，通过多种渠道大力宣传保护性耕作技术、政府扶持政策等，促进技术进村入户，观念深入人心。积极推动"省市县三级、政企社三方"联动培训，各地要组织建立技术指导服务队伍，用好高素质农民培训工程等项目，深入基层、农户、田间开展形式多样的现场培训和技术服务，让种植经营者、农机作业者掌握保护性耕作的核心要领，促进技术规范应用。各实施县要组织对集中实施区域乡（镇）主管农业负责同志、村两委负责同志至少开展一次技术培训和政策宣讲，使之进一步了解保护性耕作作用和秸秆覆盖基本要求，督促做好农户宣讲引导工作，切实减少秸秆田间焚烧和过度离田现象。采取多种形式对保护性耕作成效明显的地方和推广应用先进人物进行宣传表扬。

（六）加强信息公开。各地要建立查验核实和公示制度，设立监督电话，以多种形式公开补助的程序、补助标准、补助方式等。要将受益农户、补助面积和补助金额等相关信息，在当地进行公示，让补助信息公开透明，接受社会和群众监督。坚决防止在补助实施中出现做选择、搞变通、打折扣、弄虚作假等情况发生。

（七）加强监督管理。各地要加强与审计部门沟通，做好黑土地相关审计涉及保护性耕作问题的整改。明确补助作业地块的核验标准，强化具体监管措施，严防虚报补助作业面积、降低作业标准、套取补助资金等违规行为发生。各地要加快推进信息化远程电子监测工作，2022年保护性耕作监测终端基本实现实施区域全覆盖，要采用监测数据作为兑付作业补助资金的重要参考依据，提高监管工作效率。各实施县建立专门的档案，相关文件资料、信息化平台监测数据等要留存备查。省农业农村厅将对各地保护性耕作工作开展情况定期进行监督检查，并会同省财政厅对项目实施县资金兑付情况开展调度通报，通报结果及时上报省政府。

附件：1. 吉林省2022年保护性耕作任务分解表（略）
　　　2. 2022年保护性耕作实施面积验收核准单（略）
　　　3. 2022年保护性耕作实施面积及补助情况汇总表（略）
　　　4. 2022年保护性耕作应用基地建设情况一览表（略）

关于印发《黑龙江省粮食机械化生产提质增产减损行动方案》的通知

各市（地）、县（市、区）农业农村局，北大荒农垦集团、龙江森工集团：

为深入贯彻党中央、国务院和省委、省政府关于"开展粮食节约行动"的部署要求，切实推进粮食机收提质增产减损工作，为保障粮食安全提供更有力的机械化支撑，结合我省实际，我厅制定了《黑龙江省粮食机械化生产提质增产减损行动方案》。现印发给你们，请认真抓好贯彻落实。

黑龙江省农业农村厅
二○二二年四月二十三日

黑龙江省粮食机械化生产提质增产减损行动方案

为深入贯彻党中央、国务院和省委、省政府关于"开展粮食节约行动"的部署要求，充分发挥农机对粮食生产的重要物质保障和关键技术载体作用，在全省开展粮食机械化生产提质增产减损行动，特制定本行动方案。

一、指导思想

以习近平新时代中国特色社会主义思想，特别是对我省"三农"工作重要讲话重要指示精神为指导，贯彻落实省委、省政府关于当好维护国家粮食安全"压舱石"的部署要求，以主要粮食作物生产为重点，以建设高端智能农机装备推广应用先导区为载体，以推进农机作业质量提升、装备转型升级和农机农艺融合为主线，开展粮食机械化生产提质增产减损"七大行动"，加大力度装备高端智能农机，建立完善全过程农机作业标准，推广应用良种良田良机良法相配套、农时农情农事农艺相结合的粮食机械化生产技术，完善规模经营、基础建设、技术服务、政策支持、保障评价"五大体系"，形成覆盖粮食生产耕、种、管、收、存储和加工全过程、全方位的提质增产减损模式，为巩固提升粮食综合产能和效益提供农机保障。

二、工作目标

把粮食生产提质增产减损行动作为推动大型高端智能农机装备推广应用的一项重要内容。2022年末，建设10个高端智能农机装备标准化作业示范区，带动全省主要粮食作物标准化作业水平不断提升，玉米、水稻、大豆机械收获减损分别控制在4%、2.8%和4.5%以内，玉米、水稻和大豆的单产水平和品质显著提高。

到2025年末，节粮减损技术体系、标准体系、农机装备体系基本建立，粮食生产提质增产减损的机械化生产模式基本成型，并在全省范围推广，农机装备加快智能化、高端化升级，基本实现主要粮食作物机械化生产标准化，提质增产减损行动对全省粮食综合生产能力的贡献显著提升。

三、重点任务

（一）开展粮食生产提质增产减损"七大行动"

一是耕作整地提标行动。重点推广应用大马力拖拉机和配套大型多功能耕整地机械。对现有动力机械进行智能化改造升级，优化配置与智能动力机械相配套的耕整地作业装备，提高作业精度、作业质量、作业效率和生产效益。2022年，全省大马力拖拉机保有量达到8.8万台以上；2025年，大马力拖拉机作业效率进一步提升，与农机具配套比达到1∶4。大力推广应用先进成熟适用的耕作模式。旱作区重点推广黑土保护"龙江模式"，水田区重点推广黑土地保护的"三江模式"。在适宜地区广泛推广应用免耕或少耕保护性耕作模式，促进黑土耕地用养结合、永续利用。2022年，保护性耕作面积2 550万亩；2025年，保护性耕作面积力争达到5 200万亩。推进耕整地作业标准化。以农机农艺相融合技术为核心，优化和完善深松、翻耕、耙地、起垄、镇压等作业环节等机械配备方案、作业规范和作业标准，制定完善黑土地保护性耕作机械化作业技术指引。2022年，全省高标准深松（翻）面积3 000万亩。

二是高效节种保苗行动。大力推广应用高端智能精量播种机。重点推广具有免耕防堵、分层精量施肥、种肥监测、智能免耕（电控）和电液自控仿形等功能高速精量播种设备，实现高速精量精准播种，推广水稻工厂化育秧、玉米大豆大垄密植和单粒精播及播种侧深施肥或分层施肥技术，到2025年，精量播种机在全省全面推广应用，精量播种机的保有量占播种机总量90%以上。科学选择适宜全程机械化生产的优良品种。玉米重点选择高产稳产、耐密性好、抗逆性强、收获期籽粒含水量低；大豆重点选择高产、高蛋白或高油、抗逆、广适品种；水稻重点选择高产优质、多抗广适。推广因地制宜播种技术。要科学确定种植密度，做到播种精细、用种精量、下籽均匀、深浅一致、覆土严密。适时适温抢墒播种，干旱地块可采用保护性耕作技术。春涝地块，在加快散墒适时播种，适当浅播浅种浅覆土，防止种子低温粉粒，确保一次播种保全苗。

三是科学高效施肥行动。优选施肥机械装备。旱田区优选具有分层施肥功能的播种机，水田区优选带有侧深施肥功能的插秧机及配备撒播器的植保无人飞机，充分发挥高端智能施肥机械、信息技术服务平台与监测评估系统和"大数据"在农业生产中的作用，推进精准施肥、智慧施肥。推广先进施肥技术。优化施肥方式，重点推广测土配方施肥、分层施肥、水稻侧深施肥、水肥一体化施肥等技术，提高肥料利用率。2022年，全省完成新增测土配方施肥技术推广4 000万亩；到2025年，基本实现测土配方施肥技术全覆盖。优化肥料产品结构。与施肥机械相匹配，应用缓控（释）肥料、水溶性肥和微生物肥等高效新型肥料，增施有机肥，合理控制化肥施用量。到2025年，全省粮食作物化肥平均利用率达43%。

四是植保提质增产行动。推广高端智能施药装备。推广应用配备风幕防飘装置、恒压装置和变量喷洒系统的悬挂式、自走式喷杆喷雾机，推广药箱容量30升以上的高功效、抗风能力较强的植保无人飞机，配合多光谱、高光谱技术应用，提升旱田施药机械水平，推进精准智能识别作业，提升应急防控能力。2022年，高效施药装备作业覆盖率达到40%。推广减量增效规范施药技术。加大先进喷药机械和节药喷头的宣传，组织开展现场实训和观摩培训活动，加大对作业手安全用药、减量规范施药的培训力度，推广普及喷嘴选择、喷嘴调校、合理减飘、适速作业等规范施药技术，有效提高防治效果，减少农药用量，减轻作物药害，实现农作物提质增产。强化监测预警和统防统治。进一步加强村级植保员监测体系建设，增配监测设备，普及"掌上植保"App，提高重大病虫监测预警和科学防控指导水平。依托高效智能施药机械，以稻瘟病、黏虫、草地螟、稻水象甲等重大病虫害为重点，加大统防统治、联防联治、应急防治和绿色防控技术应用，实现"虫口夺粮"促丰收。到2025年，农药利用率达到50%，病虫害绿色防控覆盖率达到65%。

五是机械收获提质减损行动。加快推广应用高端智能绿色高效收获机械。淘汰老旧收获机械，补齐在割台、脱粒等作业环节存在的短板，提高机械收获装备在作业质量、安全性等方面关键技术到位率和覆盖率，做好应急抢收和应急服务保障。开展高端智能收获机械的试验示范，促进智能绿色高效收获机械应用，发展全环节智能化收获，提升收获机械减损性能。集成推广农机农艺和品种配套的收获技术。制定玉米、水稻、大豆等主要农作物机收减损技术指导规范，进一步提升可操作性。着力推进粮食精细收获，减少田间地头的收获损失。加大培训宣传指导力度。组织开展机收减损宣传培训，将农机手培训纳入高素质农民培育工程，提高机手规范操作能力。举办技术大比武，营造全社会关注支持机收减损的浓厚氛围，将机收减损变成广大农户和农机手的自觉行为，组建专家团队，及时对机收减损做好技术指导服务。

六是科学规范储粮行动。推进粮食储存机械化水平。加强机械化在储粮过程的关键作用，统一晾晒、烘干、运输等环节的机械化作业操作规范。研发和试验示范先进、智能的储粮机械，提升储粮工作效率，减少储粮损失率，加大绿色热源烘干设备推广力度，鼓励产粮大县推进环保烘干设施应用。创新粮食储存技术。大力推广先进适用的粮食烘储技术，建设自然通风仓、烘干设备、烘储仓等设施，全面实现智能化绿色科学储粮，最大限度减少粮食存储环节损耗，实现高质量存储。引导农户科学储粮。树立粮食减耗等于增粮增效理念，扶持和引导农民利用先进技术科学储粮，极大限度减少"地趴粮"等粮食损耗较大的储粮方式。完善粮食仓储社会化服务体系，建立安全可靠的粮食银行，拓宽粮食储存渠道。

七是产地初加工减损行动。提高粮食初加工装备水平。积极扶持引导粮食初加工装备研发机构和生产企业，突破"卡脖子"技术，逐步实现初加工装备智能化、清洁化，提升粮食初加工装备水平。集成组装一批科技含量高、节粮节能的粮食初加工装备，推进粮食初加工装备与加工技术的有机结合，降低粮食初加工物耗能耗。提升粮食加工技术水平。进一步完善粮食初加工标准体系，制修订粮食全品种、全环节初加工技术指导规范。组织开展初加工技术创新，研发一批集自动测量、精准控制、智能操作于一体的减损实用技术，补齐粮食初加工技术方面的短板。推广先进初加工技术模式。总结粮食初加工环节减损增效实际案例，制定完善成熟的技术模式，建立以粮食初加工为主导产业的农业高新技术产业示范区，集中运用和展示先进初加工技术模式，快速提高粮食初加工环节作业质量。

（二）建立完善粮食生产提质增产减损"五大体系"

一是完善规模化经营体系。在尊重农民意愿，保持土地承包关系不变的前提下，引导农民"依法、自愿、有偿"流转土地，逐步减少分散化经营。以家庭农场和农民专业合作社为主，积极培育壮大新型农业经营主体，完善农业生产社会化服务体系，继续整省推进农业生产托管服务，发展多种形式适度规模经营，为充分发挥大马力拖拉机作业机组优势，提高土地规模经营效益创造组织化条件。

二是完善基础设施保障体系。进一步建设和完善农机信息化管理平台，推进大数据、物联网、区域链、5G、人工智能等新兴信息技术与现代农业的深度融合，加快农业生产经营"上网、上云、上链"，推进农业"网联、物联、数联、智联"应用。按照"田成方、渠相通、道相连、旱可灌、涝可排、机有库、具有棚"的标准，加强高标准农田和农机具场库棚建设，推进农田宜机化、作业标准化、生产规模化、管理数字化、经营集约化。

三是完善配套技术支撑体系。依托现代农业产业协同创新体系和基层农技推广体系，以高端智能农机为载体，不断总结和提炼成熟技术模式，加快先进技术集成配套和推广应用。加强对基层农技人员和新型农民开展农机使用、农机维护、精确施肥、规范施药、高效栽培等农机农艺技术培训，以示范园区、示范带等为载体，加大推广和示范力度。

四是完善政策资金支持体系。引导金融机构加大对农机企业研制高性能农机产品、农机新型服务主体购置先进农机具的信贷投放力度，灵活开发各类信贷产品和提供个性化融资方案。鼓励金融机构针对权属清晰的大型农机装备开展抵押贷款，在合规审慎的前提下，按规定程序开展面向新型农业经营主体的农机融资租赁业务。鼓励选择重点农机品种，支持开展农机保险。创新农机购置补贴方式，对高端智能和传统农机装备实施优机优补等差异化补贴。探索将粮食烘干成套设施装备纳入农机新产品补贴试点范围，提升烘干能力。

五是建立服务保障评价体系。结合全省主要粮食作物生产的实际，研究制定粮食作物生产提质增产减损机械化作业评价方法，顺应农业机械装备提质升级需求，科学评价农机装备水平、作业水平、管理水平和服务水平，建立检验我省粮食作物生产提质增产减损的评价标准体系。

四、保障措施

（一）加强组织领导。各级各部门要从保障国家粮食安全的政治高度，充分认识开展粮食生产提质增产减损行动的重要性。农业农村部门要发挥牵头抓总作用，协调科技、工信、粮食等多部门共同推进落实。

（二）加强跟踪问效。省级要加强对粮食生产提质增产减损增效行动开展情况的跟踪调度和监督评价，不定期通报情况。市、县两级也要同步建立跟踪问效机制，确保工作落到实处、取得实效。

（三）加强舆论宣传。充分利用广播电视、微信、快手、抖音等新媒体平台，广泛宣传农业生产提质增产减损的重大意义，引导农民以及其他农业经营主体自觉参与，营造良好社会氛围。

关于印发《上海关于贯彻落实〈"十四五"全国农业机械化发展规划〉的实施意见》的通知

沪农委〔2022〕88号

各区农业农村委、市属有关单位：

为贯彻落实农业农村部《"十四五"全国农业机械化发展规划》有关工作部署，我委编制了《上海关于贯彻落实〈"十四五"全国农业机械化发展规划〉的实施意见》。现印发给你们，请结合实际贯彻执行。

上海市农业农村委员会
二〇二二年五月二十六日

上海关于贯彻落实《"十四五"全国农业机械化发展规划》的实施意见

近年来，上海市认真贯彻党中央、国务院的指示精神和部署，积极推动农业机械化向全程、全面、高质、高效发展，农机化事业转型升级取得明显成效，为上海农业高质量发展提供技术支撑和装备保障。"十四五"时期，为贯彻落实农业农村部《"十四五"全国农业机械化发展规划》，结合本市发展现状，特制定本实施意见，作为指导各区推进农业机械化的重要依据。

一、指导思想

以习近平新时代中国特色社会主义思想为指导，认真落实党中央、国务院乡村振兴战略部署，按照都市现代绿色农业发展要求，以科技创新、机制创新、政策创新为动力，面向全球、面向未来，对标最高标准、最好水平，着力补短板、强弱项、促协调，大力推动机械化与农艺、智能信息技术、农业经营方式、农田建设相融合相适应，做大做强农业机械化产业群产业链，加快推进农业机械化向全程、全面、高质、高效转型升级，为保障粮食和地产蔬菜等重要农产品有效供给、全面推进乡村振兴和加快农业农村现代化提供有力支撑。

二、发展目标

根据市政府《上海市推进农业高质量发展行动方案（2021—2025年）》（沪府〔2020〕84号）和市农业农村委等六部门《关于加快推进农业机械化和农机装备产业转型升级的实施意见》（沪农委〔2020〕60号）相关目标任务，到2025年，主要粮食作物耕种收综合机械化率达到98%以上，蔬菜生产"机器换人"初步实现，设施菜田绿叶菜生产机械化水平达到60%，打造蔬菜生产核心示范园8～10个。桃、梨、葡萄、鲜食玉米等主要特色经济作物机械化技术路线基本形成，果园水肥一体化、自动控制系统等关键技术应用率达到50%以上，建成5～8个林果机械化生产示范基地，机械化率达到60%。推动智慧农机发展，打造10万亩粮食生产无人农场，建成一批不同类型的规模化生产、智能化管理的智慧农业示范农场。建成10个以上"农机服务+"新型组织，为农业生产提供"一站式"综合服务。农机社会化服务体系机制创新完善，服务覆盖率达85%。绿色生态、清洁高效的设施农业和畜禽水产养殖等机械化水平位居全国前列，主要畜禽规模化养殖机械化率达到85%以上。

三、主要任务

（一）聚焦减损提质，推动粮食生产机械化高质高效发展

继续推进主要粮食作物生产全程机械化，牢固树立"减损就是增产"意识，加强作业机具的质量调查和测评选型，提高机具适应性、可靠性，优化和完善适合不同作物、不同规模的全程机械化生产模式，完善粮食作物机收减损作业标准和操作规范。开展杂交水稻全程机械化制种配套设备和技术的研究。开展专项培训、评选和竞赛，提高机手规范化操作、标准化作业的意识、能力和水平；精心组织重要农时机械化生产，抓好作业机具准备、适宜收获期选择、作业质量要求、应急服务保障等工作，多措并举减少损失。推进主要粮食作物耕种收综合机械化率达到98%以上。

（二）补齐短板弱项，实现经济作物机械化关键环节突破

大力推进设施菜田宜机化建设，改善农机通过性和作业效率。重点围绕青菜、生菜、菠菜和苗菜类等主要绿叶菜品种，加快生产关键环节机械化技术创新与集成应用。选育或引进2～3个适宜机械化生产的品种。着力攻克精细化耕整地、高效自动移栽和机械化采收等机械化生产瓶颈，优化完善技术规程，在农业机械配套、农艺栽培规范、生产作业模式等方面形成生产标准。以示范创建为抓手，聚焦3万亩宜机化高标准菜田设施，推进设施菜田绿叶菜生产机械化水平达到60%。打造园艺场规模面积200亩以上的蔬菜生产核心示范范8～10个，全面提升耕整地、种植、采运、灌溉施肥和环境调控水平，机械化水平达到80%。鼓励探索大田露地常规蔬菜生产机器换人，积极发展林果、花卉、鲜食玉米生产机械化，加快水肥一体化、高效植保、多功能操作平台等农机装备和技术推广。

（三）突出绿色高效，加快畜禽水产养殖全程机械化发展

遴选推广畜禽水产绿色高效养殖机械化新技术、新装备、新工艺、新模式，示范推广精准饲喂、智能环控、疫病防控、高效粪污资源化利用、病死畜禽无害化处理、水质净化处理等高效专用技术装备，推动种养结合的生态循环模式。加强畜禽品种、养殖工艺、设施装备集成配套，巩固提高饲草料生产与加工、饲草料投喂、环境控制等环节机械化水平，推动构建区域化、规模化、标准化、信息化的畜禽养殖全程机械化生产模式。加快水产养殖全程机械化及水质监控、水草管护、尾水处理等设施装备的集成配套，总结推广绿色养殖全程机械化解决方案。到2025年，主要畜禽规模化养殖机械化率达到85%以上，池塘工程化等循环水养殖基本实现机械化，总体水平位居全国前列。

（四）鼓励一体化发展，积极推进农产品初加工机械化

积极推进成套装备与配套设施集成一体化发展，综合提升农产品初加工工程化水平。围绕蔬果、畜禽、水产品等农产品保质增值，发展预冷、保鲜、冷冻、清洗、分级、分割、包装等初加工技术，打造3～5个产后初加工和配送服务一体化的区域性产销联合体。大力推进农产品初加工机械社会化服务，积极探索发展农产品初加工生产托管、订单作业、承包服务等新模式、新业态，推动建立分区域、分产业、分规模的农产品初加工适配装备体系和技术服务模式。

（五）引导技术创新，着力推动智能农机装备技术示范

围绕全市10万亩水稻生产无人农场建设，积极引导高端智能农机装备投入农业生产，完善乡村信息基础设施，推动SHCORS向农业领域拓展应用，大力推广基于北斗、5G的自动驾驶、远程监控、智能控制等技术在自走式农业机械上的应用，不断提高耕整地、播种、施肥、施药等生产作业的精准化程度，加快提升农机装备"耕、种、管、收"作业质量与效率。积极探索蔬果智能化生产模式，推广应用设施农业温湿度、光照、水肥等综合环境的自动监测和自动控制技术，打造2～3个技术模式较为成熟的智能化蔬果生产基地，探索集约化、自动化、智能化生产的新路径。探索推进畜禽水产养殖、农产品初加工机械化与信息化、智能化融合发展，促进智慧农业示范应用。

（六）加快转型升级，提升农机公共管理服务数字化水平

进一步推进农机数字化转型，聚焦"一网、一图、一库"，持续完善农机物联网管理平台，对新增自走式农机安装北斗定位终端，基本完成全市主要农机物联全覆盖；结合生产应用，不断完善装备监管、作业统计、远程调度等功能，实现对重要农时机械化生产的信息化管理与调度。加强顶层设计，推动农机导航、作业传感和远程数据通信管理等技术系统集成，不断优化和拓展应用场景和管理功能，推进农机作业监测数字化进程。推广应用手机App、人脸识别、补贴机具二维码管理和物联网监控等技术，加快农机购置补贴业务全流程线上高效安全办理。努力实现农机购置补贴、试验鉴定、安全监理、质量监督等数据信息互联互通，提升政策实施质量和效率。

（七）推进节能减排，加大绿色低碳装备和技术推广力度

以助力实施农业碳达峰、碳中和为主要目标，大力推广使用以绿色太阳能、空气能等清洁能源为动力的低碳农机装备和节本增效农机化技术，推进农机节能减排。支持推动非道路移动机械排放标准由国三升级国四，实施更为严格的农机排放标准，鼓励有条件的地区发展复式、高效农机和电动农机装备，减少废气排放。全面实施农机报废更新补贴政策，加快淘汰能耗高、作业损失大、安全性能低的老旧农机，促进农机安全生产、节能减排和结构调整。大力示范推广高效精准的施肥施药农机化技术，到2025年，水稻机械化种植同步侧深施肥年推广面积达到20万亩，无人机飞防等高效植保年覆盖面积达到70万亩，助力减肥减药增产增效。

（八）创新服务机制，推动农机社会化服务产业做大做强

培育壮大农机作业公司、农机合作社等新型农机社会化服务主体。支持农机社会化服务向农业生产全过程、全产业延伸，鼓励采取作业补贴、综合奖补方式推广"全程机械化＋综合农事"服务模式。支持农机社会化服务区域中心建设，建成10个以上"农机服务＋"新型组织，鼓励订单作业、托管服务等新型服务方式，加快农业生产经营主体与农机服务主体有机衔接，进一步推动农机社会化服务覆盖率达85%。

支持服务主体优先获得农机库房等服务场地使用资格、优先获得培训教育、维修保养等相关政府购买服务项目等；支持救灾防灾专用农机装备储备建设，提升农机应急抢收抢种抢烘能力。进一步拓宽培训渠道、优化培训内容、强化培训监管，充分发挥各类培训组织的主体作用，壮大农机实用技能培训规模，提高农机技能培训质量。

（九）坚持多措并举，严格落实农机安全生产监管责任

进一步加强源头管理，严把驾驶人培训考试关，依法核发牌证，严格农机安全技术检验。加大农机安全监督和执法力度，全面推进农机安全生产网格化监管，延伸监管末端，严肃查处违法违规行为。深化"平安农机"创建，探索形成长效管理机制，对已创建的实施跟踪复查，巩固创建成果。深入开展"安全生产月""安全宣传咨询日"等宣传教育活动，创新形式、丰富内容，树牢农机手底线思维。常态化开展农机事故应急演练，提高突发事故应急能力，最大限度减少人员伤亡和财产损失。加强农机安全监管队伍建设，突出加强镇村监管力量，开展业务技能培训，提高发现和处置问题的能力，打造高素质农机安全监管队伍。

（十）科学规范高效，稳定实施农机购置与应用补贴政策

充分发挥政策实施的导向作用，突出补贴重点，创新补贴方式，在稳产保供的基础上，聚焦经济作物机械化生产薄弱环节，调整优化补贴范围、补贴标准，加大对农机化绿色生产新技术、智能高端安全农机新装备支撑力度。扩大农机购置补贴"三合一"办理机具范围，优化办理流程，全面实行限时办理，加快补贴资金兑付，提升服务效能。加强补贴政策宣传解读，扩大信息公开，充分保障广大人民群众的知情权、监督权。充分发挥专业机构技术优势和大数据优势，加强政策执行监管，开展违规行为排查整治，确保政策规范有效执行。加大农机报废更新补贴力度。

四、保障措施

（一）加强组织领导

各区农业农村部门和市属企业要根据生产实际情况，把细化落实本实施意见列入重要议事日程，制定具体措施，明确实施要求，组织调动全系统力量，确保工作任务落到实处。建立和发挥相关单位和部门合力推进农业机械化发展的统筹协调机制，认真梳理和解决突出问题，审议有关政策、重大专项和重点工作安排，加强战略谋划和工作指导，破除发展中的瓶颈问题。积极争取各级党委政府的重视支持，推动将农业机械化发展列入粮食安全党政同责考核、乡村振兴考核内容，加快农业机械化向全程全面和高质量发展升级。

（二）加强扶持引导

充分调动社会各界支持农业机械化、关心农业机械化发展的积极性和主动性，搭建社会广泛参与平台，构建政府、社会、市场协同推进的工作格局。要进一步加大财政支持力度，充分发挥财政资金的引领导向作用，引导和推动各方资金向农业机械化发展聚焦。要及时总结推广农业机械化转型升级的好经验、好做法，发挥好典型引领作用。要主动加强与新闻媒体的沟通合作，多渠道、多形式开展宣传报道活动，切实加大对农业机械化宣传的力度、广度和深度，营造全社会广泛关注和支持的良好氛围。

（三）加强督促指导

要因地制宜开展农业机械化发展目标任务研究，以本实

施意见为指引，分区域、分产业、分品种、分环节明确农业机械化发展的目标任务、存在的短板弱项及相应的政策举措。要对重点工作任务开展挂图作战攻坚行动，定期评估工作进展落实情况。要开展专项督查，立足应用，重点突破，加快先进适用农机装备设施的研发和推广应用，着力推动农业机械化向全程、全面发展提档，向高质、高效转型升级。适时委托第三方机构开展评估分析，及时发现和解决存在的问题，推动完成好目标任务。

关于做好农机装备补短板工作的通知

苏农机〔2022〕21号

各设区市农业农村局、工业和信息化局、科技局：

为贯彻落实农业农村部等关于农机装备补短板决策部署以及省委省政府关于推进优势产业链强链补链工作要求，加快产业急需农机装备研发制造和推广应用，推动农业装备科技创新、农机装备制造产业和农业机械化高质量发展，支撑保障实施乡村振兴战略和推进农业农村现代化，经研究，现就做好农机装备补短板工作通知如下：

一、强化思想认识和目标导向

各级农业农村、工业和信息化、科技部门要充分认识农机装备补短板工作的重要性，按照省委、省政府和农业农村部、工业和信息化部部署要求，加强组织领导，强化协调配合，创新工作举措，加快推进农机装备补短板工作。力争到2025年，全省新研制各类高端农机装备30台（套）以上，推广应用各类先进适用技术50项以上，建立一批农机推广示范应用区。

二、梳理建立短板清单

各地要按照农业农村部"四分"研究工作要求，分区域、分产业、分品种、分环节对农业特色主导产业所需短板农机装备情况开展摸底调研，建立翔实需求目录清单，形成省市县分级、特色主导产业全覆盖、品种环节清晰的短板装备需求"清单"。按照产业需求紧急程度、劳动力替代效率、产品研发攻关能力等对清单进行精准梳理，制定近期、中期、远期补短板工作目标，以清单指导补短板工作。根据产业和科技发展情况，每年定期调整短板农机装备需求清单，及时增补产业发展装备新需求，做到动态管理，及时更新。

三、认真组织装备攻关

各地要采取揭榜挂帅方式，组织省内农机企业、科研院所、应用主体等联合对短板清单进行攻关。发挥创新联盟等农机科技创新平台作用，充分利用农业科技攻关、农业自主创新、关键核心技术攻关、农机装备示范推广等项目资源，集中力量攻关一批"卡脖子"农机装备技术。重点支持花生、油菜、马铃薯、果菜茶、水产养殖、畜禽养殖、农产品初加工等农机装备自主研发并开展试验示范，不断提升装备适应性和可靠性，提高自主供给能力。依托部级全程机械化科研基地项目，加强农机企业、院校与市县合作共建，支持建立"政府部门＋科研单位＋农机企业＋推广机构＋应用主体"五位一体的农机一体化创新基地，推动短板农机装备从市场调研、样机中试到定型量产一体化发展。

四、加强装备应用示范

加快农机短板装备推广应用，支持承担揭榜挂帅任务的农机装备企业试验试用。在农垦和苏北地区重点示范应用大型高端农机装备。发挥中德现代农业产业园作用，探索适合江苏平原地区的先进大型高端农机装备推广应用。在无锡、常州、扬州、镇江等丘陵地区重点示范应用小型农机装备。重点推广以标准化茶园、果园生产全程机械化技术装备，示范新型有机肥深施、高效植保、采摘、轨道运输等先进适用装备技术。在苏南、苏中地区重点示范应用智能农机，建设一批智能农机应用场景，打造更多"无人化"农场、"信息化果园""智能化植物工厂""数字化渔场""智慧化牧场"。在苏北地区重点示范应用大豆玉米带状复合种植农机装备。选择适宜江苏农情的农艺模式，推广应用先进带状复合专用一体化播种机、高效分带植保机和联合收割机等，实现多种模式下高水平、高产量的机械化。

五、强化协同组织建设

建立农业农村、工业和信息化、科技等有关部门协同配合，农机企业和相关主体共同参与的农机装备补短板工作机制。农业农村部门立足农机装备推广应用环节，调研提出短板装备需求清单，协助相关部门共同做好技术攻关、生产制造、试验示范和推广应用。工业和信息化部门组织引导农机装备制造业企业加强短板装备研制，推动农机装备产业链上下游协同发展。科技部门立足研发创新环节，协调科研项目资源，组织清单内农机短板装备技术科研攻关，突破核心关键装备技术。各地要积极协调相关部门出台支持农机装备补短板支持扶持措施，落实重点项目建设用地以及政策性农机综合保险、农机抵押贷款等政策。优先支持首台（套）农机装备在农机推广应用示范区应用，落实好研发费用加计扣除、企业所得税优惠等税收政策。

请各地按要求细化研究制定农机装备补短板工作方案，推动农机装备补短板工作落细落实。各地农机装备补短板供推进情况、亮点成效和短板农机装备清单等情况要及时报省对口部门，省农业农村厅牵头利用农机装备补短板工作机制加强宣传总结，对工作成效明显的地区进行表彰激励。

省农业农村厅联系人：周凯，电话：025-86263170，邮箱：jsnjzbc@126.com。

省工业和信息化厅联系人：刘旭东，电话：025-69652692，邮箱：17901572@qq.com。

省科技厅联系人：顾冰芳，电话：025-57712971，邮箱：gubf_kj@js.gov.cn。

附件：江苏省短板农机装备需求目录

江苏省农业农村厅　江苏省工业和信息化厅
江苏省科学技术厅
二〇二二年十月十八日

附件

江苏省短板农机装备需求目录

从农业产业需求看，当前主要存在以下农机装备短板：

（一）粮油作物方面。主要包括大豆玉米带状复合种植、长秧龄机插秧、水稻机收减损、湿烂田间条件下的小麦机播、大喂入量机收等装备；油菜移栽和分段收获、油蔬两用油菜薹低损有序收获、油菜育种父本割除；花生种子脱壳、烘干等装备。

（二）果菜茶方面。主要包括果园有机肥深施、水果高效采摘、分级分选、丘陵地区运输等。多行蔬菜密植（电动）全自动移栽、基质块苗蔬菜移栽、蔬菜收获、浮船式水芹割捆、食用菌采摘等装备。适合黏硬土壤茶园中耕、开沟、有机肥施肥及名优茶小型自走式采茶等装备。

（三）设施种养方面。主要包括设施花卉装盆移栽成套、设施草莓高架基质上下料、蔬菜花卉穴盘育苗补苗、温室大棚清洗等；池塘起捕、智能投饵、高效绿色增氧、水草安全种植/管护、河蟹智能捆扎、品质智能分级、池塘养殖尾水处理成套、贝类生态起捕、藻类高效种植收获、滩涂安全高效运输等装备；禽蛋收集、乳鸽哺喂设施、鸡呼吸道疾病智能监测预警、基于微酸性电解水的家禽饮水管线消毒、生猪液态饲料饲喂、畜禽养殖废气净化处理、病死畜禽收集及无害化处理设备等装备。

（四）智能农机方面。主要包括辅助导航/自动驾驶拖拉机、插秧机、高地隙植保机、联合收割机，果蔬采摘机器人与智能分选、水产养殖智能投饵、畜牧养殖场巡检机器人等装备；关键零部件主要包括农机作业信息智能监测终端，具有在线检测功能的农业传感器，基于总线控制技术的拖拉机自动变速箱及农机具等；核心技术主要包括智能农机作业全路径规划与自主导航技术、智能农机作业大数据信息处理技术等。

（五）绿色环保机械装备方面。主要包括蔬菜生产废弃物就地资源化处置、农作物秸秆生态还田及绿色化利用、高效清洁热源烘干、化肥减量缓释、液态有机肥深施、畜禽粪污发酵等设施装备。

关于做好2022年农业生产全程机械化保障油料扩种稳粮增产工作的通知

苏农办机〔2022〕4号

各设区市、县（市、区）农业农村局：

为贯彻落实《农业农村部关于做好2022年大豆油料扩种工作的指导意见》（农农发〔2022〕2号）和《省政府办公厅关于印发2022年大豆玉米带状复合种植推广工作方案的通知》（苏政传发〔2022〕44号）等文件精神，全面实施农机化"两大行动"，深入推进农业生产全程机械化，全力保障大豆油料扩种和稳粮增产工作任务，现就有关事项通知如下：

一、大力发展油料作物生产机械化

农业农村部已将扩大大豆油料生产作为"三农"工作必须完成的重大任务，各地要突出工作重点，全力发展油料生产机械化。一是攻坚克难抓好大豆玉米带状复合种植机械化。要落实大豆玉米带状复合种植机具保障主体责任，协调农机农艺专家确定适宜当地的技术模式和机械化技术路线，制定细化机具保障工作方案。采取新机购置、旧机改装、机具研制等方法，加大复合种植专用播种、植保、收获等环节机具选型和供给力度，加强技术培训和指导，切实提升复合种植全程机械化水平，确保高质量完成好复合种植机具保障任务。二是多措并举发展油菜生产机械化。加强双低、多抗、短生育期、宜机化油菜与相应机具配套技术的示范应用，建立一批油菜生产农机农艺融合示范区，推广一批产量高、机械化水平高的"双高"典型。加大机播、移栽、飞播等装备技术示范力度，因地制宜推广分段、联合收获机械化技术模式，加快补齐播种、收获机械化短板，提升油菜生产全程机械化水平。三是千方百计推进花生生产机械化。推广花生起垄种植机械化高产技术模式，探索平地种植机械化技术模式，大力发展花生播种、收获、脱壳等环节机械装备，提升花生生产全程机械化水平。加强农机农艺融合技术研究，建设花生适宜品种、配套机具和农艺技术的机艺融合示范区。在收获环节，因地制宜示范推广分段收获、联合收获机械装备，提升花生收获机械化水平。

二、巩固提升粮食生产全程机械化

要持续重视巩固提升粮食生产全程机械化水平，为保障粮食安全提供强有力的装备技术支撑。一是水稻生产机械化要抓机种保全程。抓紧协调当地水稻机插秧育秧所需农资、农机货源供应，大力推广育秧流水线、育秧摆盘机等集中育供秧物资和装备技术，以高质量育供秧服务保证水稻机插秧推广。要联合种子农机农艺力量开展直播稻品种、适宜机具、配套农艺等技术研究和试验示范，待成熟后在适宜地区予以推广，提升水稻种植机械化水平。在补齐种植机械化短板的基础上，进一步提升水稻生产全程机械化水平。二是小麦生产机械化要精机播统植保。大力推广小麦精少量播种装备技术，加强湿烂田和黏性土壤环境小麦播种装备技术选型推广，提升小麦播种精度和作业质量。因地制宜推广高地隙自走式喷杆喷雾机、植保无人飞机等高性能植保装备，加强小麦"三病一虫"的统防统治，提升高效植保机械化能力。三是玉米生产机械化要抓机收推烘干。加大纯作玉米和大豆玉米带状复合种植通用型联合收获机械推广力度，提高本地玉米收获机械化自给保障能力。开展宜机化籽粒玉米品种、收获机具、配套农艺的试验示范，建设玉米籽粒收获农机农艺融合示范区，提升玉米籽粒收获机械化水平。因地制宜示范推广筒式、塔式玉米烘干装备技术，提升玉米烘干机械化能力。

三、抓好机收减损和抢收抢种工作

农业农村部明确要求必须将机收减损作为粮食生产机械化主要工作常抓不懈，采取综合措施提高粮食机收作业质量，努力确保粮食颗粒归仓。一是全力抓好机收减损。注重机械化节粮减损装备与技术推广应用，通过引导报废旧机和购置更新高性能联合收割机等形式，从农机装备源头上降低机械化作业带来的粮食损失。加强对农机作业服务组织、农机大户等粮食机收减损操作技术培训，加强技术指导和检查，督促提高作业质量，减少机收损失。常态化组织开展粮食机收减损技能大比武活动，以赛促训、以赛提技，激发广大机手比学赶超节粮减损技能的荣誉感使命感，推动机收作业精细高效、提质减损。二是组织应急抢收抢种。加强农机防灾减灾能力建设，针对强降雨、大风导致农田积水、作物因灾倒伏、局部机具供给紧张等紧急情况，加强排灌机械、联合收割机、播种机等抢险应急机具就近调度，提升田间排水、倒伏收割、湿烂地块播种等机械化抢收抢种能力。发挥高性能联合收割机、烘干机、高通过性播种机等设备优势，加快粮食抢收、烘干和播种进度，防止穗发芽、烂麦场、烂耕烂种等现象，确保粮食成熟一片、收获一片和后茬作物适期播种。三是高效做好服务保障。做好农机跨区作业管理服务工作，规范发放和使用《农机跨区作业证》，会同有关部门做好气象预警、作业车辆通行、信息服务、用油供应、作业秩序维护及突发事件处置等协调工作，确保农机跨区作业安全、有序、高效。组织农机技术推广机构、农机科技志愿者服务队，深入田间地头和农户开展农机检修、技术指导、政策宣传等服务，以优质服务保障农忙机械化生产作业。

四、推动全程机械化智能化绿色化

各地要全面实施农机化"两大行动"，加快推进农业生产全程机械化智能化绿色化，推动实现农业机械化转型升级高质量发展。一是加快建设全程全面机械化示范县。首批25个省农业生产全程全面机械化示范县要按照工作方案加快建设进度，积极出台支持政策，分解细化工作任务，落实工作举措，确保完成年度目标任务。设区市农业农村部门要指导和督促所辖县（市、区）提前做好摸底调研，抓紧研究编制工作方案，积极申报第二批示范县。二是大力发展智能化农机装备与技术。加大自动导航辅助驾驶拖拉机、插秧机、收割机、作业监测终端等智能农机装备技术推广力度，支持各地建设智能农机管理系统平台，推动智能农机等终端入网上云实现信息化联通。加快建设一批"无人化"农场、信息化园艺、数字化渔场、智慧牧场等智能农机应用场景，示范引领智能农机装备技术发展。三是推广应用绿色化农机装备与技术。加大水稻机插秧侧深施肥、生态型犁耕深翻、新型高效植保、绿色烘干等装备与技术推广力度，不断扩大水稻机插秧侧深施肥等装备技术应用范围。各地要积极参与生态型犁耕深翻试点市、县建设，稳步提升生态型犁耕深翻作业面积。实施粮食烘干清洁热源替代行动，争取当地电力公司及相关部门支持，加快空气源热泵等清洁热源烘干装备技术推广。

从5月6日起，将实行机插秧推广工作进度周报制（见附件），请各县（市、区）安排专人及时向设区市上报插秧机、育秧面积、机插面积等情况，各设区市于每周五上午12:00前将所辖县区材料汇总报送省农业农村厅农机装备处。有关水稻种植面积、机插秧面积等数据要与种植业相关处室（科室）做好衔接与核实，确保数据口径一致、准确真实。

联系人：陆桂良、周凯，电话：025-86263170，邮箱：jsnjzbc@126.com。

附件：2022年全省水稻机插秧技术推广工作进度周报表（略）

江苏省农业农村厅办公室
二〇二二年三月十七日

浙江省农业农村厅 浙江省应急管理厅关于印发《浙江省进一步深化"平安农机"创建活动工作方案》的通知

浙农机发〔2022〕5号

各市、县（市、区）农业农村局、应急管理局：

现将《浙江省进一步深化"平安农机"创建活动工作方案》印发给你们，请按照要求扎实推进"平安农机"创建活动，推动我省农机安全生产监管能力水平持续提升，有效预防和减少农机事故，坚决遏制较大以上农机事故发生，推进我省农机安全生产形势持续向好，为机械强农行动提供有力保障。

浙江省农业农村厅 浙江省应急管理厅
二〇二二年八月三十一日

浙江省进一步深化"平安农机"创建活动工作方案

为扎实有序推进"十四五"期间我省"平安农机"创建活动，根据《农业农村部应急管理部关于印发<"十四五"时期"平安农机"创建活动工作方案>的通知》要求，特制定本方案。

一、指导思想

以习近平新时代中国特色社会主义思想为指导，全面贯彻落实党的十九大和十九届历次全会精神，深入学习贯彻习近平总书记关于安全生产重要论述，牢固树立安全发展理念，坚持人民至上、生命至上，统筹发展和安全，以保障人民群众生命财产安全、服务乡村振兴为目标，以依法监管、规范执法、优化服务为路径，转变监管方式，创新监管手段，提升监管效果，巩固发展"政府负责、行业主抓、部门协作、群众参与"的农机安全生产长效机制，为农业机械化有力支撑农业农村现代化发展提供坚实保障。

二、目标任务

"十四五"期间，以"创建'平安农机'，提升发展质量"为主题，到2025年，力争创建全国"平安农机"示范市（设区的市）2个、示范县（市、区）15个。通过典型示范，促进地方政府更加重视农机安全生产工作，部门间协调配合不断加强；推动监管力量向基层延伸下沉，监管网络更加健全；强化农机安全监管能力建设，监管工作规范化、专业化、信息化、便民化水平不断提高；提升农民群众安全生产意识和安全操作技能，农机安全生产氛围更加浓厚、农机安全意识深入人心。

三、创建程序

全国"平安农机"示范的单位创建有效期为5年，已被命名为全国"平安农机"示范市、县的，满5年后如继续创建，应重新申报。

（一）市县申报。每年6月底之前，市县人民政府按照创建条件（见附件1）自愿申报全国"平安农机"示范市、县。7月底前，创建全国"平安农机"示范县的单位将申报材料（见附件2）报市农业农村部门。市农业农村部门会同市应急管理部门审核申报材料，组织力量对申报单位创建条件进行全面审查，并在申报表上签署意见。申报"平安农机"示范市、县的单位在8月底前将申报材料上报省农业农村厅。

（二）省级推荐。9月，省农业农村厅会同省应急管理厅对逐级上报的申报材料采取专家审核和实地核验等方式进行抽样初评，提出拟推荐创建单位名单，由两部门联合行文将申报材料（一式两份）报农业农村部和应急管理部。

（三）复核公布。农业农村部和应急管理部对我省推荐的示范单位材料组织审查，必要时进行现场核验，每年11月底前对拟入选的市县向社会进行公示，根据公示情况以及当年事故情况等，确认并公布最终获得全国"平安农机"示范市、县的名单并授予标牌。

四、工作措施

（一）统一思想，提高认识。各地、各部门要充分认识"平安农机"创建活动的重要意义，将创建活动作为推动农机安全生产监管责任落实的有效抓手，切实增强责任感和使命感，努力将创建工作提升到一个新的水平。

（二）加强领导，形成合力。省农业农村厅、省应急管理厅成立"平安农机"创建活动工作小组，负责我省申报全国"平安农机"示范创建活动的组织、指导、审核和协调工作，坚持"优者上、劣者汰"的原则，严格把关，公平公正推选候选对象。

（三）加大投入，强化保障。各地、各部门要把"平安农机"创建工作列入安全生产地方规划，与乡村振兴工作充分结合，积极争取财政资金投入，强化农机安全基础设备和信息化建设，确保创建活动深入开展。

（四）广泛宣传，示范引领。各地、各部门要加大"平安农机"创建活动的宣传力度，充分利用报纸、视频、网络、新媒体等方式，多渠道宣传创建活动的好做法、好经验、好典型，营造良好的创建氛围。

（五）加强监测，巩固成效。省市农业农村和应急管理部门要加强辖区内"平安农机"示范市、县的日常监测，积极组织"平安农机"示范单位回头看，对创建有效期内发生较大以上农机事故的示范市和发生农机死亡事故的示范县，当即上报予以撤销示范资格；对出现不符合创建条件的，经调查核实后，逐级上报农业农村部和应急管理部，并在公布下一批"平安农机"示范市、县名单时予以撤销示范资格。

联系人及联系方式：省农业农村厅农机化与数字化处朱松涛，0571-86757982，地址：杭州市凤起东路29号，邮编：310020；省应急管理厅综合协调处项绍禹，0571-81051669。

附件：1. 浙江省申报全国"平安农机"示范市、县创建条件（略）
   2. 全国"平安农机"示范市、县创建申报表（略）
   3. 全国"平安农机"示范市、县的镇（乡、街道）农机安全生产监管要求（略）
   4. 全国"平安农机"示范市、县的农机合作社（服务经营组织）安全生产工作要求（略）

江西省人民政府关于印发《江西省农业七大产业高质量发展三年行动方案(2023—2025年)》的通知

赣府字〔2022〕45号

各市、县（区）人民政府，省政府各部门：

现将《江西省农业七大产业高质量发展三年行动方案（2023—2025年）》印发给你们，请结合实际，认真抓好贯彻落实。

江西省人民政府
二〇二二年八月六日

江西省农业七大产业高质量发展三年行动方案（2023—2025年）

为深入贯彻落实习近平总书记关于"三农"工作重要论述和视察江西重要讲话精神，有效解决当前我省农业产业"弱、小、散"的问题，提高农业质量效益和竞争力，推动乡村产业振兴，加快农业大省向农业强省转变，为打造新时代乡村振兴样板之地提供坚实支撑,结合我省实际,制定本行动方案。

一、总体要求

坚持以习近平新时代中国特色社会主义思想为指导,认真贯彻党中央、国务院决策部署,坚持政府引导、市场运作、龙头带动、全链发展、生态优先,按照工业化的理念,走产业化发展之路,聚焦产业化育龙头、规模化建基地、标准化提质量、精细化强加工、网络化畅流通、市场化拓渠道、品牌化增效益、体系化延链条、多元化促开放,集中力量打造农业优势特色产业"单项冠军",加快走出一条生产、加工、贮藏、冷链物流、销售等全环节提升、全链条增值、全产业融合的高质量发展之路。到2025年,全省打造稻米、油料、果蔬、畜牧、水产5个千亿级主导产业链和茶叶、中药材2个百亿级特色产业链(以下简称七大产业),市级打造30个左右百亿级优势产业链,县级打造100个十亿级优势产业链;全省培育50个链主型农业产业化龙头企业,农业综合总产值达到1万亿元。

二、主攻方向

稻米产业。紧扣"稳产、优供、增效"要求,确保粮食面积、产量稳定,主推1个100万亩以上、5个50万亩以上的优质稻品种,创新研发推出一批富有江西特色的功能米、免洗米、蒸谷米、米粉、米乳、米油、营养代餐等精深加工产品,加快发展万年贡米、鄱阳湖大米、宜春大米、永修香米、井冈山大米、麻姑大米、吉内得大米等稻米品牌,打造一批国标一级、二级稻米。力争到2025年稻米产业综合产值达到1 200亿元,超50亿元的龙头企业新增2家、超10亿元的新增11家,超10亿元的总数达到15家。

油料产业。聚焦高产量、高出油率、高品质、高抗性、多功能方向,建设千万亩油菜基地和千万亩高产油茶林,开展油菜(油茶)机收品种和机械联合攻关,做大做强油菜的油用、花用、菜用、饲用等多功能利用,引进低温冷榨等先进加工工艺,做深做强精深加工和规模加工,加强饼粕的综合开发和利用,延长产业链,提高综合效益,创建提升油料品牌。力争到2025年油料产业综合产值达到1 500亿元,超50亿元的龙头企业新增1家、超10亿元的新增4家,超10亿元的总数达到5家。

果蔬产业。主攻优质化、精品化、市场化,加快果蔬适销品种培育、复壮和引进,持续推进设施蔬菜和标准生态果园建设,加大林下蔬菜开发,推进脐橙、甜柚和蜜橘等柑橘产业高质量发展,打造一批果蔬产加销一体化企业,推动形成果蔬品牌价值超100亿元的"一市一品"5个、超10亿元的"一县一品"20个。力争到2025年果蔬产业综合产值达到1 500亿元,超10亿元的龙头企业新增7家、总数达到10家。

畜牧产业。按照强生猪、扩牛羊、兴家禽路径,打造生猪优势产区、赣中南肉牛产业集群、赣西山羊、地方优势肉鸡产业集群、全国优质水禽基地,培育富硒禽蛋产业。重点发展现代化畜禽屠宰加工业,支持腌制、酱卤等传统畜产品加工工艺改造和冷鲜肉、发酵制品、预制(烧烤)肉品等中式以及西式肉制品开发,打造20家覆盖饲料、养殖、屠宰、加工、冷链、销售的全产业链大型企业,叫响肉类品牌。力争到2025年全省畜牧业综合产值达到3 500亿元,培育超10亿元的龙头企业22家,其中超1 000亿元的2家、超50亿元的5家。

水产产业。围绕创优、创特、创汇推动渔业发展,着力推进百万亩绿色高标准池塘改造行动,加快设施渔业、大水面生态渔业、稻虾、稻渔综合种养等模式的创新与推广,大力发展虾蟹、龟鳖、鳅鳝、棘胸蛙等特色水产品,重点培育鳗鱼等出口优势产品,力争到2025年水产产业综合产值达到1 300亿元,超50亿元的龙头企业新增1家、超10亿元的新增6家,超10亿元的总数达到8家。

茶产业。以"江西茶香天下"为主题,打好生态、文化、科技牌,主攻名优茶、推广大众茶、开发个性茶、做大出口茶。推动新式茶饮、茶旅融合、文创茶品、拼配出口茶等业态创新。力争到2025年茶产业综合产值达到200亿元,培育十亿级茶叶领军企业1~2家。

中药材产业。以组织化、专业化为重点,支持省内外制药、饮片和流通企业发展订单、合作基地,带动中药材种植、采收、加工、储运等全过程标准化。加大"三子一壳"等道地中药材和黄精、陈皮、覆盆子、艾草等药食同源中药材开发力度,打造"赣十味""赣食十味"品牌,做强赣鄱道地药材,提升中药材竞争力。力争到2025年中药材产业综合产值达到200亿元,超10亿元的龙头企业新增6家、总数达到8家。

三、重点任务

(一)产业化育龙头。通过支持培育、收购重组、上市融资等方式,壮大农业产业化龙头企业。实行龙头企业台账管理、精准支持,推动增量、提质,引导主板上市。创建农业产业化省级示范联合体,构建权责明确、利益联结的组织机制。到2025年,新增超10亿元的农业产业化龙头企业67家、总数达到100家,省级龙头企业数量达到1 100家,进入中国农业企业500强企业达30家,新增3~5家企业在主板上市。(责任单位:省农业农村厅,省林业局,省中医药局,省工业和信息化厅和各设区市人民政府。以下各项任务,各设区市人民政府均为责任主体,不再列出)

(二)规模化建基地。推进土地流转与农业适度规模经营,打造规模化、标准化、绿色化"原料车间"。引导龙头企业按照"公司+基地+农户+市场"的经营方式,发展订单生产。深入推进部省共建江西绿色有机农产品基地试点省,推广测土配方施肥、统防统治、循环种养等绿色生产模式,大力发展节地节能节水等资源节约型农业。加快物联网、大数据运用,打造数字农业创新示范基地。到2025年,全省绿色、有机、地理标志及可追溯农产品数量达到6 000个,优质稻米、设施蔬菜、稻渔综合种养基地面积分别达1 400万亩、200万亩和350万亩,新增部省级畜禽养殖标准化示范场60个、水产健康养殖和生态养殖示范区50个,高产油茶复合经营面积达到100万亩。(责任单位:省农业农村厅,省林业局)

(三)标准化提质量。依托企业、行业协会、科研院所和省级专业标准化技术委员会,按照"有标采标、无标创标、全程贯标"的原则,加快制修订标准和操作规程,推动有标可依、对标生产、按标管控。推广"龙头+基地+农户"的标准化生产模式,严格执行强制性国家标准和行业标准,鼓励制定高于国家标准的地方标准、行业标准或者团体标准,提升农产品质量。到2025年,累计制修订农业地方标准900项,实现重点品种、重点行业、重点环节标准化全覆盖。(责任单位:省市场监管局,省农业农村厅,省林业局,省中医药局)

（四）精细化强加工。以龙头企业为引领，促进农产品初加工、精深加工和综合利用加工全面发展。鼓励企业带动农户建设一批清洗分拣、初制炮制、烘干储藏、预冷保鲜等初加工设施，创新发展提取、分离、纯化精深加工，鼓励开发烘焙产品、休闲食品、功能性食品、生物制品、发酵制品，发展1.0版至5.0版全系列预制菜，建设在全国有影响力的预制菜产业高地。鼓励企业与全国食品专业靠前的高校科研院所对接合作，开展关键核心技术联合攻关，加快先进适用技术引进运用。到2025年，全省农产品加工业总产值突破1万亿元。（责任单位：省农业农村厅，省林业局，省中医药局，省工业和信息化厅，省科技厅，南昌大学，江西农业大学，省农科院，省林科院）

（五）网络化畅流通。加快农产品流通体系建设，以生鲜农产品主产区、特色农产品优势区为重点，支持建设一批产地冷藏保鲜设施。依托农产品重要集散地和主销区，推进全省城乡冷链物流骨干网建设。推行净菜供应、冷链配送等服务。落实好"绿色通道"政策，保障农产品运输渠道畅通。到2025年，建设1～2个国家骨干冷链物流基地，改造提升50个左右产地冷链集配中心，新建或改建4 000个左右产地冷藏保鲜设施，构建产地冷链物流服务网络。（责任单位：省农业农村厅，省发展改革委，省商务厅，省交通运输厅，省供销联社，省邮政管理局）

（六）市场化拓渠道。强化农产品市场营销体系建设，积极培育和引进农产品经销商、代理商、采购商。大力实施"互联网＋"农产品出村进城工程，支持每县培育1家以上农产品网络销售额超千万元的市场主体。加强与大型电商平台的合作，引导农业生产、加工、流通企业应用电子商务，发展农产品直播带货、直供直销等新业态。到2025年，初步构建辐射粤港澳、长三角、京津冀的农产品市场营销体系，建设电商示范村300个，全省农村网络零售额达到900亿元。（责任单位：省商务厅，省农业农村厅）

（七）品牌化增效益。大力实施"生态鄱阳湖·绿色农产品"品牌战略，推进"赣鄱正品"全域品牌创建，每年认证100个"赣鄱正品"品牌，并建立品牌目录，实行动态管理。支持在央视等主流媒体开展农产品品牌宣传，引导赣南脐橙、南丰蜜橘、奉新猕猴桃、广昌白莲、新余（寻乌、新干）蜜橘、广丰马家柚、赣南蔬菜、江西山茶油、赣南茶油、"四绿一红"等茶叶、崇仁麻鸡、铅山红芽芋、井冈山农品、鄱阳湖渔业、军山湖水产、湘赣红等区域公用品牌做大做强，加快构建富硒"1＋N＋N"的全域、区域、企业品牌体系。到2025年，打造农产品区域公用品牌50个、"赣鄱正品"认证品牌稳定在300个左右，富硒功能农业综合产值达到1 600亿元。（责任单位：省农业农村厅，省市场监管局）

（八）体系化延链条。搭建全产业链发展平台，推进"一市一群、一县一园、一镇一业、一村一品"发展，打造富有特色、带动力强的特色产业集聚区。到2025年，力争培育壮大5个优势特色产业集群、50个左右国家农业产业强镇，新建50个左右省级现代农业产业园和30个左右绿色发展示范区（试点县）。大力发展农机服务体系，补齐水稻、油料机械化种植短板。到2025年，涉农县域实现全程机械化综合农事服务中心全覆盖，产粮大县、重点乡镇实现机械化育秧中心全覆盖，主要农作物耕种收综合机械化率达到80％，水稻机械化种植率达到56.48％。（责任单位：省农业农村厅，省林业局，省中医药局）

（九）多元化促合作。加大农业招商引资力度，持续优化营商环境，用好赣商总会等商会资源，重点对接粤港澳、长三角、京津冀等区域重点企业、大型集团，招引一批实力强、活力足的企业来赣投资。加强与农业强省合作，推动市县开展两地农业产业技术、园区建设、企业和改革发展合作。到2025年，年度农业农村招商引资实际进资额达到510亿元以上。（责任单位：省农业农村厅，省商务厅）

四、支持政策

（一）支持龙头企业。对年销售收入达到10亿元以上且年度增幅超过20％的省内龙头企业，给予当地政府一次性奖励500万元，用于支持龙头企业贷款贴息、技术改造、设备升级和标准制定。对省内年度实际投资超过10亿元的招商引资企业或重点技改企业，按实际投资额的5‰比例给予当地政府奖励。支持龙头企业上市融资，对符合条件的新增上市企业，按相关规定给予上市奖励。（责任单位：省农业农村厅，省财政厅，省金融监管局，省林业局）

（二）支持冷链物流。对列入国家骨干冷链物流基地和产地冷链集配中心，列入全省城乡冷链物流骨干网的基地、产品批发市场冷链流通基础设施的改造升级和对县级以上家庭农场和农民合作社示范社建设产地冷藏保鲜设施的，给予一定奖补，用于仓容建设、冷链设备购置和改造提升。（责任单位：省发展改革委，省商务厅，省供销联社，省农业农村厅，省林业局，省财政厅）

（三）支持品牌培育。对入围全国区域品牌（地理标志农产品）百强的我省农产品区域公用品牌，按品牌价值排名顺序给予前10名品牌主体300万～600万元奖励，用于品牌宣传和市场开拓；对"赣鄱正品"新认证品牌给予适当奖励，用于品牌打造和提升。（责任单位：省农业农村厅，省林业局，省财政厅）

（四）支持园区建设。聚焦农业七大产业，对农业主导产业综合产值达到1.3亿元以上且年度增幅超过10％的产业强镇，按排名顺序给予前10名一次性奖补500万元，每个产业强镇只能享受一次国家或省级奖补政策；对农业主导产业综合产值达到20亿元以上且年度增幅超过10％的现代农业产业园，按排名顺序给予前10名一次性奖补500万元，每个现代农业产业园只能享受一次国家或省级奖补政策。奖补资金用于规模化、标准化基地打造提升和订单基地建设等。（责任单位：省农业农村厅，省林业局，省财政厅）

（五）支持科技创新。对符合条件的"揭榜挂帅"、现代农业产业技术体系建设等项目，按相关标准给予支持，用于推动重大关键技术研发和攻关。对科研院校、行业协会和龙头企业制定的农业标准中上升为国标、省标的给予适当补助；对种植规模达到50万亩以上、100万亩以上的农作物主导品种和木本油料主导品种，分别给予50万元、100万元的补助，每个品种只能享受一次国家或省级补助。对达到省级A类和B类建设标准的全程机械化综合农事服务中心给予一定奖补，用于农机设备购置等。推动食品、生猪产业、现代作物种业、现代家禽种业和油茶产业等科技创新联合体建设，推行科技特派员制度，组织开展"三区"人才科技培训。（责任单位：省科技厅，省农业农村厅，省林业局，省财政厅）

（六）强化金融支持。做优做精"金农易贷"直通专区金融服务，提升农业经营主体融资的便利度。健全"财农信贷通"工作机制，力争每年撬动银行贷款100亿元左右，总计达到300亿元以上。大力推广"政银担"金融支农模式，做大做强农业信贷担保业务，2023—2025年力争担保户数突破9万户，担保贷款金额达到400亿元。实施水稻完全成本保险试点、省级地方特色农业保险试点、农业巨灾保险试点、小农户特色农业价格（收入）保险试点，提高农业产业抵御风险能力。在强化金融支持的同时，对各类支农模式贷款的风险补偿机制进一步优化，加快风险补偿速度，提升风险补偿效率。（责任单位：省财政厅，省金融监管局，农行江西省分行，省农商行，邮政储蓄银行江西省分行，省农业农村厅，省林业局）

（七）强化用地支持。落实农村产业融合发展用地优惠政策，新编县乡级国土空间规划应安排不少于10%的建设用地指标，地方制定土地利用年度计划应安排不少于5%新增建设用地指标，用于保障农村一二三产业融合、基础设施和民生工程等项目合理用地需求，优先保障种质资源保护、农产品加工、仓储保鲜、农机库棚、农事服务中心、育秧中心、畜禽粪污处理利用、病死畜禽无害化处理中心等产业和项目用地需求。省农业农村厅每年年初调度汇总龙头企业用地需求，会商省自然资源厅推动用地政策落实，省发展改革委支持符合条件的项目列入我省需中央加大建设用地保障力度的重大项目清单，以及单独选址的重大项目建议清单，积极争取国家用地计划指标。（责任单位：省自然资源厅，省农业农村厅，省发展改革委，省林业局）

五、保障措施

（一）强化组织领导。将全省农业七大产业高质量发展工作列为省委农村工作（乡村振兴工作）领导小组重要内容。各市、县（区）要建立组织协调机制，组建工作专班，并细化工作方案，落实到具体产业高质量发展的责任主体，形成上下贯通、多级联动的推进体系。

（二）强化人才支撑。充分发挥高校和科研院所作用，完善教育体系、培训体系、扶持政策和激励机制，建立领导干部和科研专家联系重点产业、重点区域、重点企业人才制度。围绕农业全产业链，加大引智引才力度，培育壮大乡村企业家人才队伍和科技人才队伍。培养农村实用人才，重点面向家庭农场、农民合作社、农机服务组织等新型农业经营主体领办人、乡土人才，开展全产业链培训。加强"三农"领域领导干部和基层干部培训，提高"三农"工作干部发展农业产业经济的能力。

（三）强化上下协同。财政、农业农村、林业、乡村振兴、中医药管理等部门要统筹涉农资金、重点扶持七大产业发展。各部门要加强协作，发展改革、工业和信息化、自然资源、生态环境、林业等部门要在农业立项审批、土地审批、环评等方面开辟"绿色"通道。商务、科技、市场监管、地方金融监管、统计等部门要强化招商引资、科技创新、市场培育、金融支农和数据支撑。相关支持政策实施细则由省农业农村、财政等部门另行制定。各设区市要结合当地优势特色，从七大产业中精选几个最具竞争力的产业，出台配套三年行动方案，打造优势产业"单项冠军"。

（四）强化督导考核。省委农村工作（乡村振兴工作）领导小组每年听取一次专题汇报，对七大产业发展情况进行全面评估；各设区市政府每年向省政府报告七大产业的进展情况。省农业农村厅牵头会同成员单位进行月调度、季通报，将七大产业发展情况纳入全面推进乡村振兴实绩考核，加强绩效运行监控和绩效评价结果应用，对考核结果为优秀的市县通报表扬，对排名靠后的市县通报约谈，对于结果较差的项目，省财政将按规定调减或取消资金安排。

山东省人民政府办公厅关于印发《山东省农机装备补短板行动实施方案》的通知

鲁政办字〔2022〕160号

各市人民政府，各县（市、区）人民政府，省政府各部门、各直属机构：

《山东省农机装备补短板行动实施方案》已经省政府同意，现印发给你们，请结合实际，认真贯彻执行。

山东省人民政府办公厅
二〇二二年十二月十四日

山东省农机装备补短板行动实施方案

为深入学习贯彻党的二十大精神，全面落实党中央、国务院关于提高农机装备水平的决策部署，结合我省实际，制定本实施方案。

一、行动目标

利用5～10年时间，基本掌握农机装备主要核心零部件制造技术，自给率达到70%以上，形成整机自主设计检测和协同配套能力。大型农机装备基本实现故障及作业质量实时诊断、远程监测，农机装备整体技术能力居全国领先水平，高端农机装备达到国际先进水平。壮大培育6个优势突出、产业链协同配套的农机优势产业集群，形成2～3家具有较强竞争力的农机装备领军企业，农机行业产值达到1 000亿元。布局建设一批服务精准高效的区域性农机社会化服务中心，推广应用智能高端农机装备，拉动市场需求。

二、重点任务

（一）农机装备科技创新行动。

1. 农机装备基础研究。聚焦农机装备基础理论、基础软

件、基础材料、基础工艺等领域，加强基础研究和应用基础研究。（省科技厅牵头，省工业和信息化厅、省农业农村厅配合）

2. 农机装备技术创新。通过已有资金渠道立项支持农机装备重大技术创新。加快动力、传动、电液及智能控制系统等关键技术攻关和核心零部件、元器件研发，提升关键零部件自给能力和智能高效型、资源节约型等农机装备自主研制能力，形成一批高水平成果。（省科技厅牵头，省工业和信息化厅、省农业农村厅配合）

3. 农机创新平台建设。加强农机装备技术创新中心、重点实验室及制造业创新中心等行业重大创新平台建设。进一步完善创新机制，健全"产学研推用"协同创新体系，构建梯次布局合理、覆盖全产业链的创新体系，提升行业持续创新能力。（省科技厅牵头，省发展改革委、省工业和信息化厅、省农业农村厅配合）

（二）农机装备产业提升行动。

4. 农机装备强链补链。聚集建链延链补链强链、促进上下游整合配套，坚持立足省内、放眼全国，进一步细化农机装备产业链图谱和骨干企业、优势产品、配套企业、锻长板、补短板等13张清单，把更多环节、更多企业、更多产品、更多要素"串珠成链"，切实增强产业链供应链韧性。（省工业和信息化厅牵头，省农业农村厅配合）

5. 培育优质农机企业。推动技术能力强、市场份额较大、具有较强国际竞争力的领军企业和企业集团做大做强，支持中小企业走"专精特新"发展道路，改造现有农机加工制造装备，提升制造工艺，建设农机智能工厂、数字化车间，提高产品在线监测、在线控制和全寿命周期质量保障能力。培育产业链链主企业，发展特色企业30家以上。（省工业和信息化厅牵头，省农业农村厅、中国人民银行济南分行配合）

6. 培育农机装备产业集群构建良好产业生态。壮大培育潍坊、聊城、日照、临沂、济宁、青岛等6个优势突出、产业链协同配套的农机特色产业集群，积极争创国家农机装备先进制造业集群，服务和融入国家大马力拖拉机产业链培育建设工作。逐步构建以大型企业为龙头、中小企业相配套、产业规模效益双提升的农机装备产业生态体系。（省工业和信息化厅牵头，省发展改革委、省农业农村厅配合）

（三）农机应用场景建设行动。

7. 亟须农机装备供给。围绕不同产业、不同品种薄弱环节，编制农机装备需求导向目录，增加适用农机装备供给，加快补齐丘陵山区、特色作物、畜禽水产养殖、设施农业、农产品初加工装备短板，全面提升农业机械化水平。（省农业农村厅牵头，省财政厅配合）

8. 农机装备质量提升。制定修订一批关键共性技术及应用管理规范，探索第三方和认证机构关键零部件检验检测平台建设，改善试验检测条件，提高农机装备试验鉴定能力，加强重点在用农机装备产品质量调查，定期开展关键零部件、整机装备等质量监督抽检，提升农机装备适用性、安全性和可靠性。加大知识产权保护，打击侵犯知识产权和制售假冒伪劣商品行为。（省农业农村厅牵头，省市场监管局配合）

9. 农机农艺融合应用。针对机艺融合薄弱环节，每年建设20个左右农机农艺融合应用试点，分作物、选品种、推装备、配农艺，推动种养模式、作物品种与农机装备匹配，提高机艺融合水平。加强耕地整备建设和宜机化改造，改善农机作业条件。（省农业农村厅负责）

10. 社会化服务能力建设。建设"全程机械化+综合农事"服务中心，探索农机信息化服务新模式新业态，提升产前产中产后"一站式"农业综合服务能力。优化农机金融服务，推广"农机贷"或其他定制类金融业务，支持新型农业经营主体购置先进适用农机装备。落实农机存放、维修、烘干等农业设施用地。（省农业农村厅牵头，省财政厅、省自然资源厅、省地方金融管理局、山东银保监局、青岛银保监局、中国人民银行济南分行配合）

三、保障措施

11. 健全组织实施机制。充分发挥省级农机化发展协调推进机制作用，各成员单位要根据职责分工，研究制定本部门提高农机装备水平的政策措施，形成工作合力。重大问题及时向省政府报告。（省农业农村厅、省工业和信息化厅牵头，省级农机化发展协调推进机制成员单位配合）

12. 加快农机新产品推广。继续发挥首台（套）保险补偿、农机购置与应用补贴等政策作用，将更多农机装备新产品纳入到首台（套）、农机购置与应用补贴范围内，支持农机装备新产品加快推广应用。（省农业农村厅牵头，省工业和信息化厅、省财政厅配合）

13. 加强人才队伍建设。鼓励高校加强农机领域学科专业建设，依托卓越工程师培育专项行动、一流本科专业建设"双万计划"等，不断提升农机人才培养质量。加强"三支一扶"工作做好公费农科生培养，引导鼓励高校毕业生在农机领域就业创业。加强农机化专家队伍建设、农机化职业教育与技能培训。（省教育厅、省人力资源社会保障厅、省农业农村厅按职责分工负责）

湖北省农业农村厅关于做好2022年湖北省农机深松整地作业补助项目工作的通知

鄂农函〔2022〕271号

各有关市、县（区）农业农村局：

按照《财政部关于下达2022年农业资源及生态保护补助资金预算的通知》（财农〔2022〕35号）要求，为高质量完成今年我省农机深松整地作业补助试点工作，现将有关事项通知如下。

一、明确工作任务

2022年，农财两部修订了农业相关转移支付资金管理办法，耕地深松划入农业资源及生态保护补助资金，按照修订后确定的分配测算方法及标准，结合各地上报的需求及绩效评价情况，我厅研究制定了《湖北省2022年农机深松整地作业任务分配表》（见附件1）和《湖北省2022年农机深松整地作业补助试点项目绩效目标表》（见附件2）。请各地迅速明确工作任务，落实工作责任，制定实施方案，启动工作程序。

二、规范工作程序

根据《省人民政府办公厅关于简化优化湖北省农村小型建设项目管理的实施意见》（鄂政办发〔2021〕29号）相关规定，各地在综合掌握辖区内作业主体的机具规模、作业价格、作业质量、信用信誉等条件的基础上，按照当地财政监管部门的要求，规范确定作业主体。其中对没有达到招标资金规模要求的，不得强制要求招标；对2016年以来承担过农机深松整地作业补助试点任务，且作业质量好、作业效率高、没有出现违规违纪行为的新型农业经营主体，可在本地实施方案中明确程序，采取"一招三年"的方式，优先确定为2022—2024年农机深松整地作业主体。

三、开展研究推广

各地要结合"十三五"以来项目实施情况，联合农业耕地质量管理部门，分作物在同等条件地块持续开展深松与否产量及耕地质量变化情况对比，摸清作业成本，探索总结适宜当地深松作业模式和技术路线，取得高质量和有说服力的研究成果，在此基础上广泛推广宣传，使项目实施效果深入人心，适宜地块应松尽松。

四、强化质量监控

农机深松整地是改善耕地质量和促进农业可持续发展的重要举措。各地要强化工作措施，调动作业主体积极性，提高作业合格率，依托北斗监控平台，实时动态监测作业进展及质量情况，及时发现问题，迅速纠正偏差。确保作业质量符合农业行业标准《深松机 作业质量》（NY/T 2845—2015）的具体要求，达到"深平细实"的作业效果，全面完成农机深松项目绩效目标。各地当年绩效目标完成情况，将作为下年度任务安排和资金分配的重要依据。

五、及时兑现资金

按照"先作业后补助、先公示后兑现"的原则继续实行定额补助，2022年作业补助标准为每亩26元，所需资金从中央财政农业资源及生态保护补助资金中列支。作业面积统计时间以本地实施方案明确的起始作业时间开始计算，结合北斗监控平台数据认定补助面积，补助资金应在省农机化技术推广总站认定数据的基础上，于2022年预算年度内执行完毕。

六、落实既定要求

我省农机深松整地作业补助的补助程序仍按照《湖北省2017年农机深松整地作业补助试点工作实施指导意见》（鄂农计发〔2017〕7号）（第三条）执行。

七、做好绩效总结

各承担项目的县市区要结合实际，认真制定本地区2022年农机深松整地工作实施方案，做好相关资料的整理归档工作，归档资料包括作业验收单、资金补助汇总表、资金补助明细表及绩效自评报告（附件3、4、5、6）等，保存期限为10年。请各地以市、州为单位于2022年12月30日前向我厅农机化管理处报送全年农机深松整地绩效自评资料（电子版与PDF盖章版，其中附件4作业补助资金明细表需由农、财部门盖章），自评资料包括所辖县（市、区）的绩效自评报告（附件6）和作业补助资金明细表（附件4），同时，在农业农村部转移支付管理平台"绩效管理"模块输入相关指标完成情况。

联系人：厅农机化管理处，胡炜，电话：027-87664490
省农机化技术推广总站，苏仁忠，电话：027-82818962
邮箱：hbsnjhc@163.com

附件：1. 湖北省2022年农机深松整地作业任务分配表（略）
2. 湖北省2022年农机深松整地作业补助项目绩效目标表（略）
3. 县（市、区）2022年农机深松整地作业验收单（略）
4. 县（市、区）2022年农机深松整地作业补助资金明细表（略）
5. 县（市、区）2022年农机深松整地作业补助情况汇总表（略）
6. 2022年农机深松整地作业补助项目绩效自评报告（模版）（略）

湖北省农业农村厅
二〇二二年八月三十一日

广西壮族自治区农业农村厅办公室关于切实做好大豆玉米带状复合种植配套农机装备保障工作的通知

桂农厅办发〔2022〕74号

各市、有关县（市、区）农业农村局：

为贯彻落实《农业农村部关于做好2022年大豆油料扩种工作的指导意见》（农农发〔2022〕2号）、《农业农村部办公厅关于落实落细大豆玉米带状复合种植配套农机装备保障工作的通知》（农办机〔2022〕1号）以及《自治区农业农村厅办公室关于印发广西壮族自治区2022年大豆玉米带状复合种植技术示范推广实施方案的通知》（桂农厅办发〔2022〕22号）等文件精神，切实做好大豆玉米带状复合种植配套农机装备保障（以下简称机具保障）工作，现就有关事项通知如下：

一、提高思想认识，确保机具保障工作抓实抓细

在适宜地区大力推广大豆玉米带状复合种植（以下简称复合种植），实现玉米基本不减产、增收一季大豆，是推动大豆玉米兼容发展、协调发展乃至相向发展的主要途径，对提升国家粮油综合生产能力意义重大。完成今年农业农村部下

达我区20万亩复合种植任务，做好生产配套机具保障工作十分关键。各地要深刻认识抓好大豆玉米带状复合种植机具保障工作的重大意义，提高政治站位，加强组织领导，以超常超强的执行力，坚决落实中央和自治区党委、自治区人民政府决策部署，强化政策保障和资金支持，做好技术指导服务，抓实抓细大豆玉米带状复合种植的配套机具保障工作。

二、明确工作重点，落实机具保障工作主体责任

各市、有关县（市、区）农业农村（农机）部门要严格按照相关文件要求，建立健全工作推进机制，落实带状复合种植专用机具保障工作主体责任，将机具保障工作责任到人、措施到位，切实做好复合种植专用机具购置、试验示范、作业服务、技术培训以及旧机改装等工作。各市、有关县（市、区）农业农村（农机）部门要结合自治区农业农村厅下达的复合种植示范推广任务分解落实情况，因地制宜科学制定复合种植机具保障工作方案，方案要尽量细化到模式、地块、实施主体和时间节点，确保4月30日前将播种机具来源、作业服务主体对接落实到位。各县（市、区）机具保障方案与配套农机装备保障计划（附件3）于5月10日前报厅农业机械化管理处。

三、紧跟生产需求，抓好适用机具有效供给

各市、有关县（市、区）农业农村（农村）部门要组织辖区内承担复合种植任务的农户、农业生产经营主体与有关农机产销企业于5月底前完成专用播种机具供需交接，同时做好专用机具特别是专用播种机在当地不同土壤、农艺条件下的适应性作业试验，发现问题及时改进，确保所购专用机具满足作业质量要求。播种作业环节主要通过购置专用播种机完成播种任务，有条件的地区也可考虑采用在用主流机具改造、兼用机具购置的方式来解决。组织对辖区内现有在用主流植保、收获机型进行摸底调研，按照专用机具购置为主体，常规兼用机具购置、在用主流机具改造为补充的原则测算需求，提前与农机产销企业做好整机购置对接及改装零配件供应等工作。积极开展复合种植、收获机具跨区作业、"全托管"等农机社会化服务，全力保障生产所需。

四、积极争取支持，推动出台机具保障扶持政策

各地要出台机具保障工作支持扶持政策，积极引导、组织和支持区内科研单位、农机生产企业开展复合种植专用机具研发攻关，推动机具试制试验、改进熟化。要落实好农机购置与应用补贴政策，对补贴范围内复合种植急需的相关机械要优先补贴、应补尽补。要积极争取市县财政对复合种植专用农机购置与作业服务给予补贴，并严格加强对财政补贴专用机具的监督管理。

五、强化指导培训，提升机具服务保障水平

各地要组建复合种植机具操作培训与使用服务指导队伍，制订培训计划、落实师资力量，加强机手、农户以及各类农业生产经营主体复合种植种管收等关键环节机具使用与技术培训和田间操作实训，确保种得好、管得住、收得上。在关键农时，组织技术骨干和农机产销企业深入生产作业一线开展机具使用服务指导。抓好机具保障工作政策的宣传和工作调度，及时总结、宣传和报送机具保障工作好的做法和经验。

厅建立大豆玉米带状复合种植机具保障工作调度机制，定期召开机具保障工作调度会，掌握各地机具保障工作开展情况。各市、有关县（市、区）农业农村（农机）部门应及时了解掌握本地机具投入情况、作业面积，把控好作业质量。各市要明确专人定期汇总报送所辖县（市、区）复合种植机具保障工作信息（附件4），4月28日至5月30日实行周报制。各市、有关县（市、区）农业农村（农机）部门联系人信息表（附件5）由各市汇总，于4月28日前报厅农业机械化管理处。

联系人：刘金辛、庞少欢，联系电话：0771-2182607、0771-3111312，电子邮箱：gxnynctnjc@126.com。

附件：1. 大豆玉米带状复合种植配套农机装备保障工作组职责及成员名单（略）
2. 广西壮族自治区大豆玉米带状复合种植配套机具应用指引（试行）（略）
3. 2022年全区大豆玉米带状复合种植配套农机装备保障计划（略）
4. 全区大豆玉米带状复合种植配套农机装备保障工作情况调度表（略）
5. 全区大豆玉米带状复合种植配套农机装备保障工作联系人信息表（略）

广西壮族自治区农业农村厅办公室
二〇二二年四月二十二日

广西壮族自治区农业农村厅关于印发《广西农业机械化高质量发展"十四五"规划》的通知

桂农厅发〔2022〕93号

各市、县（市、区）农业农村局，崇左市糖业发展局：

现将《广西农业机械化高质量发展"十四五"规划》印发给你们，请认真贯彻执行。

广西壮族自治区农业农村厅
二〇二二年七月九日

广西农业机械化高质量发展"十四五"规划

第一章 规划背景

一、发展成效

"十三五"时期,我区农业机械化迈入全程全面高质高效发展阶段。党中央国务院和自治区高度重视农业机械化发展,习近平总书记强调要大力推进农业机械化、智能化,给农业现代化插上科技的翅膀,要加强农业机械化基础设施建设。全国人大常委会首次开展农业机械化促进执法检查,强化推动农业机械化高质量发展的法治保障。国务院常务会议专题研究农业机械化工作,出台《国务院关于加快推进农业机械化和农机装备产业转型升级的指导意见》。我区认真贯彻党中央国务院决策部署,推出了一系列加快农业机械化发展的政策举措。自治区人民政府印发《关于加快推进农业机械化和农机装备产业转型升级的实施意见》,政府办公厅印发《加快推进糖料蔗生产机械化发展实施方案(2018—2022年)的通知》。全区农机部门团结协作、深化改革创新、扎实工作,成绩突出,率先启动创新改革农机购置补贴推动农机化高质量发展行动,全面实施"自主购机、定额补贴、县级结算、直补到卡"改革,推进补贴便利化,提高政策效用。扩大补贴种类范围,在全国开创生猪养殖设施补贴试点。加强水稻生产新技术研发推广,重点加强水稻育秧和稻谷烘干能力建设,大力推进水稻生产全程机械化发展。通过农机购置补贴倾斜支持,完善技术标准,加强高效机械化生产模式示范引领,推进省省共建等措施,推进甘蔗生产全程机械化发展。强化先进适用机具示范推广,制定宜机化标准规范,推进农机化向丘陵山区优势产业拓展。强化服务体系建设,提高组织化程度,实施农机化"战疫情、保春耕、抓双抢、助脱贫"行动,提升农机社会化服务水平。夯实责任,加强宣教,深化专项整治,规范手扶变型运输机管理,促进农机安全稳定。建立健全体系,加强规范化建设,提高特色农机检验检测鉴定能力,持续提升农机试验鉴定和农机化质量管理水平。开展智慧农机建设,建成广西农机信息化管理平台,实现业务系统与自治区政务一体化平台对接,农机信息化建设取得新进展。集中优势资源,以增产增效型、资源节约型、环境友好型农业机械化技术为重点,坚持试验先行,以点带面、辐射带动,农机推广取得新发展。我区农业机械化圆满完成"十三五"规划各项目标任务,农业机械化转型升级取得明显成效。全区农机总动力达3 901万千瓦,比"十二五"期末增长2.58%,其中甘蔗收获机1 605台,比"十二五"期末增长17.44倍,实现历史性突破。全区农作物耕种收综合机械化率达62.33%,比"十二五"期末提高12.33个百分点,主要农作物耕种收综合机械化率65.54%,位居我国西部地区前列,其中水稻、甘蔗耕种收综合机械化率分别达到81.24%、65.48%,分别比"十二五"期末提高10.61、10.48个百分点。5个县(区)获评全国率先基本实现主要农作物生产全程机械化示范县。畜禽水产养殖、农产品初加工机械化稳步提升。"十三五"期间落实农机购置补贴17.18亿元,补贴机具35.66万台套,受益农户28.14万户,拉动社会投入52.83亿元。连续成功举办5届中国甘蔗机械化博览会和3届中国—东盟农业机械展。基于北斗、5G的自动操作农机、植保无人飞机等智能农机和先进农机加快引进试用示范。建成全国平安农机示范市4个、全国农机平安示范县15个,总数位居全国前列,农机安全生产态势平稳。农机研发持续推进,农机产业稳步发展。农机化产业群产业链不断发展,农机作业服务组织达到3 001个,其中农机专业合作社1 743个,2020年农机作业面积991万亩、作业总收入22.76亿元,分别比"十二五"期末提高65.16%和45.71%。农业机械化发展,为保障我区粮食等重要农产品供给、转变农业生产方式、增加农民收入、打赢脱贫攻坚战提供了强大支撑。

二、面临挑战

"十四五"期间,随着乡村振兴深入推进,农业向高质高效全产业链方向发展,农业生产进入机械化为主导的新阶段,广大农民群众和农业生产经营组织、服务组织对机械化生产的需求越来越广泛、越来越迫切,农业生产各领域对农业机械化的需求结构将发生深刻变化,农业机械化发展不平衡不充分的矛盾将更加突出,我区推进农业机械化发展的任务依然艰巨。一是总体水平不高,追赶任务重。2020年,我区农作物耕种收综合机械化水平比全国平均水平低8.67个百分点;二是短板较多,补齐任务重。粮食机械化烘干和水稻机械化育插秧严重不足。全区仅有2 612台谷物烘干机,谷物烘干率不到20%。甘蔗机收率还很低。2019/2020榨季,全区甘蔗机收率仅为15.8%。丘陵山区优特农作物机械化发展缓慢。丘陵山区特色农作物播种面积、总产量,占全区主要农作物的50.8%和89.2%,但仍主要靠人工生产;三是农机化基础薄弱,有待夯实。宜机化改造落后。我区丘陵山区普遍存在山高坡陡、道路崎岖、场地狭窄等问题,甚至部分"双高"基地也没能按照宜机化要求进行建设,农机连续、连片、高效作业条件欠缺。农机装备产业基础薄弱。我区农机企业,普遍存在规模小、装备落后、研发能力不足、产品技术含量不高等问题。农机产学研推严重脱节。尚未形成以企业为主体、产学研推相结合的农机技术创新机制。各级财政对农机化支持还不够。农机产销运营成本高。农机鉴定机构能力不足;四是农机化管理服务体制不健全,有待理顺。农机化公共服务能力不足,管理信息化水平亟待提高,农机安全监理、农机化推广和质量管理体系亟须完善、监管覆盖面及服务水平亟待提升。

三、发展机遇

"十四五"时期是我国全面建成小康社会、实现第一个百年奋斗目标之后,乘势而上开启全面建设社会主义现代化国家新征程、向第二个百年奋斗目标进军的第一个五年,"三农"工作进入全面推进乡村振兴、加快农业农村现代化的新阶段,是建设壮美广西、共圆复兴梦想的关键时期;是农业农村工作进入全面实施乡村振兴战略、加快农业农村现代化新阶段,加快我区农业机械化全程全面高质量发展的重大战略机遇期。党中央国务院和自治区高度重视。党的十九届五中全会审议通过的《中共中央关于制定国民经济和社会发展第十四个五年规划和二〇三五年远景目标的建议》明确提出优先发展农业农村，全面推进乡村振兴，强调深入实施藏粮于地、藏粮于技战略，强化农业科技和装备支撑。《中共中央 国务院关于全面推进乡村振兴加快农业农村现代化的意见》提出"提高农机装备自主研制能力，支持高端智能、丘陵山区农机装备研发制造，加大购置补贴力度"等要求。国家"十四五"规划纲要将农业机械化列入现代农业农村建设工程，农业农村"十四五"规划对农业机械化全程全面发展作出部署。自治区党委、政府《关于全面推进乡村振兴加快农业农村现代化的实施意见》提出"大力推进农业机械化和装备现代化，创新农机购置补贴政策，创建一批优势特色农作物生产全程机械化示范基地，建设中国—东盟现代农机综合产业园"，自治区"十四五"规划将"农机化水平提升"列入现代特色农业高质量发展重大工程加以推进。自治区农业农村"十四五"规划就农机化发展作出具体部署。自治区党委将农机产业改革发展作为我区深化改革的一个重要方面，自治区政府研究制定《自治区农业农村厅2021年工作要点》提出，推动广西农机产业改革发展，加快推进农机装备产业转型升级。乡村振兴战略全面实施，农业农村现代化加快推进。乡村振兴，农机先行；没有农业机械化，就没有农业农村现代化，这为我区农机化发展提供了广阔的空间，提出了更新更高的要求。农村人口持续转移，农业劳动力常态性短缺。随着城镇化持续快速发展，农村人口加快向城镇转移，农村劳动力老龄化趋势明显，青壮年劳动力持续短缺，农机化对人力畜力的替代呈现加快之势，农机装备及其机械化生产方式需求空间不断扩大。农机产业加快发展，农机装备保障水平不断提高。"十四五"期间，自治区将把重点发展农机产业链纳入"优势产业补链强链延链专项行动"，将农业机械装备产业集聚发展作为"先进制造业集群培育工程"重要内容加以推进，这将为满足我区农机装备需求提供保障。

第二章　总体要求

一、指导思想

坚持以习近平新时代中国特色社会主义思想为指导，全面贯彻落实党的十九大和十九届历次全会精神，贯彻落实"五位一体"总体布局和"四个全面"战略布局，立足新发展阶段、贯彻新发展理念、融入新发展格局、推动高质量发展；贯彻习近平总书记对广西工作的重要指示精神，围绕"建设壮美广西、共圆复兴梦想"总目标总要求，围绕凝心聚力建设新时代中国特色社会主义壮美广西"1+1+4+3+N"目标任务体系，按照"乡村振兴、农业优先、农机先行"的总体思路，着力抓重点、补短板、聚集群、重科技、强服务、夯基础，推动农机装备产业转型升级，加快我区农业机械化向全程全面高质高效发展，为保障粮食等重要农产品有效供给、巩固拓展脱贫攻坚成果、助力乡村振兴、加快农业农村现代化提供有力支撑。

二、基本原则

坚持围绕中心、服务大局。从全面推进乡村振兴、加快农业农村现代化大局谋划农业机械化发展，发挥机械化增产减损作用，为国家粮食安全和重要农产品有效供给提供有力支撑；发挥机械化引领作用，促进小农户和现代农业发展有机衔接；发挥农业机械化驱动作用，拓宽农民就业增收空间。

坚持政策扶持、市场主导。尊重农民主体地位和首创精神，充分发挥市场在资源配置中的决定性作用。更好发挥政府作用，提高政府扶持力度，激励创新方式，讲求效用。优化管理服务体制，不断激发市场主体发展农业机械化的活力。

坚持改革创新驱动、构筑发展新动能。深化农机购置补贴、农机作业补贴、农机试验鉴定、农机驾驶员培训等系列制度改革，大力开展农业机械化示范基地建设，推动新型农机研发制造，鼓励农机化技术试验示范推广。

坚持全程全面推进、高质量发展。着力突破瓶颈、解决短板，推进我区农业优势特色产业全程机械化发展。深入研究、努力改进现有农机装备，优化农业机械化生产体系，注重引进、示范区外、国外先进适用农机装备及其机械化生产体系，不断提高我区农业机械化综合效益。

三、发展目标

到2025年，全区基本实现主要农作物生产全程机械化、农业生产全面机械化，农业机械化步入全程全面高质量发展时期。全区农机总动力达到3 960万千瓦；农作物耕种收综合机械化率达到67%，主要农作物耕种收综合机械化率达到70%，丘陵山区县（市、区）农作物耕种收综合机械化率达到55%，其中全区水稻耕种收机械化水平达到83%以上，甘蔗收获机械化率超过30%；畜禽养殖、水产养殖、农产品初加工农业机械化分别达到25%、15%、25%。全区农机作业条件显著改善，农田宜机化改造面积达到1 500万亩以上。农机产业综合实力达到全国中等水平。全区农机社会化服务体系基本建立，农机协管员实现行政村全覆盖，农机安全生产形势保持平稳。

展望2035年，我区农业机械化取得决定性进展，主要农作物生产实现全过程机械化，畜禽养殖、水产养殖机械化水平大幅跃升，设施种植、农产品初加工机械化促进农产品增值能力显著增强，"机械化+"信息化、智能化全面应用于农业机械化管理、作业监测与服务，农业生产基本实现机械化全覆盖，机械化全程全面和高质量支撑农业农村现代化的格局基本形成。

专栏1　"十四五"农业机械化主要指标

序号	指标	单位	2020年基值	2025年目标值	指标属性
1	农机总动力	万千瓦	3 901	3 960	预期性
2	农作物耕种收综合机械化率	%	62.33	67	
3	主要农作物耕种收综合机械化率	%	65.54	70	
4	丘陵山区县（市、区）农作物耕种收综合机械化率	%	49.00	≥55	
5	设施农业机械化率	%	27.01	≥35	
6	畜牧养殖机械化率	%	16.22	≥25	
7	水产养殖机械化率	%	5.88	≥15	
8	农产品初加工机械化率	%	14.28	≥25	

第三章　重点任务

一、加快水稻生产全程机械化

着眼于推进广西粮食产业高质量发展、提高粮食供给保障能力，针对水稻生产全程机械化薄弱环节，加快补齐水稻机械化种植短板，重点抓好育秧中心、烘干中心建设。

整合资金，建设集水稻育插秧、烘干、仓储、大米加工等功能于一体的区域性水稻产业中心。推进水稻机械化生产关键环节减损提质，将减少水稻机收损耗浪费工作常态化，推动降低粮食生产各环节损耗浪费。精心组织重要农时机械化生产，注重提高机具技术状态，促进作业有序高效，最大程度减少损失。

二、推进甘蔗生产全程机械化

围绕保障国家战略农产品供给、提高广西蔗糖产业竞争力，根据蔗糖产业高质量发展要求，突破甘蔗机收瓶颈，加快建设全程机械化示范基地。推动解决甘蔗机收保质难、作业难、入厂难的三大瓶颈难题。推动糖企技改，解决机收甘蔗收榨率不高的难题。推动"双高"基地宜机化改造，解决大中型甘蔗收获机械连续、高效作业难题。结合实施宜机化改造项目，扎实推进"双高"基地宜机化改造。推动落实政策举措，解决机收甘蔗入厂压榨难题，落实机收蔗运输"绿色通道"政策措施。

建设高效甘蔗生产全程机械化示范基地。在"双高"基地建设县（市、区）开展蔗地宜机化改造、甘蔗机械选型和农机农艺融合种植技术研究，完善相关标准规范，探索总结高效、全程机械化技术模式。深入实施甘蔗生产机械化作业补贴，满足机收需求。推广甘蔗割铺、割堆、剥叶、除杂等实用技术和机具，加快肥料化、饲料化、燃料化、基料化、原料化等蔗叶回收综合利用示范。创建全国主要农作物（甘蔗）生产全程机械化示范县。到2025年，建成20个示范基地。

三、发展畜禽水产养殖机械化

围绕广西渔业、优质家畜、优质家禽等产业规模化、集约化发展，以规模养殖场为重点，推进高效、绿色养殖机械化发展。

推进规模养殖场生产全程机械化。将畜禽水产规模养殖设施设备列入农机购置补贴范围，推进畜禽品种、养殖工艺、设施装备集成配套。巩固提高饲草料生产与加工、饲草料投喂、环境控制等环节机械化、智能化水平，加快解决疫病防控、产品采集加工、粪污收集处理与利用等薄弱环节机械装备应用难题，推广应用先进适用畜禽养殖机械装备技术，创建规模养殖全程机械化示范县。

推广高效、绿色养殖机械化生产方式。围绕提高广西生猪保障水平，全面推动高架网床环保猪舍补贴试点，争取国家支持将牛、羊、鸡、鸭、鱼、虾、蟹、贝、桑蚕等养殖设施装备纳入农机购置补贴范围。加大工程防疫、智能饲喂、精准环控、畜产品自动化采集加工、畜禽粪污处理和资源化利用、省力高效蚕桑机械与技术、高效施肥、秸秆还田离田、小蚕设施化共育和大蚕工厂化饲养等健康养殖和绿色高效机械装备技术试验示范及支持力度。

四、补齐我区特色作物农业生产机械化短板

推进丘陵山区农业生产机械化，补齐我区特色作物农业生产区域机械化短板；推进农产品初加工机械化，补齐我区农产品产业链机械化短板；大力推进丘陵山区适用农机专项鉴定，落实农机新产品购置补贴试点政策，加快适宜当地产业需求的农机具研发成果转化应用。

建设丘陵山区特色作物生产机械化示范基地。按照"政府引导、财政扶持、市场化运作"原则，结合"六多分区"的农业布局，优选建设、运营主体。形成"1＋3"新格局，即建成1个项目，形成1个方案，解决1种农产品机械化问题，助推1个乡村产业发展。

加大农产品深加工机械化引进示范推广力度。着力推进装备研发制造引进，推广绿色高效机械化技术。以优质粮食产后烘干收储，特色果蔬、食用菌保鲜干制与冷冻贮藏，水产品分级保鲜，畜禽产品分割冷冻，茶叶精制、蚕桑资源产品加工为重点，聚焦薄弱环节，推动关键技术和装备研发制造引进，总结不同的适配装备体系和技术模式。

五、打造区域性国际化农机产业集群

围绕高水平推进"南向、北联、东融、西合"全方位开放发展、中国（广西）自由贸易试验区发展和强首府战略，创新打造中国—东盟现代农机综合产业园，建设自治区级农机产业集聚区。

建设中国—东盟现代农机装备产业园，打造中国—东盟农机交易大市场。对标国际先进农机装备及农机化技术，发挥区位及农业产业优势，立足我区及南方丘陵山区农机装备需求，服务东盟、面向世界，推进我区农机产业深度融入国内国际双循环，推进建设中国—东盟现代农机综合产业园，打响中国—东盟农业机械展·中国甘蔗机械化博览会品牌。按照"政府引导、市场化运作"原则，优选产业园建设、运营主体，建设资金由社会自主筹集，推动财政通过适当方式予以支持；联合自治区各有关职能部门和南宁市人民政府予以政策倾斜，促进人才、土地、资金、产业、信息等各类要素流动聚集。

建设自治区级农机产业集聚区。推动打造以南宁市、柳州市为核心，北海市、玉林市、梧州市、钦州市为支撑，具有国际市场竞争力的农业装备产业基地，强化农机全产业链发展、全要素保障、全方位服务，建立健全农机零配件供应网络、售后服务网络和现代农机流通体系。提升我区甘蔗耕种管收机械、高效复式耕作机械、智能拖拉机、丘陵山区小型多功能田间管理机械等产品竞争优势。实施广西农机装备制造提档升级行动，推动农机装备制造智能化升级，加强农机装备质量建设。培育一批专业装备制造、服务龙头企业，鼓励农机制造企业战略重组，强化对重点企业上市辅导，支持农机企业组团参加国内外知名农机展、农机论坛，与国内外先进企业开展技术合作，联合建立生产基地，推动先进农机产品、技术"走出去"和"引进来"。

六、推进农机科技创新能力建设

根据农业产业和农业机械化高质量、可持续发展需要，深化产教研融合创新，强化农机人才培养。

深化产教研融合创新。坚持农机科技自强，完善农机科技领域基础研究稳定支持机制。编制2021—2023年、2024—2026年《广西农业机械产品需求和科研导向目录》，明确科技攻关目标和方向。加强农机装备研发平台建设，支持建设中国（广西）—东盟农业机械创新中心，引进一批农机研发机构、农机企业、高等院校入桂设立研发中心、院士工作站、博士后工作站或外籍专家工作站，形成多种创新模式，建设一批自治区级农机科技创新中心，实施农机关键核心技术攻关工程，提高农机装备自主研制能力。完善以企业为主体、以市场为导向的农机装备创新体系，推动智能化、绿色化、多功能丘陵山区农机装备等广西急需农业机械和农机化技术研发攻关。

加强农机产业人才建设。将农机人才培养纳入自治区重大人才项目，通过广西杰出人才培养工程、广西壮族自治区

八桂学者、广西壮族自治区特聘专家、八桂青年拔尖人才培养工程、自治区高水平创新创业团队，培养一批高端、领军农机人才。

七、推进数字农机建设

围绕数字广西及智慧农业建设，发挥独特区位优势，促进农机产业与数字经济深度融合发展，将数字农机列入数字广西建设，高层次谋划、实施，努力开展数字农机应用试点。

依托壮美广西·政务云资源，建设壮美广西·农机云。到2025年，建成中国—东盟农机数字化运营平台。

开展应用试点示范。深入开展甘蔗机械自动导航终端试点应用，实现甘蔗耕种收运数据实时化、精确化，探索开展享受购机补贴和作业补贴高值农业机械安装北斗卫星导航系统试点，提高补贴准确度和补贴效率。通过丘陵山区绿色高效新机具新技术的试验示范，促进精细化、智能化和智慧型农业技术装备及其机械化生产方式的引进和推广。

八、推进农机服务组织转型升级

围绕开展高质量机械化生产、大幅增加我区农机服务产值，发展新型农机服务组织，开展系统性培训，创新服务方式。

大力发展新型农机社会化服务组织。落实专项建设扶持资金，鼓励区内外市场主体、返乡人员等牵头，培育农机作业服务公司、农机合作社和农机大户等农机服务组织，实施农机合作社机棚库建设工程，支持服务组织建设机棚机库、区域性维修中心。支持组建广西农机作业服务集团，服务范围覆盖全区市、县、乡、村，延伸至区外、国外。

开展农机技能系统性培训。落实培训资金，强化农机院校培训职能，鼓励农机企业和社会组织参与农机驾驶、维修、操作等技能培训，培养造就一支精通农机驾驶、维修技术，通晓农业、农艺栽培技术的新型农机手。

创新农机服务方式。引导农机社会化服务向农业生产全产业链拓展，采取订单作业、生产托管等多种形式为农户和农业经营主体提供社会化服务，推广"全程机械化+综合农事服务""互联网+农机作业"等农机服务新模式。支持农机服务组织开展农业生产托管服务和农机跨区作业。

九、推进农机试验鉴定强省建设

围绕我区农业优势特色产业高质量发展需要，面向我国南方乃至东盟国家，加快我区农机试验鉴定扩容增能，依托中国—东盟农机现代产业园区，推动农业部南方试验鉴定站落地，大幅提升我区农机试验鉴定水平。

推动我区农机试验鉴定扩容增能提效。积极开展检验检测资质扩项；创新试验鉴定方法，完善试验鉴定大纲；探索实施社会化试验鉴定和政府采购服务，缩短企业新产品走进市场周期。实施大型农业机械检测鉴定基地建设工程，建设优势特色农产品生产机械化试验试用基地。引导农机鉴定机构加强检测和指导，提高试验试用结果应用水平，加快适用新机具推广应用步伐。

专栏2　广西农业机械化提升工程

1. 区域性水稻产业中心建设工程。扩建、新建集水稻育插秧、烘干、仓储、大米加工功能在内的区域性水稻产业中心。建设烘干、仓储、加工车间，应用无人机直播、高效育插秧、侧深施肥、产地烘干等机械化技术，解决水稻育秧、插秧、烘干等机械化薄弱环节；推行订单作业，延长产业链条，推进可持续发展。到2025年，在水稻主产县（市、区）新建、扩建产业中心200个以上，每个市至少建设5个。

2. 丘陵山区特色农作物生产机械化示范基地建设工程。重点开展新机具引进、试验示范，推进植保无人机、轨道运输机、果树修剪机等轻便、多能、高效机具应用，解决丘陵山区先进适用机具缺乏问题；选择适宜优良品种，科学确定行距、株距，合理规划道路，促进丘陵山区农艺深度融合；开展新技术引进、试验、示范、推广，实施滴灌、飞防等农机技术，探索高效、适用机械化生产模式，加快山区特色农产品生产"机器换人"步伐。每个示范基地300亩以上。在列入全国丘陵地区的49个县（市、区）和全国山区地区的28个县（市、区）实施。到2025年，建成示范基地200个，覆盖全区粮源基地县（市、区）及丘陵山区县（市、区）的主要农业优势特色产业。

3. 农机合作社机棚库建设工程。自治区制订农机合作社机棚库建设规范，扶持农机合作社根据需要开展机具库棚、维修车间和零配件供应部以及烘干、加工厂房、储藏库房等基础设施建设。每个合作社占地2 000平方米以上，其中机棚库1 000平方米以上。"十四五"期间共扶持100个农机合作社。

4. 广西大型农业机械检测鉴定基地建设工程。建设测试稳定性高、测试精度高、检测速度快的农业机械性能测试系统，将主要数据检测精度从B级升级到A级，满足现有及未来拓展的各测试系统对试验空间的要求，打造成为国内一流、具有西南地区特色的甘蔗机械、山地拖拉机和收割机、畜牧水产机械、丘陵山地机械等检测系统和检测鉴定基地，以及广西优势特色农产品生产机械化试验试用基地。建设规模2 110亩，其中检验鉴定中心110亩，试验示范基地2 000亩。建设地点在崇左市扶绥县。

5. 宜机化改造工程。统筹中央和地方各类相关资金及社会资本积极开展高标准农田建设，以高标准农田、"双高"基地和丘陵山区耕地为重点，开展地块互联互通、消除作业死角、优化地块布局、合理布局沟渠、土壤培肥熟化等改造，推动农田地块小并大、短并长、陡变平、弯变直和互联互通，切实改善农机通行和作业条件，提高农机适应性，扩展大中型农机应用空间。到2025年，每个县（市、区）整合安排宜机化改造项目不少于15个，全区开展宜机化改造1 500万亩以上。

十、完善农机化管理服务体制

围绕转变农业生产方式，促进机艺深度融合，提高机械化作业水平和效益，下大力气推进宜机化改造，制订相关标准规范，完善农机化管理服务体系。

促进农业机械标准化建设。着力优化广西农机化标准体系，加强水稻、甘蔗等主要农作物生产全程机械化标准体系研究，夯实标准化技术基础，增强标准化服务能力，强化标准实施与应用。按照宜机化要求，制订广西丘陵山区土地宜机化改造技术规范、农业特色示范园区和区域化水稻产业中心建设规范；按照农机农艺融合要求，制订育种育苗、种植行距、中耕培土等标准规范；围绕提高作业效率、质量要求，制订甘蔗等作物机种、中耕培土、机收作业规范；围绕实现高效机收目标，推动制订甘蔗扣杂标准规范、制糖企业改造标准规范。

完善农机化管理服务体系。适应新时代农机化管理服务体系改革发展需要，构筑完善的农业机械化技术推广、质量监督、教育培训、安全监理、信息服务体系，加强农机化质量管理，定期开展在用农机质量调查。

第四章 支持政策

一、强化财政支持

（一）稳定实施农机购置补贴政策。充分发挥政策实施的导向作用，着力稳重点、扩范围、优服务、强监管、提效能，突出优机优补、奖优罚劣，加大对智能、高端安全农机装备支撑力度，持续提升政策实施精准化、规范化、便利化水平。

（二）加大农机作业补贴。争取国家和自治区政策支持，加大对重点农产品关键环节农机作业补贴力度，将成套设施装备纳入农机新产品补贴试点范围。

（三）发挥财政资金引导和杠杆作用。争取中央财政和国家农机产业资金支持。用好自治区农机产业发展专项资金，引导社会资本加大对农机产业投入。推行政府购买服务，支持农机生产企业、科研教学单位、农机服务组织等广泛参与农机技术推广培训。推动优先安排地方政府债券支持自治区级农机产业集聚区建设，建议相关部门对集聚区内的重大项目，在满足有关规定要求前提下，优先将集聚区内重大项目列入自治区层面统筹推进重大项目方案。推动财政与金融联动，拓宽直接融资渠道，发挥政府性投资基金作用，推动设立各类农业产业投资基金、创业投资基金发展，为农业企业发展提供资金支持。

二、推动金融支持

拓宽直接融资渠道，推动创业投资基金发展，为企业创新创业提供资金支持。推动创业担保贷款政策实施，提高贷款审批、贴息效率。

三、提高管理和服务水平

（一）提高基层农机推广体系指导服务水平。深入实施基层农技推广体系改革与建设补助项目。遴选科技示范主体（户），深入开展农机化技术指导帮扶工作。对基层农技人员实行脱产业务轮训。

（二）深化农机驾驶培训制度改革。落实《拖拉机驾驶培训管理办法》，强化驾驶培训事中事后监管，严把考试关口，提升农机驾驶员安全意识和操作技能。

（三）抓实农机安全生产。进一步完善农机安全责任体系，健全农机安全协调机制，构建有力高效农机行政执法队伍。增强农机监理人员业务能力，提高行业管理水平。推进农机检验制度改革，规范农机保险管理。完善农机报废机制，加快变型拖拉机清零进度，确保2025年全部清零。推行农机安全网格化管理，强化农机安全违法违规整治，形成农机安全监管合力，有效防范农机重特大事故发生。抓好应急预案演练示范，不断提高农机事故应急处置水平。深化平安农机创建工作，建立平安农机复核机制，切实提高创建质量。

第五章 实施保障

一、加强组织领导

自治区农业农村厅分管领导牵头，自治区农机中心主要负责同志负责统筹协调本规划落地实施。自治区农机中心各部室要根据职能分工，主动承担本规划相关工作任务，细化方案，逐年落实；自治区农业农村厅各处站要积极、主动配合。各市、县（区）农机部门要结合当地实际，认真、有效落实本规划相关工作任务。

二、做好宣传引导

制订宣传方案，充分调动社会各界支持农业机械化、关心农业机械化发展的积极性和主动性，搭建社会广泛参与平台，构建政府、社会、市场协同推进的工作格局。通过各种媒体广泛、多渠道、多形式深入宣传本规划，做好规划解读，凝聚社会共识，形成全社会广泛关注和支持的良好氛围。

三、加强评估监督

定期召开规划实施协商推进会，督查规划任务落实，研究解决规划实施过程中出现的困难、问题。每年对照本规划，编制年度《广西农业机械化发展报告》，报自治区农业农村厅审定后报自治区人民政府，并向社会公布。

重庆市农业农村委员会关于进一步做好农田宜机化改造工作的通知

渝农规〔2022〕3号

各区县（自治县）农业农村委，西部科学城重庆高新区改革发展局，万盛经开区农林局，直属有关单位，机关有关处室：

根据国务院《关于加快推进农业机械化和农机装备产业转型升级的指导意见》（国发〔2018〕42号）、《重庆市农业机械化促进条例》、市政府《关于加快推进农业机械化和农机装备产业转型升级的实施意见》（渝府发〔2019〕15号）、市政府办公厅《关于印发促进农业机械化发展若干政策举措的通知》（渝府办发〔2021〕53号）和市政府专题会议纪要（2020—48）精神，决定在全市持续加力推进农田宜机化改造，现将有关事项通知如下。

一、充分认识农田宜机化改造的重要意义

开展农田宜机化改造，对于实施"藏粮于地、藏粮于技"战略、确保国家粮食安全具有极其重要的意义。国家"十四五"规划明确提出要加快推进农田宜机化改造，2022年全国春季农业生产工作会议对此进行了部署。《重庆市农业机械化促进条例》将"农田宜机化改造"列为专章，对部门职责、资金投入、建设机制等做出明确规定。市政府办公厅《关于印发促进农业机械化发展若干政策举措的通知》（渝府办发〔2021〕53号）为农田宜机化改造提供了重要政策保障。

我市率先在全国探索推进农田宜机化示范改造并取得明显成效，近年来在全国丘陵山区大范围推广。实践证明，开

展农田宜机化改造是改善丘陵山区农机通行作业条件、破解我市农业机械化和农业现代化发展最大短板的有效路径，是推动农业高质量发展的一项重大基础性工程。当前，我市农田宜机化改造处于由片到面扩展的关键时期，农业生产经营主体需求迫切，广大干部群众积极性高，各区县要进一步提高认识，抓好工作统筹，加大投入力度，压实工作责任，持续加力推进实施。

二、坚持基本原则

（一）科学布局、绿色生态。优先在能集中连片开展规模化生产、农业生产经营主体积极性较高、具有示范带动效应的地方选点布局，重点向规模化优质粮油生产基地倾斜，同期不与高标准农田建设等项目区重叠。贯彻绿色发展理念，采用轻简工程技术、适用农艺技术施工，做到不改变优质耕地用途、不降低耕地质量等级、不破坏生态环境。采取机械化种植绿肥、秸秆粉碎还田、增施有机肥等措施培肥土壤。

（二）谁用谁建、先建后补。充分发挥财政资金的引领导向作用，市级农田宜机化示范改造项目（以下简称市级项目）实行"规划先行、竞争立项、谁用谁建、先建后补、定额补助、差额自筹"的建设机制和原则。坚持"建用一体、利用主导"，支持新型经营主体根据产业发展需要确定改造类型。

（三）节俭便利、顺畅高效。市级项目实行先建后补、定额补助、差额自筹，有效降低财政资金使用风险，且符合《重庆市实施乡村振兴战略行动计划》（渝委发〔2018〕1号）关于对涉农建设项目"放管服"的规定，可不进行招投标，压减繁琐流程，由受益主体自行组织实施，以节省非建设性投入，缩短建设时限，进一步提高财政资金使用效益。市级项目不纳入农业项目财政补助资金股权化改革范畴。

三、适用对象和建设规模

（一）市级项目适用于新型农村集体经济组织、农民专业合作社、家庭农场、农业生产专业大户、农业企业等在我市从事农业生产经营的主体。

（二）市级项目应集中连片实施，主城都市区不低于100亩，渝东北、渝东南地区不低于50亩。各级各类农田宜机化改造项目重点按照千亩级以上规模实施，具备条件的地方按照万亩级、十万亩级整村整乡成片推进，做到改一块成一块、改一片成一片。

四、改造目标、技术标准和补助标准

（一）改造目标。农田通过小并大、短并长、曲变顺、陡变缓、坡改梯、搭接通道、互联互通等宜机化改造，达到耕作道与地块连通、地块互连相通、沟渠河道贯通、地块平整、地力提升等要求，实现100%的地块机器能穿梭自如作业、100%的农作物机器操作能达到"双百"目标。

（二）技术标准。可参考以下技术标准：《丘陵山区宜机化地块整理整治技术规范》（DB50/T795—2017）、《丘陵山区坡改梯宜机化土地整治技术规范》（DB50/T915—2019）、《丘陵山区农田宜机化改造工作指引（试行）》（农办机〔2019〕13号）、《农业机械田间行走道路技术规范》（NY/T2194—2012）、《重庆市丘陵山区高标准农田改造提升示范工程"四改"技术要求（试行）》（渝农办发〔2022〕77号）。

（三）补助标准。市级项目资金按年度下达，区县按改造类型兑付补助。其中搭接通道改造（含田块间、田块与道路间搭接等，解决农机下地作业"最后一米"问题），由区县测算后定额补助，原则上每个搭接口补助不超过300元；地块互联互通改造，每亩补助800元（若互联互通改造中已包含搭接口改造，则不再对搭接口给予补助）；缓坡化改造，每亩补助1 500元；平坦条田、坡地梯田和旱地梯台改造，每亩补助2 000元。

五、市级项目管理流程

（一）项目申报。实施主体按照所在区县农业农村主管部门发布的项目申报文件要求，自主编制市级项目实施方案并向所在区县申报。其中申报实施搭接通道、互联互通改造项目资金总额要在市级下达额度的20%左右。

（二）竞争立项。区县农业农村主管部门按照公平公正原则，对申报项目进行审查核实、组织评审，并根据市级下达年度项目资金额度情况，合理确定项目实施数量，严格限额定项。当无农业生产经营主体申报搭接通道、互联互通改造项目或申报额度未达规定比例时，可按成片推进实施的原则，由当地农村集体经济组织、农民专业合作社等提出项目规划方案，经区县农业农村主管部门审核评定后组织实施。评审、评定后的拟实施项目公示时间不少于5个工作日。

（三）审批报备。公示无异议后，区县农业农村主管部门下达项目立项文件，并向市农业农村委备案。

（四）组织实施。实施主体收到区县农业农村主管部门立项文件后，方可组织实施。从项目资金（指标）下达区县时算起，项目建设周期一般不超过1年，遇特殊情况最多不超过2年。如遇特殊情况，项目有重大变更的（包括实施主体、项目地址、改造类型及面积等），需由区县农业农村主管部门审批后执行，并报市农业农村委备案。

（五）监督检查。项目建设期间，区县农业农村主管部门要做好施工质量监督和安全检查。

（六）竣工验收。项目完工后，实施主体向区县农业农村主管部门申请验收，区县农业农村主管部门按程序组织验收。市农业农村委按一定比例进行抽查核验，将补贴资金超100万元的项目列为查验重点。

（七）按标兑补。项目验收合格后，按相应补助标准兑付补助资金。

六、工作要求

（一）加强领导，有序推进。各区县农业农村主管部门要主动争取当地党委、政府重视支持，明确职责分工，建立区县政府抓总统筹、农业农村部门牵头落实、相关部门协同配合的工作推进机制。切实发挥市级项目示范引领、持续撬动作用，进一步拓宽投入渠道，积极引导社会资本投入，扩大金融、政府债券等资金投入。依照高标准农田新增耕地核定管理要求，做好农田宜机化改造项目新增耕地核定工作，所得指标收益用于农田宜机化改造。

（二）加强指导，做好服务。区县农业农村主管部门要做好改造区域产业发展布局引导，对项目规划设计、改后利用等进行技术指导，促使改到位、用得上、产出高。区县可按《重庆市农田建设补助资金管理实施细则》（渝财农〔2020〕19号）第九条规定的比例列支项目管理费，即财政投入资金1 500万元以下的按不高于3%据实列支，超过1 500万元的，其超过部分按不高于1%据实列支，总额最高不超过50万元，不足部分由区县自行补足。项目管理费主要用于实地踏勘规划、技术服务指导、项目评审、资金监管、检查验收、绩效评价、后续机械化生产试验示范等管理方面的支出。

（三）加强宣传，做好示范。各区县要抓好政策宣传、组织发动工作，积极引导农民转变传统生产方式观念，动员参与到农田宜机化改造中来，特别是发动新型农业经营主体率先开展农田宜机化改造，带头打造示范样板。鼓励有装备、有技术、有施工能力的农业社会化服务主体参与农田宜机化改造，积极引导跨行政区域开展服务。

（四）加强监管，规范运行。聚焦项目申报审查、施工质量、竣工验收、补助标准、资金兑付等关键节点，建立相关制度，完善约束机制，主动防控廉政风险，做到程序到位、运行规范、公平公正、廉洁高效。市级项目资金实行"五到区县、三挂钩"的管理模式（即将项目资金切块到区县、目标任务明确到区县、审批权限下放到区县、监管责任落实到区县、绩效管理赋予到区县，将资金切块安排与绩效评价挂钩、与监管责任挂钩、与重点产业发展挂钩），要专款专用，项目经验收合格后要及时兑付补助资金，避免因拖欠形成信访、遗留问题，引发群体性舆情事件。抓好项目区机耕道农机装备、运输工具通行作业安全管理，设置必要的安全提示标牌或警示标志。加强市级项目绩效考核，将考核成果作为下一轮项目资金分配的重要依据。

（五）建立档案，及时报送。实施市级项目要具备"四图"，即原貌正摄影像图或地形图、规划设计图、施工作业图、竣工验收图。要及时将项目申报、立项文件、改造图片、工程设计、工程施工、质量检查、财务核算、竣工验收、绩效评价报告、会议记录等文字、图表、账册、影像等全流程资料进行整理归档，并在"全市农田宜机化改造示范项目管理系统"上填报，随时接受审查监督。

原市农委《关于土地宜机化整治先建后补的通知》（渝农发〔2018〕148号）即日起作废。

重庆市农业农村委员会
二〇二二年五月二十七日

关于印发《四川省"十四五"现代农业装备推进方案（2021—2025年）》的通知

川农发〔2022〕10号

各市（州）农业（农牧）农村局：

为贯彻落实《"十四五"全国农业机械化发展规划》《四川省"十四五"推进农业农村现代化规划》的有关部署，编制《四川省"十四五"现代农业装备推进方案（2021—2025年）》，现印发给你们，请结合实际贯彻执行。

四川省农业农村厅
二〇二二年四月七日

四川省"十四五"现代农业装备推进方案（2021—2025年）

现代农业装备是推进现代农业的重要基础，农业装备现代化是实现农业现代化的必经之路。为加快发展现代农业装备，根据《四川省"十四五"推进农业农村现代化规划》和《四川省人民政府关于加快推进农业机械化和农机装备产业转型升级的实施意见》，编制本方案。

一、"十三五"现代农业装备发展成效与形势

（一）现代农业装备发展成效显著

"十三五"时期，全省各级农业农村部门以"立足现代农业，服务乡村振兴"为基本要求，以推动农机供给侧结构性改革为主线，以提质增效转方式、稳粮增收可持续为目标，以改革创新为动力，真抓实干，开拓创新，推动农机装备水平、作业水平、服务水平、科技水平和安全水平不断提升，各项目标任务全面完成，全省农业生产从主要依靠人畜力转向主要依靠机械动力，进入了机械化为主导的新阶段。

1. 农机装备水平实现新增长。全省农机总动力达4 753.58万千瓦，比"十二五"末增长7.9%；大中型拖拉机、谷物联合收割机保有量分别达到7.45万台、3.74万台；水稻插秧机和谷物烘干机从无到有，快速增加；大中型动力机械与作业机具配套比由1∶1.6提升到1∶1.8，高效、高性能、节能作业机械较快发展，水稻插秧机、油菜籽收获机、谷物烘干机分别增长15%、4%和70%。

2. 农机作业水平不断提高。农机作业由耕种收环节为主向产前、产中、产后全过程拓展，由种植业向养殖业、农产品初加工等领域延伸。全省主要农作物耕种收综合机械化率达到63%，农业生产方式转变为以机械为主导。薄弱环节机械化发展迅速，水稻、油菜、玉米综合机械化率分别达到74%、60%、38%，果蔬茶等特色作物栽/播收、畜牧水产养殖、农产品加工等机械化进一步发展，农产品产地初加工率达到61%。

3. 农机化服务水平实现新提升。全省农机户230万户，农机合作社1 350个，分别比"十二五"末增长3.6%、11%。农机服务社会化不断扩大，农机合作社年作业服务面积达1 376万亩，较"十二五"末增长34%。大力推进农业装备公益性试验鉴定服务，完成农机试验鉴定共计700余项。深入实施主要农作物生产全程机械化推进行动，积极组织开展全程机械化示范县创建，成功创建全国主要农作物生产全程机械化示范县（市、区）11个，创建数量位居西南丘陵山区省份首位。

4. 农机科技创新实现新进步。高效联合收割机、农副产

品加工机械等农业装备研发制造取得快速突破，质量性能明显提升。精量播种、秸秆还田、畜禽粪污资源化利用等绿色环保型技术得到应用推广，秸秆综合利用率、农膜回收率分别达89.5%、80.2%，畜禽粪污综合利用率达到70%。建立了四川省农机装备产业发展联盟等产学研推用创新体系，培育了一批骨干企业，全省农业装备企业数量500家左右，其中规模以上企业近200家，覆盖作物种植、管理、收获以及畜牧养殖、农副产品加工等11个领域。

5. 农机作业基础条件实现新改善。大力开展机耕道、高标准农田、机电提灌站等基础设施建设，"宜机化"基础设施建设成效明显，农机作业通达率不断提高。全省累计建成高标准农田近4 430万亩。全省各地投入提灌建设资金20亿，新建、改造农村机电提灌设施设备17.9万台487万千瓦，常年提水量约30亿立方米，机电保灌面积约2 000万亩以上，在13个现代农业园区推广示范农业智慧灌溉系统，灌溉面积达1.08万亩，太阳能等清洁能源提灌技术得到应用推广，建设太阳能提灌站300余座。农机作业通行条件持续改善，全省建设农机化生产道路22万公里，现代农业园区农机化生产道路通达率达85%。农机具存放、维修库棚等设施建设不断推进，农机信息化管理平台起步发展。

6. 农机化政策环境实现新优化。中央和省级财政投入农机化发展资金15.8亿元，其中省级财政投入比"十二五"增长481.2%。贯彻落实《中华人民共和国农业机械化促进法》，实施中央农机购置补贴资金10.1亿元，补贴机具61.2万余台（套），受益农户总数达55.8万户。深入实施《中国制造2025》，制定了《中国制造2025四川行动计划》，将农机装备纳入制造业重点发展十大领域之一。深入贯彻《国务院关于加快推进农业机械化和农机装备产业转型升级的指导意见》，出台我省实施意见，提出了发展措施，释放了社会对农机化发展的政策预期。省委省政府将现代农业装备列入现代农业"10+3"产业体系、现代工业"5+1"产业体系加快推进，研究制定了《四川省现代农业装备转型升级推进方案》《四川省利用农机购置补贴资金开展试点综合奖补》《四川现代农业园区"五良"融合发展农业装备指南及考核标准》《四川省"全程机械化+综合农事"服务中心发展指引（试行）》《四川省农机报废更新补贴实施方案（试行）》《关于加快畜牧业机械化发展的实施意见》《关于加快推进设施种植机械化发展的实施意见》。

7. 安全生产形势实现新稳定。创建全国"平安农机"示范县23个，省级示范县6个，省级示范乡镇87个。在农机总量快速增长的情况下，全省拖拉机、联合收割机上牌率、年检率、驾驶人持证率均超过70%，农机事故起数、死亡人数实现"双下降"，未发生重特大农机事故，全省农机安全生产态势平稳有序。

（二）现代农业装备发展形势稳定持续向好

现代农业装备是转变农业发展方式、提高农业生产力的重要基础，农业装备现代化是实现农业农村现代的必由之路，是实施乡村振兴战略的重要装备支撑。展望"十四五"，装备现代化引领农业生产方式变革的态势更趋明显，农业机械化发展前景更加广阔。

1. 国家创新战略对农业装备发展提出了明确要求。国家将农机装备纳入了《中国制造2025》十大领域之一，上升为国家战略，体现了党中央对农机装备的高度重视和发展决心。《国务院关于加快推进农业机械化和农业装备产业转型升级的指导意见》强调了"没有农业机械化，就没有农业农村现代化"，要求以服务乡村振兴战略、满足亿万农民对机械化生产的需要为目标，推动农机装备产业向"两全两高"（全程全面高质高效）发展转型。省委省政府提出培育工业"5+1"现代产业体系和现代农业"10+3"产业体系，相继把现代农业装备作为先导性支撑产业重点推进，体现了省委省政府对发展农机装备的坚定意志，为推动全省农业装备产业高质量发展创造了良好的政策环境。

2. 乡村振兴战略对发展现代农业装备提出了明确要求。

实施乡村振兴战略是决胜全面建成小康社会、全面建设社会主义现代化国家的重大历史任务，总目标是实现农业农村现代化，需要农业机械化向更宽领域、更高水平发展。农业机械化是转变农业发展方式、提高农村生产力的重要基础，是实施乡村振兴战略的重要支撑。《四川省乡村振兴战略规划（2018—2022年）》对提升农业装备水平提出了专门要求。农业机械化发展农业生产力，从根本上转变农业生产方式，推动农业生产发展和农村生产关系、生活方式、治理体系的变革，必然会对"产业兴旺、生态宜居、乡风文明、治理有效、生活富裕"各方面产生巨大的推动力，是产业振兴、人才振兴、文化振兴、生态振兴和组织振兴的硬核支撑。

3. 擦亮四川农业大省金字招牌对发展现代农业装备提出了明确要求。擦亮四川农业大省金字招牌是省委省政府贯彻落实党的十九大精神和总书记视察重要讲话精神，立足四川"三农"实际提出的目标任务。随着城镇化进程的加快，四川每年输出农村劳动力在2 500万人以上。这对四川农业大省发展现代农业提出了"谁来种地、谁来养猪"的严峻挑战。四川作为全国十三个粮食主产省之一，丘陵地貌突出，作物种类和种植模式多种多样，现代农业"10+3"产业体系明确了现代农业装备的先导性支撑作用，从农业生产成本、生产效率、生产资源利用率等方面来看，发展现代农业装备有助于加快推进全省10大优势特色产业全产业链融合发展，深化农业供给侧结构性改革，保障粮食安全，提高劳动生产率，促进农业可持续发展，提高农业综合竞争力，推进农业大省向农业强省跨越。

4. 影响农业装备发展的因素仍然存在。当前，国内外风险挑战明显上升，国内农机行业持续低速运行，市场下滑。四川农机工业基础薄弱，农业装备科技创新性突破少，农业装备供给不充分、结构布局不合理，存在诸多短板甚至空白；农业机械化率相对较低，产业和区域发展不平衡；农机化服务能力弱，服务质量效益有待提升；农机作业、维修、存放等基础设施和农田"宜机化"建设依然滞后；农机流通服务网络还不够健全。

综合判断，随着乡村振兴战略的深入实施，四川农业装备发展时间窗口和机遇窗口已经到来，总体上仍然是有利因素多于不利因素，必须坚定发展信心，紧紧围绕全面建成小康社会和现代农业建设目标要求，加快推进我省农业装备转型升级。

二、指导思想、基本原则与发展目标

（一）指导思想

以习近平新时代中国特色社会主义思想为指导，立足新发展阶段，贯彻新发展理念，构建新发展格局，坚持创新驱动发展，深化农业供给侧结构性改革，以服务乡村振兴战略、满足现代农业发展对农业机械化多样性需求为目标，把握我省现代农业新要求，建立健全农机化融合发展的机制体制，以问题和需求为导向，以提质增效、稳粮增收可持续为主线，以科技创新、机制创新、制度创新为动力，以良机、良田、良种、良制、良机"五良"融合为引领，紧紧围绕现代农业"10＋3"产业体系，补短板、强弱项、促协调，推动农业装备制造、技术创新和推广应用服务由数量型向质量效益并重转型升级，走绿色、可持续发展的新型农机化发展道路，促进农业机械化全程、全面、高质、高效发展。

（二）基本原则

1. 坚持创新驱动。依托产学研推用创新体系，围绕现代农业"10＋3"产业所需的现代农业装备的重点和薄弱环节，凝聚创新力量，加强农业装备关键共性技术、核心技术和系统集成技术攻关，推进自主创新、原始创新和集成创新，打造自主品牌，增强农业装备行业发展动力和市场竞争力。

2. 坚持先进适用。以需求为导向，注重与经济社会发展、农村劳动力和农业发展实际相适应，体现传统、同质、低档装备转型升级，兼顾数量、质量和效益统一发展，推广机械化、自动化、网络化、智能化、数字化等各种层次的现代农业装备与技术，不断满足现代农业产业和农民群众实际需求。

3. 坚持因地制宜。推进不同地区特色化、差异化、专业化发展，全力抓好区域发展、产业布局和农业装备推广应用，种养加一体，加强农业生产薄弱环节农业装备的攻关示范、关键环节创新推广，全程全面分类施策，以点带面整体扩大应用领域，促进各区域、各产业农机化协调、全面发展。

4. 坚持绿色发展。坚持"一控两减三基本"，大力推广先进适用节水灌溉技术和设施设备，实施化肥农药使用量零增长行动，推进畜禽粪污无害化处理和资源化利用，加强秸秆综合利用，强化农药包装废弃物和农田残膜回收处理，发展循环农业、低碳农业，建设美丽乡村。

5. 坚持机艺融合。作物新品种审定、栽培模式研究、农田改造与养殖设施建设、适度规模生产与经营等均应包含适应机械化技术指标，推进"五良"（良种、良法、良田、良机、良制）融合，构建农业装备与农艺技术相辅相成、协同推进的高效机械化生产体系。

（三）发展目标

到2025年，全省农机总动力达到5 100万千瓦左右，主要农作物耕种收综合机械化率达到70%以上，其中丘陵山区达到55%以上，基本实现农业机械化；薄弱环节机械化全面突破，其中马铃薯种植、收获机械化率均达到45%，油菜种植、收获机械化率分别达到50%和60%；大宗经济作物全程机械化生产体系全面建立，设施农业、畜牧业、水产业、农产品加工机械化水平明显提升，其中设施种植业、畜牧业机械化率总体达到50%以上。农机作业基础条件建设成效显著，新建农村机耕道路10 000公里，改造"宜机化"农田面积50万亩，建设1 000亩以上集中连片项目区100个以上，建设"宜机化"高标准农田面积2 000万亩以上，项目区田间道路通达率平原区达到100%，山地丘陵达到80%以上，新建改造机电提灌站10 000座，常年机电灌溉面积2 000万亩以上。创建全国"平安农机"示范县10个。

表1 "十四五"农业机械化主要指标

发展指标	单位	2025年	指标属性
农机总动力	万千瓦	5 100	预期性
主要农作物耕种收综合机械化率	%	70以上	预期性
新建宜机化高标准农田	万亩	2 000	预期性
新建农村机耕道路	公里	10 000	预期性
机电保灌面积	万亩	2 000以上	预期性
新建改造机电提灌站	座	10 000	预期性
改造"五良"融合宜机化改造面积	万亩	50	预期性
建设1 000亩以上集中连片项目区	个	100	预期性
创建全国"平安农机"示范县	个	10	预期性

（四）发展布局

1. 装备产业布局。以成都、德阳、绵阳、乐山为重点，大力推动成都（新都）、绵阳（三台）农机装备产业园建设，推动成德南高效收获、畜牧养殖、畜禽粪污资源化利用及收获后处理农机装备产业带建设，乐雅绵新型智能碾米粉碎机、茶机、榨油机等农副产品加工机械制造基地建设、巴广达药蔬高效种植农机装备产业基地建设和泸州宜宾智能酿酒装备产业基地建设。融入成渝双城经济圈建设，在成渝现代高效特色农业带布局建设农机装备制造研发基地，打造产值上亿元的智能农机装备产业化龙头企业2～3家。

2. 示范推广布局。坚持平原地区率先发展、丘陵地区加快发展、盆周山区突破发展、高原地区示范发展的总体原则。在平原地区重点推广示范大马力、高性能、多功能农业装备，开展全程全面机械化行动，推动川菜等特色作物机械化示范发展。丘陵地区大力推广中小型、轻简化农业装备，全面开展粮油作物全程机械化示范区建设，推动特色经济作物和畜牧水产机械化加快发展。盆周山区大力推广适应性强、轻便小型农业装备，高效节水提灌设施，因地制宜发展川茶、川果、川药等山区特色产业生产和农产品初加工机械。高原地区大力推广捡石、马铃薯和青稞播种收获、牧草收获打捆贮藏等农业装备，因地制宜开展马铃薯、牧草、青稞、苦荞、蔬菜、中药材全程机械化示范区创建。

三、主要任务

（一）提升农机科技创新能力

坚持以企业为主体、科研院所为基础、市场为导向的创新原则，加快建立"科研院所（大专院校）＋企业＋合作社＋基地"协同创新、联合攻关新机制。创建一批省级农机装备重点实验室等创新平台，建立智能农机创新团队。分批发布现代农业"10＋3"产业缺门断档机具需求目录，充分利用现代农业装备制造联盟、协同创新中心、工程技术研究中心、重点实验室等平台优势，研究部署现代农业装备科研项目，引导和鼓励企业加大研发投入，协同开展基础前沿、共性关键技术、缺门断档机具研究，加快技术创新和新产品研发，促进10大优势特色产业机械化创新发展；完善农机科技成果评价体系和成果奖励机制，开展科技成果评价和评奖。支持科研院所与地方合作开展无人农场关键技术、以机适地等研究。加强农机试验鉴定新方法探索和研究，对产业急需、农民急用的创新农机产品实施专项鉴定。推动成渝相关高校合作，共建西南农业智能装备科技创新中心等创新平台，研发一批关键技术，转化一批科研成果，打造一批示范基地。

表2　"十四五"现代农业"10＋3"产业缺门断档机具需求目录

产业	作物类型	名称	目标
川粮油	水稻	水稻侧身施肥插秧机	创新研发
	小麦	秸秆精细粉碎还田开沟作畦精细整地机	试验改进
		稻茬麦高速精量播种机	试验改进
	玉米	间作型玉米分带式联合收获机	创新研发
		油菜毯状苗移栽机	创新研发
		马铃薯高效低损联合收获机	试验改进
	高粱	高粱起垄移栽机	试验改进
		垄作高粱联合收获机	创新研发
	荞麦	苦荞菱形精量排种器	创新研发
川药	川芎	川芎苓种扦插栽植机	创新研发
		川芎联合收获机	创新研发
	麦冬	麦冬移栽机	创新研发
		麦冬收获机	创新研发
		滚筒式麦冬烘干机	创新研发
川竹	丛生竹	丛生竹竹篼与副产物处理及资源化利用装备	创新研发
		大蚕饲育架和蚕房环境监测调控平台	创新研发
川菜		精细整地机	试验改进
		秧苗移栽机	试验改进
		气力式蔬菜精密播种机	创新研发
		大蒜播种机	试验改进
		瓜果（黄瓜、茄子、番茄等）采摘机器人	创新研发
		花椒采摘机	创新研发
		胡萝卜、长白萝卜、大叶青菜、油菜薹收获机	试验改进
	川茶	名优茶智能采摘机器人	创新研发
		茶叶智能化加工成套生产线	试验改进
畜禽水产	川猪	病死畜禽无害化处理设备	试验改进
	川牛羊	中小型牛羊养殖场精准饲喂和生长过程监控装备	创新研发
	川鱼	水产养殖智能监测、投喂、管理系统	创新研发
		养殖池存鱼量声呐测算系统	创新研发
通用	动力机械	丘陵山地智能化多功能动力平台/全地形智能化农用底盘	创新研发
		丘陵山区深泥脚水田小型收割机底盘	试验改进

（二）培育农机装备龙头企业

落实中小企业扶持政策，加快中小微企业梯度培育，培育一批"小巨人·成长型"企业、"专精特新"中小农机制造企业。通过重组、改制、兼并及相应的政策引导，扶持骨干型企业跨越成长，加快培育一批具有核心技术研发能力和带动引领能力的农业装备龙头企业。推进省内高端装备制造产业向农业装备制造企业梯度转移，促进一二三产业融合发展，建成2～3家农业装备全产业链企业集团。整合成渝农机优势企业，融入成渝双城经济圈发展，联合建设成渝现代农业装备制造基地，吸引一批具有国际国内技术领先优势的农机企业入驻，支持形成农机装备产业集群。通过首台套等政策引导企业积极开展科技创新，开展农机装备制造企业与农机专业合作社供需对接，鼓励农机专业合作社购买"四川造"农业装备，为企业创新研究、试验验证和示范推广提供支撑。

（三）推进以良机为牵引的"五良"融合示范推广

1. 推动"五良"融合建设。以产业需求为引领，组织力量开展分产业、分区域、分作物、分环节"四分"研究和现代农业机械化目标体系研究。以良机为牵引，加快构建农机系统推进机制，大力应用良种、推广良法、建设良田、配套良机、推行良制。按产业逐步推进《四川省现代农业园区"五良"融合农业装备指南及考核标准》，在川粮油、川猪等10大现代农业园区率先推进"五良"融合全程机械化示范区建设，加快补齐水稻机插（播）、小麦精播以及玉米、油菜、马铃薯机播机收等机械化短板，实现产前、产中、产后全程机械化。根据川粮油、川猪等10大特色产业对农业装备的不同需求，因地制宜推广示范一批先进适用的农业装备，研究不同区域、不同作物的"五良融合"机械化技术解决方案。建立10大特色产业专家团队，开展农业园区"五良"融合配套建设技术指导、规划论证和验收考核。到2025年，建设"五良"融合全程机械化示范区（基地）100个，粮油、经济作物园区农机化率分别达到80%、60%以上。

2. 推动主要农作物全程机械化生产。粮食生产要稳字当头，稳政策、稳面积、稳产量。围绕现代农业园区、安宁河流域、成渝现代高效特色农业带、川东北丘陵大县、粮油绿色高质高效创建示范县等重点区域，开展农田宜机化改造，开展主要农作物全程机械化创建行动，推进水稻、小麦、玉米、马铃薯、油菜等大宗粮油作物全程机械化。以园区为重点，打造一批产量稳定、技术先进、机制创新的粮油机械化生产示范区。建设1000亩以上宜机化改造集中连片项目区100个，农机作业通达率达到100%，形成一批可复制、可推广的宜机化改造典型案例和丘陵山区农业机械化发展模式。鼓励有条件的地方开展全程机械化示范县创建，创建省级以上示范县10个。

3. 推进经济作物、养殖、设施农业、农产品加工等机械化。围绕丘陵山区、盆周山区，实施全面机械化专项，推进果蔬、茶叶、中药材、蚕桑、林竹、畜牧水产养殖等特色产业薄弱环节机械化。研究推广主要经济作物机播（栽）与机收（采伐）、水肥药精准施用技术，加强农田残膜回收治理，推进农作物秸秆综合利用，突破机械化生产瓶颈。加快畜牧水产养殖业精准饲喂、环境控制等适用技术推广，推进畜禽粪污无害化处理和资源化利用，推广生态化治理模式，大力发展规模化养殖场沼气工程，建立养殖粪污第三方处理服务机制。积极应用工厂化育苗、智能调控、储藏冷链等先进设施技术与装备，提高农业生产精细化、自动化、智能化水平。发展特色农产品产地商品化处理和加工，延伸产业链、价值链，提升综合效益。

（四）增强农机服务能力

1. 提高农机社会化服务能力。创新农机社会化服务新机制、新模式，大力推广"1+1"农机社会化服务新模式，即1个现代粮油园区至少建成一个"全程机械化＋综合农事"服务中心，达到装备设施先进、服务链条完整、要素保障有力、运行管理规范、规模效益良好、示范引领明显的服务目标。继续按照"一乡一社"的要求，加大农机合作社培育力度，进一步引导农机合作社规范发展，不断提升农机合作社经营服务能力。积极探索依托农业企业、农机合作社，建立区域农机维修（托管）服务中心，强化区域农机维修服务能力供给，努力破解农机"维修难"问题。到2025年，创建"全程机械化＋综合农事"服务中心100个，带动农机作业、维修、培训等服务产值突破200亿元，形成农机销售、维修、培训、服务、调度"一条龙"社会化服务体系。

2. 健全农机化推广服务体系。强化农机化技术推广应用，推行"互联网＋"农机推广服务方式，建立省级农机信息管理服务平台和手机App，促进大中型农机共享共用。完善农机试验鉴定能力，优化农机试验鉴定程序，加快农机鉴定、农机购置补贴、农机作业补助核定等管理服务工作的信息化步伐，推进信息系统互联互通。搭建农机研发、推广、应用交流平台，促进农业装备科研、制造、销售、使用、维修、培训全产业链协同工作。加强县乡农机推广、监理机构建设，配备必要人员、装备、经费等保障要素。创新农机化公益性服务供给机制和实现形式，支持高等学校、科研院所开展农机化科技、培训服务，支持农机制造企业、流通企业等建立健全农机流通、维修保养、金融保险服务体系。

3. 强化农机安全监管。推进农机安全监管"放管服"改革，加强农机安全监管规范化建设，贯彻落实农业机械安全监督管理条例和农机报废更新补贴工作。加强农机安全监管队伍能力建设，开展农业装备操作人员、维修技术人员职业技能培训及职业技能鉴定，大力培养农机使用一线"土专家""农机工匠""农机标兵"。完善农机安全监管应急管理体系，研究农机事故应急处理预案，开展农机安全生产应急预案演练活动。深入推进平安农机创建，开展变型拖拉机专项整治行动，2021—2025年报废注销存量变型拖拉机分别为2万、2万台、1万台、0.8万台。到2025年，全省存量变型拖拉机实现清零。推进农机合作社安全生产标准化建设，建立农机合作社安全管理制度体系，推行实施农机合作社安全生产清单责任制管理，努力实现安全生产责任"零缺位"。

4. 加强农机质量监督。加强农机市场监管，开展农业装备产品质量监督抽查，督促企业严格生产流程、落实强制质量标准，开展质量提升行动。对涉及人身安全的产品依法实施强制性产品认证，大力推动农业装备产品自愿性认证，农机购置补贴机具资质采信农机产品认证结果。健全省、市、县多级农机质量投诉监督体系，加强农机质量投诉信息化建设，实施农机鉴定获证产品监督检查，对农业生产中使用量大面广的农机购置补贴产品开展质量调查。健全农机维修网络，规范服务程序，提高维修能力和服务质量。落实农机报废更新制度，加快淘汰老旧及高耗能农业机械。

（五）推进农机基础设施建设

大力推进宜机化改造行动，加强宜机化标准、实施细则制修订，在高标准农田、现代农业园区、鱼米之乡推进县的建设方案、施工、监理、验收等全过程中加强宜机化指标考评，推动耕地地块小并大、短并长、陡变平、弯变直和互联互通。在丘陵地区（15°以下坡地）、二半山区区域重点推进农机作业生产道路建设，打通农机下田"最后一公里"。落实农村机电提灌发展规划，全面推进标准化提灌站建设和更新改造，大力推广水肥一体化灌溉系统和高效节水灌溉技术，重点推进智慧灌溉落地现代农业园区，积极开展提灌设施标准化、智能化、信息化建设，将机电灌溉信息管理接入全省数字"三农"大数据信息平台。加强县级统筹规划，合理布局农机具存放和维修、农作物育秧育苗、农产品产地烘干存储及初加工等农机作业配套设施，完善农机配套设施规范、标准，着力解决农机"用地难""住房难"等问题。

表3 "十四五"提灌站建设任务

市（州）	任务/座	市（州）	任务/座
合计	10 000	南充市	600
成都市	500	眉山市	750
自贡市	400	宜宾市	525
攀枝花市	100	广安市	600
泸州市	600	达州市	575
德阳市	375	雅安市	100
绵阳市	650	巴中市	150
广元市	900	资阳市	225
遂宁市	650	阿坝州	100
内江市	950	甘孜州	100
乐山市	600	凉山州	550

四、重大专项

（一）农机科技创新能力提升专项

启动实施农机化薄弱环节关键技术与重大装备研发攻关项目，加快攻克一批10大优势特色产业农机化关键、薄弱环节的新装备与新技术。支持省内科研院所、企业组建农机装备协同创新中心，农机装备制造联盟等农机创新平台，联合申报、联合实施一批国家、省级现代农业装备重大科研项目。培育农业装备龙头企业，支持产学研推用深度融合，引导和鼓励科研院校、企业加大研发投入，研发适合丘陵山区特色作物生产、特产养殖需要的高效专用农机，鼓励农业生产经营主体使用新型农机。

（二）"五良"融合全程机械化示范专项

支持10大优势特色产业现代农业园区率先推进全程全面机械化示范区建设，加快补齐水稻机插（播）、小麦精播以及玉米、油菜、马铃薯机播机收等机械化短板，实现大宗粮油作物生产全程机械化；破解果蔬茶药等特色经济作物高效播栽、采收机械化技术难题，实现特色经济作物关键薄弱环节机械化；大力发展智能环控、精准饲喂、粪污资源化利用等绿色健康养殖数字农业技术；大力发展特色农产品精深加工，推进种养加一体发展；推广"五良"融合技术，推进品种、种养模式、加工方式等宜机化，提供不同区域、不同种类的农业生产机械化技术解决方案。

（三）农机服务能力提升专项

通过实施农产品烘干仓储保鲜冷链物流项目、社会化服务项目，对从事大田耕种管收机械化作业的服务主体按作业量给予补贴，支持创建现代农业园区、"鱼米之乡"推进县、"菜篮子"冷链物流推进示范县。壮大一批新型农机服务主体，实现"一村一农机化大户""一乡镇一农机合作社"发展布局。实施"互联网+"农机推广方式，围绕现代农业园区和高标准农田建设区，遴选推广先进适用农业装备，完善、规范省农机购置补贴信息化平台，创新"田间日"等体验式、参与式推广新方式，提升农机化技术推广效果。推进"互联网+"农机服务模式，建设"全程机械化+综合农事"服务中心，提供农机作业、农资统购、技术培训、信息咨询、农产品销售对接等"一站式"综合服务。加快农机新技术试验验证和新产品鉴定，持续提升农机试验鉴定能力，强化专项鉴定结果应用。推进农机安全监管"放管服"改革，开展"平安农机"创建活动。建立区域性农机维修（托管）服务中心，提升区域农机维修服务能力，满足农机维修服务需求。

（四）农机购置补贴专项

扩大农机购置补贴效应，完善农机购置补贴机具种类范围，加大粮食生产薄弱环节、丘陵山区等机具补贴力度，开展农机化发展综合奖补试点工作。围绕粮食生产功能区、现代农业园区、深度贫困地区农业生产发展需要，重点开展薄弱关键环节机械化作业奖补、购机贷款贴息。聚焦10大优势特色产业，对病死畜禽无害化处理设备、农业用北斗终端等品目开展资质采信试点。开展拖拉机、联合收割机购置补贴App申请、二维码识别和作业轨迹检测"三合一"办理试点。支持生猪养殖场购置自动饲喂、环境控制、疫病防控、废弃物处理等农机补贴。鼓励探索贷款贴息、融资租赁承租、农业装备新产品、农田建设、标准化骨架大棚、农机报废等综合奖补试点。强化农机购置补贴规范管理，加强政策指导和监管。

（五）农机作业基础条件建设专项

启动实施"五良"融合宜机化改造项目，落实《丘陵山区农田宜机化改造工作指引（试行）》，制定《四川省丘陵山区农田宜机化改造技术规范》，坚持宜地则地、宜田则田，综合运用工程手段，对农田地块开展小并大、短并长、陡变平、弯变直改造，实现互联互通，农机通行和作业条件明显改善。以粮食生产功能区和重要农产品生产保护区的现代农业园区、"鱼米之乡"推进县为重点加快推进高标准农田建设，在丘陵地区（15°以下坡地）、二半山区重点推进农机作业生产道路建设，因地制宜制修订农田整治宜机化标准、实施细则，打造可复制可推广的农田宜机化改造典型样板，在高标准农田建设中突出抓好宜机化改造试点，并将宜机化作为高标准农田建设监督评价的重要内容。围绕川字号农业10大特色优势产业，加强提灌设施标准化、智能化、信息化示范建设，推进机电提灌站建设、老旧提灌站更新改造和太阳能提灌设施建设。大力推广水肥一体化灌溉系统和喷灌、微灌、滴灌等高效节水灌溉技术，推进智慧灌溉落地现代农业园区。加强县级统筹规划，合理布局农机作业配套设施，完善农机配套设施规范、标准。

表4 "十四五"农机化发展重大专项

一、农机科技创新能力提升专项。支持产学研推用深度融合，协同攻克基础材料、基础工艺等"卡脖子"问题，围绕10大优势特色产业，加快关键、薄弱环节农业装备与技术创新。到2025年，建设成渝现代高效特色农业带农机装备制造研发基地，打造产值上亿元的智能农机装备产业化龙头企业2～3家，农业装备供给结构布局明显改善，大中型动力机械与作业机具配套比达到1:3。

续表

| 二、"五良"融合全程机械化示范专项。加大省级现代农业发展工程项目对"五良"融合全程机械化示范的投入力度，加快补齐粮油作物机械化短板，实现特色经济作物关键薄弱环节机械化，大力发展农业投入品精准投放、智能采收干燥等数字农业技术和特色农产品精深加工，推广"五良"融合。 |
| 三、农机服务能力提升专项。实施农业社会化服务项目、家庭农场等国家省级发展专项，创新"互联网+"农机推广方式，推进"互联网+"农机作业，加快农机新技术试验验证和新产品鉴定，开展"平安农机"创建活动。到2025年，全省农机户达到250万户，农机化作业服务组织2万个，推广各类机具100万套，完成省级推广鉴定100项，新创建全国"平安农机"示范县10个，建成"全程机械化+综合农事"服务中心100个，农机作业、维修、培训等服务产值突破400亿元，现代农业园区综合信息化水平80%。 |
| 四、农机购置补贴专项。争取中央、省级加大农机购置补贴力度，扩大农机购置补贴机具种类范围，开展农机化发展综合奖补、报废更新、新产品等试点，实施中央下达我省农机补贴资金10亿元以上。 |
| 五、农机作业基础条件建设专项。加大中央、省级财政对农机基础条件建设力度，加快宜机化高标准农田和机耕道路建设，推进标准化提灌站建设和更新改造，推广水肥一体化和高效节水灌溉技术。高标准农田项目区田间道路通达率平原区达到100%，山地丘陵区达到80%以上。 |

五、保障措施

（一）加强组织领导

全省农业农村部门要把方案的实施列入重要议事日程，加强部门间沟通协调，明确实施要求，制定具体措施，落实相关支持政策，为方案实施创造有利条件。各级农业农村部门要统一思想，提高认识，建立工作责任制，加强组织协调，明确发展目标，因地制宜，将农机化和农业装备发展列入现代农业重要内容和建设规划。

（二）完善政策支持

落实农机购置补贴政策，加快推进农机化发展综合奖补试点，扩大先进适用机具补贴范围，研究特色产业发展所需机具、新装备、智能农机装备、作业基础条件建设等补贴政策。积极争取省级工业发展资金、财政支农资金以及地方科技研发计划项目支持，提高农业机械化投入中支持科技创新的比重，开展特色产业、数字农业等领域的装备与技术研发。探索扶贫资金、涉农资金支持农机化发展的新方式。支持农机服务组织开展适度规模经营，加大对绿色环保农机化技术示范推广。落实设施农用地、新型农业经营主体建设用地、农业生产用电等相关政策，支持农机合作社等农机服务组织生产条件建设。健全农机具抵押贷款、担保贷款、贷款贴息、保险补助等金融保险政策保障体系，降低农机经营风险。

（三）加强人才保障

完善农业机械化人才引进、培养、试用、评价、激励等各项政策措施，实施产业创新人才等人才工程。引导涉农高校加强学科交叉融合，优化学科专业设置，培养一批引领农业装备与技术创新发展、多学科背景的复合应用型农机化人才。通过购买服务、项目支持等方式，遴选培育一批农机推广服务"土专家"，支持农机生产企业技术人员的岗位培训，培养"农机工匠"，支持新型职业农民农机操作维修技能培训，遴选和培养"农机标兵"。开展农机职业技能鉴定。完善激励机制，全面落实基层农机化人员职称、工资等倾斜政策，提高保障水平。

（四）强化监测评估

实施农机化和农业装备转型升级发展监测，建立全面统计、区域评价、定向监测相结合的农机化发展动态监测体系，定期开展农机化形势分析。开展对农机科技创新、全程全面机械化、农机服务、农机购置补贴、农机作业基础条件等方面工作的统计普查和农业机械化水平评价，加强对方案主要指标进展情况的动态监测。委托第三方机构开展规划实施评估，及时发现、解决方案实施过程中的问题，适时完善方案目标任务。

西藏自治区农业农村厅关于印发《西藏自治区"十四五"农业机械化发展规划》的通知

藏农厅发〔2022〕15号

各地市农业农村局，自治区各相关单位：

经自治区农业农村厅党组会研究同意，现将《西藏自治区"十四五"农业机械化发展规划》印发给你们，请认真贯彻执行。

西藏自治区农业农村厅
二〇二二年一月十八日

西藏自治区"十四五"农业机械化发展规划

前言

农业机械化是转变农业发展方式、提高农业农村生产力的重要基础，是农业农村现代化的重要标志，是西藏实施以"神圣国土守护者、幸福家园建设者"为主题乡村振兴战略的重要支撑。"十三五"期间，西藏农作物耕种收综合机械化率稳步提升，农机装备总量快速增长，装备结构逐步优化，社会化服务模式不断创新，为全区农牧业提质增效、农牧民稳定增收、农村经济繁荣提供了装备科技保障。

"十四五"时期，是西藏全区在全面建成小康社会、打赢脱贫攻坚战基础上，乘势而上开启全面建设社会主义现代化新征程的第一个五年。西藏"十四五"农业农村现代化力争先行一步、与全国看齐，农业转型升级取得较大突破，农牧区发展活力进一步增强，逐步建立健全全民覆盖、普惠共享、城乡一体的基本公共服务体系，农业机械化发展面临的战略机遇更加优越、历史任务更加繁重。为顺应全区农业农村现代化发展新趋势新要求，牢固树立"全程全面高质高效"农机化发展理念，着力提高西藏农业农村现代化装备技术支撑能力，坚持补短板、强能力、促改革工作总基调，依据《西藏自治区国民经济和社会发展第十四个五年规划和二〇三五年远景目标纲要》《西藏自治区"十四五"时期推进农业农村现代化规划》《"十四五"全国农业机械化发展规划》等文件，特制定本规划。

第一章 发展形势

"十三五"期间，在西藏自治区党委政府正确坚强领导下，在各级农机主管部门的努力下，全区农机化工作取得重大进展。农机购置补贴政策持续优化，农机装备水平显著提升，农机化先进技术稳步推广，社会化服务体系不断健全，农机安全生产形势平稳，农机化发展质量全面提升，对保障重要农产品有效供给，建设美丽生态宜居乡村，改善农牧民生活水平提供了有力支撑。

一、发展成就

（一）农机装备水平显著提高。全区农业机械社会保有量不断增加，农机装备总量51.5万台（套），其中拖拉机等动力机械保有量28.1万台，耕、种、收、植保等配套机具23.4万台（套），农机装备结构持续优化，先进适用、绿色高效农机具占比逐年提高，高端智能新机具不断得到示范推广。2020年，全区农机总动力超过690万千瓦（含农用运输车动力），农作物耕、种、收综合机械化率达到65%，其中，青稞耕、种、收综合机械化率达到67%。西藏农业机械化已逐步由种植业向畜牧业、设施农业、农产品初加工业延伸，西藏农牧民群众已从"面朝黄土背朝天"的繁重体力劳动中解放出来，农机化支撑现代农业发展能力显著增强，促进农牧民转移就业57.1万人，农牧民人均可支配收入比2015年增长6 354元。

（二）农机化扶持政策持续优化。农机购置补贴政策持续优化，出台并多次修订《西藏自治区农机购置补贴实施办法》《农机购置补贴政策内部控制规程》等规章制度。农机购置补贴范围不断拓展，对购置符合条件的机具实行应补尽补，敞开补贴，补贴机具范围已扩大到14大类32个小类85个品目7 400多个产品，基本覆盖农牧区一二三全产业链。补贴资金规模不断扩大，中央投入农机购置补贴资金5.29亿元，自治区投入补贴资金2.86亿元，补贴机具16.7万台（套），受益户数13.08万户。补贴操作流程日趋便捷，全面实行新版农机购置补贴辅助管理系统、农机购置补贴手机App和农机购置补贴产品自主投档平台，常年受理农机产品在网络平台上投档。农机深松整地作业补助政策不断完善，落实补助资金9 035万元，完成面积170.6万亩。依托农机购置补贴资金，稳步推进农机报废更新补贴试点，切实优化农机装备结构，保障农机安全生产。

（三）先进农机化技术推广成效明显。绿色高效智能农机化关键技术推广取得突破，集成创新主要粮食作物全程机械化解决方案。全面推广农机深松整地技术，耕地质量和农作物抗旱抗涝能力明显增强。开展市级以上全程机械化示范现场会20余次，青稞耕种收环节机械化集成配套技术、马铃薯高效种植和收获技术、人工饲草联合收获和加工贮藏技术全面大范围推广，青稞和牧草全程机械化技术试验示范辐射面积超过10万亩。示范推广精准施药、高效施肥、节水灌溉、畜禽粪污资源化利用等绿色高效机械装备和技术。无人驾驶拖拉机、植保无人飞机等高端智能装备技术应用开始起步。设施农业环境自动调控、农畜产品增值加工等先进技术试验示范稳步推进。

（四）农作物生产全程机械化深入开展。重点推广青稞和牧草全程机械化生产技术，多次举办分作物分区域系列全程机械化现场推进活动。依托农业农村部全程机械化生产试验示范项目，在林周、乃东、曲水和南木林4个县建立青稞和牧草全程机械化试验示范基地，不断改进青稞和牧草机械化生产薄弱环节装备技术，并进行试验示范，有力提升了全区青稞和牧草全程机械化生产水平。以主要农作物生产全程机械化示范县创建活动为契机，推动创建县提升主要农作物机械化生产管理水平，林周、乃东、桑珠孜、扎囊和江孜5个县已率先成功创建成为"国家级基本实现主要农作物生产全程机械化示范县"。出台政策支持新型经营主体开展深耕深松、机播机收和生产性托管服务，引领推进主要农作物生产全程机械化。

（五）农机社会化服务体系不断健全。着力推进农机社会化服务体系建设，全区农机服务组织达到131个，其中农机专业合作社115个，分别较"十二五"末增长122%、180.4%。林周县卡优农民农机专业合作社等7家合作社成功创建国家级农机专业合作社示范社。出台了农机合作社购置农机享受50%补贴额度等优惠政策，扶持合作社发展。积极开展农业农村部"全程机械化+综合农事"服务中心典型案例推荐工作，指导发展综合农事服务新业态，为农户提供全程机械化作业技术培训、信息咨询、农产品销售等一站式综合服务。组织合作社理事长、农机大户负责人开展管理及技术培训工作。农机合作社多元化发展，村社一体、土地托管服务、综合农事服务等新型模式不断涌现。农机培训和维修网点不断增加，共建设近200家农机维修点，年均维修拖拉机3.7万台，培训农户近3万人次。

（六）农机安全生产形势总体平稳。全区农机安全生产形势持续向好，农忙季节农机安全事故易发时段，安排专人到地市、县区开展农机安全生产督导活动。农机与公安部门联动，持续强化全区农机安全生产工作，防范农机生产安全事故发生。深入开展变型拖拉机专项整治行动，设定了变型拖拉机报废年限和"清零"时间表，建立了变型拖拉机报废淘汰退出机制，全区基本实现淘汰存量变型拖拉机。农机安全宣传力度不断加大，每年定期开展"农机安全生产月""农机安全咨询日""12·2交通安全日"等活动，广泛宣传农机安全法律法规和安全操作知识，全区农机安全生产形势保持稳定良好局面。

二、存在问题

"十三五"期间，西藏农机化工作虽然取得较快发展，但仍然存在区域发展不平衡，设施条件亟待提升；管理推广人才缺乏，社会化服务能力不足；农机农艺融合程度低，先进适用机具少等问题，与农业农村现代化发展要求还存在较大差距。具体表现为：一是不同区域和领域农业机械化发展不平衡。藏中南地区自然资源禀赋较好，农业机械化水平较高，藏北牧区、藏东南半农半牧区农机化水平较低；种植业机械化水平高于畜牧养殖业，其中青稞综合机械化率又高于其他农作物。二是农机化经营管理人才队伍缺乏。农机鉴定、安全监理、科研推广、技术培训等农机公共服务机构缺失，市县农机化工作人员多为兼职。农机社会化服务组织经营人才和先进适用智能装备使用维护人员缺乏。三是农机社会化服务水平亟待提升。农机合作社经营效益不佳，管理手段和经营方式较为粗放，作业服务范围较窄，经营水平低，机具使用效率低，"有机户闲、无机户难"矛盾突出。四是基础设施条件建设滞后。部分耕地形状不规则，耕层含石量高，农机作业损耗大，效率低，故障多；丘陵山区农田坡度大，田块面积小；机耕道、机库棚建设滞后，维修网点缺乏，农机"行路难、看病难、住房难"问题突出。五是高原特色适宜装备供给不足。西藏作物种植农艺多样，青稞后熟效应、粮饲与兼用等特性机械化作业要求不适应；拖拉机高原环境作业动力下降、使用效率低；农机无藏语操作说明书及安全提示，农牧民使用不便。

三、发展机遇

（一）党中央国务院高度重视农业机械化发展。农业机械化是落实"藏粮于地、藏粮于技"战略，保障粮食安全的重要支撑。习近平总书记在黑龙江北大荒考察时提出"要大力推进农业机械化、智能化，给农业现代化插上科技的翅膀"。《中共中央 国务院关于全面推进乡村振兴加快农业农村现代化的意见》（2021年中央一号文件）明确要"强化现代农业科技和物质装备支撑"，提出"提高农机装备自主研制能力，支持高端智能、丘陵山区农机装备研发制造"等要求。国家"十四五"规划纲要将"农业机械化"列入现代农业农村建设工程，明确了一系列推进举措。国务院印发《关于加快推进农业机械化和农机装备产业转型升级的指导意见》，强调要"推动农业机械化向全程全面高质高效升级"。

（二）西藏自治区党委政府强力推进农业机械化。2017年9月，时任自治区党委书记在曲水县茶巴朗村调研青稞、青饲玉米生产全程机械化推进开展情况，要求各级政府进一步加大资金投入力度，提高农业机械化率，推动现代农业发展。2020年3月，到曲水县实地调研春耕春播工作情况时强调"要利用好优质的耕地资源，继续加强高标准农田建设，加快品种更新换代，推进农业机械化，开展标准化生产，确保粮食安全"。2019年9月，自治区政府办公厅印发《关于加快推进农业机械化发展的实施意见》，强调"到2025年，农机总动力稳定在780万千瓦，农作物综合机械化率达到68%以上"。西藏农业机械化深入贯彻新发展理念，围绕自治区党委、政府确定的农业机械化目标，不断"补短板、强弱项、促协调"，全区农业机械化事业持续健康发展。

（三）西藏农机化处于有机可用和跨越发展的新起点。从全国层面看，通过深入实施"创新驱动"和"藏粮于地、藏粮于技"战略，在农机购置补贴等农机化政策带动下，已经可以提供粮食、油料、薯类等主要农作物生产全程机械化解决方案。农业机械化已由耕、种、收环节向植保、烘干、秸秆处理全过程发展，由种植业向畜牧业、渔业、设施农业、农产品初加工业延伸，由平原地区向丘陵山区扩展，开始向全程全面高质高效转型升级。全国农业机械化技术装备全面发展，为提升西藏农业生产机械化水平提供了可复制的成功经验，为先进装备技术引进改良提供了技术储备，可推动西藏农机化发展少走弯路、跨越发展。

（四）农业机械化政策支持体系不断完善。"十四五"时期，中央和自治区农机化扶持政策力度不减，方式更优，2021年中央一号文件提出"提高农机装备自主研制能力，支持高端智能、丘陵山区农机装备研发制造，加大购置补贴力度，开展农机作业补贴"。中央和自治区农机购置补贴资金支持力度不断加大，补贴范围不断拓展，已基本覆盖农业一二三全产业链生产装备需求。各级农机主管部门充分发挥市场主体作用，通过政府购买服务，委托新型经营组织等形式，积极发展"全程机械化+综合农事服务"新业态，为农户提供全程机械化作业、深松作业、技术培训、信息咨询等"一站式"综合服务。在农机购置补贴、合作社生产支持等农机优惠政策的引导下，土地流转，规模化运营持续强化，先进高效新机具需求不断加大，对农业机械化技术和政策提出新要求，更为农机化发展提供新机遇。

第二章 指导思想、基本原则与发展目标

一、指导思想

以习近平新时代中国特色社会主义思想为指导，全面贯彻党的十九大和十九届历次全会、中央第七次西藏工作会议精神，认真落实党中央、国务院决策部署，牢固树立和贯彻落实新发展理念，围绕供给侧结构性改革要求，以提高农产品供给保障能力，推动农业转型升级，服务乡村振兴战略，满足农牧民对高效生产、幸福生活和宜居生态的重大需求为目标，以农机农艺融合、机械化生产与农田基础条件建设相适应为路径，以科技创新、机制创新和政策创新为根本动力，以补短板、建体系、强服务为重要抓手，走出一条具有西藏特色的高原农牧业机械化发展道路，为加快推进西藏农业农村现代化提供有力支撑。

二、基本原则

坚持农牧民主体地位。切实尊重广大农牧民市场主体地位，支持、引导和提升农牧民机械化意愿，着力培育壮大新型经营主体，大力激发农牧民和农业生产经营组织发展农业机械化的创新、创业、创造活力，让农牧民成为农业机械化生产的真正组织者和受益者。

坚持分类梯度发展。立足资源禀赋、自然条件和产业基础，充分考虑地区差异，分类推进藏中南农业区、藏东南半农半牧区和藏北牧区的农牧业机械化发展。引导各地聚焦主导农牧产业和关键领域，先易后难，梯度推进，探索适合当地的农牧业机械化发展新模式。

坚持深化改革创新。正确处理政府与市场关系，大力培育市场主体，充分激发农机服务市场主体活力，加快健全农机公共服务体系，完善社会化服务体系。坚持市场推动、政策带动、创新驱动，构建借外力激发内力、以"输血"促进"造血"的体制机制，形成推动农牧业机械化全面发展新动能。

坚持协同合力推进。建立健全农业农村、财政、发改、公安、科技等多部门协同机制，构建新型农业经营主体、农机经销企业和广大农牧民群众等多主体利益联结机制，充分利用中央财政和全国援藏资源，构建全方位多渠道一体化农业机械化发展新格局。

三、发展目标

到2025年，全区农机总动力达到780万千瓦（含农用运输车）。农机装备配置结构趋于合理，各类拖拉机保有量达到29万台，拖拉机与农机具配套比达到1：2以上。农作物综合机械化率达到68%以上，其中青稞等主要粮食作物综合机械化率达到71%以上。覆盖农业产前产中产后的农机社会化服务体系初步建立，农机经营效益显著提升，农机服务组织数量达到300个以上。加大农机化技术培训能力建设，累计培训农机技术人员3万人次以上。提升农机技术装备推广服务水平，推广20项以上先进适用机械化技术装备。发挥绿色农机装备在农村人居环境改善和农业废物资源化利用中的作用，农膜回收率达到90%，化肥农药利用率达到40%，畜禽粪污综合利用率达到90%。全面提升西藏传统食品机械化生产加工能力，发展青稞牦牛精细加工和加工副产物综合利用。农机作业条件明显改善，农机"行路难、看病难、住房难"问题得到较好解决。设施农业、畜牧养殖业、林果茶业等机械化取得明显进展，设施农业综合机械化率达到21%。农机安全形势平稳，确保无重大农机安全事故发生。

表1 西藏自治区"十四五"农业机械化主要指标

序号	主要指标	单位	2020年基期值	2025年目标值	指标属性
1	农业机械总动力	万千瓦	691.5	780	预期性
2	农作物耕种收综合机械化率	%	65	68	预期性
3	主要粮食作物（青稞）综合机械化率	%	67	71	预期性
4	畜牧养殖机械化率	%	23.84	≥33.1	预期性
5	设施农业机械化率	%	15.66	≥21.05	预期性
6	农产品初加工机械化率	%	21.56	≥29.5	预期性
7	培育农机社会化服务组织	个	131	≥300	预期性
8	推广使用先进农业机械化技术	项	8	≥20	预期性
9	落实农机深松整地作业面积	万亩	170.6	≥300	预期性

第三章 区域发展重点

根据西藏自治区河谷平原和丘陵山地等地形特点，以及粮食生产和畜牧业生产区域条件，立足各地资源禀赋，优化农机化发展布局，将农机化区域发展重点分为藏中南河谷农业区、藏东南半农半牧区和藏北牧区3个区域。

一、藏中南河谷农业区

区域范围：位于雅鲁藏布江中上游区、雅鲁藏布江中游—拉萨河区、尼洋河中下游区，主要包括拉萨、日喀则、山南和林芝河谷地区。

资源条件：该区域属高原河谷地形，海拔3 500~4 500米，降水较稀少，气候干燥。主导产业为青稞、小麦、马铃薯、油菜、蔬菜、奶牛、牦牛。人均可利用土地资源丰富，田块平整，农机道路通达条件良好。

发展重点：以基本实现农牧业全程全面机械化为目标。

大田作物机械化重点发展50马力以上大中型拖拉机、旋耕施肥播种复式农业机械、无人植保机、全喂入联合收获技术与装备，开展深松智能监测、青稞分段收获、秸秆捡拾打捆装备试验示范；设施蔬菜机械化重点发展工厂化育苗装备、精细耕整地机械、环境智能控制与水肥一体化设备，开展高速移栽、绿色收获、分级分选包装等装备技术试验示范。畜禽养殖机械化方面，以肉牛、奶牛、藏猪、藏鸡标准化规模化养殖小区为重点，发展饲草加工、饲喂、环境控制、粪污清理与资源化利用、病死动物无害化处理装备等。培育壮大农机作业服务组织，发展代耕代种代收、全程机械化土地托管、"全程机械化+综合农事"服务等新型社会化服务模式。

二、藏东南半农半牧区

区域范围：位于金沙江、澜沧江、怒江中上游，与四川、云南接壤，主要包括昌都市南部地区及林芝市东部地区。

资源条件：平均海拔3 500米，无霜期80～127天。主导产业为林果、林下、青稞、蔬菜和奶牛。地形起伏较大，田块面积小，农机道路通达性较差。

发展重点：大田作物机械方面，重点发展50马力以下的中小型拖拉机，适宜丘陵山地作业的微耕机、中小型播种机、无人植保机、小型联合收割机和割晒机；推进耕地宜机化改造，实现田块小并大、弯取直，加快机耕道路建设，提高农机通达率和作业效率；推广田间石头捡拾装备，清除耕作层石块，提升农机安全和作业质量。林果茶机械化方面，重点推广果园喷雾无人机、中耕施肥机、水肥一体设备、茶园高地隙多功能管理机、轨道运输设备、果茶加工成套设备、田头冷库保鲜设备。畜牧养殖机械化方面，重点推广标准化养殖设施与标准化人工饲草种植技术，推广粮草轮作、林草间作和农田复种等高效饲草种植模式，大力推广草籽收获、草籽包衣、播种、牧草收割等人工草场生产装备，以及饲草青贮设备、牧草粉碎机、拌料机等饲草料加工设备，提高畜牧业机械化水平。

三、藏北牧区

区域范围：位于藏西北区、羌塘高原南部区、藏东北区，包括那曲市、阿里地区和昌都北部地区。

资源条件：海拔4 000米以上，高寒缺氧，气候干燥，年平均气温为-0.9℃至-3.3℃，全年气候干冷，无绝对无霜期。主导产业为绒山羊、牦牛和藏系绵羊，畜牧养殖方式以天然草场放牧为主。

发展重点：畜牧养殖方面，推广具有保温抗寒的牛羊舍、禁牧休牧区围栏设施、防灾草料储存设施，推广挤奶机、剪毛机、抓绒机、动物防疫设备、活畜称重机、动物监控仪等小型养殖设备；推广燕麦草等牧草种植装备和退化天然草地免耕补播装备。改善牧民生活水平方面，推广小型奶制品加工机械、挤奶机、太阳能牛奶分离器、揉皮机、储奶罐、取暖器和户用能源等牧民生活便利设备。

第四章 主要任务

围绕农业生产高效、农民生活富足、农村生态宜居，重点推进高原作物生产全程机械化、畜牧养殖机械化、农产品增值加工机械化、乡村宜居环境治理机械化等主要任务。

一、推进主要农作物生产全程机械化

深入开展主要农作物生产全程机械化推进行动，重点推动青稞、小麦全程机械化，加快马铃薯、饲草料生产加工机械化步伐。分作物分区域举办系列全程机械化现场推进活动，示范推广一批新技术新装备，总结形成一批全程机械化解决方案。支持新型经营主体开展深耕深松、机播机收和生产性托管服务，引领推进主要农作物生产全程机械化。广泛开展全程机械化示范县创建活动，鼓励有条件的地（市）、县（区）整建制率先基本实现主要农作物生产全程机械化。积极推进农机农艺技术融合，以农机购置补贴政策为抓手，结合我区特点，有计划组织实施农机化试验、示范、推广项目，大力推广适宜山区、不受地块限制、先进适用的农机新技术、新机具，积极促进物联网、人工智能、北斗导航等现代信息技术在农机装备和农机作业上的应用。将机械化生产适应性作为重要指标，推动选育适宜机收的青稞品种。围绕国家现代农业示范区、国家现代农业产业园等，打造一批农艺技术先进、机具配置完善、机械化水平高的示范园区，引领全区农业生产全程机械化。

二、提升畜牧养殖和设施农业机械化生产水平

聚焦种养结合发展，以畜牧业主产区、中小规模养殖场、畜产品加工产业基地、人工牧草种植基地为重点，突出牦牛、藏羊、藏猪、藏鸡为主要畜种的养殖和生产环节的设施装备集成配套。创建主要畜种养殖全程机械化示范基地，提高饲料加工、投饲、粪污处理、防疫、环境监控、病死动物无害化处理环节机械化水平。大力发展优质饲草料种、收、贮、加、运等全程机械化。开展小型设施农业专用耕作、播种、灌溉、植保、卷帘、收获机械技术装备的研发改进与示范引进，制定技术规范并示范推广。支持鼓励种养殖企业、设施农业基地进行物联化、智能化设施与装备升级改造，推动"互联网+"畜牧业、设施农业，促进机械化信息化融合，不断提升畜禽水产业和设施农业机械化水平。

三、发展特色粮油和畜禽产品增值加工装备

深入开展农畜产品加工企业装备需求调查，掌握农畜产品加工机械化情况，筛选一批促进农畜产品加工企业产业转型升级的关键设备，纳入到农机购置补贴品目范围。拉萨、日喀则、山南等市重点发展青稞产品加工，拓展粮油加工，鼓励和支持农民合作社、家庭农场和中小微企业等引进烘干、储藏、脱壳、去杂、磨制等初加工装备，提升青稞产地初加工水平。整合现有青稞加工企业资源，扩大加工规模，合理配置自动化生产设备，吸收引进中高端生产加工设备，提升青稞精深加工能力，推动传统加工工艺向现代化转变进程，加快西藏青稞产业高质量发展，提高青稞产业综合效益。拉萨、日喀则、昌都和那曲等地区重点发展牦牛、绵羊、绒山羊和藏鸡等畜禽产品加工，鼓励和支持农民合作社、家庭农场和中小微企业等发展畜禽产品产地初加工，重点引进内地先进畜产品预冷、保鲜、冷冻、清洗、分级、分割、包装等仓储设施和商品化处理设备。提升龙头企业畜产品精深加工水平。在林芝市重点发展果茶加工，重点引进采茶、分拣、分选装备，提高果茶自动化加工能力。

四、推广美丽田园宜居乡村建设装备技术

围绕建设绿色种植田园，集成推广保护性耕作、测土配方施肥、高效肥和化肥深施、种肥同播、绿色防控与病虫害专业化统防统治等机械化关键绿色增产技术，组建培养专业化防治队伍。大力推广残膜回收机，构建农田残膜回收和资源化利用体系。围绕建设生态养殖小区，鼓励支持畜禽粪便处理利用设施建设，推广粪便抽污泵、脱水设备、发酵罐、

秸秆粉碎机等，推动实现畜牧养殖污染物全收集、全处理，集成示范种养循环生产模式。围绕建设美丽宜居村庄，鼓励农机合作社多元化发展，培育一批参与农村人居环境整治运维、村容村貌提升和农村基础设施建设的农机合作社，配置挖掘机、装载机、运输车等农村人居环境整治设施装备。

第五章　重大工程

针对西藏农机化发展不平衡，服务体系不健全、农田基础设施建设滞后、人才队伍缺乏、高原特色农机装备供给不足等问题，重点实施农牧业全程机械化示范县创建工程、农机服务组织能力提升工程、农田宜机化改造工程、农机化人才队伍培训工程、农机适应性研发改进创新示范工程等五项重大工程，推动自治区农机化向全国看齐。

一、农牧业全程机械化示范县创建工程

以农业农村部全程机械化示范县创建工作为抓手，在基础较好的地市整市推进全程机械化示范县创建。推动自治区级全程机械化示范县创建工作，制定西藏自治区全程机械化示范县实施办法，分批在藏中南粮食主产区、藏东南半农半牧区、藏北牧区等创建25个自治区级农牧业全程机械化示范县。支持创建县发挥带动示范作用，结合全程机械化示范基地建设，每年分区域分主题开展10次试验示范活动，联合农机企业开展农机进藏适应性改进示范，联合科研单位开展农机农艺融合集成技术模式试验示范，开展新技术新装备推广、基础设施建设、人员培训、技术指导等，示范县基本实现主要作物耕、种、植保、收获、秸秆处理等5大环节生产全程机械化。

专栏1　农牧业全程机械化示范县创建工程

1.1 国家级农牧业全程机械化示范县创建项目。到2025年，在日喀则市、山南市、拉萨市等地市创建8个国家级农作物生产全程机械化示范县，全区农作物综合机械化率达到68%以上，主要粮食作物综合机械化率达到71%以上。

1.2 区级农牧业全程机械化示范县创建项目。到2025年，在藏中南粮食主产区、藏东南半农半牧区、藏北牧区等创建25个自治区级农牧业全程机械化示范县。

1.3 全程机械化示范基地建设项目。到2025年，在全程机械化示范县建成青稞、小麦、油菜、牧草、牛、羊等全程机械化示范基地50个，重点开展农牧业机械化生产新技术、新装备、新模式试验示范。

二、农机服务组织能力提升工程

以土地流转为契机，推动农机作业服务规模化运营服务水平，重点提高农机专业合作社会化服务能力，开展自治区级农机合作社示范社评选建设工作，制定自治区示范社评选办法，创建40家装备水平、服务水平高的自治区级农机合作社示范社。加大项目支持力度，依托深松作业补贴项目、农机作业补贴项目等，研究"以奖代补""奖补结合"等资金使用方式，定向委托示范农机专业合作社实施。充分发挥合作社示范社示范带动作用，提高农机合作社可持续发展能力。争取各级农牧民专业合作经济组织扶持资金，加大库棚等基础设施建设。加大信贷支持，创新信贷产品，简化审批手续，继续优化农机购置补贴政策并向农机社会化服务组织倾斜，提高农机社会化服务组织装备水平。采取典型示范、参观考察、以会代训等多种形式，加强对农机专业合作社和农机社会化服务组织负责人开展以合作经济组织的组织原则、运作方式、财务核算等为主要内容的培训。

专栏2　农机服务组织能力提升工程

2.1 自治区级农机合作社示范社评选建设项目。到2025年，新建农机合作社90家以上，创建自治区级农机合作社示范社40家，通过政府购买服务方式，依托示范社实施深松作业、新技术试验示范、人才培训等项目，加大库棚等基础设施建设，充分发挥合作社示范社示范带动作用，提高农机合作社可持续发展能力。

2.2 全程机械化+综合农事服务中心建设项目。到2025年，自治区建成具有装备设施先进、服务链条完整、要素保障有力、运行管理规范、规模效益良好、示范引领明显的服务中心100个，其中自治区级30个、市县级70个，农机社会化服务能力明显提升。

三、农田宜机化改造工程

以农机作业便利化高效化为目标，积极参与制定乡村生态环境治理、高标准农田建设、标准化果园菜园、畜禽养殖、农村土地综合整治等标准、规范和实施细则，明确田间道路、桥涵闸、田块长度宽度平整度及农业设施大棚等"宜机化"要求。依托高标准农田建设等资金项目，在日喀则、山南、林芝、拉萨、昌都等市开展农田宜机化改造工程，科学测算阶段性改造规模与区域分布，将农田机耕道、小改大、曲改直、坡改平、石头清理等建设内容和标准，纳入高标准农田建设重点任务。河谷区域农田改造后连片田块面积不小于15亩，田间道路通达度达到100%；坡度25度以下的坡地改造后田块面积不小于5亩，田间道路通达度不低于80%；灌溉沟渠建设可满足乘坐式农机下地作业，耕层土壤回填，大块石头清理出田或深埋50公分以下。到2025年，累计改造农田不少于150万亩，改造后农机作业效率提升不低于30%。

专栏3　农田宜机化改造工程

3.1 农业基础设施宜机化标准制定项目。到2025年，参与制定一批高标准农田建设、设施蔬菜大棚建设、牛羊舍建设等标准、规范和实施细则，明确田间道路、桥涵闸设置、田块长度宽度平整度及农业设施大棚等与农机作业、田间转移相关的设施属性要求，推动农业基础设施与农机作业相适应。

3.2 农田宜机化改造项目。到2025年，依托高标准农田项目，新建或改造宜机化高标准农田210万亩，重点开展机耕道建设，丘陵山区农田小改大、曲改直、坡改平、石头清理等改造内容。

四、农机化人才队伍培训工程

重点面向农机管理人才队伍、农机技术人才队伍、农机操作人才队伍等开展培训。依托西藏大学、农牧科学院等在藏高校科研院所及中国农业大学、中国农业科学院等区外知名高校科研院所，重点开展农机管理人才知识更新和技能提升培训，推进在藏高校设立农业机械化专业或课程，培育农机化后备管理人才。依托农业农村培训项目与全国对口支援西藏项目，加强农机技术人员培训，学习农机化新技术、新装备、新模式、新业态。推进各级农业主管部门、农机经销商、农机合作社，大力开展农业机械化新技术、新装备试验示范，在农村劳动力转移阳光培训课程体系中增加农机内容，为农机作业服务人员培训农机操作、农机维修等技能。到2025年，举办管理人才班5期、技术人才班50期、农机作业服务人才班500期，累计培训农机人员100 000人次以上。

专栏 4　农机化人才队伍培训工程

4.1 农机管理人才培训项目。到 2025 年，依托西藏大学、农牧科学院等在藏高校科研院所及中国农业大学、中国农业科学院等区外知名高校科研院所举办农机管理人才班 5 期，重点开展农业经济管理、项目管理、农机管理和农机购置补贴政策等方面的培训。

4.2 农机技术人才培训项目。到 2025 年，依托农业农村培训项目与全国对口支援西藏项目举办农机技术人才培训班 50 期，重点学习农机化新技术、新装备、新模式、新业态等方面的培训。

4.3 农机操作人才培训项目。到 2025 年，依托各级农业主管部门、农机经销商、农机合作社举办农机操作人才培训班 500 期，重点开展农业机械化新技术、新装备试验示范，农机安全、农机操作、农机保养，农机维修等技能培训。

五、农机适应性研发改进创新示范工程

充分了解青稞、牧草全程机械化生产技术需求，与内地农机生产企业沟通联系，每年筛选引进 3～5 项以上满足我区农牧民生产农艺需求、在内地使用相对成熟的农机技术装备并进行示范推广。开展全程机械化示范现场会，示范推广青稞耕种收环节机械化集成配套技术、马铃薯高效种植和收获技术、人工饲草联合收获和加工贮藏技术等。示范推广精准施药、高效施肥、节水灌溉、畜禽粪污资源化利用等绿色高效机械装备和技术。试验示范无人拖拉机、无人植保机等智能农业装备、温湿度自动调控，智能加工等先进技术。调研了解高原农机装备适应性问题，加强与科技厅、经信厅沟通联系，争取资金支持，依托西藏农牧科学院、农业农村部南京农业机械化研究所等科研单位开展西藏高原农机适应性研发改进工作，力争每年解决 3～5 项适应性技术问题，提高作业效率，降低作业损失，提升农机化发展水平。

专栏 5　农机适应性研发改进创新示范工程

5.1 农机化技术引进项目。到 2025 年，筛选引进 20 项以上满足我区农牧民生产农艺需求、在内地使用相对成熟的农机技术装备，开展引进技术装备高原适应性试验 50 次以上。

5.2 全程机械化示范现场会。到 2025 年，举办全程机械化示范现场会 20 次以上，重点示范推广主导产业全程机械化技术、绿色高效机械装备技术、智能农业装备技术等。

5.3 西藏农机适应性研发改进项目。联合经信厅、科技厅设置西藏农机适应性改进专项，委托区内外高校科研院所开展西藏农机适应性改进工作，到 2025 年，解决 20 项以上农机适应性关键技术问题。

5.4 智慧农机工程。促进信息化技术与农机装备、生产作业、管理服务全链条有机融合，实现农业机械装备智能化、作业精准化、管理数据化、服务在线化。建设智慧农机平台，强化农机服务监管，实现对农机购置补贴、农机调度、农机培训管理等业务的统一数字化管理。加快农机装备数字化改造，推广农业机器人等新型装备，推动北斗导航、智能监控等设备在大型拖拉机、联合收获机、深松机等重点机具装备。

第六章　扶持政策与保障措施

通过加强组织领导，加快农机化体制机制改革，提升公共服务能力，创新农机化扶持政策，加大经费投入等政策措施，保障自治区农机化持续发展，加快推动农机化转型升级。

一、加强农机化组织领导

建立由区农业农村厅牵头的全区农业机械化发展协调推进机制，成立领导小组，统筹协调各方共同完成规划目标。各级农机主管部门要强化属地责任，充分认识加快推进农业机械化发展的重要性、紧迫性，将加快推进农业机械化作为推进农业农村现代化和实施乡村振兴战略的重要内容，建立相应的组织协调推进机制，加强经费保障，形成工作合力，推进各项工作落实。定期加强督查指导，分阶段推动各项农机化工程落地落实，确保圆满完成各项规划任务。

二、创新农机化扶持政策

将农机合作社农机场库棚建设用地保障纳入新一轮乡村规划、国土资源规划中。以政府购买服务方式，通过公开招投标择优委托自治区级及以上农机合作示范社，承担新技术示范推广、深松作业、人员培训、标准化农田建设等。鼓励合作社开展机具维修、农机配件和农资经销等综合服务，壮大服务能力。延伸农机维修网络到农机大县，对维修服务中心评估分档，补贴优质维修中心，购买专业维修设备。依托农机合作社、农机经销商开展农机驾驶培训。

三、加大农机化经费投入

完善农机购置补贴资金用途，在满足自治区农机购置补贴需求前提下，统筹支持农牧业全程机械化示范县创建工程、农机合作示范社培育提升工程、农机适应性研发改进创新示范工程等。根据西藏农机化工作实际，调整农机购置补贴目录，积极争取中央购机补贴资金用于支持农机作业补贴、机具库房设施建设等。探索推进主要农作物机械化生产作业奖补试点、农机购置贷款试点等工作。争取援藏资金和物资用于发展农业机械化。

四、提升公共服务能力

加快西藏农机化体制机制改革创新，健全农机公共服务体系，增强公共服务能力。推动自治区、地市两级增加农机管理推广人员编制，乡镇农业技术服务中心增设农机专干，形成精干高效和专兼职结合的农机化队伍。安排基层农机管理人员赴内地农机化发达省份接受轮训，提高农机化管理人员业务水平。用活全国对口支援西藏资源，为西藏提供农机研发改进、农机鉴定、人员培训等服务。鼓励合作社开展机具维修、农机配件和农资经销等综合服务，壮大服务能力。探索维修服务中心评价和补助办法。通过政府购买服务方式，组建"一主多元"公共服务体系，承担新技术示范推广、机手培训、安全监理、农田宜机化建设、机械化作业信息服务等农机公共服务。

陕西省农业农村厅关于印发《陕西省"十四五"农业机械化发展规划》的通知

陕农发〔2022〕33号

各市（区）农业农村局，机关各处（室、局）、厅属各单位：

为保障粮食等重要农产品供给安全，加快全省农业机械化向全程全面高质高效转型升级，为实现农业农村现代化提供坚强的农业物质装备支撑，根据《"十四五"全国农业机械化发展规划》，我厅编制了《陕西省"十四五"农业机械化发展规划》。现印发给你们，请结合实际，认真抓好落实。

陕西省农业农村厅
二〇二二年五月六日

陕西省"十四五"农业机械化发展规划

"十四五"时期，"三农"工作进入全面推进乡村振兴，加快农业农村现代化的新阶段，奋力实现2035年"农业农村现代化基本实现"战略目标的第一个五年，对农业机械化提出了全程全面和高质量发展新的更高要求。农业机械化是加快推进农业农村现代化的关键抓手和基础支撑。根据《陕西省国民经济和社会发展第十四个五年规划和二〇三五年远景目标纲要》《陕西省"十四五"推进农业农村现代化规划》《"十四五"全国农业机械化发展规划》等，编制本规划。

第一章 规划背景
第一节 发展成效

"十三五"是我省农业机械化快速发展的重要时期，也是我省农业机械化迈入了向全程全面高质高效转型升级的新时期，在农机购置补贴和系列强农惠农政策的支持带动下，农机装备总量快速增长、机械化作业水平显著提升、公共服务和社会化服务能力不断增强，发展现代农业的物质基础更加牢固，我省农业生产从主要依靠人力畜力转向主要依靠机械动力，进入了机械化为主导的新阶段。

机械化作业水平大幅提升，支撑保障能力明显增强。"十三五"末，我省农机总动力达2 358万千瓦，拥有各类农业机械455万台（套）。农作物耕种收综合机械化水平达到70.31%，较"十二五"末增长9.08%，农业生产迈入以机械化生产为主的新阶段。果业生产中开沟、施肥施药环节基本实现机械化；设施农业、茶叶、食用菌以及畜牧养殖业机械化快速推进；农机经营服务收入达到107.56亿元。临渭区、武功县等9个县区率先成为国家级基本实现主要农作物生产全程机械化示范县。农业机械化呈现速度、质量、效益并重发展的特征，农业生产方式发生了根本性变革。

农机服务体系建设加快推进，服务能力显著增强。全省共有农机户100.43万个，从业人员113.85万人，拥有各类农机服务组织2 097个，农机大户7 625个，农机专业合作社达1 335个，各种服务组织和农机大户成为引领现代农业发展的主力军，有力推动了小农户与现代农业有机衔接。农机跨区作业、订单作业、代耕代种、农田托管、股份合作等服务模式不断创新，作业领域从偏重种植业向农业生产全领域拓展。创建国家级、省级"平安农机"示范市2个，示范县42个。"农机安全互助"模式体系不断完善，农业机械推广鉴定工作更加规范，试验鉴定能力明显提升。

重大工程稳步推进，保障能力持续增强。实施了全程机械化示范推广、现代农业机械化装备技术研发推广示范、农机社会化和公共服务能力建设、农作物秸秆机械化综合利用、保护性耕作等重大项目，落实了农机免费管理、深松整地、农机购置补贴等相关政策。围绕主要粮食作物和优势特色产业，不断完善机械化生产的技术模式、装备配套方案和组织经营模式，持续推动十大农业生产全程机械化模式的推广应用；全省新增小麦捡拾打捆机、青贮收获机等各类秸秆综合利用机械2.1万台（套），主要农作物秸秆机械化综合利用面积达2 680万亩，利用率达到85%；实施农机农艺融合全程机械化示范推广项目，以关键或薄弱生产环节为重点，引进推广各类机械3 000余台（套），完善了特色产业生产机械化技术模式、装备配套方案和生产经营模式；建成保护性耕作示范面积720万亩，实施农机深松整地作业面积1 900多万亩。区域性新机具试验示范基地的辐射带动作用明显，引进、试验、示范、推广先进适用新机具200余台。各项重大工程的稳步推进，为全省农业机械化向全程全面、高质高效发展奠定了坚实基础。

第二节 存在问题

部分农业生产机械化需求有效供给不足。我省特色产业发展迅速，对农机装备的需求旺盛。但产业布局、政策扶持和企业自我发展能力还不能很好满足农民的需要，行业领先的核心技术和急需的农机装备发展不平衡不充分，弱化了对优势特色产业的装备支撑保障作用。国产机具多为中低端产品，产能过剩、同质化严重，可靠性适应性亟待提升，部分领域或环节"无机可用""无好机用"问题依然明显。

"宜机化"协同基础条件亟待加强。丘陵山区是未来我省农业机械化发展的重点和难点，我国丘陵山区农业机械化发展经验表明，宜机化改造是解决此问题的有效途径之一。丘陵山区田块比较细碎，种植经营分散，目前适用的农机装备和技术较为不足，农机"下田难""作业难""存放难"等问题还比较突出，"无机可用""有机难用"的问题依然明显，一定程度上制约了农业机械化水平提升和高质高效发展。

农机农艺融合和农机信息化融合不够紧密。一些产业品种、农艺制度、种养方式及产后加工等与机械化生产不协调等问题较为明显，农机农艺融合不够紧密，影响制约农机研发、推广应用效果及作业质量与效益，集成配套的机械化生产体系和系统解决方案还不够多，机械化信息化集成配套的机械化生产体系还不能满足现代农业生产的需要。

农业机械化政策支持和管理服务有待提升。"十三五"期间，投入支持农机研发创新、丘陵山区农业机械化发展等方面的政策举措不够丰富。农业机械化公共服务能力仍有不足，管理服务信息化水平亟待提升，农机安全监管能力需要进一步提高。农业机械化人才总量不足、结构不优，专业技能亟需提升。农机维修难、维修贵等问题有待改善，不少高能耗老旧农机需要及时淘汰更新等。

第三节　发展机遇

"十四五"时期是我国全面建成小康社会、实现第一个百年奋斗目标之后，乘势而上开启全面建设社会主义现代化国家新征程、向第二个百年奋斗目标进军的第一个五年，"三农"工作进入全面推进乡村振兴、加快农业农村现代化的新阶段，对农业机械化提出了新的更为迫切的要求，也为农业机械化带来了新的发展机遇。

农业机械化是农业农村现代化重要支撑。农业农村现代化的重要标志是农业机械作业服务基本替代人力畜力作业，随着城镇化、现代化持续推进，新一代农村人口加速向城镇流动，农村劳动力老龄化态势明显，青壮年劳动力短缺成为常态，农业生产人力成本逐年攀升，高素质农业从业人员短缺，解决好"谁来种地、怎么种地"的需求日益迫切，只有加快推进农业机械化，才能为农业产业安全和发展提供坚强保障，为乡村全面振兴、农业农村现代化提供坚实支撑。

农业机械化是粮食和重要农产品供给重要保障。《陕西省"十四五"推进农业农村现代化规划》明确提出要稳定粮食播种面积，压实粮食安全政治责任，全面实施"藏粮于地、藏粮于技"战略，大力推广机械深耕深松作业。保障粮食绝对安全和重要农产品供给是首要任务，农业机械化程度和装备水平直接影响粮食生产安全，农业机械化对保障粮食安全和市场供需平衡至关重要，农业机械化发展肩负了新的历史使命。

农业机械化是农业科技创新重要载体。农机装备产业正在向高质量发展迈进，科技创新能力持续提升，新技术、新产品、新服务、新模式、新业态不断涌现，信息化、智能化、数字化技术加快普及应用，产业链供应链自主可控能力稳步提升，为充分满足农业生产各领域对机械化的需求创造了良好条件，加快推进农业机械化将为农机装备产业做大做强注入持久的动力。

第二章　总体要求

第一节　指导思想

以习近平新时代中国特色社会主义思想为指导，全面贯彻党的十九大和十九届历次全会精神，认真贯彻习近平总书记来陕考察重要讲话重要指示精神，保障粮食等重要农产品供给安全，深入实施创新驱动发展和藏粮于地、藏粮于技战略，以服务乡村振兴、满足农业生产对机械化的需要为目标，坚持农机农艺融合、机械化信息化融合，农机服务模式与农业适度规模经营相适应、机械化生产与农田建设相适应，突出科技创新、机制创新，强化分类指导、因地制宜和先行先试，加快农业机械化向全程全面高质高效转型升级，为农业稳产保供提供基础性保障，为实现农业农村现代化提供坚强的农业物质装备支撑。

第二节　基本原则

坚持围绕中心、服务大局。发挥机械化增产减损作用，为全省粮食安全和重要农产品有效供给提供有力支撑；发挥机械化节本增效作用，推动提高农业质量效益和竞争力；发挥机械化引领作用，促进小农户和现代农业发展有机衔接；发挥机械化驱动作用，拓宽农民就业增收空间。

坚持政策扶持、市场主导。尊重农民主体地位和首创精神，充分发挥市场在资源配置中的决定性作用和更好发挥政府作用，科学制定和组织实施农业生产机械化的发展支持政策和发展机制，增强公共服务供给，激发市场主体活力，充分调动企业研发生产高端先进机具和农民购机用机的积极性。

坚持创新驱动、协调发展。整合产学研推用各方优势资源，提升先进农业机械装备的有效供给，推动运用新型农机装备，提升农机研发制造水平和推广应用效率效益，加快补上农业机械研发制造短板、粮食等重要农产品生产全程机械化短板和丘陵山区机械化发展短板。

坚持系统谋划、协同推进。着眼于主要农作物全程机械化、立足特色产业机械化全面发展，推进农机、农艺、农田、农业经营方式协同协调，因地制宜推动产前产中产后机具配套，技术、主体、规模、机制统筹，巩固小麦生产机械化优势，突破大豆、玉米等作物全程机械化，推进设施农业、畜牧养殖、果茶、农产品初加工等各业机械化全面发展，奋力开创农业机械化工作的新局面。

第三节　发展目标

到2025年，农机装备品类基本齐全，农机具配置结构趋于合理，农机作业条件显著改善，覆盖农业产前产中产后的农机社会化服务体系基本建立，农机试验鉴定能力和农机使用效率显著提升，主要农作物耕种收综合机械化率达到75%，粮食主产区基本实现农业机械化，丘陵山区农作物耕种收综合机械化率达到55%，果业关键环节机械化率达到70%；设施农业、畜牧养殖和农产品初加工关键环节机械化率达到50%以上，薄弱环节机械化全面突破，农业机械化进入全程全面和高质量发展时期。

展望2035年，我省农业机械化取得决定性进展，主要农作物生产实现全过程机械化，农机社会化服务体系更加完善，农机农艺高度融合，"机械化+数字化"技术和智能农机装备在农业生产中大量推广应用。丘陵山区农作物耕种收综合机械化率达到60%，果业关键环节机械化率达到80%，设施农业、畜牧养殖和农产品初加工关键环节机械化率达到60%以上。机械化全面支撑农业农村现代化发展的格局更加稳固。

专栏1　陕西省"十四五"农业机械化主要指标

序号	指标	单位	2020年基期值	2025年目标值
1	农机总动力	万千瓦	2 358	2 480
2	农作物耕种收综合机械化率	%	70.31	≥75
3	丘陵山区县（市、区）农作物耕种收综合机械化率	%	43.70	≥55
4	果业关键环节机械化率	%	—	≥70
5	设施农业关键环节机械化率	%	—	≥50
6	畜牧养殖关键环节机械化率	%	—	≥50
7	农产品初加工关键环节机械化率	%	—	≥50

第三章 着力提升粮食作物生产机械化水平

第一节 补齐粮油生产全程机械化短板

围绕小麦、玉米、大豆、水稻、油菜、花生、薯类以及小杂粮等主要农作物，构建区域化、标准化的粮食机械化生产体系，推进我省主要粮食作物产前产中产后全程机械化，实现粮食机械化生产减损提质，加快普及应用全程机械化生产技术模式、装备配套方案和经营模式。小麦主推宽幅沟播；玉米主推密植集成、籽粒收获；水稻主推工厂化育秧、机插秧和烘干机械化技术；油菜主推机械直播（移栽）；大豆、花生主推耕种收全程机械化作业；马铃薯主推机械播种（覆膜）、水肥一体化和收获机械化技术；小杂粮主推精量播种。

第二节 推进粮食机械化生产关键环节减损提质

牢固树立"减损就是增产"意识，切实将减少粮食作物机收损耗浪费工作常态化，推动降低粮食生产各环节损耗浪费。完善粮食作物精量播种、机收减损作业标准和操作规范，加强粮食作物在用播种机、收获机质量调查和作业机具田间测评选型，引领企业改进播种、收获机械产品性能。多形式开展农机手职业技能竞赛，以赛代训提高机手规范化操作、标准化作业的意识、能力和水平。精心组织重要农时机械化生产，注重提高机具技术状态，促进作业有序高效，最大程度减少损失。

第三节 推广绿色高效新机具新技术试验示范

支持绿色高效机械装备和技术示范推广，大力推广小麦宽幅沟播、玉米"5335"复合机具应用，加快保护性耕作、少耕免耕、农机深松整地、轮耕轮作、秸秆还田离田、有机肥增施、滴灌喷灌、残膜回收利用等机械装备和技术的应用推广；遴选推广绿色高效养殖机械化新技术、新装备、新工艺、新模式；推进高效植保技术应用，加大农用无人机、高地隙喷杆喷雾机等新型植保机械的推广力度，提高农药利用效率；发展"粮油"加工太阳能、空气能等清洁能源烘干、混流静态房式烘干、烘储一体化设施机械化装备和技术。积极推进农机报废更新，加快淘汰高耗能、高污染、安全性能差的老旧农机装备。

专栏2 粮食作物机械化生产重点工作和重要项目

01 粮油增产新机具推广

加大粮油生产小麦宽幅沟播机、玉米精量免耕播种机、大豆玉米带状复合种植播种机等新机具推广力度，推广标准化机械作业模式，优化粮油生产新机具购置补贴政策，"十四五"末实现新机具作业全覆盖。

02 粮食烘干机械装备提升

全面提升主粮烘干能力，以提升小麦、玉米烘干处理能力为重点，着力优化粮食主产区烘干能力结构和布局，加快老旧烘干设备升级改造；大幅提升丘陵山区粮食烘干能力，配置一批小型移动式烘干机。

03 农机深松整地

以打破犁底层、提高土壤蓄水保墒能力为目标，在适宜地区推动开展农机深松深耕整地作业，促进耕地质量提升和农业可持续发展，每年完成作业面积不少于300万亩。

第四章 大力发展特色产业机械化水平

第一节 突破果业生产关键环节机械化

围绕千亿级苹果为代表的果业生产，推进标准化果园建设，重点突破果树栽植、整形修剪、果实采收等机械化生产薄弱环节，增强农机农艺融合，提高生产效率、降低人工成本。推进矮砧苹果园全程机械化技术试验示范，改造提升乔化老果园生产条件。实施果园有机肥增施行动，提升果品产量与品质。大力推广果园精准施药、水肥一体化技术及开沟施肥、割草、果园转运、果品自动分选、贮藏冷链设施等机械设备，提升果业生产机械化水平。

第二节 全面提升设施农业生产机械化水平

加快补齐精量播种、育苗移接、移栽和收获等环节技术装备短板。设施蔬菜主推精量播种、工厂化育苗、水肥一体化技术、环境因子智能调控和信息化管理、茎蔓的无害化处理技术、蔬菜净菜加工及洁净化分级；露地蔬菜主推工厂化育苗、移栽（或直播）、联合收获机械化技术；茶叶主推机械修剪、绿色植保、机械化采收、清洁化机械化生产技术、产后精加工；食用菌主推菌种智能培育、接种、灭菌和基料循环利用技术、保鲜贮运。

第三节 加快推进畜牧养殖生产机械规模化

健全完善畜牧养殖机械化技术标准体系，制定生猪、奶山羊、肉牛等主要畜种规模化养殖设施装备配套技术规范。加强畜禽品种、养殖工艺、设施装备集成配套，着力改善中小规模养殖场（户）设施装备条件，巩固提高饲草料生产与加工、饲草料投喂、环境控制等环节机械化水平，推动构建区域化、规模化、标准化、信息化的畜禽养殖全程机械化生产模式。加快解决疫病防控、畜产品采集加工、粪污收集处理与利用等薄弱环节机械装备应用难题，推广应用先进适用畜禽养殖机械装备技术，推动农机装备运用与绿色养殖方式发展相适应。

专栏3 特色产业机械化生产重点工作和重要项目

01 果业生产机械化水平提升

重点突破果树栽植、整形修剪、果实采收、田间预冷等机械化生产环节瓶颈，推广采摘平台、田间移动冷库等机具应用。

02 设施农业生产机械化水平提升

以优势区域为重点，推动蔬菜、食用菌、茶叶等设施种植主要品种生产社会化服务体系建设，推广环境因子智能调控和信息化管理。

03 畜牧养殖生产机械化水平提升

突破重要养殖产品重点环节的机械化生产，加快畜禽水产育种机械装备和清洗消毒、无害化处理等疫病防控机械装备技术的示范推广。

第五章 加快补齐丘陵山区农业机械化短板

第一节 推广示范适用农机装备

积极推广应用丘陵山区农业生产高效专用农机，推动丘陵山区通用动力机械装备及特色作物生产、特种养殖需要的高效专用农机示范，增加装备供给。强化需求引领，推进协同合作，积极创设项目，推动产学研推用紧密结合，加快丘陵山区适用农机装备创新和机械化技术的推广应用。大力推进丘陵山区适用农机专项鉴定，落实农机新产品购置补贴试点政策，加快适宜当地产业需求的农机具研发成果转化应用。

第二节 推进农田宜机化改造

深入开展丘陵山区农田宜机化改造，根据丘陵山区地形、地貌特点以及不同作物生产需求，因地制宜明确田间道路、田块长度宽度与平整度等宜机化要求，提出适宜不同地形特点的改造技术方案。完善丘陵山区农田宜机化改造技术标准和评价规范，构建农田宜机化改造标准体系。围绕生产模式、生产规模及适度规模，建设丘陵山区宜机化改造示范基地，开展机械化生产技术试验示范，通过多方合作、优化作业技术模式、试验示范，提出具有区域特色、可操作、可复制、可推广的技术模式。

第三节　深化农机农艺农田融合发展

加快构建农机农艺融合、农田农机配合机制，规范农机作业、农机产品种类，促使良法、良机、良田相配套。加大丘陵山区农机农艺融合技术标准、技术规范的宣贯力度，加快运用集成配套生产技术推进规范化、标准化生产。构建公益性与经营性协调发展的推广机制，探索公益性服务的多种实现形式，通过政府订购、购买服务、招投标、定向委托、财政补助等方式，引导农机大户、农机专业合作社等社会化服务力量参与到技术推广中来，加快提升丘陵山区农机农艺农田深度融合。

专栏4　丘陵山区机械化发展重点工作和重要项目

01 丘陵山区高效专用农机推广示范

大力推进丘陵山区适用农机专项鉴定，落实农机新产品购置补贴试点政策，引导科研院所和农机生产企业等向短板弱项机具研发聚焦用力，加快适宜丘陵山区产业需求的农机具成果转化和推广应用。

02 丘陵山区农田宜机化改造

因地制宜推进丘陵山区农田以地宜机，鼓励新型经营主体开展农田宜机化改造，持续改善农机作业条件，扩展大中型农机运用空间，建设丘陵山区宜机化改造示范基地20个。

第六章　做大做强农机化服务产业链

第一节　壮大农机作业社会化服务

培育壮大农机作业服务公司、农机合作社、农机服务专业户等农机社会化服务主体，推广"全程机械化+综合农事"服务模式，推进农机社会化服务向农业生产全过程、全产业延伸，推动农业适度规模经营，促进小农户和现代农业发展有机衔接。持续推进农机试验鉴定能力，支持农机工业创新发展，加强农机化质量监督队伍建设，做好农机质量调查和证后监督工作。全面提升农机安全事故处置能力和信息化水平，及时有效地处置农机安全事故。建设农机智慧化服务中心、区域农机安全应急指挥中心和镇村农机安全监管网络中心。制定农机化新技术新产品技术规范、标准和评价指标。

第二节　推动农机配套供应产业发展

引导农机流通体系，完善农机售后服务功能，提升售后服务水平，便利农民购买、维修、使用农机。深入贯彻落实国务院关于取消农业机械维修技术合格证核发的决定，制定农业机械维修服务规范，推动农机维修服务方式创新，激发农机维修市场活力，为农机手提供便捷高效的维修服务。积极推动运用大数据平台技术建设便捷高效的农机销售、维修及零配件供应网络，提升农机流通信息化、规模化水平。

第三节　推进作业服务模式创新

积极发展"新型农业经营主体+全程机械化+综合农事服务中心""新型农业经营主体+适度规模+全程机械化""新型农业经营主体+规模化+特色优势产业+全程机械化"等机械化生产、社会化服务多样化模式。支持农机服务组织开展粮食烘干、农产品加工等在内的多种形式适度规模经营，构建多层次、多形式、多元化的农机社会化服务体系。按照既提供农机作业服务又从事农业生产经营的市场主体发展方向，探索创新经营主体新型农机服务模式。

第四节　培养农机高技能人才

坚持"服务发展、人才优先、以用为本、创新机制、整体开发"的方针，推进农业机械化人才队伍建设。加大校企共享型农机实用人才培训基地建设，注重培养农机高技能专业人才，提高农机实用技术培训能力。通过购买服务、项目支持等方式，支持农机生产企业、农机合作社培养农机操作、维修等实用技能型人才。实施新型职业农民培育工程，加大对农机大户、农机合作社带头人的培训力度，提升农机从业者的技能水平。加强队伍建设，大力遴选和培养农机生产及使用一线"土专家"。鼓励大中专毕业生、退伍军人、科技人员等返乡下乡创办、领办或加入新型农机服务组织。

专栏5　农机化社会服务重点工作和重要项目

01 农机作业服务新模式新业态培育

大力发展农业生产托管和"智能化+农机作业""全程机械化+综合农事服务中心"等农机服务新模式新业态，支持引导农机服务主体通过跨区作业、订单作业、农业生产托管、数字化应用等多种形式，开展高效便捷的农机作业服务，建设"全程机械化+综合农事"服务示范中心100个。

02 专业农机手培训行动

围绕粮食作物机收减损，大力开展基层一线专业农机手培训，常态化抓好机收减损。持续开展粮食机播和机收技术指导，扎实开展农机作业大比武、农机手技能大培训和标准作业现场观摩，提高机手规范操作意识和作业技能。加快农业机械化主推技术到位率，切实提升机手关键环节操作水平和作业质量。

03 机械化防灾减灾能力提升

加强农机服务组织防灾减灾能力建设指导，认真分析总结秋淋等自然灾害发生规律和特点，指导农机服务组织科学合理配置作业机具，加强农机手应急救灾防灾技能培训，促使农机保有量和类型结构满足救灾防灾需要，灾害发生时适用农机装备供得上、用得好。

第七章　加快推动农业机械化智能化、绿色化

第一节　推进农机装备全产业发展

扶持建设农机制造产业园，推动农机新产品设计与开发，构建农机产业园与我省新机具试验示范基地联动机制。突出企业创新主体地位，建立健全以企业为主体、市场为导向、产学研推用深度融合的技术创新体系，鼓励企业加大研发资金、人才等要素投入，支持建立企业农机研发中心，培育具有竞争力的农机装备生产企业和知名品牌推动农业机械装备产业向中高端升级。建立"企业+合作社+基地"的农机产品研发、生产、推广新模式示范点。创建个性化定制、网络精准营销、在线支持服务等新型商业模式。加大农机研发投资力度，协同开展农机装备创新研发，力争突破关键技术与装备瓶颈。

第二节　推动智能农机装备示范引领

加快提升农机装备"耕、种、管、收"全程作业质量与作业效率。大力推广基于北斗、5G的自动驾驶、远程监控、智能控制等技术在大型拖拉机、联合收割机、水稻插秧机等机具上的应用，引导高端智能农机装备加快发展。聚焦现代农业示范区，促进物联网等信息技术在农业机械化上的应用。

支持优势农机企业对接重点用户，实现智能化、服务化转型。推进建设大田作物精准耕作、果园精准管理、智慧养殖等数字农业示范基地。加大农田精细平整、精准播种、变量施肥、精准喷洒、智能收获和自动驾驶等精准农业技术应用，建立典型区域、大宗作物的智慧生产技术体系。

第三节 加快机械化生产数字化管理

加快机械化生产物联网建设，推广应用具有农机作业监测、远程调度、维修诊断等功能的信息化服务平台，实现对重要农时机械化生产的信息化管理与调度。推广应用手机 App、人脸识别、补贴机具二维码管理和物联网监控等技术，加快农机购置补贴业务全流程线上高效安全办理。提升农机试验鉴定、安全监理、质量监督等业务信息化管理水平，努力实现农机购置补贴、试验鉴定、安全监理、质量监督等数据信息互联互通，提升政策实施质量和效率。大力推进农机智能装备数据服务标准体系建设，引领农业机械化管理、农机作业监测、农机作业服务供需对接向数字化转型。

专栏6 农机装备智能化应用重点工作和重要项目

01 农机装备补短板

重点围绕优势特色产业以及丘陵山区发展需求，开展机械化生产情况调研，全面掌握重点产业薄弱环节，推进机艺衔接配套，示范打造高水平应用场景，引导科研院所、相关企业向农机短板弱项聚焦发力。

02 农机智能物联水平提升

综合运用北斗、5G、物联网、大数据等技术，推进农机物联网管理平台建设，提升农业机械化生产状况动态监测、农机作业指挥远程调度和应急处理水平。

03 农机精准作业技术装备应用

大力推进农用北斗终端产品在农机上的应用，加大农田精细平整、精准播种、变量施肥、精准喷洒、智能收获等精准农业技术应用，构建经济作物智慧生产技术体系。

第八章 切实加强农机安全管理

第一节 严格落实安全监管责任

树牢安全发展理念，统筹发展和安全，坚持管行业必须管安全、管业务必须管安全、管生产经营必须管安全。严格履行安全监管职责，依法核发拖拉机和联合收割机牌证，做好驾驶人培训和考试管理，严格农机安全技术检验。强化安全检查和隐患排查，加强重要节假日、重要农时和重要活动等关键时点的安全生产督导检查，严查严处违法违规行为。切实加强安全生产监管执法，有效遏制农机发生较大以上安全事故。

第二节 不断提升安全监管能力

积极开展"平安农机"创建活动，争创全国"平安农机"示范县。深入开展"安全生产月""安全宣传咨询日"和安全宣传"五进"活动，创新宣传形式、丰富宣传内容，提升安全宣传效果。常态化组织农机事故应急演练，加强事故原因分析，完善预防措施，规范农机事故处理认定。加强农机安全监管和应急救援，更新升级基层农机安全监管装备，推进农机安全监管信息化建设，推进农机安全"网格化"管理。

第三节 推进驾驶培训制度改革

做好农机驾驶培训机构由"资格管理"向"监督管理"的转换。进一步拓宽培训渠道，鼓励农机教学、生产、推广、社会化服务等机构发挥优势开展驾驶培训业务，解决农民学机难、学机不方便的问题。完善拖拉机和联合收割机相关培训制度规范，优化培训内容，创新培训方式，强化驾驶培训工作事中事后监管，提高培训质量，严把考试关口，确保农机手全面掌握安全生产知识和驾驶操作技能。

专栏7 农机安全生产重点工作和重大工程

01 "平安农机"示范创建

会同应急管理部门开展新一轮"平安农机"创建活动，创新工作形式，争取创建国家级"平安农机"示范县5个，充分发挥典型引领作用。

02 拖拉机"亮尾工程"

强化注册登记、安全检验和安全检查，推进拖拉机运输机组灯光齐全并粘贴反光标识，未粘贴反光标识的不予注册登记、不予通过检验；鼓励其他上道路行驶的农业机械粘贴反光标识、悬挂反光警示牌或插挂反光警示旗。

03 老旧农机报废更新

推进老旧拖拉机、联合收割机、水稻插秧机、机动喷雾（粉）机、机动脱粒机、饲料（草）粉碎机、铡草机等农机淘汰更新，推广新能源技术，加快绿色、智能、复式、高效农业机械化技术装备普及应用。

第九章 全力推动全程全面机械化示范县创建

第一节 加快全产业机械化组合配置示范行动

重点围绕粮油生产及生猪、乳制品、茶叶、蔬菜、苹果、家禽、食用菌、肉羊肉牛、猕猴桃等九大省级现代农业重点产业链，以全程全面机械化示范县创建为抓手，一揽子推进全省农机化发展重点任务和产业覆盖面。紧密结合各区域产业发展需要，聚焦耕、种、管、收农业机械化技术创新和农机装备的推广应用，充分发挥全程机械化示范基地支撑引领作用，探索农业机械化全程全面高质高效发展的机具搭配组合，熟化推广一批产业全程机械化生产技术模式和机具配套方案。

第二节 启动省市两级全程全面机械化示范县创建行动

按照全省"四区五带"农业产业总体布局，依托科研院所、高校形成各产业全程全面机械化示范县评价指标体系。省市县三级联动，引导有条件的县（市、区）立足本区域资源禀赋、产业现状、市场空间、环境容量、农机化发展水平和产业覆盖面，选准适合自身发展的主导产业，充分发挥全程机械化综合农事服务中心、农机专业合作社主体带动作用，通过农业机械装备配置、农艺配套、"宜机化"建设与改造等，细化技术路线，率先打造创建一批全程全面机械化示范县，整体带动全省全程全面机械化水平的全面提升。

第三节 推进国家级主要农作物全程机械化示范县创建行动

聚焦我省主要农作物生产环节延伸、装备升级、机艺融合、设施提档、服务转型等，建立健全区域化、标准化的高质量主要农作物机械化生产体系，为保障国家粮食生产提供有力支撑。对标国家级主要农作物全程机械化示范县创建要求，加快种子处理、高效植保、产地烘干、秸秆综合利用等环节与耕种收环节机械化集成配套，进一步优化生产要素配置，推进主要农作物生产集约化、规模化、产业化，实现农机装备品类基本齐全，机械化生产减损提质，农机使用效率显著提升。

专栏 8　全程全面机械化示范县创建重点工作和重要项目

01 全产业机械化组合配套模式完善推广

　　加大试验示范和科技支撑力度，开展全产业各环节机械化试验示范和机具选型工作，提高农业机械作业适应性，形成一批产业全程全面机械化生产机具组合搭配模式，建立一批产业全程全面机械化示范点（区）。

02 省级全程全面机械化示范县创建

　　突出县域主导产业，在建立的产业全程全面机械化示范点（区）基础上，打造一批育秧育苗、农机具存放、维修、培训机械化全面布局，作物耕种收、产地冷冻、储藏、烘干、初加工机械化全程覆盖的全程全面机械化示范县。

03 主要农作物生产全程机械化示范县创建

　　以主要农作物为重点，以补短板、强全程、提水平为核心，创建国家级主要农作物全程机械化示范县 10 个和主要农作物生产全程机械化示范市 2 个。

第十章　保障措施

第一节　加强组织领导

进一步加强农业机械化工作的组织领导，建立完善责任落实机制，围绕政策创设、重大专项和重点工作安排，落实工作责任，健全工作机制，将农业机械化纳入各地农业农村现代化发展重点工作和考核内容。组织调动全系统力量，确保规划任务落到实处。加强统筹协调，加强与工信、科技等多部门联动，优化资源配置，健全农业机械、种植（种）业、渔业、畜牧业、果业、农田建设以及科研院所和企业等参与的农业机械化发展工作协调机制，合力推进"十四五"农业机械化发展。

第二节　加大财政支持

加大财政补贴，强化资金导向和撬动作用。稳定实施农机购置补贴政策，充分发挥政策实施的导向作用，统筹做好补贴机具范围的调整完善，增加粮食等主要农产品生产及丘陵山区产业发展重点环节所需的机具品目。开展农机新产品补贴试点，将通过农机专项鉴定的创新产品纳入补贴范围；以市场需求为导向，推动急需的特色机具的研发供给；全面实施农机报废更新补贴政策，促进农机安全生产，节能减排和结构调整。

第三节　完善政策扶持

完善农机作业配套设施条件政策，积极落实设施用地、新型农业经营主体建设用地、农业生产用电、税费减免等相关政策，实施粮食规模化生产关键环节机具作业补贴，支持集体经济组织、农机社会化服务组织等主体以各种形式开展机具库棚、机耕道、烘干塔等基础设施建设。不断加大高标准农田建设项目对丘陵山区农田宜机化改造的支持力度。制定完善农机基础设施建设标准、深松整地机械化作业技术规范、玉米秸秆饲草化处理机械化作业技术规范以及其他机械化作业技术规范。

第四节　动员社会参与

充分发挥政府在推进农业机械化发展中的引导作用，尊重农民意愿，充分调动各类市场主体的积极性、主动性和创造性，搭建社会广泛参与平台，构建政府、社会、市场协同推进的工作格局。因地制宜、分类指导，及时总结推广各地推动农业机械化转型升级的好经验、好做法，发挥好典型引领作用。主动加强与传统媒体和新媒体的沟通合作，全方位、多层次、多角度展现农业机械化工作风貌，形成昂扬向上、争先创优、加快推进农业机械化高质量发展的良好氛围。

关于印发《青海省 2022 年耕地深松项目实施方案》的通知

青农机〔2022〕171 号

西宁、海东市农业农村局、各州农牧（农牧和科技）局、省农牧机械推广总站：

　　根据《农业农村部　财政部关于做好 2022 年农业生产发展等项目实施工作的通知》（农计财发〔2022〕13 号）要求，为保质保量完成 2022 年耕地深松任务，我们制定了《青海省 2022 年耕地深松项目实施方案》，现印发给你们，请认真遵照执行。

青海省农业农村厅
青海省财政厅
二〇二二年七月十二日

青海省 2022 年耕地深松项目实施方案

为认真做好 2022 年耕地深松工作，结合我省实际，特制定本方案。

一、总体要求

紧紧围绕保障国家粮食安全和改善农田生态环境、增加农民收入、促进农业可持续发展的目标，以转变农业生产方式为方向，以农机农艺融合、机械化信息化融合为路径，以农机作业补助为抓手，以社会化服务为手段，凝聚政府推动和农机服务组织的积极性，科学高效地推进耕地深松技术的推广应用。

二、目标任务和补助资金

我省安排中央农业资源与生态保护耕地深松专项补贴资金 1 885 万元，任务 78.6 万亩，安排在 6 个市（州）19 个县（市、区）和单位实施。

项目任务清单和资金已分解下达各地。为调动农民实施耕地深松的积极性，按照"政府推动、市场引导"的原则，通过实施作业补助，引导带动耕地深松技术的应用，确保完成全省耕地深松作业任务。

三、实施范围、作业模式和质量要求

（一）实施范围。承担耕地深松任务的县区应以粮食生产、特色产业为重点，确定耕地深松作业重点区域，实施作业补助。

（二）作业模式。我省耕地深松为春季深松和秋季深松。各地要根据土壤类型、耕作制度和机具配备情况，因地制宜选择耕地深松作业模式，主要采用"单一深松""联合整地深松""深松浅翻（灭茬）作业"模式。同一块地一年只能享受一次补贴。

（三）质量要求。深松作业要求能够有效打破犁底层，作业深度（必须打破犁底层5～10厘米）不小于25厘米，作业后要做到深浅一致，上实下松，田面平整，没有漏松，适宜播种作业。

四、补助对象和补助标准

（一）补助对象。从事农业生产、并自愿实施耕地深松作业的农机大户、农机合作社等各类农业生产经营服务组织。各地要从作业能力、服务质量、服务组织信誉、检测设备安装等方面，优先选择承担耕地深松作业的农业生产服务组织。

（二）补助标准。2022年全省耕地深松作业补助为24元/亩。农业生产服务组织在收取农户作业费时应扣除按规定应获得的补助部分。鼓励地方增加投入，扩大实施范围，适度提高补助标准。为保质保量完成全省耕地深松任务，使惠农政策更好实施，省财政每亩安排1元钱作为耕地深松项目质量及面积监督和检测工作经费，主要用于开展宣传培训、现场实训活动；指导服务、作业质量监督检查等；项目专项审计费；开展技术培训和宣传资料印刷、档案资料复印和装订、深松作业监管系统耗材等；深松作业监测终端监管设备监测信息费用等。

省种羊繁育推广服务中心和三江集团实施的耕地深松项目工作经费划拨到省农牧机械推广总站，由省农牧机械推广总站负责对省种羊繁育推广服务中心和三江集团实施的耕地深松项目进行监督和检测。

五、项目区选择、项目县、承担单位确定原则

（一）项目区

1. 适宜深松的土壤，土层厚度小于40厘米或沙土地禁用；
2. 2～3年内未深松（含从未深松）的农田，或土壤容重≥1.3克/厘米^3；

（二）项目县选定优先条件

1. 近年来耕地深松工作成效显著的县；
2. 农机部门工作基础好、农民群众要求迫切的县；
3. 当地政府支持、工作经费有保障的县。

（三）承担单位条件

1. 须有与作业任务相匹配的农机具；
2. 拖拉机行驶证、号牌；
3. 驾驶人员须有驾驶证；
4. 尽可能选择有作业经验的合作社；
5. 对拟选择合作社进行公示，无异议后签订正式合同。

六、项目实施程序

（一）落实任务。项目县根据省上下达的耕地深松作业规模，向省、市（州）农牧部门上报实施方案，确定作业方、质检人员。

（二）签订作业合同。项目村村委会代表农户与作业方签订作业合同（村委会、农户、作业方各1份），明确作业地块及面积、作业时间、质量要求等，同时公示深松监督管理人员联系电话。作业合同要在项目县农机化主管部门备案，并在村务公开栏公示不少于7天。

（三）深松作业。作业合同公示无异议后，作业方按照作业合同要求提供深松作业服务。作业过程中，当地农机推广部门派技术人员进行技术指导和作业质量抽查，并在抽查作业表中签字认可，作为财政资金兑付的基本条件。

（四）远程信息监测。耕地深松作业实施远程信息监控，深松作业任务5万亩以上的县，监测覆盖面达到50%以上。系统监测合格数据作为兑付作业补助的主要依据。耕地深松作业服务主体深松机组要安装深松作业远程信息监测终端设备，县区农机化主管部门要安装深松作业远程信息监控系统，选装的深松机远程信息监测终端设备性能及监控系统数据处理平台应符合《农机深松作业远程监测系统技术要求》（T/CAMA1—2017）。

（五）村级作业核实。深松作业完成后，质检员联合农户逐户逐地块检验深松作业质量，确认质量合格、面积准确，填写《农机深松作业单》（附件2），作业机手、质检员和农户三方签字。村委会汇总后，在村级公示栏公示不少于7天。以村为单位填报《农机深松作业补助资金申请表》（附件3），加盖村委会公章，报项目县农牧、财政部门。

（六）项目审核和抽查。由县农牧、财政部门组成的项目验收组，负责对上报的作业面积逐村进行检查。要做到项目区村村必到、承担深松作业的机手人人必查。检查结束后，将检查核实确认的结果通过部门公示栏、电视、政府或部门网站等方式在全县进行公示，公示时间不少于7天。公示无异议后，由项目县农牧部门出具《耕地深松作业补助资金兑付结算单》（附件4），向同级财政部门申请办理补助资金结算事宜。省、市（州）农牧、财政部门对项目县进行抽查，面积不少于20%。对于抽查过程中发现的问题，督促项目县及时整改。我省种羊繁育推广服务中心及三江集团实施的耕地深松作业必须由省农牧机械推广总站抽查合格后兑付补助资金。

（七）兑付补助资金。根据"先作业后补助、先公示后兑付"的原则进行补助资金兑付。县级财政部门对农牧部门上报的结算资料进行审核，通过"一卡通"或银行公户直接划拨的形式将补助资金兑付给作业机手或农机服务组织。

（八）资料整理。县级农牧、财政部门须建立项目档案。主要内容有实施方案、作业合同、作业表、验收结论、账册、凭证、报表。

（九）项目验收。各项目实施县和单位根据下达的任务清单和区域绩效目标，报当地县级人民政府进行项目实施方案批复，按照"谁批复、谁验收"的原则，县级农业农村部门组织人员进行初步验收合格后，填写验收意见后报市（州）农业农村部门和省农业农村厅备案。省种羊繁育推广服务中心及三江集团实施的耕地深松项目由省农业农村厅进行项目验收。

七、保障措施

（一）加强组织领导。耕地深松是提升耕地质量，提高农业综合生产能力，促进农业可持续发展的重要举措，是促进土壤蓄水保墒，提高防灾能力的有效途径。各级农机化主管部门要站在讲政治的高度，站在保障粮食安全、促进农机化

发展、惠及农户和机手的高度，充分认识开展耕地深松的重要性和必要性，采取切实可行的工作措施，加快推进全省耕地深松作业的开展。一是健全领导机构。成立由县政府主管领导任组长，农牧、财政等相关部门负责人，项目区乡镇主要领导为成员的耕地深松作业领导小组，负责项目实施、监督检查、审核验收、资金兑付等重大事项决策；二是切实保障工作经费。财政部门要安排必需的工作和监管经费，确保项目顺利实施；三是分级落实责任，把任务目标层层分解，落实到乡（镇）村、具体到农户地块，责任到人。

（二）强化质量监督。为提高耕地深松作业质量和监管效率，作业补助工作实行信息化远程监测，以信息化监测数据作为兑付作业补助的主要依据。各地要对耕地深松作业服务主体深松监测设备安装合规情况进行定期抽查，协调设备生产厂家做好维保工作。对公示中存在异议的，要及时进行检查核实，避免虚报作业面积、套取深松作业补助资金等违规行为发生。要加强后台信息监测预警，对深松作业过程有意遮挡摄像头、以非深松机械化代替深松机械作业的，一经查实，负责主体纳入黑名单管理，今后不得再承担耕地深松作业补助任务。

（三）做好宣传指导。要充分利用报纸、电视、广播、墙报、公示栏等媒介，采取动员会、现场演示会、田间观摩会、发放明白纸等形式，广泛宣传耕地深松的重要意义和增产增收效果，营造良好的舆论氛围，提高农民应用耕地深松作业技术的主动性。各地要结合土壤类型、耕作制度等实际情况，因地制宜选择合适的耕地深松作业模式和技术路线，加强技术培训指导，不断强化农机手操作技能和质量意识，保障耕地深松作业质量。

（四）严肃工作纪律。一是严格项目质量监管，确保质量合格、面积准确；二是严格项目实施过程监管。要切实做到"三公示、三签字、二级检查"，即：村级作业合同公示、村级作业结果公示、县级补助结果公示；深松农户签字、作业机手签字、质检员签字；县级验收，省、市（州）级抽查；三是严格项目资金监管，不准截留、挪用、套取补助资金，要确保专款专用，对发现的违法违纪行为，追究相关单位和人员的责任；四是强化社会监督。各级农牧、财政部门相互配合，严格工作程序，设立举报电话，自觉接受纪检、审计部门和群众的监督。

（五）做好绩效评价。各县（市、区）要依据省上下达各地的任务清单和区域绩效目标，填报本县（市、区）绩效目标表，上报市（州）汇总备案。各市（州）要及时开展耕地深松作业绩效自评，并按照时间节点和要求报送绩效自评报告。

（六）做好数据资料建档和总结工作。各地要抓紧制定耕地深松实施方案，经市州审核后印发实施，并向社会公开，于8月底前上报省农业农村厅农业机械化管理处。同时要对耕地深松工作的进度进行统计，深松作业期间，各地按周报送耕地深松作业进度，要做好有关数据资料的建档、报送工作，加强技术经验的积累，及时做好总结，查找工作中存在的问题和不足，提出合理的改进意见和措施。请各地在11月15日前，将2022年耕地深松工作总结报送省农业农村厅农业机械化管理处和省农牧机械推广总站推广部，并同时发送电子文档。电子邮箱：qhnynctnjc@163.com 和 1447422850@qq.com。

联系电话：省农业农村厅农业机械化管理处，0971-6101776；省农牧机械推广总站，0971-8250071。

关于印发《新疆生产建设兵团农机购置与应用补贴试点方案》的通知

兵农机发〔2022〕7号

一师、三师、六师、七师、八师农业农村局、财政局：

根据《农业农村部 财政部关于贯彻落实中央一号文件要求开展农机购置与应用补贴试点的通知》（农机发〔2022〕3号）精神，兵团农业农村局商兵团财政局制订了《新疆生产建设兵团农机购置与应用补贴试点方案》，并经农业农村部、财政部审核同意，现予以印发，请遵照执行。

兵团农业农村局　兵团财政局
二〇二二年八月三日

新疆生产建设兵团农机购置与应用补贴试点方案

根据《农业农村部 财政部关于贯彻落实中央一号文件要求开展农机购置与应用补贴试点的通知》（农机发〔2022〕3号）精神，为进一步完善农机购置补贴政策，探索更加符合生产需求、高效、便捷、利民的农机购置补贴政策实施模式，强化应用导向，现计划在兵团开展农机购置与应用补贴试点工作，结合兵团实际，制定本方案。

一、总体要求

坚持以习近平新时代中国特色社会主义思想为指导，全面贯彻党的十九大和十九届历次全会精神，完整、准确、全面贯彻新发展理念，落实党中央、国务院有关决策部署和第三次中央新疆工作座谈会精神，完整准确贯彻新时代党的治疆方略，按照兵团党委部署要求，坚持"稳粮、优棉、强果、兴畜、创特色"总思路，立足强化应用导向、优化补贴兑付方式，通过开展农机购置与应用补贴试点，引导购机者坚持购置与应用并重，切实提高农业机械化水平，为实施乡村振兴战略、促进农业农村机械化夯实装备基础。

二、基本原则

坚持积极稳妥、稳中求进。保持农业机械化支持政策紧密衔接，结合农业机械化高质量发展要求，坚持稳中求进，优化政策措施。

坚持优化分档、优机优补。坚持实事求是，动态调整兵团农机购置与应用补贴机具品目。补贴资金重点保障短板领域优机需要，推进补贴机具有进有出、优机优补。

坚持应用导向、优化兑付。聚焦农机作业能力提升，在农机购置、应用环节分步兑付补贴，确保购置与应用并重的政策导向得到有效体现。

坚持系统谋划、试点先行。统筹兼顾农业机械化工作基础、积极性、物质技术条件及政策执行效果因素，选择有意愿、有条件的5个师市，以能够开展信息化监测的自走式高价值农业机械为重点，坚持购机者自愿参加，开展农机购置与应用补贴试点，形成可复制推广的经验后，再择机逐步扩大至兵团范围。

三、试点时间

试点时间为方案印发之日起至2023年12月31日。

四、试点范围

在兵团选择农业机械化工作基础较好、组织实施能力较强、资金兑付进度较快、资金使用规范、具备较强信息化监测能力的一师阿拉尔市、三师图木舒克市、六师五家渠市、七师胡杨河市、八师石河子市等5个师市开展试点。

五、试点机具

在农机购置补贴范围内，纳入"三合一"管理的具备作业信息化监测条件的自走式农业机械中选取，主要为60马力以上拖拉机（含履带式）、喂入量3千克及以上谷物联合收割机（履带式喂入量2千克以上）、工作幅宽3行及以上玉米收获机、工作行数3行以上棉花收获机、割幅0.9米及以上青（黄）饲料收获机等品目的机械装备。

为强化应用引导，激活存量机具的使用效益，对于2021起已经购置并申请办理农机购置补贴，但尚未兑付资金的上述机具在安装符合要求的监测终端后，可纳入试点范围。

六、试点补贴对象

补贴对象与《2021—2023年农机购置补贴实施指导意见》规定一致。为从事农业生产的个人和农业生产经营组织（以下简称"购机者"），其中农业生产经营组织包括农村集体经济组织、农民专业合作经济组织、农业企业和其他从事农业生产经营的组织。

七、资金规模、补贴标准及兑付方式

（一）资金规模。2022年试点资金1亿元。

（二）补贴标准。按照《2021—2023年农机购置补贴实施指导意见》规定实行定额补贴，即同一种类、同一档次农业机械实行统一的补贴标准。其中，通用类机具补贴额不超过农业农村部发布的最高补贴。以主流机型一个作业年度的平均作业面积为基础，逐个档次确定相关机具补贴兑付的作业面积标准，分四年兑付。当年购机达到年度作业面积标准后兑付90%补贴资金，第二年达到年度作业面积标准后再兑付10%，第三、第四年达到年度作业面积标准后，每年按照定额补贴标准的8%给予激励补贴。

一般补贴机具单机补贴限额原则上不超过5万元；100马力以上拖拉机、高性能青饲料收获机、大型联合收割机单机补贴限额不超过15万元；200马力以上拖拉机单机补贴限额不超过25万元；大型棉花收获机单机、成套设施装备单套补贴限额不超过60万元。

（三）兑付方式。纳入试点范围的机具实行与作业量挂钩的分年度兑付补贴资金的操作方式，即试点师市结合当地农业生产实际，以主流机型一个作业年度的平均作业面积为基础，逐个档次确定相关机具补贴兑付的作业面积标准（详见下表），分四年兑付。当年购机达到年度作业面积标准后兑付90%补贴资金，第二年达到年度作业面积标准后再兑付10%，第三、第四年达到年度作业面积标准后，每年按照定额补贴标准的8%给予激励补贴，购机者可将激励补贴用于机具维修、存放设施设备条件改善等方面，强化应用综合保障。因试点时间启动已开始小麦收获作业，拖拉机和谷物联合收割机（含履带式）2022年作业面积可按年度作业标准的60%执行，2023年起按标准执行。

序号	品目	档次	年度作业量标准
1	拖拉机（含履带式）	60马力≤功率<100马力	≥2 000亩
2		100马力≤功率	≥3 000亩
3	谷物联合收割机（含履带式）	3千克（履带式2千克）≤喂入量<5千克	≥500亩
4		5千克≤喂入量<7千克	≥700亩
5		7千克≤喂入量	≥1 000亩
6	玉米收获机	3行≤工作幅宽<5千克	≥500亩
7		5行≤工作幅宽	≥1 000亩
8	采棉机	3行≤工作行数<5行	≥1 000亩
9		5行≤工作行数	≥2 000亩
10	青（黄）饲料收获机	0.9米≤割幅<2米	≥700亩
11		2米≤割幅	≥1 000亩

八、办理流程

（一）二维码和物联网终端安装。纳入试点范围的机具只按"三合一"方式办理，对于新购机具，农机制造生产企业在机具出厂前均需加装二维码和通过权威机构的国家计量认证（CMA）的北斗物智能监测终端，按要求完成机具二维码生成、打印、安装以及物联网设备与机具的绑定，对接"三合一"系统通信协议，并登录相关农机物联网开发者平台添加安装的北斗定位终端，确保安装在农机上的北斗定位终端数据传输对接成功。农机生产企业承诺物联网设备向物联网平台传输数据信息的能力不少于5年（自购机之日起计），因数据信息无法及时准确传输到平台引起的纠纷由农机生产企业自行承担。

对于2021至试点开始时间内已经购置并申请办理农机购置补贴，但尚未兑付资金的纳入"三合一"管理范围的补贴机具，购机者需加装经过权威机构的国家计量认证（CMA）的北斗智能监测终端，在北斗智能监测终端生产或销售企业的协助下完成物联网设备与机具的绑定，对接"三合一"系统通信协议，并登录相关农机物联网开发者平台添加安装的北斗定位终端，确保安装在农机上的北斗定位终端数据传输对接成功。物联网设备向物联网平台传输数据信息的能力不少于5年（自完成物联网设备与机具的绑定之日起计），因数据信息无法及时准确传输到平台引起的纠纷由北斗智能监测终端生产企业承担。

（二）购机者提交补贴信息。购机者登录兵团农机购置与应用补贴App（以下简称"App"），选择"补贴申请—有二维码办理入口"，开始补贴申请流程。为确保申请成功受理，购机者务必真实填报信息和上传图片。

1. 身份认证。购机者为个人的，上传购机者本人身份证件图片；购机者为农业生产经营组织的，上传营业执照、法定代表人身份证图片。

2. 添加申请补贴机具信息。购机者通过扫描机具二维码，添加和完善产品（出厂）编号、发动机编号等机具信息。

3. 添加申请补贴机具相关照片等资料。本人身份证件与所购机具二维码铭牌合影（简称"证牌合影"）、拖拉机和联合收割机登记证书或行驶证等照片资料。

4. 添加购买信息等。首先选择是增值税普通发票或机动车销售发票，然后通过拍照识别购机发票，添加和完善发票信息。

5. 牌证机具监理信息比对。输入牌证机具的登记证书编号、牌照号码、所有人、所有人证件号等信息，与所购牌证机具监理信息自动比对，比对一致进入下一环节。

6. 确认提交。购机者完成上述流程后点击提交申请信息。

（三）资料审核。团场农业发展服务中心的工作人员在收到购机者补贴申请后，应于2个工作日内在申请办理服务系统或App中对以下内容进行审核，审核通过的进入下一流程；审核不通过的，将原因一次性反馈购机者。购机者补充完善后，可在App中重新提交。

1. 购机者信息审核：购机者为个人的，主要审核证牌合影、人证合影、购机发票中购机者姓名、身份证件号码是否一致；购机者为农业生产经营组织的，主要审核证牌合影、人证合影中法人代表的姓名、身份证号码是否一致，购机发票和工商营业执照的组织名称、统一社会信用代码/组织机构代码是否一致。拖拉机和联合收割机登记证书图片与购机者填报的登记证书编号、所有人、所有人身份证件号码是否一致。

2. 机具信息审核：主要审核产品铭牌图片、发动机铭牌图片和机架钢印图片与购机发票中产品名称、产品及发动机型号、产品（出厂）编号及上传至系统中的机具信息是否一致。

3. 发票信息审核：主要审核购机发票内容的完整性、购机发票图片与购机者填报的信息中购机日期、产品数量、销售价格等信息是否一致。

（四）购机者现场信息确认。购机者携带有效身份证明（个人凭身份证件，农业生产经营组织凭工商营业执照或组织机构代码证）、购机发票、拖拉机和联合收割机登记证书、"一卡通"或其他银行卡（折）、整机出厂编号和发动机出厂编号拓印膜1套等到团场农机主管部门进行现场确认。现场信息确认过程中，农机主管部门要查看购机者本人（法定代表人）与其身份证件的肖像照片是否相符，"一卡通"卡号或银行账号的开户名与有效身份证明的个人姓名（组织名称）是否一致。查看通过后打印《农机购置补贴资金申请表》，购机者进行现场签字确认。

（五）核验公示信息。对符合条件可以受理的，团场农业发展服务中心应于13个工作日内（不含公示时间）完成相关核验工作，并在农机购置补贴信息公开专栏实时公布补贴申请信息，公示时间为5个工作日。鼓励在团场或补贴申请点公示栏中同时公开公示信息。

购机者可以在购机办理完牌证后即申请补贴，也可以在完成规定的作业面积后再申请补贴。对于购机办理完牌证后申请补贴的机具，应在团场农业发展服务中心开展资料审核、相关核验和工作的20个工作日内完成作业面积要求（以物联网辅助管理系统数据为准），如此期限内未达到作业面积，团场农业发展服务中心应及时在系统中做冻结处理，待达到作业面积后及时解除，进行下一步工作。

（六）资金兑付。师市财政部门审核农业农村部门提交的资金兑付申请与有关材料，对符合要求的于15个工作日内通过国库集中支付的方式完成资金兑付。严禁挤占挪用农机购置补贴资金。因资金不足或加强监管等原因需要延期兑付的，应告知购机者，并及时与同级农业农村部门联合向上报告资金供需情况。补贴申领原则上当年有效，因当年财政补贴资金规模不够、办理手续时间紧张等无法享受补贴的，可在下一个年度优先兑付。

对于2022年7月1日起参与试点的新购置机具优先兑付，对2021年1月1日至2022年6月30日期间，已经购置并申请办理农机购置补贴的试点机具，但尚未兑付资金的上述机具在安装符合要求的监测终端，完成作业量后，可予以兑付。

兵团农业农村局和财政局将加强资金使用情况监测，定期调度和发布各试点师市资金使用进度，按照《农业生产发展资金管理办法》和《2021—2023年农机购置补贴实施指导意见》，将截至2022年12月31日，还未申请使用的试点资金，按需开展余缺调剂，确保不发生资金大量结转。

本方案中未详尽描述的事宜，均按照农业农村部、财政部《2021—2023年农机购置补贴实施指导意见》和《兵团2021—2023年农机购置补贴实施方案》有关规定执行。

九、保障措施

（一）强化组织领导。各级农业农村、财政部门要建立健全联合实施和监管机制，切实加强组织协调，密切沟通配合，健全完善风险防控工作制度和内部控制规程，明确职责分工，形成工作合力。试点师市要进一步明确职责分工，全面落实师市农业农村部门组织实施、审核和监管责任和财政部门资金兑付、资金监管责任。要加强绩效管理，强化闭环管理，切实提升政策实施管理工作能力水平。

（二）强化监督管理。转变监管方式，充分运用大数据加强对补贴机具作业轨迹的监测，对短期大批量、单户多台套、长时间无作业轨迹、非作业季节大量作业等异常情形的试点机具开展重点调查，如有违规情况按照《农业机械购置补贴产品违规经营行为处理办法（试行）》（农办财〔2017〕26号）严肃处理。

（三）强化信息公开。试点师市农业农村局要因地制宜、综合运用宣传挂图、报纸杂志、广播电视、互联网等方式，以及连务公开等渠道，全方位开展农机购置与应用补贴政策与实施工作宣传解读，着力提升政策知晓率，切实保障购机者、生产经销企业和广大农民群众的知情权、监督权。要健全完善农机购置与应用补贴信息公开专栏，按年度公告补贴受益户信息，公开违规查处结果等信息，主动接受社会监督。

（四）强化协调配合。各师市农业现代化建设工作领导小组要承担好政策实施领导责任，负责对试点中关键环节的监督，研究解决在政策实施过程中遇到的重大问题。农业农村部门承担试点组织实施责任，组织核实资金支持对象的资格、条件，督促检查工作任务清单完成情况，为财政部门按规定标准分配、审核拨付资金提供依据。财政部门负责补贴资金审核兑付，对资金使用情况进行监督。购机者自主自愿参与试点，对购机作业行为的真实性、有效性负责，并作出承诺。农机产销企业要严格按照《农业农村部办公厅 财政部办公厅关于进一步加强农机购置补贴政策监管强化纪律约束的通知》（农办机〔2019〕6号）要求履行承诺，并对自愿参与农机购置补贴工作的一切行为承担主体责任。物联网平台、二维码管理辅助系统技术服务单位按相关法律法规，采取相应措施，确保系统使用过程中所产生和收集的数据信息安全。

每年12月30日前，各试点单位将农机购置与应用补贴试点工作情况随农机购置补贴总结一同报送兵团农业农村局和财政局。

宁波市人民政府关于印发《宁波市扎实推进科技强农机械强农行动实施方案（2022—2025年）》的通知

甬政发〔2022〕26号

各区（县、市）人民政府，市直及部省属驻甬各单位：

现将《宁波市扎实推进科技强农机械强农行动实施方案（2022—2025年）》印发给你们，请结合实际认真贯彻落实。

宁波市人民政府
二〇二二年六月十六日

宁波市扎实推进科技强农机械强农行动实施方案（2022—2025年）

为贯彻落实《浙江省实施科技强农机械强农行动大力提升农业生产效率行动计划（2021—2025年）》（浙政发〔2021〕39号）精神，提升农业科技和机械化运用水平，全面提高农业生产效率和效益，促进农业高质量发展，制定本实施方案。

一、总体要求

以习近平新时代中国特色社会主义思想为指导，深入贯彻落实习近平总书记关于"三农"工作的重要论述和重要指示批示精神，突出农业提质增效导向，以数字化改革为牵引，全面推进科技强农、机械强农行动，提升农业生产效率和产业竞争力，促进农民持续较快增收，为加快建设现代化滨海大都市、高质量发展建设共同富裕先行市夯实农业基础。

到2025年，农业劳动生产率提高到10万元/人，达到中等发达国家水平；农村居民人均可支配收入达到6万元；农业科技进步贡献率提高到75%左右，新增重大农业科技标志性成果10项，农业高新技术企业达到100家，每千名农业从业人员拥有基层农技推广服务人员4名以上；农作物耕种收综合机械化率达到90%，水稻耕种收综合机械化率达到92%以上，设施种植以及畜牧养殖、水产养殖机械化率均达到60%以上；农业（除海洋捕捞、林业外）亩均产值力争达到1.5万元以上；土地规模经营比例达到72%以上，100亩以上集中连片规模经营占比达到62%，农业生产效率和农民收入保持全国领先，率先实现农业现代化。

二、大力实施科技强农行动

（一）推进农业科技自主创新。聚焦现代农业生物技术、食品安全与营养健康、智慧农业等领域，实施现代农业科技创新重大项目100项。深化市内农业科研机构及农业企业与国内外一流高校、科研院所等机构合作，开展协同创新，加强农业高新技术企业培育，新增省级重点农业企业研究院5家。加大省部共建农产品质量安全危害因子与风险防控国家重点实验室扶持力度，新增以现代种业为重点的市级及以上重点实验室、技术创新中心3家以上。加快农业先进适用技术集成创新与推广应用。（责任单位：市科技局、市农科院、市农业农村局、市教育局）

（二）推进种业强市建设。开展全市农业种质资源普查，全面摸清农作物、畜禽、水产、林特等种质资源家底，建成市级以上种质资源库（场、区、圃）50个。开展生物遗传育种和分子育种前沿性研究，聚焦水稻与瓜菜两大优势产业，以及黄鱼、青蟹、岔路黑猪、浙东白鹅、奉化水蜜桃、红枫樱花等特色产业，强化联合育种攻关，育成具有自主知识产权的新品种100个以上。加大种业龙头企业扶持力度，培育"育繁推一体化"种业集团5家，种业骨干企业10家。（责任单位：市农业农村局、市科技局、市农科院）

（三）发展农业绿色生态种养。深化绿色低碳种养等关键技术研究，大力推进农作制度创新，推广应用间种、套种、轮作等高效农业模式。深化"肥药两制"改革，推广有机肥、深施肥、水肥一体化、兽用饲料环保化等技术。全面推广农作物病虫害统防统治和绿色防控，集成应用生态调控、生物防治等绿色防控技术。加强农业面源污染防治，加大废弃农膜、农药包装物回收处置力度，推广秸秆全量化利用技术，废弃农膜回收处置率、秸秆综合利用率和畜禽粪污综合利用率分别达到90%、97%和98%以上。（责任单位：市农业农村局、市科技局、市生态环境局、市农科院、市供销社）

（四）打造数字农业高地。加快数字化设施和技术在农业领域的应用，推广"产业大脑＋产业地图＋数字农业工厂（基地）"发展模式，建设一批数字农业示范园区、数字农业工厂和数字化种养基地。加大工厂化农业攻关，大力推广立体高效种养模式。建设农业物联网公共服务平台、"数字农田"系统，提升"智慧畜牧"系统，提高水稻、生猪、蔬菜生产终端监测和数据分析能力。（责任单位：市农业农村局、市大数据局、市科技局）

（五）提升农产品加工保鲜水平。加快发展现代农产品加工产业，支持农业经营主体加大技术改造提升力度，加强农产品产地初级加工、精深加工，提高农产品加工转化率。加强综合利用与质量安全等技术攻关，开发系列高附加值农副产品、营养健康食品。培育一批10亿元以上的标志性产业链，扶持有条件的区（县、市）建设农产品加工园区和出口园区。加大保鲜保活技术研究和推广力度，加强现代农产品冷链物流体系建设，建设一批国家、省、市农产品骨干冷链物流基地。（责任单位：市农业农村局、市科技局、市农科院、市经信局、市供销社）

（六）加快农业科技成果转化应用。支持各类农业创新主体开展农业重大技术集成熟化和示范推广。发挥宁波市"三农四方"科技创新联盟作用，鼓励各地与农业科研院校建立院（校）地合作关系。健全完善农业产业技术创新与推广服务团队，实行"主导产业＋技术团队＋产业项目＋示范基地"的技术推广机制，建成高品质科技示范基地100个。加强基层农技推广队伍和农业科技社会化服务体系建设。深化"十百千"科技特派员制度，市县每年联动选派科技特派员1 000人以上。（责任单位：市科技局、市农科院、市农业农村局、市人力社保局）

（七）壮大新型农业经营主体。实施"户转场、场入社、社提升"行动，市级以上示范性农民专业合作社达到200家，示范性家庭农场达到500家，示范性农业社会化服务组织达到100家。实施农业龙头企业倍增计划，重点支持培育农业科技龙头企业，市级以上农业龙头企业达到350家。实施万名农创客培育行动，建成农创园10个以上，辐射带动农民10万人以上。实施农民素质提升工程，年培训农村实用人才6 000人次以上。深化"三位一体"农合联改革，建成省级产业农合联60家以上。（责任单位：市农业农村局、市供销社）

三、大力实施机械强农行动

（一）加强急需农机具的研发制造。坚持需求导向，以适应丘陵山区、设施大棚和家庭农场的微型化、轻便化、多功能农机装备为重点，梳理先进适用农机具需求清单。鼓励支持农机制造企业开展关键技术攻关，实施小型农机具研发攻关计划，实行重点需求项目"揭榜挂帅"制度，研发适应我市特色产业发展的农机装备和丘陵山区适用机械装备。发挥中国农机学会宁波产业创新服务中心作用，加强对农机装备企业的技术和科研服务。（责任单位：市科技局、市经信局、市农业农村局）

（二）加大先进农机具推广应用力度。巩固提升粮油生产全程机械化水平。加快推广蔬菜工厂化育苗、机械化栽收和林果除草、开沟、修剪、分选等机械设备；推广畜牧业洗消饲喂等智能设备，推进海洋捕捞设施及渔获物分拣分级、水产养殖机械化。全市新增粮食烘干机械500台（套），批次粮食烘干能力达到2.5万吨，油菜机械收获面积达到7万亩。（责任单位：市农业农村局、市科技局、市经信局）

（三）推进基础设施宜机化改造。按照宜机化要求推进农田、果园、茶园等标准化建设。加快高标准农田建设，推动耕作田块小变大、陡变平、弯变直，加强电力输送、机耕路的互联互通，系统解决耕地"碎片化"问题。支持丘陵山区机耕道路、林间作业道路等建设，加强农机通行和作业条件提档改造。促进农机农艺深度融合，研究制定机艺融合的技术路线、作业标准和机具配备方案，加强国内外农机农艺融合成功模式的引进、试验和推广。（责任单位：市农业农村局、市自然资源规划局）

（四）做大做强农机社会化服务。加强县域统筹布局，规划建设育秧中心、农机维修中心和农产品产地烘干、保鲜储藏等设施，建设区域性农事服务中心50个。创新农机社会化服务机制，培育发展"全程机械化＋"新型专业服务组织。大力推行跨区作业、订单作业、农机租赁、农业生产托管等农机社会化服务高效模式，因地制宜推广农机装备"合作社购买、农民租用"等模式，鼓励有实力的农业经营主体发展成为集农业生产经营与农机社会化服务于一体的"双主体"。对粮食烘干中心、农事服务中心按农用排灌脱粒电价计算作业电费。（责任单位：市农业农村局、市供销社、市自然资源规划局、国网宁波供电公司）

四、加大政策支持和保障

（一）强化耕地保护和质量提升。坚决遏制耕地"非农化"、耕地"非粮化"，健全粮食生产功能区、高标准农田长效管护正向激励机制。优化提升粮食生产功能区建设，田间道路通达度、有效灌溉覆盖率均达到100%。推广土壤改良、地力培肥等技术，高等级耕地占比达到60%以上。统筹整合现代农业园区、特色产业强镇等平台，推进"一县一平台"建设，高水平建设10个省级以上现代农业园区。新建或提标改造集中连片、旱涝保收的高标准农田5万亩以上。（责任单位：市农业农村局、市自然资源规划局、市水利局）

（二）实施农业"标准地"改革。依法推动土地经营权有序流转，形成多种形式的农业适度规模经营。健全土地集中连片流转激励机制，探索推广定量不定位、土地入股等流转方式，推行"连片流转＋土地整治＋农业标准地"。设置农业"标准地"主体资质、种养规模、安全环保、带动效果等控制性指标，促进先进技术和设施装备的推广应用。农业"标准地"建设按照一定比例安排配套建设用地。（责任单位：市农业农村局、市自然资源规划局）

（三）切实加强人才支撑。建立科技强农、机械强农高精尖缺人才专业目录，采取柔性引才政策，支持申报甬江引才工程，加快引进一批乡村振兴领域高层次人才和领军型团队。落实高校、科研院所科研人员保留人事关系离岗创业政策。培养成长型农业企业家100名以上。（责任单位：市委组织部（市委人才办）、市人力社保局、市农业农村局、市科技局、市教育局）

（四）切实保障用地需求。落实新编县乡级国土空间规划应安排不少于10%的建设用地指标，重点保障乡村产业发展。各地制定土地利用年度计划时原则上应安排不少于3%的计划指标用于村级集体经济发展项目。制定出台农村一二三产业融合发展用地保障政策。乡村全域土地综合整治与生态修复工程产生的增减挂钩节余指标，优先用于农业产业。建立涉农重大项目用地保障部门会商机制，由县级统筹年度乡村产业发展建设用地指标，采取"点状供地"等灵活用地方式落实乡村产业项目用地需求。大力支持将符合条件的农业生产所需的看护房、初加工和农资仓储用房、农产品产地预冷库等附属设施用地纳入设施农业用地管理，有效解决农机具存放等配套设施用地需求。加强设施农业用地用途管制，加大对违法违规问题的执法查处。（责任单位：市自然资源规划局）

（五）实施金融服务"三农"畅通工程。引导金融机构单列涉农信贷投放计划，确保普惠型涉农贷款增速高于其他各项贷款增速。加大金融产品和服务供给创新，重点支持增产保供、种业创新、机械装备、"三农"新基建等领域。完善农业信贷担保体系，提高农业信贷担保规模。推动数字技术与金融支农深度融合，建设金融支农数据融通共享平台和涉农信用数据库，加强与普惠金融信用信息服务平台互联互通，打造"金融惠农直通车"。推进农业保险扩面增品提质。（责任单位：市地方金融监管局、人行市中心支行、市财政局、市农业农村局、宁波银保监局）

（六）加大财政税收政策支持。鼓励各地对农业高新技术企业和科技中小型企业再按25%研发费用税前加计扣除标准给予奖补。对符合条件的农机作业和维修等农林牧渔服务业项目所得，免征企业所得税。加大对农产品加工园区企业贷款贴息和税费减免奖补。鼓励支持农业龙头企业在境内上市，市财政按每家300万元的标准对新上市的农业龙头企业予以奖励，奖励资金按相应资金管理办法规定安排使用。将粮食、生猪等重要农畜产品生产机具列入补贴范围，实行应补尽补。将取得补贴资质的农机创新产品列入补贴范围，对暂时无法取得补贴资质的高端智能产品开辟绿色通道，通过新产品试点予以支持。扶持发展标准化大棚等设施农业，探索实施农机作业补贴政策和先进农机首引首试、示范推广补贴政策。加大财政涉农资金整合力度，增加对农业科技、农业机械、种业、高标准农田建设等方面的财政投入。（责任单位：市财政局、宁波市税务局、市科技局、市农业农村局）

五、强化组织实施

（一）强化工作协同。建立市科技强农、机械强农行动工作协同机制。市农业农村局要加强统筹协调，建立重点工作任务清单，强化工作落实；市科技局要积极组织开展农业基础性、关键性技术创新；市经信局要大力支持先进农业机械研发和工程化攻关；其他相关单位要各负其责、通力协作。

（二）强化考核评价。将科技强农、机械强农推进工作纳入乡村振兴实绩考核，列入市县招商引资的重要内容，建立与土地指标、涉农资金安排等双挂钩的"赛马"激励机制，定期开展评价通报。

（三）强化主体作用。建立小农户与现代农业有机衔接机制，加强小农户技术培训，加快小农户科技装备应用。加强政策支持和示范引领，引导家庭农场、农民专业合作社、农业龙头企业等参与科技强农、机械强农行动，实现农业生产降本提质增效。

厦门市农业农村局 厦门市财政局关于进一步做好农机购置与应用补贴工作的通知

厦农〔2022〕101号

集美、海沧、同安、翔安区农业农村局、财政局：

根据《农业农村部财政部关于贯彻落实中央一号文件要求开展农机购置与应用补贴试点的通知》（农机发〔2022〕3号）《农业农村部办公厅财政部办公厅关于进一步便利购机者提交补贴申请的通知》（农办机〔2022〕10号）要求，结合我市实际，现就进一步做好农机购置与应用补贴工作通知如下：

一、取消停止受理补贴申请规定。为准确掌握农机购置与应用补贴申请和待兑付情况，最大限度满足购机农民申请补贴需求，各区不再执行市农业农村局、市财政局印发的《2021—2023年厦门市农业机械购置补贴实施方案》（厦农规〔2021〕6号，以下简称市级实施方案）关于"当区级农机购置补贴资金申请数量达到当年可用资金（含结转资金和调剂资金）总量110%的，相关区应及时发布公告，停止受理补贴申请"的规定。

二、提升政策实施便利度。各区要严格执行市级实施方案关于"补贴政策全面实行跨年度连续实施"的规定，除因涉嫌违反农机购置与应用补贴政策，被农业农村、财政部门联合组织查处外，购机者购买符合补贴资质要求的农机产品后，可按规定通过手机App等方式提出补贴申请，任何单位和个人不得限制，持续提升补贴政策实施的便利化程度。

三、优化补贴机具品目。为落实农财两部农机购置与应用补贴政策关于"推进补贴机具有进有出、优机优补"的规定，结合我市农业生产特点，动态调整补贴种类范围及档次，适当增加粮食、生猪、蔬菜、瓜果等机械化生产薄弱环节所需机具的补贴标准，对区域内保有量明显过多、技术相对落后、作业能力不强、出现故障频率较高的机具品目及不适合我市农业生产的机具品目，逐步降低补贴标准，到2025年退出补贴范围。具体调整的机具品目和补贴标准由市农业农村、财政部门制定发布。

四、优化实施操作流程。各区要严格按照市级实施方案要求，按程序做好补贴申请受理、信息审验公示和补贴资金兑付等各项工作，全面推行限时办理，加快补贴资金兑付。因当年财政补贴资金不足时，购机者可继续提交补贴申请，各区应及时受理审核，待下一年度财政补贴资金下达后，按受理审核通过的购机者补贴信息顺序给予补贴。

五、加强政策实施监管。各区要认真落实风险防控责任和异常情形及时主动报告制度，严格信用管理和农机产销企业承诺制，对违法违规行为保持高压态势，加大重点区域、重点环节、重点机具核查力度，严厉打击生产低质伪劣机具和提供不实产品信息、销售信息、虚开发票、虚购报补等情节严重的违法违规行为，对2019年以来存在上述较重和严重违规行为的产销企业和购机者，要按照《农业农村部办公厅 财政部办公厅关于进一步加强农机购置补贴政策监管强化纪律约束的通知》（农办机〔2019〕6号）等有关规定，强化农业农村、财政两部门联合查处和省际联动处理，严格依法依规处理到位，有效维护财经纪律，保障政策规范安全廉洁实施。

六、落实"国四"标准规定。为落实国家环保要求，根据农业农村部农机化总站印发的《关于做好柴油机排放标准升级农业机械试验鉴定获证产品信息变更等相关工作的通知》（农机化总站〔2022〕47号）精神，自2022年12月1日起，所有生产、进口和销售的560千瓦以下安装柴油机的农机产品排放标准由"国三"升级为"国四"，为稳妥有序推进我市农机购置补贴工作，对农机排放标准升级前购置的"国三"柴油机的农机产品，申请办理补贴日期截止到2023年4月30日，机具核验日期截至2023年5月31日，补贴资金兑付日期截至2023年6月30日。

七、加强政策宣传引导。各区要因地制宜、综合运用宣传挂图、报纸杂志、广播电视、手机客户端等方式及村务公开等渠道，广泛开展农机购置与应用补贴及报废更新补贴政策宣传，积极引导购机者坚持购置与应用并重，选购好用、耐用补贴机具，切实提高农业机械化水平；正确引导广大农民群众和农机产销企业参与政策实施，及时回应和正确应对处理舆情，切实保障农民和企业合法权益，营造良好营商环境。

厦门市农业农村局
二〇二二年十一月十五日

关于印发《北大荒集团2022年农机深松整地作业补助试点实施方案》的通知

各分公司、哈尔滨有限公司：

按照农业部办公厅《关于印发全国农机深松整地作业实施规划（2016—2020年）的通知》（农办机〔2016〕2号）、农财两部《关于做好2020年农业生产发展等项目实施工作的通知》（农计财发〔2020〕3号）文件要求，结合黑龙江垦区实际情况，集团农业发展部、财务管理部制定了《北大荒集团2022年农机深松整地作业补助试点实施方案》，现印发给你们，请认真贯彻执行。

附件：《北大荒集团2022年农机深松整地作业补助试点实施方案》

北大荒农垦集团有限公司
二〇二二年七月二十日

北大荒集团2022年农机深松整地作业补助试点实施方案

为提升垦区耕地质量，提高粮食综合生产能力，促进农业可持续发展，按照农业部办公厅《关于印发全国农机深松整地作业实施规划（2016—2020年）的通知》（农办机〔2016〕2号）、农财两部《关于做好2020年农业生产发展等项目实施工作的通知》（农计财发〔2020〕3号）文件要求，结合垦区农机深松整地作业实际情况，现特制定《北大荒集团2022年农机深松整地作业补助试点实施方案》（以下简称《实施方案》）。

一、指导思想及补助原则

坚持统筹规划，因地制宜，科学指导，全面推进的原则，结合垦区具体实际情况，争取利用三年时间，对垦区所有适宜地块进行一次深松整地作业试点示范。

二、补助范围及资金额度

2022年，垦区农机深松整地补助总面积为400万亩，补助总金额4000万元。补助资金来源为中央财政预算内资金。

经调查摸底，2022年拟对垦区宝泉岭等分公司相关农场秋季农机深松整地进行补助（补助计划见附表1）。

三、受益对象及补助标准

补助对象为进行深松整地农场内自愿实施农机深松整地的种植户或开展农机深松整地作业的农机户（服务组织）。各分公司、农场可结合本地区实际情况，自行确定补助对象。

农机深松整地作业补助试点实行定额补助，综合考虑垦区农机深松整地的技术模式、成本费用、农户意愿、规划任务、资金规模、历年情况等因素，确定补助标准为10元/亩。

四、作业标准及机械选择

深松整地作业模式和作业质量标准按照《农业部办公厅关于开展农机深松整地作业补助试点工作的通知》（农办财〔2013〕98号）文件要求，结合农场实际执行。

所有参与深松整地作业机车必须安装深松作业远程信息化监测装置，并确保所安装监测装置可实时上传数据到集团农机深松作业信息监测平台。深松监测装置，由作业车主自行联系安装。为了确保监测准确性，监测装置生产厂家需在集团农业发展部履行备案手续后，接入监测平台。现已在集团农业发展部履行备案手续的生产厂家有：黑龙江惠达科技发展有限公司、北京农业智能装备技术研究中心、哈尔滨星途导航科技有限公司、黑龙江北蓝科技发展有限公司、江苏北斗卫星应用产业研究院有限公司、北京博创联动科技有限公司、中电科卫星导航运营服务有限公司、中国农业机械化科学研究院集团有限公司等八家企业。

五、补助程序及检查验收

补贴资金年初由集团按照《实施方案》的任务直接拨付

到各分公司，各分公司按照当年旱田作物播种情况和适宜深松面积，给农场分配补助资金，遵循"先作业后补助、先公示后兑现"的原则，作业结束后，由农场拨付给补助对象。

（一）开展作业服务。管理区（作业站）或农户，可自主雇用农机服务组织（农机户）为其提供深松整地作业服务。有条件的农场，可以统一组织机车开展深松整地作业。农机服务组织（农机户）要按时完成作业任务，保证作业质量，履行相关手续。

（二）统计作业面积。在作业期间，农场管理区（作业站）随时抽查作业面积与质量。深松作业结束后，农场管理区（作业站）根据实际深松作业达标面积，与深松信息管理平台监测合格面积进行核实无误后，农场管理区（作业站）、农户（种植户）、农机服务组织（农机户）三方认可深松面积，同时填写《农机深松整地作业验收单》（附表2）并签字、盖章。农场管理区（作业站）负责统计和审核区域农机深松整地作业完成情况，汇总后上报农场农机部门。

（三）核查确认面积。农场农机部门会同财务部门对农机深松整地达标作业面积、作业质量与农机信息化平台进行仔细核对，并组织进行抽检，确认作业合格面积后报农场审批，在农场及管理区进行公示。对于公示无异议的，农场农机部门会同财务部门形成《农机深松整地作业补助资金明细表》（附表3）、《农机深松整地作业补助情况汇总表》（附表4），上报分公司备案。

六、实施要求及注意事项

1、各分公司、农场农机部门、财务部门要高度重视、密切配合，认真研究措施办法。各农场要制定《农机深松整地作业补助实施方案》，明确补助对象、验收主体，要严格按照任务要求，完成深松整地作业面积，按时兑现农机深松整地补助资金，不得截留或挪作他用。

2、深松整地作业机械必须确保牌证照、安全设施齐全有效，机具符合农场标准化作业要求。同时为提高信息化水平，确保作业质量合格、资金监管到位，作业机械必须安装深松作业远程信息化监测装置并确保与集团农机深松作业信息监测平台实时对接。对无法与平台对接数据的农场，集团将对农场深松作业面积不予确认，该作业面积不享受相应补贴政策。

3、深松整地作业补助面积以信息化平台合格面积为准。对于确因设备原因造成的面积缺失，农场需提供监测厂家设备故障证明、实地核测证据材料，以正式文件形式上报到集团农业发展部核准修正。

4、各农场要做好信息公开，将农机深松整地作业补助的操作办法、补助标准等信息及时向社会公开，在作业面积和补助对象等方面做到公正透明，主动接受社会监督和群众监督。

5、各农场要加强补助资金使用情况的监督，分公司定期对作业面积、作业质量进行检查，坚决防止发生虚报作业面积、降低作业标准、套取补助资金等现象。对2021年以前，各农场深松整地补助结转资金，可按照2022年深松有关要求优先使用，确保今年全部使用完毕。

6、各分公司于11月20日前，将2022年农机深松整地补助工作总结报送集团农业发展部。

关于印发《北大荒农垦集团农业发展部"迎二十大百日攻坚战"农机安全生产专项整治工作方案》的通知

北大荒集农发〔2022〕135号

各分公司、哈尔滨有限公司农业发展部：

现将《"迎二十大百日攻坚战"农机安全生产专项整治工作方案》印发给你们，请结合实际认真抓好贯彻落实。

北大荒农垦集团有限公司农业发展部
二〇二二年八月三十日

北大荒农垦集团有限公司农业发展部"迎二十大百日攻坚战"农机安全生产专项整治工作方案

为认真贯彻落实党中央、国务院和省委、省政府以及集团关于安全生产重大部署，深刻汲取全国农机事故教训，深入推进农机安全生产大检查，确保党的二十大期间集团农机安全生产形势持续稳定，集团农业发展部决定从8月下旬至10月末，开展"迎二十大百日攻坚战"农机安全生产专项整治工作，制订本方案。

一、指导思想

以习近平新时代中国特色社会主义思想为指导，深入贯彻习近平总书记关于安全生产重要讲话重要指示批示精神，按照省委、省政府关于加强安全生产系列部署要求和集团安全生产大检查等既有工作安排，进一步加大农机安全监管力度，结合工作实际确定农机安全生产百日攻坚目标，全面排查与重点整治相结合，全面深入开展农机安全生产大检查，及时有效管控安全风险，彻底排查整治安全隐患，严格落实各项安全防范责任和措施，坚决遏制重特大事故发生，为党的二十大胜利召开营造安全稳定环境。

二、攻坚目标

（一）全面推行农机安全生产网格化监管

各级农机管理部门必须明确农机安全生产第一责任人，夯实安全生产"一岗双责、齐抓共管、失职追责"责任机制，健全安全生产监督管理网格，进一步明确各级农机管理部门对农机安全工作的领导责任，明确职责分工，依法履行职责，严格落实安全生产监管责任，层层签订安全生产责任状，制定管理事项清单，建成网格化监管长效机制，促进各项责任目标落实。

（二）全面提升农机安全治理体系

建立分公司、农（牧）场联动机制，以及与应急、公安、交通、消防等部门之间的协调配合机制，形成齐抓共管，联合开展安全检查。重点解决安全生产大检查流于形式，专项整治成效不明显，安全管理"宽松软"，"三违"行为屡禁不止，隐患存量大、增量快、整改进度慢，重大隐患长期得不到整改等突出问题。

（三）全面加强重点区域专项整治能力

要求各级农机管理部门安全生产检查规范、专业，及时排查出人的不安全行为和物的不安全状态。一是农机道路安全方面，严格避免"黑车非驾、酒后驾驶、违法载人、超速超载"等行为，切实抓好农业机械粘贴反光标识工作，提高农业机械夜间作业或转移期间安全性能，抽查安全教育落实及实施等情况。二是消防方面，重点解决农机场库棚、值班室用火用电安全隐患，农机停放场灭火器、沙箱及防火设备配备不齐全，农机停放场内及周边堆放油料等易燃物品问题。三是航化监管方面，重点解决航化作业现场管理缺失，安全培训不全面、不到位，搭乘无关人员，执行与作业无关的飞行表演，机场用油用电未落实管理责任，植保无人机操作不规范等问题。对排查出的农机安全隐患，登记、跟踪、督查、整改实行闭环管理，形成规范管理的良好局面。

（四）全面加大舆论宣传力度

各级农机管理部门要加大对百日攻坚行动工作的成效和宣传报道，定期组织集团主流媒体对大检查、专项整治、集中治理和百日攻坚等行动进行集中报道。充分利用各类媒体、各种手段，广泛宣传农机安全法律法规、规章标准和安全知识，增强职工安全意识，提升安全操作技能。将排查整改、督查督办、追责问责等有效措施贯穿"迎二十大百日攻坚战"全过程。

三、攻坚任务

各级农机管理部门要坚持"人民至上、生命至上"理念，在全面落实《关于印发贯彻落实国务院安委会进一步强化安全生产责任落实坚决防范遏制重特大事故若干措施任务分解方案的通知》（黑安发〔2022〕8号）、集团应急委《北大荒农垦集团有限公司安全生产大检查实施方案》（北大荒集应急委文〔2022〕2号）、《关于开展安全生产大检查及督导检查工作的通知》（北大荒集应急委办文〔2022〕13号）和农机安全生产专项整治等既有部署和责任分工基础上，坚持问题导向，有针对性确定攻坚举措，全面落实农机安全生产责任制，结合农机安全生产大检查重点督查阶段安排，各级农机管理部门领导要继续深入基层、深入一线，抓好督导检查。针对危害程度和整改难度较大的重大安全隐患，按照"动态排查挂账、全程监督治理、严格验收销账"的工作机制，分批有序进行治理，从根本上消除和整改一批影响农机安全的重大安全隐患，巩固一批整治成果，实现重大安全隐患"动态清零"的目标。深化农机安全源头治理、系统治理和综合治理，坚决杜绝农机事故的发生，推动农机安全生产形势持续稳定向好，为党的二十大胜利召开营造安全稳定环境。

四、攻坚保障

（一）强化组织领导

各级农机管理部门要进一步深化细化实化"迎二十大百日攻坚战"农机安全生产专项整治工作方案，确定好本单位的攻坚目标和攻坚任务。各分公司、农（牧）场要成立以农业发展部主要负责同志为组长，农业发展部农机负责同志为副组长，相关工作人员为农机安全专项整治工作领导小组的成员。

（二）加大宣传引导

加大农机行业安全的宣传工作力度。要充分宣传安全工作的重要性和必要性，充分运用正反两方面的典型案例，加强正向引领和反面警示教育，鼓励广大干部职工积极参与，群防群治，推动"迎二十大百日攻坚战"农机安全生产专项整治工作的深入开展。

（三）组织督查考核

各级农机管理部门要高度重视并加强农机安全生产的监督管理，及时组织开展督查考核，对工作成效明显的单位进行通报表扬，对工作被动、不负责、不作为和发生一般农机事故的单位严肃问责，开展常态化自查，将自查工作贯穿大检查全过程、各环节，确保农机安全生产专项整治行动落实到位。

各单位要加强信息报送，结合集团安全生产大检查已经部署的信息报送要求，及时汇总"迎二十大百日攻坚战"进展，随时报送正反两方面典型案例，2022年8—10月的每个月28日，将"迎二十大百日攻坚战"农机安全生产专项整治工作进展情况、突出问题、重大隐患等形成总结报告上报集团农业发展部。

关于印发《黑龙江垦区2022年黑土地保护性耕作实施方案》的通知

齐齐哈尔、绥化分公司，哈尔滨有限公司：

按照《东北黑土地保护性耕作行动计划（2020—2025年）》（以下简称行动计划）、农业农村部农业机械化管理司关于印发《2022年东北黑土地保护性耕作行动计划技术指引》的函（农机科〔2021〕97号）、《农业农村部农业机械化管理司 计财司 财政部农业农村司关于做好2022年东北黑土地保护性耕作行动计划实施工作的通知》（农机科〔2022〕11号）文件要求，结合黑龙江垦区实际情况，制定了《黑龙江垦区2022年黑土地保护性耕作实施方案》，现印发给你们，请认真贯彻执行。

北大荒农垦集团有限公司
二〇二二年三月三十日

黑龙江垦区 2022 年黑土地保护性耕作实施方案

为加强黑龙江垦区黑土地战略性保护，加快保护性耕作技术推广应用，遏制黑土地退化、恢复提升耕地地力、保障国家粮食安全，按照《东北黑土地保护性耕作行动计划（2020—2025 年）》（以下简称行动计划）、农业农村部农业机械化管理司《关于印发〈2022 年东北黑土地保护性耕作行动计划技术指引〉的函》（农机科〔2021〕97 号）、《农业农村部农业机械化管理司 计财司 财政部农业农村司关于做好 2022 年东北黑土地保护性耕作行动计划实施工作的通知》（农机科〔2022〕11 号）文件要求，结合垦区实际，制定本方案。

一、指导思想

按照行动计划的安排，结合垦区实际，坚持生态优先、用养结合、稳产丰产、节本增效导向，强化组织领导和政策引导，促进农机与农艺深度融合，科技支撑与产业培育并重，技术创新与机制创新并行，加快在适宜区域推行保护性耕作，促进耕地质量提升，实现农业可持续发展。在保障粮食稳产丰产的前提下，尽量提高秸秆地表覆盖比例，尽量降低耕作次数和强度，减少土壤扰动，提升保护性耕作质量。黑土地保护性耕作资金支出主要包括秸秆全量覆盖还田免（少）耕播种补贴和秸秆少量覆盖还田免（少）耕播种补贴，同时对高标准基地建设给予一定支持。

二、补助范围及资金

2022 年垦区计划完成秸秆覆盖还田免（少）耕播种保护性耕作面积 50 万亩，黑土地保护性耕作补助总金额 2 000 万元。补助资金来源为中央财政预算内资金。

根据各分（子）公司、农场申报情况，垦区齐齐哈尔分公司、绥化分公司、哈尔滨有限公司部分农场具备秸秆覆盖还田免（少）耕播种条件，集团将 2022 年补贴资金按照申报情况分配到相关农场（见附表 1）。同时，计划在富裕牧场、和平牧场重点区域开展保护性耕作高标准基地建设，主要开展技术研究、示范培训、长期监测等，并由农场聘请专业技术团队进行指导，每个基地补贴建设资金 50 万元。

三、补助对象及标准

补助对象为实施秸秆覆盖还田免（少）耕播种作业的农机户、作业服务组织以及利用自有免耕播种机具实施秸秆覆盖免耕播种作业的土地经营者。鼓励各农（牧）场根据本场实际情况，推广以农机合作社为统一经营的主体。

按照《2022 年东北黑土地保护性耕作行动计划技术指引》要求，将免（少）耕播种作业分为三档补贴。第一档：秸秆少量覆盖还田（播前地表秸秆覆盖率 30% 以内），免（少）耕播种作业补贴 30 元/亩；第二档：秸秆部分覆盖还田（播前地表秸秆覆盖率 30%～60%），免（少）耕播种作业补贴 45 元/亩；第三档：秸秆大量覆盖还田（播前地表秸秆覆盖率 60% 及以上），免（少）耕播种作业补贴 60 元/亩。将玉米、大豆原茬卡种纳入第一档补贴范围。

注：秸秆覆盖率是指地面土壤上作物秸秆或残茬覆盖面积与地面总面积的比率。

四、技术模式及要求

结合垦区土壤、水分、积温、作物行距、经营规模等实际情况，2022 年在西部风沙地区推广秸秆覆盖免（少）耕播种的方式，从而起到保水保墒作用，减少风蚀引起的有机质降低等自然侵害。

1. 前茬作物玉米，有深耕基础的保护性耕作技术模式。

（1）秸秆覆盖全量还田免耕播种。玉米秸秆均匀覆盖还田原垄免耕播种模式，即上年玉米收获时将秸秆粉碎后直接还田均匀覆盖地表，春季使用免耕播种机原垄卡种或错茬免耕播种。

（2）秸秆覆盖全量还田少耕播种。玉米秸秆覆盖还田少耕播种模式，即上年玉米收获时将秸秆粉碎直接还田均匀覆盖地表，秋季或春季播种前使用秸秆覆盖还田垄台条耕整地机械，对垄体种床上面的秸秆（根茬）进行简单处理后，使用免耕播种机播种。

（3）秸秆覆盖全量还田条带耕作播种。实施平播垄管地块，玉米收获时秸秆覆盖地表，秋季或下年播种前采用秸秆归行机，把播种带秸秆清理到休闲带，然后使用免耕播种机播种。形成宽窄行种植模式，隔年交替在休闲带种植。

（4）秸秆少量覆盖原茬免耕播种。玉米收获后秸秆粉碎还田，地表残留部分秸秆，春季在原垄上使用免耕或少耕播种机播种。

2. 前茬作物大豆，有深耕基础的保护性耕作技术模式。

上年大豆收获时将秸秆粉碎后直接还田均匀覆盖地表，春季使用免耕播种机在原垄上免耕播种。

在保障粮食稳产丰产的前提下，各农场要根据实际选择保护性耕作模式，科学选择配套技术，与轮耕轮作制度结合，尽量减少农机进地作业次数，尽量少动土乃至不动土。逐步将保护性耕作技术向其他农作物延伸，最大限度发挥秸秆覆盖对土壤的保护作用。

五、实施步骤及验收

1. 确定保护性耕作地块。各分公司及农（牧）场要结合国家和垦区相关政策，积极落实免（少）耕播种地块。要制定各分（子）公司、农（牧）场年度实施方案，明确实施区域、主推技术模式、目标任务、高标准应用基地建设安排、实施要求和保障措施等内容，有计划有步骤全面推进保护性耕作发展。年度实施方案下发实施前报集团农业发展部备案。

2. 指导免（少）耕播种作业。享受补助的免耕播种机车组必须全部安装免耕播种监测装置，并确保所安装监测装置可实时上传数据到集团农机作业信息监测平台，对作业数量和质量进行监控。免耕播种作业经垦区农机作业信息监测平台判定合格后，方可以享受免耕播种作业补助。为了确保监测准确性，监测装置生产厂家须在集团农业发展部履行备案手续，经专家会议讨论通过后接入监测平台，具体要求另行通知。免耕播种监测装置由作业车主自行购买，在农（牧）场农机部门监督下安装。

3. 农（牧）场农机管理部门要做好监督指导。春播时，各农（牧）场要指定专人，每天登录垦区农机作业信息监测平台查看免（少）耕播种作业机车作业信息和质量分析，做好每天的核查、反馈记录。发现机具作业图像不清晰等检测设备异常情况，要通知机手和监测平台管护协调解决。

4. 车主（机手）要正确使用监测仪。车主（机手）在开始作业时要登录垦区农机作业信息监测平台，确认监测仪是否运转正常。作业期间，要每天登录农机作业监测平台，比对平台显示作业量与实际作业量，作业时发现监测仪显示异常，要暂停作业，立即报修，对不及时报修而导致的作业数据丢失等问题，由驾驶操作人员承担相关责任。对擅自挪动、拆装监测仪部件以及没有机具作业影像的，垦区农机作业信息监测平台不予确认作业面积。

5. 及时登记跨区机车信息。对于实施跨区作业的免（少）耕播种作业机车，车主（机手）要在作业地的农场农机主管部门进行备案，登记免（少）耕播种作业检测仪的设备号，在垦区农机作业信息监测平台进行作业地点变更，以便作业信息的准确上传。未进行备案登记的机车则无法在垦区农机作业信息监测平台显示并核实作业信息，不能享受补助政策。

6. 作业面积核查。免（少）耕播种作业结束后，各农（牧）场要对照在农机作业监测平台上监测到合格的免（少）耕作业面积，指导作业机主，在管理区配合下填写《2022黑土地保护性耕作免（少）耕播种作业验收单》（附件2），确定拟补助面积和对象。对有异议的，需进一步组织人工核查，经与垦区农机作业监测平台沟通确认后，将补助对象和面积上报分公司农业发展部。

7. 组织核定作业面积。农（牧）场农机部门会同财务部门对黑土地保护性耕作达标作业面积、作业质量与垦区农机作业信息监测平台进行仔细核对，并组织进行抽检，确认作业合格面积后报农（牧）场审批，在农（牧）场及管理区进行公示。对于公示无异议的，农（牧）场农机部门会同财务部门形成《2022年农机黑土地保护性耕作免（少）耕播种作业补助资金明细表》（附表3）上报分公司备案。分公司农业发展部要对各农（牧）场上报的免（少）耕播种作业补助面积进行复核，复核无异议后，以正式文件将《2022年黑土地保护性耕作免（少）耕播种作业补助情况汇总表》（附件4）报集团农业发展部备案。

8. 兑现补助资金。遵循"先作业后补助、先公示后兑现"的原则，作业结束后，各农（牧）场财务部门依据当地农机部门核定的免（少）耕作业面积，将补助资金发放给补助对象。

六、高标准应用基地建设

保护性耕作高标准应用基地主要开展技术研究、示范培训、长期监测等，并由农（牧）场聘请专业团队进行技术指导。垦区高标准应用基地建设要求土地相对集中连片，面积不少于1 000亩。能够保障应用基地建设的持续性和稳定性，在同一地块技术应用连续实施3年以上。基地内原则上全部采用秸秆全量还田和免（少）耕播种高标准保护性耕作技术模式。2022年，在富裕牧场、和平牧场2个重点区域开展保护性耕作高标准应用基地建设。

保护性耕作高标准应用基地要设置实施效果监测点，开展不同技术模式和作业方式对比试验，重点开展耕地土壤理化特性、生物性状、生产成本、作物产量变化、病虫草害变化和机具装备实用性等情况的监测。高标准应用基地是专家重点进行技术指导服务、开展培训宣传和对比监测的主要基地，要以垦区级以上科研院所、大专院校及推广单位为技术依托，以适用性为基础，在模式选择、技术模式对比、指导应用、技术培训、应用效果监测等方面提供技术支撑和保障。

七、保障措施

1. 加强组织领导。齐齐哈尔、绥化分公司，哈尔滨有限公司，相关农（牧）场要按照本方案的工作要求，认真组织任务落实、作业技术指导、面积核查、补助标准核定、资金兑付等工作，解决好工作中出现的具体问题，把国家政策不折不扣落实到位。各实施农（牧）场要结合实际组织制定实施方案，明确重点实施区域、实施面积、主推技术模式和保障措施，强化组织推动，抓好落实。集团农业发展部成立由农机、栽培、土肥、植保等多学科专家组成的专家指导组，研究制定主推技术模式和技术标准，开展技术培训与交流，指导基地建设。

2. 加强服务体系建设。发挥服务主体作用。支持有条件的农机大户、农机合作社等农业社会化服务组织承担保护性耕作作业任务，带动各类新型农业经营主体积极应用保护性耕作技术，培育壮大技术过硬、运行规范的保护性耕作专业服务队伍。

3. 加强数据监测分析。齐齐哈尔、绥化分公司，哈尔滨有限公司，相关农（牧）场要做好保护性耕作监测工作，农（牧）场农机技术人员依托保护性耕作应用示范基地监测点，对保护性耕作地块开展各项数据监测、统计和对比分析，并出具监测报告。分公司要统一监测标准和方法，开展技术指导和服务，对各农（牧）场的监测数据进行汇总分析和总结，形成全年监测情况报告。对于在实施过程中发现的技术和机具等问题，进行深入研究，拿出解决方案，为下一年度实施提供依据。

4. 加强政策扶持。利用中央财政安排的东北黑土地保护性耕作补助资金，积极支持各分（子）公司发展保护性耕作，并以"任务清单"形式下达各农（牧）场实施。各农（牧）场要科学测算、统筹利用相关资金，将秸秆覆盖还田、免（少）耕等保护性耕作绿色生产方式的推广应用作为优先支持方向，尽量做到实施区域、受益主体、实施地块三聚焦。要采取"先作业后补助、先公示后兑现"的方式，对不同区域不同技术模式应用质量标准实行差异化补助，避免同一类型技术应用补助在同一地块同一年度叠加实施。发挥农机购置补贴政策的导向作用，引导农民购置保护性耕作机具，提升机械作业质量，满足生产需求。

5. 做好项目总结。齐齐哈尔、绥化分公司，哈尔滨有限公司在7月15日前，报送项目执行情况及下年度工作安排；10月30日前，将保护性耕作工作总结及绩效自评报告报集团农业发展部。集团农业发展部适时组织对齐齐哈尔、绥化分公司，哈尔滨有限公司进行绩效考核。

索 引

> **说 明**
>
> 一、本索引采用主题分析索引方法，依据汉语拼音字母顺序排列，同音字按声调排列。
> 二、类目用黑体字。数字表示内容所在页码或参见页码，数字后字母表示从左到右内容所在栏别。
> 三、除标题外，机构与负责人、大事记栏目内容不作索引。

2022年农业机械推广鉴定大纲制修订计划　256
2022年全国农业机械化发展情况综述　115
2022年在东北黑土地保护性耕作行动计划工作部署会上的讲话（摘要）　4

A

安全基础扎实　72c
安全监管能力有待提升　91b
安全执法检查力度有待加强　87a

B

办好品牌学术会议，强化学术引领　184a
保障大豆玉米带状复合种植任务　95b
保障农机作业用油　94b
保障支撑实现新突破　91c
保障重要农产品机械化支撑　62c
北京市农业农村局　北京市规划和自然资源委员会　北京市财政局　北京市经济和信息化局　北京市园林绿化局关于印发《北京市农业机械化提升行动实施方案（2023—2025年）》的通知（京政农发〔2022〕143号）　56c

北京市农业农村局　北京市规划和自然资源委员会　北京市财政局　北京市经济和信息化局　北京市园林绿化局关于印发《北京市农业机械化提升行动实施方案（2023—2025年）》的通知　257
北京市农业农村局　北京市应急管理局关于印发《北京市"十四五"时期"平安农机"创建活动工作方案》的通知（京政农发〔2022〕92号）　56a
变型拖拉机报废清零工作进展不大　87a
标准工作稳中求进　180c
补贴资金短缺问题突出　67b
补贴资金和工作费用缺口大　80a
不断加强行业安全生产业务指导　113b
不断提高期刊出版质量，加强学术期刊建设　185a
部署农机安全工作　103b
部署农机安全工作　106c

C

参与全国农机装备补短板相关工作　62a
常态化建设农机应急作业服务队　63a
畅通便民服务渠道　100a
成立农机手分会　179a

成立农机装备补短板专班　75c
成立农业机械化生产服务保障组　104b
承办"2022年世界智能制造大会"分论坛"智能制造助力农业现代化发展论坛"　184b
持续举办大学生"双创"大赛，培养农业工程科技创新生力军　184c
持续开展人才举荐，激励科技创新和人才成长　185b
持续开展学科发展研究，引领农业工程学科发展　185a
持续强化干部人才队伍建设　113c
持续强化基础服务保障　114c
持续强化科技管理和国际交流　114a
持续强化农机化信息宣传　114b
持续强化农机试验鉴定和技术推广行业指导　112c
持续强化政务运转保障　113c
持续提高财务管理水平　114a
持续提升农机试验鉴定能力　113a
持续统筹做好疫情防控　114c
持续推进节粮减损　179c
持续拓展农机认证技术评价服务范围　113b
持续优化完善农机化标准和农机试验鉴定大纲体系　113a

出台农机用油优惠举措　74b
创建植保无人驾驶航空器作业补助试点　93b
创建主要农作物生产全程机械化示范县　93a
创新工作机制　85a
创新开发农机管理系统　108c
创新推动分步式机收　85c
创新推进农田宜机化改造　89c
促进农机制造产业发展　109a
存在农垦发展问题　80b

D

打造科技服务品牌，持续提升科技支撑力　182a
大力推进东北黑土地保护性耕作行动计划实施　112b
大力推进农机实用技能人才培养　112a
大事记　190
地　方　篇　195
地方农业机械化主管部门　188
地方性法规、规章及文件　257
地方性法规、规章及文件　56
地市补贴资金兑付滞后　80a
典型案例示范增实效　79b
顶层设计优化　88b
多措并举落实农机惠农政策　63a
多方协作联动　83c

F

发布致农机手的信　179a
发挥机收减损技术优势　109b
发挥农机装备技术支撑作用　91c
发挥协会作用　当好司站参谋助手　180c
发挥专家智库作用，助力湖南乡村产业振兴　185c
发展大型高端智能机械　105a
发展合作　83b
"非粮化"饲料收获加工机械化取得进展　100b
服务重要农时，保障农业生产　78a
附录　242

G

高效落实农机购置及应用补贴　64a
各地工作要览　61
各地区农机服务组织人员及投入产出情况表　127
各地区农机作业情况表　157

各地区农业机械拥有量表　133
攻关关键核心技术　101b
巩固拓展脱贫成果　79
构筑学术交流新高地持续提升学术引领力　181a
关于公布全国第七批率先基本实现主要农作物生产全程机械化示范县（市、区）名单的通知（农办机〔2022〕15号）　56b
关于加快推进渔业机械化高质量发展的实施意见（苏农机〔2022〕1号）　58a
关于加强农业机械试验鉴定工作的通知（农办机〔2022〕12号）　56b
关于落实落细大豆玉米带状复合种植配套农机装备保障工作的通知（农办机〔2022〕1号）　55b
关于下达2022年农业机械推广鉴定大纲制修订计划的通知（农机管〔2022〕7号）　56c
关于印发《"十四五"全国农业机械化发展规划》的通知（农机发〔2022〕2号）　55a
关于印发《"十四五"时期"平安农机"创建活动工作方案》的通知（农机发〔2022〕1号）　55a
关于印发《2022年主粮作物机收损失监测调查方案》的通知（农办机〔2022〕6号）　56a
关于印发《北大荒集团2022年农机深松整地作业补助试点实施方案》的通知　60b，320
关于印发《北大荒农垦集团农业发展部"迎二十大百日攻坚战"农机安全生产专项整治工作方案》的通知　60c，321
关于印发《黑龙江垦区2022年黑土地保护性耕作实施方案》的通知　60c，322
关于印发《黑龙江省2022年黑土地保护性耕作实施方案》的通知　57c
关于印发《黑龙江省粮食机械化生产提质增产减损行动方案》的通知　57c，275
关于印发《农机安全生产重大事故隐患判定标准（试行）》的通知（农办机〔2022〕7号）　56a
关于印发《青海省2022年耕地深松项目实施方案》的通知　312
关于印发《上海关于贯彻落实〈"十四五"全国农业机械化发展规划〉的实施意见》的通知　58a，277

关于印发《四川省"十四五"现代农业装备推进方案（2021—2025年）》的通知　59b，295
关于印发《新疆生产建设兵团农机购置与应用补贴试点方案》的通知　60a，314
关于印发《自治区农机作业防灾减灾应急预案》的通知（新农办机〔2022〕58号）　60a
关于印发青海省2022年耕地深松项目实施方案的通知（青农机〔2022〕171号）　59c
关于扎实做好南方水稻机械化种植推进工作的通知（农办机〔2022〕2号）　55c
关于做好"三秋"机械化生产工作的通知（农办机〔2022〕11号）　56a
关于做好"十四五"农机作业用油保障工作的通知（农机发〔2022〕2号）　55b
关于做好2022年东北黑土地保护性耕作行动计划实施工作的通知（农机科〔2022〕11号）　56c
关于做好2022年农业生产全程机械化保障油料扩种稳粮增产工作的通知　58b，280
关于做好农机装备补短板工作的通知　58a，279
关于做好油菜机收减损有关工作的通知（农办机〔2022〕3号）　55c
广西壮族自治区农业农村厅办公室关于切实做好大豆玉米带状复合种植配套农机装备保障工作的通知　58c，287
广西壮族自治区农业农村厅办公室关于印发广西2022年主要粮食作物机收减损工作方案的通知（桂农厅发〔2022〕110号）　59a
广西壮族自治区农业农村厅关于印发《广西农业机械化高质量发展"十四五"规划》的通知　59a，288
规范高效实施，农机购置补贴政策落实到位　82c
规范监理业务　107a
规范实施农机补贴政策　70c
规范实施农机购置补贴　85b
规范实施农机购置与应用补贴政策　66b
规范实施新机具新技术研发项目　64b
规范政策实施　109a
国内外设施蔬菜机械化发展现状分析及对策　51

H

夯实大豆玉米带状复合种植机具保障　63c
合理调整品目分类分档　103c
河北省农业农村厅关于印发《2022年河北省农机装备水平提升工作方案》的通知　57a，261
狠抓生产组织　78b
湖北省农业农村厅关于做好2022年湖北省农机深松整地作业补助项目工作的通知　58c，286
汇聚专业资源，分支机构开展各具特色交流活动　182c

J

机构与负责人　188
机械化作业水平提高　107b
积极参加中国科协相关联合体工作　184a
积极承接政府转移职能开展高质量科技公共服务　183c
积极推进《智能化农业装备关键技术研究丛书》的出版工作　182c
积极推进农业工程类工程教育认证工作　183c
基础设施短板强化　89a
基础设施建设不足　82c
基于需求侧的农业机械化高质量发展研究：理论逻辑与政策路径　14
吉林省农业农村厅　吉林省财政厅关于印发《吉林省2022年保护性耕作实施方案》的通知　57c，273
继续承办人社部高级研修项目　182a
继续主办国际大学生智能农业装备创新大赛　182b
加大保护性耕作推进力度　67c
加大技能人才培养力度　105c
加大奖补力度　73b
加大科普力度，促进全民科学素质提升　186b
加大联合执法力度　104c
加大农机安全生产监管力度　70c
加大农机安全宣传力度　94a
加大农机购置补贴　92c
加大农机投入　110a
加大培育"土专家"力度　84a
加大政策扶持力度　75a
加大政务信息报送力度　94a
加快补齐机械化生产环节短板　81a

加快补齐农机社会化服务短板　81a
加快补齐农机装备制造短板　81a
加快补齐丘陵山区机械化短板　81a
加快成果转化和推广应用　92a
加快建设全程机械化综合农事服务中心　75b
加快建设水稻机械化育秧中心　75b
加快农机科技创新步伐　100b
加快淘汰老旧机具　69a
加快推动农机社会化服务提质增效　104a
加快推进"智慧农机"发展　105b
加快推进会员入库，增强学会组织力、凝聚力　186c
加快推进粮食无人农场建设工作　70b
加快推进农机报废更新　105b
加强安全监管　102a
加强安全理论学习　76b
加强分支机构的规范管理运作　183b
加强分支机构管理　187c
加强耕地地力保护　100b
加强工作部署　69a
加强沟通协调　85b
加强国际交流，提升国际影响力　186b
加强行业系统指导服务　112c
加强机械化应急作业能力建设　64c
加强技术交流　86a
加强技术指导　68a
加强鉴定能力供给　71c
加强秘书处队伍建设，参加中国科协、民政部及规划院培训、研讨活动10余次　187b
加强农机安全生产管理　103b
加强农机安全生产指导工作　86c
加强农机服务情况统计调度和行业监测　109c
加强农机购置补贴的监管力度　108a
加强农机鉴定能力建设　83c
加强农机社会化服务人才队伍建设　73b
加强农机事故应急管理工作　77c
加强农机新技术新模式宣传　64a
加强农机应急抢收作业　99c
加强农机智能化技术应用　73b
加强农垦品牌建设　80a
加强农业机械化安全工作　108b
加强农业机械化技术支撑　72b
加强农业机械化质量管理工作　69c
加强生产调度指导　67a
加强违规行为联查联动　104a
加强先进农机装备应用场景建设　62a
加强宣传教育　107a
加强宣传培训　104c

加强宣传统计工作　84b
加强业务工作能力，高质量完成中国科学技术协会综合专项调查统计20余个，荣获科协表彰　186c
加强一流学会建设　186b
加强自身建设　提高工作质量和水平　181b
加强组织领导　102b，109c
加强组织领导，压实主体责任　104b
加速提升经济作物机械化水平　105a
坚持财政引导，社会参与　82a
坚持高点谋划，高位推动　82a
坚持技术装备示范　66b
坚持加力推进补短板　66b
坚持培育主体　86a
坚持三链同构，三链齐补　82a
坚持示范典型引领　77c
坚持统筹协调发展　66a
坚持做好疫情防控工作　181c
简化产品归档流程　103c
建立健全长效机制　102b
建立农机作业防灾救灾应急机制　83b
建立优惠用油保供服务机制　91c
建设"河南农机云平台"　79b
建设"三合一"系统　106a
建设水稻生产"智慧农场"　90b
建设重点实验室　83a
江西省农业农村厅　江西省应急管理厅关于印发《江西省"十四五"时期"平安农机"创建活动工作方案》的通知（赣农字〔2022〕46号）　58c
江西省人民政府关于印发《江西省农业七大产业高质量发展三年行动方案（2023—2025年）》的通知　58b，282
紧跟学科发展，持续提升期刊行业影响力　182b
精心谋划部署　78a
举办"2022耒耜国际会议"　182b
举办2022新疆农业机械博览会　102a，180b
举办2022中国甘蔗机械化博览会　180c
举办第六届中国农机青年科学家论坛　182b
举办第四届中国乡村振兴战略推进大会　181a
举办农机招商展览　75c
举办现场观摩活动　75b
举办中国农业机械学会2022学术年会　181b
聚焦短板弱项　合力助推乡村振兴　179c
聚焦机械强农，主抓"三中心、两基地"

建设　73a

K

开放合作，提升学会国际影响力　184c
开展"变拖清零"攻坚战　76c
开展"机田证"一体化建设　65a
开展"农机3·15"活动　106c
开展"平安农机"创建　62b，69a
开展"三夏"督导　181a
开展安全监管三年攻坚战　86c
开展安全检查　69a
开展安全生产月活动　76c
开展安全生产专项活动　108b
开展安全隐患排查　76c
开展安全隐患排查治理　104c
开展补短板行动　77b
开展补贴产品投档　96a
开展补贴资金测算　106b
开展创先争优　85a
开展春耕备播　63c
开展规划编写工作　97c
开展机具核查　106a
开展机收减损大宣传活动　103a
开展机手调研　179b
开展机损监测调查　68c
开展技术试验示范　86c
开展绩效评估　106a
开展经验交流　84c
开展科技成果评价工作，提高学会公共服务能力　183c
开展跨区作业　74b
开展粮食机收减损工作　108a
开展农机"安全生产月"活动　82b
开展农机安全打非治违　90c
开展农机安全检查　71a
开展农机安全生产大排查大整治行动　106a
开展农机安全生产督导检查　86a
开展农机安全生产服务　93c
开展农机安全生产专项整治行动　100c
开展农机安全宣传　92b
开展农机报废更新补贴工作　107c
开展农机化工作专题研究和统计调查工作　112a
开展农机活动　83c
开展农机深松（翻）整地作业　74a
开展农机深松整地和保护性耕作项目　105a
开展农机生产作业　103a
开展农机示范推广　71c
开展农机试验鉴定工作　70a
开展农机推广鉴定和农机质量监管工作　97c
开展农机新产品购置与应用补贴试点　96a
开展农机研发制造推广应用一体化项目　108c
开展农机质量调查工作　98a
开展农机装备补短板工作专题调研　97a
开展农机装备补短板行动　95a
开展丘陵山区适用农业机械遴选推荐活动　179c
开展全程机械化示范推　90a 广
开展全国农作物秸秆综合利用重点区建设工作　62b
开展实地检测　68c
开展示范创建　85a
开展水稻机收损失率监测调查工作　83a
开展调研工作　87a
开展拖拉机安全顽瘴痼疾专项整治　82a
开展小麦机械化抢收　73c
开展新技术试验示范　75b
开展新型机具推广应用　104a
开展一体化试点，提升农机装备水平　68b
开展隐患排查　63b
开展隐患排查整改　62b
开展育苗移栽示范推广　90a
开展智慧农机助力农业社会化服务工作　110c
开展中小型牧场粪污处理设备示范推广　100c
开展专项检查　68a
科技创新能力增强　88c
科学调整补贴额　103c
科学系统谋划　68b
扩大农业机械化发展影响力　105a
扩大实施范围　68b

L

立目标，强推动　78c
联合执法严查处　106c
粮食增产得到新保障　89b
领导报告与论述　1
落实安全生产责任　109c
落实补贴政策　65c
落实措施　83a
落实机械化生产重点任务　111a
落实跨区作业　104b
落实农机报废更新补贴政策　77b，101c
落实农机购置补贴工作　69c，107c
落实农机购置补贴政策　74c
落实农机购置补贴资金　101c
落实农机购置与应用补贴政策　77b
落实农业机械化安全生产工作　71c
落实特色农机研制补短板行动　73b
绿色发展取得新提升　89c

M

密切协作配合　78a
棉花生产全程机械化工作取得新进展　107b
棉花种植机械化关键技术与装备研究进展　36
免费发放爱心防疫包　179b
明确补贴重点，强化政策导向　78b
谋划服务联合体　83b
谋划省市县联动　83a

N

南方双季稻栽植机械化发展的影响因素和关键技术措施　43
内蒙古自治区农牧厅　财政厅关于印发《内蒙古自治区2022年黑土地保护性耕作推进行动实施方案》的通知（内农牧机发〔2022〕280号）　57b
内蒙古自治区农牧厅关于印发《内蒙古自治区"十四五"农牧业机械化发展规划》的通知　57c，268
宁波市人民政府关于印发《宁波市扎实推进科技强农机械强农行动实施方案（2022—2025年）》的通知　60a，317
农机安全存在隐患　80b
农机安全生产保持平稳　92b
农机安全生产监管取得新进步　99b
农机安全生产取得实效　98c
农机安全生产形势稳定　84c
农机安全生产形势向好　77c
农机产业发展短板明显　67c
农机服务得到保障　98b
农机服务能力有待增强　91a
农机服务体系健全　89a
农机服务主体壮大　88a
农机公共服务能力和社会化服务水平提升　101c
农机购置补贴实施　80c
农机购置补贴实施实现新突破　91b
农机购置补贴政策实施规范有序　87b
农机购置补贴资金兑付较慢　67c
农机购置补贴资金使用情况　94a
农机购置补贴资金支出进度较慢　87b

农机购置与应用补贴政策实施规范高效　107b
农机管理机制有待理顺　91a
农机合作社发展良莠不齐　80a
农机化司帮扶湖南包谷村项目　180c
农机技能人才成长　88a
农机鉴定能力及标准化建设强化　72c
农机科技创新应用获得新突破　99b
农机农艺集成示范成效显著　95c
农机社会化服务能力不强　88b
农机社会化服务能力提升　84c，96a，100b

农机社团组织　179
农机试验鉴定能力和农机质量监管服务能力提升　99a
农机适用性有待加强　91a
农机维修服务及时　94a
农机支撑能力提高　89a
农机装备补短板取得新突破　95c
农机装备结构优化　107b
农机装备研制供给能力增强　72a
农机装备总量增加　95c
农机装备总量增长　93a
农机作业服务能力得到新拓展　99b
农机作业能力提高　88a
农民增收找到新路子　89b
农田宜机化示范改造成效显著　87b
农业机械化短板加快补齐　74b
农业机械化发展水平提升　95c
农业机械化扶持政策效应创新高　71a

农业机械化工作　61
农业机械化工作情况　75a
农业机械化公共服务能力提升　71c
农业机械化技术推广应用实现新突破　92b

农业机械化论坛　14
农业机械化生产有序开展　69b
农业机械化示范推广有新进展　74b

农业机械化统计资料　115

农业机械化业务部门　188

农业机械化政策法规及规章　55
农业机械化支撑保障作用显著　95c
农业机械化组织保障水平提升　71b
农业机械抗灾救灾能力不足　80a
农业机械装备水平实现新提升　99a
农业农村部　应急管理部关于印发《"十四五"时期"平安农机"创建活动工作方案》的通知　243
农业农村部　中国石油天然气集团有限公司　中国石油化工集团有限公司关于做好"十四五"农机作业用油保障工作的通知　244

农业农村部办公厅　国家发展改革委办公厅关于印发《2022年主粮作物机收损失监测调查方案》的通知　248
农业农村部办公厅关于公布全国第七批率先基本实现主要农作物生产全程机械化示范县（市、区）名单的通知　253
农业农村部办公厅关于加强农业机械试验鉴定工作的通知　251
农业农村部办公厅关于落实落细大豆玉米带状复合种植配套农机装备保障工作的通知　245
农业农村部办公厅关于印发《农机安全生产重大事故隐患判定标准（试行）》的通知　249
农业农村部办公厅关于扎实做好南方水稻机械化种植推进工作的通知　246
农业农村部办公厅关于做好"三秋"机械化生产工作的通知　250
农业农村部办公厅关于做好油菜机收减损有关工作的通知　248

农业农村部部门规章及文件　242
农业农村部部门规章及文件　55
农业农村部关于印发《"十四五"全国农业机械化发展规划》的通知　242
农业农村部农业机械化管理司　农业农村部计划财务司　财政部农业农村司关于做好2022年东北黑土地保护性耕作行动计划实施工作的通知　253
农业农村部农业机械化管理司关于下达2022年农业机械推广鉴定大纲制修订计划的通知　255

农业农村部农业机械化主管部门　188
农业生产全程全面机械化成效凸显　71b
农艺匹配性亟待提升　91a
农作物全程机械化取得新进展　99b
农作物生产机械化水平提高　84b

P

培训提升强业务　79a
培育和增强农机社会化服务能力　108a
培育农机社会化服务典型　105c
培育壮大农机社会化服务主体　97b
配合举办2022国际农机展　63b
配合完成大豆玉米带状复合种植和油菜扩种任务　73c
配置先进机具　68c

Q

启动老旧农机报废更新补贴工作　86b

启动全程机械化示范区创建工作　62b
强化"三优一免"用油措施落实　76b
强化措施落实，做好深松整地　78c
强化高位部署　65b
强化沟通协调　68b
强化机具供应保障　93b
强化机具调度　76b
强化机收减损　76b
强化机收减损保障　93c
强化机艺融合应用　77c
强化基地引领　65c
强化技术服务　68b
强化技术维修保障　93b
强化技术支持　102c
强化技术指导　76b
强化监督检查　109a
强化监管，联合督导　89c
强化监管效能　65c
强化科技支撑　99c
强化农机安全管理　70a
强化农机安全监督管理　63b
强化农机安全监管　68c
强化农机安全宣传教育　106a
强化农机服务保障　61a
强化农机农艺融合　83a
强化农机人才队伍　104b
强化农机实用人才培育　75b
强化农机试验鉴定能力　75c
强化农机作业组织管理　76b
强化培训与调研　106c
强化丘陵山区智能农机研发创新能力　75c
强化全过程监管　65b
强化社会化服务保障　93c
强化实施农机购置政策实施　66c
强化调查研究和服务保障　112a
强化调度监督　67c
强化宣传培训　68c
强化应急保障　76a
强化政策监管　76a
强化政策引导增合力　79b
强化指导督导　78b
强化重点时段专项整治　62b
强化作业用油保障　93b
强基固本，守正创新，自身建设成效明显　113c
强检查排隐患　106c
撬动资金，多元投入　89c
请示汇报　68b
丘陵山区农机装备补短板实现新突破　92a
丘陵山区农田作业条件亟须改善　88a

全国农机服务组织人员及投入产出情况表　118
全国农机作业情况表　123
全国农业机械化发展情况综合分析表　116
全国农业机械化发展指标　118
全国农业机械化统计分析　115
全国农业机械拥有量表　119
全力保障鉴定供给　推进技术推广应用　促进农业机械化高质量发展（摘要）　10
全面开启职业技能教育培训，推进乡村振兴人才队伍建设　185b
全面深化改革努力建设中国特色一流学会　183a
全面支撑保障农机购置与应用补贴政策实施　112b
确保农机跨区作业畅通　77a
确保夏粮颗粒归仓　63c
确定农机购置补贴产品　66b

R

如期顺利完成学会换届工作　183a

X

厦门市农业农村局　厦门市财政局关于进一步做好农机购置与应用补贴工作的通知　60b，319

S

山东省人民政府办公厅关于印发《山东省农机装备补短板行动实施方案》的通知　58c，285
山西省农业农村厅　山西省应急管理厅　山西省行政审批服务管理局关于印发《山西省"十四五"时期"平安农机"创建活动工作方案》的通知　57b
山西省农业农村厅关于印发《山西省"十四五"农业机械化发展规划》的通知　57a，263
陕西省农业农村厅关于印发《陕西省"十四五"农业机械化发展规划》的通知　59c，307
陕西省农业农村厅关于印发陕西省主要农作物生产全程机械化示范县创建方案的通知　59c
深化农机安全责任落实　105c
深化农业机械化行动方案顶层设计　61b
深化品牌建设　各项工作取得实效　180a
生猪养殖规模逐渐恢复　79
"十三五"时期我国农机事故统计分析与对策研究　22
实行网格化管理　90c
实施变拖"清零"行动　90c
实施补短板科研项目　83b
实施差异化补助　67c
实施购机补贴政策　72b
实施农机报废更新补贴政策　93a
实施农机购置补贴　68a
实施农机购置补贴项目　102c
实施农机购置补贴政策　96a，110a
实施农机购置与应用补贴政策　93a，64c
实施农机深松整地项目　67a
实施农业机械报废更新补助项目　103a
实施推进全程机械化提升行动　67a
实施中国科学技术协会工作有效提升学会地位　184a
试验鉴定与技术推广　110
梳理短板机具目录　75c
梳理修订补贴机具种类范围　103c
树典型、强示范　83b
树立新形象　89c
水稻机收减损成效突出　84c
水稻机械化种植水平低　82b
索引　325

T

探索创新补贴资金使用与管理方式　101c
探索开展农机购置与应用补贴试点　107c
探索农机安全生产新路径　94b
探索农机信息化新路径　79b
糖料蔗生产全程机械化作业补贴　84b
提高农机安全监管水平　65a
提高农机购置补贴资金　103c
提升甘蔗联合收获作业能力　86a
提升管理服务能力水平　61c
提升科技成果评价服务，促进科技成果转移转化落地　185b
提升南疆师市农业装备水平　107c
提升农机合作社服务能力　74c
提升农机装备水平　92c
提升农机作业水平　87c
提升蔬菜生产"机器换人"示范创建水平　70c
提升为民服务水平　65c
提升研发能力　90a
提早开展供需对接　66a
提早释放政策信号　65c
提早抓实机具供给　65c
天津市农业农村委　天津市工业和信息化局关于印发《天津市农机装备补短板行动方案（2022—2025年）》的通知　57a，260
调整农机购置补贴相关规定　106b
调整糖料蔗生产全程机械化作业补贴措施　85b
突出急需急用　81b
突出绿色环保　81b
突出农业稳产保供工作　102c
突出稳产保供　81b
突出优机优补　81c
突出抓好重要农时农业机械化生产　94c
推动安全责任落实　108b
推动成立行业协会　90b
推动创新服务模式　90b
推动发展壮大组织　90b
推动合力增强　88c
推动建设信息平台　90b
推动农机报废更新补贴实施　93b
推动农机深松整地作业补助工作　93b
推动农机专项鉴定工作　83c
推动农机装备补短板　87c
推动农机装备补短板工作　93c，71c
推动农业机械化全程全面高质量发展　63a
推动农业机械化项目规范高效实施　85b
推动农业机械化转型升级　70b
推动新机下田　90a
推动重大政策实施　94c
推广初加工成套设备　86c
推广农机深松整地作业技术　103a
推广农机先进技术　98b
推广农业机械化新机具新技术　108a
推广先进适用农业机械化技术　87c
推进"平安农机"创建　90c
推进"平安农机"示范创建　82b
推进"一县三基地"和机械强农项目建设　104b
推进保护性耕作工作　69c
推进保护性耕作行动　102b
推进保护性耕作行动计划工作　67a
推进保护性耕作替代传统翻耕　109b
推进报废更新，优化装备结构　78c
推进菠萝等生产机械化　110c
推进补贴试点　74c
推进常态化农机应急作业服务队建设　69c
推进畜牧业水产业等各业生产全程机械化　105b
推进畜禽水产养殖机械化和农产品初加工机械化　85c
推进大豆玉米带状复合种植机械化　85c

推进大豆玉米带状复合种植机械化技术
　　推广应用　77a
推进甘蔗机械化　110b
推进机收减损　78b
推进跨区作业向纵深发展　69b
推进老旧农机报废　76c
推进老旧农机报废补贴工作　100c
推进粮食收提质减损　62c，77a
推进粮食生产　79
推进南药机械化　110b
推进农机安全"网络化"管理　83c
推进农机报废更新　62a
推进农机标准化工作　102a
推进农机补贴办理方式转变　96a
推进农机服务能力提升　95b
推进农机农艺融合发展　100a
推进农机排放补贴实施　96b
推进农机社会化服务提档升级　112a
推进农机信息化管理　104a
推进农机应用国产化转型升级　108c
推进农机装备补短板　101b
推进农机装备补短板行动　62c
推进农机装备产业转型升级　66c
推进农机装备应用与研发　65a
推进农业机械化创建工作　106b
推进农作物生产全程全面机械化　101b
推进平安农机创建　107a
推进其他产业机械化　110c
推进丘陵山区机械化发展　111c
推进全程机械化示范县创建　64a，95a
推进水稻全程机械化　85c，86b
推进提升农机维修服务能力水平　180a
推进现代化农事服务中心建设　104a
推进橡胶机械化　110b
推进新型农业经营主体建设　68b
推进养殖业、设施农业、农产品初加工
　　机械化　111c
推进育秧中心、烘干中心建设　73a
推进政策便民　76a
推进政策创新　76a
推进重要农时机械化生产　73c
推进主要农作物生产全程机械化　111b
拓展农业生产社会化服务　85b

W

完成"十四五"规划编制　64b
完成保护性耕作技术推广项目　62b
完成农机购置补贴任务　84c
完成农机深松整地作业　92a
完成农业机械化其他工作　94a
完成深松整地工作　69c

完善补贴政策　74c
完善购机补贴政策　80b
完善会员系统会员信息　183c
完善农机事故应急救援体系　100c
完善农机网格化监管新机制　100c
完善农机政策措施机制　90b
完善农机装备研发创新和科研基地平台
　　96c
完善省级专栏建设　74a
稳步规范实施国推鉴定项目　113a
稳步推进农机报废更新补贴工作　112c
稳粮保供，提质护农　83c
我国大蒜全程机械化生产现状、问题与
　　对策　48
我国农机科技社会化服务体系发展现状
　　研究　19

X

西藏自治区农业农村厅关于印发《西藏
　　自治区"十四五"农业机械化发展
　　规划》的通知　59b，301
西南地区玉米增产潜力与机械化支撑能
　　力研究　30
先进适用农机装备有效供给不足　88b
乡村振兴背景下我国农机服务组织农机
　　保险现状与建议　26
协会　188
协调解决用油矛盾　104b
新规划引领，健机制补短板　82c
新制定修订的农业机械推广鉴定大纲目
　　录　242
修订完善补贴范围　68a
宣传工作取得新进展　84c
宣传培训抓安全生产　108b
宣传先进经验和做法　85a
宣传宣讲筑防线　79a
学会团体标准制定工作全面提升　183c
学习贯彻农机报废更新补贴政策　110a

Y

严防政策实施风险　100a
研发制造能力弱　82c
依法履行农机安全监理职责　93c
宜机化改造任重道远　90c
因地制宜抓好秋收秋种　63c
隐患排查保安全　79a
印发农业机械化发展规划方案　100a
优化报废补贴申办流程　85b
优化便民服务措施　98c
优化补贴标准　68a

优化补贴机具种类范围　100a
优化补贴平台功能　70c
优化补贴政策　74a
优化补贴种类范围　74c
优化服务保障　78b
优化服务促提升　79b
优化农机装备结构，提升农业生产设备
　　水平　110b
优化完善政策推进优机优补　61c
优化政策实施　75c
油菜移栽机作业效果综合测评　41
有效承担科协项目，提升学会服务能力
　　184b

Z

在"三秋"农机安全生产重点工作部署
　　视频会上的讲话（摘要）　6
在2022年全国农业机械化工作会议上
　　的讲话（摘要）　1
在推进基层农机安全生产网格化管理工
　　作视频会上的讲话（摘要）　8
增强农机社会化服务能力　105c
增设投资档位　68c
扎实开展农机质量监测工作　113c
召开农机具跨区作业交通运输收费情况
　　座谈会　181a
浙江省农业农村厅　浙江省应急管理厅
　　关于印发《浙江省进一步深化"平
　　安农机"创建活动工作方案》的通
　　知　58b，281
争创高端智能农机装备推广应用先导区
　　69b
争取国家级试点　85a
争取和实施全国农机装备补短板项目
　　97a
争取农机购置补贴资金　99c
争取项目资金　84c
政策精准性有待提高　91a
政策效应提升　88b
指导大豆玉米复合种植工作　99b
指导各地做好秋收秋种机械化生产　73c
指导疫情防控下农机的复工复产　70b
制定发展行动方案　87a
制定农机督查方案　87a
制定市级资金补贴方案　106b
中　央　篇　190
中国农业工程学会　184
中国农业机械化协会　179
中国农业机械学会　181
中华人民共和国农业农村部公告（第
　　530号）　55a，242

重庆市农业农村委员会关于进一步做好
　　农田宜机化改造工作的通知　59a,
　　293
重视示范引领,加强"两基地"建设
　　73a
重要农产品机械化水平提升　72a
主办全国"农机3·15"消费者权益日
　　主会场活动　180a
主要农作物生产全程机械化建设实现新
　　突破　92a
助力全程全面机械化发展　111b
注重深耕基层　用心用情服务机手　179a
抓"变拖"清零工作　88a
抓部署、促推进　84a
抓常态化疫情防控下农业机械化生产工
　　作　101a
抓大豆玉米带状复合种植专用机具保障
　　97a
抓发展研究　77b
抓防疫协调　61a
抓服务保障　61b,99b
抓关键节点安全生产　108b
抓关键农时机械化生产　109b
抓好机具检修调度　105a
抓好机收减损　105a
抓好技术指导服务　105a
抓好重点工作机具保障　64c
抓机插机抛　81c
抓机收减损　61b,81c
抓机收减损工作　73c
抓技术指导　61b
抓粮食生产机械化　96b
抓农机合作社建设　81c
抓农机抗灾救灾　81c
抓农机跨区作业服务　80c
抓农机调度服务与机具演示　106b
抓农机装备短板弱项　98b

抓日常安全检查指导　88a
抓实耕地深松任务落实　66a
抓实机械化生产保障　66a
抓实农机安全和质量监督　66a
抓实抓细安全生产监管措施　81a
抓推广示范　80c
抓协调保障　80c
抓业务能力提升　88a
抓应急服务　61b
抓组织,创佳绩　78c
抓作业调度　61a
总结提炼典型经验　70a
组建"科创中国"农业工程科技服务团,
　　助力产学研融合发展　185c
组建研制联盟　90a
组织"三秋"农业机械化生产　96c
组织《农业机械化研究文选》编撰出版
　　工作　180b
组织编辑《2021中国农业机械化发展
　　白皮书》　180b
组织参观培训　179b
组织参与国家短板机具项目化实施方案
　　编制工作　66c
组织春季农业机械化生产　73c
组织分支机构自查　181c
组织技术培训　84a
组织举办农机装备补短板重点活动　97a
组织开展"四分"研究工作　108a
组织开展北京市农机装备补短板工作　62a
组织开展农机研发制造推广应用一体化
　　试点工作　107c
组织开展实验室间比对活动　180b
组织开展水稻机收减损竞赛与监测　106b
组织开展现代农机装备技术集成示范推
　　广　97b
组织开展质量调查　84a
组织垦区土地管理与利用调查摸底及监

　　测工作　79c
组织农机安全生产大检查　82b
组织农机购置补贴考核工作　96b
组织农机抢收工作　94b
组织实施耕地深松整地政策　96c
组织实施好新一轮农机购置补贴政策
　　105b
组织实施省级农机装备补短板项目　97a
组织小麦跨区机收工作　96b
组织应急救灾　78b
组织应急演练　107a
组织召开协会二届理事会第七次会议,
　　二届常务理事会第十二、十三、十四
　　次会议　181b
组织召开专题会议　181b
组织重要农时农业机械化生产　64c,
　　93b
做好补贴额一览表年度调整工作　96b
做好大豆玉米带状复合种植机械化装备
　　配套和技术支撑　111a
做好粮食等重要农作物生产机收减损技
　　术支撑　111b
做好粮食机收减损工作　67a
做好农机安全生产工作　67b
做好农机购置补贴工作　86b
做好农机鉴定推广工作　67b
做好农机质量投诉受理和调解处理工作
　　97c
做好农业机械化标准、大纲制修订工作
　　98a
做好水稻生产全程机械化补短板技术装
　　备支撑　111a
做好拖拉机安全监管工作　103b
做好信息公开　103c
做好油料生产机械化技术装备支　111a
做好重要农时农机作业和防灾减灾机械
　　化技术指导与服务　111b